AF550800

Alexandre Dumas d. Ä.
Die drei Musketiere
Zwanzig Jahre später

Alexandre Dumas d. Ä.

Die drei Musketiere

Zwanzig Jahre später

Roman

Aus dem Französischen
von Christine Hoeppener

Anaconda

Titel der französischen Originalausgabe: *Vignt ans après* (in Fortsetzungen zuerst Januar–August 1845). Die Übersetzung von Christine Hoeppener erschien erstmals 1971 bei Rütten & Loening in Berlin. Rütten & Loening ist eine Marke der Aufbau Verlag GmbH & Co. KG. *Zwanzig Jahre später* ist der zweite Teil der Musketiere-Trilogie.

Die Deutsche Nationalbibliothek verzeichnet diese Publikation in der Deutschen Nationalbibliografie; detaillierte bibliografische Daten sind im Internet unter http://dnb.d-nb.de abrufbar.

Umschlagmotive: The Three Musketeers Book Plate, USA, 1840s & Pre / © The Advertising Archives / Bridgeman Images (Hauptmotiv). – Crossed swords, shutterstock / Vector Tradition (Schwerter)
Umschlaggestaltung: www.katjaholst.de
Satz und Layout: www.paque.de
Printed in Czech Republic 2020
ISBN 978-3-7306-0879-1
www.anacondaverlag.de
info@anacondaverlag.de

Inhalt

Der Schatten Richelieus

In einem Zimmer des Kardinalspalastes, den wir bereits kennen, saß, den Kopf in beide Hände gestützt, an einem Tisch mit vergoldeten Silberecken, der mit Schriftstücken und Büchern beladen war, ein Mann.

Hinter ihm ragte ein mächtiger, rot flammender Kamin auf, dessen Feuerbrände über breiten vergoldeten Brennböcken zusammenfielen. Der Flammenschein beleuchtete von hinten die prächtige Kleidung des Träumers, die das Licht eines mit Wachskerzen besteckten Armleuchters von vorn erhellte.

Angesichts der roten Soutane und der kostbaren Spitzen, der bleichen und im Sinnen gebeugten Stirn, der Einsamkeit des Gemachs, der Stille in den Vorzimmern und des gemessenen Schritts der Wache auf dem Treppenabsatz hätte man meinen können, der Schatten Richelieus weile noch in seinem Zimmer.

Ach! Es war freilich nur der Schatten des großen Mannes. Frankreich geschwächt, die Machtvollkommenheit des Königs nicht anerkannt, die Großen wieder stark und unruhig, der Feind abermals diesseits der Grenzen – alles zeugte davon, dass Richelieu nicht mehr da war.

Doch was noch deutlicher als all das bewies, dass die rote Soutane nicht den alten Kardinal bekleidete, war diese Abgeschiedenheit, die eher der eines Schattens als eines Lebenden glich, waren die von Höflingen leeren Gänge, die von Wachen wimmelnden Höfe, war dieser Hohn, der von der Straße aufstieg und durch die Fensterscheiben des Gemachs drang, an dem der Atem einer ganzen gegen den Minister verbündeten Stadt rüttelte, waren schließlich das Getöse in der Ferne und die unaufhörlich vernehmbaren Schüsse, die zum Glück ohne Ziel und ohne Ergebnis abgegeben wurden, sondern nur um der Garde, den Schweizern und den Musketieren, die das Palais-Royal einschlossen – denn der Kardinalspalast hatte einen andern Namen erhalten –, zu zeigen, dass auch das Volk Waffen besaß.

Dieser Schatten Richelieus war Mazarin.

Mazarin war allein und fühlte sich machtlos.

»Ausländer!«, murmelte er. »Italiener! Das ist ihr so lange zurückgehaltenes und nun ausgesprochenes Wort! Mit diesem Wort haben sie Concini ermordet, gehängt und zerfleischt, und wenn ich sie gewähren lasse, werden sie mich wie ihn ermorden, hängen und zerfleischen, obgleich ich ihnen nie ein anderes Unrecht zugefügt habe, als sie ein wenig auszupressen. Diese Dummköpfe! Sie begreifen nicht, dass ihr Feind nicht dieser schlecht französisch sprechende Italiener ist, sondern vielmehr jene, die die Fähigkeit besitzen, ihnen mit einer so reinen und so vortrefflichen Pariser Aussprache leere Redensarten hinzuwerfen.

»Ja«, fuhr der Minister mit seinem verschlagenen Lächeln fort, das sich diesmal auf seinen bleichen Lippen sonderbar ausnahm, »ja, euer aufrührerischer Lärm sagt mir, dass das Schicksal der Günstlinge unsicher ist, aber wenn ihr das wisst, dann müsst ihr auch wissen, dass ich kein gewöhnlicher Günstling bin! Der Graf von Essex hatte einen herrlichen, mit Diamanten besetzten Ring als Geschenk von seiner königlichen Geliebten erhalten, ich dagegen besitze nur einen schlichten Fingerreif mit einem Namenszeichen und einem Datum*, aber dieser Reif ist in der Kapelle des Palais-Royal gesegnet worden, daher werden sie mich nicht, wie sie es sehnlichst wünschen, abschütteln können. Sie merken nicht, dass ich sie mit ihrem ewigen Geschrei ›Fort mit Mazarin!‹ dazu bringe, bald Monsieur de Beaufort, bald den Prinzen und bald das Parlament hochleben zu lassen. Nun, Monsieur de Beaufort befindet sich in Vincennes, der Prinz wird sich eines Tages zu ihm gesellen, und das Parlament …«

Hier wandelte sich das Lächeln des Kardinals in einen Ausdruck von Hass, dessen sein sanftes Gesicht unfähig zu sein schien.

»Ja, und das Parlament … wir werden sehen, was wir mit dem Parlament machen, wir haben Orléans und Montargis. Oh, ich werde dafür Zeit brauchen; aber die anfangs ›Fort

* Mazarin, der nicht die zum Zölibat verpflichtende Priesterweihe erhalten hatte, soll mit Anna von Österreich verheiratet gewesen sein. (Anm. d. Verf.)

mit Mazarin!‹ geschrien haben, werden am Ende ›Fort mit all diesen Leuten, mit einem nach dem andern!‹ schreien. Richelieu, den sie hassten, als er noch lebte, und von dem sie ständig reden, seit er tot ist, war schlimmer dran als ich, denn er wurde mehrmals verjagt und hat noch häufiger gefürchtet, verjagt zu werden. Mich wird die Königin niemals verjagen, und sollte ich gezwungen sein, dem Volk zu weichen, wird sie mit mir weichen, fliehe ich, wird sie ebenfalls fliehen, und dann werden wir sehen, was die Aufrührer ohne ihre Königin und ihren König anfangen. Oh! Wäre ich doch nur kein Ausländer, wäre ich doch ein Franzose, wäre ich doch ein Edelmann!«

Er verfiel abermals in Sinnen.

Die Lage war tatsächlich schwierig, und der Tag, der nun zur Neige ging, hatte sie noch verschlimmert. Ständig von seiner schmutzigen Habsucht getrieben, bedrückte Mazarin das Volk mit Steuern, und das Volk, dem nach den Worten des Vizegeneralprokurators, Talon, nur die Seele übrigblieb und das ja seine Seele nicht meistbietend versteigern konnte, das Volk, dem man mit dem Lärm um errungene Siege Geduld einzuflößen versuchte und das dennoch Lorbeeren nicht für eine Speise hielt, von der es sich nähren konnte, das Volk hatte seit langem zu murren begonnen.

Aber das war noch nicht alles; da es nur das Volk war, das murrte, hörte der durch den Mittelstand und die Edelleute von ihm getrennte Hof nichts davon, doch Mazarin hatte die Unklugheit besessen, sich mit den höheren Beamten anzulegen. Er hatte ein Dutzend Bestallungsbriefe für das Amt eines Petitionsreferenten verkauft, und da die Beamten ihre Posten sehr hoch bezahlten und der Zuwachs durch diese zwölf neuen Kollegen den Preis senken musste, hatten sich die alten zusammengetan und auf die Evangelien geschworen, diese Erweiterung nicht zu dulden und sich gegen alle Verfolgungen des Hofes zur Wehr zu setzen; ferner hatten sie einander versprochen, falls einer von ihnen durch die Auflehnung sein Amt verlieren sollte, zusammenzulegen und ihm den bezahlten Preis zurückzuerstatten.

Von diesen beiden Parteien aus geschah nun Folgendes:

Am 7. Januar hatten sich sieben- bis achthundert Pariser Kaufleute versammelt und sich gegen eine neue Steuer empört, die den Hausbesitzern auferlegt werden sollte. Sie hatten zehn der Versammelten abgeordnet, mit dem Herzog von Orléans zu sprechen, der sich nach seiner alten Gewohnheit beliebt zu machen suchte. Der Herzog von Orléans hatte sie empfangen, und sie erklärten ihm ihre Entschlossenheit, diese neue Steuer nicht zu zahlen, müssten sie sich auch mit bewaffneter Hand gegen des Königs Steuereinnehmer schützen. Der Herzog von Orléans hatte sie mit großer Gefälligkeit angehört, ihnen Hoffnung auf eine Ermäßigung gemacht, ihnen versprochen, mit der Königin darüber zu reden, und sie mit dem Üblichen Fürstenwort verabschiedet: »Wir werden sehen.«

Die Petitionsreferenten wiederum hatten am 9. Januar den Kardinal aufgesucht, und einer von ihnen hatte als Wortführer aller übrigen mit so großer Entschiedenheit und Kühnheit zu ihm gesprochen, dass der Kardinal höchst erstaunt darüber gewesen war; daher hatte er sie fortgeschickt und wie der Herzog von Orléans gesagt, man werde sehen.

Um zu »sehen«, hatte man alsdann den Rat einberufen und den Oberfinanzintendanten, d'Émery, holen lassen.

Dieser d'Émery war dem Volk verhasst, einmal, weil er Oberfinanzintendant war und weil jeder Oberfinanzintendant verhasst sein muss, und zum andern, das muss gesagt werden, weil er es einigermaßen verdiente, gehasst zu werden. Er war der Sohn eines Lyoner Bankiers namens Particelli, der infolge seines Bankrotts einen anderen Namen angenommen hatte und sich d'Émery nennen ließ. Der Kardinal de Richelieu, der in ihm ein bedeutendes Finanzgenie sah, hatte ihn König Ludwig XIII. unter dem Namen d'Émery vorgestellt und ihm viel Gutes nachgesagt, da er ihn zum Finanzintendanten ernennen lassen wollte.

»Vortrefflich!«, hatte der König erwidert. »Es freut mich, dass Sie mir für dieses Amt, das einen ehrlichen Mann erfordert, Monsieur d'Émery vorschlagen. Man hat mir gesagt, Sie förderten diesen Schurken Particelli, und ich fürchtete schon, Sie wollten mich zwingen, ihn zu nehmen.«

»Sire«, entgegnete der Kardinal, »Eure Majestät können unbesorgt sein, der erwähnte Particelli ist gehängt worden.«

»Ah! Umso besser!«, rief der König. »Man nennt mich also nicht umsonst Ludwig den Gerechten.«

Und er unterzeichnete die Ernennung Monsieur d'Émerys. Es handelte sich um den nämlichen d'Émery, der Oberfinanzintendant geworden war.

Diesen hatte nun der Minister holen lassen, und er kam ganz bleich und verstört angelaufen und erzählte, man habe seinen Sohn selbigen Tags auf dem Platz vor dem Palais um ein Haar ermordet; die Menge sei auf ihn gestoßen und habe ihm den Luxus seiner Frau vorgeworfen, die eine in rotem Samt mit goldenen Fransen gehaltene Zimmerflucht bewohne. Sie war die Tochter von Nicolas Le Camus, der 1617 als Sekretär mit zwanzig Livres nach Paris gekommen war und, obwohl er vierzigtausend Livres Rente für sich behielt, neun Millionen unter seine Kinder verteilt hatte.

Der Sohn d'Émerys war fast totgedrückt worden, da einer von den Aufrührern vorgeschlagen hatte, ihn so lange zu pressen, bis er das verschlungene Gold herausgegeben habe. Der Rat hatte an diesem Tag nichts entschieden, da der Oberintendant von dem Vorfall zu sehr in Anspruch genommen war, um unbefangen zu urteilen.

Tags darauf wurde der Parlamentspräsident, Mathieu Molé, dessen Mut bei all diesen Unannehmlichkeiten nach den Worten des Kardinals de Retz dem des Herzogs von Beaufort und des Prinzen von Condé gleichkam, dem zweier Männer also, die als die tapfersten Frankreichs galten – tags darauf wurde nun, wie gesagt, der Parlamentspräsident angegriffen. Das Volk drohte ihm, ihn das Böse, das man ihm zufügen wollte, entgelten zu lassen, doch, ohne sich aufzuregen oder zu verwundern, antwortete ihnen der Präsident mit seiner gewohnten Ruhe, wenn die Störenfriede nicht dem Willen des Königs gehorchten, werde er auf den Plätzen Galgen errichten und die Widersetzlichsten unter ihnen augenblicks hängen lassen. Worauf jene entgegneten, sie wünschten sich nichts Besseres, als Galgen errichtet zu sehen, und sie sollten dazu dienen, die schlechten

Richter zu hängen, die sich auf Kosten der Not des Volkes die Gunst des Hofes erkauften.

Auch das war noch nicht alles. Als die Königin am 11. Januar die Messe in Notre-Dame besuchte, was sie regelmäßig an den Sonnabenden zu tun pflegte, folgten ihr mehr als zweihundert Frauen, die mit lautem Geschrei Gerechtigkeit verlangten. Sie hatten im Übrigen nichts Böses im Sinn, da sie sich nur vor ihr auf die Knie werfen und versuchen wollten, ihr Mitleid zu erregen, aber die Garde hinderte sie daran, und die Königin schritt hochmütig und erhaben vorbei, ohne auf ihr Geschrei zu hören.

Am Nachmittag trat von neuem der Rat zusammen, und es wurde beschlossen, die Macht des Königs aufrechtzuerhalten, folglich wurde für den nächsten Tag, den 12., das Parlament einberufen.

An diesem Tag, mit dessen Abend unsere Geschichte beginnt, hatte der damals zehnjährige und soeben von den Blattern genesene König, unter dem Vorwand, in Notre-Dame für seine Wiederherstellung zu danken, seine Garde, seine Schweizer und seine Musketiere auf die Beine gebracht und um das Palais-Royal, auf den Kais und auf dem Pont-Neuf verteilt, und nach Anhören der Messe hatte er sich ins Parlament begeben, wo er von einem improvisierten Thron aus nicht nur an seinen früheren Edikten festgehalten, sondern darüber hinaus fünf oder sechs neue erlassen hatte, eins immer verderblicher als das andere, wie der Kardinal de Retz behauptete. So dass der Parlamentspräsident, der an den vorangegangenen Tagen für den Hof gewesen war, sich dennoch sehr beherzt über die Art und Weise ausgesprochen hatte, wie der König im Palais angeleitet werde, die Stimmenfreiheit zu hintertreiben und ihr Gewalt anzutun.

Besonders scharf gegen die neuen Steuern erklärten sich aber der Vorsitzende Blancmesnil und der Ratsherr Broussel.

Nachdem der König diese Edikte erlassen hatte, kehrte er in das Palais-Royal zurück. Eine zahlreiche Volksmenge säumte seinen Weg, doch da man wusste, dass er aus dem Parlament kam, jedoch nicht, ob er dort gewesen war, um dem

Volk Gerechtigkeit widerfahren zu lassen oder es von neuem zu unterdrücken, erklang nicht ein einziger Freudenschrei, ihn zu seiner wiedererlangten Gesundheit zu beglückwünschen. Alle Gesichter waren im Gegenteil finster und unruhig, einige sogar drohend.

Ungeachtet seiner Rückkehr verblieben die Truppen auf dem Platz, da man fürchtete, es werde zu einem Aufruhr kommen, wenn das Ergebnis der Parlamentssitzung bekannt würde, und tatsächlich, sobald sich in den Straßen das Gerücht verbreitete, statt die Steuern zu mindern, habe der König sie erhöht, bildeten sich Gruppen und ertönte ein Riesengeschrei: »Fort mit Mazarin! Es lebe Broussel! Es lebe Blancmesnil!« Denn das Volk hatte erfahren, dass Broussel und Blancmesnil zu seinen Gunsten gesprochen hatten, und obgleich ihre Beredsamkeit erfolglos geblieben war, wusste es ihnen dennoch Dank dafür.

Man hatte diese Gruppen zerstreuen, dieses Geschrei zum Schweigen bringen wollen, und wie es in solchen Fällen zu geschehen pflegt, waren die Gruppen angewachsen und hatte sich das Geschrei gesteigert. An die Königsgarde und die Schweizergarde war der Befehl ergangen, nicht nur standzuhalten, sondern darüber hinaus in der Rue Saint-Denis und der Rue Saint-Martin zu patrouillieren, wo diese Gruppen besonders zahlreich und besonders lebhaft zu sein schienen, als im Palais-Royal der Vorsteher der Kaufmannschaft gemeldet wurde.

Er wurde sogleich vorgelassen und sagte, wenn man nicht augenblicklich diese feindseligen Kundgebungen einstelle, werde in zwei Stunden ganz Paris unter Waffen stehen.

Man überlegte noch, was zu tun sei, als der Leutnant der Garde, Comminges, mit völlig zerrissener Kleidung und blutendem Gesicht erschien. Als die Königin ihn eintreten sah, stieß sie einen Schrei des Erstaunens aus und fragte ihn, was es gäbe.

Es war Folgendes: Der Anblick der Garde hatte, wie von dem Vorsteher der Kaufmannschaft vorausgesehen, die Gemüter erbittert. Man hatte sich der Glocken bemächtigt und Sturm geläutet. Comminges hatte sich tapfer gehalten, einen

Mann arretiert, der zu den Hauptunruhestiftern zu gehören schien, und, um ein Exempel zu statuieren, befohlen, ihn am Croix du Trahoir aufzuhängen. Die Soldaten hatten ihn also fortgeschleppt, um den Befehl auszuführen. Bei den Markthallen waren sie jedoch mit Steinwürfen und Hellebardenstößen angegriffen worden, der Aufrührer hatte diesen Augenblick benutzt, um zu entwischen, war in die Rue des Lombards geflohen und dort in ein Haus gestürmt, dessen Türen alsbald eingeschlagen wurden.

Diese Gewalttat führte freilich zu nichts, der Schuldige war nicht aufzufinden gewesen. Comminges hatte einen Posten in der Straße zurückgelassen und sich mit dem Rest seiner Abteilung zum Palais-Royal begeben, um der Königin über das Vorgefallene Bericht zu erstatten. Den ganzen Weg lang hatten ihn Schreie und Drohungen verfolgt, mehrere von seinen Leuten waren durch Piken- und Hellebardenstöße verletzt worden, und ihm selbst hatte ein Stein die Augenbraue gespalten.

Comminges' Bericht bekräftigte die Ansicht des Vorstehers der Kaufmannschaft, dass man nicht in der Lage sei, einem ernsthaften Aufstand die Stirn zu bieten. Der Kardinal ließ im Volk verbreiten, die Truppen seien nur wegen der Zeremonie auf den Kais und dem Pont-Neuf aufgestellt worden und würden sich entfernen. Tatsächlich zogen sie sich gegen vier Uhr nachmittags nach dem Palais-Royal zusammen; am Tor des Sergents, beim Blindenhospital und auf dem Saint-Roch wurden Posten aufgestellt. Die Höfe und Erdgeschosse wurden von Schweizern und Musketieren besetzt, und man wartete ab.

So lagen also die Dinge zu dem Zeitpunkt, da wir unsere Leser in das Arbeitszimmer des Kardinals Mazarin führten, das früher dem Kardinal Richelieu gehört hatte. Wir erlebten, in welcher Gemütsverfassung er dem Murren des Volkes lauschte, das bis zu ihm drang, und die Schüsse hörte, die bis in sein Zimmer hallten.

Plötzlich hob er den Kopf, heftete mit halb zusammengezogenen Brauen, wie ein Mann, der seinen Entschluss gefasst hatte, die Augen auf eine riesige Standuhr, die zehn geschlagen hatte, nahm eine in Reichweite auf dem Tisch liegende vergoldete Silberpfeife und pfiff zweimal.

Eine verborgene Tapetentür öffnete sich geräuschlos, und ein schwarz gekleideter Mann näherte sich stumm und stellte sich hinter den Sessel.

»Bernouin«, sagte der Kardinal, ohne sich umzudrehen, denn da er zweimal gepfiffen hatte, wusste er, dass es sein Kammerdiener sein musste, »welche Musketiere haben Dienst im Palais?«

»Die schwarzen Musketiere, Monseigneur.«

»Von welcher Kompanie?«

»Kompanie Tréville.«

»Ist ein Offizier dieser Kompanie im Vorzimmer?«

»Leutnant d'Artagnan.«

»Vermutlich tüchtig?«

»Ja, Monseigneur.«

»Bring mir eine Musketieruniform und hilf mir beim Ankleiden.«

So still, wie er eingetreten war, ging der Kammerdiener hinaus und brachte einen Augenblick später den gewünschten Anzug. Schweigend und nachdenklich begann sich der Kardinal der Galakleidung, die er für die Parlamentssitzung angelegt hatte, zu entledigen und zog die Musketierkasacke an, die er dank seinen früheren italienischen Feldzügen mit einer gewissen Ungezwungenheit trug; als er fertig angekleidet war, sagte er: »Hol mir Monsieur d'Artagnan.«

Und diesmal ging der Kammerdiener durch die Mitteltür hinaus, aber immer noch ebenso still und stumm. Man hätte ihn für einen Geist halten können.

Allein geblieben, betrachtete sich der Kardinal nicht ohne Befriedigung in einem Spiegel. Er war mit seinen kaum sechsundvierzig Jahren noch jung, von zierlichem Wuchs und ein wenig unter Mittelgröße. Er hatte einen lebhaften und schönen Teint, einen feurigen Blick, eine große, aber gleichwohl recht gut proportionierte Nase, eine breite und majestätische Stirn, etwas krause kastanienbraune Haare und einen Bart, der dunkler als das Kopfhaar und stets mit der Brennschere sorgfältig nach oben gedreht war, was ihn anmutig kleidete.

Sodann legte er sein Degengehenk an, besah sich wohlgefällig seine Hände, die sehr schön waren und auf die er die allergrößte Sorgfalt verwandte, warf die mächtigen hirschledernen Handschuhe zurück, die zur Uniform gehörten und die er bereits ergriffen hatte, und zog einfache Seidenhandschuhe über.

In diesem Augenblick tat sich die Tür auf.

»Monsieur d'Artagnan«, meldete der Kammerdiener.

Ein Offizier trat ein.

Er war ein Mann von neununddreißig, vierzig Jahren, klein, aber gut gewachsen, mager, mit lebhaften und geistvollen Augen, schwarzem Bart und ergrauendem Haupthaar, wie es stets zu werden pflegt, wenn man das Leben zu gut oder zu schlecht angetroffen hat, und vor allem, wenn man sehr dunkel ist.

D'Artagnan trat mit vier Schritten in das Arbeitszimmer, das er wiedererkannte, weil er zur Zeit des Kardinals Richelieu einmal hier gewesen war, und als er in dem Raum niemanden als einen Musketier von seiner Kompanie erblickte, ließ er die Augen auf diesem Musketier ruhen, unter dessen Kleidung er auf den ersten Blick den Kardinal erkannte.

Er blieb in einer respektvollen, aber würdigen Haltung stehen, so wie es sich für einen Mann von Rang ziemt, der in seinem Leben häufig Gelegenheit gehabt hat, sich in Gegenwart großer Herren zu befinden.

Der Kardinal richtete seinen eher verschlagenen als unergründlichen Blick auf ihn, musterte ihn aufmerksam und sagte nach einigen Sekunden des Schweigens: »Sie sind Monsieur d'Artagnan?«

»Ja, Monseigneur«, erwiderte der Offizier.

Der Kardinal betrachtete noch einen Augenblick den so intelligenten Kopf und das Gesicht, dessen außerordentliche Beweglichkeit durch die Jahre und die Erfahrung bezähmt worden war, aber d'Artagnan hielt der Prüfung stand als ein Mann, der schon früher von viel durchdringenderen Augen als jenen betrachtet worden war, deren Musterung er zu dieser Stunde über sich ergehen ließ.

»Monsieur«, sagte der Kardinal, »Sie werden mit mir kommen oder vielmehr, ich werde mit Ihnen gehen.«

»Zu Befehl, Monseigneur«, erwiderte d'Artagnan.

»Ich möchte selbst die um das Palais-Royal aufgestellten Posten besichtigen; glauben Sie, dass Gefahr besteht?«

»Gefahr, Monseigneur?«, fragte d'Artagnan mit erstaunter Miene. »Und welche?«

»Das Volk soll sich völlig in Aufruhr befinden.«

»Die Uniform der Musketiere des Königs wird sehr respektiert, Monseigneur, und respektiert man sie nicht, dann mache ich mich anheischig, mit vier Mann hundert von diesen Lümmeln in die Flucht zu schlagen.«

»Sie haben doch aber gesehen, was Comminges widerfahren ist?«

»Monsieur de Comminges gehört der Garde, nicht den Musketieren an«, entgegnete d'Artagnan.

»Das heißt«, sagte der Kardinal lächelnd, »die Musketiere sind bessere Soldaten als die Garde?«

»Jeder hegt ein Ehrgefühl für seine Uniform, Monseigneur.«

»Außer mir, Monsieur«, erwiderte der Kardinal lächelnd, »denn wie Sie sehen, habe ich die meine abgelegt, um die Ihre anzuziehen.«

»Potztausend, Monseigneur, das nenne ich Bescheidenheit!«, sagte d'Artagnan. »Ich dagegen würde mich, hätte ich die Eurer Eminenz, mit ihr zufriedengeben und mich notfalls verpflichten, nie eine andere zu tragen.«

»Ja, aber um heute Abend auszugehen, wäre sie vielleicht nicht sehr sicher. Bernouin, meinen Filzhut.«

Der Kammerdiener brachte einen breitkrempigen Uniformhut. Der Kardinal setzte ihn lässig auf und wandte sich wieder an d'Artagnan: »Sie haben gesattelte Pferde in den Ställen, nicht wahr?«

»Ja, Monseigneur.«

»Also, gehen wir.«

»Wie viele Männer verlangen Monseigneur?«

»Sie haben gesagt, dass Sie es auf sich nehmen, mit vier Männern hundert Lümmel in die Flucht zu schlagen, da wir auf zweihundert stoßen könnten, nehmen Sie acht.«

»Wie Monseigneur wünschen.«

»Ich folge Ihnen«, sagte der Kardinal, »oder nein, lieber hier durch. Leuchte uns, Bernouin.«

Der Kammerdiener nahm eine Wachskerze und der Kardinal einen kleinen Hohlschlüssel von seinem Schreibtisch, und nachdem er die Tür zu einer Geheimtreppe geöffnet hatte, stand er einen Augenblick später im Hof des Palais-Royal.

Eine nächtliche Ronde

Zehn Minuten später kam der kleine Trupp in der Rue des Bons Enfants hinter dem Schauspielhaus heraus, das der Kardinal de Richelieu gebaut hatte, um dort »Mirame« spielen zu lassen, und in dem der Kardinal de Mazarin, der die Musik mehr liebte als die Literatur, die ersten Opern hatte spielen lassen, die in Frankreich aufgeführt worden waren.

Das Äußere der Stadt bot alle Merkmale einer großen Unruhe; zahlreiche Gruppen durcheilten die Straßen und blieben ungeachtet dessen, was d'Artagnan behauptet hatte, stehen, um die Soldaten mit einer höhnisch drohenden Miene vorbeireiten zu sehen, die verriet, dass sich die Bürger für den Augenblick ihrer üblichen Sanftmut um kriegerischerer Absichten willen begeben hatten. Von Zeit zu Zeit drang aus der Gegend der Markthallen verworrenes Getöse. Schüsse knatterten von der Rue Saint-Denis, und mitunter begann plötzlich, keiner wusste warum, eine von der Laune des Volkes in Bewegung gesetzte Glocke zu läuten.

D'Artagnan verfolgte seinen Weg mit der Gleichgültigkeit eines Mannes, dem dergleichen Lappalien keinen Eindruck machen. Als eine Gruppe die Straßenmitte einnahm, trieb er, ohne sie zu warnen, sein Pferd an, und als die Angehörigen dieser Gruppe, ob nun Aufrührer oder nicht, begriffen, mit was für einem Mann sie es zu tun hatten, traten sie beiseite und ließen die Patrouille passieren. Der Kardinal beneidete ihn um diese Ruhe, die er der Gewöhnung an Gefahr zuschrieb, nahm jedoch nichtsdestoweniger um des Offiziers willen, unter dessen Befehle er sich vorübergehend gestellt hatte, jene Rücksicht, welche die Klugheit dem sorglosen Mut zugesteht.

Als sie sich dem Posten am Tor des Sergents näherten, rief die Wache: »Wer da?« D‹Artagnan antwortete, und nachdem er den Kardinal um das Passwort gebeten hatte, ritt er vor; die Parole lautete »Ludwig« und »Rocroy«.

Die Erkennungszeichen wurden gewechselt, und dann fragte d'Artagnan, ob nicht Monsieur de Comminges den Posten befehlige.

Daraufzeigte ihm die Wache einen Offizier, der neben einem Berittenen stand und sich mit ihm unterhielt, wobei er die Hand auf den Hals von dessen Pferd stützte. Es war der, nach dem d'Artagnan gefragt hatte.

»Da ist Monsieur de Comminges«, sagte d'Artagnan, als er zu dem Kardinal zurückkehrte.

Der Kardinal galoppierte auf die beiden zu, während sich d'Artagnan taktvoll entfernte; doch aus der Art und Weise, wie der Offizier zu Fuß und der Offizier zu Pferd ihre Hüte zogen, ersah er, dass sie Seine Eminenz erkannt hatten.

»Bravo, Guitaut«, sagte der Kardinal zu dem Berittenen, »ich sehe, dass du trotz deiner vierundsechzig Jahre noch immer derselbe bist, wachsam und ergeben. Worüber sprichst du mit dem jungen Mann?«

»Monseigneur«, erwiderte Guitaut, »ich habe ihm gesagt, dass wir in einer sonderbaren Zeit leben und dass der heutige Tag große Ähnlichkeit mit einem jener Tage der Liga hat, von denen ich in meiner Jugend so viel habe erzählen hören. Wissen Sie, dass es in der Rue Saint-Denis und der Rue Saint-Martin um nichts weniger ging, als Barrikaden zu bauen?«

»Und was hat dir Comminges geantwortet, mein lieber Guitaut?«

»Monseigneur«, sagte Comminges, »ich habe geantwortet, um eine Liga zu bilden, fehlt ihnen nur eins, das mir recht wesentlich erscheint, und das ist ein Herzog von Guise; außerdem macht man nicht zweimal dasselbe.«

»Nein, aber sie werden, wie sie sagen, eine Fronde* bilden«, erwiderte Guitaut »Was ist eine Fronde?«, fragte Mazarin.

»Das ist der Name, den sie ihrer Partei geben, Monseigneur.«

»Und woher kommt der Name?«

»Anscheinend hat vor ein paar Tagen der Ratsherr Bacleaumont im Palais geäußert, dass all diese Aufruhrstifter Schülern glichen, die in den Gräben von Paris die Schleuder betätigten und auseinanderliefen, wenn sie den Stellvertreter des Oberrichters erblickten, und wieder zusammenkämen, sobald er vorbei sei. Sie haben das Wort sofort aufgegabelt, wie es die Geusen** in Brüssel machten, und nennen sich nun Mitglieder der Fronde. Heute wie gestern gehört alles der Fronde, die Brote, die Hüte, die Handschuhe, die Muffe, die Fächer und – da, hören Sie!«

In diesem Augenblick öffnete sich tatsächlich ein Fenster, und ein Mann stellte sich an das Fenster und begann zu singen:

Ein Fronde-Wind
hat heut sich erhoben,
gegen Mazarin beginnt
dieser stürmische Wind zu toben.
Ein Fronde-Wind
hat heut sich erhoben.

»Unverschämter Kerl!«, brummte Guitaut.

»Monseigneur«, sagte Comminges, den seine Verletzung übellaunig gemacht hatte und den es nur danach verlangte, Rache zu nehmen und Wunde um Beule zu vergelten, »wollen Sie, dass ich diesem Schlingel eine Kugel verpasse und ihn lehre, ein andermal nicht so falsch zu singen?« Und er legte die Hand an die Pistolenhalfter, die seines Oheims Pferd trug.

* (franz.) Schleuder

** Auch der Name der Geusen war ein Spottname der im 16. Jahrhundert gegen die spanische Herrschaft rebellierenden Niederländer und stammt von gueux – (franz.) Bettler.

»Nein, nein!«, rief Mazarin. »Diavolo! Lieber Freund, Sie werden alles verderben, die Dinge laufen im Gegenteil sehr gut! Ich kenne Ihre Franzosen, als hätte ich sie vom ersten bis zum letzten erschaffen: Singen sie, dann werden sie zahlen. Zur Zeit der Liga, von der Guitaut soeben gesprochen hat, wurde nur die Messe gesungen, daher ging alles ganz schlecht. Komm, Guitaut, wir wollen sehen, ob man beim Blindenhospital ebenso gut Wache hält wie beim Tor des Sergents.«

Und nachdem er Comminges mit der Hand gegrüßt hatte, gesellte er sich wieder zu d'Artagnan, der sich an die Spitze des kleinen Trupps setzte, unmittelbar gefolgt von Guitaut und dem Kardinal, denen ihrerseits die Übrigen der Eskorte folgten.

»Das ist richtig«, murmelte Comminges, der ihnen nachsah, »ich vergaß, dass er weiter nichts braucht, als dass man zahlt.«

Sie bogen wieder in die Rue Saint-Honoré ein, wo sie ständig Gruppen verdrängten; in diesen Gruppen wurde nur von den Erlassen des Tages gesprochen; sie bedauerten den jungen König, der auf diese Weise, ohne es zu wissen, sein Volk zugrunde richte, und schoben alle Schuld auf Mazarin, sie sprachen davon, sich an den Herzog von Orléans und an den Prinzen wenden zu wollen, und rühmten Blancmesnil und Broussel.

D'Artagnan ritt mitten durch diese Gruppen so unbesorgt, als wären er und sein Pferd aus Eisen, Mazarin und Guitaut unterhielten sich leise, und die Musketiere, die endlich den Kardinal erkannt hatten, folgten schweigend.

Sie kamen in die Rue Saint-Thomas-du-Louvre, wo der Posten des Blindenhospitals aufgestellt war. Guitaut rief einen Unteroffizier, der herankam und Bericht erstattete.

»Ach, Herr Hauptmann«, sagte der Offizier, »hier geht alles gut, es sei denn, in dem Haus daist etwas im Gange.« Und er deutete mit der Hand auf ein prächtiges Gebäude, das an der Stelle gelegen war, wo sich später das Vaudevilletheater erheben sollte.

»In dem Haus?«, sagte Guitaut. »Aber das ist doch das Haus Rambouillet.«

»Davon ist mir nichts bekannt«, erwiderte der Offizier, »ich weiß nur, dass ich eine Menge Leute von verdächtigem Äußern habe hineingehen sehen.«

»Ach was!«, rief Guitaut und brach in Gelächter aus. »Das sind Dichter.«

»Aber, aber, Guitaut!«, sagte Mazarin. »Vielleicht hast du die Güte, nicht so unehrerbietig von diesen Herren zu sprechen! Du weißt wohl nicht, dass ich in meiner Jugend ebenfalls ein Dichter gewesen bin und Verse nach der Art von Monsieur de Beuserade gemacht habe?«

»Sie, Monseigneur?«

»Jawohl, ich. Soll ich dir ein paar aufsagen?«

»Das ist mir gleich, Monseigneur! Italienisch verstehe ich nicht.«

»Aber Französisch verstehst du, nicht wahr, mein guter, braver Guitaut?«, erwiderte Mazarin und legte ihm freundschaftlich die Hand auf die Schulter. »Und du wirst jeden Befehl ausführen, den man dir in dieser Sprache gibt?«

»Ganz gewiss, Monseigneur, wie ich es bereits getan habe, vorausgesetzt, er kommt von der Königin.«

»Oh, natürlich!«, sagte Mazarin und biss sich auf die Lippen. »Ich weiß, dass du ihr völlig ergeben bist.«

»Ich bin seit mehr als zwanzig Jahren Hauptmann ihrer Garde.«

»Vorwärts, Monsieur d'Artagnan«, sagte der Kardinal, »hier geht alles gut.«

D'Artagnan setzte sich wieder, ohne ein Wort zu äußern und mit jenem passiven Gehorsam, der ein Merkmal des alten Soldaten ist, an die Spitze der Kolonne.

Er schlug den Weg zum Saint-Roch, wo sich der dritte Posten befand, durch die Rue Richelieu und die Rue Villedo ein. Es war der abgelegenste Posten, denn er stieß an die Festungswälle, und die Stadt war in dieser Gegend wenig bevölkert.

»Wer befehligt diesen Posten?«, fragte der Kardinal.

»Villequier«, antwortete Guitaut.

»Teufel!«, entfuhr es Mazarin. »Sprich allein mit ihm, du weißt, wir stehen aufgespanntem Fuß, denn seit du den Auftrag erhieltst, den Herzog von Beaufort zu arretieren, behauptet er, diese Ehre hätte ihm als Hauptmann der Königsgarde gebührt.«

»Das weiß ich, und ich habe ihm hundertmal gesagt, dass er unrecht hat, der König konnte ihm diesen Befehl nicht geben, da der König zu der Zeit knapp vier Jahre alt war.«

»Ja, aber ich konnte ihn erteilen, Guitaut, und du warst mir lieber.«

Guitaut trieb, ohne zu antworten, sein Pferd an und ließ, nachdem er sich der Wache zu erkennen gegeben hatte, Monsieur de Villequier rufen.

Er kam heraus. »Ah, Sie, Guitaut!«, sagte er in dem übellaunigen Ton, den er gewöhnlich an sich hatte. »Was, zum Teufel, wollen Sie hier?«

»Sie fragen, ob es hier etwas Neues gibt.«

»Was soll es schon geben? Sie schreien: ›Es lebe der König!‹ und ›Fort mit Mazarin!‹, und das ist ja nichts Neues, an das Geschrei sind wir schon seit geraumer Zeit gewöhnt.«

»Und Sie stimmen in den Chor ein?«, entgegnete Guitaut lachend.

»Meiner Treu, manchmal habe ich große Lust! Ich finde, die Leute haben recht, Guitaut, ich gäbe gern fünf Jahre meines Solds, den man mir nicht zahlt, wäre der König nur fünf Jahre älter.«

»Was Sie nicht sagen! Und was geschähe, wäre der König fünf Jahre älter?«

»In dem Augenblick, da der König mündig wäre, würde er seine Befehle selbst erteilen, und es ist erfreulicher, dem Enkel Heinrichs IV. als dem Sohn Pietro Mazarinis zu gehorchen. Tod und Teufel! Für den König würde ich mich mit Freuden umbringen lassen, aber müsste ich für den Mazarin ins Gras beißen, wie es Ihrem Neffen heute beinahe passiert wäre, dann gäbe es kein noch so schön gelegenes Paradies, mich darüber hinwegzutrösten.«

»Schon gut, Monsieur de Villequier«, sagte Mazarin. »Seien Sie unbesorgt, ich werde dem König über Ihre Ergebenheit berichten.« Dann, zu der Eskorte gewandt: »Vorwärts, meine Herren, alles geht gut, kehren wir zurück.«

»Sieh an«, sagte Villequier, »der Mazarin ist da! Umso besser, ich hatte schon seit langem Lust, ihm ins Gesicht zu sagen, was ich von ihm halte; Sie haben mir die Gelegenheit verschafft, Guitaut, und dafür danke ich Ihnen, wenn es vielleicht auch nicht in der besten Absicht geschah.«

Daraufmachte er auf dem Absatz kehrt und ging, ein Fronde-Lied pfeifend, wieder in das Wachgebäude.

Mazarin ritt sehr nachdenklich zurück; was er nacheinander von Comminges, Guitaut und Villequier gehört hatte, bestätigte seine Ansicht, dass er, sollte es zu gefährlichen Vorfällen kommen, niemanden für sich haben würde als die Königin, und die Königin hatte ihre Freunde so oft im Stich gelassen, dass ihr Beistand dem Minister ungeachtet seiner Vorsichtsmaßregeln mitunter sehr zweifelhaft und unsicher erschien.

Die ganze Zeit während dieses nächtlichen Streifzugs, also fast eine Stunde lang, hatte der Kardinal, obwohl er der Reihe nach Comminges, Guitaut und Villequier aufmerksam beobachtete, einen Mann studiert. Dieser Mann, der gegen die bedrohliche Haltung des Volkes gleichgültig geblieben war und der zu dem Spott Mazarins ebenso wenigeine Miene verzogen hatte wie zu den spöttischen Reden, deren Zielscheibe der Kardinal war, mutete ihn als ein eigenartiger Mensch an, gestählt für Umstände solcher Art, in denen sie sich befanden, und vor allem jener, in denen sie sich befinden würden.

Übrigens war ihm der Name d'Artagnans nicht völlig unbekannt, und obgleich er, Mazarin, erst gegen 1634 oder 1635 nach Frankreich gekommen war, das heißt sieben oder acht Jahre nach den in einer vorangegangenen Geschichte wiedergegebenen Ereignissen, schien dem Kardinal, als habe er diesen Namen als den eines Mannes nennen hören, der sich bei einer Gelegenheit, die ihm nicht mehr gegenwärtig war, als ein Vorbild an Mut, Geschicklichkeit und Ergebenheit ausgezeichnet hatte.

Diese Vorstellung hatte sich so sehr seines Geistes bemächtigt, dass er beschloss, sich ohne Säumen Klarheit darüber zu verschaffen, aber die erwünschten Auskünfte über d'Artagnan durfte er nicht bei d'Artagnan selbst einholen. Aus einigen Worten des Musketierleutnants hatte der Kardinal erkannt, dass er aus der Gascogne stammte, und Italiener und Gascogner kennen sich zu gut und gleichen sich zu sehr, um sich nicht in dem, was sie von sich selbst behaupten können, aufeinander zu berufen. Als sie daher zu der Mauer kamen, die den Garten des Palais-Royal einschloss, pochte der Kardinal an eine kleine, fast genau dort gelegene Tür, wo sich heutigentags das Café de Foy erhebt, und nachdem er d'Artagnan gedankt und ihn aufgefordert hatte, im Hof des Palais-Royal auf ihn zu warten, gab er Guitaut ein Zeichen, ihm zu folgen. Beide saßen ab, übergaben die Zügel ihrer Reitpferde dem Lakaien, der die Tür geöffnet hatte, und verschwanden im Garten.

»Mein lieber Guitaut«, begann der Kardinal, auf den Arm des alten Gardehauptmanns gestützt, »du hast mir vorhin erzählt, dass du seit bald zwanzig Jahren im Dienst der Königin stehst?«

»Ja, das stimmt«, erwiderte Guitaut.

»Nun, mein lieber Guitaut«, fuhr der Kardinal fort, »ich habe bemerkt, dass du, abgesehen von deinem unbestreitbaren Mut und deiner bewährten Treue, ein bewundernswertes Gedächtnis besitzt.«

»Haben Sie das bemerkt, Monseigneur?«, sagte der Gardehauptmann. »Teufel noch mal! Umso schlimmer für mich.«

»Warum?«

»Zweifellos gehört es zu den unerlässlichsten Eigenschaften des Höflings, dass er vergessen kann.«

»Aber du bist kein Höfling, Guitaut, du bist ein tapferer Soldat, einer von diesen Hauptleuten aus der Zeit König Heinrichs IV., von denen es noch einige gibt, aber leider bald keine mehr geben wird.«

»Potztausend, Monseigneur! Haben Sie mich mitgenommen, um mir mein Horoskop zu stellen?«

»Nein«, antwortete Mazarin lachend, »ich habe dich mitgenommen, um dich zu fragen, ob dir unser Musketierleutnant aufgefallen ist.«

»Monsieur d'Artagnan?«

»Ja.«

»Er brauchte mir nicht aufzufallen, Monseigneur, ich kenne ihn seit langem.«

»Und was für ein Mensch ist er?«

»Was schon«, sagte Guitaut, erstaunt über die Frage, »ein Gascogner ist er!«

»Ja, das weiß ich, aber ich wollte von dir erfahren, ob er ein Mann ist, zu dem man Vertrauen haben kann.«

»Monsieur de Tréville schätzt ihn sehr, und Monsieur de Tréville gehört, wie Sie wissen, zu den besten Freunden der Königin.«

»Ich wollte wissen, ob er ein Mann ist, der sich bewährt hat.«

»Wenn Sie damit meinen, als tapferer Soldat, dann kann ich das wohl mit Ja beantworten. Bei der Belagerung von La Rochelle, beim Pass von Suze und bei Perpignan soll er mehr als seine Pflicht getan haben.«

»Aber du weißt doch, Guitaut, wir armen Minister brauchen häufig noch andere Männer als tapfre. Wir brauchen geschickte Leute. War Monsieur d'Artagnan nicht zur Zeit des Kardinals in eine Intrige verwickelt, aus der er sich, wie das allgemeine Gerücht besagte, sehr geschickt herausgezogen hat?«

»Was das betrifft, Monseigneur«, sagte Guitaut, der deutlich merkte, dass der Kardinal ihn zum Reden bringen wollte, »bin ich genötigt, Eurer Eminenz zu erklären, dass ich von diesem allgemeinen Gerücht nicht mehr weiß, als Sie selbst darüber vernommen haben. Ich habe mich nie mit Intrigen befasst, und wenn ich mitunter über Intrigen anderer ins Vertrauen gezogen wurde, so gehört das Geheimnis nicht mir, und Monseigneur werden es gutheißen, wenn ich es denen hüte, die es mir anvertrauten.«

Mazarin schüttelte den Kopf. »Ach«, sagte er, »es gibt, auf Ehrenwort, sehr glückliche Minister, die alles erfahren, was sie erfahren wollen.«

»Monseigneur«, erwiderte Guitaut, »das liegt daran, weil jene nicht alle Menschen auf dieselbe Waage legen und weil sie wissen, dass sie sich an Kriegsleute zu wenden haben, wenn es sich um Krieg, und an Intriganten, wenn es sich um eine Intrige handelt. Wenden Sie sich an einen Intriganten aus der Zeit, von der Sie sprechen, und Sie werden aus ihm herausholen, was Sie wünschen, wohlgemerkt gegen Bezahlung.«

»Wahrhaftig!«, entgegnete Mazarin und zog dabei eine Grimasse wie stets, wenn ihm gegenüber die Frage von Geld in dem Sinne berührt wurde, wie es Guitaut getan hatte. »Nun, man wird zahlen … wenn es keine andere Möglichkeit gibt.«

»Ist das ernst gemeint, dass Monseigneur von mir verlangen, ihm einen Mann zu bezeichnen, der in all die Kabalen jener Zeit verwickelt war?«

»Per Bacco!«, erwiderte Mazarin, der ungeduldig zu werden begann. »Seit einer Stunde verlange ich von dir nichts anderes, du Starrkopf.«

»Es gibt einen, für den ich Ihnen in der Hinsicht einstehe, sofern er überhaupt sprechen will.«

»Das ist meine Sache.«

»Ach, Monseigneur, es ist nicht immer leicht, sich von den Leuten erzählen zu lassen, was sie nicht erzählen wollen.«

»Pah! Mit Geduld erreicht man es. Nun ja, und dieser Mann ist …«

»Der Graf von Rochefort.«

»Der Graf von Rochefort?«

»Unglücklicherweise ist er seit bald vier oder fünf Jahren verschwunden, und ich weiß nicht, was aus ihm geworden ist.«

»Ich weiß es, Guitaut«, sagte Mazarin.

»Wieso haben sich Eure Eminenz dann eben beklagt, nichts zu wissen?«

»Und du glaubst«, sagte Mazarin, »dass Rochefort …«

»Er hatte sich dem Kardinal mit Leib und Seele verkauft, Monseigneur, aber ich sage Ihnen im Voraus, es wird Sie eine Menge kosten, der Kardinal war sehr freigebig gegen seine Kreaturen.«

»Ganz recht, Guitaut«, sagte Mazarin, »er war ein großer Mann, aber diesen Fehler besaß er. Danke, Guitaut, ich werde mir deinen Rat zu Herzen nehmen, und noch heute Abend.«

Und da die beiden Gesprächspartner in diesem Augenblick auf dem Hof des Palais-Royal angelangt waren, grüßte der Kardinal Guitaut mit einer Handbewegung, und als er einen Offizier auf und nieder gehen sah, näherte er sich ihm.

»Kommen Sie, Monsieur d'Artagnan«, sagte Mazarin in seinem lieblichsten Flötenton, »ich habe Ihnen einen Befehl zu erteilen.«

D'Artagnan verneigte sich, folgte dem Kardinal über die Geheimtreppe und befand sich einen Augenblick später wieder in dem Arbeitszimmer, von dem er ausgegangen war. Der Kardinal setzte sich an seinen Schreibtisch und nahm ein Blatt Papier, auf das er einige Zeilen schrieb.

D'Artagnan, aufrecht stehend und ungerührt, wartete ohne Ungeduld und ohne Neugier, er war ein militärischer Automat geworden, der nach dem Antrieb anderer handelte oder vielmehr gehorchte.

Der Kardinal faltete den Brief und drückte ihm sein Siegel auf.

»Monsieur d'Artagnan«, sagte er, »bringen Sie diese Depesche zur Bastille und führen Sie die Person her, von der darin die Rede ist. Nehmen Sie eine Kutsche und ein Geleit, und bewachen Sie den Gefangenen sorgfältig.«

D'Artagnan nahm den Brief entgegen, legte die Hand an seinen Filzhut, drehte sich auf den Absätzen um wie der gewandteste Exerziersergeant, ging hinaus, und einen Augenblick später hörte man ihn mit seiner eintönigen Stimme kurz befehlen: »Vier Mann Geleit, eine Kutsche, mein Pferd.«

Fünf Minuten danach war das Räderrollen des Wagens zu vernehmen, und die Hufeisen der Pferde hallten auf dem Pflaster des Hofes.

Zwei alte Feinde

D'Artagnan langte bei der Bastille an, als es halb neun schlug. Er ließ sich bei dem Vorsteher melden, der ihm bis auf die Freitreppe entgegenkam, als er erfuhr, dass er von dem Minister und mit einem Befehl von ihm käme.

Der Vorsteher der Bastille war damals Monsieur du Tremblay, der Bruder des berüchtigten Kapuzinermönchs Joseph, jenes schrecklichen Richelieu-Günstlings, den man die graue

Eminenz nannte. Monsieur du Tremblay empfing d'Artagnan mit der größten Höflichkeit, und da er sich just zu Tisch setzen wollte, lud er d'Artagnan ein, mit ihm zu speisen.

»Ich würde es mit dem größten Vergnügen«, antwortete d'Artagnan, »aber wenn ich nicht irre, steht auf dem Umschlag des Briefes: ›*Sehr eilig!*‹«

»Das ist richtig«, sagte Monsieur du Tremblay. »Heda, Major! Lassen Sie Nummer 256 herunterholen.«

Wenn man in die Bastille kam, hörte man auf, ein Mensch zu sein, und wurde eine Nummer.

D'Artagnan fröstelte es beim Geräusch der Schlüssel, daher blieb er aufgesessen und betrachtete die Gitter, die verstärkten Fenster und die ungeheuren Mauern, die er stets nur von der anderen Seite der Gräben gesehen hatte und die ihm vor etwa zwanzig Jahren so große Furcht eingejagt hatten.

Eine Glocke schlug an.

»Ich verlasse Sie«, sagte Monsieur du Tremblay, »man ruft mich, damit ich den Ausgangsschein des Gefangenen unterschreibe. Auf Wiedersehen, Monsieur d'Artagnan.«

»Der Teufel hol mich, wenn ich deinen Wunsch erwidere!«, murmelte d'Artagnan, während er seinen Fluch mit dem freundlichsten Lächeln begleitete. »Ich brauche nur noch fünf Minuten auf dem Hof zu bleiben und bin krank. Vorwärts, vorwärts, lieber im Elend sterben, was mir wahrscheinlich passieren wird, als Vorsteher der Bastille sein und zehntausend Livres Rente zusammenscharren.«

Kaum hatte er diesen Monolog beendet, als der Gefangene erschien. Als d'Artagnan ihn erblickte, entfuhr ihm eine Bewegung des Erstaunens, die er sogleich unterdrückte. Der Gefangene stieg in die Kutsche, anscheinend ohne d'Artagnan erkannt zu haben.

»Meine Herren«, sagte d'Artagnan zu den vier Musketieren, »man hat mich zur schärfsten Aufsicht über den Gefangenen ermahnt. Da die Kutschenschläge keine Schlösser haben, werde ich zu ihm einsteigen. Monsieur de Lillebonne, tun Sie mir den Gefallen, mein Pferd am Zügel zu führen.«

»Gern, Herr Leutnant«, erwiderte der Angeredete. D'Artagnan saß ab, übergab dem Musketier den Zügel seines Pferdes, stieg in die Kutsche, nahm neben dem Gefangenen Platz und sagte mit einer Stimme, der unmöglich die geringste Gemütsbewegung anzumerken war: »Zum Palais-Royal, im Trab.«

Sobald der Wagen abfuhr, benutzte d'Artagnan die Dunkelheit, die unter dem Gewölbe herrschte, das sie passierten, und fiel dem Gefangenen um den Hals.

»Rochefort!«, rief er. »Du! Du bist es wirklich! Ich täusche mich nicht!«

»D'Artagnan!«, rief nun auch Rochefort erstaunt aus.

»Ach, mein armer Freund!«, fuhr d'Artagnan fort. »Da ich dich seit vier oder fünf Jahren nicht wiedergesehen hatte, glaubte ich dich tot.«

»Meiner Treu«, sagte Rochefort, »ich glaube, es gibt keinen großen Unterschied zwischen einem Toten und einem Begrabenen, und ich bin so gut wie begraben.«

»Und welchen Verbrechens wegen bist du in der Bastille?«

»Soll ich dir die Wahrheit sagen?«

»Ja.«

»Nun, ich weiß es nicht.«

»Misstrauen gegen mich, Rochefort?«

»Nein, auf Ehre! Denn es kann unmöglich deswegen sein, was man mir zur Last legt.«

»Und was ist das?«

»Nächtlicher Raub.«

»Du ein Räuber? Das ist doch nicht dein Ernst, Rochefort.«

»Also, geschehen ist Folgendes: Eines Abends nach einem Gelage bei Reinard in den Tuilerien, an dem der Herzog von Harcourt, Fontrailles, de Rieux und andere teilgenommen hatten, schlug der Herzog von Harcourt vor, auf dem Pont-Neuf Mäntel zu erbeuten, du weißt, das ist eine Belustigung, die der Herzog von Orléans sehr in Mode gebracht hatte.«

»Warst du verrückt, Rochefort, du in deinem Alter?«

»Nein, ich war betrunken, und dennoch, da mir der Zeitvertreib mittelmäßig erschien, schlug ich dem Ritter de Rieux vor, lieber Zuschauer als Teilnehmer zu sein und, um das Schauspiel aus den ersten Ranglogen zu betrachten, auf das Bronzepferd zu steigen. Gesagt, getan. Dank der Sporen, die uns als Steigbügel dienten, saßen wir im Handumdrehen auf der Kruppe; wir befanden uns wunderbar und sahen prächtig. Schon waren vier oder fünf Mäntel, mit einer Geschicklichkeit ohnegleichen und ohne dass die Beraubten ein Wort zu sagen wagten, erbeutet, als sich irgendein weniger langmütiger Dummkopf als die anderen einfallen ließ, zu schreien: ›Aufgepasst!‹, und uns eine Gendarmenpatrouille auf den Hals zog. Der Herzogvon Harcourt, Fontrailles und die anderen flüchteten, de Rieux wollte ein Gleiches tun. Ich hielt ihn zurück und sagte ihm, man werde uns auf unserem Platz nicht ausfindig machen. Er hörte mich nicht an, setzte den Fuß auf den Sporn, der Sporn zerbrach, er fiel, brach sich ein Bein, und statt den Mund zu halten, begann er wie ein Gehenkter zu schreien. Ich wollte nun auch hinunterspringen, aber es war zu spät: ich sprang den Gendarmen in die Arme, die mich ins Châtelet abführten, wo ich in Sicherheit gewiegt und völlig überzeugt einschlief, am nächsten Tag rauszukommen. Der nächste Tag verging, der übernächste, acht Tage vergingen; ich schrieb an den Kardinal. Am selben Tag holte man mich und brachte mich in die Bastille. Seit fünf Jahren bin ich dort. Und glaubst du, deswegen, weil ich die Freveltat begangen habe, hinter Heinrich IV. aufzusitzen?«

»Nein, du hast recht, mein lieber Rochefort, es kann nicht deswegen sein, aber wahrscheinlich wirst du erfahren, warum.«

»Ach ja, ich habe ganz vergessen, dich zu fragen, wohin du mich bringst!«

»Zum Kardinal.«

»Was will er von mir?«

»Ich weiß nicht, ich wusste nicht einmal, dass du es warst, den ich holen sollte.«

»Unmöglich. Du ein Günstling!«

»Ich ein Günstling?«, rief d'Artagnan aus. »Ach, mein armer Graf! Ich bin ein entschiednerer Gascogner, als du mich vor zweiundzwanzig Jahren bei Meung erlebt hast. Leider!«

»Dennoch bist du mit einem Befehl gekommen?«

»Weil ich mich zufällig im Vorzimmer befand und weil sich der Kardinal an mich gewandt hat, wie er sich an jeden anderen gewandt hätte; aber ich bin immer noch Leutnant bei den Musketieren, und das bin ich, wenn ich richtig rechne, seit fast einundzwanzig Jahren.«

»Kurzum, dir ist kein Unglück widerfahren, und das ist viel.«

»Und welches Unglück sollte mir wohl widerfahren? Wie irgendein lateinischer Vers sagt, den ich vergessen oder vielmehr niemals richtig gewusst habe: Der Blitz schlägt nicht in die Täler ein, und ich bin ein Tal, mein lieber Rochefort, und eins der tiefsten.«

»Dann ist der Mazarin immer noch Mazarin?«

»Mehr denn je, mein Lieber, es heißt, er sei mit der Königin verheiratet.«

»Verheiratet?«

»Ist er nicht ihr Gatte, dann aber ganz gewiss ihr Geliebter.«

»Einem Buckingham widerstehen und einem Mazarin nachgeben!«

»So sind die Frauen!«, erwiderte d'Artagnan philosophisch.

»Die Frauen, gut, aber die Königinnen!«

»Ach du lieber Gott! In der Hinsicht sind die Königinnen zweifach Frauen.«

»Und ist Monsieur de Beaufort immer noch im Gefängnis?«

»Immer noch, warum?«

»Ach, nur, da er mir wohlgesonnen ist, hätte er mich aus der Affäre ziehen können.«

»Du wirst wahrscheinlich eher frei sein als er, also wirst du ihn herausziehen.«

»Und der Krieg …«

»Den wird es geben.«

»Gegen Spanien?«

»Nein, gegen Paris.«

»Was soll das heißen?«

»Hörst du die Flintenschüsse?«

»Ja. Und?«

»Es sind die Bürger, die abwarten und sich einstweilen die Zeit vertreiben.«

»Meinst du, man könnte mit den Bürgern etwas anfangen?«

»Aber ja, sie berechtigen zu Hoffnungen, und wenn sie einen Anführer hätten, der all die Gruppen zusammenzöge …«

»Es ist ein Jammer, dass ich nicht frei bin.«

»Ach Gott, gib nicht die Hoffnung auf. Wenn Mazarin dich holen lässt, geschieht es deshalb, weil er dich braucht, und wenn er dich braucht, nun, dann beglückwünsche ich dich dazu. Seit vielen Jahren hat mich keiner mehr gebraucht, du siehst, wie ich dran bin.«

»Beschwere dich doch, ich rate es dir!«

»Hör zu, Rochefort. Ein Abkommen …«

»Welcherart?«

»Du weißt, dass wir gute Freunde sind.«

»Wahrhaftig! Ich trage noch die Narben deiner Freundschaft, von drei Degenstößen …«

»Also, wenn du wieder in Gunst gelangst, vergiss mich nicht.«

»Ehrenwort von Rochefort, aber das beruht auf Gegenseitigkeit.«

»Abgemacht, hier meine Hand.«

»Also bei der ersten Gelegenheit, die du findest, von mir zu sprechen …«

»Spreche ich, und du?«

»Desgleichen.«

»Übrigens, soll ich auch von deinen Freunden sprechen?«

»Welchen Freunden?«

»Athos, Porthos und Aramis, hast du sie denn vergessen?«

»Beinahe.«

»Was ist aus ihnen geworden?«

»Ich weiß nicht.«

»Was du nicht sagst!«

»Ach, mein Gott, ja – wir haben uns getrennt, wie du weißt. Sie leben, das ist alles, was ich dir sagen kann. Von Zeit zu Zeit erfahre ich auf Umwegen etwas von ihnen. Aber an welchem Ort der Welt sie sich aufhalten – hol mich der Teufel, wenn ich darüber etwas weiß. Nein, Ehrenwort! Ich habe nur noch dich zum Freund, Rochefort.«

»Und der berühmte … wie hast du doch gleich diesen Burschen genannt, den ich zum Sergeanten im piemontesischen Regiment machte?«

»Planchet?«

»Ja, den meine ich. Was ist aus dem berühmten Planchet geworden?«

»Er hat in einen Konditorladen in der Rue des Lombards eingeheiratet, der Junge hatte schon immer viel für Süßigkeiten übrig; also ist er Bürger von Paris und macht in diesem Augenblick aller Wahrscheinlichkeit nach Aufruhr. Du wirst sehen, dass dieser Schlingel Schöffe wird, ehe ich Hauptmann bin.«

»Vorwärts, mein lieber d'Artagnan, ein wenig Mut! Gerade wenn man ganz tief unten ist, dreht sich das Rad und hebt einen hoch. Von heute Abend an wird sich dein Los vielleicht ändern.«

»Amen!«, sagte d'Artagnan und ließ die Kutsche halten.

»Was tust du?« fragte Rochefort.

»Wir sind angelangt, und ich will nicht, dass man mich aus deinem Wagen steigen sieht; wir kennen uns nicht.«

»Du hast recht. Adieu.«

»Auf Wiedersehen. Denk an dein Versprechen.«

Und d'Artagnan stieg wieder aufsein Pferd und setzte sich an die Spitze der Eskorte.

Fünf Minuten später kamen sie in den Hof des Palais-Royal. D'Artagnan führte den Gefangenen über die große Treppe durch das Vorzimmer und den Gang. An der Tür zum Arbeitszimmer Mazarins ließ er sich bei dem Minister anmelden.

»Lass Monsieur de Rochefort eintreten«, sagte Mazarin in ungeduldigem Ton, sobald er die beiden Namen vernommen hatte, »und bitte Monsieur d'Artagnan zu warten, ich bin noch nicht mit ihm fertig.«

Diese Worte machten d'Artagnan mehr als froh. Es war, wie er gesagt hatte, lange her, dass ihn jemand gebraucht hatte, und Mazarins Beharrlichkeit in Bezug auf ihn erschien ihm als ein glückliches Vorzeichen.

Auf Rochefort dagegen übte sie keine andere Wirkung aus, als ihn sehr auf der Hut sein zu lassen. Er trat in das Arbeitszimmer und sah Mazarin in seiner gewöhnlichen Tracht am Tisch sitzen, das heißt als Monsignore; diese Kleidung glich fast dem Ordenskleid der Äbte jener Zeit, abgesehen davon, dass er die violetten Strümpfe und den violetten Mantel trug.

Die Türen schlossen sich. Rochefort betrachtete Mazarin aus dem Augenwinkel und fing einen Blick des Ministers auf, der den seinen kreuzte.

Der Minister war noch immer derselbe, sorgfältig gekämmt, gekräuselt und parfümiert, und wirkte dank seiner Gefallsucht nicht einmal so alt, wie er war. Bei Rochefort dagegen war das eine andere Sache, die im Gefängnis verbrachten fünf Jahre hatten den ehrenwerten Freund Monsieur de Richelieus stark altern lassen, sein schwarzes Haar war völlig weiß geworden, und die Bronzetöne seines Teints hatten einer ungemilderten Blässe Platz gemacht, die von Entkräftung herzurühren schien. Als Mazarin dessen gewahr wurde, schüttelte er unmerklich den Kopf mit einer Miene, als wolle er sagen: Der Mann scheint mir nicht mehr für viel zu taugen.

Nach einem Schweigen, das ohnehin ziemlich lange währte, Rochefort jedoch wie ein Jahrhundert vorkam, zog Mazarin aus einem Stapel von Schriftstücken einen geöffneten Brief hervor und zeigte ihn dem Edelmann.

»Ich habe da einen Brief gefunden, in dem Sie Ihre Freiheit zurückfordern, Monsieur de Rochefort. Sie befinden sich also im Gefängnis?«

Rochefort schauderte es bei dieser Frage.

»Mir scheint«, sagte er, »das wissen Eure Eminenz besser als sonst jemand.«

»Ich? Durchaus nicht! In der Bastille befinden sich noch eine Menge Leute, die aus der Zeit Monsieur de Richelieus dort sind und deren Namen ich nicht einmal weiß.«

»Oh, aber bei mir ist das etwas anderes, Monseigneur! Und meinen wussten Sie, da ich ja auf Befehl Eurer Eminenz vom Châtelet in die Bastille geschafft wurde.«

»Meinen Sie?«

»Ich bin überzeugt davon.«

»Ja, ich glaube mich in der Tat zu erinnern. Hatten Sie sich nicht zu der Zeit geweigert, für die Königin eine Reise nach Brüssel zu unternehmen?«

»Ah! Sieh an!«, sagte Rochefort. »Das ist also der wahre Grund? Seit fünf Jahren suche ich ihn. Ich Einfaltspinsel habe ihn nicht gefunden!«

»Aber ich behaupte nicht, das sei der Grund für Ihre Verhaftung; damit wir uns verstehen, ich stelle Ihnen diese Frage, weiter nichts. Haben Sie sich nicht geweigert, sich im Dienst der Königin nach Brüssel zu begeben, während Sie eingewilligt hatten, es im Dienst des verstorbenen Kardinals zu tun?«

»Eben weil ich dort im Dienst des verstorbenen Kardinals gewesen war, konnte ich nicht im Dienst der Königin dorthin zurückkehren. Ich befand mich in Brüssel in einer außerordentlichen Lage. Es handelte sich damals um die Verschwörung Chalais'. Ich war dort, um die Korrespondenz Chalais' mit dem Erzherzog abzufangen, und schon zu der Zeit hätte man mich, da ich erkannt wurde, fast in Stücke zerrissen. Wie konnte ich dorthin zurückkehren? Ich hätte die Königin ins Verderben gestürzt, statt ihr zu dienen.«

»Nun ja, so werden die besten Absichten übel ausgelegt, mein lieber Monsieur de Rochefort. Die Königin hat in Ihrer Weigerung nur eine bloße und einfache Weigerung gesehen, Ihre Majestät die Königin hat unter dem verstorbenen Kardinal viel Anlass gehabt, sich über Sie zu beklagen!« Rochefort lächelte mit Verachtung.

»Gerade weil ich dem Kardinal de Richelieu gegen die Königin gut gedient habe, müssten Sie begreifen, Monseigneur, dass ich nun, da er tot ist, Ihnen gegen alle Welt gut dienen würde.«

»Ich, Monsieur de Rochefort«, sagte Mazarin, »ich bin nicht wie Monsieur de Richelieu, der nach der Allmacht trachtete, ich bin ein simpler Minister, der keine Diener braucht, da er Diener der Königin ist. Nun, Ihre Majestät ist sehr empfindlich, sie hatte von Ihrer Weigerung erfahren, hatte sie als eine Kriegserklärung aufgefaßt, und da sie wusste, ein wie bedeutender und daher gefährlicher Mann Sie sind, mein lieber Monsieur de Rochefort, hatte sie mir befohlen, mich Ihrer zu bemächtigen. Und deshalb befinden Sie sich in der Bastille.«

»Mir scheint, Monseigneur«, sagte Rochefort, »wenn ich mich eines Irrtums wegen in der Bastille befinde …«

»Ja, ja«, erwiderte Mazarin, »das lässt sich gewiss alles arrangieren, Sie sind der Mann, gewisse Angelegenheiten zu verstehen und sie eifrig zu betreiben, sobald Sie diese Angelegenheiten erfasst haben.«

»Das war die Ansicht des Kardinals de Richelieu, und meine Bewunderung für diesen großen Mann wächst noch, da Sie mir wohl andeuten wollen, es sei auch die Ihre.«

»Das ist wahr«, entgegnete Mazarin, »der Kardinal besaß viel politische Klugheit, darin bestand seine große Überlegenheit mir gegenüber, der ich nur ein ganz schlichter Mensch ohne Falsch bin; was mir schadet, ist meine ganz und gar französische Freimütigkeit.«

Rochefort biss sich auf die Lippen, um nicht zu lächeln.

»Ich komme also zur Hauptsache. Ich brauche gute Freunde, treue Diener – wenn ich sage, ich brauche, so meine ich damit, die Königin braucht sie. Ich handle nur nach den Befehlen der Königin, verstehen Sie? Das ist nicht wie bei dem Kardinal de Richelieu, der bei allem, was er tat, seiner Laune folgte. Daher werde ich nie ein großer Mann wie er werden, dafür bin ich aber ein gutmütiger Mensch, Monsieur de Rochefort, und ich hoffe, das werde ich Ihnen beweisen.«

Rochefort kannte diese seidenweiche Stimme, in die sich von Zeit zu Zeit ein Zischen wie von einer Giftschlange schlich.

»Ich bin durchaus bereit, Ihnen zu glauben, Monseigneur«, sagte er, »obgleich ich für mein Teil wenige Beweise dieser Gutmütigkeit erhalten habe, von der Eure Eminenz sprechen. Vergessen Sie nicht, Monseigneur«, sprach Rochefort weiter, als er die Bewegung sah, die der Minister zu unterdrücken versuchte, »vergessen Sie nicht, dass ich seit fünf Jahren in der Bastille bin und dass nichts so sehr die Begriffe verfälscht, als wenn man die Dinge durch die Gitter eines Gefängnisses sieht.«

»Ach, Monsieur de Rochefort, ich habe Ihnen bereits gesagt, dass ich an Ihrer Gefängnishaft nicht beteiligt bin. Die Königin … Zorn der Frau und Fürstin, das ist nun einmal nicht anders. Aber es vergeht, wie es kommt, und hinterher denkt man nicht mehr daran …«

»Ich verstehe, Monseigneur, dass sie nicht mehr daran denkt, sie, die fünf Jahre inmitten von Festen und Höflingen verbracht hat, ich dagegen, der sie in der Bastille verbracht hat …«

»O Gott, mein lieber Monsieur de Rochefort, glauben Sie denn, das Palais-Royal sei ein sehr fröhlicher Aufenthaltsort? Durchaus nicht, sage ich Ihnen. Wir haben hier – unter uns gesagt – unsere beträchtlichen Verdrießlichkeiten gehabt, davon können Sie überzeugt sein. Aber sprechen wir nicht mehr von alldem. Ich lege wie stets meine Karten auf den Tisch. Im Ernst, gehören Sie zu uns, Monsieur de Rochefort?«

»Sie müssen verstehen, Monseigneur, dass ich mir nichts Besseres wünsche, aber ich bin mit nichts mehr auf dem Laufenden. In der Bastille spricht man nur mit den Soldaten und den Kerkermeistern über Politik, und Sie haben keine Ahnung, Monseigneur, wie wenig diese Leute über die Dinge, die geschehen, auf dem Laufenden sind. Ich halte mich immer an Monsieur de Bassompierre … Gehört er noch zu den siebzehn hohen Herren?«

»Er ist tot, Monsieur, und das ist ein großer Verlust. Er war ein der Königin ergebener Mann, und die ergebenen Männer sind selten.«

»Wahrhaftig! Das will ich glauben«, sagte Rochefort. »Und wenn Sie welche haben, dann wissen Sie nichts Besseres mit ihnen anzufangen, als sie in die Bastille zu schicken.«

»Aber wer beweist andrerseits die Ergebenheit?«, entgegnete Mazarin.

»Die Tat«, sagte Rochefort.

»O ja, die Tat!«, erwiderte der Minister nachdenklich. »Aber wo findet man die Männer der Tat?«

Rochefort schüttelte den Kopf. »An denen fehlt es nie, Monseigneur, nur suchen Sie schlecht.«

»Ich suche schlecht? Was wollen Sie damit sagen, mein lieber Monsieur de Rochefort? Belehren Sie mich. Sie müssen durch den vertraulichen Umgang mit dem verstorbenen Kardinal viel gelernt haben. Ach, er war ein so bedeutender Mann!«

»Werden sich Monseigneur nicht ärgern, wenn ich Ihnen eine Strafpredigt halte?«

»Nie und nimmer! Sie wissen wohl, dass man mir alles sagen kann. Ich suche mich beliebt zu machen und nicht Furcht einzujagen.«

»Nun, Monseigneur, in meinem Kerker ist mit einem Nagel ein Sprichwort in die Mauer geritzt.«

»Und wie lautet das Sprichwort?«

»So, Monseigneur: Wie der Herr …«

»Ich kenne es: … so der Knecht.«

»Nein: … so der Diener. Das ist eine kleine Änderung, welche die ergebenen Leute, von denen ich soeben sprach, zu ihrer besonderen Befriedigung vorgenommen haben.«

»Na schön! Und was besagt das Sprichwort?«

»Es besagt, dass Monsieur de Richelieu es gut verstanden hat, ergebene Diener zu finden, und dutzendweise.«

»Er, die Zielscheibe aller Dolche? Er, der sein Leben damit zugebracht hat, alle gegen ihn geführten Stöße zu parieren?«

»Aber er hat sie schließlich pariert, und obwohl sie mit Heftigkeit geführt wurden. Besaß er gute Feinde, so besaß er auch gute Freunde.«

»Aber weiter verlange ich ja nichts!«

»Ich habe Leute gekannt«, fuhr Rochefort, der den Augenblick für gekommen hielt, sein d'Artagnan gegebenes Wort zu halten, fort, »ich habe Leute gekannt, die hundertmal durch ihre Geschicklichkeit den Scharfsinn des Kardinals getäuscht, durch ihre Tapferkeit seine Garde und seine Spione geschlagen haben, Leute, die, ohne Geld, ohne Unterstützung, ohne Einfluss, einem gekrönten Haupt die Krone erhielten und den Kardinal um Gnade bitten ließen.«

»Aber diese Leute, von denen Sie sprechen«, sagte Mazarin, im Innern darüber lächelnd, dass Rochefort dort anlangte, wo er ihn hinhaben wollte, »diese Leute waren nicht dem Kardinal ergeben, da sie gegen ihn kämpften.«

»Nein, denn sie wären besser belohnt worden, sondern sie hatten das Pech, derselben Königin ergeben zu sein, für die Sie soeben Diener wünschten.«

»Aber wie können Sie all diese Dinge wissen?«

»Ich weiß sie, weil diese Leute zu jener Zeit meine Feinde waren, weil sie gegen mich kämpften, weil ich ihnen alles Böse zufügte, das ich nur konnte, weil sie es mir nach Kräften heimgezahlt haben, weil einer von ihnen, mit dem ich mehr privat zu tun hatte, mir vor fast sieben Jahren einen Degenhieb versetzte, es war der dritte, den ich von derselben Hand erhielt … Das Ende einer alten Rechnung.«

»Ach!«, sagte Mazarin mit bewundernswerter Biederkeit. »Wenn ich doch solche Leute kennen würde.«

»Seit mehr als sechs Jahren haben Sie einen vor Ihrer Tür, Monseigneur, den Sie seit sechs Jahren als zu nichts nütze beurteilt haben.«

»Wen?«

»Monsieur d'Artagnan.«

»Dieser Gascogner?«, entfuhr es Mazarin in vollendet gespieltem Erstaunen.

»Dieser Gascogner hat eine Königin gerettet und Monsieur de Richelieu das Geständnis entlockt, dass er an Geschicklichkeit, List und Schlauheit nur ein Stümper sei.«

»Wahrhaftig?«

»Es ist, wie ich die Ehre habe, Euer Exzellenz zu sagen.«

»Erzählen Sie mir ein wenig davon, mein lieber Monsieur de Rochefort.«

»Das ist sehr schwierig«, antwortete der Edelmann lächelnd.

»Dann wird er es mir selbst erzählen.«

»Das bezweifle ich, Monseigneur.«

»Und warum?«

»Weil das Geheimnis nicht ihm gehört, weil das Geheimnis, wie ich Ihnen schon sagte, das einer großen Königin ist.«

»Und er allein hat ein solches Unternehmen ausgeführt?«

»Nein, Monseigneur, er hatte drei Freunde, drei Haudegen, die ihm halfen, tapfere Leute, wie Sie sie gerade suchen.«

»Und diese vier Männer hatten sich zusammengeschlossen, sagen Sie?«

»Als wären diese vier Männer nur einer, als schlügen die vier Herzen in derselben Brust, daher haben sie alles zu viert unternommen.«

»Mein lieber Monsieur de Rochefort, Sie machen mich wahrhaftig in einem Maße neugierig, wie ich's Ihnen gar nicht schildern kann. Könnten Sie mir denn diese Geschichte nicht erzählen?«

»Nein, aber ich kann Ihnen ein Märchen erzählen, ein richtiges Feenmärchen, dafür stehe ich Ihnen ein, Monseigneur.«

»Oh, erzählen Sie es mir, Monsieur de Rochefort, ich liebe Märchen.«

»Nun, dann hören Sie zu! Es war einmal eine Königin … eine mächtige Königin, Herrscherin über eines der größten Königreiche der Welt, der ein Minister sehr übelwollte, weil sie ihm früher zu wohlgewollt hatte. Suchen Sie nicht, Monseigneur, Sie könnten nicht erraten, wer es ist. All das ist lange vor der Zeit geschehen, als Sie in das Königreich kamen, in dem diese Königin herrschte. Es kam an den Hof ein so tapferer, so reicher und so eleganter Gesandter, dass alle Frauen närrisch nach ihm wurden, und die Königin selbst, zweifellos im Gedanken daran, auf welche Weise er wegen der Staatsangelegenheiten unterhandelt hatte, besaß die Unklugheit, ihm ein so einzigartiges Geschmeide zu schenken, dass es nicht ersetzt werden konnte. Da dieses Geschmeide vom König stammte, bewog der Minister diesen, von der Fürstin zu verlangen, sie solle für den nächsten Ball ihre Toilette mit diesem Geschmeide schmücken. Ich brauche Ihnen nicht zu sagen, Monseigneur, dass der Minister genau wusste, wo sich das Geschmeide befand, dass es den Gesandten weit fort, jenseits der Meere begleitet hatte. Die große Königin war verloren! Verloren wie die letzte ihrer Untertaninnen, denn sie stürzte von der Höhe ihrer ganzen Größe.«

»Was Sie nicht sagen!«, rief Mazarin aus.

»Nun, Monseigneur, vier Männer beschlossen, sie zu retten. Diese vier Männer waren keine Prinzen, keine Herzöge, keine Mächtigen, sie waren nicht einmal reich, sondern vier Soldaten, die ein großes Herz, einen starken Arm und einen schnellen Degen besaßen. Sie machten sich auf den Weg. Der Minister hatte davon erfahren und über die ganze Strecke Leute verteilt, die ihnen auflauern und sie hindern sollten, ans Ziel zu gelangen. Drei wurden durch die zahlreichen Angreifer außer Gefecht gesetzt, aber einer erreichte den Hafen, tötete oder verwundete jene, die ihn zurückhalten wollten, überquerte das Meer und brachte das Geschmeide der großen Königin zurück, die es an dem bezeichneten Tag an ihrer Schulter befestigen konnte, was den Minister beinahe rasend gemacht hätte. Was halten Sie von diesem Streich, Monseigneur?«

»Er ist herrlich!«, sagte Mazarin sinnend.

»Ich weiß von sehr ähnlichen.«

Mazarin sprach nicht, er überlegte. Fünf oder sechs Minuten verstrichen.

»Sie haben mich nichts mehr zu fragen, Monseigneur?«, erkundigte sich Rochefort.

»Allerdings, Sie sagen, Monsieur d'Artagnan sei einer von diesen vier Männern?«

»Er hat das ganze Unternehmen geleitet.«

»Und die anderen, wer waren die?«

»Monseigneur, erlauben Sie, dass ich es Monsieur d'Artagnan überlasse, sie Ihnen zu nennen. Es waren seine Freunde, nicht die meinen, er allein hätte irgendeinen Einfluss auf sie, und ich kenne sie nicht einmal unter ihrem richtigen Namen.«

»Sie misstrauen mir, Monsieur de Rochefort. Wohlan, ich will bis zum Schluss offen sein: ich brauche Sie, ihn, alle!«

»Beginnen wir mit mir, Monseigneur, da Sie mich holen ließen und da ich hier bin, und befassen Sie sich dann mit ihnen. Verwundern Sie sich nicht über meine Neugier; wenn man seit fünf Jahren im Gefängnis sitzt, ist man nicht böse darüber, zu erfahren, wohin Sie einen schicken werden.«

»Sie, mein lieber Monsieur de Rochefort, werden den Vertrauensposten erhalten, Sie werden nach Vincennes gehen, wo sich Monsieur de Beaufort als Gefangener befindet, Sie werden ihn mir nicht aus den Augen verlieren. Nun, was haben Sie?«

»Sie schlagen mir daetwas Unmögliches vor«, sagte Rochefort und schüttelte mit enttäuschter Miene den Kopf.

»Wie, etwas Unmögliches? Und warum ist es unmöglich?«

»Weil Monsieur de Beaufort zu meinen Freunden gehört oder vielmehr ich zu den seinen zähle. Haben Sie vergessen, Monseigneur, dass er sich bei der Königin für mich verbürgt hat?«

»Monsieur de Beaufort ist seit der Zeit ein Feind des Staates.«

»Das ist möglich, Monseigneur, aber da ich weder König noch Königin noch Minister bin, ist er nicht mein Feind, und ich kann das, was Sie mir bieten, nicht annehmen.«

»Und das nennen Sie Ergebenheit? Ich beglückwünsche Sie dazu! Ihre Ergebenheit verpflichtet Sie zu nicht allzu viel, Monsieur de Rochefort.«

»Und überdies werden Sie begreifen, Monseigneur«, erwiderte Rochefort, »dass es nur einen Wechsel des Gefängnisses bedeutete, verließe ich die Bastille, um nach Vincennes zu gehen.«

»Sagen Sie nur gleich, dass Sie für Monsieur de Beaufort Partei ergreifen, das wäre ehrlicher von Ihnen.«

»Monseigneur, ich bin so lange eingesperrt gewesen, dass ich nur eine Partei ergreife, nämlich die der freien Luft. Verwenden Sie mich für jede andere Sache, schicken Sie mich mit einem Auftrag fort, geben Sie mir etwas zu tun, aber wenn irgend möglich auf den Heerstraßen!«

»Mein lieber Monsieur de Rochefort«, sagte Mazarin mit spöttischem Gesicht, »Sie lassen sich von Ihrem Eifer hinreißen; Sie halten sich noch für einen jungen Mann, weil das Herz noch immer jung ist, aber es fehlen Ihnen die Kräfte. Glauben Sie mir doch, was Sie jetzt nötig haben, ist Ruhe. Heda, zu mir!«

»Sie bestimmen also nichts über mich, Monseigneur?«

»Im Gegenteil, ich habe es bereits getan.«

Bernouin trat ein.

»Ruf einen Türsteher«, sagte er, »und bleib in meiner Nähe«, fügte er ganz leise hinzu.

Ein Türsteher kam. Mazarin schrieb ein paar Worte, die er dem Mann übergab, und neigte grüßend den Kopf.

»Adieu, Monsieur de Rochefort!«, sagte er.

Rochefort verbeugte sich ehrerbietig.

»Ich sehe, Monseigneur«, sagte er, »dass man mich in die Bastille zurückführt.«

»Sie besitzen Verstand.«

»Ich gehe dorthin zurück, Monseigneur, aber ich wiederhole Ihnen, es ist unrecht von Ihnen, dass Sie mich nicht zu beschäftigenwissen.«

»Sie, den Freund meiner Feinde?«

»Das ist nun mal nicht anders. Sie müssten mich zum Feind Ihrer Feinde machen.«

»Denken Sie, es gäbe nur Sie allein, Monsieur de Rochefort? Glauben Sie mir, ich werde solche finden, die Ihnen keineswegs nachstehen.«

»Ich wünsche es Ihnen, Monseigneur.«

»Das ist schön. Gehen Sie, gehen Sie! Übrigens ist es zwecklos, mir weiterhin zu schreiben, Monsieur de Rochefort, Ihre Briefe werden verlorene Mühe sein.«

»Ich habe die Kastanien aus dem Feuer geholt«, murmelte Rochefort, als er sich entfernte, »und ist d'Artagnan nicht zufrieden mit mir, wenn ich ihm gleich erzähle, welch ein Loblied ich auf ihn gesungen habe, dann ist er schwer zu befriedigen. Aber wohin, zum Teufel, führt man mich?«

Tatsächlich wurde Rochefort über die kleine Treppe geführt statt durch das Vorzimmer, wo d'Artagnan wartete. Auf dem Hof fand er seine Kutsche und die vier Männer Begleitung, aber seinen Freund suchte er vergeblich.

Aha!, sagte sich Rochefort. Das ändert die Sache aber gewaltig. Und wenn sich immer noch so viel Volk auf den Straßen befindet, dann werden wir Mazarin zu beweisen versuchen, dass wir Gott sei Dank noch zu anderm taugen, als einen Gefangenen zu bewachen.

Und er sprangso leichtfüßig in die Kutsche, als wäre er erst fünfundzwanzig Jahre alt.

Anna von Österreich mit sechsundvierzig Jahren

Mit Bernouin allein geblieben, dachte Mazarin einen Augenblick nach; er hatte viel erfahren, wusste aber noch nicht genug. Mazarin war ein Falschspieler. Er beschloss, die Partie mit d'Artagnan nicht zu eröffnen, ehe er nicht alle Karten seines Gegenspielers genau kannte.

»Monseigneur befehlen nichts?«, fragte Bernouin.

»Doch«, erwiderte Mazarin, »leuchte mir, ich gehe zur Königin.«

Bernouin nahm einen Handleuchter und gingvoraus.

Es gab einen geheimen Gang, der sich von den Räumen und dem Arbeitszimmer Mazarins bis zu den Räumen der Königin erstreckte, diesen Gang benutzte der Kardinal, um zu jeder Stunde Anna von Österreich aufzusuchen.

Als er in das Schlafgemach trat, zu dem dieser Gang führte, stieß Bernouin auf Madame Beauvais. Madame Beauvais und Bernouin waren die intimen Vertrauten dieses ältlichen Liebespaares, und Madame Beauvais übernahm es, Anna von Österreich, die sich mit dem jungen Ludwig XIV. in ihrem Betzimmer befand, den Kardinal zu melden.

Anna von Österreich saß, den Ellbogen auf einen Tisch und den Kopf in die Hand gestützt, in einem großen Lehnstuhl und betrachtete das Königskind, das auf dem Teppich kauerte und in einem großen Buch über Schlachten blätterte. Anna von Österreich war eine Königin, die es vortrefflich verstand, sich mit Erhabenheit zu langweilen, mitunter blieb sie stundenlang so in ihrem Gemach oder in ihrem Betzimmer zurückgezogen, ohne zu lesen oder zu beten.

Das Buch, mit dem sich der König die Zeit vertrieb, war ein mit Stichen ausgestatteter Quintus Curtius und schilderte die kriegerischen Heldentaten Alexanders.

Madame Beauvais erschien an der Tür des Betzimmers und meldete den Kardinal de Mazarin.

Das Kind richtete sich auf einem Knie auf, sah mit gerunzelter Stirn seine Mutter an und fragte: »Warum kommt er auf diese Weise, ohne um Audienz zu bitten?«

Anna errötete leicht. »Es ist wichtig«, erwiderte sie, »dass ein Minister in Zeiten wie den gegenwärtigen der Königin zu jeder Stunde berichten kann, was vorgeht, ohne die Neugier oder den Klatsch des ganzen Hofes erregen zu müssen.«

»Aber mir scheint, Monsieur de Richelieu ist nicht so gekommen«, sagte das unversöhnliche Kind.

»Wie willst du dich daran erinnern, was Monsieur de Richelieu tat? Du kannst es nicht wissen, du warst noch viel zu jung.«

»Ich erinnere mich nicht daran; ich habe gefragt, und man hat es mir gesagt.«

»Und wer hat dir das gesagt?«, entgegnete Anna von Österreich mit einer schlecht verheimlichten Bewegung übler Laune.

»Ich weiß, dass ich nie die Namen der Personen nennen darf, die mir auf die Fragen, die ich ihnen stelle, antworten«, gab das Kind zurück, »sonst würde ich nichts mehr erfahren.«

In diesem Augenblick trat Mazarin ein. Der König erhob sich darauf vollends, nahm sein Buch, klappte es zu und legte es auf den Tisch, neben dem er aufrecht stehen blieb, um Mazarin zu zwingen, dass er ebenfalls stehen blieb.

Mazarin überschaute mit seinem verständigen Blick diese ganze Szene, von der er eine Erklärung über die vorausgegangene zu verlangen schien.

Er verneigte sich ehrerbietig vor der Königin und erwies dem König eine tiefe Reverenz, welche dieser mit einer ziemlich hochfahrenden Kopfbewegung erwiderte, doch ein Blick seiner Mutter machte ihm zum Vorwurf, sich so den Hassgefühlen zu überlassen, die Ludwig XIV. von Beginn an dem Kardinal entgegengebracht hatte, und er nahm die Höflichkeitsbezeigung des Ministers mit einem Lächeln auf den Lippen entgegen.

Anna von Österreich suchte aus dem Gesicht Mazarins den Grund für diesen unvermuteten Besuch zu erraten, denn gewöhnlich kam der Kardinal erst dann zu ihr, wenn sich alle zur Ruhe begeben hatten.

Der Minister gab ihr ein unmerkliches Zeichen mit dem Kopf, worauf sich die Königin an Madame Beauvais wandte und sagte: »Es ist Zeit, dass der König zu Bett geht, rufen Sie Laporte.«

Schon zwei- oder dreimal hatte die Königin den jungen König geheißen, sich zurückzuziehen, und stets hatte das Kind sanft darauf bestanden, zu bleiben, aber diesmal machte er keine Bemerkung, er biss sich nur auf die Lippen und erbleichte.

Einen Augenblick später trat Laporte ein.

Das Kind ging geradeswegs auf ihn zu, ohne seine Mutter zu küssen.

»Warum küsst du mich nicht, Ludwig?«, fragte Anna.

»Ich dachte, Sie zürnen mir, Madame; Sie jagen mich fort.«

»Ich jage dich nicht fort, nur hast du die Blattern gehabt und bist noch leidend, und ich fürchte, das Aufbleiben ermüdet dich.«

»Sie waren nicht so besorgt, als Sie mich heute bewogen, in das Palais zu gehen und diese schlimmen Edikte zu erlassen, die so viel Murren beim Volk erregt haben.«

»Sire«, fragte Laporte, um abzulenken, »wem wünschen Eure Majestät, dass ich den Leuchter gebe?«

»Wem du willst, Laporte«, erwiderte das Kind, »vorausgesetzt«, fügte es mit lauter Stimme hinzu, »es ist nicht Mancini.«

Monsieur Mancini war ein Neffe des Kardinals, den Mazarin dem König als Pagen beigegeben hatte und dem Ludwig XIV. einen Teil des Hasses entgegenbrachte, den er für seinen Minister hegte.

Und der König ging hinaus, ohne seine Mutter zu küssen und ohne den Kardinal zu grüßen.

»Bravo!«, sagte Mazarin. »Ich sehe mit Freuden, dass man Seine Majestät in dem Abscheu vor Verstellung erzieht.«

»Warum?«, fragte die Königin mit einer fast schüchternen Miene.

»Mir scheint, der Abgang des Königs bedarf keiner Kommentare, außerdem macht sich Seine Majestät nicht die Mühe, zu verhehlen, wie wenig Zuneigung er mir entgegenbringt, was mich im Übrigen nicht hindert, ihm wie Eurer Majestät völlig ergeben zu sein.«

»Ich bitte Sie für ihn um Vergebung, Kardinal«, sagte die Königin, »er ist ein Kind und kann noch nicht wissen, wie viel Dank er Ihnen schuldet.«

Der Kardinal lächelte.

»Aber«, fuhr die Königin fort, »Sie sind zweifellos wegen einer wichtigen Sache gekommen, was gibt es also?«

Mazarin setzte sich oder ließ sich vielmehr in einen breiten Sessel fallen und sagte mit schwermütigem Gesicht: »Aller Wahrscheinlichkeit nach werden wir bald genötigt sein, uns zu trennen, es sei denn, Sie gingen in Ihrer Hingabe für mich so weit, mich nach Italien zu begleiten.«

»Und warum das?«, fragte die Königin.

»Weil«, erwiderte Mazarin, »wie es in der Oper ›Thisbe‹ heißt, ›die ganze Welt sich verschworen hat, unsre Liebe zu entzweien‹.«

»Sie scherzen, Monsieur!«, sagte die Königin, indem sie versuchte, ein wenig von ihrer früheren Würde zurückzuerlangen.

»Ach, mitnichten, Madame!«, sagte Mazarin. »Ich scherze nicht im Geringsten; ich möchte viel eher weinen, ich bitte Sie, mir zu glauben, und es gibt Grund dafür, denn merken Sie sich gut, was ich gesagt habe: ›Die ganze Welt hat sich verschworen, unsre Liebe zu entzweien.‹ Und da Sie zur ganzen Welt gehören, möchte ich sagen, dass auch Sie mich im Stich lassen.«

»Kardinal!«

»Mein Gott, habe ich Sie nicht neulich sehr liebenswürdig dem Herzog von Orléans zulächeln sehen oder vielmehr dem, was er Ihnen sagte?«

»Und was hat er zu mir gesagt?«

»›Ihr Mazarin ist der Stein des Anstoßes, möge er verschwinden, und alles wird gut werden‹, sagte er, Madame.«

»Was soll ich denn tun?«

»Oh, Madame, Sie sind die Königin, scheint mir!«

»Eine schöne Königswürde, dem erstbesten Papiersudler des Palais-Royal oder dem erstbesten Krautjunker im Königreich preisgegeben!«

»Immerhin sind Sie stark genug, die Leute, die Ihnen missfallen, aus Ihrer Nähe zu entfernen.«

»Das heißt, die Ihnen missfallen, Ihnen!«, erwiderte die Königin.

»Mir?«

»Zweifellos. Wer hat Madame de Chevreuse fortgeschickt, die unter dem andern Regime zwölf Jahre lang verfolgt wurde?«

»Eine Intrigantin, die gegen mich die gegen Monsieur de Richelieu begonnenen Kabalen fortsetzen wollte.«

»Wer hat Madame du Hautefort verabschiedet, diese so vollkommene Freundin, die des Königs Gunst zurückgewiesen hatte, um in der meinen zu bleiben?«

»Eine Prüde, die Ihnen jeden Abend beim Auskleiden vorerzählte, seinen Priester zu lieben heiße, die Seele zu verlieren, als wäre man Priester, wenn man Kardinal ist.«

»Wer hat Monsieur de Beaufort gefangen nehmen lassen?«

»Ein Wirrkopf, der von nichts Geringerem sprach, als mich zu ermorden!«

»Sie sehen wohl ein, Kardinal«, entgegnete die Königin, »dass Ihre Feinde die meinen sind.«

»Das genügt nicht, Madame, es wäre noch nötig, dass Ihre Freunde auch die meinen würden.«

»Meine Freunde, Monsieur …?« Die Königin schüttelte den Kopf. »Leider habe ich keine mehr.«

»Warum haben Sie im Glück keine Freunde mehr, da Sie doch im Unglück welche besaßen?«

»Weil ich im Glück diese Freunde vergessen habe, weil ich gehandelt habe wie die Königin Maria von Medici, die nach der Rückkehr aus ihrer ersten Verbannung alle, die für sie gelitten hatten, verachtete und die, ein zweites Mal geächtet, in Köln starb, von aller Welt und sogar von ihrem Sohn verlassen, weil die ganze Welt sie nun ihrerseits verachtete.«

»Nun, im Ernst!«, sagte Mazarin. »Wäre es nicht an der Zeit, das Unrecht wiedergutzumachen? Suchen Sie unter Ihren Freunden nach Ihren ältesten.«

»Ach, ich mag noch so sehr um mich schauen, auf niemanden habe ich Einfluss. Monsieur wird wie stets von seinem Günstling begleitet: gestern war es Choisy, heute ist es La Rivière, morgen wird es ein anderer sein. Der Prinz wird von dem Weihbischof begleitet, den wiederum Madame de Guéménée begleitet.«

»Daher sage ich Ihnen ja, Madame, Sie möchten nicht unter Ihren heutigen, sondern unter Ihren früheren Freunden Umschau halten.«

»Unter meinen früheren Freunden?«, fragte die Königin.

»Ja, unter denen, die Ihnen geholfen haben, den Herzog von Richelieu zu bekämpfen, sogar zu besiegen.«

»Worauf will er hinaus?«, murmelte die Königin, während sie den Kardinal mit Besorgnis betrachtete.

»Ja«, fuhr dieser fort, »unter gewissen Umständen haben Sie es mit diesem starken und scharfen Geist, der Eure Majestät auszeichnet, dank dem Beistand Ihrer Freunde verstanden, die Angriffe dieses Gegners zurückzuschlagen.«

»Ich?«, sagte die Königin. »Ich habe gelitten, das ist alles.«

»Ja«, entgegnete Mazarin, »wie die Frauen leiden, indem sie sich rächen. Kommen wir zur Sache! Kennen Sie Monsieur de Rochefort?«

»Monsieur de Rochefort gehörte nicht zu meinen Freunden«, sagte die Königin, »sondern ganz im Gegenteil zu meinen erbittertsten Feinden und zu den Getreuesten des Kardinals. Ich glaubte, Sie wüssten das.«

»Ich weiß es so gut«, erwiderte Mazarin, »dass wir ihn in die Bastille bringen ließen.«

»Ist er entkommen?«, fragte die Königin.

»Nein, seien Sie unbesorgt, er befindet sich immer noch dort, daher erwähnte ich ihn nur, um von einem andern zu sprechen. Kennen Sie Monsieur d'Artagnan?«, fuhr Mazarin fort, indem er der Königin ins Gesicht sah.

Anna von Österreich traf der Schlag mitten ins Herz. »Sollte der Gascogner geschwatzt haben?«, murmelte sie und sagte dann laut: »D'Artagnan? Lassen Sie mich nachdenken, ja, gewiss, der Name ist mir geläufig. D'Artagnan, ein Musketier, der eine von meinen Kammerfrauen liebte, ein armes kleines Ding, das meinetwegen vergiftet wurde.«

»Das ist alles?«, fragte Mazarin.

Die Königin blickte den Kardinal erstaunt an. »Monsieur«, sagte sie, »mir scheint, Sie wollen mich einem Verhör unterziehen?«

»Dessen Fragen Sie jedenfalls nur nach Ihrem Geschmack beantworten«, erwiderte Mazarin mit seinem ewigen Lächeln und seiner immer sanften Stimme.

»Erklären Sie offen, was Sie wünschen, Monsieur, und ich werde Ihnen ebenso antworten«, sagte die Königin mit beginnender Ungeduld.

»Nun denn, Madame«, entgegnete Mazarin, indem er sich verneigte, »ich wünsche, dass Sie mich an Ihren Freunden teilhaben lassen, wie ich Sie an dem bisschen Geschicklichkeit und Begabung, mit dem mich der Himmel bedacht hat, habe teilhaben lassen. Die Umstände sind ernst, und man muss energisch handeln.«

»Noch immer?«, rief die Königin aus. »Ich glaubte, wir hätten Monsieur de Beaufort überstanden.«

»Sie haben nur die Flut gesehen, die alles niederreißen wollte, und dem stillen Wasser keine Aufmerksamkeit geschenkt. Doch es gibt in Frankreich ein Sprichwort über die stillen Wasser.«

»Kommen Sie zum Ende«, sagte die Königin.

»Gut«, fuhr Mazarin fort, »ich stecke tagtäglich die Beleidigungen ein, die mir Ihre Fürsten und Ihre Lakaien von Stand zufügen, lauter Marionetten, die nicht merken, dass ich ihre Fäden halte, und die unter meiner geduldigen Ernsthaftigkeit nicht das Gelächter des Erbitterten erraten haben, der sich geschworen hat, eines Tages der Stärkere zu sein. Wir haben Monsieur de Beaufort gefangen setzen lassen, das ist wahr, aber er ist der am wenigsten Gefährliche von allen, daist noch der Prinz ...«

»Der Sieger von Rocroy! An den denken Sie?«

»Ja, Madame, und sehr häufig, aber – pazienza, wie wir Italiener sagen. Und außer Monsieur de Condé ist da noch der Herzog von Orléans.«

»Was sagen Sie da? Der vornehmste Prinz von Geblüt, der Onkel des Königs?«

»Nicht der vornehmste Prinz von Geblüt, nicht der Onkel des Königs, sondern der feige Verschwörer, der sich, von seinem launischen und abenteuerlichen Charakter getrieben, von verächtlichen Kümmernissen gequält, von einem seichten Ehrgeiz verzehrt, eifersüchtig auf jeden, der ihn an Treue und Mut übertraf, erbittert darüber, dass er wegen seiner völligen Unfähigkeit nichts darstellte, unter dem andern Regime zum Sprachrohr aller üblen Gerüchte, zur Seele aller Kabalen gemacht hat, der all diesen braven Leuten, welche die Torheit besaßen, dem Wort eines Mannes von königlichem Geblüt zu glauben, das Zeichen zum Vorwärtsgehen gab und sie verleugnete, als sie auf das Schafott stiegen! Nicht der vornehmste Prinz von Geblüt, nicht der Onkel des Königs, wiederhole ich, sondern der Mörder Chalais‹, Montmorencys und Cinq-Mars‹, der heute dasselbe Spiel zu treiben versucht und sich einbildet, er werde die Partie gewinnen, weil er den Gegner gewechselt und nicht mehr einen Mann vor sich hat, der droht, sondern einen, der lächelt. Aber er täuscht sich, es ist ihm nicht gelungen, Monsieur de Richelieu zu verderben, und mir liegt nichts daran, dieses Treibmittel der Zwietracht, mit dem der verstorbene Kardinal zwanzig Jahre lang den Zorn des Königs erregte, in der Nähe der Königin zu lassen.«

Anna errötete und verbarg das Gesicht in beiden Händen.

»Ich will Eure Majestät nicht kränken«, begann Mazarin von neuem, nun in ruhigerem Ton, aber gleichzeitig mit ungewöhnlicher Entschiedenheit. »Ich will, dass man die Königin achtet und dass man ihren Minister achtet, denn in den Herzen aller bin ich nur das. Eure Majestät wissen, dass ich nicht, wie viele Leute behaupten, ein aus Italien stammender Hampelmann bin; es ist unerlässlich, dass es aller Welt wie Ihrer Majestät bewusst wird.«

»Und was soll ich dabei tun?«, fragte Anna von Österreich, die sich unter seiner herrischen Stimme krümmte.

»Sie müssen Ihr Gedächtnis nach den Namen dieser getreuen und ergebenen Männer durchforschen, die trotz Monsieurs de Richelieu das Meer überquerten und unterwegs überall Spuren ihres Bluts hinterließen, um Eurer Majestät ein Geschmeide zurückzubringen, das Sie Monsieur de Buckingham geschenkt hatten.«

Anna erhob sich majestätisch und erzürnt, wie von einer Stahlfeder emporgetrieben, und blickte den Kardinal mit jenem Stolz und jener Würde an, die ihr in ihrer Jugend so große Wirkung verliehen hatten.

»Sie beleidigen mich, Monsieur!«, sagte sie.

»Ich will«, fuhr Mazarin fort, »dass Sie heute für Ihren Gatten tun, was Sie einst für Ihren Geliebten getan haben.«

»Schon wieder diese Verleumdung!«, rief die Königin. »Ich glaubte sie inzwischen gestorben und erstickt, denn Sie haben mich bis jetzt damit verschont, aber nun sprechen auch Sie mir davon. Umso besser! Denn wenn jetzt unter uns die Rede davon ist, dann ist die Sache damit ein für allemal abgetan, verstanden?«

»Aber, Madame«, sagte Mazarin, erstaunt über diese wiedererlangte Kraft, »ich verlange ja nicht, dass Sie mir alles erzählen.«

»Und ich will Ihnen alles erzählen«, erwiderte Anna von Österreich. »Hören Sie also. Ich will Ihnen erzählen, dass es zu jener Zeit tatsächlich vier ergebene Herzen gab, vier getreue Seelen, vier verlässliche Degen, die mir mehr als das Leben gerettet haben, Monsieur, die mir meine Ehre retteten.«

»Ah! Sie gestehen es«, sagte Mazarin.

»Sind es nur die Schuldigen, deren Ehre auf dem Spiel steht, Monsieur, und kann man nicht jemanden, vor allem eine Frau, durch den Schein um die Ehre bringen? Ja, der Schein war gegen mich, und ich war im Begriff, die Ehre zu verlieren, und doch, ich schwöre es, war ich nicht schuldig. Ich schwöre es …«

Die Königin suchte nach einem heiligen Gegenstand, darauf zu schwören, zog aus einem in die Tapete gefügten Schrank ein kleines Kästchen aus Rosenholz mit silbernen Intarsien und stellte es auf das Betpult.

»Ich schwöre es«, wiederholte sie, »auf diese geweihten Reliquien, ich habe Monsieur de Buckingham geliebt, aber Monsieur de Buckingham war nicht mein Geliebter!«

»Und was sind das für Reliquien, auf die Sie schwören, Madame?«, fragte Mazarin lächelnd. »Denn ich warne Sie, in meiner Eigenschaft als Katholik bin ich ungläubig: es gibt solche und solche Reliquien.«

Die Königin löste einen kleinen goldenen Schlüssel von ihrem Hals und reichte ihn dem Kardinal.

»Öffnen Sie, Monsieur«, sagte sie, »und sehen Sie selbst.«

Verwundert nahm Mazarin den Schlüssel und öffnete das Kästchen, in dem er nur einen von Rost zerfressenen Dolch und zwei Briefe fand, deren einer mit Blut befleckt war.

»Was ist das?«, fragte Mazarin.

»Was das ist, Monsieur?«, sagte Anna von Österreich mit ihrem königlichen Mienenspiel und indem sie einen ungeachtet der Jahre vollendet schön gebliebenen Arm über das Kästchen ausstreckte. »Ich werde es Ihnen sagen. Diese beiden Briefe sind die einzigen, die ich ihm jemals geschrieben habe. Dieser Dolch ist der, mit dem ihn Felton erstach. Lesen Sie die Briefe, Monsieur, und Sie werden sehen, ob ich gelogen habe.«

Trotz der Erlaubnis, die ihm erteilt worden war, folgte Mazarin einer natürlichen Regung und las nicht die Briefe, sondern nahm den Dolch, den der sterbende Buckingham aus seiner Wunde gerissen und durch Laporte der Königin geschickt hatte; die Klinge war völlig zerfressen, denn das Blut hatte Rost gebildet. Nachdem er ihn einen Augenblick geprüft hatte, während die Königin so weiß geworden war wie das Tuch des Betpults, auf das sie sich stützte, legte er ihn mit einem unwillkürlichen Schauder wieder in das Kästchen.

»Gut, Madame«, sagte er, »ich verlasse mich auf Ihren Schwur.«

»Nein, nein! Lesen Sie«, gebot die Königin stirnrunzelnd, »lesen Sie, ich will es, ich befehle es, damit es, wie ich beschlossen habe, ein für allemal ein Ende hat und wir nicht mehr auf die Sache zurückkommen. Glauben Sie«, fügte sie mit einem grausigen Lächeln hinzu, »ich sei bereit, bei jeder künftigen Beschuldigung von Ihnen, das Kästchen abermals zu öffnen?«

Da diese Energie Gewalt über ihn hatte, gehorchte Mazarin fast mechanisch und las die beiden Briefe. In dem einen erbat sich die Königin von Buckingham die Nestelstifte zurück, es war der von d'Artagnan überbrachte, der zur rechten Zeit angelangt war. Den anderen hatte Laporte dem Herzog übergeben, er enthielt die Warnung der Königin, dass man ihn ermorden wolle, und dieser hatte ihn zu spät erreicht.

»Es ist gut, Madame«, sagte Mazarin, »und es ist nichts dagegen zu sagen.«

»Wenn es etwas dagegen zu sagen gibt, Monsieur«, erwiderte die Königin, während sie das Kästchen wieder schloss und die Hand daraufstützte, »dann nur, dass ich undankbar gegen diese Männer gewesen bin, die mich gerettet und die alles getan haben, was ihnen möglich war, um ihn zu retten, dass ich diesem tapferen d'Artagnan, den Sie vorhin erwähnten, nur meine Hand zum Kuss und diesen Diamantring gegeben habe.«

Die Königin streckte dem Kardinal ihre schöne Hand hin und ließ ihn einen wunderbaren Edelstein sehen, der an ihrem Finger blitzte.

»Er hat ihn, wie es scheint, verkauft«, fuhr sie nach einer kleinen Verlegenheitspause fort, »er hat ihn verkauft, um mich ein zweites Mal zu retten, denn er verkaufte ihn, um dem Herzog einen Boten zu schicken und ihn zu warnen, dass er ermordet werden solle.«

»D'Artagnan wusste es also?«

»Er wusste alles. Wie er das angestellt hat? Ich weiß es nicht. Kurzum, er hat den Ring Monsieur des Essarts verkauft, an dessen Finger ich ihn erblickte und von dem ich ihn zurückkaufte; aber dieser Diamantring gehört ihm, Monsieur, geben Sie ihm das Kleinod von mir zurück, und da Sie so glücklich sind, einen solchen Mann in Ihrer Nähe zu haben, versuchen Sie, ihn zu Ihrem Nutzen zu verwenden.«

»Danke, Madame!«, sagte Mazarin. »Ich werde Ihren Rat befolgen.«

»Und jetzt«, sagte die Königin gleichsam erschöpft durch die Gemütsbewegung, »wünschen Sie noch etwas von mir?«

»Nichts, Madame«, erwiderte der Kardinal mit seiner zärtlichsten Stimme, »ich möchte Sie nur innig bitten, mir meine ungerechten Verdächtigungen zu verzeihen, aber ich liebe Sie so sehr, dass es kein Wunder ist, wenn ich sogar auf Vergangenes eifersüchtig bin.«

Ein unergründliches Lächeln glitt über die Lippen der Königin.

»Nun denn, Monsieur«, sagte sie, »wenn Sie mich nichts weiter zu fragen haben, verlassen Sie mich. Sie werden verstehen, dass ich nach einem solchen Auftritt allein sein muss.«

Der Kardinal ergriff die Hand der Königin, küsste sie galant und entfernte sich.

Kaum war er hinausgegangen, als die Königin in das Gemach ihres Sohnes eilte und Laporte fragte, ob der König zu Bett sei. Laporte deutete mit der Hand auf das schlafende Kind.

Anna von Österreich stieg die Stufen zum Bett hinauf, näherte ihre Lippen der gerunzelten Stirn ihres Sohnes und küsste sie sanft, dann entfernte sie sich so still, wie sie gekommen war, und begnügte sich damit, dem Kammerdiener zu sagen: »Mein lieber Laporte, versuchen Sie es doch möglich zu machen, dass der König freundlicher gegen den Kardinal ist, dem er und ich zu so viel Dank verpflichtet sind.«

Gascogner und Italiener

Unterdessen war der Kardinal in sein Arbeitszimmer zurückgekehrt, an dessen Tür Bernouin wachte, den er fragte, ob sich etwas Neues ereignet und ob man eine Nachricht von draußen erhalten habe. Da Bernouin verneinte, bedeutete er ihm, sich zurückzuziehen.

Allein geblieben, öffnete er die Tür zum Gang, darauf die zum Vorzimmer – der müde d'Artagnan schlief auf einer Polsterbank.

»Monsieur d'Artagnan!«, sagte er mit leiser Stimme.

D'Artagnan rührte sich nicht.

»Monsieur d'Artagnan!«, sagte er lauter.

D'Artagnan schlief weiter.

Der Kardinal ging zu ihm und berührte ihn mit der Fingerspitze an der Schulter.

Diesmal fuhr d'Artagnan zusammen, erwachte und stand sogleich aufrecht und wie ein Soldat unter Waffen.

»Hier bin ich«, sagte er, »wer ruft mich?«

»Ich«, antwortete Mazarin mit seinem freundlichsten Lächeln.

»Ich bitte Eure Eminenz um Verzeihung«, sagte d'Artagnan, »aber ich war so müde ...«

»Bitten Sie mich nicht um Verzeihung, Monsieur«, sagte Mazarin, »Sie haben sich in meinem Dienst ermüdet.«

D'Artagnan wunderte sich über das leutselige Benehmen des Ministers.

»Potztausend!«, murmelte er zwischen den Zähnen. »Soll das Sprichwort wahr sein, dass das Gute im Schlaf kommt?«

»Folgen Sie mir, Monsieur!«, sagte Mazarin.

»Wahrhaftig«, murmelte d'Artagnan, »Rochefort hat Wort gehalten, nur, wo, zum Teufel, ist er hinausgegangen?«

Und er blickte bis in die kleinsten Winkel des Arbeitszimmers, aber da war kein Rochefort mehr.

»Monsieur d'Artagnan«, sagte Mazarin, während er sich setzte und es sich in seinem Lehnstuhl bequem machte, »Sie sind mir als ein tapferer und wackerer Mann erschienen.«

Möglich, dachte d'Artagnan, aber er hat sich Zeit gelassen, mir das zu sagen. Was ihn indes nicht hinderte, sich in Erwiderung dieser Höflichkeit vor Mazarin bis auf die Erde zu verbeugen.

»Der Augenblick ist gekommen«, fuhr Mazarin fort, »Ihre Fähigkeiten und Ihre Tapferkeit nützlich anzuwenden.«

Die Augen des Offiziers blitzten vor Freude, doch sogleich erlosch ihr Feuer, da er nicht wusste, worauf Mazarin hinauswollte.

»Befehlen Sie, Monseigneur«, sagte er, »ich bin bereit, Eurer Eminenz zu gehorchen.«

»Monsieur d'Artagnan, Sie haben unter dem verflossenen Regime gewisse Heldentaten vollbracht ...«

»Eure Eminenz sind zu gütig, sich daran zu erinnern ... Freilich habe ich mit ziemlichem Erfolg Krieg geführt.«

»Ich spreche nicht von Ihren kriegerischen Heldentaten«, sagte Mazarin, »denn obgleich sie einiges Aufsehen erregten, sind sie von den anderen übertroffen worden.«

D'Artagnan wunderte sich.

»Nun«, sagte Mazarin, »Sie antworten nicht?«

»Ich warte«, erwiderte d'Artagnan, »dass Monseigneur mir sagen, über welche Heldentaten Sie sprechen wollen.«

»Ich spreche von dem Abenteuer … Ach, Sie wissen doch genau, was ich sagen will.«

»Leider nicht, Monseigneur«, gab d'Artagnan ganz erstaunt zurück.

»Sie sind verschwiegen, umso besser. Ich möchte von jenem Abenteuer der Königin sprechen, von den Nestelstiften, von der Reise, die Sie mit drei Freunden unternahmen.«

Aufgepasst! dachte der Gascogner. Ist das eine Falle, dann wollen wir standhalten. Und er legte ein Befremden in seine Züge, um das ihn die besten Komödianten jener Zeit beneidet hätten.

»Ausgezeichnet!«, rief Mazarin lachend aus. »Bravo! Man hat mir mit Recht gesagt, dass Sie der Mann sind, den ich brauche. Spaß beiseite, was würden Sie wohl für mich tun?«

»Alles, was Eure Eminenz mir befehlen«, antwortete d'Artagnan.

»Würden Sie für mich tun, was Sie ehedem für eine Königin getan haben?«

Zweifellos will man mich zum Reden bringen, sagte sich d'Artagnan, lassen wir es auf uns zukommen. Er ist, zum Teufel noch mal, nicht schlauer als der Richelieu … »Für eine Königin, Monseigneur? Ich verstehe nicht.«

»Sie verstehen nicht, dass ich Sie und Ihre drei Freunde brauche?«

»Welche Freunde, Monseigneur?«

»Ihre drei Freunde von früher.«

»Früher, Monseigneur«, entgegnete d'Artagnan, »hatte ich nicht drei Freunde, sondern fünfzig. Mit zwanzig Jahren nennt man alle Welt seine Freunde.«

»Schon gut, Herr Offizier«, sagte Mazarin, »Verschwiegenheit ist eine schöne Sache, doch heute könnte es Sie gereuen, allzu verschwiegen zu sein.«

»Monseigneur, Pythagoras ließ seine Schüler fünf Jahre lang Schweigen wahren, damit sie lernten, den Mund zu halten.«

»Und Sie haben es zwanzig Jahre gewahrt, Monsieur. Das sind fünfzehn Jahre länger als ein pythagoräischer Philosoph, was mir verständig erscheint. Sprechen Sie also heute, denn die Königin selbst entbindet Sie von Ihrem Eid.«

»Die Königin?«, wiederholte d'Artagnan mit einem Erstaunen, das diesmal nicht gespielt war.

»Ja, die Königin! Und zum Beweis dessen, dass ich in ihrem Namen spreche, hat sie mich geheißen, Ihnen diesen Diamantring zu zeigen, der Ihnen bekannt sein soll und den sie von Monsieur des Essarts zurückgekauft hat.«

Damit streckte Mazarin die Hand gegen den Offizier aus, der mit einem Seufzer den Ring erkannte, den ihm die Königin am Abend des Balls im Hôtel de Ville geschenkt hatte.

»Das ist wahr«, sagte d'Artagnan, »ich erkenne den Diamantring, der der Königin gehört hat.«

»Sie sehen also, dass ich in ihrem Namen spreche. Antworten Sie mir daher, ohne noch weiter Komödie zu spielen. Ich habe es Ihnen bereits gesagt, und ich wiederhole, es wird Ihr Glück sein.«

»Meiner Treu, Monseigneur! Ich habe es dringend nötig, mein Glück zu machen. Eure Eminenz haben mich so lange vergessen!«

»Wir brauchen nur acht Tage, um das wiedergutzumachen. Nun ja, Sie sind hier, aber wo sind Ihre Freunde?«

»Ich weiß nicht, Monseigneur.«

»Wie, Sie wissen es nicht?«

»Nein, wir haben uns vor langer Zeit getrennt, denn alle drei haben den Dienst quittiert.«

»Aber wo werden Sie sie wiederfinden?«

»Überall, wo sie sind. Das ist meine Sache.«

»Gut. Ihre Bedingungen?«

»Geld, Monseigneur, so viel, wie Ihre Unternehmen erfordern.«

»Teufel! Geld, und viel!«, sagte Mazarin. »Sie gehen aber ran, Herr Offizier! Wissen Sie, dass in den Truhen des Königs kein Geld vorhanden ist?«

»Dann machen Sie es wie ich, Monseigneur, verkaufen Sie die Diamanten der Krone, glauben Sie mir, und feilschen wir nicht, mit geringen Mitteln lassen sich die großen Dinge schlecht tun.«

»Nunja«, sagte Mazarin, »wir werden dafür sorgen, Sie zufriedenzustellen.«

Richelieu, dachte d'Artagnan, hätte mir bereits fünfhundert Pistolen Handgeld gegeben.

»Sie werden also mir angehören?«

»Ja, wenn meine Freunde wollen.«

»Doch falls sie sich weigern, könnte ich auf Sie zählen?«

»Allein habe ich nie etwas Großes vollbracht«, sagte d'Artagnan kopfschüttelnd.

»Dann suchen Sie sie also.«

»Was soll ich ihnen sagen, um sie zu veranlassen, dass sie Eurer Eminenz dienen?«

»Sie kennen sie besser als ich. Richten Sie sich mit dem, was Sie versprechen, nach ihrer Sinnesart.«

»Und was soll ich versprechen?«

»Wenn sie mir dienen, wie sie der Königin gedient haben, wird meine Anerkennung glänzend sein.«

»Was werden wir tun?«

»Alles, da Sie sich anscheinend auf alles verstehen.«

»Monseigneur, wenn man Vertrauen zu den Leuten hat und will, dass sie zu einem selbst Vertrauen haben, dann unterrichtet man sie besser, als es Eure Eminenz tun.«

»Seien Sie unbesorgt«, erwiderte Mazarin, »wenn der Augenblick zu handeln gekommen ist, werden Sie alles erfahren, was ich im Sinn habe.«

»Und bis dahin?«

»Warten Sie ab, und suchen Sie Ihre Freunde.«

»Monseigneur, vielleicht sind sie nicht in Paris, was sogar wahrscheinlich ist, und ich muss reisen. Ich bin nur ein sehr armer Musketierleutnant, und Reisen ist teuer.«

»Es liegt mir nichts daran, dass Sie mit einem großen Gefolge auftreten«, sagte Mazarin, »meine Pläne erfordern Geheimhaltung und würden unter einem zu großen Gepränge leiden.«

»Dennoch kann ich von meinem Sold nicht reisen, Monseigneur, weil man damit bei mir drei Monate im Rückstand ist, und ich kann auch nicht von meinen Ersparnissen reisen, da ich in den zweiundzwanzig Jahren, die ich im Dienst bin, nur Schulden zurückgelegt habe.«

Mazarin blieb einen Augenblick nachdenklich, als fände ein großer Kampf in seinem Innern statt, dann ging er zu einem dreifach verschlossenen Schrank und entnahm ihm einen Beutel, den er ein paarmal in der Hand wog, ehe er ihn d'Artagnan übergab. »Nehmen Sie das für die Reise«, sagte er mit einem Seufzer.

Wenn das spanische Dublonen oder sogar Goldtaler sind, dachte d'Artagnan, werden wir doch noch miteinander ins Geschäft kommen können.

Er verbeugte sich vor dem Kardinal und stopfte den Beutel in seine große Tasche.

»Es ist also abgemacht«, sagte der Kardinal, »Sie werden reisen …«

»Ja, Monseigneur.«

»Schreiben Sie mir jeden Tag, um mich über Ihre Verhandlungen zu unterrichten.«

»Ich werde es nicht versäumen, Monseigneur.«

»Sehr gut. Übrigens, die Namen Ihrer Freunde?«

»Graf von La Fère alias Athos, Monsieur du Vallon alias Porthos und Chevalier d'Herblay, jetzt Abbé d'Herblay alias Aramis.«

Der Kardinal lächelte. »Jüngere Söhne, die sich unter falschem Namen, um den der Familie nicht zu kompromittieren, als Musketiere anwerben ließen«, sagte er. »Lange Rapiere, aber leichte Börse, das kennt man.«

»Wenn Gott will, dass diese Rapiere in den Dienst Eurer Eminenz übergehen«, sagte d'Artagnan, »dann wage ich den Wunsch auszusprechen, dass die Börse von Monseigneur leicht und die ihre schwer werde, denn mit diesen drei Männern und mir werden Eure Eminenz ganz Frankreich und sogar ganz Europa, wenn es Ihnen beliebt, in Bewegung bringen.«

»Diese Gascogner gleichen in ihrer Großmäuligkeit fast den Italienern«, lachte Mazarin.

»Auf jeden Fall sind sie im unerwarteten Angriff besser«, erwiderte d'Artagnan mit einem Lächeln wie dem des Kardinals.

Und nachdem er um Urlaub gebeten hatte, der ihm augenblicklich bewilligt und von Mazarin selbst unterzeichnet wurde, entfernte er sich.

Kaum draußen, näherte er sich einer Laterne im Hof und blickte eiligst in den Beutel.

»Silbertaler!«, rief er voller Verachtung. »Das habe ich geahnt! Ach, Mazarin! Du hast kein Vertrauen zu mir. Umso schlimmer! Es wird dir Unglück bringen.«

Der Kardinal rieb sich unterdessen die Hände. »Hundert Pistolen«, murmelte er, »hundert Pistolen! Für hundert Pistolen habe ich ein Geheimnis erfahren, für das Monsieur de Richelieu zwanzigtausend Taler bezahlt hätte. Nicht eingerechnet diesen Diamantring«, wobei er einen verliebten Blick auf den Ring warf, den er behalten hatte, statt ihn d'Artagnan zu geben, »nicht eingerechnet diesen Diamantring, der mindestens zehntausend Livres wert ist.«

Inzwischen machte sich d'Artagnan auf den Weg in die Rue de Tiquetonne, wo er im Gasthaus der Chevrette wohnte.

Mit ein paar Worten sei erzählt, was d'Artagnan dazu geführt hatte, sich diesen Aufenthalt zu wählen.

D'Artagnan mit vierzig Jahren

Ach! Seit der Zeit, da wir in unserem Roman »Die drei Musketiere« d'Artagnan in der Rue des Fossoyeurs 12 verließen, ist viel geschehen, und sind vor allem viele Jahre verstrichen.

D'Artagnan hatte sich den Umständen nicht versagt, aber die Umstände hatten d'Artagnan im Stich gelassen. Solange er von seinen Freunden umgeben war, hatte er sich seine Jugend und seine poetische Begeisterungbewahrt. Er gehörte zu jenen empfänglichen und eifrigen Naturen, die mit Leichtigkeit die Eigenschaften anderer zu den ihren machen. Athos teilte ihm von seinem Adel mit, Porthos von seinem Feuer, Aramis von seiner Feinheit. Hätte d'Artagnan weiterhin mit diesen drei Freunden zusammengelebt, dann wäre er ein bedeutender Mann geworden. Athos verließ ihn als Erster, um sich auf das kleine Landgut zurückzuziehen, das er geerbt hatte, Porthos als Zweiter, um seine Anwaltsgattin zu heiraten, und als Dritter schließlich Aramis, um endgültig in den Orden einzutreten und Abbé zu werden. Von diesem Augenblick an fühlte sich d'Artagnan, der seine Zukunft mit der seiner drei Freunde verknüpft zu haben schien, einsam und schwach und ohne Eifer, eine Laufbahn zu verfolgen, in der er es seiner Empfindung nach nur unter der Voraussetzung zu etwas bringen konnte, dass ihm jeder seiner Freunde einen Teil des vom Himmel empfangenen zündenden Fluidums abgäbe.

Obwohl d'Artagnan Leutnant der Musketiere geworden war, fühlte er sich deswegen nur noch einsamer. Er war nicht von hinreichend hoher Geburt wie Athos, dass sich ihm die vornehmen Häuser öffneten, er war nicht eitel genug wie Porthos, um den Eindruck zu erwecken, als verkehre er in der feinen Gesellschaft, und er war nicht ein so gebildeter Edelmann wie Aramis, dass er sich eine angeborene Eleganz bewahren konnte, indem er sie aus sich selbst schöpfte. Eine Zeitlang hatte die bezaubernde Erinnerung an Madame Bonacieux des jungen Leutnants Seele mit einer gewissen Poesie erfüllt, aber wie es bei allem auf der Welt zugeht, war diese vergängliche Erinnerung nach und nach verblichen; das Garnisonsleben ist verderblich, selbst für aristokratische Naturen. Von den beiden gegensätzlichen Wesensanlagen, die d'Artagnans Persönlichkeit ausmachten, hatte die materielle allmählich und ganz sacht, ohne dass er selbst es merkte, das Übergewicht erlangt, und so war d'Artagnan, immer in Garnison, immer im Feldlager, immer zu Pferd, das geworden, was man heute (wie man es damals nannte, weiß ich nicht) einen regelrechten Kommissstiebel nennt.

Doch deswegen hatte d'Artagnan keineswegs seinen ursprünglichen Geschmack für Feinheiten verloren. Er war im Gegenteil vielleicht sogar gewachsen oder erschien zumindest doppelt bemerkenswert unter der etwas derben Hülle, aber er hatte diesen Geschmack für Feinheiten auf die kleinen, nicht auf die großen Dinge des Lebens gerichtet, auf das körperliche Wohlbefinden, auf das, was die Soldaten unter Wohlbefinden verstehen, das heißt gutes Quartier, gutes Essen und Trinken und eine gute Hauswirtin.

Und all das hatte d'Artagnan seit sechs Jahren in der Rue Tiquetonne im Gasthof der Chevrette gefunden.

Zu Beginn seines Aufenthalts in diesem Gasthof war die Wirtin, eine hübsche und knusprige Flamin von etwa fünfundzwanzig Jahren, heftig in Liebe zu ihm entbrannt, und nach einigen Zärtlichkeiten, die sehr gestört wurden durch einen lästigen Ehemann, angesichts dessen d'Artagnan zehnmal so getan hatte, als wolle er ihn mit dem Degen durchbohren, war dieser Ehemann eines schönen Morgens auf Nimmerwiedersehen verschwunden, nachdem er heimlich ein paar Weingärten verkauft und das Geld und den Schmuck mitgenommen hatte. Man hielt ihn für tot; namentlich seine Frau, die ihre Hoffnung in den angenehmen Gedanken setzte, Witwe zu sein, behauptete kühn, er sei gestorben. Nach drei Jahren einer Liebschaft, die d'Artagnan sich zu lösen hütete, da er sein Nachtlager und seine Geliebte jedes Jahr noch erfreulicher fand, da beide einander Ehre machten, erhob schließlich die Geliebte die übertriebene Forderung, Ehefrau zu werden, und trug d'Artagnan an, sie zu heiraten.

»Ah! Pfui!«, erwiderte d'Artagnan. »Bigamie, meine Liebe? Das kannst du doch wohl nicht im Sinn haben!«

»Aber er ist tot, davon bin ich überzeugt.«

»Er ist ein sehr unangenehmer Patron, und er wird zurückkommen, um uns aufknüpfen zu lassen.«

»Gut, wenn er wiederkommt, wirst du ihn töten, du bist so tapfer und geschickt!«

»Potztausend, mein Schatz! Ein weiterer Anlass, aufgehängt zu werden.«

»Du weist also meine Bitte zurück?«

»Wie sollte ich nicht? Aber mit Erbitterung!«

Die schöne Wirtin war höchst betrübt. Sie hätte Monsieur d'Artagnan liebend gern nicht nur zu ihrem Gatten, sondern auch zu ihrem Gott gemacht, er war ein so schöner Mann und ein so verwegener Haudegen!

Gegen das vierte Jahr dieser Liebschaft kam es zu dem Feldzug nach der Franche-Comté. D'Artagnan erhielt den Befehl, ihn mitzumachen, und rüstete sich für die Abreise. Das verursachte großen Schmerz, Tränen ohne Ende und feierliche Versprechen, treu zu bleiben, all das wohlverstanden von Seiten der Wirtin. D'Artagnan war ein zu großer Herr, um etwas zu versprechen, daher versprach er nur, sein Möglichstes zu tun, um weiteren Ruhm an seinen Namen zu heften.

D'Artagnans Mut in dieser Hinsicht ist bekannt; er hielt sich bewundernswert tapfer und bekam, als er seine Kompanie zu einem heftigen Angriff führte, eine Kugel durch die Brust, die ihn der Länge nach auf das Schlachtfeld niederstreckte. Man sah ihn vom Pferd stürzen, sah ihn nicht wieder aufstehen, hielt ihn für tot, und alle, die ihm in seinem Rang zu folgen hofften, behaupteten aufs Geratewohl, er sei es. Man glaubt leicht, was man wünscht; in der Armee ist es so, dass von den Divisionsgeneralen, die sich den Tod des kommandierenden Generals wünschen, bis zu den Soldaten, die sich den Tod der Korporale wünschen, jedermann den Tod irgendeines herbeiwünscht.

D‹Artagnan war aber nicht der Mann, sich auf diese Weise umbringen zu lassen. Nachdem er in der Hitze des Tages ohnmächtig auf dem Schlachtfeld liegen geblieben war, ließ ihn die frische Kühle der Nacht wieder zu sich kommen. Er erreichte ein Dorf, pochte an die Tür des schönsten Hauses und wurde aufgenommen, wie die Franzosen überall und immer aufgenommen werden, wenn sie verwundet sind. Er wurde gepflegt, behandelt und geheilt und machte sich eines schönen Morgens wohler denn je auf den Weg zurück nach Frankreich. In Frankreich nahm er den Weg nach Paris, und in Paris schlug er die Richtung nach der Rue Tiquetonne ein.

Doch sein Zimmer fand d'Artagnan von einem voller Männersachen hängenden Kleiderrechen besetzt, nur der Degen fehlte.

»Er wird zurückgekommen sein«, sagte er, »nun, das ist mir gleichgültig.«

Unnötig zu erwähnen, dass d'Artagnan immer noch an den Ehemann dachte.

Er erkundigte sich: ein neuer Kellner, eine neue Dienstmagd, die Herrin sei zu einem Spaziergang fort.

»Allein?«, fragte d'Artagnan.

»Mit Monsieur.«

»Monsieur ist also zurückgekehrt?«

»Natürlich«, antwortete die Dienstmagd naiv.

Wenn ich Geld hätte, sagte sich d'Artagnan, würde ich davongehen, aber ich habe keins, daher muss ich bleiben und den Ratschlägen meiner Wirtin folgen, die ehelichen Absichten dieses lästigen Gespenstes zu durchkreuzen.

Er beendete diesen Monolog, der beweist, dass unter bedeutenden Umständen nichts natürlicher ist als ein Monolog, als die Dienstmagd, die an der Haustür lauerte, plötzlich rief: »Da, sehen Sie! Gerade kommt Madame mit Monsieur zurück.«

D'Artagnan blickte die Straße lang und sah tatsächlich die Wirtin um die Ecke der Rue Montmartre biegen, auf den Arm eines riesigen Schweizers gestützt, der sich beim Gehen mit einem Gehabe in den Hüften wiegte, das d'Artagnan liebenswürdig an seinen alten Freund Porthos erinnerte.

Das ist Monsieur?, sagte sich d'Artagnan. Oha! Mir scheint, er ist sehr gewachsen!

Und er setzte sich in die Gaststube auf einen Platz, wo er gut zu sehen war.

Als die Wirtin eintrat, bemerkte sie ihn sogleich und stieß einen leichten Schrei aus. Da er daraus entnahm, dass sie ihn erkannt hatte, erhob sich d'Artagnan, eilte auf sie zu und umarmte sie liebevoll.

Der Schweizer blickte mit verdutzter Miene auf die Wirtin, die immer noch ganz bleich war.

»Ach, Sie sind es, Monsieur! Was wünschen Sie von mir?«, fragte sie in größter Bestürzung.

»Ist Monsieur Ihr Vetter? Ist Monsieur Ihr Bruder?«, erkundigte sich d'Artagnan, ohne sich in der Rolle, die er spielte, im Geringsten aus dem Konzept bringen zu lassen. Und ohne ihre Antwort abzuwarten, warf er sich dem Helvetier in die Arme, der es mit großer Frostigkeit geschehen ließ.

»Wer ist dieser Mensch?«, fragte er.

Die Wirtin antwortete nur mit erstickten Lauten.

»Wer ist dieser Schweizer?«, fragte d'Artagnan.

»Monsieur wird mich heiraten«, erwiderte die Wirtin zwischen zwei Krämpfen.

»Ihr Gatte ist also schließlich gestorben?«

»Was geht Sie das an?«, entgegnete der Schweizer.

»Sehr viel«, gab d'Artagnan zurück, »da Sie Madame nicht ohne meine Einwilligung heiraten können und da ...«

»Und da?«, fragte der Schweizer.

»Und da ... ich sie nicht gebe«, sagte der Musketier.

Der Schweizer wurde rot wie eine Pfingstrose. Er trug seine schöne vergoldete Uniform, während d'Artagnan in eine Art grauen Mantel gehüllt war, der Schweizer zählte sechs Fuß, d'Artagnan kaum mehr als fünf, der Schweizer fühlte sich hier zu Hause, d'Artagnan erschien ihm als ein Eindringling.

»Wollen Sie sich nicht gefälligst entfernen?«, sagte der Schweizer, wobei er heftig mit dem Fuß klopfte, wie ein Mann, der sich ernstlich zu erzürnen beginnt.

»Ich? Keineswegs!«, entgegnete d'Artagnan.

»Aber man braucht ja nur Beistand zu holen«, sagte ein Diener, der nicht begreifen konnte, dass der kleine Mann dem so großen den Platz streitig machte.

»Du«, sagte d'Artagnan, den der Zorn packte, während er den Burschen am Ohr ergriff, »du wirst schön hierbleiben, und rühr dich nicht von der Stelle, sonst reiß ich dir dein Ohr ab. Und Sie, erlauchter Nachkomme Wilhelm Tells, werden Ihre Sachen zusammenpacken, die sich in meinem Zimmer befinden und mich stören, und schleunigst verschwinden und sich eine andere Herberge suchen.«

Der Schweizer brach in dröhnendes Gelächter aus. »Ich verschwinden?«, rief er. »Und warum?«

»Ah, das ist gut«, sagte d'Artagnan, »ich sehe, dass Sie Französisch verstehen. Machen Sie eine Runde mit mir, und ich werde Ihnen den Rest erklären.«

Die Wirtin, die d'Artagnan als einen tüchtigen Fechter kannte, begann zu weinen und sich die Haare zu raufen. D'Artagnan wandte sich zu der in Tränen aufgelösten Schönen um. »Dann schicken Sie ihn doch fort, Madame«, sagte er. Worauf er den Schweizer trotz des Jammergeschreis der Wirtin wegführte, die im Grunde genommen spürte, dass sich ihr Herz dem früheren Liebhaber zuneigte, aber nichts dagegen gehabt hätte, wenn diesem hochmütigen Musketier, der ihr den Schimpf angetan hatte, ihre Hand zurückzuweisen, eine Lehre erteilt worden wäre.

Die beiden Gegner begaben sich schnurstracks zu den Fossés Montmartre, und die Nacht brach herein, als sie dort anlangten. D'Artagnan forderte den Schweizer höflich auf, ihm das Zimmer zu überlassen und nicht mehr wiederzukommen, was dieser, indem er seinen Degen zog, mit einer Kopfbewegung ablehnte.

»Dann werden Sie eben hier schlafen«, sagte d'Artagnan, »es ist ein abscheuliches Nachtlager, aber dafür kann ich nichts, Sie haben es so gewollt.«

Mit diesen Worten zog er ebenfalls und kreuzte den Degen mit seinem Widersacher.

Er hatte es mit einem tüchtigen Draufgänger zu tun, aber seine Geschmeidigkeit war jeder Kraft überlegen. Das Rapier des Schweizers fand nie das des Musketiers. Der Schweizer erhielt zwei Degenstiche, ehe er wegen der Kälte dessen gewahr wurde, doch der Blutverlust und die dadurch verursachte Schwäche zwangen ihn plötzlich, sich niederzusetzen.

»Da!«, bemerkte d'Artagnan. »Was habe ich Ihnen gesagt? Nun sind Sie so klug wie vorher, Sie Starrkopf! Zum Glück wird es nur vierzehn Tage dauern. Bleiben Sie hier, ich werde Ihnen Ihre Sachen durch den Hausknecht schicken. Leben Sie wohl. Übrigens, quartieren Sie sich in der Rue Montorgueil ein, in der ›Schmeichelnden Katze‹, dort wird man vortrefflich beköstigt, wenn die Wirtin noch dieselbe ist. Adieu.«

Darauf ging er höchst aufgekratzt in den Gasthof zurück und schickte tatsächlich den Hausknecht mit den Sachen zu dem Schweizer, den der Bursche an derselben Stelle sitzen fand, wo d'Artagnan ihn verlassen hatte, und noch immer ganz bestürzt über das sichere Auftreten seines Gegners.

Der Knecht, die Wirtin und das ganze Haus erwiesen d'Artagnan die Achtung, die man Herkules erwiesen hätte, wäre er auf die Erde zurückgekehrt, um seine zwölf Arbeiten von neuem zu beginnen.

Doch als er mit der Wirtin allein war, sagte er: »Jetzt kennst du den Unterschied zwischen einem Schweizer und einem Edelmann, schöne Madeleine, du hast dich wie eine Schankwirtin betragen. Umso schlimmer für dich, denn durch dieses Betragen verlierst du meine Wertschätzung und meine Kundschaft. Ich habe den Schweizer vertrieben, um dich zu demütigen, aber ich werde nicht mehr hier wohnen, ich nehme nicht Quartier, wo ich verachte. Heda, Bursche! Schaff meinen Mantelsack in das ›Liebesfass‹, Rue des Bourdonnais. Adieu, Madame.«

D'Artagnan war, wie es scheint, als er diese Worte sprach, majestätisch und zugleich ergreifend. Die Wirtin warf sich ihm zu Füßen, bat ihn um Verzeihung und hielt ihn mit sanfter Gewalt zurück. Was braucht man noch mehr zu sagen? Der Spieß drehte sich, der Ofen bullerte, die schöne Madeleine weinte; d'Artagnan fühlte den Hunger, die Kälte und die Liebe gleichzeitig wiederkehren, er verzieh, und nachdem er verziehen hatte, blieb er.

Daher wohnte also d'Artagnan in der Rue Tiquetonne, im Gasthof der Chevrette.

D'Artagnan ist in Verlegenheit, aber einer von unsern alten Bekannten kommt ihm zu Hilfe

D'Artagnan ging also sehr nachdenklich heim, wobei es ihm kein geringes Vergnügen bereitete, den Beutel des Kardinals Mazarin bei sich zu tragen, während er an den schönen Diamantring dachte, der einst ihm gehört und den er für einen Augenblick am Finger des Ersten Ministers hatte funkeln sehen.

Als er in die Rue Tiquetonne einbog, vernahm er ein verworrenes Getöse und gewahrte einen beträchtlichen Auflauf in der Gegend seines Quartiers.

»O weh!«, sagte er. »Sollte das Haus des Chevrette in Flammen stehen oder der Mann der schönen Madeleine wahrhaftig zurückgekehrt sein?«

Es handelte sich weder um das eine noch das andere; als er näher kam, bemerkte d'Artagnan, dass der Tumult sich nicht vor seinem Gasthof, sondern vor dem Nachbarhaus abspielte. Lautes Geschrei erscholl, Leute mit Fackeln liefen umher, und im Schein dieser Fackeln erkannte d'Artagnan Uniformen.

Er fragte, was es gäbe, und erhielt zur Antwort, ein Bürger habe mit zwanzig Freunden eine von Garden des Kardinals eskortierte Kutsche überfallen, doch durch eine unvermutet eingetroffene Verstärkung seien die Bürger in die Flucht geschlagen worden. Der Rädelsführer habe sich in das Haus neben dem Gasthof geflüchtet, und dieses Haus werde jetzt durchsucht.

In seiner Jugendzeit wäre d'Artagnan dorthin gelaufen, wo er Uniformen sah, und hätte den Soldaten gegen die Bürger Beistand geleistet, aber dergleichen Hitzköpfigkeiten hatte er überwunden, außerdem befanden sich in seiner Tasche die hundert Pistolen vom Kardinal, und er wollte sich nicht einer Gefahr in einem Tumult aussetzen.

Ohne weitere Fragen zu stellen, betrat er den Gasthof. Früher hatte d'Artagnan stets alles wissen wollen, jetzt wusste er stets genug.

Er suchte die schöne Madeleine auf, die ihn nicht erwartete, da sie nach dem, was er ihr gesagt hatte, glaubte, er werde die Nacht im Louvre verbringen. Daher bereitete sie ihm einen festlichen Empfang bei seiner unvorhergesehenen Heimkehr, die ihr diesmal umso mehr zusagte, als ihr die Vorgänge auf der Straße Angst und Bange machten und sie zu ihrem Schutz keinen Schweizer bei sich hatte. Sie wollte nun ein Gespräch mit ihm anknüpfen und ihm erzählen, was geschehen sei, aber d'Artagnan hieß sie, das Abendessen mitsamt einer Flasche altem Burgunder in seinem Zimmer auftragen zu lassen.

D'Artagnan nahm seinen Schlüssel und seine Kerze und stieg in sein Zimmer hinauf. Um das Vermieten von Räumen nicht zu beeinträchtigen, hatte er sich mit einem Zimmer im vierten Stock begnügt. Unsere Achtung vor der Wahrheit zwingt uns sogar, zu erwähnen, dass sich dieses Zimmer unmittelbar unter dem Dach und der Traufe befand.

Dies war sein Achilles-Zelt. Hier sperrte er sich ein, wenn er durch seine Abwesenheit die schöne Madeleine strafen wollte.

Seine erste Sorge war nun, den Beutel, den er nicht einmal zu prüfen brauchte, um über die darin enthaltene Summe Bescheid zu wissen, in einen alten Schreibtisch mit einem neuen Schloss einzuschließen; einen Augenblick später wurde ihm sein Abendessen mit der Flasche Wein serviert, worauf er den Kellner entließ, die Tür zusperrte und sich zu Tisch setzte.

Dass er sich einsperrte, geschah nicht, wie man glauben könnte, um nachzudenken, sondern weil er meinte, gut könne man nur etwas machen, wenn man die Dinge der Reihe nach erledige. Er hatte Hunger, er speiste, und nach dem Essen legte er sich zu Bett. D'Artagnan gehörte auch nicht zu den Leuten, die sich einbilden, die Nacht bringe Rat; nachts schlief d'Artagnan. Dagegen hatte er am Morgen, wenn er munter und völlig bei Verstand war, die besten Einfälle. Seit langem hatte er keine Veranlassung gehabt, morgens nachzudenken, aber nachts geschlafen hatte er immer.

Zeitig erwachte er, sprang mit einer durchaus militärischen Entschiedenheit aus dem Bett und spazierte überlegend im Zimmer umher.

»1643«, sagte er, »ungefähr sechs Monate vor dem Tod des Kardinals Richelieu, habe ich von Athos einen Brief erhalten. Wo? Moment mal ... Aha! Das war bei der Belagerung von Besançon, erinnere ich mich ... ich war im Laufgraben. Was schrieb er mir? Dass er auf einem kleinen Landgut wohne, ja, das stimmt, einem kleinen Landgut, aber wo? Bis dahin war ich gekommen, als mir ein Windstoß den Brief entführte. Früher hätte ich ihn mir zurückgeholt, auch wenn ihn der Wind an eine Stelle ohne jede Deckung geweht hätte. Aber die Jugend ist ein schwerer Mangel … wenn man nicht mehr jung ist. Ich habe meinen Brief mit Athos' Adresse den Spaniern bringen lassen, die sie nicht brauchen können und sie mir getrost hätten zurückschicken sollen. An Athos darf ich also nicht mehr denken. Weiter … Porthos.

Von dem habe ich auch einen Brief erhalten, er lud mich zu einer hohen Jagd auf seinen Besitzungen ein, für den September 1646. Leider war ich zu der Zeit im Béarn, weil mein Vater gestorben war. Der Brief folgte mir dorthin; als er ankam, war ich schon fort. Aber er folgte mir weiter und traf in Montmédy ein, einige Tage nachdem ich die Stadt verlassen hatte. Endlich, im April, erreichte er mich, aber da er mich erst im April 1647 erreichte und die Einladungfür den September 1646 lautete, konnte mir das nichts nützen. Ich werde den Brief heraussuchen, er muss bei meinen Besitzurkunden sein.«

D'Artagnan öffnete eine alte, in einer Zimmerecke abgestellte Schatulle voller Urkunden über das Besitztum d'Artagnan, das seiner Familie seit zweihundert Jahren völlig verloren war, und stieß einen Freudenschrei aus, er hatte die große Schrift von Porthos erkannt und darunter ein paar Zeilen Krähenfüße von der dürren Hand seiner würdigen Gemahlin.

D'Artagnan hielt sich nicht damit auf, den Brief noch einmal zu lesen; er wusste, was er enthielt, und suchte eifrig die Adresse. Sie lautete: Château du Vallon. Alle weiteren Hinweise hatte Porthos vergessen. In seinem Dünkel bildete er sich ein, alle Welt müsse das Schloss kennen, dem er seinen Namen gegeben hatte.

»Zum Teufel mit diesem Prahlhans!«, sagte d'Artagnan. »Immer noch derselbe! Trotzdem werde ich mit ihm anfangen, da er mit den von Monsieur Coquenard geerbten achthunderttausend Livres kein Geld braucht. Vorwärts, das ist der Beste, der mir fehlt. Athos wird durch das viele Trinken blödsinnig geworden sein. Und Aramis muss in seinen Andachtsübungen untergegangen sein.«

D'Artagnan warf abermals einen Blick auf den Brief von Porthos. Dawar noch eine Nachschrift: »Ich schreibe mit derselben Post an unseren ehrenwerten Freund Aramis in seinem Kloster.«

»In seinem Kloster! Ja, aber in welchem Kloster? In Paris gab es zweihundert und in Frankreich dreitausend. Und vielleicht hatte er überdies, als er ins Kloster eintrat, ein drittes Mal den Namen gewechselt? Doch halt! Auch von dem habe ich einen Brief bekommen, in dem er mich um einen kleinen Gefallen bat, den ich ihm dann erwies. Ja, natürlich. Aber wo habe ich diesen Brief nur hingetan?«

D'Artagnan überlegte einen Augenblick und ging dann zu dem Kleiderrechen, an dem seine alten Sachen hingen. Er suchte sein Wams vom Jahre 1648, und da d'Artagnan ein ordentlicher Mensch war, fand er es an einem Haken. Er durchwühlte die Tasche und zog ein Papier hervor: es war just der Brief von Aramis.

»Monsieur d'Artagnan«, schrieb er, »ich habe mich mit einem Edelmann gestritten, der mich heute Abend zu einem Treffen auf der Place Royale bestellt hat. Da ich Geistlicher bin und die Affäre mir schaden könnte, wenn ich sie einem anderen als einem so zuverlässigen Freund wie Ihnen mitteilte, schreibe ich Ihnen, damit Sie mir als Sekundant dienen.

Kommen Sie durch die Rue Neuve-Sainte-Catherine, unter der zweiten Laterne rechts werden Sie Ihren Gegner finden. Ich werde mit dem meinen unter der dritten sein.

Ganz der Ihre Aramis«

Diesmal gab es nicht einmal Abschiedsgrüße. D'Artagnan versuchte, sich zu erinnern: Er war zu dem Stelldichein gegangen, hatte den bezeichneten Gegner angetroffen, dessen Namen er nie erfuhr, hatte ihm einen hübschen Degenstich in den Arm versetzt, dann war er zu Aramis gegangen, der ihm schon entgegenkam, da er seine Sache bereits erledigt hatte.

»Es ist zu Ende«, hatte Aramis gesagt. »Ich glaube, ich habe den Unverschämten getötet. Wenn du mich einmal brauchst, lieber Freund, so weißt du, dass ich dein ergebener Diener bin.«

Daraufhatte ihm Aramis die Hand gedrückt und war unter den Arkaden verschwunden.

Er wusste also ebenso wenig, wo sich Aramis aufhielt, wie er es von Athos und Porthos wusste, und die Sache begann recht beschwerlich zu werden, als er das Geräusch einer zerklirrenden Fensterscheibe in seinem Zimmer vernahm. Er dachte sogleich an seinen Beutel im Schreibtisch und stürzte aus dem Kabinett. Er hatte sich nicht getäuscht, im selben Augenblick, da er durch die Tür trat, stieg ein Mann durch das Fenster.

»Ha, Schurke!«, rief d'Artagnan, der den Mann für einen Dieb hielt und den Degen in die Hand nahm.

»Monsieur«, rief der Mann, »um Himmels willen, stecken Sie den Degen wieder in die Scheide, und töten Sie mich nicht, ohne mich anzuhören! Ich bin kein Dieb, weit gefehlt! Ich bin ein ehrbarer, wohlbestallter Bürger mit einem eigenen Haus. Ich heiße … Aber was ist das? Ich täusche mich nicht, Sie sind Monsieur d'Artagnan!«

»Und du bist Planchet!«, rief der Leutnant.

»Zu Ihren Diensten, Monsieur«, sagte Planchet in höchstem Entzücken, »wenn ich dazu noch in der Lage bin.«

»Vielleicht«, erwiderte d'Artagnan, »aber was, zum Teufel, plagt dich, um sieben Uhr früh im Januar über die Dächer zu laufen?«

»Monsieur«, antwortete Planchet, »Sie müssen wissen … Aber vielleicht brauchen Sie es nicht zu wissen.«

»Lass hören, was?«, sagte d'Artagnan. »Aber zuerst häng eine Serviette vor das Fenster und zieh die Vorhänge zu.«

Planchet gehorchte, und als er fertig war, fragte d'Artagnan: »Nun?«

»Monsieur, vor allem eins«, sagte der vorsichtige Planchet, »wie stehen Sie mit Monsieur de Rochefort?«

»Vortrefflich! Was denn? Du weißt doch wohl, dass Rochefort jetzt einer meiner besten Freunde ist?«

»Ah! Umso besser.«

»Aber was hat Rochefort damit zu tun, wie du in mein Zimmer eingestiegen bist?«

»Das ist es ja, Monsieur! Zuerst muss ich Ihnen sagen, dass Monsieur de Rochefort …«

Planchet zögerte.

»Bei Gott«, sagte d'Artagnan, »ich weiß es, er befindet sich in der Bastille.«

»Das heißt, er befand sich dort«, entgegnete Planchet.

»Wie? Befand sich?«, rief d'Artagnan. »Hat er das Glück gehabt zu entwischen?«

»Ach, Monsieur!«, rief jetzt Planchet. »Wenn Sie das Glück nennen, ist alles gut. Ich muss Ihnen also sagen, dass man gestern anscheinend Monsieur de Rochefort aus der Bastille hat holen lassen.«

»Wahrhaftig! Das weiß ich, da ich ihn geholt habe.«

»Aber zu seinem Glück haben Sie ihn nicht wieder dorthin zurückgebracht, denn hätte ich Sie in der Eskorte erkannt, glauben Sie mir, Monsieur, ich habe immer noch zu viel Respekt vor Ihnen …«

»Komm zum Schluss, Tölpel! Was ist geschehen?«

»Nun ja, als die Kutsche von Monsieur de Rochefort mitten auf der Rue de la Ferronnerie durch eine Volksmenge fuhr und die Leute von der Eskorte die Bürger anschnauzten, erhob sich ein Murren. Der Gefangene hielt die Gelegenheit für günstig, er nannte seinen Namen und rief um Hilfe. Ich war da, und ich kannte ja den Namen des Grafen de Rochefort. Ich dachte daran, dass er mich zum Sergeanten im piemontesischen Regiment gemacht hatte, und da hab ich ganz laut gesagt, dass er ein Gefangener und ein Freund des Herzogs von Beaufort ist. Da gab's Krawall, die Pferde wurden aufgehalten und die Eskorte runtergeworfen. Inzwischen hatte ich den Kutschenschlag geöffnet, Monsieur de Rochefort war rausgesprungen und in der Menge verschwunden. Zum Unglück kam in diesem Augenblick eine Patrouille, die sich mit den Garden vereinigte und uns angriff. Ich trat den Rückzug an zur Rue Tiquetonne, wurde verfolgt und flüchtete mich hier ins Nebenhaus, es wurde umstellt, durchsucht, aber vergebens; im fünften Stock hatte ich eine mitleidige Person gefunden, die mich unter zwei Matratzen versteckte. Bis Tagesanbruch, oder beinahe, bin ich in meinem Versteck geblieben, und weil ich mir dachte, abends wird man vielleicht wieder alles durchsuchen, habe ich mich auf die Dächer getraut und zuerst eine Luke und dann einen Einstieg in ein Haus gesucht, das nicht bewacht wurde. Das ist meine Geschichte, und auf Ehrenwort, Monsieur, ich würde untröstlich sein, wäre sie Ihnen unangenehm.«

»Keineswegs«, sagte d'Artagnan, »im Gegenteil, und ich freue mich wirklich, dass sich Rochefort in Freiheit befindet, aber weißt du denn auch, dass man dich ohne Erbarmen hängen wird, wenn du den Leuten des Königs in die Hände fällst?«

»Bei Gott, und ob ich das weiß!«, sagte Planchet. »Wahrscheinlich wird man mich sogar foltern, und deshalb bin ich so froh, dass ich Sie wiedergefunden habe, denn wenn Sie mich verstecken wollen, so kann das keiner besser als Sie.«

»Ja«, sagte d'Artagnan, »nichts lieber als das, obgleich ich nicht mehr und nicht weniger als meinen Rang verliere, wenn es bekannt wird, dass ich einem Aufrührer Zuflucht gewährt habe.«

»Ach, Monsieur, Sie wissen wohl, dass ich für Sie mein Leben riskieren würde.«

»Du könntest sogar hinzufügen, dass du es bereits getan hast, Planchet. Ich vergesse nur Dinge, die ich vergessen muss, und was dies betrifft, so will ich mich daran erinnern. Setz dich also und iss in Ruhe, denn ich sehe, dass du mit einem höchst beredten Blick auf die Reste meines Abendessens schaust.«

Während Planchet sein Bestes tat, die verlorenen Stunden aufzuholen, ging d'Artagnan auf und ab und überlegte, welchen Nutzen er unter den gegenwärtigen Umständen aus Planchet ziehen könnte.

Endlich gab Planchet jenen Seufzer der Befriedigungeines ausgehungerten Menschen von sich, durch den er erkennen lässt, dass er nach einer ersten und soliden Abschlagszahlung eine kleine Pause einzulegen gedenkt.

»Hör zu«, sagte d'Artagnan, der den Augenblick, mit dem Verhör zu beginnen, für gekommen hielt, »gehen wir der Reihe nach vor: Weißt du, wo Athos ist?«

»Nein, Monsieur«, antwortete Planchet.

»Zum Teufel! Weißt du, wo Porthos ist?«

»Auch nicht.«

»Teufel, Teufel! Und Aramis?«

»Ebensowenig.«

»Teufel, Teufel, Teufel!«

»Aber«, sagte Planchet mit spitzbübischer Miene, »ich weiß, wo Bazin ist.«

»Wie? Du weißt, wo Bazin ist?«

»Ja, Monsieur.«

»Und wo ist er?«

»In Notre-Dame.«

»Und was macht er in Notre-Dame?«

»Er ist Mesner.«

»Bazin Mesner in Notre-Dame? Bist du sicher?«

»Völlig, ich habe ihn gesehen, und ich habe mit ihm gesprochen.«

»Er muss wissen, wo sein Herr ist.«

»Ohne jeden Zweifel.«

D'Artagnan überlegte, dann nahm er seinen Mantel und seinen Degen und schickte sich zum Gehen an.

»Monsieur«, sagte Planchet mit kläglichem Gesicht, »Sie lassen mich im Stich? Bedenken Sie, dass Sie meine einzige Hoffnung sind!«

»Aber hier wird man dich nicht suchen«, erwiderte d'Artagnan.

»Doch wenn sie hierher kommen«, sagte der vorsichtige Planchet, »bedenken Sie, dass ich für die Leute im Haus, die mich nicht haben eintreten sehen, ein Dieb bin.«

»Das ist richtig«, sagte d'Artagnan, »wart einmal, sprichst du irgendeinen Dialekt?«

»Noch Besseres als das, Monsieur«, antwortete Planchet, »ich spreche eine fremde Sprache, ich spreche Flämisch.«

»Wo, zum Teufel, hast du das gelernt?«

»Im Artois, wo ich zwei Jahre lang den Krieg mitgemacht habe. Hören Sie: Goeden morgen, mynheer! itk ben begeeray te weeten the ge sond heots omstand.«

»Was heißt das?«

»Guten Morgen, Monsieur, ich bin begierig, mich nach Ihrem Gesundheitszustand zu erkundigen.«

»Das nennt sich eine Sprache! Aber einerlei«, sagte d'Artagnan, »es trifft sich vorzüglich.«

D'Artagnan ging zur Tür, rief einen Bedienten und befahl ihm, die schöne Madeleine heraufzubitten.

»Was tun Sie, Monsieur«, sagte Planchet, »Sie wollen unser Geheimnis einer Frau anvertrauen?«

»Sei unbesorgt, die wird kein Wort verlauten lassen.«

In diesem Augenblick trat die Wirtin ein. Lachenden Gesichts eilte sie herbei, da sie erwartete, d'Artagnan allein zu finden, doch als sie Planchet bemerkte, wich sie mit erstaunter Miene zurück.

»Meine liebe Wirtin«, sagte d'Artagnan, »ich stelle Ihnen Ihren Herrn Bruder vor, der aus Flandern kommt und den ich für ein paar Tage in meinen Dienst nehme.«

»Meinen Bruder?«, wiederholte die Wirtin immer verwunderter.

»Wünschen Sie doch Ihrer Schwester guten Tag, Master Peter.«

»Vilkom, zuster!«, sagte Planchet.

»Goeden day, broer!«, erwiderte die erstaunte Wirtin.

»Die Sache liegt so«, sagte d'Artagnan. »Monsieur ist Ihr Bruder, den Sie vielleicht nicht kennen, den ich aber kenne. Er ist aus Amsterdam gekommen. Sie kleiden ihn während meiner Abwesenheit an; bei meiner Rückkehr, in etwa einer Stunde, stellen Sie ihn mir vor, und auf Ihre Empfehlung hin, da ich Ihnen nichts abschlagen kann, nehme ich ihn in meinen Dienst, obgleich er kein Wort Französisch spricht, haben Sie verstanden?«

»Das heißt, ich errate, was Sie wünschen, und mehr brauche ich nicht«, antwortete Madeleine.

»Sie sind eine unbezahlbare Frau, meine schöne Wirtin, ich verlasse mich auf Sie.«

Nachdem er Planchet ein verständnisinniges Zeichen gegeben hatte, entfernte sich d'Artagnan, um Notre-Dame aufzusuchen.

Über die verschiedene Wirkung, die eine Halbpistole auf einen Mesner und auf einen Ministranten ausüben kann

Als d'Artagnan über den Pont-Neuf ging, beglückwünschte er sich dazu, Planchet wiedergefunden zu haben, denn obwohl es so aussah, als erweise er dem braven Kerl einen Dienst, wurde in Wirklichkeit d'Artagnan ein solcher von Planchet erwiesen. Nichts konnte ihm tatsächlich in diesem Augenblick angenehmer sein als ein tapferer und gescheiter Diener. Freilich würde Planchet aller Wahrscheinlichkeit nach nicht lange in seinem Dienst bleiben, aber nahm er auch wieder seine gesellschaftliche Stellung in der Rue des Lombards ein, so blieb er doch d'Artagnan verpflichtet, der ihm, indem er ihn bei sich versteckte, das Leben gerettet hatte, oder fast, und d'Artagnan war nicht ärgerlich darüber, Bekannte in der Bürgerschaft zu dem Zeitpunkt zu haben, da sie sich zum Krieg gegen den Hof rüstete. Es war eine Verbindung im feindlichen Lager, und bei einem so geriebenen Mann wie d'Artagnan konnten die kleinsten Dinge zu den großen führen.

In dieser Stimmung also, recht zufrieden mit dem Zufall wie mit sich selbst, erreichte d'Artagnan Notre-Dame. Er stieg die Vortreppe hinauf, trat in die Kirche, wandte sich an einen Kirchendiener, der eine Kapelle fegte, und fragte ihn, ob ihm Monsieur Bazin bekannt sei.

»Der Mesner Bazin?«, fragte der Kirchendiener.

»Ja.«

»Er ministriert dort in der Kapelle der Heiligen Jungfrau.«

D'Artagnan erbebte vor Freude. Obgleich Planchet es ihm gesagt hatte, war ihm gewesen, als würde er Bazin niemals finden, doch nun, da er ein Ende des Fadens in der Hand hielt, verbürgte er sich dafür, ans andere zu gelangen.

Er kniete mit dem Gesicht zu der Kapelle nieder, um seinen Mann nicht aus den Augen zu verlieren. Zum Glück war es eine stille Messe, die bald beendet sein würde. D'Artagnan, der seine Gebete vergessen und versäumt hatte, ein Gebetbuch mitzunehmen, benutzte seine Muße, Bazin zu betrachten.

Bazin bewegte sich in seiner Amtstracht mit, man kann sagen, ebenso viel Majestät wie Glückseligkeit. Man begriff, dass er den Gipfel seines ehrgeizigen Strebens erreicht hatte und dass der mit Silber verzierte Fischbeinstab, den er in der Hand hielt, ihm so ehrenvoll erschien wie der Kommandostab, den Condé bei der Schlacht von Freiburg in die feindlichen Linien warf oder auch nicht. Sein Äußeres hatte eine, wenn man so sagen darf, völlig mit seiner Tracht übereinstimmende Veränderung erfahren. Sein Körper war rundlich und gleichsam kanonisch geworden.

Der Vikar beendete die Messe zur gleichen Zeit wie d'Artagnan seine Musterung. Er sprach die Einsetzungsworte und entfernte sich, wobei er zum großen Erstaunen d'Artagnans seinen Segen erteilte, den jeder auf den Knien empfing. Doch d'Artagnan hörte auf, sich zu wundern, als er in dem Messe haltenden Priester den Weihbischof selbst erkannte, das heißt den berühmten Jean François de Gondi, der sich zu jener Zeit im Vorgefühl der Rolle, die er spielen würde, dank Almosen sehr beliebt zu machen begann. Und um diese Beliebtheit noch zu steigern, las er von Zeit zu Zeit eine der Frühmessen, denen nur das Volk beizuwohnen pflegte.

D‹Artagnan kniete wie die andern nieder, empfing seinen Anteil an dem Segen und bekreuzigte sich, doch in dem Augenblick, als Bazin, die Augen gen Himmel gerichtet und bescheiden als Letzter, an ihm vorbeikam, hängte sich d'Artagnan an den Saum seines Gewands. Bazin senkte den Blick und sprang mit einem Satz zurück, als hätte er eine Schlange entdeckt.

»Monsieur d'Artagnan!«, rief er erschrocken. »Vade vetro, Satanas!«

»Aber, aber, mein lieber Bazin«, lachte der Offizier, »so empfängst du einen alten Freund?«

»Monsieur«, erwiderte Bazin, »die wahren Freunde des Christen sind die, welche ihm helfen, die ewige Seligkeit zu gewinnen, und nicht jene, welche ihn davon abwenden.«

»Ich verstehe dich nicht, Bazin«, sagte d'Artagnan, »und ich sehe nicht ein, worin ich ein Stein des Anstoßes für dein Seelenheil sein könnte.«

»Sie vergessen, Monsieur«, entgegnete Bazin, »dass Sie um ein Haar das meines armen Herrn auf ewig zerstört hätten und dass es nicht an Ihnen gelegen hat, wenn er sich nicht um die ewige Seligkeit brachte, indem er Musketier blieb, als ihn seine Neigung so heftig zur Kirche hinzog.«

»Mein lieber Bazin«, gab d'Artagnan zurück, »du musst doch schon daraus ersehen, an welchem Ort wir uns begegnen, wie sehr ich mich in allen Dingen geändert habe. Das Alter bringt Vernunft mit sich, und da ich nicht daran zweifle, dass dein Herr im Begriff ist, die ewige Seligkeit zu gewinnen, möchte ich von dir erfahren, wo er sich aufhält, damit er mir durch seine Ratschläge hilft, die meine zu gewinnen.«

»Sagen Sie lieber, um ihn mitzunehmen und in die Welt zurückzuführen. Zum Glück«, fügte Bazin hinzu, »weiß ich nicht, wo er sich aufhält, denn da wir uns an einem geweihten Ort befinden, würde ich nicht zu lügen wagen.«

»Wie?«, rief d'Artagnan aufs tiefste enttäuscht. »Du weißt nicht, wo Aramis ist?«

»Zunächst«, sagte Bazin, »Aramis war sein Name der Verdammnis, Aramis enthält Simara, welcher der Name eines bösen Geistes ist, und zu seinem Glück hat er diesen Namen für immer und ewig abgelegt.«

»Daher ist es nicht Aramis, den ich suche«, sagte d'Artagnan, entschlossen, bis zum Schluss geduldig zu bleiben, »sondern der Abbé d'Herblay. Vorwärts, mein lieber Bazin, sag mir, wo er ist.«

»Haben Sie nicht gehört, Monsieur d'Artagnan, dass ich Ihnen geantwortet habe, ich weiß es nicht?«

»Ja, gewiss, aber darauf antworte ich dir, das ist unmöglich.«

»Es ist dennoch die Wahrheit, Monsieur, die reine Wahrheit, die heiligste Gotteswahrheit.«

D'Artagnan sah ein, dass er aus Bazin nichts herausholen würde, es war klar, dass Bazin log, aber er log mit einer solchen Inbrunst und Entschlossenheit, dass man unschwer erraten konnte, seine Lüge würde er nicht zurücknehmen.

»Es ist gut, Bazin«, sagte d'Artagnan, »da du nicht weißt, wo dein Herr wohnt, sprechen wir nicht mehr davon, scheiden wir als gute Freunde, und nimm diese Halbpistole und trink auf mein Wohl.«

»Ich trinke nicht, Monsieur«, sagte Bazin, wobei er die Hand des Offiziers majestätisch zurückstieß, »das mögen Lakaien tun.«

»Unbestechlich!«, murmelte d'Artagnan. »Ich habe wahrhaftig Pech.«

Und da d'Artagnan, durch seine Betrachtungen abgelenkt, Bazins Gewand losgelassen hatte, machte sich Bazin die Freiheit zunutze, um rasch den Rückzug nach der Sakristei anzutreten, in der er sich erst sicher fühlte, nachdem er die Tür hinter sich verschlossen hatte.

D'Artagnan blieb reglos stehen, nachdenklich und die Augen auf die Tür geheftet, die zwischen ihm und Bazin eine Schranke errichtet hatte, als er spürte, dass jemand mit der Fingerspitze leicht seine Schulter berührte.

Er drehte sich um und wollte schon einen Ausruf der Überraschung von sich geben, als der Mensch, der ihn berührt hatte, denselben Finger auf die Lippen legte, um ihm Schweigen zu bedeuten.

»Du hier, mein lieber Rochefort?«, sagte er leise.

»Still!«, sagte Rochefort. »Wusstest du, dass ich frei bin?«

»Ich habe es aus erster Hand erfahren.«

»Und durch wen?«

»Durch Planchet.«

»Wie, durch Planchet?«

»Gewiss! Er hat dich ja gerettet.«

»Planchet! … Tatsächlich, ich glaubte ihn zu erkennen. Was beweist, mein Lieber, dass eine Guttat nie verschwendet ist.«

»Und was hast du hier gemacht?«

»Ich habe Gott für meine glückliche Befreiung gedankt«, antwortete Rochefort.

»Und was weiter? Denn das ist doch vermutlich nicht alles.«

»Und dann habe ich mir von dem Weihbischof die Parolen geholt, um zu sehen, ob wir Mazarin nicht ein wenig in Wut bringen können.«

»Du Hitzkopf! Du wirst dich wieder in die Bastille stecken lassen.«

»Oh, was das betrifft, werde ich schon aufpassen, darauf kannst du dich verlassen! Die frische Luft tut so gut! Daher«, fügte Rochefort hinzu, »werde ich aufs Land gehen, eine Reise durch die Provinz machen.«

»Sieh an!«, sagte d'Artagnan. »Ich desgleichen.«

»Und darf man, ohne unbescheiden zu sein, fragen, wohin du gehst?«

»Auf die Suche nach meinen Freunden.«

»Welchen Freunden?«

»Nach denen du mich gestern gefragt hast.«

»Athos, Porthos und Aramis? Die suchst du?«

»Ja.«

»Ehrenwort?«

»Was ist denn daran so erstaunlich?«

»Nichts. Es ist kurios. Und in wessen Auftrag suchst du sie?«

»Das ahnst du nicht.«

»Doch.«

»Leider weiß ich nicht, wo sie sich aufhalten.«

»Und du hast keine Möglichkeit, etwas über sie zu erfahren? Warte acht Tage, und ich gebe dir Auskunft.«

»Acht Tage sind zu lange, ich muss sie früher als in drei Tagen gefunden haben.«

»Drei Tage sind wenig«, sagte Rochefort, »und Frankreich ist groß.«

»Einerlei, du kennst das Wort ›muss‹, damit vollbringt man vieles.«

»Und wann begibst du dich auf deine Suche?«

»Ich bin schon dabei.«

»Viel Glück!«

»Und dir gute Reise!«

»Vielleicht treffen wir uns unterwegs.«

»Das ist nicht wahrscheinlich. Adieu.«

»Auf Wiedersehen. Übrigens, wenn der Mazarin mit dir über mich spricht, dann bestell ihm von mir, er wird es bald erleben, ob ich, wie er behauptet hat, für den Kampf zu alt bin.« Und Rochefort entfernte sich mit jenem diabolischen Lächeln, das d'Artagnan einst so häufig hatte schaudern lassen.

Als d'Artagnan sich umdrehte, erblickte er Bazin, der seine kirchliche Tracht abgelegt hatte und mit dem Diener sprach, an den sich d'Artagnan beim Betreten von Notre-Dame gewandt hatte. Bazin schien sehr erregt und fuchtelte heftig mit seinen dicken, kurzen Ärmchen herum. D'Artagnan begriff, dass er ihm aller Wahrscheinlichkeit nach die größte Zurückhaltung ihm gegenüber empfahl.

D'Artagnan benutzte das Vertieftsein der beiden Männer in ihr Gespräch, um sich leise aus der Kathedrale zu entfernen und an der Ecke der Rue des Canettes auf die Lauer zu legen. Bazin konnte nicht hinausgehen, ohne dass ihn d'Artagnan von der Stelle aus, wo er sich versteckt hatte, herauskommen sah.

Fünf Minuten nachdem d'Artagnan seinen Posten bezogen hatte, erschien Bazin auf dem Vorplatz. Er blickte nach allen Seiten, um sich zu vergewissern, dass er nicht beobachtet werde, bemerkte jedoch nicht unsern Offizier, von dem nur der Kopf über eine fünfzig Schritt entfernte Hausecke hinausragte. Durch den Anschein beruhigt, wagte sich Bazin in die Rue Notre-Dame. D'Artagnan stürzte aus seinem Versteck hervor und langte rechtzeitig an, ihn in die Rue de la Juiverie einbiegen und dann in der Rue de la Calandre ein ehrbar wirkendes Haus betreten zu sehen. Daher zweifelte unser Offizier nicht daran, dass der würdige Mesner in diesem Haus wohnte.

D'Artagnan hütete sich, in diesem Haus Auskünfte einzuholen; der Pförtner, wenn es einen gab, musste bereits gewarnt worden sein, und an wen sollte er sich wenden, wenn es keinen gab?

Er trat in eine kleine Schenke an der Ecke Rue Saint-Éloi, Rue de la Calandre und bestellte ein Maß Gewürzwein. Dies Getränk erforderte eine gute halbe Stunde der Zubereitung, d'Artagnan hatte also Zeit, Bazin zu belauern, ohne Verdacht zu erregen.

Er gewahrte in dem Etablissement einen kleinen Schlingel zwischen zwölf und fünfzehn Jahren mit aufgewecktem Gesicht, den er vor zwanzig Minuten in der Kleidung eines Ministranten gesehen zu haben glaubte. Er erkundigte sich, und da dem Subdiakonuslehrling nichts daran gelegen war, solches zu verheimlichen, erfuhr d'Artagnan von ihm, dass er von sechs bis neun Uhr morgens den Berufeines Ministranten und von neun Uhr bis Mitternacht den eines Schankkellners ausübte.

Während er sich mit dem Kind unterhielt, wurde ein Pferd vor die Tür von Bazins Haus geführt. Das Pferd war vollständig gesattelt und aufgezäumt. Einen Augenblick später kam Bazin heraus.

»Sehen Sie!«, sagte das Kind. »Unser Mesner macht sich auf den Weg.«

»Und wohin auf diese Weise?«, fragte d'Artagnan.

»Das weiß ich freilich nicht.«

»Eine Halbpistole, wenn du es erfahren kannst«, sagte d'Artagnan.

»Für mich?«, fragte das Kind mit vor Freude funkelnden Augen. »Und ob ich das erfahre, wo Bazin hinreitet! Das ist überhaupt nicht schwer. Machen Sie auch nicht bloß Spaß mit mir?«

»Nein, Offiziersehrenwort, sieh her, da ist die Halbpistole.« Und er zeigte ihm das verführerische Geldstück, ohne es ihm jedoch zu geben.

»Ich werde ihn fragen.«

»Das ist genau der Weg, nichts zu erfahren«, sagte d'Artagnan, »warte, bis er fort ist, und dann frag, erkundige dich, forsche nach. Das ist deine Sache, die Halbpistole ist hier.« Und er steckte sie wieder in die Tasche.

»Ich verstehe«, sagte das Kind mit jenem spitzbübischen Lächeln, wie es nur die Straßenbuben von Paris haben, »na gut, warten wir eben.«

Sie brauchten nicht lange zu warten, fünf Minuten später ritt Bazin in gemächlichem Trab davon, wobei er sein Pferd mit dem Regenschirm anspornte.

Kaum war er um die Ecke der Rue de la Juiverie gebogen, als das Kind wie ein Spürhund auf der Fährte hinausstürmte. D'Artagnan nahm wieder seinen Platz an dem Tisch ein, an den er sich, nachdem er eingetreten, gesetzt hatte, völlig überzeugt, dass er in weniger als zehn Minuten erfahren würde, was er wissen wollte. Und tatsächlich kam das Kind, ehe diese Zeit verstrichen war, zurück.

»Nun?«, fragte d'Artagnan.

»Nun«, sagte der kleine Junge, »weiß Bescheid.«

»Und wohin ist er geritten?«

»Die Halbpistole ist immer noch für mich?«

»Natürlich! Antworte.«

»Ich möcht sie sehen. Geben Sie sie mal her, damit ich seh, ob sie auch nicht falsch ist.«

»Daist sie.«

»Hören Sie, Meister«, sagte das Kind, »der Herr möcht Kleingeld haben.«

Der Schankwirt stand an seinem Tresen, er gab das Kleingeld und nahm die Halbpistole. Das Kind steckte die Münzen in die Tasche.

»Und nun, wohin ist er geritten?«, fragte d'Artagnan, der das kleine Manöver lachend beobachtet hatte.

»Nach Noisy.«

»Woher weißt du das?«

»Ach, da braucht ich bei Gott nicht sehr schlau zu sein. Ich hatte das Pferd als das vom Schlächter erkannt, der es von Zeit zu Zeit Monsieur Bazin leiht. Na, hab ich mir gedacht, der Schlächter verleiht sein Pferd nicht, ohne zu fragen, wohin man es lenkt, wenn ich auch Monsieur Bazin nicht für fähig halte, ein Pferd übermäßig anzustrengen.«

»Und er hat dir geantwortet, Monsieur Bazin …«

»Will nach Noisy. Übrigens scheint das eine Gewohnheit von ihm zu sein, zwei- oder dreimal in der Woche reitet er hin.«

»Und kennst du Noisy?«

»Ich glaub schon, da wohnt meine Amme.«

»Gibt es in Noisy ein Kloster?«

»Und was für eins! Ein Jesuitenkloster.«

»Gut«, sagte d'Artagnan, »kein Zweifel mehr!«

»Sie sind also zufrieden

»Ja. Wie heißt du?«

»Friquet.«

D'Artagnan holte sein Schreibtäfelchen hervor und notierte sich den Namen des Kindes und die Adresse der Schenke.

»Sagen Sie, Herr Offizier«, fragte das Kind, »sind da noch mehr Halbpistolen zu verdienen?«

»Vielleicht«, erwiderte d'Artagnan. Und da er erfahren hatte, was er wissen wollte, bezahlte er das Maß Gewürzwein, den er nicht getrunken hatte, und machte sich rasch auf den Heimwegzur Rue Tiquetonne.

Wie d'Artagnan Aramis in der Ferne suchte und entdeckte, dass er hinter Planchet auf dem Pferd saß

Als d'Artagnan heimkehrte, sah er einen Mann am Feuer sitzen: es war Planchet, aber ein so verwandelter Planchet dank der alten Sachen, die der flüchtende Ehemann zurückgelassen hatte, dass selbst er ihn kaum erkannt hätte. Madeleine stellte ihm angesichts aller Bedienten ihren Bruder vor. Planchet richtete einen vortrefflichen flämischen Satz an den Offizier, der Offizier erwiderte ihm mit ein paar Worten, die keiner Sprache angehörten, und der Handel war abgeschlossen. Madeleines Bruder trat in den Dienst d'Artagnans.

D'Artagnans Vorhaben wurde freilich aufgehalten. Er wollte nicht bei Tag in Noisy ankommen, damit er nicht erkannt werde. Also hatte er viel Zeit vor sich, denn Noisy lag nur drei oder vier Meilen von Paris entfernt auf der Straße nach Meaux.

Zunächst frühstückte er kräftig, was ein schlechter Beginn sein kann, wenn man seinen Kopf betätigen will, aber eine ausgezeichnete Vorsichtsmaßregel, will man seinen Körper betätigen; dann wechselte er seine Kleidung, da er fürchtete, seine Musketierkasacke werde womöglich Misstrauen erregen, dann nahm er von seinen drei Degen den stärksten und gediegensten, dessen er sich nur an wichtigen Tagen bediente, ließ gegen zwei Uhr die beiden Pferde satteln und ritt, gefolgt von Planchet, durch das Tor von La Villette hinaus. Das Haus neben dem Gasthof der Chevrette wurde immer noch eifrigst durchsucht, um Planchet zu finden.

Da d'Artagnan anderthalb Meilen von Paris entfernt merkte, dass er immer noch viel zu früh aufgebrochen war, machte er halt, um die Pferde verschnaufen zu lassen. Die Herberge war voller Leute mit finsteren Gesichtern, die aussahen, als bereiteten sie sich auf ein nächtliches Unternehmen vor. Ein Mann erschien, in einen Mantel gehüllt, an der Tür, doch da er einen Fremden erblickte, gab er mit der Hand ein Zeichen, worauf zwei Zecher hinausgingen, um sich mit ihm zu unterhalten.

D'Artagnan näherte sich unterdessen sorglos der Herbergswirtin, lobte ihren Wein, der ein fürchterliches Gewächs aus Montreuil war, stellte ihr einige Fragen über Noisy und erfuhr, dass es in dem Dorf nur zwei vornehm aussehende Häuser gäbe: das eine gehöre dem Erzbischof von Paris, und zur Zeit halte sich seine Nichte, die Herzogin von Longueville, darin auf, das andere sei ein Jesuitenkloster und wie üblich Eigentum der würdigen Patres, er könne nicht fehlgehen.

Um vier Uhr machte sich d'Artagnan wieder auf den Weg, im Schritt, weil er erst bei völliger Dunkelheit ankommen wollte. Nun, wenn man an einem Wintertag bei trübem Wetter durch eine ebene Landschaft im Schritt reitet, hat man kaum etwas Besseres zu tun als, nach La Fontaine, ein Hase in seiner Sasse: nämlich zu träumen. Also träumte d'Artagnan, und Planchet tat ein Gleiches. Nur waren, wie man sehen wird, ihre Träumereien verschieden.

Ein Wort der Wirtin hatte den Gedanken d'Artagnans eine eigentümliche Richtung gegeben, es war der Name Madame de Longuevilles.

Tatsächlich hatte Madame de Longueville alles, was nötig war, um träumen zu lassen. Sie war eine der vornehmsten Damen des Königreiches, eine der schönsten Frauen am Hofe. Verheiratet mit dem alten Herzog von Longueville, den sie nicht liebte, hatte sie zuerst als die Geliebte de Colignys gegolten, der sich ihretwegen von dem Herzog von Guise in einem Duell auf der Place Royale töten ließ, dann hatte man von einer etwas zu zärtlichen Freundschaft geredet, die sie zu dem Prinzen von Condé, ihrem Bruder, gehegt haben sollte und die bei den gottesfürchtigen Seelen am Hofe Entrüstung hervorgerufen hatte, dann schließlich, hieß es bis jetzt, sei auf diese Freundschaft ein echter und tiefer Hass gefolgt, und die Herzogin von Longueville habe zur Zeit eine politische Liaison mit dem Prinzen von Marcillac, dem ältesten Sohn des alten Herzogs von La Rochefoucauld, den sie zum Feind des Prinzen von Condé, ihres Bruders, zu machen auf dem besten Wege sei.

An all das dachte d'Artagnan. Er dachte daran, dass er sie im Louvre häufig an sich hatte vorbeigehen sehen, strahlend und betörend, die schöne Madame de Longueville. Er dachte an Aramis, der nicht mehr war als er und doch einst der Geliebte von Madame de Chevreuse gewesen war, die am früheren Hofe die Stellung innegehabt hatte, die Madame de Longueville am jetzigen einnahm. Und er fragte sich, warum es auf der Welt Leute gab, die alles erreichten, was sie sich wünschten, diese durch Ehrgeiz, jene durch Liebe, während es andere gab, die, sei es durch Zufall, Unglück oder Hindernisse, welche die Natur in ihr Inneres gelegt hatte, auf dem halben Weg zu all ihren Hoffnungen stehenblieben.

Er musste sich notgedrungen eingestehen, dass er ungeachtet seines Witzes und seiner ganzen Geschicklichkeit wahrscheinlich weiterhin zu den Letztgenannten gehören würde, als Planchet heranritt und sagte: »Ich wette, Monsieur, dass Sie an dasselbe denken wie ich.«

»Das bezweifle ich, Planchet«, erwiderte d'Artagnan lächelnd, »aber woran denkst du?«

»An die Leute mit den finsteren Gesichtern, Monsieur, die in der Herberge zechten, wo wir haltgemacht haben.«

»Immer der vorsichtige Planchet.«

»Das ist Instinkt, Monsieur.«

»Na schön! Und was sagt dir dein Instinkt bei dieser Gelegenheit?«

»Monsieur, mein Instinkt sagt mir, dass sich die Leute in jener Herberge zu einem üblen Vorhaben versammelt hatten, und ich habe darüber nachgedacht, was er mir im dunkelsten Winkel des Pferdestalles gesagt hat, als ein Mann, in einen

Mantel gehüllt und von zwei andern Männern gefolgt, in ebendiesen Pferdestall kam.«

»Sieh mal an!«, sagte d'Artagnan, da Planchets Bericht mit seinen zuvor gemachten Beobachtungen übereinstimmte. »Und weiter?«

»Der eine von den Männern sagte: ›Er muss ganz bestimmt in Noisy sein oder am Abend hinkommen, denn ich habe seinen Diener erkannt.‹ – ›Bist du sicher?‹, fragte der Mann im Mantel. ›Ja, mein Prinz.‹«

»Mein Prinz?«, unterbrach d'Artagnan.

»Ja, mein Prinz. Aber hören Sie weiter. ›Wenn er da ist, mal ganz im Ernst, was sollen wir dann mit ihm machen?‹, fragte der andere Zecher. ›Was ihr dann mit ihm machen sollt?‹, fragte darauf der Prinz. ›Hm. Er ist nicht der Mann, sich so einfach ergreifen zu lassen, er wird den Degen gebrauchen.‹ – ›Gut, dann müsst ihr es ihm gleichtun, aber trachtet danach, ihn lebend zu fassen. Habt ihr Stricke, ihn zu binden, und einen Knebel für seinen Mund?‹ – ›Alles vorhanden.‹ – ›Achtet darauf, dass er aller Wahrscheinlichkeit nach als Kavalier verkleidet sein wird.‹ – ›O ja, Monseigneur, seien Sie unbesorgt.‹ – ›Übrigens werde ich da sein und euch anführen.‹ – ›Sie stehen dafür ein, dass das Gericht …‹ – ›Ich stehe für alles ein‹, sagte der Prinz. ›Das ist gut, wir werden unser Bestes tun.‹ Und damit gingen sie aus dem Stall.«

»Inwiefern soll das uns betreffen?«, fragte d'Artagnan. »Es ist eins von diesen Unternehmen, wie sie alle Tage stattfinden.«

»Sind Sie überzeugt, dass es nicht gegen uns gerichtet ist?«

»Gegen uns? Und warum?«

»Gewiss doch! Denken Sie doch an ihre Worte: ›Ich habe seinen Diener erkannt‹, hat der eine gesagt, und das könnte sich gut auf mich beziehen.«

»Und?«

»›Er muss in Noisy sein oder heute Abend hinkommen‹, hat der andre gesagt, und das könnte sich gut auf Sie beziehen.«

»Weiter?«

»Weiter hat der Prinz gesagt: ›Achtet darauf, dass er aller Wahrscheinlichkeit nach als Kavalier verkleidet sein wird‹, was mir keinen Zweifel übrigzulassen scheint, denn Sie sind als Kavalier und nicht als Offizier der Musketiere gekleidet. Nun, was halten Sie davon?«

»Ach, mein lieber Planchet«, sagte d'Artagnan, indem er einen Seufzer ausstieß, »leider lebe ich nicht mehr in der Zeit, als mich die Prinzen ermorden lassen wollten. Ja, damals, das war die gute alte Zeit. Sei also unbesorgt, uns wollen diese Leute nicht zu Leibe.«

»Sind Sie sicher, Monsieur?«

»Ich verbürge mich dafür.«

»Dann ist es gut, sprechen wir nicht mehr davon.« Und Planchet nahm wieder seinen Platz in d'Artagnans Gefolge ein.

So ritten sie fast eine Meile, worauf Planchet abermals heranritt.

»Da, Monsieur, sehen Sie nach dieser Seite«, sagte er, »kommt es Ihnen nicht so vor, als sähen Sie mitten im Dunkeln Schatten hinziehen? Horchen Sie, mir scheint, ich höre Pferdegetrappel.«

»Unmöglich«, sagte d'Artagnan, »die Erde ist von den Regengüssen durchweicht, dennoch scheint auch mir, als sähe ich etwas.«

Er hielt an, um zu schauen und zu lauschen.

»Wenn man auch kein Pferdegetrappel hört, ist doch zumindest ihr Wiehern zu vernehmen, da!«

Tatsächlich schlug durch die Weite und Dunkelheit das Wiehern eines Pferdes an d'Artagnans Ohr.

»Das sind unsere Männer, die im Feld stehen«, sagte er, »und das geht uns nichts an, reiten wir weiter.« Und sie machten sich wieder auf den Weg.

Eine halbe Stunde später erreichten sie die ersten Häuser von Noisy, es mochte acht oder halb neun sein. Nach dörflicher Gewohnheit waren bereits alle zu Bett gegangen, und nicht ein einziges Licht schimmerte im Dorf.

D'Artagnan und Planchet setzten ihren Weg fort. Zur Rechten und zur Linken hob sich gegen den trüb dunklen Himmel die noch dunklere gezackte Silhouette der Hausdächer ab, von Zeit zu Zeit bellte ein erwachter Hund hinter einer Tür, oder eine erschreckte Katze verließ eilends den Fahrweg und flüchtete sich in einen Haufen Brennholz, wo man ihre verstörten Augen wie Karfunkel glitzern sah. Das waren die einzigen Lebewesen, die in diesem Dorf zu wohnen schienen.

Fast in der Mitte des Fleckens erhob sich, den Hauptplatz beherrschend, eine düstere, einsam zwischen zwei Gässchen liegende Masse, über deren Vorderfront mächtige Linden ihre entlaubten Zweige breiteten. D'Artagnan prüfte aufmerksam das Gebäude.

»Das«, sagte er zu Planchet, »muss das Schloss des Erzbischofs sein, der Aufenthalt der schönen Madame de Longueville. Aber wo ist das Kloster?«

»Das Kloster«, erwiderte Planchet, »ist am Ende des Dorfes, ich kenne es.«

»Gut«, sagte d'Artagnan, »im Galopp hin, Planchet, während ich den Sattelgurt meines Pferdes fester schnalle, und dann komm zurück und sag mir, ob bei den Jesuiten ein Fenster erhellt ist.«

Planchet gehorchte und verschwand in der Dunkelheit, während d'Artagnan absaß und, wie er gesagt hatte, den Sattelgurt in Ordnung brachte.

Nach fünf Minuten kehrte Planchet zurück. »Monsieur«, sagte er, »nur ein einziges Fenster auf der Seite, die nach den Feldern liegt, ist erhellt. Soll ich klopfen?«

»Still!«, sagte d'Artagnan. »Hier ist das Licht in dem einzigen Fenster soeben erloschen.«

»Hören Sie, Monsieur?«, fragte Planchet.

»Tatsächlich, was ist das für ein Lärm?«

Es war wie das Brausen eines nahenden Sturmwinds, im selben Augenblick brachen aus den beiden Gäßchen längs des Schlosses zwei Reitertrupps von je zehn Mann hervor und umzingelten d'Artagnan und Planchet, wodurch sie jeden Ausweg abriegelten.

»Potztausend!«, rief d'Artagnan, zog seinen Degen und ging hinter seinem Pferd in Deckung, während Planchet dasselbe Manöver vollführte. »Solltest du richtig gedacht haben, und wollen sie wirklich uns zu Leibe?«

»Daist er, wir haben ihn!«, riefen die Reiter, indes sie mit gezogenem Degen auf d'Artagnan losstürmten.

»Lasst ihn nicht entwischen«, sagte eine hochmütige Stimme.

»Nein, Monseigneur, seien Sie unbesorgt.«

D'Artagnan hielt den Zeitpunkt für gekommen, sich in das Gespräch einzumischen. »Holla, meine Herren«, sagte er mit seinem gascognischen Akzent. »Was wollt ihr, was begehrt ihr?«

»Das wirst du schon erfahren!«, brüllten die Reiter im Chor.

»Halt, halt!«, schrie jener, den sie mit Monseigneur angeredet hatten. »Haltet ein, wenn euch euer Kopf lieb ist, das ist nicht seine Stimme.«

»Ist man in Noisy vielleicht zufällig toll geworden, meine Herren?«, fragte d'Artagnan. »Nehmt euch ja in Acht, denn ich sage euch gleich, dem Ersten, der mir auf meines Degens Länge nahe kommt, und mein Degen ist lang, schlitze ich den Bauch auf.«

Der Anführer näherte sich. »Was machen Sie da?«, fragte er mit einer hochmütigen und befehlsgewohnten Stimme.

»Und Sie?«, fragte d'Artagnan zurück.

»Seien Sie höflich, oder man wird Sie nach Strich und Faden verprügeln, denn wenn man auch seinen Namen nicht nennen will, wünscht man doch, seinem Rang gemäß respektiert zu werden.«

»Sie wollen Ihren nicht nennen, weil Sie einen Hinterhalt anführen«, erwiderte d'Artagnan, »aber ich, der ich friedlich mit meinem Diener reise, habe nicht dergleichen Gründe, den meinen zu verschweigen.«

»Genug, genug! Wie heißen Sie?«

»Ich sage Ihnen meinen Namen, damit Sie mich wiederfinden, Monsieur, Monseigneur oder mein Prinz, wie Sie genannt zu werden belieben«, entgegnete unser Gascogner, der nicht den Anschein erwecken wollte, als weiche er einer Drohung, »kennen Sie Monsieur d'Artagnan?«

»Leutnant bei den Musketieren des Königs?«, fragte die Stimme.

»Der Nämliche.«

»Ja, gewiss.«

»Gut!«, fuhr der Gascogner fort. »Dann müssen Sie gehört haben, dass er eine feste Hand hat und ein tüchtiger Fechter ist.«

»Sie sind Monsieur d'Artagnan?«

»So ist es.«

»Dann sind Sie hergekommen, um *ihn* zu verteidigen?«

»Ihn? … Welchen *ihn?«*

»Den, den wir suchen.«

»Ich habe geglaubt, nach Noisy zu kommen«, sagte d'Artagnan, »aber mir scheint, ich bin, ohne mich dessen zu versehen, im Reich der Rätsel gelandet.«

»Los, antworten Sie«, sagte dieselbe hochmütige Stimme, »erwarten Sie ihn unter diesen Fenstern? Sind Sie nach Noisy gekommen, um ihn zu verteidigen?«

»Ich erwarte niemanden«, erwiderte d'Artagnan, der die Geduld zu verlieren begann, »ich gedenke niemanden zu verteidigen als mich selbst, aber diese Person werde ich energisch verteidigen, das lassen Sie sich gesagt sein.«

»Es ist gut«, sagte die Stimme, »entfernen Sie sich, und überlassen Sie uns den Platz.«

»Mich entfernen?«, wiederholte d'Artagnan, dessen Plänen dieser Befehl zuwiderlief. »Das ist nicht leicht, da ich vor Müdigkeit umfalle und mein Pferd desgleichen, zumindest nicht, wenn Sie nicht geneigt sein sollten, mir in der Umgegend ein Abendessen und ein Nachtlager zu bieten.«

»Halunke!«

»He, Monsieur«, entgegnete d'Artagnan, »mäßigen Sie gefälligst Ihre Worte, denn sollten Sie noch ein zweites wie das eben gebrauchen, dann bring ich Sie zum Schweigen, mögen Sie Marquis, Herzog, Prinz oder König sein, verstanden?«

»Genug davon«, sagte der Anführer, »ein Irrtum ist ausgeschlossen, da spricht ein Gascogner, und folglich ist er nicht der, den wir suchen. Heute Abend ist unser Handstreich fehlgeschlagen, ziehen wir uns zurück. Wir werden uns wiederbegegnen, Meister d'Artagnan«, fügte der Anführer mit erhobener Stimme hinzu.

»Ja, aber nie und nimmer unter so vorteilhaften Bedingungen«, spottete d'Artagnan, »denn wenn Sie mir wiederbegegnen, sind Sie möglicherweise allein, und es ist Tag.«

»Schon gut, schon gut!«, sagte die Stimme. »Vorwärts, meine Herren!«

Und murrend und grollend verschwand der Trupp in der Finsternis auf dem Rückweg nach Paris.

D'Artagnan und Planchet blieben noch einen Augenblick bereit zur Verteidigung, doch da sich der Lärm immer weiter entfernte, steckten sie ihre Degen wieder in die Scheide.

»Aber wen suchten die denn?«, fragte Planchet.

»Meiner Treu, ich weiß es nicht, und mir ist wenig daran gelegen. Mir liegt daran, in das Jesuitenkloster zu kommen. Also, aufgesessen! Und wir werden anklopfen. Wie dem auch sei, zum Teufel, sie werden uns nicht fressen!« Damit schwang sich d'Artagnan in den Sattel.

Planchet hatte desgleichen getan, als eine unvermutete Last hinter ihm auf das Pferd plumpste.

»Heda, Monsieur!«, schrie Planchet. »Ich hab einen Mann hinten aufsitzen!«

D'Artagnan drehte sich um und sah tatsächlich zwei menschliche Gestalten auf Planchets Pferd sitzen.

»Das muss der Teufel sein, der uns verfolgt!«, rief er, während er seinen Degen zog und sich bereit machte, den Neuankömmling anzugreifen.

»Nein, mein lieber d'Artagnan«, sagte dieser, »es ist nicht der Teufel, ich bin es, Aramis. Im Galopp, Planchet, und lenk am Ende des Dorfes nach links.«

Und Planchet, mit Aramis hinter sich, sprengte im Galopp davon, gefolgt von d'Artagnan, der zu glauben begann, das alles sei ein phantastischer und zusammenhangloser Traum.

Der Abbé d'Herblay

Am Ende des Dorfes bog Planchet, wie ihm Aramis befohlen hatte, nach links ein und hielt unter dem erhellten Fenster. Aramis sprang ab und klatschte dreimal in die Hände. Alsbald öffnete sich das Fenster, und eine Strickleiter kam herunter.

»Lieber Freund«, sagte Aramis, »wenn du hinaufsteigen willst, werde ich entzückt sein, dich zu empfangen.«

»Na hör mal«, erwiderte d'Artagnan, »auf diese Weise kommt man zu dir?«

»Nach neun Uhr abends geht es bei Gott nicht anders«, sagte Aramis, »das Ausgehverbot des Klosters ist überaus streng.«

»Entschuldige, lieber Freund«, bemerkte d'Artagnan, »mir scheint, du hast ›bei Gott‹ gesagt.«

»Meinst du?«, antwortete Aramis lachend. »Schon möglich. Du machst dir keinen Begriff, mein Lieber, wie viel üble Gewohnheiten man in diesen vermaledeiten Klöstern annimmt und was für schlechte Manieren diese Geistlichen haben, mit denen ich leben muss! Aber steigst du nicht hinauf?«

»Geh voran, ich folge dir.«

Und behende stieg Aramis die Strickleiter hinauf, im Nu hatte er das Fenster erreicht. D'Artagnan folgte ihm, aber langsamer, man sah, dass ihm diese Art Zugang weniger vertraut war als seinem Freund.

»Verzeih«, sagte Aramis, als er sein Ungeschick bemerkte, »wäre mir bekannt gewesen, dass ich die Ehre deines Besuchs haben würde, dann hätte ich die Leiter des Gärtners holen lassen, für mich allein genügt diese.«

»Monsieur«, sagte Planchet, als er sah, dass d'Artagnan im nächsten Augenblick seinen Aufstieg beendet haben würde, »sie reicht aus für Monsieur Aramis, auch noch für Sie, und notfalls würde sie für mich ebenfalls ausreichen, aber die beiden Pferde können die Strickleiter nicht hochklettern.«

»Führe sie in den Schuppen, Freund«, sagte Aramis, wobei er Planchet etwas Gebäudeähnliches auf dem flachen Feld zeigte, »dort wirst du Stroh und Hafer für sie finden.«

»Und für mich?«, fragte Planchet.

»Du kommst unter dieses Fenster zurück, klatschst dreimal in die Hände, und wir lassen dir etwas zu essen hinunter. Beruhige dich, zum Donnerwetter! Hier stirbt man nicht vor Hunger.« Damit zog er die Strickleiter ein und schloss das Fenster.

D'Artagnan schaute sich in dem Zimmer um. Nie hatte er einen Wohnraum gesehen, der kriegerischer und zugleich eleganter gewesen wäre. Jeder Winkel strotzte von Waffenzierrat und bot dem Blick wie der Hand jederlei Degen dar, und vier große Gemälde zeigten in ihrer Tracht für das Schlachtfeld die Kardinäle de Lorraine, de Richelieu und de Lavalette und den Erzbischof von Bordeaux. Im Übrigen deutete wahrhaftig nichts auf die Behausung eines Abbés hin: die Tapeten waren aus Damast, die Teppiche stammten aus Alençon, und vor allem das Bett sah mit seinem Spitzenbesatz und seiner Paradedecke mehr nach dem einer Zierpuppe als nach dem Bett eines Mannes aus, der das Gelübde abgelegt hatte, durch Enthaltsamkeit und Kasteiung in den Himmel zu kommen.

»Du siehst dir meine elende Bude an«, sagte Aramis. »Ach, entschuldige, mein Lieber. Das ist nun mal nicht anders! Ich wohne wie ein Kartäuser. Aber was suchen deine Augen?«

»Ich suche den, der die Strickleiter hinabgeworfen hat; ich sehe niemanden, und doch ist die Strickleiter wohl nicht von allein runtergekommen.«

»Nein, es war Bazin.«

»Sieh mal an!«, sagte d'Artagnan.

»Aber«, fuhr Aramis fort, »mein Bazin ist ein gut dressierter Bursche und hat sich zurückgezogen, als er mich nicht allein einsteigen sah. Setz dich, mein Lieber, und plaudern wir ein wenig.«

Aramis schob ihm einen mächtigen Sessel hin, in dem sich d'Artagnan mit aufgestützten Ellbogen lang streckte.

»Zunächst, du speist doch mit mir zu Abend, nicht wahr?«, fragte Aramis.

»Ja, wenn du es wünschst«, antwortete d'Artagnan, »und sogar mit großem Vergnügen, muss ich gestehen; der Weg hat mir verteufelten Appetit gemacht.«

»Ach, mein armer Freund!«, sagte Aramis. »Duwirst die Kost mager finden, man hat dich ja nicht erwartet.«

»Droht mir etwa die Omelette von Crèvecœur mit dem bewussten Theobromin? So hast du doch damals den Spinat genannt?«

»Oh, hoffen wir«, sagte Aramis, »dass wir mit Gottes und Bazins Hilfe etwas Besseres in der Speisekammer der würdigen Jesuitenpatres finden. – Bazin, mein Freund, komm her!«

Die Tür öffnete sich, und Bazin erschien, doch als er d'Artagnan erblickte, gab er einen Laut von sich, der einem Verzweiflungsschrei glich.

»Mein lieber Bazin«, sagte d'Artagnan, »ich freue mich, zu erleben, mit welcher Dreistigkeit du lügst, sogar in einer Kirche.«

»Monsieur«, erwiderte Bazin, »ich habe von den würdigen Jesuitenpatres gelernt, dass es erlaubt ist, zu lügen, wenn man in guter Absicht lügt.«

»Schon gut, schon gut, Bazin, d'Artagnan stirbt vor Hunger und ich ebenfalls, tisch uns ein Abendessen vom Besten auf, und bring uns vor allem einen guten Wein.«

Bazin verneigte sich zum Zeichen des Gehorsams, stieß einen tiefen Seufzer aus und verschwand.

»Da wir nun allein sind, mein lieber Aramis«, begann d'Artagnan, während er seinen Blick von dem Zimmer zu dessen Eigentümer wandern ließ und die bei der Einrichtung begonnene Musterung bei der Kleidung beendete, »sag mir, woher, zum Teufel, kamst du, als du hinter Planchet auf das Pferd fielst?«

»Ei, potz Blitz!«, antwortete Aramis. »Das hast du doch gesehen, vom Himmel!«

»Vom Himmel!«, wiederholte d'Artagnan kopfschüttelnd. »Du siehst mir ebenso wenig danach aus, von dorther zu kommen wie dorthin zu gehen.«

»Mein Lieber«, sagte Aramis mit einer geckenhaften Miene, wie sie d'Artagnan zu der Zeit, als er noch Musketier war, nie an ihm bemerkt hatte, »wenn ich nicht vom Himmel kam, dann zumindest aus dem Paradies, was sehr ähnlich ist.«

»Dann wissen nun die Gelehrten, woran sie sind«, erwiderte d'Artagnan. »Bis jetzt haben sie sich nicht über die zuverlässige Lage des Paradieses einigen können, die einen hatten es auf dem Berg Ararat angesiedelt, die andern zwischen Euphrat und Tigris, es scheint, als habe man es in weiter Ferne gesucht, während es ganz in der Nähe lag. Das Paradies ist in Noisy-le-Sec, an der Stelle, wo das Schloss des Erzbischofs von Paris steht. Man verlässt es nicht durch die Tür, sondern durch das Fenster, und man gelangt nicht über die Marmorstufen eines Peristyls hinein, sondern über die Äste einer Linde, und der Engel mit dem Flammenschwert, der es bewacht, macht mir sehr den Eindruck, als habe er seinen himmlischen Namen Gabriel gegen den irdischeren des Prinzen von Marcillac vertauscht.«

Aramis brach in Gelächter aus. »Du bist immer noch der lustige Bruder, mein Lieber«, sagte er, »und dein geistreicher gascognischer Humor hat dich nicht im Stich gelassen. Ja, ein wenig von alldem ist wohl an deinen Worten dran, aber bilde dir wenigstens nicht ein, es sei Madame de Longueville, in die ich verliebt bin.«

»Bei Gott, ich werde mich hüten!«, sagte d'Artagnan. »Nachdem du so lange Zeit in Madame de Chevreuse verliebt gewesen bist, wirst du dein Herz nicht ihrer ärgsten Todfeindin zugewandt haben.«

»Ja, das ist wahr«, sagte Aramis mit gleichgültiger Miene, »ja, ja, die arme Herzogin, ich habe sie einst sehr geliebt, und man muss ihr lassen, dass sie uns sehr nützlich gewesen ist, aber was soll man machen? Sie musste Frankreich verlassen. Er war ein so furchtbarer Gegner, dieser verteufelte Kardinal!«, fuhr Aramis mit einem Blick auf das Porträt des früheren Ministers fort. »Er hatte Befehl gegeben, sie zu arretieren und auf das Schloss von Loches zu bringen, er hätte ihr, auf Ehre!, wie Chalais, Montmorency und Cinq-Mars den Kopf abschlagen lassen; aber sie flüchtete, als Mann verkleidet, mit ihrer Kammerfrau, der armen Ketty. Wie ich gehört habe, ist ihr sogar in ich weiß nicht welchem Dorf ein merkwürdiges Abenteuer mit ich weiß nicht welchem Curé zugestoßen, den sie um Gastfreundschaft bat und der ihr, da er nur ein Zimmer hatte und sie für einen Kavalier hielt, anbot, sein Zimmer mit ihr zu teilen. Das kam daher, weil sie auf eine geradezu unglaubliche Art Männerkleidung zu tragen verstand, die liebe Marie. Ich habe keine Frau kennengelernt, der das so gut gelang. Hast du sie gesehen, als sie nach dem Tod des Königs aus Brüssel zurückkehrte?«

»Ja, gewiss, und sie ist immer noch sehr schön.«

»Ja«, sagte Aramis. »Auch ich habe sie zu der Zeit ein paarmal wiedergesehen. Ich habe ihr ausgezeichnete Ratschläge gegeben, die sie aber nicht befolgt hat, ich habe mich umgebracht, ihr klarzumachen, dass Mazarin der Geliebte der Königin ist. Sie wollte es nicht glauben, sagte, sie kenne Anna von Österreich und die Königin sei zu stolz, einen so verächtlichen Kerl zu lieben. Unterdessen hatte sie sich dann schon der Partei des Herzogs von Beaufort angeschlossen, und der verächtliche Kerl ließ den Herzog von Beaufort gefangen setzen und verbannte Madame de Chevreuse.«

»Weißt du, dass sie die Erlaubnis erhalten hat zurückzukehren?«, fragte d'Artagnan.

»Ja und sogar, dass sie zurückgekommen ist ... Sie wird wieder irgendeine Dummheit anstellen.«

»Oh! Aber diesmal wird sie vielleicht deine Ratschläge befolgen?«

»Diesmal habe ich sie nicht wiedergesehen«, erwiderte Aramis, »sie hat sich sehr verändert.«

»Darin geht es ihr nicht so wie dir, mein lieber Aramis, denn du bist immer noch derselbe, du hast immer noch dein schönes schwarzes Haar, deine elegante Figur und deine Frauenhände, die wunderbare Prälatenhände geworden sind.«

»Ja«, sagte Aramis, »das ist wahr, ich pflege mich sorgfältig. Weißt du, mein Lieber, dass ich sehr gealtert bin? Ich werde siebenunddreißig.«

»Hör zu, mein Freund«, sagte d'Artagnan mit einem Lächeln, »da wir uns wiedergefunden haben, wollen wir uns doch über eins einigen, nämlich über das Alter, das wir in Zukunft haben werden.«

»Wieso?«, fragte Aramis.

»Nun«, sagte d'Artagnan, »damals war ich der um zwei, drei Jahre Jüngere von uns beiden, und wenn ich nicht irre, habe ich mein vierzigstes Jahr vollendet.«

»Nicht möglich!«, erwiderte Aramis. »Dann muss ich mich täuschen, denn du, lieber Freund, bist immer ein wunderbarer Mathematiker gewesen. Nach deiner Rechnungwäre ich also dreiundvierzig Jahre alt! Teufel, Teufel, mein Lieber! Sag das bloß nicht im Haus de Rambouillet, das würde mir schaden.«

»Sei unbesorgt«, gab d'Artagnan zurück, »dorthin gehe ich nicht.«

»Aber du meine Güte«, rief Aramis aus, »was macht denn dieser Stümper Bazin? Bazin! So beeil dich doch, du Schlingel! Wir haben rasenden Hunger und Durst!«

Bazin, der in diesem Augenblick eintrat, hob beide Hände mitsamt den Flaschen, die er brachte, gen Himmel.

»Sind wir endlich fertig?«, fragte Aramis.

»Ja, Monsieur, sofort«, antwortete Bazin, »aber ich habe Zeit gebraucht, alle …«

»Weil du dir immer einbildest, deinen Mesnertalar auf dem Rücken zu haben«, unterbrach Aramis, »und deine ganze Zeit verbringst, dein Brevier zu lesen. Aber ich sage dir, wenn du über all den Sachen, die du in deinen Kapellen putzt, verlernen solltest, meinen Degen zu polieren, dann zünde ich all deine geweihten Bilder zu einem großen Feuer an und lass dich darin braten.«

Entrüstet bekreuzigte sich Bazin mit der Flasche, die er in der Hand hielt. Und d'Artagnan blickte, erstaunter denn je über den Ton und das Benehmen des Abbés d'Herblay, die in so heftigem Gegensatz zu denen des Musketiers Aramis standen, seinen Freund mit weit aufgerissenen Augen an.

Bazin deckte geschwind den Tisch mit einem Damasttuch und ordnete darauf so viele goldgelbe, duftende, leckere Dinge an, dass d'Artagnan aus allen Wolken fiel.

»Aber erwartest du denn jemand?«, fragte der Offizier.

»Hm«, sagte Aramis, »ich habe jederzeit einen Notbehelf bei der Hand, da ich wusste, dass du mich suchst.«

»Von wem?«

»Von Meister Bazin, der dich für den Teufel gehalten hat, mein Lieber, und hergesaust kam, um mich vor der Gefahr zu warnen, die meiner Seele drohte, wenn ich so üble Gesellschaft wie einen Offizier der Musketiere wiedersähe.«

»Oh, Monsieur! …«, sagte Bazin mit gefalteten Händen und flehendem Gesicht.

»Hör auf, keine Heucheleien! Du weißt, dass ich dergleichen nicht liebe. Du tätest viel besser, das Fenster zu öffnen und deinem armen Freund Planchet, der sich schon seit einer Stunde mit Händeklatschen abstrapaziert, ein Brot, ein Hühnchen und eine Flasche Wein hinabzulassen.«

Bazin gehorchte, band die drei bezeichneten Sachen an das Ende eines Stricks und ließ sie zu Planchet hinunter, der nicht mehr verlangte und sich sogleich in den Schuppen entfernte.

»Jetzt wollen wir essen«, sagte Aramis.

Die beiden Freunde setzten sich zu Tisch, und Aramis begann mit regelrecht gastronomischer Geschicklichkeit Backhähnchen, junge Rebhühner und Schinken zu zerlegen.

»Wahrhaftig«, sagte d'Artagnan, »du ernährst dich nicht schlecht!«

»Ja, so einigermaßen. Für die Fastentage habe ich einen Dispens von Rom, den mir der Weihbischof wegen meiner Gesundheit beschafft hat.«

»Verzeih die Frage, lieber Freund, die ich dir stellen möchte«, sagte d'Artagnan.

»Na, was denn, los, du weißt, wir sind unter uns, da braucht man sich keine Zurückhaltung aufzuerlegen.«

»Du bist also reich geworden?«

»O mein Gott, nein! Ich verdiene zwölftausend Livres im Jahr, nicht gerechnet eine kleine Pfründe von tausend Talern, die mir der Prinz verschafft hat.«

»Und womit verdienst du diese zwölftausend Livres?«, fragte d'Artagnan. »Mit deinen Gedichten?«

»Nein, der Poesie habe ich entsagt, abgesehen davon, dass ich von Zeit zu Zeit ein Trinklied, ein galantes Sonett oder ein unschuldiges Epigramm schreibe. Ich verfasse Predigten, mein Lieber.«

»Wie, Predigten?«

»Oh, aber wundervolle Predigten, verstehst du? Wenigstens scheint es mir so.«

»Die du hältst?«

»Nein, die ich verkaufe.«

»An wen?«

»An solche von meinen Gevattern, die danach streben, berühmte Redner zu werden.«

»Was du nicht sagst! Und du hast nicht versucht, den Ruhm selber einzuheimsen?«

»Doch, mein Lieber, aber die Natur ist mit ihm durchgegangen. Wenn ich auf der Kanzel stehe und zufällig eine hübsche

Frau mich anschaut, blicke ich zurück, lächelt sie, dann lächle ich ebenfalls. Dann schweife ich ab; statt über die Qualen der Hölle zu sprechen, rede ich von den Freuden des Paradieses. Nimm nur die Sache, die mir eines Tages in der Saint-Louis-Kirche in Marais passiert ist … Da hat mir ein Kavalier ins Gesicht gelacht, ich unterbrach mich und sagte ihm, er sei ein Dummkopf. Das Volk ging hinaus, um Steine aufzusammeln, aber inzwischen bekehrte ich die Anwesenden so vortrefflich zu einer anderen Meinung, dass sie dann ihn mit Steinen beworfen haben. Freilich erschien er am nächsten Tag bei mir, weil er glaubte, er hätte es mit einem Abbé wie alle Abbés zu tun.«

»Und was war das Resultat seines Besuches?«, fragte d'Artagnan, der sich vor Lachen die Seiten hielt.

»Dass wir für den folgenden Abend ein Stelldichein auf der Place Royale verabredeten. Aber bei Gott! Davon ist dir doch einiges bekannt.«

»Sollte es sich vielleicht zufällig um jenen Unverschämten gehandelt haben, bei dem ich dir als Sekundant diente?«, fragte d'Artagnan.

»Genau. Du hast gesehen, wie ich ihn zurichtete.«

»Ist er daran gestorben?«

»Ich weiß nicht. Aber für alle Fälle hatte ich ihm Absolution erteilt, in articulo mortis. Es genügt, den Körper zu töten, ohne die Seele zu vernichten.«

Bazin machte eine verzweifelte Gebärde, mit der er wohl sagen wollte, dass er eventuell diese Moral billige, jedoch heftig den Ton missbillige, in dem sie geäußert worden sei.

»Bazin, mein Freund, du merkst gar nicht, dass ich dich im Spiegel sehe, und denkst nicht daran, dass ich dir ein für allemal jedes Zeichen der Zustimmung oder Ablehnung untersagt habe. Du wirst mir also den Gefallen tun, uns den spanischen Wein zu kredenzen und dich zurückzuziehen. Überdies hat mir mein Freund d'Artagnan etwas Geheimes mitzuteilen. Nicht wahr, d'Artagnan?«

D'Artagnan nickte, und Bazin entfernte sich, nachdem er den spanischen Wein auf den Tisch gestellt hatte.

Allein geblieben, schwiegen sich die beiden Freunde einen Augenblick an. Aramis schien einer sanften Verdauung zu harren. D'Artagnan bereitete den Anfangseiner Rede vor. Beide riskierten, wenn der andere nicht hinsah, einen verstohlenen Blick auf das Gegenüber.

Aramis brach als erster das Schweigen.

Weihrauch und Myrrhen

»Woran denkst du, d'Artagnan?«, fragte er. »Und welcher Gedanke lässt dich lächeln?«

»Ich denke daran, lieber Freund, dass du als Musketier ständig den Abbé herauskehrtest, und heute, da du Abbé bist, scheinst du mir sehr den Musketier herauszukehren.«

»Das ist wahr«, lachte Aramis. »Weißt du, mein lieber d'Artagnan, der Mensch ist ein merkwürdiges, ganz und gar aus Gegensätzen zusammengefügtes Lebewesen. Seit ich Abbé bin, träume ich nur noch von Schlachten.«

»Das sieht man an deiner Einrichtung: du hast Rapiere von jederlei Form und für den heikelsten Geschmack. Fichtst du immer noch gut?«

»Ich fechte, wie du früher gefochten hast, vielleicht noch besser. Ich tue den ganzen Tag nichts anderes.«

»Und mit wem?«

»Mit einem ausgezeichneten Fechtmeister, den wir hier im Kloster haben. In einem Jesuitenkloster gibt es alles.«

»Dann hättest du Monsieur de Marcillac getötet, wenn er dich allein statt an der Spitze von zwanzig Mann angegriffen hätte?«

»Ganz recht«, erwiderte Aramis, »und sogar an der Spitze seiner zwanzig Mann hätte ich vom Leder ziehen können, ohne erkannt zu werden.«

Gott verzeih mir, sagte d'Artagnan bei sich, ich glaube, er ist mehr Gascogner geworden als ich. Laut fügte er hinzu: »Nun, mein lieber Aramis, du fragst, warum ich dich gesucht habe?«

»Nein, ich habe dich nicht danach gefragt«, antwortete Aramis mit durchtriebenem Gesicht, »aber ich habe daraufgewartet, dass du es mir sagst.«

»Alsdann, ich habe dich gesucht, um dir eine einzigartige Möglichkeit zu bieten, durch die du Monsieur de Marcillac umbringen kannst, wenn dir das Vergnügen macht, obgleich er ein Prinz ist.«

»Sieh einer an!«, sagte Aramis. »Das ist eine Idee.«

»Du bist eingeladen, sie dir zunutze zu machen. Spaß beiseite! Bist du mit deiner Abtei von tausend Talern und den zwölftausend Livres, die du durch den Verkauf von Predigten verdienst, reich? Antworte mir frei heraus.«

»Ich? Ich bin bettelarm wie Hiob, und ich glaube, wenn du alle Taschen und Laden durchwühlst, wirst du keine hundert Pistolen finden.«

Wahrhaftig, hundert Pistolen!, dachte d'Artagnan. Das nennt er bettelarm wie Hiob! Hätte ich jederzeit so viel erübrigt, würde ich mich reich wie Krösus fühlen. Laut fragte er: »Bist du ehrgeizig?«

»Wie Enceladus.«

»Nun, mein Freund, ich ermögliche dir, reich und mächtig zu werden und alles zu tun, was du willst.«

Der Schatten einer Wolke flog so rasch über Aramis' Stirn, wie er im August über die Getreidefelder hinweht, aber so geschwind er auch war, d'Artagnan bemerkte ihn.

»Sprich«, sagte Aramis.

»Zuvor noch eine Frage. Befasst du dich mit Politik?«

»Nein«, antwortete Aramis.

»Dann werden dir alle Vorschläge recht sein, da du ja im Augenblick keinen anderen Herrn als Gott hast«, lachte der Gascogner.

»Möglich.«

»Hast du mitunter an unsere schönen Jugendtage gedacht, die wir lachend, trinkend oder duellierend verbrachten, mein lieber Aramis?«

»Ja, gewiss, und mehr als einmal habe ich mich nach ihnen zurückgesehnt. Das war eine glückliche Zeit, delectabile tempus!«

»Diese schönen Tage können aufs Neue anbrechen, diese glückliche Zeit kann wiederkehren, mein Freund! Ich habe den Auftrag erhalten, meine Gefährten ausfindig zu machen, und wollte mit dir anfangen, weil du die Seele unseres Bündnisses warst.«

Aramis verbeugte sich, eher höflich als liebevoll. »Mich wieder mit Politik abgeben!«, sagte er mit ersterbender Stimme und warf sich in seinen Sessel zurück. »Ach, lieber d'Artagnan, du siehst, wie regelmäßig und bequem ich lebe. Und du weißt, wir haben die Undankbarkeit der Großen erfahren!«

»Das ist wahr«, sagte d'Artagnan, »aber vielleicht reut es die Großen, undankbar gewesen zu sein.«

»In dem Fall wäre es etwas anderes«, entgegnete Aramis. »Jede Sünde findet Vergebung. Außerdem hast du in einem Punkt recht: sollte es uns wieder gelüsten, uns in Staatsgeschäfte einzumischen, dann wäre, glaube ich, der Augenblick gekommen.«

»Woher weißt du das, da du dich doch nicht mit Politik beschäftigst?«

»Du lieber Himmel! Wenn ich mich auch nicht selbst damit beschäftige, lebe ich doch in einer Welt, wo man sich damit befasst. Obgleich ich die Poesie pflege und Frauen den Hof mache, stehe ich in Verbindung mit Monsieur Sarazin, der zu Monsieur de Conti hält, mit Monsieur Voiture, der zu dem Weihbischof hält, und mit Monsieur de Bois-Robert, der es, seitdem er nicht mehr zu dem Kardinal de Richelieu gehört, mit niemandem oder mit allen hält, wie du willst, so dass mir die politische Gärung nicht völlig entgangen ist.«

»Das ahnte ich«, sagte d'Artagnan.

»Im Übrigen, mein Lieber, nimm alles, was ich dir sage, nur für das Wort eines Klostermönchs, eines Mannes, der wie ein Echo redet, indem er einzig und allein wiederholt, was er gehört hat«, erwiderte Aramis. »Ich habe gehört, dass der Kardinal Mazarin im Augenblick über den Gang der Dinge sehr beunruhigt sein soll. Es scheint, als achte man seine Befehle nicht ganz so, wie man die unseres alten Schreckgespenstes, des verstorbenen Kardinals, achtete, dessen Porträt du hier siehst, denn was man auch an ihm auszusetzen hatte, man muss zugeben, mein Lieber, dass er ein großer Mann war.«

»Darin widerspreche ich dir nicht, mein lieber Aramis, schließlich hat er mich zum Leutnant gemacht.«

»Zuerst war ich durchaus für den Kardinal. Ich habe mir gesagt, dass ein Minister niemals geliebt wird, aber mit dem Genie, das man ihm zubilligt, wird dieser am Ende über seine Feinde triumphieren und bewirken, gefürchtet zu werden, was meiner Ansicht nach mehr wert ist, als sich beliebt zu machen.«

D'Artagnan deutete mit einer Kopfbewegung an, dass er diese zweifelhafte Maxime durchaus gutheiße.

»Das war also anfangs meine Meinung«, fuhr Aramis fort, »doch da ich in derlei Dingen sehr unwissend bin und die Demut, zu der ich mich bekenne, mir das Gebot auferlegt, mich darin nicht auf mein eigenes Urteil zu verlassen, habe ich mich erkundigt. Nun, mein lieber Freund, ich muss meinen Dünkel abtöten und gestehen, dass ich mich getäuscht habe.«

»Wirklich?«

»Ja, ich habe mich, wie gesagt, erkundigt, und mehrere Leute von ganz verschiedenem Geschmack und Ehrgeiz haben mir geantwortet, Monsieur de Mazarin sei nicht das Genie, für das ich ihn hielt.«

»Ach was!«, sagte d'Artagnan.

»Nein. Er ist ein Mensch von niedriger Herkunft, war Bedienter des Kardinals Bentivoglio und ist durch Intrigen hochgekommen, ein Parvenü, ein Mann ohne wesentliche Bedeutung, der seinen Weg in Frankreich nur als Parteigänger machen wird. Er wird viele Taler aufhäufen, die Einkünfte des Königs verschwenden, sich selbst all die Jahresgehälter zahlen, die der verstorbene Kardinal de Richelieu aller Welt zahlte, aber niemals durch das Gesetz des Stärksten, des Größten oder des am meisten Geehrten herrschen. Es scheint überdies, als sei dieser Minister in seinen Manieren und im Herzen kein Edelmann, als sei er eine Art Possenreißer, Pulcinello oder Pantaleone. Kennst du ihn? Ich kenne ihn nicht.«

»Hm«, machte d'Artagnan, »etwas Wahres ist an dem, was du sagst.«

»Du erfüllst mich mit Stolz, lieber Freund, sollte es mir gelungen sein, dank eines gewissen alltäglichen Scharfblicks, mit dem ich begabt bin, denselben Gedanken zu haben wie du, der am Hof lebt.«

»Aber du hast von ihm selbst und nicht von seiner Partei und seinen Hilfsquellen gesprochen.«

»Das ist richtig. Er hat die Königin für sich.«

»Und mir scheint, das ist etwas wert.«

»Aber er hat nicht den König für sich.«

»Ein Kind!«

»Ein Kind, das in vier Jahren majorenn wird.«

»Es gilt für die Gegenwart.«

»Ja, aber nicht für die Zukunft, überdies hat er in der Gegenwart weder das Parlament noch das Volk, das heißt das Geld, für sich, er hat weder den Adel noch die Prinzen, das heißt das Schwert, für sich.«

D'Artagnan kratzte sich das Ohr, er war genötigt, sich einzugestehen, dass dies nicht allein weit, sondern außerdem richtig gedacht war.

»Du merkst, mein armer Freund, wie sehr ich immer noch mit meinem gewohnten Scharfblick ausgestattet bin. Vielleicht ist es unrecht von mir, so offenherzig mit dir zu sprechen, denn du scheinst mir eine Neigung für den Mazarin zu haben.«

»Ich?«, rief d'Artagnan aus. »Ich? Aber nicht im Geringsten!«

»Du sprachst von einem Auftrag.«

»Habe ich das? Dann war das nicht richtig von mir. Nein, ich habe mir genau wie du gesagt: Die Dinge verwirren sich. Also, werfen wir die Feder in den Wind, gehen wir in die Richtung, wohin der Wind sie trägt, und führen wir wieder ein abenteuerreiches Leben. Wir waren vier tapfere Kavaliere, vier liebevoll verbundene Herzen; vereinigen wir aufs Neue – nicht unsere Herzen, denn die waren nie getrennt, sondern – unser Geschick und unsern Mut. Die Gelegenheit ist günstig, etwas Besseres als einen Diamantring zu erobern.«

»Du hast recht, d'Artagnan, völlig recht«, sagte Aramis, »und der Beweis dafür ist, dass ich denselben Gedanken hatte wie du, nur ist er mir, da ich nicht deine starke und fruchtbare Phantasie besitze, eingegeben worden. Alle brauchen zur Zeit Bundesgenossen, man hat mir Vorschläge gemacht, etwas von unseren einstigen berühmten Heldentaten ist durchgesickert, und ich gestehe dir offen, dass mich der Weihbischof zum Reden gebracht hat.«

»Monsieur de Gondi, der Feind des Kardinals?«, rief d'Artagnan.

»Nein, der Freund des Königs«, entgegnete Aramis, »der Freund des Königs, verstehst du? Es wird sich darum handeln, dem König zu dienen, was ja eines Edelmannes Pflicht ist.«

»Aber der König steht zu Monsieur de Mazarin, mein Lieber.«

»De facto, nicht freiwillig, nach außen hin, nicht von Herzen, und das ist eben die Falle, welche die Feinde des Königs dem armen Kind stellen.«

»Aber hör mal, das ist ganz einfach der Bürgerkrieg, den du mir da vorsetzt, mein lieber Aramis.«

»Der Krieg für den König.«

»Aber der König wird an der Spitze der Armee stehen, wo Mazarin sein wird.«

»Aber mit dem Herzen bei der Armee, die Monsieur de Beaufort befehligen wird.«

»Monsieur de Beaufort? Der ist in Vincennes.«

»Habe ich Monsieur de Beaufort gesagt?«, erwiderte Aramis. »Monsieur de Beaufort oder ein anderer, Monsieur de Beaufort oder der Prinz.«

»Aber der Prinz wird zur Armee gehen, er hält durchaus zu dem Kardinal.«

»Hm«, machte Aramis, »sie haben gerade in diesem Augenblick einige Streitigkeiten miteinander. Und außerdem, ist es nicht der Prinz, dann Monsieur de Gondi ...«

»Monsieur de Gondi wird Kardinal werden, man fordert für ihn den Kardinalshut.«

»Gibt es nicht sehr kriegerische Kardinäle?«, wandte Aramis ein.

»Siehst du große Vorteile in dieser Partei?«, fragte d'Artagnan.

»Ich sehe in ihr die Unterstützung durch mächtige Prinzen.«

»Die durch die Regierung geächtet wurden.«

»Die Parlamente und Aufstände haben das annulliert.«

»All das könnte geschehen, wie du sagst, wenn es gelänge, den König von seiner Mutter zu trennen.«

»Das wird man vielleicht erreichen.«

»Niemals!«, rief d'Artagnan, indem er zu seiner Überzeugung zurückkehrte. »Ich frage dich, Aramis, der Anna von Österreich ebenso gut kennt wie ich: Glaubst du, sie könnte jemals vergessen, dass ihr Sohn ihre Sicherheit, ihr Palladium, die Bürgschaft für ihr Ansehen, ihr Schicksal und ihr Leben darstellt? Sie müsste mit ihm auf die Seite der Prinzen übergehen und Mazarin im Stich lassen, aber du weißt besser als sonst jemand, dass sie mächtige Beweggründe hat, ihn niemals im Stich zu lassen.«

»Vielleicht hast du recht«, sagte Aramis träumerisch, »daher werde ich mich nicht engagieren.«

»Bei ihnen nicht«, sagte d'Artagnan, »aber bei mir?«

»Bei niemandem. Ich bin Priester, was habe ich mit der Politik zu schaffen? Ich lese kein Brevier, ich habe einen kleinen Klientenkreis von nichtswürdigen, witzigen Abbés und bezaubernden Frauen. Je mehr sich die Angelegenheiten verwirren, desto weniger Aufsehen werden meine Eskapaden erregen, alles läuft daher wunderbar, ohne dass ich mich einmische, und ich werde mich ganz bestimmt nicht einmischen, lieber Freund.«

»Deine Lebensweisheit nimmt mich gefangen, Ehrenwort, mein Lieber«, sagte d'Artagnan, »und ich weiß nicht, welcher Ehrgeizteufel mir in die Krone gefahren ist. Ich habe eine Stellung, die mich ernährt, ich kann Hauptmann werden, wenn der gute Monsieur de Tréville, der gealtert ist, stirbt, und das ist ein sehr hübscher Marschallstab für einen jüngstgeborenen Gascogner, und ich habe das Gefühl, als erwärmte ich mich wieder für die Reize des bescheidenen, aber täglichen Brots. Statt auf Abenteuer auszugehen, werde ich die Einladungvon Porthos annehmen und auf seinen Besitzungen jagen. Du weißt, dass Porthos Besitzungen hat?«

»Und ob ich das weiß! Zehn Meilen Wald, Moor und Täler; er ist Herr über Berg und Ebene und verteidigt die Feudalrechte gegen den Bischof von Noyon.«

Gut, sagte sich d'Artagnan, das wollte ich eben wissen, Porthos lebt also in der Picardie.

»Und trägt er wieder seinen alten Namen du Vallon?«, fragte er dann.

»Dem er noch den Namen de Bracieux hinzugefügt hat, einer Besitzung, die mal eine Baronie war.«

»So dass wir Porthos noch als Baron erleben werden.«

»Daran zweifle ich nicht. Bewundernswert ist vor allem die Baronin Porthos.«

Die beiden Freunde brachen in Gelächter aus.

»Also willst du nicht zu Mazarin übertreten?«, fragte d'Artagnan.

»Und du nicht zu den Prinzen?«

»Nein. Lass uns zu niemandem übertreten und Freunde bleiben, weder Parteigänger Mazarins noch Frondeure sein.«

»Ja«, sagte Aramis, »Lass uns Musketiere sein.«

»Dann also leb wohl«, sagte d'Artagnan.

»Ich halte dich nicht zurück, mein Lieber«, erwiderte Aramis, »da ich nicht wüsste, wo ich dich betten sollte, und dir anständigerweise nicht die Hälfte von Planchets Scheune anbieten kann.«

»Außerdem bin ich kaum drei Meilen von Paris entfernt, die Pferde sind ausgeruht, und in weniger als einer Stunde werde ich zurück sein.« Damit goss sich d'Artagnan ein letztes Glas Wein ein.

»Auf unsere gute alte Zeit!«, sagte er.

»Ja«, antwortete Aramis, »leider ist sie eine vergangene Zeit … fugit irreparabile tempus …«

»Ach was!«, sagte d'Artagnan. »Vielleicht kehrt sie wieder. Jedenfalls, wenn du mich brauchst, Rue Tiquetonne, Gasthof der Chevrette.«

»Und ich bin im Jesuitenkloster zu finden, von sechs Uhr morgens bis acht Uhr abends durch die Tür, von acht Uhr abends bis sechs Uhr morgens durch das Fenster.«

»Adieu, lieber Freund.«

»Oho! So lasse ich dich nicht gehen, ich werde dich zurückbegleiten.« Mit diesen Worten nahm er seinen Degen und seinen Mantel.

Er will sich überzeugen, dass ich mich entferne, dachte d'Artagnan.

Aramis pfiff nach Bazin, aber Bazin schlief im Vorzimmer über den Resten seines Abendessens, und Aramis musste ihn am Ohr schütteln, um ihn zu wecken. Bazin reckte die Arme, rieb sich die Augen und versuchte, wieder einzuschlafen.

»Vorwärts, vorwärts, du Schlafmütze, schnell die Leiter.«

»Aber die ist doch am Fenster geblieben«, entgegnete Bazin, während er fürchterlich gähnte.

»Die andere meine ich, die vom Gärtner. Hast du nicht gesehen, dass d'Artagnan Mühe hatte, hinaufzuklettern, und noch mehr Schwierigkeiten haben wird, hinabzusteigen?«

D'Artagnan wollte Aramis gerade versichern, dass er sehr gut hinuntergelangen würde, als ihm ein Gedanke kam, und dieser Gedanke ließ ihn schweigen.

Bazin stieß einen tiefen Seufzer aus und ging hinaus, um die Leiter zu holen. Einen Augenblick später hatte er eine gute und solide Holzleiter an das Fenster gestellt.

»Ei«, sagte d'Artagnan, »das nenne ich einen Verbindungsweg, eine solche Leiter würde auch eine Frau erklimmen.«

Ein durchdringender Blick Aramis' schien erforschen zu wollen, welchen Gedanken sein Freund dabei im Grunde seines Herzens hegte, aber d'Artagnan hielt diesem Blick mit bewundernswert unbefangener Miene stand. Überdies setzte er gerade den Fuß auf die oberste Sprosse der Leiter und stieg hinab. Im Nu war er unten. Bazin stand noch am Fenster.

»Bleib da«, sagte Aramis, »ich komme zurück.«

Und beide machten sich auf den Weg zu der Scheune, aus der, als sie sich näherten, Planchet trat, die beiden Pferde am Zügel.

»Das lasse ich mir gefallen!«, sagte Aramis. »Einen rührigen und aufmerksamen Diener hast du. Der ist nicht so wie dieser Faulpelz Bazin, der zu nichts mehr taugt, seit er ein Kirchenmann ist. Folg uns, Planchet, wir gehen bis ans Dorfende zu Fuß und unterhalten uns.«

Tatsächlich durchquerten die beiden Freunde das ganze Dorf, wobei sie über verschiedene Dinge plauderten. Dann, bei den letzten Häusern, sagte Aramis: »Folge also deinem

Weg, lieber Freund, das Glück lächelt dir, lass es nicht entwischen. Vergiss nicht, dass es eine Buhlerin ist, und behandle es dementsprechend. Was mich betrifft, so werde ich in meiner Bescheidenheit und meiner behaglichen Ruhe verbleiben. Adieu.«

Sie umarmten sich. Planchet war bereits aufgesessen. D'Artagnan schwang sich ebenfalls in den Sattel, dann drückten sie sich noch einmal die Hand. Die Reiter gaben ihren Pferden die Sporen und entfernten sich in der Richtung nach Paris.

Aramis blieb reglos mitten auf der Straße stehen, bis er sie aus den Augen verloren hatte. D'Artagnan aber hielt nach zweihundert Schritt plötzlich an, sprang ab, warf Planchet den Zügel seines Pferdes in die Arme und steckte seine Pistolen in die Halfter, die er sich an den Gürtel hängte.

»Was haben Sie, Monsieur?«, fragte Planchet ganz erschrocken.

»So schlau das auch eingefädelt sein mag«, antwortete d'Artagnan, »er wird nicht sagen können, dass er mich übertölpelt hat. Bleib hier und rühr dich nicht, halt dich nur am Straßenrand und warte auf mich.«

Mit diesen Worten sprang d'Artagnan über den Graben, der die Straße säumte, und eilte auf das offene Feld hinaus, um das Dorf zu umgehen. Er hatte zwischen dem von Madame de Longueville bewohnten Haus und dem Jesuitenkloster ein freies Gelände entdeckt, das nur durch eine Hecke geschlossen wurde. Zu dieser Hecke begab er sich also und versteckte sich dahinter. Als er an dem Haus vorbeigekommen war, wo sich der erwähnte Auftritt abgespielt hatte, war ihm das abermals erhellte Fenster aufgefallen, und er war überzeugt, Aramis sei noch nicht heimgekehrt, und wenn er nach Hause käme, werde er nicht allein sein.

Tatsächlich hörte er einen Augenblick später Schritte und so etwas wie das Geräusch halblaut sprechender Stimmen. Am Beginn der Hecke machten die Schritte halt. D'Artagnan setzte ein Knie auf den Boden und suchte eine dichtere Stelle in der Hecke, um sich zu verbergen. In diesem Augenblick erschienen zu seinem großen Erstaunen zwei Männer, doch bald schwand sein Erstaunen, denn er hörte eine sanfte und melodische Stimme; einer von den beiden Männern war eine als Kavalier verkleidete Frau.

»Seien Sie unbesorgt, mein lieber René«, sagte die sanfte Stimme, »dasselbe wird sich nicht wiederholen. Ich habe einen unterirdischen Gang entdeckt, der unter der Straße hindurchführt, und wir brauchen nur eine von den Steinplatten vor der Tür anzuheben und haben einen Ausgang.«

»Oh!«, sagte eine andere Stimme, die d'Artagnan als die Aramis' erkannte. »Ich schwöre Ihnen, Prinzessin, hinge nicht unser guter Ruf von all diesen Vorsichtsmaßnahmen ab und setzte ich nur mein Leben aufs Spiel …«

»Ja, ja, ich weiß, dass Sie so tapfer und verwegen sind wie ein Weltmann, aber Sie gehören nicht mir allein, Sie gehören unserer ganzen Partei. Seien Sie daher vorsichtig, seien Sie besonnen.«

»Ich gehorche stets, Madame«, antwortete Aramis, »wenn man mir mit einer so süßen Stimme zu befehlen versteht.« Er küsste ihr zärtlich die Hand.

»Ach!«, rief der Kavalier mit der süßen Stimme.

»Was ist?«, fragte Aramis.

»Haben Sie nicht gesehen, dass der Wind meinen Hut entführt hat?«

Und Aramis setzte dem flüchtigen Filzhut nach. D'Artagnan nutzte die Gelegenheit, um eine weniger buschige Stelle in der Hecke zu suchen, die ihm einen ungehinderten Blick auf den zweifelhaften Kavalier gestattete. Und just in diesem Augenblick trat der Mond, vielleicht ebenso neugierigwie der Offizier, hinter einer Wolke hervor, und in seinem indiskreten Licht erkannte d'Artagnan die großen blauen Augen, das goldblonde Haar und den edlen Kopf der Herzogin von Longueville.

Aramis kam, einen Hut auf dem Kopf und einen in der Hand, lachend zurück, und die beiden Kavaliere setzten ihren Weg zu dem Jesuitenkloster fort.

»Gut ! «, sagte d'Artagnan, während er sich erhob und sein Knie abklopfte. »Jetzt habe ich dich, du bist ein Frondeur und der Geliebte von Madame de Longueville.«

Monsieur Porthos du Vallon de Bracieux de Pierrefonds

Dank den bei Aramis eingezogenen Erkundigungen hatte d'Artagnan, der bereits wusste, dass Porthos wieder seinen Familiennamen du Vallon trug, erfahren, dass er sich nach seinem Besitztum überdies de Bracieux nannte und dass er wegen des Besitztums Bracieux mit dem Bischof von Noyon prozessierte. In der Umgebung von Noyon hatte er also diese Besitzung zu suchen, das heißt an der Grenze zwischen der Île-de-France und der Picardie, und so verließ er gegen acht Uhr abends, als der Nebel in den Straßen dichter zu werden begann, den Gasthof der Chevrette und ritt, gefolgt von Planchet, durch das Tor Saint-Denis aus Paris hinaus.

Um Mitternacht langten die beiden Reiter in Dammartin an. Es war zu spät, um Auskünfte einzuholen. Der Wirt vom »Schwan« lag bereits zu Bett. Deshalb verschob d'Artagnan die Sache auf den nächsten Tag. Am Morgen ließ er den Wirt kommen. Der war jedoch einer von diesen Schlaufüchsen, die weder ja noch nein sagen und stets meinen, sich durch eine unverblümte Antwort auf eine Frage bloßzustellen. Immerhin glaubte d'Artagnan der nicht ganz eindeutigen Information entnehmen zu können, dass er den Weg geradeaus einschlagen müsse, und auf diesem erreichte er gegen neun Uhr morgens Nanteuil, wo er haltmachte, um zu frühstücken.

Hier war der Wirt ein ehrlicher, guter Picarde, der, als er in Planchet einen Landsmann erkannte, keine Bedenken hatte, ihm die erwünschten Auskünfte zu geben. Das Besitztum Bracieux läge einige Meilen von Villers-Cotterets entfernt.

D'Artagnan kannte Villers-Cotterets, da er zwei- oder dreimal den Hof dorthin begleitet hatte, denn zu jener Zeit war Villers-Cotterets eine königliche Residenz. Dorthin begab er sich also und stieg in seinem üblichen Gasthof, dem »Goldenen Delphin«, ab, wo er befriedigendere Auskünfte erhielt. Er erfuhr, dass der Besitz Bracieux vier Meilen von der Stadt entfernt läge, dort dürfe er jedoch Porthos nicht suchen. Porthos habe in der Tat Streitigkeiten mit dem Bischof von Noyon über die Besitzung Pierrefonds gehabt, die an die seine grenze, und habe, dieser Händel vor Gericht, von denen er nichts verstehe, überdrüssig und um sie zu beenden, Pierrefonds gekauft und dergestalt den neuen Namen seinen früheren hinzugefügt. Er nenne sich jetzt du Vallon de Bracieux de Pierrefonds und halte sich auf seiner neuen Besitzung auf.

Da die Pferde ruhebedürftig waren, konnten sie ihren Weg jedoch erst am nächsten Morgen fortsetzen. Dass sie sich verirren würden, sei ausgeschlossen, sie brauchten nur der Straße von Villers-Cotterets nach Compiègne zu folgen und sich rechts zu halten, sobald sie den Wald verlassen hätten.

Es war ein schöner Frühlingsmorgen, die Vögel sangen in den mächtigen Bäumen, und breite Sonnenstrahlen durchbrachen wie Vorhänge von Goldflor die Lichtungen. An anderen Stellen drang kaum ein heller Schein durch das dichte Laubgewölbe, und die Stämme der alten Eichen, zu denen flinke Eichhörnchen beim Anblick der Reiter schleunigst flüchteten, waren in Dunkel getaucht. Ein Duft nach Kräutern, Blumen und Laub, der das Herz erfreute, entströmte der morgenfrischen Natur. D'Artagnan, der den Gestank von Paris satthatte, sagte sich, man müsse sich einfach glücklich fühlen in einem solchen Paradies, wenn man die Namen von drei wie an einem Bratspieß aufgereihten Besitzungen trug, und kopfschüttelnd sagte er sich ferner: Wäre ich Porthos und d'Artagnan machte mir den Vorschlag, den ich Porthos machen will, dann wüsste ich schon, was ich d'Artagnan antworten würde.

Was Planchet betraf, so dachte er an nichts, er verdaute.

Am Saum des Waldes gewahrte d'Artagnan den bezeichneten Weg und am Ende des Weges die Türme eines gewaltigen Feudalschlosses.

»O weh!«, murmelte er. »Mir scheint, das Schloss hat der ältesten Orléans-Linie gehört, sollte Porthos deswegen mit dem Herzog von Longueville unterhandelt haben?«

»Meiner Treu, Monsieur«, sagte Planchet, »das sind aber prächtig instand gehaltene Ländereien, und wenn sie Monsieur Porthos gehören, werde ich ihm dazu gratulieren.«

»Zum Kuckuck!«, entgegnete d'Artagnan. »Rede ihn ja nicht mit Porthos oder auch nur mit du Vallon an, sondern nenne ihn de Bracieux oder de Pierrefonds. Andernfalls könntest du mir meinen Auftrag vermasseln.«

Je näher sie dem Schloss kamen, das d'Artagnans Blicke angezogen hatte, desto deutlicher wurde ihm, dass sein Freund dort nicht wohnen konnte, denn obgleich die Türme gediegen und wie gestern gebaut wirkten, waren sie offen zugänglich und gleichsam aufgeschlitzt. Man hätte meinen können, ein Riese habe sie mit der Axt gespalten.

Am äußersten Ende des Weges angelangt, sah sich d'Artagnan unvermutet hoch über einem herrlichen Tal, an dessen Grund ein bezaubernder kleiner See ruhte. An den Ufern entdeckte er hier und da ein paar teils mit Ziegeln, teils mit Stroh gedeckte Häuser, die bescheiden ein hübsches, zu Beginn der Regierung Heinrichs IV. erbautes Schloss, über dem die lehnsherrlichen Wetterfahnen aufragten, als ihren Gebieter anzuerkennen schienen.

Diesmal zweifelte d'Artagnan nicht, dass er sich vor dem Wohnsitz von Porthos befände. Der Weg führte in gerader Linie zu dem hübschen Schloss, und in leichtem Trab folgte ihm d'Artagnan.

Nach zehn Minuten erreichte er eine Pappelallee, die an einem eisernen Gittertor mit vergoldeten Spitzen und Querstäben endete. Mitten in dieser Allee saß auf einem derben, untersetzten Hengst ein vornehmer Herr, in die Farben des Gittertors, Grün und Gold, gekleidet. Zur Rechten und zur Linken hatte er zwei von oben bis unten betresste Diener; eine ganze Anzahl um ihn versammelter Bauernkerle huldigten ihm mit großer Ehrfurcht.

Oh!, sagte sich d'Artagnan. Sollte das der hohe Herr du Vallon de Bracieux de Pierrefonds sein? Mein Gott! Wie zusammengeschrumpft er ist, seit er sich nicht mehr Porthos nennt!

»Das ist er vielleicht gar nicht«, sagte Planchet gleichsam als Antwort auf d'Artagnans Gedanken. »Monsieur Porthos war fast sechs Fuß groß, und dieser misst knappe fünf.«

»Doch man verneigt sich sehr tief vor diesem Herrn«, entgegnete d'Artagnan.

Mit diesen Worten sprengte d'Artagnan auf den untersetzten Hengst, den bedeutenden Mann und die Diener zu.

Beim Näherkommen schien ihm, als erkenne er die Züge dieses Menschen.

»Herrjeses, Monsieur!«, rief Planchet, der ihn ebenfalls zu erkennen glaubte. »Sollte es denn möglich sein, dass es der ist?«

Bei diesem Ausruf wandte sich der Reiter langsam und mit ungemein würdevoller Miene um, und die beiden Reisenden sahen in vollem Glanz die Glotzaugen, das hochrote Weingesicht und das so beredte Lächeln Mousquetons erstrahlen.

Es war in der Tat Mousqueton, Mousqueton mit Speck auf dem Leibe, strotzend von Gesundheit, aufgeblasen von Wohlleben, der sich, ganz im Gegensatz zu jenem Heuchler Bazin, von seinem Hengst gleiten ließ, als er d'Artagnan erkannte, und dem Offizier mit gezogenem Hut entgegenging, so dass die Huldigungen der Versammelten eine Viertelschwenkung gegen die neue Sonne vollführten, die die alte verdunkelte.

»Monsieur d'Artagnan, Monsieur d'Artagnan«, wiederholte, schwitzend vor Freude, Mousqueton mit seinen enorm breiten Backen, »Monsieur d'Artagnan! Oh, welche Freude für meinen Herrn und Gebieter du Vallon de Bracieux de Pierrefonds!«

»Der gute alte Mousqueton! Dein Herr ist also hier?«

»Sie befinden sich auf seinen Besitzungen.«

»Aber wie fein gekleidet, wie wohl genährt, wie blühend du bist!«, sagte d'Artagnan, der es nicht müde wurde, die Veränderungen aufzuzählen, die das Glück bei dem einstmals Ausgehungerten bewirkt hatte.

»Ja, Gott sei Dank, Monsieur«, erwiderte Mousqueton, »ich befinde mich recht wohl.«

»Aber hast du denn deinem Freund Planchet gar nichts zu sagen?«

»Meinem Freund Planchet? Solltest etwa du es sein, Planchet?«, rief Mousqueton mit ausgebreiteten Armen und die Augen voller Tränen.

»Ich in Person«, sagte der stets vorsichtige Planchet, »ich wollte erst sehen, ob du nicht womöglich stolz geworden bist.«

»Stolz gegen einen alten Freund? Niemals, Planchet. Das hast du doch wohl nicht gedacht, oder du kennst Mousqueton nicht.«

»Bravo!«, sagte Planchet, während er absaß und seinerseits die Arme nach Mousqueton ausstreckte. »Du bist nicht wie dieser Lump Bazin, der mich zwei Stunden in einem Schuppen allein gelassen hat, ohne mich anscheinend wiederzuerkennen.«

Und Planchet und Mousqueton umarmten sich mit einem Überschwang, der die Anwesenden heftig rührte und glauben ließ, Planchet sei irgendein hoher Herr in Verkleidung, so ungemein hoch bewerteten sie die Stellung Mousquetons.

»Und nun, Monsieur«, sagte Mousqueton, als er sich aus der innigen Umarmung Planchets befreit hatte, dessen Versuch, die Hände hinter dem Rücken seines Freundes zusammenzubringen, vergeblich gewesen war, »und nun, Monsieur, gestatten Sie, dass ich Sie verlasse, denn ich möchte nicht, dass ein anderer als ich meinem Herrn die Nachricht von Ihrer Ankunft überbringt, er würde mir nicht verzeihen, ließe ich mir jemanden zuvorkommen.«

»Der teure Freund«, sagte d'Artagnan, indem er vermied, Porthos sowohl mit seinem alten wie mit seinem neuen Namen zu nennen, »er hat mich also nicht vergessen!«

»Vergessen? Er?«, rief Mousqueton. »Kein Tag ist vergangen, Monsieur, an dem wir nicht von Ihnen zu hören erwarteten, dass Sie anstelle von Monsieur de Gassion oder anstelle von Monsieur de Bassompierre zum Marschall ernannt worden seien.«

D'Artagnan ließ über seine Lippen eines dieser seltenen melancholischen Lächeln huschen, die im tiefsten Innern seines Herzens die Ernüchterungseiner Jugendjahre überlebt hatten.

»Und ihr Bauernlümmel«, fuhr Mousqueton fort, »bleibt bei dem Herrn Grafen d'Artagnan und erweist ihm allergrößte Ehre, während ich Monseigneur seine Ankunft melde.«

Und nachdem er sich mit Hilfe zweier barmherziger Seelen auf seinen robusten Gaul geschwungen und der behendere Planchet ganz allein den seinen bestiegen hatte, ritt Mousqueton über den Rasen der Allee in einem leichten Galopp, der mehr für die Güte der Kruppe als die der Beine des Vierfüßers zeugte.

»Sieh an!«, sagte d'Artagnan. »Der meldet mich, wie es sich gehört. Hier gibt es keine Geheimnistuerei, kein Bemänteln, keine Verschlagenheit. Man lacht aus vollem Halse, man weint vor Freude, ich sehe nur ellenbreite Gesichter. Wahrhaftig, mir scheint, als sei die Natur selbst festlich gestimmt, als trügen die Bäume statt Blättern und Blüten kleine grüne und rosenfarbene Bänder.«

»Und mir ist«, sagte Planchet, »als röche ich hier den leckersten Bratenduft, als sähe ich Küchenjungen Spalier bilden, um uns vorbeireiten zu sehen. Ach, Monsieur, welch einen Koch muss Monsieur de Pierrefonds haben, der bereits so viel und so gut zu essen liebte, als er sich nur Monsieur Porthos nannte!«

»Still!«, entgegnete d'Artagnan. »Du machst mir Angst. Wenn die Wirklichkeit dem Anschein entspricht, bin ich geliefert. Ein so glücklicher Mensch wird nie von seinem Glück abstehen, und ich werde bei ihm Schiffbruch erleiden, wie ich bei Aramis Schiffbruch erlitten habe.«

Wie d'Artagnan bei der Begegnung mit Porthos gewahr wird, dass ein Vermögen nicht das Glück ausmacht

D'Artagnan ritt durch das Gittertor und sah sich dem Schloss gegenüber. Er saß gerade ab, als so etwas wie ein Riese auf der Freitreppe erschien. Um gerecht gegen d'Artagnan zu sein, müssen wir erwähnen, dass ihm, abgesehen von jedem egoistischen Gefühl, beim Anblick der hohen Gestalt und des kriegerischen Gesichts, die ihm einen tapferen und guten Mann ins Gedächtnis zurückriefen, das Herz vor Freude schlug. Er lief auf Porthos zu und stürzte sich in seine Arme. Das gesamte Bedientenvolk, das sich in respektvoller Entfernung im Kreis aufgestellt hatte, beobachtete es mit bescheidener Neugier. Mousqueton, in der vordersten Reihe, wischte sich die Augen, der arme Kerl hatte nicht aufgehört, vor Entzücken zu weinen, seit er d'Artagnan und Planchet erkannt hatte.

Porthos nahm seinen Freund in die Arme. »Ach, welche Freude, dich wiederzusehen, lieber d'Artagnan!«, rief er mit einer Stimme, die sich vom Bariton zum Bass gewandelt hatte. »Du hast mich also nicht vergessen?«

»Dich vergessen? Aber, lieber du Vallon, vergisst man denn die schönsten Tage seiner Jugend und seine ergebenen Freunde und die Gefahren, denen man gemeinsam getrotzt hat? Da ich dich wiedersehe, gibt es nicht einen einzigen Augenblick unserer alten Freundschaft, der mir nicht gegenwärtig ist.«

»Ja, ja«, sagte Porthos, während er versuchte, seinem Schnurrbart den früheren koketten Schwung zu geben, den er in der Einsamkeit verloren hatte, »ja, wir haben zu unserer Zeit schöne Streiche vollführt und dem armen Kardinal schwer zu schaffen gemacht.« Er stieß einen Seufzer aus. D'Artagnan sah ihn an. »Auf jeden Fall«, fuhr Porthos in mattem Ton fort, »sei herzlich willkommen, lieber Freund, du wirst mir helfen, meine Freude wiederzufinden. Wir werden morgen auf meinen Feldern, die prächtig sind, Hasen jagen oder in meinen sehr schönen Wäldern Rehböcke. Ich besitze vier Windhunde, die als die flinksten in der Provinz gelten, und eine Koppel Jagdhunde, die zwanzig Meilen in der Runde nicht ihresgleichen haben.« Und Porthos stieß einen zweiten Seufzer aus.

Oho, dachte d'Artagnan, sollte mein alter Freund weniger glücklich sein, als er aussieht? Laut sagte er dann: »Doch vor allem stelle mich Madame du Vallon vor, denn ich erinnere mich an einen Brief mit einer freundlichen Einladung, den du mir liebenswürdigerweise geschrieben hast und unter den sie liebenswürdigerweise ebenfalls ein paar Zeilen setzte.«

Ein dritter Seufzer von Porthos. »Ich habe Madame du Vallon vor zwei Jahren verloren«, sagte er, »und du siehst mich immer noch tiefbetrübt darüber. Deshalb habe ich mein Schloss du Vallon bei Corbeil verlassen, um mein Besitztum Bracieux zu bewohnen, eine Änderung, die mich dazu geführt hat, diese Besitzung hier zu kaufen. Die arme Madame du Vallon«, fuhr Porthos fort, indem er ein kummervolles Gesicht zog, »sie war kein sehr ausgeglichener Charakter, doch am Ende hatte sie sich an meine Art gewöhnt und nahm meine kleinen Eigenwilligkeiten hin.«

»Also bist du reich und ledig?«, sagte d'Artagnan.

»Ach!«, seufzte Porthos. »Ich bin Witwer und habe ein Jahreseinkommen von vierzigtausend Livres. Wenn du magst, wollen wir jetzt frühstücken.«

»Sehr gern«, sagte d'Artagnan, »die Morgenluft hat mir Appetit gemacht.«

»Ja«, bemerkte Porthos, »meine Luft ist vortrefflich.«

Sie betraten das Schloss. Darin war von oben bis unten alles vergoldet; die Karniese waren vergoldet, die Verzierungen waren vergoldet, und vergoldet war auch das Holz der Sessel. Ein vollständiggedeckter Tisch erwartete sie.

»Es ist nur meine Hausmannskost«, sagte Porthos.

»Potztausend«, erwiderte d'Artagnan, »dazu gratuliere ich dir, der König hat nicht ihresgleichen.«

»Ja«, sagte Porthos, »Monsieur de Mazarin soll ihn sehr schlecht ernähren. – Was hältst du von meinem Wein? Lässt sich trinken, nicht wahr?«

»Er ist herrlich.«

»Und doch nur hiesiger Wein.«

»Was du nicht sagst!«

»Ja, ein kleiner Abhang an der Südseite meines Berges, er liefert zwanzig Fass.«

»Das ist aber eine beträchtliche Ernte.«

Porthos seufzte zum fünften Mal. D'Artagnan hatte Porthos' Seufzer gezählt. »Aber, hör mal«, sagte er, neugierig, das Rätsel zu ergründen, »man möchte meinen, dass dich etwas bekümmert, lieber Freund. Bist du etwa leidend …? Ist deine Gesundheit …«

»Vortrefflich, mein Lieber, besser denn je, ich könnte mit einem Fausthieb einen Ochsen töten.«

»Dann Kummer mit der Familie …«

»Zum Glück stehe ich ganz allein auf der Welt.«

»Aber was ist es dann, das dich seufzen lässt?«

»Lieber Freund«, sagte Porthos, »ich werde offen zu dir sein, ich bin nicht glücklich.«

»Du, Porthos, nicht glücklich? Du, der du ein Schloss, Wiesen, Berge und Wälder besitzt, der du vierzigtausend Livres Jahreseinkommen hast, du bist nicht glücklich?«

»All das habe ich freilich, mein Lieber, aber inmitten all dessen bin ich allein.«

»Ah, ich verstehe, du bist von Bauernkerlen umgeben, die du nicht besuchen kannst, ohne dich zu erniedrigen.«

Porthos wurde etwas blass und leerte ein riesiges Glas seines leichten Weins vom Südabhang.

»Keineswegs«, sagte er, »im Gegenteil, du musst dir vorstellen, dass es lauter Krautjunker sind, die alle irgendeinen Titel tragen und behaupten, von Pharamund, von Karl dem Großen oder wenigstens von Hugo Capet abzustammen. Zu Anfang war ich ja der zuletzt Gekommene und musste folglich die ersten Annäherungsversuche unternehmen, was ich auch tat, aber du weißt, lieber Freund, Madame du Vallon …«

Porthos schien bei diesen Worten mit Mühe seinen Speichel zu schlucken.

»Madame du Vallon«, fuhr er fort, »war von zweifelhaftem Adel, sie hatte in erster Ehe (damit sage ich dir, glaube ich, nichts Neues, d'Artagnan) einen Advokaten zum Mann. Das fanden sie ekelhaft. Sie sagten es, ekelhaft. Du verstehst, das war ein Wort, um einen dreißigtausend Männer töten zu lassen. Ich habe deswegen zwei getötet, das brachte die andern zum Schweigen, hat mich aber nicht zu ihrem Freund gemacht. So dass ich keine Gesellschaft mehr habe, so dass ich allein lebe, mich langweile und mich quäle.«

D'Artagnan lächelte, er sah die Blöße und bereitete den Schlag vor.

»Aber schließlich bist du durch dich selbst etwas«, sagte er, »und deine Frau kann dich nicht verdunkeln.«

»Ja, aber verstehst du, da ich nicht von historischem Adel bin wie die Coucys, die sich damit begnügen, Lehnsherren zu sein, und die Rohans, die nicht Herzöge sein wollen, haben all diese Leute, die entweder Vizegrafen oder Grafen sind, den Vortritt vor mir, in der Kirche, bei den Feierlichkeiten, überall, und ich habe nichts zu vermelden. Ach, wäre ich doch nur …«

»Baron, nicht wahr?«, fragte d'Artagnan, indem er den Satz seines Freundes beendete.

»Ach!«, rief Porthos, dessen Gesicht sich aufheiterte. »Ach, wäre ich doch Baron!«

Gut, dachte d'Artagnan, hier werde ich Erfolg haben.

»Nun, lieber Freund«, sagte er dann, »diesen Titel, den du dir wünschst, bringe ich dir heute.«

Porthos machte einen Satz, der den ganzen Saal erschütterte, ein paar Flaschen verloren dabei das Gleichgewicht und rollten zu Boden, wo sie zerbrachen. Mousqueton kam auf den Lärm hin angelaufen, und in der Ferne bemerkten sie Planchet, mit vollem Mund und der Serviette in der Hand.

»Monseigneur hat mich gerufen?«, fragte Mousqueton. Porthos bedeutete Mousqueton mit einer Handbewegung, die Flaschenscherben aufzusammeln.

»Ich sehe mit Vergnügen, dass du immer noch diesen braven Diener hast«, sagte d'Artagnan.

»Er ist mein Verwalter«, antwortete Porthos. Dann, indem er die Stimme hob: »Der Spitzbube hat sein Glück gemacht, das sieht man, aber«, fuhr er leiser fort, »er hängt an mir und würde mich um nichts in der Welt verlassen.«

Und er redet ihn mit Monseigneur an, dachte d'Artagnan.

»Geh jetzt, Mousqueton«, sagte Porthos. »Nun, lieber Freund, wir sprachen gerade von Geschäften …«

»Ja«, antwortete d'Artagnan, »doch setzen wir die Unterhaltung später fort, deine Leute könnten etwas argwöhnen, vielleicht gibt es Spione in dieser Gegend. Du ahnst schon, Porthos, dass es sich um ernste Dinge handelt.«

»Alle Wetter!«, sagte Porthos. »Also gut, machen wir einen Verdauungsspaziergang durch meinen Park.«

Und da beide zur Genüge gefrühstückt hatten, setzten sie sich in Bewegung zu einer Runde durch eine herrliche Gartenlandschaft.

»Meiner Treu«, sagte d'Artagnan, »der Park stimmt zu allem Übrigen, und wenn es in deinem Teich so viele Fische gibt wie Kaninchen in deinen Gehegen, bist du glücklich zu nennen, mein lieber Porthos, magst du dir auch noch so wenig Geschmack für die Jagd bewahrt und dafür den für den Fischfang erworben haben.«

»Den Fischfang überlasse ich Mousqueton«, erwiderte Porthos, »der ist ein unedler Zeitvertreib, ich dagegen jage mitunter, das heißt, wenn ich mich langweile, setze ich mich auf eine von diesen Marmorbänken, lasse mir meine Flinte und Gredinet, meinen Lieblingshund, bringen und schieße Kaninchen.«

»Das muss sehr ergötzlich sein«, sagte d'Artagnan.

»Ja, sehr«, antwortete Porthos mit einem Seufzer. d'Artagnan zählte sie nicht mehr. »Aber kommen wir auf unsere Geschäfte zurück.«

»Gern«, erwiderte d'Artagnan, »nur sage ich dir gleich, lieber Freund, damit du nachher nicht behauptest, ich hätte dich heimtückisch überfallen, dass sie eine Änderung der Lebensweise erfordern.«

»Inwiefern?«

»Wieder die Rüstung anlegen, den Degen gürten, auf Abenteuer ziehen und unterwegs wie in vergangenen Zeiten ein wenig von seiner Haut lassen, kurz und gut, du weißt, so wie es früher war.«

»Teufel noch mal!«, sagte Porthos.

»Ja, ich verstehe, du bist verwöhnt, lieber Freund, du bist dick geworden, und das Handgelenk hat nicht mehr die Spannkraft, von der die Garden des Kardinals so viele Beweise erhielten.«

»Ach, das Handgelenk ist noch gut, das schwöre ich dir«, entgegnete Porthos, während er ihm eine Hand wie eine Hammelschulter entgegenstreckte.

»Umso besser.«

»Wir sollen also in den Kriegziehen? Und gegen wen?«

»Hast du die Politik verfolgt, mein Freund?«

»Ich? Nicht im Geringsten.«

»Alsdann – bist du für den Mazarin oder für die Prinzen?«

»Ich bin für niemanden.«

»Das heißt, dass du für uns bist. Umso besser, Porthos, das ist der rechte Grundsatz, sein Glück zu machen. Und jetzt, mein Lieber, sage ich dir, dass ich im Auftrag des Kardinals gekommen bin.«

Dieses Wort wirkte auf Porthos, als schriebe man noch das Jahr 1640 und als handle es sich um den eigentlichen Kardinal.

»Oho!«, sagteer. »Was will Seine Eminenz von mir?«

»Seine Eminenz möchte dich in seinen Dienst nehmen.«

»Und wer hat ihm von mir gesprochen?«

»Rochefort. Du erinnerst dich?«

»Ja, wahrhaftig! Der uns seinerzeit so viel Verdruss gemacht und so viel herumgehetzt hat, der Nämliche, dem du nacheinander drei Degenhiebe versetzt hast, die er übrigens verdient hatte.«

»Aber du weißt, dass er unser Freund geworden ist?«, fragte d'Artagnan.

»Nein, das wusste ich nicht. Aha, er ist also nicht nachtragend.«

»Du irrst, Porthos«, entgegnete d'Artagnan, »ich bin es, der nicht nachtragend ist.«

Porthos begriff nicht recht, aber man erinnert sich wohl noch, dass er schon immer schwer von Begriff gewesen war.

»Du behauptest also, der Graf von Rochefort habe dem Kardinal von mir erzählt?«

»Ja, und auch die Königin.«

»Wie, die Königin?«

»Um uns Vertrauen einzuflößen, hat sie ihm sogar den berühmten Diamantring gegeben, du weißt, den ich Monsieur des Essarts verkauft habe und der, ich weiß nicht auf welche Weise, wieder in ihren Besitz gelangt ist.«

»Aber mir scheint«, sagte Porthos mit seinem hausbackenen gesunden Menschenverstand, »sie hätte besser getan, ihn dir zurückzugeben.«

»Der Meinung bin ich auch«, erwiderte d'Artagnan, »aber das ist nun mal nicht anders! Die gekrönten Häupter haben mitunter sonderbare Launen. Da sie über die Reichtümer und Ehren verfügen und das Geld und die Titel verteilen, ist man ihnen letzten Endes ergeben.«

»Ja, man ist ihnen ergeben«, sagte Porthos. »Du bist also augenblicklich wem ergeben …?«

»Dem König, der Königin und dem Kardinal, und ich habe mich überdies für deine Ergebenheit verbürgt.«

»Und du sagst, du hast für mich gewisse Bedingungen gestellt?«

»Ausgezeichnete, mein Lieber, ganz ausgezeichnete! Zunächst hast du Geld, nicht wahr? Vierzigtausend Livres jährliches Einkommen, sagtest du doch?«

Porthos wurde misstrauisch. »Je nun, mein Freund«, entgegnete er, »man hat niemals zu viel Geld. Madame du Vallon hat eine verworrene Erbschaft hinterlassen, mit mir ist nicht viel los, so dass ich quasi von der Hand in den Mund lebe.«

Er hat Angst, ich sei gekommen, Geld von ihm zu leihen, dachte d'Artagnan. »Aber, mein lieber Freund«, sagte er dann, »umso besser, wenn du in der Klemme bist!«

»Wieso umso besser?«

»Weil Seine Eminenz alles geben wird, was man von ihm wünscht, Ländereien, Geld und Titel.«

»Ach so!«, entfuhr es Porthos, der bei dem letzten Wort die Augen aufgerissen hatte.

»Gleichwohl«, sagte d'Artagnan, »trotz deiner vierzigtausend Livres im Jahr oder vielleicht sogar wegen deiner vierzigtausend im Jahr scheint mir, als würde sich eine kleine Krone an deiner Kutsche recht gut ausnehmen, wie?«

»Aber ja«, erwiderte Porthos.

»Nun, mein Lieber, erringe sie dir, sie ist an der Spitze deines Degens. Wir werden uns nicht ins Gehege kommen. Dein Ziel ist ein Titel, mein Ziel ist Geld. Wenn ich genügend gewinne, um d'Artagnan wieder aufzubauen, das meine durch die Kreuzzüge verarmten Vorfahren seit der Zeit zu Ruinen verfallen ließen, und um dreißig Morgen Land in der Umgebung zu kaufen, dann brauche ich weiter nichts, dann ziehe ich mich dorthin zurück und sterbe ruhig.«

»Und ich möchte Baron werden«, sagte Porthos.

»Das wirst du.«

»Und hast du nicht auch an unsere anderen Freunde gedacht?«, fragte Porthos.

»Allerdings, ich habe Aramis besucht.«

»Und was wünscht er sich? Bischof zu werden?«

»Aramis«, antwortete d'Artagnan, der Porthos nicht ernüchtern wollte, »stell dir vor, mein Lieber, Aramis ist Klosterbruder und Jesuit geworden, lebt wie ein Höhlenbär, entsagt allem und denkt nur an sein Seelenheil. Meine Angebote vermochten ihn nicht umzustimmen.«

»Schade!«, sagte Porthos. »Erbesaß Geist. Und Athos?«

»Den habe ich noch nicht gesehen, werde ihn aber aufsuchen, wenn ich dich verlasse. Du weißt, wo ich ihn finde?«

»Bei Blois, auf einer kleinen Besitzung, die er, ich weiß nicht von welchem Verwandten, geerbt hat.«

»Und wie heißt die?«

»Bragelonne. Verstehst du das, mein Lieber? Athos, der von höchstem Adel war und eine Besitzung erbt, die den Titel Grafschaft führt! Was wird er bloß mit all den Grafschaften anfangen, mit der Grafschaft La Fère, der Grafschaft Bragelonne?«

»Zumal er keine Kinder hat«, antwortete d'Artagnan.

»Hm«, machte Porthos, »ich habe gehört, dass er einen jungen Mann adoptiert hat, der ihm sehr ähnlich sieht.«

»Athos, unser Athos, der tugendhaft war wie Scipio? Hast du ihn wiedergesehen?«

»Nein.«

»Nun, morgen werde ich ihm Nachricht von dir bringen. Unter uns gesagt, fürchte ich, sein Hang zum Wein wird ihn sehr alt gemacht und entwürdigt haben.«

»Ja«, sagte Porthos, »das ist wahr, er hat viel getrunken.«

»Außerdem war er der Älteste von uns allen«, sagte d'Artagnan.

»Nur um ein paar Jahre«, erwiderte Porthos, »seine ernste Miene machte ihn so viel älter.«

»Ja, das stimmt. Also, bekommen wir Athos, umso besser, bekommen wir ihn nicht, na schön! Wir werden es überstehen. Wir beide allein sind ein gutes Dutzend wert.«

»Richtig«, antwortete Porthos, lächelnd in der Erinnerung an ihre früheren Heldentaten, »aber wir vier miteinander wären sechsunddreißig wert, umso mehr, als es nach dem, was du sagst, ein schweres Geschäft sein wird.«

»Schwer für den Nachwuchs, für uns nicht.«

»Wird es lange dauern?«

»Gewiss! Es kann drei oder vier Jahre dauern.«

»Viel Kampf?«

»Ich hoffe.«

»Umso besser, ja, eigentlich umso besser!«, rief Porthos. »Du hast ja keine Ahnung, mein Lieber, wie oft mir die Knochen knarren, seit ich hier bin! Manchmal, am Sonntag, wenn ich von der Messe komme, reite ich auf die Felder und Besitzungen der Nachbarn, um in einen tüchtigen kleinen Streit zu geraten, weil ich fühle, dass ich das brauche. Ich habe mich also entschieden. Ich werde auf Hieb und Stich für Mazarin kämpfen. Aber …«

»Aber?«

»Er wird mich zum Baron machen?«

»Bei Gott!«, sagte d'Artagnan. »Das ist von vornherein abgemacht.«

Nach diesem Versprechen schlug Porthos, der nie an dem Wort seines Freundes gezweifelt hatte, wieder den Weg zum Schloss ein, wobei er d'Artagnan um seine endgültigen Anweisungen bat.

»Ich brauche von hier bis Blois vier Tage«, antwortete d'Artagnan, »einen Tag für den dortigen Aufenthalt und drei oder vier Tage, um nach Paris zurückzukehren. Mach dich also in einer Woche mit deinem Tross auf die Reise, steig in der Rue Tiquetonne im Gasthof der Chevrette ab, und erwarte dort meine Rückkehr.«

»Abgemacht«, sagte Porthos.

Zwei Engelsköpfe

Es war ein langer Weg, aber d'Artagnan beunruhigte sich deswegen nicht, er wusste, dass sich seine Pferde an den üppigen Raufen des Seigneur de Bracieux gelabt hatten. Er wagte sich also zuversichtlich an die vier oder fünf Tagereisen, die er, von dem getreuen Planchet gefolgt, zu machen hatte.

Die beiden Männer ritten, um den langweiligen Weg angenehmer zu machen, Seite an Seite und plauderten ständig miteinander. D'Artagnan hatte nach und nach den Herrn abgestreift, und Planchet war völlig aus der Haut des Dieners gekrochen. Planchet war ein ausgemachter Pfiffikus, der sich seit seinem aus dem Stegreif erlangten Bürgerstand häufig nach der freien Kost der Heerstraße sowie der glänzenden Unterhaltung und Gesellschaft von Edelleuten zurückgesehnt hatte und der im Gefühl eines gewissen persönlichen Wertes darunter litt, sich durch die ständige Berührung mit geistlosen Leuten herabgesetzt zu sehen. Er schwang sich also bald bei dem, den er immer noch seinen Herrn nannte, zu dem Rang des Vertrauten auf. D'Artagnan hatte seit vielen Jahren nicht sein Herz geöffnet. Und so geschah es, dass diese beiden Männer, nachdem sie sich wiedergefunden hatten, wunderbar miteinander auskamen.

Überdies war Planchet durchaus kein alltäglicher Abenteuergefährte. Er wusste immer einen guten Rat. Ohne die Gefahr zu suchen, wich er Kämpfen nicht aus, wie d'Artagnan mehrmals Gelegenheit gehabt hatte zu beobachten, kurzum, er war Soldat gewesen, und die Waffen adelten, und über all das hinaus stand fest, wenn Planchet ihn brauchte, so war ihm Planchet ebenfalls von Nutzen. So langten d'Artagnan und Planchet nahezu wie zwei gute Freunde im Blaisois an.

Unterwegs sagte d'Artagnan kopfschüttelnd, indem er auf den Gedanken zurückkam, der ihn ständig quälte: »Ich weiß genau, dass es unnütz und albern ist, mich bei Athos zu verwenden, aber diese Höflichkeit bin ich meinem alten Freund schuldig, einem Mann, der die edelsten und vornehmsten Anlagen in sich trug, die bei Menschen zu finden sind.«

»Oh, Monsieur Athos war ein wackerer Edelmann«, sagte Planchet.

»Ja«, erwiderte d'Artagnan, »das ist so wahr wie das Evangelium, aber er wird alle guten Eigenschaften durch einen einzigen Fehler verloren haben.«

»Ich erinnere mich«, sagte Planchet, »er liebte zu trinken, oder vielmehr, er trank. Aber er trank nicht wie die andern. Seine Augen sagten nichts, wenn er das Glas zum Mund führte. Ich habe wahrhaftig nie ein so ausdrucksvolles Schweigen erlebt. Mir schien, als hörte ich ihn murmeln:

›Hinein mit dir, Getränk, und verjag mir den Kummer!‹ Und wie er den Fuß eines Glases oder den Hals einer Flasche zerbrach! Das konnte nur er.«

»Heute ist es ein trauriger Anblick, der uns erwartet«, fuhr d'Artagnan fort. »Dieser noble Edelmann mit dem kühnen Blick, dieser wohlgestalte Kavalier, der im Kampf so hervorragend war, dass man sich immer darüber verwunderte, warum er nur einen einfachen Degen in der Hand hielt statt eines Kommandostabs – er wird sich in einen gekrümmten Greis mit roter Nase und triefenden Augen verwandelt haben. Wir werden ihn auf irgendeinem Rasen liegen finden, von wo er uns mit trübem Blick betrachten und vielleicht nicht erkennen wird. Gott ist mein Zeuge, Planchet, dass ich dieses traurige Schauspiel fliehen würde, legte ich nicht großen Wert darauf, dem erlauchten Schatten des ruhmreichen Grafen von La Fère, den wir so sehr geliebt haben, meine Achtung zu erweisen.«

Planchet wiegte den Kopf und sagte kein Wort, es war leicht zu merken, dass er die Befürchtungen seines Herrn teilte.

»Und dann die Altersschwäche«, sprach d'Artagnan weiter, »denn Athos ist jetzt alt, vielleicht das Elend, denn er wird das geringe Hab und Gut, das er besaß, vernachlässigt haben, und der garstige Grimaud, stummer denn je und ein größerer Trunkenbold als sein Herr … ach, Planchet, all das bricht mir das Herz.«

»Mir ist, als wäre ich dort und sähe ihn lallend schwanken«, bemerkte Planchet kläglich. »Jedenfalls werden wir bald Aufklärung erhalten, Monsieur, denn ich glaube, diese hohen Mauern, die die untergehende Sonne rötet, sind die Mauern von Blois.«

»Wahrscheinlich«, versetzte d'Artagnan, »und die spitzen, geschnitzten Dachreiter, die wir dort links im Gehölz undeutlich erkennen, gleichen denen, die das Schloss Chambord zieren sollen.«

In diesem Augenblick kam von einem völlig ausgefahrenen Pfad auf die Straße, der die beiden Reiter folgten, einer von jenen schwerfälligen, mit Ochsen bespannten Wagen, die das in den schönen Wäldern der Gegend geschlagene Holz zu den Häfen der Loire bringen. Nebenher ging ein Mann, der eine lange, mit einem Nagel bewehrte Stange trug, sein langsames Gespann anzutreiben.

»Heda, Freund!«, rief Planchet dem Ochsentreiber zu.

»Was steht zu Ihren Diensten, Messieurs?«, fragte der Bauer mit der den Leuten dieser Gegend eigenen Reinheit der Sprache, die die städtischen Puristen von der Place de la Sorbonne und der Rue de l'Université beschämen würde.

»Wir suchen das Haus des Herrn Grafen von La Fère«, antwortete d'Artagnan, »ist Ihnen dieser Name unter den Gutsherren der Umgebung bekannt?«

Der Bauer zog seinen Hut, als er den Namen hörte, und erwiderte: »Messieurs, dieses Holz, das ich abfahre, gehört ihm, ich habe es in seinem Hochwald geschlagen und bringe es zum Schloss.«

D'Artagnan wollte diesen Mann nicht ausfragen, es widerstrebte ihm, von einem andern womöglich das zu hören, was er selbst zu Planchet gesagt hatte. Das Schloss?, dachte er. Das Schloss? Ah, ich verstehe, Athos lässt sich nichts gefallen, er wird wie Porthos seine Bauern gezwungen haben, ihn Monseigneur und sein elendes Nest Schloss zu nennen. Er hatte eine schwere Hand, der liebe Athos, vor allem wenn er getrunken hatte.

Die Ochsen kamen langsam voran. D'Artagnan und Planchet ritten hinter dem Wagen her. Dieses Tempo machte sie ungeduldig.

»Dies ist also der rechte Weg?«, fragte d'Artagnan den Ochsentreiber. »Und wir können ihm ohne Furcht, uns zu verirren, folgen?«

»O mein Gott, ja, Monsieur!«, erwiderte der Mann. »Das können Sie gewiss, statt dass Sie sich langweilen, so träge Tiere zu geleiten. Sie haben nur eine halbe Meile zu reiten und werden dann zur Rechten ein Schloss erblicken; von hier aus sieht man es nicht, weil es durch eine Pappelwand verborgen ist. Dieses Schloss ist nicht Bragelonne, sondern La Vallière, Sie reiten darüber hinaus, aber drei Musketenschuss weiter kommen Sie zu einem großen weißen Haus mit Schieferdächern, das auf einer von mächtigen Sykomoren beschatteten Anhöhe erbaut ist, und das ist das Schloss des Herrn Grafen von La Fère.«

D'Artagnan dankte dem Ochsentreiber und sprengte alsbald davon, doch ohne sein Zutun von dem Gedanken an das Wiedersehen mit diesem seltenen und so sehr geliebten Mann geplagt, der durch seine Ratschläge und sein Beispiel so viel zu seiner Erziehung zum Edelmann beigetragen hatte, verlangsamte er nach und nach den Lauf seines Pferdes und setzte seinen Weg mit gesenktem Kopf wie ein Träumer fort.

Bald tauchte an der Wegbiegung, wie der Ochsentreiber gesagt hatte, vor den Augen der Reiter das Schloss La Vallière auf, dann zeichnete sich etwa eine Viertelmeile weiter gegen den Hintergrund eines Baumdickichts, das der Frühling mit Blütenschnee bestäubte, das von seinen Sykomoren eingerahmte weiße Haus ab.

Der Musketier ritt noch ein paar Schritt weiter und befand sich vor einem Gittertor, das im Geschmack jener Zeit aus Gusseisen gearbeitet war. Durch das Gittertor sah er sorgfältig gepflegte Gemüsegärten, einen recht geräumigen Hof, in dem mehrere von Dienern in verschiedenen Livreen gehaltene Handpferde stampften und eine mit zwei einheimischen Pferden bespannte Kutsche stand.

»Wir täuschen uns, oder jener Mann hat uns getäuscht«, sagte d'Artagnan, »das kann nicht der Wohnsitz von Athos sein. Mein Gott! Sollte er tot sein und dieses Besitztum irgendeinem Menschen seines Namens gehören? Steig ab, Planchet, und erkundige dich. Ich gestehe, dass ich nicht den Mut dazu habe.«

Planchet tat, wie ihm geheißen.

»Füg hinzu«, sagte d'Artagnan, »dass ein Edelmann auf der Durchreise um die Ehre bittet, den Grafen von La Fère zu begrüßen, und wenn du mit den Auskünften zufrieden bist, gut, dann nenne meinen Namen.«

Planchet, das Pferd am Zügel, näherte sich dem Tor, ließ die Glocke ertönen, und alsbald kam ein Bedienter mit weißem Haar und trotz seines Alters aufrechtem Wuchs, um Planchet zu empfangen.

»Ist dies der Wohnsitz des Herrn Grafen von La Fère?«, fragte Planchet.

»Ja, Monsieur«, antwortete der Bediente Planchet, der jakeine Livree trug.

»Ein Seigneur, der seinen Abschied genommen hat, nicht wahr?«

»So ist es.«

»Und der einen Diener namens Grimaud hat?«, fragte Planchet weiter, da er bei seiner üblichen Vorsicht glaubte, gar nicht zu viel Auskünfte sammeln zu können.

»Monsieur Grimaud befindet sich augenblicklich nicht im Schloss«, antwortete der Bediente, der Planchet von Kopf bis Fuß zu mustern begann, da er dergleichen Fragen schwerlich gewohnt war.

»Alsdann«, rief Planchet strahlend aus, »ich sehe schon, dass er derselbe Graf von La Fère ist, den wir suchen, öffnen Sie mir daher gefälligst, denn ich möchte dem Herrn Grafen meinen Herrn ankündigen, einen mit ihm befreundeten Edelmann, der hier ist und ihn zu begrüßen wünscht.«

»Warum haben Sie das nicht gleich gesagt?«, bemerkte der Bediente, während er das Gittertor öffnete. »Aber wo ist Ihr Herr?«

»Hinter mir, er folgt mir.«

Nachdem der Bediente das Tor geöffnet hatte, ging er Planchet voran, der d'Artagnan ein Zeichen gab, worauf dieser mit heftigerem Herzklopfen denn je in den Hof ritt.

Als Planchet auf der Freitreppe stand, hörte er aus einem Empfangszimmer im Erdgeschoss eine Stimme fragen: »Wo ist dieser Edelmann, und warum führt man ihn nicht her?«

Diese Stimme, die bis zu d'Artagnan drang, erweckte in seinem Herzen tausend vergessene Empfindungen und Erinnerungen. Eilends sprang er vom Pferd, während Planchet, ein Lächeln auf den Lippen, auf den Herrn des Hauses zuging.

»Aber den Burschen kenne ich doch!«, sagte Athos, der auf der Türschwelle erschien.

»O ja, Herr Graf, Sie kennen mich, und ich kenne Sie auch gut. Ich bin Planchet, Herr Graf, Sie wissen wohl, Planchet …«

Doch weiter vermochte der redliche Diener nichts zu sagen, so verdutzt war er über die unerwartete äußere Erscheinung des Edelmanns.

»Wie? Planchet?«, rief Athos. »Sollte dann womöglich Monsieur d'Artagnan hier sein?«

»Da bin ich, Freund! Da bin ich, lieber Athos!«, stammelte d'Artagnan und taumelte fast.

Bei diesen Worten zeigte sich eine unverkennbare Gemütsbewegung auf dem schönen Gesicht und den ruhigen Zügen Athos'. Er ging mit zwei raschen Schritten auf d'Artagnan zu, ohne den Blick von ihm zu wenden, und schloss ihn liebevoll in die Arme. Und der von seiner Sorge befreite d'Artagnan umarmte ihn seinerseits mit einer Herzlichkeit, die noch aus seinen Tränen schimmerte …

Darauf ergriff Athos seine Hand, die er mit beiden Händen drückte, und führte ihn in den Salon, wo mehrere Personen versammelt waren. Alle standen auf.

»Ich stelle Ihnen den Chevalier d'Artagnan vor«, sagte Athos, »Leutnant der Musketiere Seiner Majestät, einen sehr ergebenen Freund und einen der tapfersten und liebenswertesten Edelleute, die ich je kennengelernt habe.«

D'Artagnan nahm die Höflichkeiten der Anwesenden auf die übliche Weise entgegen und erwiderte sie so gut, wie es ihm möglich war, dann nahm er in dem Kreis Platz und begann, während die für einen Augenblick unterbrochene Unterhaltung wieder allgemein wurde, Athos in Augenschein zu nehmen.

Sonderbar! Athos war kaum gealtert. Seine schönen Augen, jetzt ohne die schwarzen Ringe, deren Ursache schlaflose Nächte und Gelage sind, erschienen größer und von reinerem Fluidum denn je, sein etwas langes Gesicht hatte an Majestät gewonnen, was es an fieberhafter Erregung verloren hatte, seine schon immer bewundernswert schönen und trotz ihrer Geschmeidigkeit kräftigen Hände traten in vollem Glanz unter Spitzenmanschetten hervor wie manche Hände bei Tizian und van Dyck; er war schlanker als früher, seine sehr geraden und breiten Schultern kündeten von einer nicht alltäglichen Kraft, das lange schwarze, kaum mit Grau durchsetzte Haar fiel ihm elegant und wie natürlich gewellt auf die Schultern, seine Stimme war noch immer so frisch, als wäre er erst fünfundzwanzig Jahre alt, und seine herrlichen Zähne, die er sich weiß und makellos erhalten hatte, gaben seinem Lächeln einen unbeschreiblichen Reiz.

Unterdessen begannen sich die Gäste des Grafen, die an der kaum wahrnehmbaren Kühle des Gesprächs merkten, dass die beiden Freunde darauf brannten, allein zu sein, mit jener Geschicklichkeit und Höflichkeit früherer Zeiten zum Aufbruch bereit zu machen, die bei Leuten der vornehmen Welt eine ernsthafte Angelegenheit war; doch da erscholl lautes Hundegebell im Hof, und mehrere Gäste riefen gleichzeitig: »Ah! Raoul ist zurückgekommen.«

Athos blickte, als dieser Name fiel, d'Artagnan an und schien auf die Neugier zu lauern, die er auf seinem Gesicht hervorbringen musste. Aber d'Artagnan verstand noch gar nichts, er hatte sich kaum von seinem hingerissenen Staunen erholt. Deshalb drehte er sich fast mechanisch um, als ein schöner junger Mann von fünfzehn Jahren, einfach, aber mit vollendetem Geschmack gekleidet, den Salon betrat, wobei er anmutig seinen mit langen roten Federn geschmückten Filzhut zog.

Diese neue, völlig unerwartete Persönlichkeit machte jedoch Eindruck auf ihn. Eine Unmenge neue Gedanken kamen ihm in den Sinn und erklärten ihm mit Hilfe aller Quellen seines Verständnisses Athos' Veränderung, die ihm bis dahin unerklärlich erschienen war. Eine auffallende Ähnlichkeit zwischen dem Edelmann und dem Kind deutete ihm das Geheimnis dieses wiedergeborenen Lebens. Er wartete ab, beobachtete und lauschte.

»Zurück, Raoul?«, sagte der Graf.

»Ja, Monsieur«, antwortete der junge Mann ehrfürchtig, »und ich habe den Auftrag erledigt, den Sie mir erteilten.«

»Aber was ist mit dir, Raoul?«, fragte Athos besorgt. »Du bist bleich und scheinst erregt.«

»Weil unserer kleinen Nachbarin ein Unglück zugestoßen ist, Monsieur«, erwiderte der junge Mann.

»Mademoiselle de la Vallière?«, fragte Athos rasch.

»Was ist geschehen?«, wollten mehrere wissen.

»Sie ging mit ihrem Kindermädchen, Marceline, auf dem umfriedeten Platz spazieren, wo die Holzhacker ihre Bäume behauen, als ich sie im Vorbeireiten bemerkte und haltmachte. Sie hatte mich ebenfalls bemerkt, und als sie von einem Holzstapel springen wollte, auf den sie geklettert war, trat die arme Kleine fehl und konnte nicht wieder aufstehen. Ich glaube, sie hat sich den Knöchel verstaucht.«

»O mein Gott!«, rief Athos aus. »Und ist Madame de Saint-Remy, ist ihre Mutter schon benachrichtigt?«

»Nein, Monsieur, Madame de Saint-Remy ist in Blois bei der Herzogin von Orléans. Ich fürchtete, die Erste Hilfe könnte ungeschickt geleistet werden, und deshalb bin ich rasch hergeritten, um Ihren Rat einzuholen, Monsieur.«

»Schick sofort nach Blois, Raoul, oder nimm lieber dein Pferd und reite selbst hin!«

Raoul verneigte sich.

»Aber wo ist Louise?«, fragte der Graf.

»Ich habe sie hergebracht, Monsieur, und in die Obhut von Charlots Frau gegeben, die einstweilen ihren Fuß in Eiswasser gesteckt hat.«

Nach dieser Erklärung, die einen Vorwand geliefert hatte, sich zu erheben, verabschiedeten sich Athos' Gäste von dem Grafen, nur der alte Herzog von Barbe, der sich auf Grund einer zwanzigjährigen Freundschaft mit dem Hause La Vallière Vertraulichkeit erlauben konnte, besuchte die kleine Louise, die weinte, sich aber beim Anblick Raouls die schönen Augen trocknete und sogleich lächelte.

Der Herzog schlug vor, die kleine Louise in seiner Kutsche nach Blois zu bringen.

»Sie haben recht, Monsieur«, erwiderte Athos, »dann ist sie eher bei ihrer Mutter. Aber du, Raoul, wirst nichtsdestoweniger nach Blois reiten«, fuhr der Graf gütig fort, »und Madame de Saint-Remy deine und meine Entschuldigungen überbringen; danach komm zurück.«

Der junge Mann nahm, nachdem er den Grafen mit den Augen um Rat gefragt hatte, das kleine Mädchen, das unter

Schmerzen lächelnd den Kopf an seine Schulter lehnte, in seine bereits kräftigen Arme und legte es sanft in die Kutsche, dann sprang er mit der Anmut und Behändigkeit eines vollendeten Reiters aufsein Pferd, grüßte mit einer Verneigung Athos und d'Artagnan und entfernte sich rasch, um die Kutsche zu begleiten, wobei seine Augen ständig auf deren Inneres gerichtet blieben.

Das Schloss Bragelonne

D'Artagnan war bei diesem Auftritt die ganze Zeit über starr vor Staunen gewesen. Jetzt nahm Athos seinen Arm und führte ihn in den Garten.

»Während man uns das Abendessen bereitet«, sagte er lächelnd, »wäre es dir wohl nicht unlieb, mein Freund, wenn ich dieses Geheimnis, das dich so versonnen macht, ein wenig erhelle?«

»Das ist wahr, Herr Graf«, erwiderte d'Artagnan, der gespürt hatte, wie Athos nach und nach wieder diese ungeheure aristokratische Überlegenheit über ihn erlangte, die er stets gehabt hatte.

Athos sah ihn mit seinem sanften Lächeln an.

»Und zunächst, mein lieber d'Artagnan«, sagte er, »hier gibt es keinen Herrn Grafen. Wenn ich dich Chevalier genannt habe, dann geschah das, um dich meinen Gästen so vorzustellen, dass sie wüssten, wer du bist; aber für dich, d'Artagnan, bin ich hoffentlich immer noch Athos, dein Gefährte, dein Freund. Ziehst du die Höflichkeitsform vor, weil du mich weniger liebst?«

»Oh, Gott bewahre!«, entgegnete der Gascogner mit dem unverfälschten jugendlichen Feuer, das man so selten im reifen Alter wiederfindet.

»Dann wollen wir doch zu unsern alten Gewohnheiten zurückkehren und vor allen Dingen offen sein. Alles hier erstaunt dich?«

»Gründlich.«

»Aber was dich am meisten erstaunt, bin ich«, sagte Athos lächelnd, »gesteh es nur.«

»Ich gestehe es.«

»Ich bin noch jung, nicht wahr? Trotz meiner neunundvierzig Jahre bin ich noch zu erkennen?«

»Ganz im Gegenteil«, antwortete d'Artagnan, völlig bereit, die ihm von Athos eingeschärfte Offenheit auf die Spitze zu treiben, »du bist überhaupt nicht mehr wiederzuerkennen.«

»Ah, ich verstehe«, sagte Athos mit leichtem Erröten, »alles hat ein Ende, d'Artagnan, die Torheit wie auch anderes.«

»Außerdem scheint mir, als habe dein Geschick einen Wandel erfahren. Du wohnst wunderbar, denn ich vermute, dieses Haus gehört dir.«

»Ja, es ist die kleine Besitzung, du weißt, mein Freund, die ich erbte, wie ich dir schrieb, als ich den Abschied nahm.«

»Du hast einen Park, Pferde und Hundekoppeln.«

Athos lächelte. »Der Park hat zwanzig Morgen, mein Freund«, sagte er, »zwanzig Morgen, abgesehen von den Gemüsegärten und den Wirtschaftsgebäuden. Pferde habe ich zwei an der Zahl, allerdings nicht eingerechnet den untersetzten Hengst meines Dieners. Meine Hundekoppeln beschränken sich auf vier Jagdhunde, zwei Windhunde und einen Vorstehhund. Außerdem ist dieser ganze Aufwand an Jagdhunden nicht für mich da«, fügte er lächelnd hinzu.

»Ja, ich verstehe«, erwiderte d'Artagnan, »er ist für den jungen Mann, für Raoul.« Und d'Artagnan sah Athos mit einem unwillkürlichen Lächeln an.

»Du hast es erraten, mein Freund!«, sagte Athos.

»Und dieser junge Mann ist dein Hausgenosse, dein Patenkind, möglicherweise ein Verwandter von dir? Ah, wie sehr du dich verändert hast, mein lieber Athos!«

»Dieser junge Mann«, antwortete Athos ruhig, »dieser junge Mann, d'Artagnan, ist ein Waisenkind, das seine Mutter bei einem armen Landpfarrer aussetzte. Ich habe für ihn gesorgt und ihn erzogen.«

»Und er muss sehr an dir hängen!«

»Ich glaube, er liebt mich, als wäre ich sein Vater.«

»Vor allem sehr dankbar?«

»Oh, die Dankbarkeit ist gegenseitig«, entgegnete Athos, »ich verdanke ihm ebenso viel, wie er mir verdankt, und ich stehe in seiner Schuld, was ich ihm freilich nicht sage, sondern nur dir, d'Artagnan.«

»Wie?«, fragte der Musketier erstaunt.

»Mein Gott, ja, denn er hat in mir die Veränderung bewirkt, die du siehst. Ich vertrocknete wie ein armer einsamer Baum, den nichts an die Erde bindet; nur eine tiefe Liebe konnte mich im Leben wieder Wurzeln schlagen lassen. Eine Geliebte? Ich war zu alt. Freunde? Ich hatte euch nicht mehr. Nun, dieses Kind hat mich alles wiederfinden lassen, was ich verloren hatte, ich hatte nicht mehr das Herz, um meinetwillen zu leben, ich habe für ihn gelebt. Lehren bedeuten viel für ein Kind, das Beispiel ist mehr wert. Ich habe ihm das Beispiel gegeben, d'Artagnan. Die Laster, die ich hatte, habe ich abgelegt, die Tugenden, die ich nicht besaß, habe ich zu besitzen vorgetäuscht. Denn ich glaube mich nicht zu irren, d'Artagnan, wenn ich behaupte, es ist Raoul bestimmt, ein so vollendeter Edelmann zu werden, dass er zu unserem verarmten Alter gewiss noch etwas beisteuern wird.«

D'Artagnan drängte sich der Gedanke an Mylady auf. »Und du bist glücklich?«, fragte er.

»So glücklich, wie es einem Geschöpf Gottes auf Erden zu sein vergönnt ist. Aber sprich deinen Gedanken zu Ende aus, denn du hast mir nicht alles gesagt.«

»Du bist schrecklich, Athos, man kann dir nichts verhehlen«, erwiderte d'Artagnan. »Nun ja, ich wollte dich fragen, ob du nicht manchmal unvermutet Regungen des Schreckens verspürst, gleichsam …«

»Gewissensbisse?«, sagte Athos. »Ich vollendete deinen Satz, mein Freund. Ja und nein. Ich hege keine Gewissensbisse, weil jene Frau, glaube ich, die Strafe verdiente, die sie erlitten hat. Ich hege keine Gewissensbisse, weil sie, hätten wir sie am Leben gelassen, zweifellos ihr Werk der Zerstörung fortgesetzt hätte, was aber nicht heißen soll, Freund, ich sei der Überzeugung, dass wir das Recht hatten, zu tun, was wir getan haben. Vielleicht verlangt alles vergossene Blut eine

Sühne. Sie hat gesühnt, möglicherweise ist es nun an uns, desgleichen zu sühnen.«

»Manchmal habe ich wie du gedacht, Athos«, sagte d'Artagnan.

»Diese Frau hatte einen Sohn?«

»Ja.«

»Hast du hin und wieder etwas von ihm gehört?«

»Niemals.«

»Er muss jetzt dreiundzwanzig Jahre alt sein«, murmelte Athos, »ich denke oft an diesen jungen Mann, d'Artagnan.«

»Das ist merkwürdig! Und ich hatte ihn ganz vergessen!« Athos lächelte schwermütig. »Und hast du etwas von Lord Winter gehört?«

»Ich weiß, dass er bei König Karl I. in großer Gunst steht.«

»Er wird seinem Schicksal gefolgt sein, um das es im Augenblick schlecht steht. Da hast du es, d'Artagnan«, fuhr Athos fort, »damit bin ich wieder bei dem, was ich dir eben gesagt habe. Er hat Straffords Blut fließen lassen; Blut fordert Blut. Und die Königin?«

»Welche Königin?«

»Die Königin von England, Madame Henriette, die Tochter Heinrichs IV.«

»Sie befindet sich, wie du weißt, im Louvre.«

»Ja, wo es ihr an allem fehlt, nicht wahr? Während der großen Kälte in diesem Winter soll ihre kranke Tochter aus Mangel an Holz genötigt gewesen sein, im Bett zu bleiben. Verstehst du das?«, fragte Athos achselzuckend. »Die Tochter Heinrichs IV. vor Kälte zitternd, weil nicht ein Bündel Holz da ist! Warum hat sie nicht den Erstbesten von uns um Gastfreundschaft gebeten, statt Mazarin darum zu bitten? Sie hätte an nichts Mangel gehabt.«

»Du kennst sie also, Athos?«

»Nein, aber meine Mutter hat sie als Kind erlebt. Habe ich dir nie erzählt, dass meine Mutter Hofdame bei Maria von Medici war?«

»Niemals. Über solche Dinge sprichst du ja nicht, Athos.«

»Ach, mein Gott, wie du siehst, doch«, erwiderte Athos, »aber es muss sich eine Gelegenheit ergeben.«

»Porthos würde nicht so geduldig daraufwarten«, versetzte d'Artagnan mit einem Lächeln.

»Jeder nach seiner Natur, mein lieber d'Artagnan. Porthos besitzt ungeachtet seiner kleinen Eitelkeit hervorragende Eigenschaften. Hast du ihn wiedergesehen?«

»Ich habe ihn vor fünf Tagen verlassen«, antwortete d'Artagnan. Und darauf erzählte er mit dem Feuer seines gascognischen Humors von allen Herrlichkeiten, die Porthos in seinem Schloss Pierrefonds hatte.

»Ich staune darüber«, sagte Athos, über diese Heiterkeit lächelnd, die ihm ihre schönen Tage ins Gedächtnis zurückrief, »dass wir damals aufs Geratewohl eine Männergemeinschaft gebildet haben, die trotz zwanzigjähriger Trennung die einen mit den andern noch immer so fest verbindet. Die Freundschaft senkt ihre Wurzeln tief in ehrliche Herzen, d'Artagnan, glaub mir, nur die Bösen leugnen die Freundschaft, weil sie sie nicht begreifen. Und Aramis?«

»Auch ihn habe ich besucht«, sagte d'Artagnan, »aber er erschien mir kalt.«

»Ach! Du hast Aramis besucht«, entgegnete Athos, während er d'Artagnan mit seinem forschenden Blick betrachtete. »Aber das ist ja eine wahre Pilgerfahrt, mein Bester, die du zum Tempel der Freundschaft gemacht hast, wie die Dichter sagen.«

»Nun ja«, antwortete d'Artagnan verlegen.

»Du weißt doch«, fuhr Athos fort, »Aramis ist von Natur aus kühl, außerdem ist er ständig in Liebeshändel verwickelt.«

»Ich glaube, augenblicklich in einen sehr komplizierten«, sagte d'Artagnan.

Athos antwortete nicht.

Er ist nicht neugierig, dachte d'Artagnan.

Athos gab nicht nur keine Antwort, sondern wechselte auch das Thema. Überdies vernahmen sie in diesem Augenblick Pferdegetrappel.

»Das ist Raoul«, sagte Athos, »wir werden hören, wie es der armen Kleinen geht.«

Tatsächlich erschien Raoul am Gittertor und ritt, über und über mit Staub bedeckt, in den Hof; dort sprang er vom

Pferd, das er einem Stallknecht überließ, und kam, den Grafen und d'Artagnan zu begrüßen.

»Monsieur«, sagte Athos, während er d'Artagnan die Hand auf die Schulter legte, »Monsieur ist der Chevalier d'Artagnan, von dem du mich oft hast erzählen hören, Raoul.«

»Monsieur«, sagte der junge Mann, sich abermals und noch tiefer verneigend, »der Herr Graf hat mir jedes Mal, wenn er einen unerschrockenen und hochherzigen Mann rühmend erwähnte, Ihren Namen als ein Beispiel dafür genannt.«

Diese kleine Artigkeit verfehlte nicht ihre Wirkung auf d'Artagnan, der sein Herz auf angenehme Weise ergriffen fühlte. Er reichte Raoul die Hand mit den Worten: »Mein junger Freund, alle Elogen, die man mir macht, müssen an den Herrn Grafen zurückgegeben werden, denn er hat mich in allen Dingen erzogen, und es ist nicht seine Schuld, wenn der Schüler so schlecht davon profitiert hat. Aber bei Ihnen wird er sich entschädigen, dessen bin ich gewiss. Ihr Wesen gefällt mir, Raoul, und Ihre Höflichkeit ist mir nahegegangen.«

Athos war entzückter, als man sagen kann. Er blickte d'Artagnan dankbar an, dann bedachte er Raoul mit einem Lächeln, das ihn stolz machte.

Ein kleiner Bursche, halb Bauer, halb Diener, meldete ihnen nun, dass das Abendessen aufgetischt sei. Athos führte seinen Gast in ein sehr schlichtes Speisezimmer, dessen Fenster jedoch an der einen Seite auf den Garten blickten und an der anderen auf ein Gewächshaus, in dem herrliche Blumen trieben.

Nachdem sie sich während des Essens über mancherlei unterhalten hatten, sagte Athos zu dem jungen Mann: »Ich möchte, dass du erfährst, Raoul, der du dich für einen tüchtigen Fechter hältst und dessen Eitelkeit eines Tages eine grausame Enttäuschung erleiden könnte, wie gefährlich der Mann ist, der Kaltblütigkeit mit Gewandtheit vereint, denn nie könnte ich dir ein treffenderes Beispiel bieten. Bitte morgen Monsieur d'Artagnan, er möchte dir, wenn er nicht zu ermüdet ist, eine Lehre erteilen.«

»Potztausend, mein lieber Athos, du bist doch ein vortrefflicher Lehrmeister, vor allem in Bezug auf die Eigenschaften, die du an mir rühmst.« Worauf Athos allerlei zu erwidern hatte.

Da sie im Laufe ihrer Unterhaltung viele Erinnerungen auffrischten, hätte der junge Mann das Gespräch die ganze Nacht fortsetzen mögen, aber Athos machte ihn darauf aufmerksam, dass ihr Gast müde sein müsse und der Ruhe bedürfe. D'Artagnan verwahrte sich aus Höflichkeit dagegen, Athos bestand jedoch darauf, dass er sich in sein Zimmer zurückziehe. Raoul führte den Gast dorthin, und da Athos meinte, er werde so lange wie möglich bei d'Artagnan verweilen, um sich lauter Heldentaten aus ihrer Jugendzeit erzählen zu lassen, ging er ihn einen Augenblick später selbst holen und beendete diesen schönen Abend mit einem sehr freundschaftlichen Händedruck und wünschte dem Musketier eine gute Nacht.

Athos' Diplomatie

D'Artagnan hatte sich nicht ins Bett gelegt, um zu schlafen, sondern eher, um allein zu sein und um über alles nachzudenken, was er an diesem Abend gesehen und gehört hatte.

Da er freundlichen Wesens war und Athos von Anfang an eine instinktive Zuneigung entgegengebracht hatte, aus der am Ende eine aufrichtige Freundschaft geworden war, freute er sich innig, einen von Geist und Kraft strotzenden Mann statt des abgestumpften Trunkenbolds vorzufinden, den er zu sehen erwartet hatte, wie er auf irgendeinem Misthaufen seinen Rausch ausschlief. Ohne sich groß zu widersetzen, akzeptierte er Athos' ständige Überlegenheit, und statt die Eifersucht und Enttäuschung zu empfinden, die eine weniger großmütige Natur betrübt hätten, fühlte er alles in allem nur eine ehrliche und echte Freude, die ihn die günstigsten Erwartungen für seine Unterhandlung hegen ließ.

Indessen schien ihm, als fände er Athos nicht in allen Punkten frei und offen. Wer war dieser junge Mann, den er adoptiert zu haben behauptete und der eine so große Ähnlichkeit mit ihm hatte? Was bedeuteten diese Rückkehr zur Lebensweise der vornehmen Welt und diese übertriebene Mäßigung, die er bei Tisch bemerkt hatte? Eine sogar anscheinend unbedeutende Sache, die Abwesenheit Grimauds, von dem sich Athos früher nicht trennen konnte und dessen Name trotz der diesbezüglichen Anläufe, die er genommen hatte, nicht einmal erwähnt worden war – all das beunruhigte d'Artagnan. Er besaß also nicht mehr das Vertrauen seines Freundes, oder Athos war an eine unsichtbare Fessel geschmiedet oder aber gegen seinen Besuch ungünstig beeinflusst worden.

Unwillkürlich musste er an Rochefort und an das denken, was er ihm in Notre-Dame gesagt hatte. Sollte ihm Rochefort bei Athos zuvorgekommen sein?

D'Artagnan hatte keine Zeit mit langem Herumstudieren zu verlieren. Daher beschloss er, sich schon am nächsten Tag auf eine Auseinandersetzungeinzulassen. Das kleine, so geschickt verheimlichte Vermögen Athos' kündete von dem Verlangen, in Erscheinung zu treten, und verriet einen Rest von Ehrgeiz, der leicht wiederzuerwecken war. Athos' reger Geist und die Klarheit seiner Gedanken machten ihn zu einem Mann, der rascher in Bewegung geriet als ein anderer. Er würde auf die Pläne des Ministers mit um so größerem Feuer eingehen, als ein gehöriges Maß an Notwendigkeit seinen natürlichen Eifer verdoppeln würde.

Diese Gedanken hielten d'Artagnan trotz seiner Müdigkeit wach. Er entwarf seine Angriffspläne, und obgleich er wusste, dass Athos ein furchtbarer Gegner war, setzte er das Treffen auf den folgenden Tag nach dem Frühstück fest.

Inzwischen waren nach und nach alle Geräusche im Haus verstummt, d'Artagnan hatte gehört, wie die Türen und Fensterläden geschlossen wurden, dann waren auch die Hunde still geworden, nachdem sie sich eine Zeitlang auf dem freien Feld gegenseitig geantwortet hatten, schließlich hatte mitten in der Nacht eine einsame Nachtigall in dem Baumdickicht eine ganze Weile ihre wohlklingenden Tonleitern abgeperlt und war nun eingeschlafen. Im Schloss war kein anderer Laut mehr zu vernehmen als der gleichmäßige und eintönige Schritt über seinem Zimmer; er nahm an, dass es sich um Athos' Zimmer handelte.

Er geht auf und ab und denkt nach, sagte sich d'Artagnan, aber worüber? Das kann man bei ihm unmöglich wissen. Das Übrige konnte man erraten, dies aber nicht.

Schließlich legte sich Athos zweifellos zu Bett, denn nun verstummte dieses letzte Geräusch. Das Schweigen im Verein mit der Müdigkeit besiegte d'Artagnan, er schloss die Augen, und fast umgehend hatte ihn der Schlummer überwältigt.

D‹Artagnan war kein Langschläfer. Kaum hatte die Morgenröte seine Vorhänge vergoldet, da sprang er auch schon aus dem Bett und öffnete die Fenster. Ihm schien, als sähe er durch den Rollladen jemanden auf dem Hof umherstreifen, wobei er vermied, Lärm zu machen. Nach seiner Gewohnheit, nichts in seiner Sichtweite geschehen zu lassen, ohne sich zu vergewissern, was es sei, beobachtete d'Artagnan aufmerksam und geräuschlos und erkannte den granatroten Rock und das braune Haar Raouls.

Der junge Mann öffnete die Tür zum Pferdestall, zog den Braunen heraus, den er bereits am Abend zuvor geritten hatte, sattelte und zäumte ihn selbst mit solcher Behändigkeit und Geschicklichkeit, wie es der fähigste Stallknecht vermocht hätte, worauf er das Tier durch die Allee rechts vom Küchengarten laufen ließ, eine Seitentür öffnete, die auf einen Fußpfad führte, sein Pferd hinauszog, die Pforte hinter sich schloss, und dann sah ihn d'Artagnan über dem Mauerrand wie einen Pfeil dahinfliegen, wobei er sich unter den niederhängenden blühenden Zweigen der Ahorne und Akazien bückte. D'Artagnan hatte am Vorabend bemerkt, dass der Pfad nach Blois führen musste.

»Sieh an«, sagte der Gascogner, »da haben wir einen Burschen, der bereits seine Streiche macht und mir nicht Athos' Abneigung gegen das schöne Geschlecht zu teilen scheint; auf die Jagd reitet er nicht, denn er hat weder Waffen noch Hunde bei sich, und er erfüllt auch keinen Auftrag, denn er versteckt sich. Vor wem versteckt er sich? Vor mir oder vor seinem Vater? Denn ich bin überzeugt, dass der Graf sein Vater ist … Meiner Treu, wenn ich das nur wüsste, dann würde ich ganz ohne Umschweife mit Athos reden.«

Der Tag nahm zu. Alle Geräusche, die d'Artagnan am Abend zuvor nacheinander hatte verstummen hören, erwachten nun eines nach dem andern. Er blieb am Fenster stehen, um niemanden zu wecken, doch als er vernahm, wie die Türen und Fensterläden geöffnet wurden, gab er seinen Haaren einen letzten glättenden Strich, seinem Schnurrbart den letzten Schwung, bürstete die Krempe seines Filzhuts aus Gewohnheit mit dem Ärmel seines Wamses und stieg hinab. Kaum hatte er die letzte Stufe der Freitreppe genommen, da erblickte er Athos, zu Boden geneigt und in der Haltung eines Menschen, der einen Taler im Sand sucht.

»Guten Tag, lieber Gastgeber«, sagte d'Artagnan.

»Guten Tag, lieber Freund. Hattest du eine gute Nacht?«

»Vortrefflich, Athos. Aber was betrachtest du da so aufmerksam? Solltest du möglicherweise ein Tulpenfreund geworden sein?«

»Ich sehe mir ganz einfach die Schwertlilien an, die ich neben dem Wasserbehälter gepflanzt hatte und die heute morgen zertreten sind. Diese Gärtner sind die ungeschicktesten Leute der Welt. Als sie das Pferd nach dem Wasserholen zurückführten, haben sie es wohl in die Rabatte trampeln lassen.«

D'Artagnan begann zu lächeln. »Ach«, sagte er, »meinst du?« Und er führte seinen Freund die Allee entlang, in die sich eine ganze Anzahl ähnlicher Tritte wie der eingedrückt hatten, von dem die Schwertlilien vernichtet waren.

»Sieh her, Athos, mir scheint, da sind noch welche«, sagte er gleichgültig.

»Aber ja und ganz frische.«

»Ganz frische«, wiederholte d'Artagnan.

»Wer ist denn heute morgen hier hinausgegangen?«, fragte Athos beunruhigt. »Sollte ein Pferd aus dem Stall entwischt sein?«

»Das ist nicht wahrscheinlich«, erwiderte d'Artagnan, »denn die Abdrücke sind sehr gleichmäßig und sehr ausgeruht.«

»Wo ist Raoul?«, rief Athos aus. »Und wie kommt es, dass ich ihn nicht bemerkt habe?«

D'Artagnan erzählte, was er gesehen hatte, wobei er heimlich den Gesichtsausdruck seines Gastgebers beobachtete.

»Ah, jetzt errate ich alles«, sagte Athos mit einer leichten Schulterbewegung, »der arme Junge ist nach Blois geritten.«

»Weswegen?«

»Mein Gott, um etwas über die kleine La Vallière zu erfahren. Du weißt, das Kind, das sich gestern den Fuß verstaucht hat.«

»Meinst du?«, fragte d'Artagnan ungläubig.

»Ich meine es nicht nur, sondern bin überzeugt davon«, antwortete Athos. »Hast du nicht bemerkt, dass Raoul verliebt ist?«

»Und ob! In wen? In dieses Kind von sieben Jahren?«

»Mein Lieber, in Raouls Alter ist das Herz so voll, dass es sich in etwas ergießen muss, sei es nun Traum oder Wirklichkeit. Seine Liebe ist halb das eine, halb das andere.«

»Das ist doch nicht dein Ernst! Was, dieses kleine Mädchen?«

»Hast du denn nicht hingesehen? Sie ist das hübscheste kleine Geschöpf von der Welt, silberblondes Haar und blaue Augen, die bereits keck und gleichzeitig schmachtend sind.«

»Aber was sagst du zu dieser Liebe?«

»Nichts, ich lache und mache mich über Raoul lustig, aber diese ersten Herzensbedürfnisse sind so gebieterisch, die Ergüsse der Liebesschwermut bei jungen Leuten sind so süß und zugleich so bitter, dass dergleichen oft alle Merkmale der Leidenschaft zu tragen scheint. Ich erinnere mich, dass ich mich, als ich so alt war wie Raoul, in eine griechische Statue verliebte, die der gute König Heinrich IV. meinem Vater geschenkt hatte, und dass ich glaubte, vor Schmerz toll zu werden, als man mir sagte, die Geschichte von Pygmalion sei nur eine Fabel.«

»Das kommt vom Müßiggang. Du beschäftigst Raoul nicht genügend, und da sucht er sich selbst zu beschäftigen.«

»Nichts anderes. Daher gedenke ich, ihn von hier zu entfernen.«

»Und du wirst gut daran tun.«

»Zweifellos, aber es wird ihm das Herz brechen, und er wird ebenso leiden wie um eine wirkliche Liebe. Seit drei oder vier Jahren, und zu der Zeit war er selbst noch ein Kind, hat er sich angewöhnt, diesen kleinen Abgott zu schmücken und zu bewundern, und er würde ihn schließlich eines Tages anbeten, wenn er hierbliebe. Diese Kinder träumen den ganzen Tag gemeinsam und plaudern über tausend ernsthafte Dinge wie ein richtiges Liebespaar von zwanzig Jahren. Kurzum, lange haben die Eltern der kleinen La Vallière darüber gelächelt, aber ich glaube, sie fangen schon an, die Stirn zu runzeln.«

»Kinderei! Aber Raoul hat es nötig, abgelenkt zu werden. Entferne ihn schleunigst von hier, sonst – potztausend! – wirst du nie einen Mann aus ihm machen.«

»Ich denke, ich werde ihn nach Paris schicken«, sagte Athos.

»Aha!«, versetzte d'Artagnan. Und er hielt den Augenblick für gekommen, die Feindseligkeiten zu eröffnen. »Wenn du willst«, sagte er, »können wir dem jungen Mann sein Auskommen sichern.«

»Aha!«, versetzte Athos seinerseits.

»Ich möchte dich sogar in einer Sache, die mir durch den Kopf gegangen ist, um Rat fragen. Meinst du nicht, es sei an der Zeit, Dienst zu machen?«

»Aber bist du nicht immer noch im Dienst, d'Artagnan?«

»Ich meine den aktiven Dienst. Hat das Leben von früher nichts Verlockendes mehr für dich? Und würde es dich, wenn dich wirkliche Vorteile erwarteten, nicht freuen, in meiner Gesellschaft und der unseres Freundes Porthos die Heldentaten unserer Jugend zu erneuern?«

»Das ist also ein Vorschlag, den du mir machst!«, sagte Athos.

»Offen und frei heraus.«

»Wieder ins Feld zu ziehen?«

»Ja.«

»In wessen Auftrag und gegen wen?«, fragte Athos, indem er seinen so klaren und wohlwollenden Blick auf den Gascogner richtete.

»Teufel noch mal! Du bist aber hastig!«

»Und vor allem genau. Hör mir gut zu, d'Artagnan. Es gibt nur eine Person oder vielmehr eine Sache, der ein Mann wie ich von Nutzen sein könnte, nämlich die des Königs.«

»Die ist es jagerade«, erwiderte der Musketier.

»Ja, aber damit wir uns recht verstehen«, gab Athos ernst zurück, »wenn du mit der Sache des Königs die Monsieur de Mazarins meinst, dann hört unser gegenseitiges Verständnis auf.«

»Das behaupte ich ja gar nicht«, entgegnete der Gascogner verlegen.

»Im Ernst, d'Artagnan«, sagte Athos, »Lass uns nicht alle Schlauheit aufbieten. Dein Zögern, deine Umschweife sagen mir, von wem du kommst. Diese Sache wagt man in der Tat nicht ohne Scheu gutzuheißen, und wenn man für sie wirbt, dann geschieht es mit hängenden Ohren und stockender Stimme.«

»Ach, mein lieber Athos!«, rief d'Artagnan aus.

»Nun, du weißt genau«, erwiderte Athos, »dass ich dich, die Perle der Tapferen und Kühnen, nicht verteidige, ich spreche von diesem kleinlichen und intriganten Italiener, von diesem Pedanten, der sich eine Krone aufs Haupt zu setzen versucht, die er unter einem Kopfkissen gestohlen hat, von diesem Halunken, der seine Partei die Partei des Königs nennt und der sich herausnimmt, Prinzen von Geblüt ins Gefängnis werfen zu lassen, doch nicht wagt, sie umzubringen, wie es unser Kardinal, der große Kardinal, tat; er ist ein Geizhals, der seine Goldstücke nachwiegt und die beschnittenen Münzen aufhebt aus Angst, sie bei seinem Spiel am nächsten Tag, obgleich er dabei betrügt, zu verlieren; ein Schlingel schließlich, der die Königin schlecht behandelt, was verbürgt und noch dazu umso schlimmer für sie ist!, und der uns in drei Monaten einen Bürgerkrieg veranstalten wird, um seine Pensionen zu behalten. Und diesen schlägst du mir als Herrn vor, d'Artagnan? Vielen Dank!«

»Gott verzeih mir, du bist heftiger als früher!«, sagte d'Artagnan. »Die Jahre haben dein Blut erhitzt, statt es abzukühlen. Wer sagt dir denn, dass der da mein Herr ist und dass ich ihn dir aufdrängen will?«

Zum Teufel!, hatte der Gascogner gedacht. Wir werden einem so übelgelaunten Mann nicht unsere Geheimnisse ausliefern.

»Aber wie lauten dann deine Vorschläge, lieber Freund?«, fragte Athos.

»Du lieber Himmel! Nichts einfacher als das: Du lebst auf deinen Besitzungen und fühlst dich anscheinend glücklich in deinem vergoldeten Mittelmaß. Porthos hat Einkünfte von ungefähr fünfzig- oder sechzigtausend Livres. Aramis hat ständig fünfzehn Herzoginnen, die einander den vornehmen Geistlichen streitig machen, wie sie sich um den Musketier stritten; außerdem ist da noch ein vom Schicksal verwöhntes Kind; aber ich, was fange ich auf dieser Welt an? Ich trage seit zwanzig Jahren meinen Kürass und mein Koller von Büffelleder, hänge wie eine Klette an diesem unzulänglichen Rang, ohne vorwärtszukommen, ohne rückwärtszugehen, ohne zu leben. Mit einem Wort, ich bin tot! Und da es sich nun für mich darum handelt, wieder etwas lebendig zu werden, sagt ihr mir alle: Er ist ein Halunke! Ein Schlingel! Ein Pedant! Ein schlechter Herr! Und bei Gott! Ich teile eure Ansicht, aber findet mir einen besseren, oder verschafft mir Renten.«

Athos überlegte drei Sekunden, und in diesen drei Sekunden begriff er die List d'Artagnans, der sich anfangs zu weit eingelassen hatte und jetzt abbrach, um sein Spiel zu vertuschen. Er erkannte deutlich, dass die Vorschläge, die man ihm gemacht hatte, reell waren und sich in ihrer ganzen Erörterung klar gezeigt hatten, mochte er auch noch so wenig aufmerksam gelauscht haben.

Na schön!, sagte er sich. D'Artagnan ist für Mazarin. Und von diesem Augenblick an befleißigte er sich äußerster Besonnenheit.

D'Artagnan wiederum betrieb sein Spiel vorsichtiger denn je.

»Aber hast du denn eine Idee?«, fragte Athos.

»Gewiss. Ich wollte euch alle zu Rate ziehen und darauf sinnen, etwas zu tun, denn die einen von uns ohne die andern werden immer unvollständig sein.«

»Das ist wahr. Du sprachst von Porthos, hast du ihn zu dem Entschluss gebracht, sein Glück zu machen? Aber das hat er ja bereits.«

»Ohne Zweifel, aber der Mensch ist so geschaffen, dass er sich immer noch etwas wünscht.«

»Und was wünscht sich Porthos?«

»Baron zu werden.«

»Ach, das stimmt, ich vergaß«, lachte Athos.

Das stimmt?, dachte d'Artagnan. Und woher hat er das erfahren? Korrespondiert er mit Aramis? Ach, wenn ich das wüsste, wäre mir alles klar.

Damit endete das Gespräch, denn soeben kam Raoul zurück. Athos wollte ihn ohne Härte schelten, aber der junge Mann war so betrübt, dass er nicht das Herz hatte und innehielt, um ihn zu fragen, was er habe.

»Geht es unserer kleinen Nachbarin schlechter?«, fragte d'Artagnan.

»Ach, Monsieur«, antwortete Raoul, dem vor Schmerz die Kehle wie zugeschnürt war, »ihr Sturz ist bedenklich, und der Arzt fürchtet, dass sie ohne äußere Missbildung ihr Leben lang hinken wird.«

»Das wäre ja furchtbar!«, rief Athos aus.

Und Raoul, der allein sein musste, um sich nach Herzenslust auszuweinen, ging in sein Zimmer, das er erst zur Frühstücksstunde verließ.

Das gute Einvernehmen zwischen den beiden Freunden war durch das Scharmützel am Morgen nicht im Geringsten beeinträchtigt worden, daher frühstückten sie mit bestem Appetit, wobei sie von Zeit zu Zeit den armen Raoul betrachteten, der mit tränenfeuchten Augen in seiner Betrübnis kaum etwas aß.

Gegen Ende des Frühstücks trafen zwei Briefe ein, die Athos mit größter Aufmerksamkeit und leichtem Schaudern las. D'Artagnan, der ihn über den Tisch hinweg beim Lesen dieser Briefe beobachtete und einen scharfen Blick hatte, war ohne jeden Zweifel überzeugt, Aramis' zierliche Handschrift zu erkennen. Der andere Brief war weitläufig und wirr von der Hand einer Frau geschrieben.

»Kommen Sie«, sagte d'Artagnan zu Raoul, da er merkte, dass Athos allein zu bleiben wünschte, entweder um die Briefe zu beantworten oder um nachzudenken, »wir wollen einen Gang im Waffensaal austragen, das wird Sie zerstreuen.«

Der junge Mann sah Athos an, der den Blick mit einem Zeichen der Zustimmung erwiderte. Also gingen beide zu einem Saal im Erdgeschoss, an dessen Wänden Florette, Masken, Handschuhe, Brustleder hingen, das ganze Zubehör zum Fechten.

»Nun?«, fragte Athos, als er eine Viertelstunde später kam.

»Das ist bereits deine Hand, mein lieber Athos«, erwiderte d'Artagnan, »und wenn er deine Kaltblütigkeit hätte, müsste ich ihm nur Komplimente machen ...«

Doch der junge Mann schämte sich ein wenig. Er selbst hatte d'Artagnan ein- oder zweimal am Arm oder am Oberschenkel getroffen, wohingegen dieser seinen Rumpf zwanzigmal mit dem Florettknopf berührt hatte.

Während sie noch sprachen, kam Charlot mit einem brandeiligen Brief für d'Artagnan, den ein Bote gebracht hatte. Nun war es an Athos, ihn aus dem Augenwinkel zu beobachten.

D'Artagnan las den Brief ohne sichtliche Erregung und sagte, nachdem er ihn gelesen hatte, mit leichtem Kopfschütteln: »Du siehst, mein lieber Freund, was es mit dem Dienst auf sich hat, und hast wahrhaftig recht, wenn du nicht wieder eintreten willst: Monsieur de Tréville ist krank, und da ist die Kompanie, die ohne mich nicht fertig werden kann, so dass mein Urlaub hin ist.«

»Du kehrst nach Paris zurück?«, fragte Athos lebhaft.

»Mein Gott, ja!«, antwortete d'Artagnan. »Aber kommst du nicht selber dorthin?«

Athos wurde ein wenig rot und entgegnete: »Wenn ich komme, werde ich sehr glücklich sein, dich zu sehen.«

»Holla, Planchet!«, rief d'Artagnan an der Tür. »Wir brechen in zehn Minuten auf, gib den Pferden Hafer.« Daraufwandte er sich an Athos: »Mir scheint, etwas fehlt mir hier, und es würde mir wirklich unendlich leidtun, dich zu verlassen, ohne dass ich den braven Grimaud wiedergesehen habe.«

»Grimaud?«, sagte Athos. »Ach, wirklich? Ich habe mich auch schon gewundert, dass du dich nicht nach ihm erkundigt hast. Ich habe ihn an einen von meinen Freunden ausgeliehen.«

»Der seine Zeichen versteht?«, fragte d'Artagnan.

»Ich hoffe.«

Die beiden Freunde umarmten sich herzlich. D'Artagnan drückte Raoul die Hand, ließ sich von Athos versprechen, ihn zu besuchen, wenn er nach Paris käme, oder ihm zu schreiben, wenn er nicht käme, und schwang sich aufsein Pferd. Der stets pünktliche Planchet saß bereits im Sattel.

»Adieu ihr beiden, meine guten Freunde«, sagte d'Artagnan, während er ihnen ein letztes Mal die Hand drückte, »Gott schütze euch!«

Athos grüßte mit einer Handbewegung, Raoul mit einer Verbeugung, und d'Artagnan und Planchet machten sich auf den Weg.

Der Graf folgte ihnen mit den Augen, die Hand auf die Schulter des jungen Mannes gestützt, der fast so groß war wie er, doch sobald sie hinter der Mauer verschwunden waren, sagte er: »Raoul, wir brechen heute Abend nach Paris auf.«

»Wie?«, rief der junge Mann erbleichend.

»Du kannst in meinem und deinem Namen Madame de Saint-Remy Lebewohl sagen. Ich erwarte dich hier um sieben Uhr.«

Der junge Mann verneigte sich mit einem aus Schmerz und Dankbarkeit gemischten Ausdruck und entfernte sich, um sein Pferd zu satteln.

Was d'Artagnan betraf, so hatte er, kaum außer Sicht, den Brief aus der Tasche gezogen und ihn abermals gelesen:

»Kommen Sie auf der Stelle nach Paris zurück. JM«

»Ein frostiger Brief«, murmelte d'Artagnan, »und wenn da nicht ein Postskriptum wäre, hätte ich ihn vielleicht nicht verstanden, aber zum Glück hat er ein Postskriptum.«

Und er las die vortreffliche Nachschrift, die ihn über die Frostigkeit des Briefes hinwegkommen ließ:

»Suchen Sie den Schatzmeister des Königs in Blois auf; nennen Sie ihm Ihren Namen und zeigen Sie ihm diesen Brief: Sie werden zweihundert Pistolen erhalten.«

»Ohne Frage«, sagte d'Artagnan, »diese Prosa gefällt mir, der Kardinal schreibt besser, als ich glaubte. Vorwärts, Planchet, statten wir dem Herrn Schatzmeister des Königs einen Besuch ab, und dann die Sporen gegeben.«

Und so ritten sie im schnellsten Trab ihrer Pferde dahin.

Monsieur de Beaufort

Folgendes hatte sich zugetragen, und das waren die Gründe, die d'Artagnans Rückkehr nach Paris erforderlich machten.

Eines Abends, als Mazarin nach seiner Gewohnheit die Königin zu der Stunde aufsuchte, da sich alle zur Ruhe begeben hatten, und am Wachlokal der Leibgarde vorbeikam, von dem eine Tür zu den Vorzimmern führte, hatte er dort laut reden hören, hatte wissen wollen, worüber sich die Soldaten unterhielten, war leise wie ein Fuchs näher geschlichen, hatte die Tür etwas aufgestoßen und den Kopf durch den Spalt gesteckt.

Es gab einen Wortwechsel zwischen den Gardisten.

»Und ich antworte dir darauf«, erklärte einer der beiden, »wenn Coysel das geweissagt hat, dann ist die Sache so gewiss, als wäre sie schon geschehen. Ich kenne ihn nicht, aber ich habe gehört, dass er nicht nur ein Sterndeuter, sondern auch ein Schwarzkünstler sein soll.«

»Potztausend, mein Lieber, wenn er zu deinen Freunden gehört, sei auf der Hut! Du erweist ihm einen schlechten Dienst.«

»Wieso?«

»Weil man gut und gern einen Prozess gegen ihn anstrengen könnte.«

»Ach was! Heutzutage werden die Zauberer nicht mehr verbrannt.«

»Nein? Aber mir scheint, es ist noch nicht so lange her, dass der verstorbene Kardinal Urbain Grandier hat verbrennen lassen. Davon weiß ich ein Liedchen zu singen. Ich hatte Wache am Scheiterhaufen und hab ihn schmoren sehen.«

»Lieber Freund, Urbain Grandier war kein Zauberer, sondern ein Gelehrter, was etwas ganz andres ist. Urbain Grandier sagte nicht die Zukunft voraus. Er wusste über die Vergangenheit Bescheid, was manchmal viel schlimmer ist.«

Mazarin nickte zustimmend, doch da er die Weissagung zu erfahren wünschte, über die sie stritten, rührte er sich nicht von der Stelle.

»Ich behaupte nicht«, erwiderte der Gardist, »dass Coysel kein Zauberer ist, aber ich behaupte, wenn er seine Weissagung vorher öffentlich bekanntmacht, dann ist das der Grund, dass sie sich nicht erfüllt.«

»Wieso?«

»Ist doch klar. Wenn wir gegeneinander kämpfen und ich sag dir: ›Jetzt werd ich dir entweder einen geraden oder einen Sekondstoß versetzen‹, dann parierst du doch natürlich. Na, und wenn Coysel so laut sagt, dass es der Kardinal hört: ›An dem und dem Tag wird der und der Gefangene entfliehen‹, dann ist doch ganz einleuchtend, dass der Kardinal seine Vorsichtsmaßnahmen sehr gründlich trifft, damit der Gefangene nicht entflieht.«

»Ach, du lieber Gott!«, sagte ein anderer, der auf einer Bank zu schlafen schien und trotz seines scheinbaren Schlummers kein Wort von der Unterhaltung verlor. »Glaubt ihr denn, die Menschen können ihrem Schicksal entrinnen? Wenn da oben geschrieben steht, der Herzog von Beaufort soll fliehen, dann wird Monsieur de Beaufort entfliehen, und da werden alle Vorsichtsmaßnahmen des Kardinals für die Katz sein.«

Mazarin schauderte. Er war Italiener, das heißt abergläubisch. Rasch trat er unter die Gardisten, die ihr Gespräch unterbrachen, als sie ihn erblickten.

»Was sagten Sie da eben, Messieurs?«, fragte er mit seiner einschmeichelnden Miene. »Monsieur de Beaufort soll entwischt sein?«

»O nein, Monseigneur«, antwortete der ungläubige Soldat, »vorderhand hütet er sich. Man sagt nur, er wird entfliehen.«

»Und wer sagt das?«

»Wiederhol deine Geschichte, Saint-Laurent«, versetzte der Gardist, indem er sich an den Erzähler wandte.

»Monseigneur«, begann dieser, »ich habe diesen Herren einzig und allein erzählt, was ich von der Weissagung eines gewissen Coysel gehört habe, der behauptet, wie gut Monsieur de Beaufort auch bewacht sein mag, vor Pfingsten wird er entfliehen.«

»Und dieser Coysel ist ein Phantast, ein Narr?«, fragte der Kardinal, immer noch lächelnd.

»Keineswegs«, erwiderte der Gardist, der zäh an seiner Leichtgläubigkeit festhielt, »er hat viele Dinge geweissagt, die eingetroffen sind.«

»Sie sind also der Meinung, bester Freund, dass Monsieur de Beaufort unbedingt entfliehen wird?«

»Das ist allerdings so sehr meine Meinung«, gab der Soldat zurück, »dass ich nicht annehmen würde, wenn mir Eure Eminenz jetzt die Stellung von Monsieur de Chavigny anböten, das heißt die Stellung des Vorstehers von Schloss Vincennes. Oh, am Tag nach Pfingsten wäre das etwas anderes.«

Es gibt nichts Überzeugenderes als eine tiefe Überzeugung, sie übt sogar auf die Ungläubigen ihren Einfluss aus, und weit davon entfernt, ungläubig zu sein, war Mazarin, wie gesagt, abergläubisch. Er ging daher sehr nachdenklich von dannen.

Statt seinen Weg zum Gemach der Königin fortzusetzen, trat Mazarin wieder in sein Arbeitszimmer und rief Bernouin, dem er den Befehl gab, am Tag darauf in aller Frühe den Polizeibeamten holen zu lassen, den er Monsieur de Beaufort beigegeben hatte, und ihn selbst sogleich bei dessen Ankunft zu wecken.

Ohne es zu ahnen, hatte der Gardist den Finger auf die empfindlichste Wunde des Kardinals gelegt. Seit fünf Jahren, da sich Monsieur de Beaufort im Gefängnis befand, gab es keinen Tag, an dem Mazarin nicht glaubte, er werde diesen oder jenen Augenblick aus dem Gefängnis entkommen. Man konnte einen Enkel Heinrichs IV. nicht sein Leben lang als Gefangenen halten, vor allem schon deshalb nicht, weil dieser Enkel Heinrichs IV. kaum dreißig Jahre alt war. Aber wie er auch entkäme, welchen Hass musste er in seiner Gefangenschaft, die er ihm zu verdanken hatte, gegen ihn angehäuft haben! Er hatte ihn als einen vermögenden, tapferen, ruhmreichen Menschen gefangen gesetzt, der von den Frauen geliebt und von den Männern gefürchtet wurde, und sein Leben um die schönsten Jahre beschnitten, denn im Gefängnis zu leben war kein Leben!

Unterdessen verdoppelte Mazarin die Überwachung Monsieur de Beauforts. Nur glich er dem Geizigen in der Fabel, der bei seinem Schatz nicht schlafen konnte. Viele Male fuhr er des Nachts aus dem Schlaf auf, weil er träumte, man habe ihm Monsieur de Beaufort gestohlen. Dann erkundigte er sich nach ihm, und mit jeder Auskunft, die er erhielt, wurde ihm der Schmerz, zu hören, dass der Gefangene spiele, trinke und singe, was allein schon wie ein wahres Wunder anmutete, dass er jedoch im Spielen, Trinken und Singen innehalte, um zu schwören, dass ihm der Mazarin seinen ganzen in Vincennes aufgezwungenen Zeitvertreib teuer werde bezahlen müssen.

Diese Gedanken hatten den Minister nicht einmal im Schlaf verlassen; als daher Bernouin um sieben Uhr früh in sein Zimmer trat, um ihn zu wecken, waren seine ersten Worte: »Nun, was gibt's? Ist Monsieur de Beaufort aus Vincennes entflohen?«

»Ich glaube nicht, Monseigneur«, erwiderte Bernouin, dessen amtliche Gelassenheit sich stets gleich blieb, »aber auf alle Fälle werden Sie Nachrichten über ihn erhalten, denn der Polizeibeamte La Ramée, den man heute morgen aus Vincennes holen ließ, ist da und erwartet die Befehle Eurer Eminenz.«

»Lass ihn eintreten«, sagte Mazarin, während er seine Kopfkissen so ordnete, dass er ihn im Bett sitzend empfangen konnte.

Der Beamte trat ein. Er war ein großer, dicker Mann mit Pausbacken, der keinen schlechten Eindruck machte. Doch sein ruhiges Äußeres erweckte in Mazarin Besorgnisse.

»Der Schlingel sieht mir ganz nach einem Dummkopf aus«, murmelte er.

Der Polizeibeamte blieb schweigend an der Tür stehen.

»Kommen Sie näher, Monsieur«, sagte Mazarin.

Der Beamte gehorchte.

»Wissen Sie, was man hier erzählt?«, fragte der Kardinal.

»Nein, Eure Eminenz.«

»Na schön. Man erzählt, Monsieur de Beaufort werde aus Vincennes entfliehen, wenn er es nicht bereits getan hat.«

Das Gesicht des Offiziers drückte die höchste Verblüffung aus. Er sperrte gleichzeitig seine kleinen Augen und seinen großen Mund auf, um den Spaß, mit dem ihn Seine Eminenz beehrte, besser in sich aufzunehmen, doch da er angesichts einer solchen Vermutung nicht länger ernst bleiben konnte, brach er in Gelächter aus, und in ein so heftiges, dass seine schwammigen Gliedmaßen durch diese Heiterkeit wie in hohem Fieber geschüttelt wurden.

Mazarin war hocherfreut über diese wenig respektvolle Offenherzigkeit, wahrte jedoch seine ernste Miene.

Als sich La Ramée ausgelacht und die Augen gewischt hatte, meinte er, es sei ja nun wohl doch an der Zeit, zu reden und seine unschickliche Fröhlichkeit zu entschuldigen. »Entfliehen, Monseigneur? Entfliehen? Aber wissen denn Eure Eminenz nicht, wo sich Monsieur de Beaufort befindet?«

»Allerdings, Monsieur, ich weiß, dass er sich im Schlossturm von Vincennes befindet.«

»Ja, Monseigneur, in einem Gemach mit sieben Fuß dicken Mauern und mit Fenstern, deren Kreuzgitter aus armdicken Stäben gefügt ist.«

»Monsieur«, entgegnete Mazarin, »mit Geduld dringt man durch die Mauern, und mit einer Uhrfeder kann man eine Gitterstange durchsägen.«

»Aber Monseigneur vergessen, dass acht Wächter in seiner Nähe sind, vier in seinem Vorzimmer und vier in seinem Gemach, und dass diese Wächter ihn nie verlassen.«

»Doch er geht aus seinem Zimmer, er spielt Mail, er spielt Schlagball!«

»Monseigneur, diese Belustigungen sind den Gefangenen gestattet. Aber wenn Eure Eminenz wünschen, kann man sie ihnen untersagen.«

»Keineswegs, keineswegs«, entgegnete Mazarin, der fürchtete, dass sein Gefangener, sollte er jemals Vincennes verlassen, noch erbitterter gegen ihn herauskommen würde, wollte er ihm diesen Zeitvertreib verbieten. »Ich möchte nur wissen, mit wem er spielt.«

»Monseigneur, er spielt mit dem Wachoffizier oder mit mir oder mit den andern Gefangenen.«

»Aber kommt er nicht beim Spielen in die Nähe der Befestigungsmauern?«

»Eure Eminenz kennen wohl nicht die Befestigungsmauern? Sie sind sechzig Fuß hoch, und ich bezweifle, dass Monsieur de Beaufort schon so lebensmüde ist, dass er riskieren würde, sich das Genick zu brechen, indem er von da oben runterspringt.«

»Hm«, machte der Kardinal, der sich zu beruhigen begann. »Sie sagen also, mein lieber Monsieur La Ramée …«

»Wenn Monsieur de Beaufort nicht das Mittel findet, sich in einen kleinen Vogel zu verwandeln, dann hafte ich für ihn.«

»Nehmen Sie sich in Acht! Sie gehen sehr weit«, versetzte Mazarin. »Monsieur de Beaufort hat zu den Gardisten, die ihn nach Vincennes brachten, gesagt, er habe oft über die Möglichkeit seiner Gefangennahme nachgedacht und für diesen Fall vierzig Wege ausfindig gemacht, aus dem Gefängnis zu entwischen.«

»Monseigneur, gäbe es unter diesen vierzig Fluchtwegen nur einen günstigen«, erwiderte La Ramée, »dann wäre er längst draußen.«

»Gut«, murmelte Mazarin, »dieser Mensch ist wohl nicht so dumm, wie ich glaubte.«

»Außerdem vergessen Sie, Monseigneur, dass Monsieur de Chavigny der Vorsteher von Vincennes ist«, fuhr La Ramée fort, »und dass Monsieur de Chavigny nicht zu den Freunden Monsieur de Beauforts gehört.«

»Ja, aber Monsieur de Chavigny verreist mitunter.«

»Wenn er verreist, bin ich da.«

»Aber wenn Sie selbst nicht anwesend sind?«

»Oh, da habe ich an meiner Stelle einen Burschen, der danach strebt, Polizeibeamter Seiner Majestät zu werden, und der gut aufpasst, dafür verbürge ich mich. Seit drei Wochen ist er in meinem Dienst, und ich habe ihm keinen einzigen Vorwurf zu machen, als dass er zu streng gegen den Gefangenen ist.«

»Und wer ist dieser Zerberus?«, fragte der Kardinal.

»Ein gewisser Monsieur Grimaud, Monseigneur.«

»Und was hat er vorher gemacht, ehe er zu Ihnen nach Vincennes kam?«

»Er hat in der Provinz gelebt, wie mir der sagte, durch den er mir empfohlen wurde, es gab da irgendeine schlimme Geschichte, weil er so ein Hitzkopf ist, und ich glaube, es tut ihm nicht leid, in der Uniform des Königs Straflosigkeit zu finden.«

»Ihrer Ansicht nach kann man sich also auf ihn verlassen?«

»Wie auf mich, Monseigneur.«

»Er ist kein Schwätzer?«

»Herrje, Monseigneur! Lange habe ich geglaubt, der Mensch ist stumm. Er redet und antwortet nur durch Zeichen, anscheinend hat ihn sein früherer Herr darauf abgerichtet.«

»Also gut! Sagen Sie ihm, mein lieber Monsieur La Ramée, dass wir über seine Streiche in der Provinz die Augen zudrücken werden, wenn er uns gut und getreulich aufpasst, dann wird man ihm auch eine Uniform über den Rücken ziehen, die ihm Achtung verschafft, und ihm in die Taschen der Uniform ein paar Pistolen stecken, um auf das Wohl des Königs zu trinken.«

In Versprechungen war Mazarin sehr freigebig und darin das ganze Gegenteil dieses vortrefflichen Monsieur Grimaud, den La Ramée als einen Mann rühmte, der wenig sprach, aber viel tat.

Der Kardinal stellte La Ramée noch eine Unmenge Fragen über den Gefangenen, wie er beköstigt werde, untergebracht und zum Schlaf gebettet sei, die ihm so zufriedenstellend beantwortet wurden, dass er La Ramée fast unbesorgt verabschiedete.

Da es inzwischen neun Uhr geworden war, stand er auf, parfümierte sich, kleidete sich an und ging zu der Königin, um ihr mitzuteilen, welche Gründe ihn abgehalten hätten, sie aufzusuchen. Die Königin, die Monsieur de Beaufort kaum weniger fürchtete als der Kardinal selbst und die fast ebenso abergläubisch war wie er, ließ ihn Wort für Wort alle Versprechungen La Ramées und alle Lobreden auf seinen Gehilfen wiederholen und sagte, als der Kardinal geendet hatte: »Ach, Monsieur, hätten wir nur bei jedem Prinzen einen Grimaud!«

»Geduld!«, erwiderte Mazarin mit seinem italienischen Lächeln. »Das wird vielleicht eines Tages so sein, aber inzwischen treffe ich meine Vorsichtsmaßregeln.«

Worauf er d'Artagnan geschrieben hatte, seine Rückkehr zu beschleunigen.

Womit sich der Herzog von Beaufort im Schlossturm von Vincennes belustigte

Der Gefangene, der dem Herrn Kardinal so große Furcht verursachte und dessen Fluchtmöglichkeiten die Ruhe des ganzen Hofes störten, ahnte kaum etwas von diesem Schrecken, den man seinetwegen im Palais-Royal empfand. Er sah sich so vortrefflich bewacht, dass er die Nutzlosigkeit seiner Versuche erkannt hatte. Seine ganze Rache bestand darin, viele Verwünschungen und Beschimpfungen gegen Mazarin auszustoßen. Er hatte sogar versucht, Liedchen zu verfassen, es jedoch sehr schnell wieder aufgegeben.

Der Herzog von Beaufort war der Enkel Heinrichs IV. und Gabrielle d'Estrées‹, so tüchtig, so tapfer, so stolz und vor allem ebenso gascognisch wie sein Großvater, aber viel weniger gebildet. Nach dem Tode König Ludwigs XIII. war er eine Zeitlang der Liebling, der Vertraute, kurzum der Erste am Hofe gewesen, hatte jedoch eines Tages diesen Platz Mazarin abtreten müssen und sich an zweiter Stelle gesehen, und unmittelbar darauf, als er so schlecht gelaunt gewesen war, sich über diese Umstellung zu ärgern, und so unvorsichtig, es zu sagen, hatte ihn die Königin festnehmen und durch denselben Guitaut nach Vincennes bringen lassen, den wir zu Beginn dieser Geschichte in Erscheinung treten sahen und dem wir bei Gelegenheit wiederbegegnen werden. Wohlverstanden, wer die Königin sagt, der sagt Mazarin. Auf diese Weise hatte man sich nicht allein seiner Person und seiner Ansprüche entledigt, sondern rechnete nicht mehr mit ihm, ein wie beliebter Prinz er auch war, und seit fünf Jahren bewohnte er ein sehr wenig königliches Gemach im Schlossturm von Vincennes.

Dieser Zeitraum, der bei jedem anderen als Monsieur de Beaufort die Gedanken hätte reifen lassen, war über seinen Kopf hinweggegangen, ohne dort eine Änderung zu bewirken. Nachdem Monsieur de Beaufort mit der Poesie gescheitert war, versuchte er es mit der Malerei. Er zeichnete mit Kohle die Züge des Kardinals, und da seine in dieser Kunst recht mittelmäßigen Fähigkeiten ihm nicht erlaubten, eine große Ähnlichkeit zu erreichen, schrieb er, um keinen Zweifel über das Original zu lassen, unter das Porträt: »Ritratto dell‹ illustrissimo facchino Mazarini«. Der davon unterrichtete Monsieur de Chavigny stattete dem Herzog einen Besuch ab und bat ihn, sich einem anderen Zeitvertreib zu widmen oder wenigstens Porträts ohne Erläuterung zu zeichnen. Am Tag darauf war das Zimmer mit Erläuterungen und Porträts angefüllt. Monsieur de Beaufort glich wie alle Gefangenen sehr den Kindern, die sich nur auf solche Dinge versteifen, die man ihnen verbietet.

Monsieur de Chavigny erhielt Nachricht von diesem Zuwachs an Profilen, denn mit solchen hatte Monsieur de Beaufort, der seiner nicht sicher genug war, um sich an die Vorderansicht des Kopfes zu wagen, sein Zimmer zu einem wahren Ausstellungsraum gemacht. Diesmal sagte der Vorsteher nichts, doch eines Tages, als Monsieur de Beaufort Schlagball spielte, ließ er all seine Zeichnungen mit dem Schwamm abwaschen und das Zimmer mit Wasserfarbe malen. Monsieur de Beaufort dankte Monsieur de Chavigny für die Freundlichkeit, ihm seine Zeichenkartons wieder neu zu machen, und danach teilte er sein Zimmer in Felder ein und widmete jedes Feld einem denkwürdigen Ereignis aus dem Leben des Kardinals Mazarin.

Das erste sollte den erlauchtesten Halunken Mazarini vorstellen, wie er von Kardinal Bentivoglio, dessen Diener er gewesen war, eine Tracht Prügel erhielt. Auf dem zweiten spielte der erlauchteste Halunke Mazarini die Rolle des Ignatius von Loyola in der gleichnamigen Tragödie. Auf dem dritten stahl der erlauchteste Halunke Mazarini Monsieur de Chavigny den Premierministerposten, den dieser schon innezuhaben glaubte. Auf dem vierten schließlich verweigerte der erlauchteste Halunke Mazarini dem Kammerdiener Ludwigs XIV., Laporte, die Bettwäsche mit den Worten, für einen König von Frankreich genüge es, jedes Vierteljahr die Bettwäsche zu wechseln.

Das waren bedeutende Werke, die zweifellos das Talent des Gefangenen überstiegen, deshalb hatte er sich damit begnügt, die Rahmen zu zeichnen und den erklärenden Text einzusetzen. Aber die Rahmen und die Texte reichten hin, bei Monsieur de Chavigny Anstoß zu erregen, so dass er Monsieur de Beaufort ausrichten ließ, falls er nicht auf die geplanten Gemälde verzichte, werde er ihn jedes Mittels berauben, sie auszuführen. Worauf Monsieur de Beaufort antwortete, da man ihm die Möglichkeit nähme, sich Waffenruhm zu erwerben, wolle er sich in der Malerei einen Namen machen, und da er kein Bayard oder Trivulce sein könne, wolle er ein Michelangelo oder ein Raffael werden.

Eines Tages, als Monsieur de Beaufort im Gefängnishof spazieren ging, wurde sein Kamin entfernt, mit dem Kamin seine Kohlen, mit der Kohle deren ausgeglühte Überreste, so dass er bei seiner Rückkehr nicht mehr das Geringste fand, um eine Zeichnung anzufertigen. Monsieur de Beaufort fluchte, tobte, brüllte und sagte, man wolle ihn durch Kälte und Feuchtigkeit umbringen, wie man es bereits mit einigen getan habe.

Daraufkaufte Monsieur de Beaufort von einem seiner Wächter einen Hund namens Pistache; da nichts dagegen einzuwenden war, dass sich die Gefangenen einen Hund hielten, genehmigte Monsieur de Chavigny den Besitzwechsel des Vierfüßers. Monsieur de Beaufort blieb mit seinem Hund manchmal stundenlang hinter verschlossener Tür. Man ahnte wohl, dass sich der Gefangene in diesen Stunden mit der Erziehung Pistaches beschäftigte, wusste aber nicht, in welche Richtung er ihn lenkte. Eines Tages, als Pistache hinreichend dressiert war, lud Monsieur de Beaufort Monsieur de Chavigny und die Beamten von Vincennes zu einer großen Vorstellung ein, die er in seinem Zimmer gab. Die Geladenen kamen, der Raum war durch so viele Kerzen erhellt, wie sich Monsieur de Beaufort hatte beschaffen können. Die Übungen begannen.

Nachdem der Hund durch Klopfen mit der Pfote die Uhrzeit angegeben hatte, sollte er unter der ganzen Gesellschaft den besten Kerkermeister aller Gefängnisse in Frankreich erkennen. Er lief dreimal im Kreis herum und legte sich dann auf die respektvollste Weise der Welt zu Monsieur de Chavignys Füßen nieder. Monsieur de Chavigny gab sich den Anschein, als fände er den Spaß reizend, und lachte gezwungen. Dann biss er sich auf die Lippen und runzelte die Stirn.

Schließlich stellte Monsieur de Beaufort Pistache die so schwer zu entscheidende Frage, wer der größte Dieb dieser Welt sei. Diesmal machte Pistache die Runde durch das Zimmer, ohne bei jemandem stehen zu bleiben, worauf er zur Tür lief und anfing, zu kratzen und zu winseln.

»Sie sehen, Messieurs«, sagte der Prinz, »da das interessante Tier in diesem Raum nicht findet, was ich von ihm verlange, will es draußen suchen. Aber seien Sie unbesorgt, Sie werden deswegen nicht um seine Antwort kommen. Pistache, mein Freund«, fuhr der Herzog fort, »her zu mir.« Der Hund gehorchte. »Der größte Dieb dieser Welt«, sagte der Prinz, »ist es der Sekretär des Königs, Le Camus, der mit zwanzig Livres nach Paris kam und jetzt zehn Millionen besitzt?«

Der Hund schüttelte den Kopf.

»Ist es«, fuhr der Prinz fort, »der Oberintendant d'Émery, der seinem Sohn, Monsieur Thoré, zu dessen Hochzeit dreihunderttausend Livres Rente und ein prächtiges Haus schenkte, neben dem die Tuilerien eine Bruchbude sind und der Louvre eine erbärmliche Kate?«

Der Hund schüttelte den Kopf.

»Er ist es auch nicht«, sagte der Prinz. »Wohlan, suchen wir weiter. Sollte es vielleicht der illustrissimo facchino Mazarini di Piscina sein, wie?«

Der Hund bejahte wie toll, indem er acht- oder zehnmal hintereinander den Kopf hob und senkte.

»Sie sehen, Messieurs«, sagte Monsieur de Beaufort zu den Anwesenden, die jetzt nicht einmal gezwungen zu lachen wagten, »der illustrissimo facchino Mazarini di Piscina ist der größte Dieb dieser Welt, zumindest behauptet das Pistache.«

Drei Tage später war Pistache vergiftet. Man suchte den Schuldigen, aber da man ihn sich gut denken konnte, blieb der Schuldige unbekannt. Monsieur de Beaufort ließ dem Hund ein Grabmal errichten mit der Inschrift: »Hier ruht Pistache, einer der intelligentesten Hunde, die jemals gelebt haben.« Über dieses Lob gab es nichts zu sagen, Monsieur de Chavigny konnte es nicht verhindern.

Doch dann verkündete der Herzog laut, an seinem Hund habe man den Versuch mit der Droge gemacht, deren man sich bei ihm bedienen wolle, und eines Mittags legte er sich nach dem Essen zu Bett und schrie, er habe heftige Leibschmerzen und der Mazarin habe ihn vergiften lassen.

Diese neue Eulenspiegelei kam dem Kardinal zu Ohren und machte ihm Angst und Bange. Der Schlossturm von Vincennes galt als sehr ungesund. Madame de Rambouillet hatte behauptet, das Zimmer, in dem Puylaurens, der Marschall Ornano und der Großprior von Vendôme gestorben waren, sei nicht mit Arsenik aufzuwiegen, und der Ausspruch hatte Erfolg gehabt. Er befahl daher, dass der Gefangene nichts mehr essen dürfe, ehe man den Wein und die Speisen probiert habe. Aus diesem Grunde wurde ihm der Polizeibeamte La Ramée als Vorkoster beigegeben.

Monsieur de Chavigny hatte dem Herzog indessen nicht die Unverschämtheiten verziehen, für die der unschuldige Pistache bereits gebüßt hatte. Monsieur de Chavigny war eine Kreatur des verstorbenen Kardinals, es hieß sogar, er sei sein Sohn, er musste sich daher ein wenig in der Tyrannei auskennen und begann Monsieur de Beaufort seine Impertinenzen heimzuzahlen. Er nahm ihm fort, was man ihm bislang an

Stahlmessern und silbernen Gabeln gelassen hatte, und gab ihm silberne Messer und Gabeln aus Holz. Monsieur de Beaufort beklagte sich. Monsieur de Chavigny ließ ihm antworten, er habe erfahren, dass der Kardinal zu Madame de Vendôme gesagt habe, ihr Sohn sei auf Lebenszeit im Schlossturm von Vincennes, und fürchte daher, sein Gefangener könne sich durch diese unselige Nachricht zu einem Selbstmordversuch hinreißen lassen. Fünfzehn Tage später fand Monsieur de Beaufort auf dem Weg, der zum Schlagballplatz führte, zwei Reihen Bäume von der Größe eines kleinen Fingers gepflanzt. Er fragte, was das zu bedeuten habe, und erhielt zur Antwort, sie sollten ihm eines Tages Schatten spenden. Schließlich suchte ihn eines Morgens der Gärtner auf und teilte ihm, scheinbar, um ihm gefällig zu sein, mit, dass man für ihn Spargelfelder anlegen werde. Nun weiß aber jeder, dass Spargel, der heutzutage vier Jahre braucht, ehe man ihn stechen kann, zu jener Zeit, als die Gärtnerei weniger vervollkommnet war, noch fünf Jahre brauchte. Diese Höflichkeit versetzte Monsieur de Beaufort in Wut.

Monsieur de Beaufort überlegte, dass es an der Zeit sei, eine seiner vierzig Fluchtmöglichkeiten auszuprobieren, und versuchte es zunächst mit der einfachsten, nämlich La Ramée zu bestechen, doch La Ramée, der seine Polizeibeamtenstelle für fünfzehnhundert Taler gekauft hatte, hielt an seinem Posten fest. Statt daher auf die Absichten des Gefangenen einzugehen, teilte er sie spornstreichs Monsieur de Chavigny mit, worauf Monsieur de Chavigny umgehend acht Mann in das Zimmer des Prinzen legte, die Schildwachen verdoppelte und die Posten verdreifachte. Von diesem Augenblick an ging der Prinz nur noch wie die Könige auf der Bühne einher, vier Mann voraus, vier Mann hinterdrein, ohne die zu rechnen, die den Schluss bildeten.

Zuerst lachte Monsieur de Beaufort viel über diese Strenge, die ihm Zerstreuung bot. Doch am Ende wurde diese Zerstreuung ein Verdruss. Aus Prahlerei hielt er sie sechs Monate aus, aber nach diesen sechs Monaten, in denen er ständig acht Männer um sich hatte, die sich setzten, wenn er sich setzte, aufstanden, wenn er aufstand, stehen blieben, wenn er stehen blieb, begann er die Stirn zu runzeln und die Tage zu zählen.

Diese neue Quälerei führte zu einem neuen Ausbruch des Hasses gegen Mazarin. Der Prinz fluchte von morgens bis abends und sprach nur von Ragouts aus Mazarins Ohren. Das war zum Entsetzen; der Kardinal, der alles erfuhr, was in Vincennes geschah, zog sich dabei unwillkürlich seinen Kardinalshut bis über die Ohren.

La Ramée war also der unumgängliche Tischgenosse des Prinzen geworden, sein ewiger Wächter, sein Schatten, aber es muss erwähnt werden, dass die Gesellschaft La Ramées, der ein lustiger Lebemann, freimütiger Tischgenosse, anerkannter Zecher, vortrefflicher Schlagballspieler und im Grunde genommen eine ehrliche Haut war und für Monsieur de Beaufort nur einen Fehler hatte, nämlich unbestechlich zu sein, für den Prinzen eher eine Zerstreuung als eine Beschwernis geworden war.

Für Meister La Ramée sah die Sache leider nicht so aus, und wenngleich er zu einem bestimmten Preis die Ehre schätzte, mit einem Gefangenen von so großer Bedeutung eingesperrt zu sein, wog das Vergnügen, in trauter Gemeinschaft mit dem Enkel Heinrichs IV. zu leben, doch nicht jenes auf, das er empfunden hätte, von Zeit zu Zeit seine Familie zu besuchen.

Man kann ein vortrefflicher Polizeibeamter des Königs sein, während man gleichzeitig ein guter Vater und guter Ehemann ist. Meister La Ramée liebte leidenschaftlich seine Frau und seine Kinder, die er nur noch von der Höhe der Mauer flüchtig sehen konnte, wenn sie, um ihm diesen kindlichen und ehelichen Trost zu spenden, am andern Ufer der Gräben einherspazierten. Das war entschieden viel zu wenig für ihn, und La Ramée hatte das Gefühl, als werde seine fröhliche Laune, die er für die Ursache seiner guten Gesundheit gehalten hatte, ohne zu erwägen, dass sie im Gegenteil wahrscheinlich nur deren Ergebnis war, einer solchen Lebensweise nicht lange standhalten. Diese Überzeugung wuchs noch in ihm, als sich die Beziehungen zwischen Monsieur de Beaufort und Monsieur de Chavigny allmählich immer mehr zuspitzten und als die beiden Herren am Ende völlig aufhörten, einander zu sehen. Da fühlte La Ramée die Verantwortung noch schwerer auf seinem Haupt lasten, und weil er wegen der genannten Gründe mit Recht Erleichterung suchte, nahm er mit großem Eifer den Vorschlag an, den ihm sein Freund, der Intendant des Marschalls de Grammont, gemacht hatte, ihm einen Gehilfen zu geben. Er hatte darüber auch sogleich mit Monsieur de Chavigny gesprochen, dessen Antwort lautete, er habe nicht das mindeste dagegen einzuwenden, allerdings unter der Bedingung, dass ihm der Mensch zusage.

Wir halten es für völlig unnötig, unsern Lesern das äußere und innere Bild Grimauds wiederzugeben. Wenn sie, wie wir hoffen, den ersten Teil dieses Werkes nicht ganz und gar vergessen haben, müssen sie eine hinreichend deutliche Erinnerung an diese schätzenswerte Persönlichkeit behalten haben, an der sich nichts anderes verändert hatte, als dass sie zwanzig Jahre älter und dadurch nur noch schweigsamer und wortkarger geworden war.

Grimaud besaß just die Eigenschaften, die einen Polizeibeamten, der sich einen Gehilfen wünscht, verlocken konnten, und nach tausend Fragen, auf die er jeweils nur eine Viertelantwort erhielt, rieb sich deshalb der von dieser knappen Sprache entzückte La Ramée die Hände und stellte Grimaud ein.

»Die Weisung?«, fragte Grimaud.

»Folgende: den Gefangenen niemals allein zu lassen, ihm jedes spitze oder schneidende Werkzeug wegzunehmen, zu verhindern, dass er den Leuten draußen Zeichen gibt oder zu lange mit seinen Wächtern plaudert.«

»Das ist alles?«, fragte Grimaud.

»Im Augenblick alles«, antwortete La Ramée. »Neue Umstände, wenn sich welche ergeben, werden neue Weisungen herbeiführen.«

»Gut«, erwiderte Grimaud. Und damit trat er in das Zimmer des Herzogs von Beaufort.

Dieser war gerade dabei, seinen Bart zu kämmen, den er, wie auch sein Haar, wachsen ließ, um Mazarin einen Possen zu spielen, indem er sein großes Elend zur Schau stellte und mit seinem schlechten Aussehen prahlte. Doch da er einige Tage zuvor von der Höhe des Schlossturms aus in einer Kutsche die schöne Madame de Montbazon zu erkennen geglaubt hatte, deren Andenken ihm immer noch teuer war, und für sie nicht so sein wollte, wie er für Mazarin war, hatte er, in der Hoffnung, sie wiederzusehen, einen Bleikamm verlangt, der ihm auch zugestanden, wurde. Einen Bleikamm deswegen, weil sein Bart wie bei allen Blonden rötlich war und sich auf diese Weise beim Kämmen färbte.

Als Grimaud eintrat, erblickte er den Kamm, den der Prinz auf den Tisch gelegt hatte, und nahm ihn mit einer Verbeugung an sich.

Erstaunt betrachtete der Prinz diese merkwürdige Figur, die den Kamm in die Tasche steckte.

»Holla! Was soll das?«, schrie der Herzog. »Wer ist dieser Schlingel?«

Grimaud antwortete nicht, sondern verbeugte sich ein zweites Mal.

»Bist du stumm?«, rief der Herzog.

Grimaud schüttelte den Kopf.

»Wer bist du also? Antworte, ich befehle es dir«, sagte der Herzog.

»Wächter«, antwortete Grimaud.

»Wächter?«, wiederholte der Herzog. »Na, dieser Galgenvogel hat mir gerade noch in meiner Sammlung gefehlt. Heda! La Ramée, irgendwer!«

La Ramée kam herbeigeeilt. Zum Unglück für den Prinzen wollte er im Verlass auf Grimaud nach Paris reiten, war bereits auf dem Hof gewesen und missvergnügt wieder abgestiegen.

»Was gibt es, mein Prinz?«, erkundigte er sich.

»Wer ist dieser Halunke, der mir meinen Kamm stiehlt und in die Tasche steckt?«, fragte Monsieur de Beaufort.

»Einer von Ihren Wächtern, Monseigneur, ein überaus verdienstvoller Bursche, den Sie wie Monsieur de Chavigny und ich hochschätzen werden, davon bin ich überzeugt.«

»Warum nimmt er mir meinen Kamm weg?«

»Wahrhaftig«, sagte La Ramée, »warum nehmen Sie Monseigneur den Kamm weg?«

»Weil der König Monseigneur jedes spitze Werkzeug verboten hat.« Dabei zog Grimaud den Kamm aus der Tasche, fuhr mit dem Finger darüber und begnügte sich, indem er die dicken Zähne betrachtete und vorzeigte, ein einziges Wort zu äußern: »Spitz.«

»Das ist wahr«, sagte La Ramée.

»Was sagt dieser Tölpel?«, fragte der Herzog.

»Dass der König Monseigneur jedes spitze Werkzeug verboten hat.«

»Sind Sie verrückt, La Ramée?«, rief der Herzog. »Sie selbst haben mir doch diesen Kamm gegeben.«

»Und das war sehr unrecht von mir, Monseigneur, denn dadurch habe ich meiner Weisung zuwidergehandelt.«

Wütend betrachtete der Herzog Grimaud, der La Ramée den Kamm übergeben hatte. »Ich sehe voraus, dass mir dieser Schlingel gewaltig missfallen wird«, murmelte er.

Indessen wollte Grimaud den Gefangenen nicht schon am ersten Tagvor den Kopfstoßen; was er brauchte, war nicht eine spontane Abneigung, sondern ein erheblicher, tüchtiger und sehr hartnäckiger Hass. Daher entfernte er sich, um vier Wächtern Platz zu machen, die gefrühstückt hatten und ihren Dienst bei dem Prinzen nun wieder aufnehmen konnten.

Der Prinz wiederum hatte einen neuen Spaß vorzubereiten, von dem er sich viel versprach, er hatte zum nächsten Frühstück Krebse verlangt und rechnete damit, den ganzen Tag mit der Herstellung eines kleinen Galgens zu verbringen, um den schönsten mitten im Zimmer aufzuhängen. Die durch das Kochen erhaltene rote Farbe würde keinen Zweifel über die Anspielung lassen, und so würde er das Vergnügen haben, den Kardinal in effigie zu hängen, bis er in Wirklichkeit gehängt wurde, ohne dass man ihm freilich vorwerfen konnte, etwas anderes als einen Krebs aufgehängt zu haben.

Der Tag war mit den Vorbereitungen für die Hinrichtung ausgefüllt. Man wird im Gefängnis sehr kindisch, und Monsieur de Beaufort war so veranlagt, es mehr als jeder andere zu werden. Er ging wie gewöhnlich spazieren, brach ein paar kleine Zweige ab, die in seinem Possenspiel eine Rolle spielen sollten, und fand, nachdem er lange herumgesucht hatte, eine Glasscherbe; dieser glückliche Fund schien ihm die größte Freude zu bereiten. Wieder in seinem Zimmer, zerfranste er damit sein Taschentuch.

Keine von diesen Einzelheiten entging dem forschenden Blick Grimauds.

Am nächsten Morgen war der Galgen fertig, und um ihn mitten im Zimmer aufstellen zu können, versuchte Monsieur de Beaufort das untere Ende mit seiner Glasscherbe möglichst oft und fein zu spalten. Grimaud trat ein, als der Prinz die Scherbe hingelegt hatte, obgleich er mit dem Fuß seines Galgens noch nicht fertig war, er hatte jedoch die Arbeit unterbrochen, um den Faden am Arm des Galgens zu befestigen. Als er ihn mit einem Schifferknoten festgebunden und am andern Ende eine laufende Schlinge angebracht hatte, wobei er einen Blick auf die Schüssel mit Krebsen warfund mit den Augen schon den stattlichsten auswählte, drehte er sich nach seiner Glasscherbe um. Sie war verschwunden.

»Wer hat meine Glasscherbe genommen?«, fragte der Prinz stirnrunzelnd.

Grimaud zeigte auf sich.

»Was? Schon wieder du? Und warum hast du sie mir weggenommen?«

»Ja«, fragte La Ramée, der seiner Spielerei die ganze Zeit nachsichtig lächelnd zugesehen hatte, »warum haben Sie Seiner Hoheit das Stückchen Glas weggenommen?«

Grimaud, der das Stück Fensterglas in der Hand hielt, fuhr mit dem Finger über die Bruchstelle und sagte: »Scharf.«

»Da hat er recht, Monseigneur«, sagte La Ramée. »Potztausend! Da haben wir uns aber einen vortrefflichen Burschen zugelegt!«

»Monsieur Grimaud«, bemerkte der Prinz, »in Ihrem Interesse beschwöre ich Sie, dafür zu sorgen, dass Sie sich niemals in meiner Reichweite befinden.«

Grimaud verbeugte sich und zog sich ans andere Ende des Zimmers zurück.

»Ruhig Blut, Monseigneur«, sagte La Ramée, »geben Sie mir Ihren kleinen Galgen, ich werde ihn mit meinem Messer ausfransen.«

»Sie?«, entgegnete der Herzog lachend.

»Aber ja, war es nicht das, was Sie wollten?«

»Gewiss. – Wahrhaftig, das wäre noch lustiger. Da, nehmen Sie, mein lieber La Ramée.«

Und La Ramée, der den erstaunten Ausruf des Prinzen nicht verstanden hatte, franste den Galgenfuß fein säuberlich aus.

»So«, sagte der Herzog, »und jetzt machen Sie mir ein kleines Loch in den Boden, während ich den armen Sünder hole.«

La Ramée ließ sich auf ein Knie nieder und grub ein Loch in den Boden. Unterdessen hängte der Prinz seinen Krebs an den Faden. Dann stellte er den Galgen mitten im Zimmer auf und brach in Gelächter aus. Auch La Ramée lachte aus vollem Halse, ohne viel zu wissen, worüber eigentlich, und die Wächter stimmten ein.

Nur Grimaud lachte nicht. Er trat zu La Ramée, zeigte auf den Krebs, der sich an seinem Faden drehte, und sagte: »Kardinal!«

»Durch Seine Hoheit den Herzog von Beaufort und Meister Jacques-Chrysostome La Ramée, Polizeibeamter des Königs, gehängt«, ergänzte der Prinz und lachte noch lauter als zuvor.

La Ramée stieß einen Entsetzensschrei aus und stürzte sich auf den Galgen, riss ihn aus dem Boden, zerbrach ihn unverzüglich und warf die Stücke zum Fenster hinaus. Er wollte den Krebs folgen lassen, so von Sinnen war er, doch Grimaud entriss ihn seinen Händen. »Gut zu essen«, sagte er und steckte ihn in seine Tasche.

Der Prinz hatte so viel Vergnügen an dem Schauspiel gehabt, dass er Grimaud fast verzieh, welche Rolle er dabei gespielt hatte. Doch da er im Laufe des Tages darüber nachdachte, was er damit beabsichtigt habe und dass es wohl nichts Gutes gewesen sei, fühlte er seinen Groll gegen ihn spürbar wachsen.

Inzwischen hatte der Prinz unter seinen Wächtern einen Mann mit einem recht gutmütigen Gesicht bemerkt, den er umso mehr umschmeichelte, als ihm Grimaud mit jedem Augenblick missfälliger wurde. Eines Morgens nahm er nun diesen Mann beiseite, und es gelang ihm, eine Weile unter vier Augen mit ihm zu sprechen, bis Grimaud eintrat, sah, was vor sich ging, ehrerbietig auf den Prinzen und den Wächter zuging und diesen am Arm ergriff.

»Was wollen Sie?«, fragte der Herzog grob.

Grimaud führte den Wächter ein paar Schritte fort und zeigte ihm die Tür. »Gehen Sie«, sagte er.

Der Wächter gehorchte.

»Oh!«, schrie der Prinz. »Sie sind unausstehlich! Ich werde Sie züchtigen.«

Grimaud verneigte sich ehrfürchtig.

»Herr Spitzel, ich werde Ihnen die Knochen zerbrechen!«, schrie der Prinz aufgebracht.

Grimaud verneigte sich rückwärtsgehend.

»Herr Spitzel«, fuhr der Herzog fort, »ich werde Sie mit meinen eigenen Händen erwürgen.«

Grimaud verneigte sich, noch weiter rückwärtsgehend.

»Und das auf der Stelle!« Damit streckte er die gekrümmten Hände nach Grimaud aus, der sich damit begnügte, den Wächter hinauszustoßen und die Tür hinter ihm zu schließen. Gleichzeitig spürte er die Hände des Prinzen, die sich wie zwei eiserne Zangen auf seine Schultern senkten; doch statt zu rufen oder sich zu verteidigen, hob er nur langsam den Zeigefinger an die Lippen und machte, während er sein Gesicht mit dem bezauberndsten Lächeln verschönte, leise: »Pst!«

Eine solche Gebärde, ein solches Lächeln und ein solcher Ton von Seiten Grimauds waren etwas so Ungewöhnliches, dass Seine Hoheit in höchstem Erstaunen jäh innehielt.

Grimaud benutzte diesen Augenblick, um aus dem Futter seines Kamisols ein reizendes kleines Billett mit Adelssiegel hervorzuholen, das durch den langen Aufenthalt in Grimauds Kleidung noch nicht völlig seinen ursprünglichen Duft verloren hatte, und überreichte es dem Herzog ohne ein Wort.

Mehr und mehr verwundert ließ der Herzog Grimaud los, nahm das Billett und rief, als er die Handschrift erkannte: »Von Madame de Montbazon?«

Grimaud nickte.

Hastig riss der Herzog den Umschlag auf, fuhr sich mit der Hand über die Augen, so verblüfft war er, und las Folgendes:

»Mein lieber Herzog,

Sie können dem braven Burschen, der Ihnen dieses Billett überbringt, völlig vertrauen, denn er ist der Diener eines Edelmanns, der zu uns gehört und der sich für ihn und seine in zwanzig Jahren erprobte Treue verbürgt. Er hat eingewilligt, in den Dienst Ihres Polizeibeamten zu treten und sich mit Ihnen in Vincennes einzusperren, um Ihre Flucht, mit der wir uns beschäftigen, vorzubereiten und zu unterstützen.

Der Augenblick der Befreiung naht; haben Sie Geduld und fassen Sie Mut bei dem Gedanken, dass Ihnen alle Ihre Freunde ungeachtet Ihrer langen Abwesenheit die Gefühle bewahrt haben, die sie Ihnen geweiht hatten.

Ihre ganz und immerdar ergebene
Marie de Montbazon

PS: Ich unterzeichne mit vollem Namen, da es zu selbstgefällig von mir wäre, zu glauben, Sie würden nach fünfjähriger Abwesenheit meine Initialen noch wiedererkennen.«

Der Herzog war einen Augenblick wie betäubt. Was er seit fünf Jahren suchte, ohne dass er es hatte finden können, einen Diener, einen Helfer, einen Freund, fiel ihm plötzlich in dem Augenblick vom Himmel, da er es am wenigsten erwartete. Er betrachtete Grimaud mit Verwunderung und kehrte dann zu seinem Brief zurück, den er noch einmal von Anfang bis Ende las. Dann sah er wieder Grimaud an.

»Und ich wollte dich erwürgen!«, rief er aus.

Grimaud lächelte.

»Warte«, sagte der Herzogund kramte in seiner Tasche. Diese Bewegung kündete von der besten Absicht der Welt. Aber zu den Vorsichtsmaßnahmen in Vincennes gehörte, den Gefangenen kein Geld zu lassen. Daher zog Grimaud, dem die Enttäuschung des Herzogs nicht entging, eine Börse voll Gold aus der Tasche und reichte sie ihm. »Hier – was Sie suchen«, sagte er.

Der Herzog öffnete die Börse und wollte sie in die Hände Grimauds leeren, doch Grimaud schüttelte den Kopf. »Danke, Monseigneur«, fügte er hinzu, »ich werde bezahlt.«

»Und was werden wir jetzt tun?«, fragte der Herzog, nachdem er sich etwas von seinem Staunen erholt hatte.

»Es ist elf Uhr vormittags«, antwortete Grimaud. »Wenn Monseigneur um zwei Uhr verlangen wollten, mit La Ramée eine Partie Schlagball zu spielen, und dabei ein paar Bälle über die Festungswälle schlagen würden …«

»Gut, weiter?«

»Dann werden Monseigneur zur Mauer gehen und einem Mann, der in den Gräben arbeitet, zurufen, er soll sie zurückwerfen.«

»Ich verstehe«, sagte der Graf.

Das Gesicht Grimauds schien lebhafte Befriedigung auszudrücken. Der wenige Gebrauch, den er gewöhnlich von der Sprache machte, erschwerte ihm die Unterhaltung. Er wandte sich zum Gehen.

»Aber hör mal«, sagte der Herzog, »willst du denn gar nichts von mir annehmen?«

»Ich möchte gern, dass mir Monseigneur etwas versprechen.«

»Was? Sprich.«

»Wenn wir entfliehen, möchte ich immer und überall vorneweg sein; denn wenn man Monseigneur erwischt, läuft er nicht größere Gefahr, als wieder in sein Gefängnis zurückgebracht zu werden, erwischt man aber mich, dann ist Gehängtwerden noch das wenigste, was mir passieren kann.«

»Das ist nur allzu wahr«, erwiderte der Herzog, »und mein Ehrenwort, ich werde tun, wie du wünschst.«

»Und jetzt möchte ich Monseigneur nur noch um eins bitten«, sagte Grimaud, »dass er mir weiterhin die Ehre erweist, mich wie vordem zu verabscheuen.«

»Ich werd's versuchen«, antwortete der Herzog.

Da jemand an die Tür klopfte, steckte der Herzog sein Briefchen und seine Börse in die Tasche und warf sich aufs Bett. Es war bekannt, dass dieses seine Zuflucht in Augenblicken höchsten Verdrusses war. Grimaud ging öffnen. Es war La Ramée, und er kam von dem Kardinal, wo sich die bereits geschilderte Szene abgespielt hatte.

La Ramée warf einen forschenden Blick um sich, und da er noch die nämlichen Anzeichen tiefer Abneigung zwischen dem Gefangenen und seinem Wächter bemerkte, lächelte er voll innerer Befriedigung. »Gut, mein Freund«, sagte er zu Grimaud, »sehr gut. Es wurde höheren Orts von Ihnen gesprochen, und ich hoffe, Sie erfahren bald einiges, was Ihnen nicht unangenehm sein wird.«

Grimaud verneigte sich mit einer Miene, der er einen verbindlichen Anstrich zu geben versuchte, und entfernte sich, was er stets zu tun pflegte, wenn sein Vorgesetzter eintrat.

Nachdem sich La Ramée bei dem Herzog nach den Ursachen seines Ärgers erkundigt und Antworten erhalten hatte, die dessen Widerwillen gegen Grimaud bestätigten, fragte er: »Wollen wir eine Partie Schlagball spielen?«

»Meinetwegen«, erwiderte der Herzog.

»Also abgemacht«, sagte La Ramée. »Ich bitte Eure Hoheit nur, mich noch für eine halbe Stunde zu entschuldigen.«

»Und warum?«

»Ich habe noch nicht gefrühstückt, Monseigneur, und der neue Pastetenbäcker gegenüber vom Schloss hat Sachen in seinem Laden, dass einem das Wasser im Mund zusammenläuft.«

»Leckermaul!«

»Du lieber Himmel, Monseigneur«, verteidigte sich La Ramée, »man ist doch noch kein Leckermaul, wenn man gut zu speisen liebt. Es liegt in der Natur des Menschen, Vollkommenheit zu suchen, in Pasteten wie in anderen Dingen. Aber hören Sie nur, Monseigneur: Als mich dieser Pastetenbäcker vorhin an seinem Schaufenster anhalten sah, kam er, völlig mit Mehl bepudert, angelaufen und bat: ›Ach, Monsieur La Ramée, Sie müssen mir die Kundschaft der Gefangenen im Schlossturm verschaffen! Ich habe meinem Vorgänger, dem Väterchen Marteau, das Geschäft abgekauft, weil er mir hoch und heilig versicherte, er beliefere das Schloss; aber auf Ehrenwort, Monsieur La Ramée, in den acht Tagen, seit ich mich hier niedergelassen habe, hat mich Monsieur de Chavigny noch nicht ein einziges Törtchen verkaufen lassen. Und was ich backe, ist gut. Urteilen Sie selbst. Und da Sie es eilig zu haben scheinen, kommen Sie in einer halben Stunde wieder, dann erwartet Sie eine Pastete samt einer Flasche altem Burgunder … – Und Sie verstehen, Monseigneur, da ich noch nicht gegessen habe, würde ich gern, mit Erlaubnis Eurer Hoheit …« Dies mit einer Verbeugung.

»Gehen Sie«, sagte der Herzog, »aber beachten Sie, dass ich Ihnen nur eine halbe Stunde bewillige.«

»Und ich darf dem Nachfolger von Väterchen Marteau Ihre Kundschaft versprechen, Monseigneur?«

»Ja, vorausgesetzt, dass er keine Pilze in seine Pasteten gibt. Sie wissen«, fügte der Prinz hinzu, »dass die Pilze aus dem Wald von Vincennes für meine Familie tödlich sind.«

Ohne auf diese Anspielung einzugehen, entfernte sich La Ramée, und fünf Minuten später trat der Wachoffizier ein, unter dem Vorwand, dem Prinzen Ehre zu erweisen, indem er ihm Gesellschaft leiste, in Wirklichkeit jedoch, um den Befehlen des Kardinals nachzukommen, der, wie wir bereits erwähnten, La Ramée eingeschärft hatte, den Gefangenen nicht aus den Augen zu lassen.

Was die Pasteten des Nachfolgers von Väterchen Marteau enthielten

La Ramée kehrte tatsächlich nach einer halben Stunde zurück, fidel und munter wie einer, der gut gegessen und vor allem gut getrunken hat. Er hatte die Pasteten hervorragend und den Wein köstlich gefunden.

Das Wetter war schön und erlaubte das geplante Spiel, das in Vincennes stets im Freien stattfand; daher würde es dem Herzog ein Leichtes sein, dem Rat Grimauds zu folgen und ein paar Bälle in die Gräben zu schlagen. Doch da es noch nicht zwei Uhr geläutet hatte, stellte sich der Herzog anfangs nicht allzu ungeschickt an, denn erst zwei Uhr war die verabredete Stunde. Gleichwohl verlor er bis dahin nicht wenige Partien, was ihm erlaubte, in Zorn zu geraten und das zu tun, was in solchen Fällen nicht ungewöhnlich ist, nämlich einen Fehler nach dem andern zu begehen. Als es daher zwei Uhr schlug, nahmen die Bälle wieder und wieder den Weg in die Gräben, zur großen Freude La Ramées, der für jeden Ball des Prinzen, der ins Aus ging, fünfzehn Punkte markierte.

Freilich flogen mit der Zeit so viele aus dem Spielfeld, dass man bald knapp an Bällen war. La Ramée schlug vor, jemanden loszuschicken, um sie aus dem Graben zu sammeln. Doch der Herzog machte ihn durchaus vernünftig darauf aufmerksam, dass das verlorene Zeit wäre, und näherte sich dem an dieser Stelle mindestens fünfzig Fuß hohen Festungswall, von wo er einen Mann bemerkte, der in einem der tausend Gärtchen arbeitete, die die Bauern auf der andern Seite des Grabens bestellten.

»Heda, Freund!«, rief der Herzog.

Der Mann hob den Kopf, und der Herzog war drauf und dran, einen Schrei der Überraschung auszustoßen. Dieser Mann, dieser Bauer, dieser Gärtner war Rochefort, den der Prinz in der Bastille glaubte.

»Was gibt's da oben?«, fragte der Mann.

»Tun Sie mir den Gefallen und werfen Sie uns unsre Bälle zurück«, rief der Herzog.

Der Gärtner nickte und begann die Bälle zu werfen, die von La Ramée und den Wächtern aufgesammelt wurden. Einer fiel dem Herzog genau vor die Füße, und da dieser offensichtlich für ihn bestimmt war, steckte er ihn in die Tasche. Und nachdem er dem Gärtner durch eine Handbewegung gedankt hatte, kehrte er zu seinem Spiel zurück.

Doch der Herzog hatte entschieden seinen schlechten Tag, die Bälle irrten weiterhin ab. Statt in den Grenzen des Spielfeldes zu bleiben, flogen wieder mehrere in den Graben, doch da der Gärtner nicht mehr da war, sie zurückzuwerfen, waren sie verloren, worauf der Herzog erklärte, er schäme sich solcher Ungeschicklichkeit und wolle nicht mehr weiterspielen.

La Ramée freute sich unbändig, einen Prinzen von Geblüt so vollständig geschlagen zu haben, und der Prinz ging in sein Zimmer zurück und legte sich schlafen, was er fast den ganzen Tag tat, seit man ihm seine Bücher fortgenommen hatte. La Ramée vergaß jedoch nicht, die Kleider des Prinzen zu entfernen, unter dem Vorwand, sie seien vollgestaubt und müssten ausgebürstet werden, in Wirklichkeit aber, um sicher zu sein, dass sich der Prinz nicht von der Stelle rühre. Er war ein vorsichtiger Mann, dieser La Ramée.

Zum Glück hatte der Prinz Zeit gehabt, den Ball unter seinem Keilkissen zu verstecken, und sobald sich die Tür geschlossen hatte, zerriss er die Hülle des Balls mit den Zähnen und legte ein Schreiben bloß, das folgende Zeilen enthielt:

> »Monseigneur, Ihre Freunde wachen, und die Stunde Ihrer Befreiungist nahe. Verlangen Sie übermorgen zum Essen eine Pastete von dem neuen Pastetenbäcker, der kein anderer ist als Ihr Haushofmeister Noirmont. Schneiden Sie die Pastete erst auf, wenn Sie allein sind, ich hoffe, Sie werden mit dem, was sie enthält, zufrieden sein.
>
> Eurer Hoheit stets ergebener Diener – in der Bastille wie anderswo
>
> Graf von Rochefort«

Da man dem Herzog von Beaufort seinen Kamin wiedergegeben hatte, seit er sich nicht mehr der Malerei widmete, verbrannte er den Brief und wollte ein Gleiches mit dem Ball tun, als ihm einfiel, dass er ihm noch nützlich sein könnte, um Rochefort seine Antwort zu senden.

Er wurde gut bewacht, denn seine Bewegung zum Kamin und wieder zurück rief sogleich La Ramée herbei.

»Brauchen Sie etwas, Monseigneur?«, fragte er.

»Mir war kalt«, antwortete der Herzog, »und ich habe das Feuer geschürt, damit es mehr Wärme hergibt. Sie wissen doch, mein Bester, dass die Gemächer im Schlossturm von Vincennes wegen ihrer frischen Kühle berüchtigt sind. Man könnte darin das Eis konservieren und Salpeter ernten. Ich denke nur daran, wie viele hier gestorben sind.«

Damit legte er sich wieder ins Bett und stopfte den Ball unter sein Kissen. La Ramée lächelte gezwungen. Er war im Grunde genommen ein braver Mensch, der eine große Zuneigung zu seinem erlauchten Gefangenen gefasst hatte und untröstlich gewesen wäre, wenn ihn ein Unglück ereilt hätte. Und was er da zum Schluss erwähnt hatte, war ja leider nicht zu bestreiten.

»Man darf sich nicht solchen Gedanken überlassen, Monseigneur«, sagte er. »Es sind die Gedanken, die töten, nicht der Salpeter.«

»Sie sindreizend, mein Lieber«, erwiderte der Herzog, »könnte ich doch wie Sie bei dem Nachfolger von Väterchen Marteau Pasteten essen und Wein trinken, das würde mich ablenken.«

»Ja, Monseigneur«, sagte La Ramée, »seine Pasteten sind tatsächlich ausgezeichnet, und sein Wein ist famos.«

»Jedenfalls brauchen sich sein Keller und seine Küche nicht anzustrengen, um besser zu sein als die von Monsieur de Chavigny«, entgegnete der Herzog.

»Wer hindert Sie denn, davon zu kosten, Monseigneur?«, sagte La Ramée, der prompt in die Falle ging. »Außerdem habe ich ihm schon Ihre Kundschaft versprochen.«

»Sie haben recht«, sagte der Herzog, »wenn ich auf Lebenszeit hierbleiben muss, wie Herrchen Mazarin so freundlich war, durchblicken zu lassen, muss ich mir für meine alten Tage ein Vergnügen schaffen, das mich ablenkt. Sagen Sie, mein lieber La Ramée«, fügte er dann hinzu, »ist übermorgen ein Festtag?«

»Ja, Monseigneur, Pfingsten.«

»Wollen Sie mir übermorgen eine Lektion in der Naschhaftigkeit erteilen?«

»Gern, Monseigneur.«

»Aber unter vier Augen. Wir werden die Wächter zum Essen in die Kantine Monsieur de Chavignys schicken und hier ein Abendessen halten, dessen Zusammenstellung ich Ihnen überlasse.«

»Hm«, überlegte La Ramée. Das Angebot war verlockend, aber La Ramée war ein alter Praktikus, der alle Schlingen kannte, die ein Gefangener legen könnte. Monsieur de Beaufort behauptete, vierzig Fluchtmöglichkeiten ins Auge gefasst zu haben. Verbarg sich nicht irgendeine List hinter dieser Einladung? Er dachte einen Augenblick nach, aber das Ergebnis seiner Überlegungen war, dass er die Speisen und den Wein bestellen und dass die Speisen folglich nicht mit Schießpulver bestreut und der Wein nicht mit Sprit vermischt sein würden. Der Herzog konnte nicht die Absicht haben, ihn zu benebeln, schon allein bei dem Gedanken daran musste er lachen, und dann kam ihm eine Idee, die alles unter einen Hut brachte.

»Nun?«, fragte der Herzog. »Einverstanden?«

»Ja, Monseigneur, unter der Bedingung, dass uns Grimaud bei Tisch bedient.«

Nichts konnte dem Prinzen besser passen. Dennoch gelang es ihm, seinem Gesicht einen deutlich erkennbaren Anstrich übler Laune zu geben. »Zum Teufel mit Ihrem Grimaud!«, rief er. »Er wird mir das ganze Fest verderben.«

»Ich werde ihm befehlen, sich hinter Eurer Hoheit aufzuhalten, und da er kein Wort zu reden pflegt, werden Sie ihn weder sehen noch hören und können sich mit einem bisschen guten Willen einbilden, er sei hundert Meilen entfernt.«

»Wissen Sie, was ich klarer darin erkenne, mein Bester?«, erwiderte der Herzog. »Dass Sie mir misstrauen.«

»Monseigneur, übermorgen ist Pfingsten, und ich habe Ihnen erzählt, was dieser verdammte Schwarzkünstler geweissagt hat.«

»Keineswegs, was hat er gesagt?«

»Dass der Pfingsttag nicht verstreichen wird, ohne dass Eure Hoheit Vincennes verlassen haben.«

»Sie glauben also an Hexenmeister? Dummkopf!«

»Ich mache mir nicht so viel daraus«, antwortete La Ramée und schnippte mit den Fingern. »Aber Monseigneur Giulio sorgt sich deswegen, als Italiener ist er abergläubisch.«

Der Herzog zuckte die Achseln. »Na schön, sei's drum«, sagte er mit vollendet gespielter Gutmütigkeit, »ich akzeptiere Grimaud, denn sonst kommt die Sache wohl überhaupt nicht zustande, aber ich will weiter niemanden als Grimaud, Sie werden sich um alles kümmern. Bestellen Sie das Abendessen nach Ihrem Geschmack, das einzige Gericht, das ich bestimme, ist eine von diesen Pasteten, die Sie erwähnten. Bestellen Sie die ausdrücklich für mich, damit sich der Nachfolger von Väterchen Marteau selbst übertrifft, und versprechen Sie ihm meine Kundschaft, nicht nur für die Zeit, die ich im Gefängnis verbleibe, sondern auch für dann, wenn ich es verlasse.«

»Sie glauben also immer noch, dass Sie es verlassen werden?«, fragte La Ramée.

»Gewiss«, erwiderte der Prinz, »und wäre es auch erst beim Tode Mazarins; ich bin fünfzehn Jahre jünger als er. Freilich lebt man in Vincennes schneller«, fügte er hinzu. »Oder stirbt eher, was auf dasselbe herauskommt.«

Ohne darauf zu antworten, entfernte sich La Ramée.

Fünf Minuten später trat der Wachoffizier ein, als der Herzog von Beaufort in die erhabenen Kombinationen des Schachspiels vertieft schien.

Am nächsten Morgen begrüßte La Ramée den Herzog mit den Worten: »Ihr Abendessen ist also bestellt.«

»Aha«, sagte der Prinz, »und woraus wird es bestehen?« Doch ehe La Ramée antworten konnte, trat Grimaud ein und bedeutete seinem Vorgesetzten, dass er ihm etwas zu sagen habe.

Während er leise mit ihm sprach, legte sich der Herzog wieder hin. »Ich habe diesem Menschen verboten, ohne meine Erlaubnis hier zu erscheinen«, bemerkte er.

»Das müssen Sie ihm verzeihen, Monseigneur«, sagte La Ramée, »ich habe ihn kommen lassen.«

»Und warum, da Sie doch wissen, wie sehr er mir missfällt?«

»Monseigneur werden sich an unsere Vereinbarung erinnern«, antwortete La Ramée, »dass er uns bei diesem berühmten Abendessen servieren soll. Monseigneur haben das Abendessen vergessen.«

»Das nicht, aber ich hatte Monsieur Grimaud vergessen.«

»Monseigneur wissen: Kein Abendessen ohne ihn.«

»Schon gut, tun Sie, wie es Ihnen beliebt.«

»Kommen Sie näher, mein Bester, und hören Sie, was ich Ihnen zu sagen habe.«

Grimaud trat mit dem verdrossensten Gesicht näher, und La Ramée fuhr fort: »Monseigneur erweist mir die Ehre, mich morgen zum Souper unter vier Augen einzuladen.«

Grimaud drückte durch eine Bewegung aus, dass er nicht einsähe, inwiefern die Sache ihn etwas angehen könne.

»Doch, doch«, sagte La Ramée, »die Sache geht Sie im Gegenteil sehr viel an, denn Sie werden die Ehre haben, uns zu servieren, ganz davon zu schweigen, dass bei unserm allerbesten Appetit und allergrößten Durst einiges in den Schüsseln und Flaschen für Sie übrigbleiben wird.«

Grimaud verneigte sich zum Zeichen seiner Dankbarkeit.

»Und jetzt, Monseigneur, entschuldigen Sie mich bitte«, sagte La Ramée, »da Monsieur de Chavigny anscheinend für ein paar Tage verreist, hat er mir sagen lassen, dass er mir vor seinem Aufbruch noch Befehle zu erteilen habe.«

Der Herzog versuchte, mit Grimaud einen Blick zu wechseln, aber Grimauds Augen waren ohne Ausdruck.

»Gehen Sie«, sagte der Herzog zu La Ramée, »und kommen Sie so schnell wie möglich zurück.«

»Sie wollen wohl Revanche für das gestrige Schlagballspiel haben, Monseigneur?«

Grimaud nickte fast unmerklich.

»Ja«, antwortete der Herzog, »aber nehmen Sie sich in Acht, mein lieber La Ramée, kein Tag ist wie der andere, und heute bin ich entschlossen, Sie gründlich zu schlagen.«

La Ramée ging, Grimaud folgte ihm mit den Augen, ohne sich im mindesten zu bewegen, doch als sich die Tür geschlossen hatte, zog er rasch einen Bleistift und ein Stück Papier aus der Tasche. »Schreiben Sie, Monseigneur«, sagte er.

»Was soll ich schreiben?«

Grimaud hob den Finger und diktierte:

»Alles ist für morgen Abend vorbereitet. Geben Sie zwischen sieben und neun Uhr gut acht, halten Sie zwei Handpferde bereit, wir werden durch das erste Fenster der Galerie hinabsteigen.«

»Weiter?«, fragte der Herzog.

»Weiter, Monseigneur?«,wiederholte Grimaud erstaunt. »Unterschreiben.«

»Und das ist alles?«

»Was wollen Sie noch mehr, Monseigneur?«, entgegnete Grimaud, der für die strengste Kürze war.

Der Herzog unterschrieb.

»Und jetzt, Monseigneur«, sagte Grimaud, »haben Sie noch den Ball?«

»Ja, ich dachte, er könnte uns noch nützlich sein. Hier ist er.« Damit holte der Herzog den Ball unter seinem Kopfkissen hervor und reichte ihn Grimaud.

Grimaud lächelte so freundlich, wie es ihm nur möglich war. »Ich nähe das Schreiben wieder in den Ball, Monseigneur«, erklärte Grimaud, »und beim Schlagballspiel schleudern Sie ihn in den Graben.«

»Aber geben Sie mir wenigstens ein paar Hinweise, auf welche Art wir entfliehen werden«, bat der Herzog.

»Das ist mir verboten«, antwortete Grimaud, »ehe der Augenblick gekommen ist.«

»Wer sind die, die mich auf der andern Seite des Grabens erwarten werden?«

»Das weiß ich nicht, Monseigneur.«

»Aber sag mir doch wenigstens, was die berühmte Pastete enthalten soll, wenn du nicht willst, dass ich verrückt werde.«

»Zwei Dolche, ein Knotenseil und einen Knebel.«

»Für uns die Dolche und das Seil«, sagte der Herzog.

»Und mit dem Knebel stopfen wir La Ramée den Mund«, ergänzte Grimaud.

»Mein lieber Grimaud«, sagte der Herzog, »du sprichst nicht oft, aber wenn du redest, dann sprichst du goldene Worte, das muss man dir lassen.«

Ein Abenteuer Marie Michons

Ungefähr zur selben Zeit, als diese Fluchtpläne zwischen dem Herzog von Beaufort und Grimaud besprochen wurden, langten über die Straße des Faubourg Saint-Marcel zwei Reiter in Paris an, denen ein paar Schritt dahinter ein Diener folgte. Sie machten in der Rue du Vieux-Colombier bei dem Gasthof »Zum grünen Fuchs« halt, übergaben ihre Pferde den Hausknechten und baten um zwei Zimmer.

»Mach dich frisch, Raoul«, sagte Athos, »ich will dich jemandem vorstellen.«

»Heute, Monsieur?«, fragte der junge Mann.

»In einer halben Stunde.«

Der junge Mann verneigte sich.

»Leg Sorgfalt auf dein Äußeres«, fügte Athos hinzu, »ich will, dass man dich ansehnlich findet.«

»Hoffentlich handelt es sich nicht um Heirat, Monsieur«, sagte der junge Mann lächelnd. »Sie wissen, in welchem Verhältnis ich zu Louise stehe.«

Auch Athos lächelte nun. »Sei unbesorgt«, erwiderte er, »wenn es auch eine Frau ist, der ich dich vorstellen werde.«

»Eine Frau?«, fragte Raoul.

»Ja, und ich wünsche sogar, dass du sie liebst.«

Der junge Mann blickte den Grafen mit einer gewissen Besorgnis an, aber Athos' Lächeln beruhigte ihn rasch.

»Und wie alt ist sie?«, fragte der Vicomte von Bragelonne.

»Mein lieber Raoul, du musst ein für allemal lernen, dass man eine solche Frage niemals stellt. Wenn du einer Frau ihr Alter vom Gesicht ablesen kannst, brauchst du sie nicht danach zu fragen, kannst du es nicht, wäre die Frage indiskret.«

»Ist sie schön?«

»Vor sechzehn Jahren galt sie nicht nur als die hübscheste, sondern auch als die anmutigste Frau Frankreichs.«

Diese Antwort beruhigte den Vicomte vollends. Athos konnte wohl keine Absichten mit ihm und einer Frau haben, die ein Jahr, bevor er zur Welt gekommen war, als die hübscheste und anmutigste Frankreichs gegolten hatte. Also zog er sich in sein Zimmer zurück und befleißigte sich mit jener

Koketterie, die der Jugend so gut steht, den Anweisungen Athos' zu folgen, das heißt, sich so schön zu machen, wie es ihm möglich war. Das fiel ihm nicht schwer angesichts dessen, was die Natur dafür an ihm getan hatte.

Als er erschien, warf Athos einen Blick auf seine Füße, seine Hände und sein Haar, diese drei Kennzeichen edler Rasse. »Nun«, murmelte er, »wenn sie nicht stolz auf ihn ist, dann ist sie sehr schwer zu befriedigen.«

Es war drei Uhr nachmittags, also die schickliche Stunde für Besuche. Die beiden Reisenden machten sich auf den Weg durch die Rue de Grenelle, die Rue des Rosiers, bogen in die Rue Saint-Dominique ein und blieben vor einem prächtigen Haus mit dem Wappen der Luynes‹ stehen, das gegenüber dem Jakobinerkloster lag.

»Hier ist es«, sagte Athos.

Er betrat das Haus mit jenem festen und sicheren Schritt, der dem Türsteher anzeigt, dass der Eintretende das Recht hat, sich so zu benehmen. Als er die Freitreppe hinaufgestiegen war, wandte er sich an einen Lakaien in voller Livree und fragte ihn, ob die Herzogin von Chevreuse zu sprechen sei und den Grafen von La Fère empfangen könne.

Einen Augenblick später kam der Lakai zurück und richtete aus, obgleich die Frau Herzogin von Chevreuse nicht die Ehre habe, den Herrn Grafen von La Fère zu kennen, bitte sie ihn, eintreten zu wollen. Also folgte Athos dem Bedienten, der ihn durch eine lange Zimmerflucht führte und schließlich vor einer geschlossenen Tür haltmachte. Sie befanden sich in einem Salon. Während der Bediente öffnete und den Grafen von La Fère meldete, bedeutete Athos dem Vicomte de Bragelonne, in dem Salon zu bleiben.

Madame de Chevreuse, von der wir in unserer Geschichte von den »Drei Musketieren« so oft gesprochen haben, ohne dass wir die Gelegenheit hatten, sie auftreten zu lassen, galt auch jetzt noch als eine sehr schöne Frau. Obgleich sie zu jener Zeit bereits vier- oder fünfundvierzig Jahre alt war, schien sie tatsächlich kaum über acht- oder neununddreißig hinaus zu sein. Sie hatte noch ihr schönes blondes Haar, ihre großen, lebhaften und intelligenten Augen, die das Intrigenspiel so oft geöffnet und die Liebe so oft geschlossen hatte, und ihren nymphenhaften Wuchs, der sie von hinten immer noch wie das junge Mädchen aussehen ließ, das mit Anna von Österreich über den Graben der Tuilerien sprang, wodurch 1683 die Krone Frankreichs um einen Erben gebracht wurde. Außerdem war sie auch jetzt noch diese mutwillige Person, die ihren Liebesgeschichten einst einen Stempel solcher Originalität aufdrückte, dass diese Liebesgeschichten fast zu einer Illustration ihrer Familie geworden sind.

Sie lag, den Kopf an die Wand gelehnt, auf einem Ruhesofa in einem kleinen Boudoir, dessen Fenster auf den Garten blickte. In der Hand hielt sie ein geöffnetes Buch und hatte sich ein Kissen unter den Arm geschoben, um ihn zu stützen. Als ihr der Bediente den Grafen meldete, richtete sie sich ein wenig auf und reckte neugierig den Kopf vor.

Athos trat ein. Er war in violetten Samt mit gleichfarbigen Posamenten gekleidet, die Nestel waren von brüniertem Silber, sein Mantel trug keinerlei Goldverzierung, und eine schlichte violette Feder legte sich um seinen schwarzen Filzhut. Seine Beine steckten in schwarzen Lederstiefeln, und an seinem Degengehenk aus Lackleder hing der Degen mit dem herrlichen Griff, den Porthos in der Rue Férou so häufig bewundert hatte, den ihm jedoch Athos niemals hatte leihen wollen. Sein zurückgeschlagener Hemdkragen bestand aus wunderbaren Spitzen, und Spitzen fielen auch über den Umschlag seiner Stiefel. In der ganzen Erscheinung dessen, den man Madame de Chevreuse unter einem ihr völlig unbekannten Namen gemeldet hatte, lag so viel von einem Edelmann hoher Geburt, dass sie sich aufsetzte und ihm höflich bedeutete, neben ihr auf einem Stuhl Platz zu nehmen.

Athos verneigte sich und gehorchte. Der Bediente wollte sich entfernen, doch Athos gab ein Zeichen, das ihn zurückhielt.

»Madame«, sagte er zu der Herzogin, »ich habe die Kühnheit besessen, in Ihr Haus zu kommen, obwohl ich Ihnen nicht bekannt bin; diese Kühnheit hatte Erfolg, da Sie mich zu empfangen geruhen. Jetzt bin ich so frei, Sie um ein Gespräch von einer halben Stunde zu bitten.«

»Ich gewähre es Ihnen, Monsieur«, antwortete Madame de Chevreuse mit ihrem freundlichsten Lächeln.

»Aber das ist noch nicht alles, Madame. Oh, ich weiß, dass ich sehr unbescheiden bin. Das Gespräch, um das ich Sie bitte, ist ein Gespräch unter vier Augen, und ich möchte den Wunsch aussprechen, nicht darin unterbrochen zu werden.«

»Ich bin für niemanden zu Hause«, sagte die Herzogin von Chevreuse zu dem Bedienten. »Gehen Sie.«

Der Bediente verschwand.

Für einen Augenblick trat Schweigen ein, während sich die beiden Persönlichkeiten, die einer im andern auf den ersten Blick die vornehme Herkunft erkannten, ohne jede Verlegenheit aufmerksam betrachteten.

Die Herzogin von Chevreuse brach als Erste das Schweigen. »Nun, Monsieur«, sagte sie lächelnd, »sehen Sie nicht, dass ich mit Ungeduld warte?«

»Und ich, Madame«, erwiderte Athos, »schaue mit Bewunderung.«

»Sie müssen mich entschuldigen, Monsieur«, sagte Madame de Chevreuse, »aber ich möchte schleunigst erfahren, mit wem ich spreche. Sie sind ein Hofmann, das ist unbestreitbar, und doch habe ich Sie nie bei Hofe gesehen. Kommen Sie vielleicht aus der Bastille?«

»Nein, Madame«, antwortete Athos lächelnd, »aber möglicherweise bin ich auf dem Weg, der dorthin führt.«

»Ah! In dem Fall sagen Sie mir rasch, wer Sie sind, und gehen Sie hin«, entgegnete die Herzogin in diesem heiteren Ton, der so überaus reizvoll an ihr war, »denn ich bin ohnehin schon zur Genüge kompromittiert, ohne mich noch mehr zu kompromittieren.«

»Wer ich bin, Madame? Man hat Ihnen meinen Namen gesagt, Graf von La Fère. Diesen Namen haben Sie nie gehört. Früher trug ich einen anderen, den Sie vielleicht kannten, aber sicherlich vergessen haben.«

»Nennen Sie ihn immerhin, Monsieur.«

»Früher«, sagte der Graf von La Fère, »nannte ich mich Athos.«

Madame de Chevreuse machte vor Staunen große Augen. Es war offensichtlich, dass dieser Name nicht völlig in ihrem Gedächtnis ausgelöscht war, wie der Graf behauptet hatte, wenngleich er in alten Erinnerungen untergegangen war.

»Athos?«, sagte sie. »Warten Sie …«

»Wollen Sie, dass ich Ihnen helfe, Madame?«, fragte Athos lächelnd.

»Aber ja«, antwortete die Herzogin, »mit Vergnügen.«

»Dieser Athos war mit drei jungen Musketieren verbunden, sie nannten sich d'Artagnan, Porthos und …« Athos hielt inne.

»Und Aramis«, ergänzte die Herzogin lebhaft.

»Und Aramis, ganz recht«, erwiderte Athos, »Sie haben diesen Namen also nicht völlig vergessen?«

»Nein«, sagte sie, »nein. Der arme Aramis! Er war ein reizender Edelmann, elegant, diskret und machte hübsche Verse. Ich glaube, es hat eine schlimme Wendung mit ihm genommen«, fügte sie hinzu.

»Die schlimmste, er ist Abbé geworden.«

»Ach! Welch ein Unglück!«, sagte Madame de Chevreuse, während sie lässig mit ihrem Fächer spielte. »Wirklich, Monsieur, ich danke Ihnen.«

»Wofür, Madame?«

»Dass Sie mir diese Erinnerung, die zu den angenehmsten meiner Jugend gehört, zurückgerufen haben.«

»Erlauben Sie mir dann, Ihnen eine zweite zurückzurufen?«, fragte Athos.

»Die mit dieser verbunden ist?«

»Ja und nein.«

»Sprechen Sie nur«, sagte Madame de Chevreuse, »bei einem Mann wie Ihnen lasse ich es auf alles ankommen.«

Athos verneigte sich. »Aramis«, fuhr er fort, »war mit einer jungen Wäscheaufseherin in Tours verbunden, einer Cousine von ihm, namens Marie Michon.«

»Ah, die kenne ich«, rief Madame de Chevreuse, »es ist die, der er von der Belagerung von La Rochelle schrieb, um sie auf eine Verschwörung gegen den armen Buckingham aufmerksam zu machen.«

»Ganz recht«, sagte Athos, »wollen Sie mir gestatten, von ihr zusprechen?«

Madame de Chevreuse sah Athos an. »Ja«, erwiderte sie, »vorausgesetzt, dass Sie nicht allzu schlecht von ihr sprechen.«

»Dann wäre ich undankbar«, bemerkte Athos, »und ich halte Undankbarkeit nicht für einen Fehler oder ein Verbrechen, sondern für ein sehr schlimmes Laster.«

»Sie undankbar gegen Marie Michon, Monsieur?«, fragte Madame de Chevreuse, während sie in Athos' Augen zu lesen versuchte. »Aber wie könnte das zugehen? Sie haben sie doch nie persönlich kennengelernt.«

»Wer weiß, Madame?«, entgegnete Athos. »Es gibt ein beliebtes Sprichwort, das besagt, dass nur die Berge sich nicht begegnen, und Sprichwörter sind mitunter unglaublich zutreffend.«

»Oh, fahren Sie fort, Monsieur, fahren Sie fort!«, drängte Madame de Chevreuse lebhaft. »Denn Sie können sich keine Vorstellung davon machen, wie sehr mich diese Unterhaltung ergötzt.«

»Sie ermutigen mich«, sagte Athos, »ich werde also weitersprechen. Diese Cousine Aramis', diese Marie Michon, diese junge Wäscheaufseherin hatte ungeachtet ihrer niedrigen Stellung die vornehmsten Bekannten, sie zählte die bedeutendsten Damen des Hofes zu ihren Freundinnen, und die Königin, so stolz sie auch in ihrer doppelten Eigenschaft als Österreicherin und als Spanierin ist, nannte sie ihre Schwester.«

»Ach!«, sagte Madame de Chevreuse mit einem kleinen Seufzer und einer leichten Bewegung der Brauen, wie sie nur ihr eigen war. »Die Dinge haben sich seit der Zeit sehr geändert.«

»Und die Königin hatte recht«, fuhr Athos fort, »denn Marie Michon war ihr sehr ergeben, ergeben bis zu dem Grad, dass sie ihr als Vermittlerin zu ihrem Bruder, dem König von Spanien, diente.«

»Was ihr heute als ein großes Verbrechen zur Last gelegt wird«, warf die Herzogin ein.

»So dass der Kardinal«, sagte Athos, »der richtige Kardinal, der andere, eines schönen Morgens beschloss, die arme Marie Michon festnehmen und auf das Schloss Loches bringen zu lassen. Zum Glück war die Sache nicht so heimlich zu bewerkstelligen, dass sie nicht durchsickerte, man hatte für den Fall Vorsorge getroffen; wenn Marie Michon irgendeine Gefahr drohte, dann sollte ihr die Königin ein in grünen Samt gebundenes Stundenbuch zukommen lassen.«

»Ganz recht, Monsieur! Sie sind gut unterrichtet.«

»Eines Morgens wurde das Buch durch den Prinzen von Marcillac überbracht. Es war keine Zeit zu verlieren. Zum Glück konnten Marie Michon und ihre Zofe namens Ketty wunderbar Männerkleidung tragen. Der Prinz beschaffte für Marie Michon den Anzug eines Standesherrn, für Ketty einen Bedientenanzug, übergab ihnen zwei vortreffliche Pferde, und die beiden Flüchtlinge verließen schleunigst Tours und wandten sich nach Spanien, wobei sie bei dem geringsten Geräusch erbebten, die abgelegensten Wege wählten, weil sie sich nicht auf die großen Landstraßen wagten, und um Gastfreundschaft baten, wenn sie keine Herberge fanden.«

»Aber das stimmt ja alles ganz genau!«, rief Madame de Chevreuse, während sie die Hände zusammenschlug. »Es wäre wirklich kurios ...«

»Wenn ich den beiden Flüchtlingen bis zum Ende ihrer Reise folgte?«, vollendete Athos ihren Satz. »Nein, Madame, so sehr werde ich Ihre Zeit nicht missbrauchen, wir werden sie nur bis zu einem kleinen Dorf im Limousin begleiten, einem kleinen zwischen Tulle und Angoulême gelegenen Dorf, das den Namen Roche-l'Abeille trägt.«

Madame de Chevreuse stieß einen Schrei der Überraschung aus.

»Warten Sie ab, Madame«, bemerkte Athos, »denn was mir zu sagen bleibt, ist noch viel sonderbarer als das, was ich Ihnen bereits gesagt habe. Diesmal war die Tagereise lang und ermüdend gewesen, es war kalt, man schrieb den elften Oktober, das Dorf bot weder Herberge noch Schloss, die Bauernhäuser waren armselig und schmutzig, und Marie Michon war eine sehr aristokratische Persönlichkeit. Wie ihre Schwester, die Königin, war sie an gute Gerüche und feine

Wäsche gewöhnt, weshalb sie beschloss, im Pfarrhaus um Gastfreundschaft zu bitten.

Die beiden Reisenden klopften an die Tür, es war schon spät, und der Priester, der sich zur Ruhe begeben hatte, rief ihnen zu, sie sollten eintreten, was sie auch taten, denn die Tür war nicht abgeschlossen. In den Dörfern hat man großes Vertrauen. Eine Lampe brannte im Zimmer des Priesters. Marie Michon, die den reizendsten Kavalier auf Erden abgab, stieß die Tür auf, steckte den Kopf hinein und bat um Gastfreundschaft. ›Gern, mein junger Kavalier‹, sagte der Priester, ›wenn Sie sich mit den Resten meines Abendessens und der Hälfte meines Zimmers begnügen wollen.‹

Die beiden Flüchtlinge berieten sich einen Augenblick, der Priester hörte sie hell auflachen, und dann antwortete der Herr oder vielmehr die Herrin: ›Vielen Dank, Herr Curé, ich nehme an.‹ Marie Michon speiste mit ihrer Zofe und trat dann wieder, wie es ihr gestattet worden war, in das Zimmer, in dem ihr Gastgeber ruhte, während Ketty sich's auf einem Sessel in dem ersten Raum, wo sie gegessen hatten, bequem machte.

Sie war eine bezaubernde Frau, diese Marie Michon, eines von diesen mutwilligen Geschöpfen, denen ständig die sonderbarsten Ideen durch den Kopf schießen, eins von diesen Wesen, die dafür geboren sind, uns alle unser Leben lang zur Verzweiflung zu bringen. Bei dem Gedanken, dass ihr Gastgeber ein Priester war, kam der Koketten nun in den Sinn, dass es doch eine lustige Erinnerung für ihre alten Tage wäre, neben so vielen heiteren Erinnerungen, die sie bereits hatte, auch die an einen Abbé zu haben, den sie toll gemacht hatte.«

»Graf«, sagte die Herzogin, »auf Ehrenwort, Sie erschrecken mich!«

»Ach«, entgegnete Athos, »der arme Abbé war kein heiliger Ambrosius, und Marie Michon war, ich wiederhole es, ein anbetungswürdiges Geschöpf.«

»Monsieur«, rief die Herzogin, Athos‹ Hände ergreifend, »sagen Sie mir auf der Stelle, woher Sie all diese Einzelheiten kennen, oder ich lasse einen Mönch aus dem Kloster der Augustiner kommen und dringe in Sie.«

Athos begann zu lachen. »Nichts leichter als das, Madame. Ein Reiter, der selbst mit einer wichtigen Mission beauftragt war, hatte eine Stunde vor ihnen in dem Pfarrhaus um Gastfreundschaft gebeten, und das in dem Augenblick, als der zu einem Sterbenden gerufene Curé nicht allein sein Haus, sondern das Dorf für die ganze Nacht verlassen wollte. Und der Gottesmann, voller Vertrauen zu seinem Gast, der übrigens ein Edelmann war, hatte ihm Haus, Abendessen und Zimmer überlassen. Marie Michon hatte also den Gast des guten Abbés und nicht den Abbé selbst um freundliche Aufnahme gebeten.«

»Und dieser Reiter, dieser Gast, dieser vor ihr eingetroffene Edelmann …?«

»War ich, Graf von La Fère«, antwortete Athos, indem er sich erhob und ehrerbietig vor der Herzogin von Chevreuse verneigte. Die Herzogin war einen Augenblick völlig verblüfft, dann lachte sie plötzlich laut auf. »Meiner Treu«, sagte sie, »das ist sehr lustig, und da hat diese Närrin Marie Michon Besseres gefunden, als sie erhoffte. Setzen Sie sich, lieber Graf, und fahren Sie in Ihrer Erzählung fort.«

»Jetzt bleibt mir noch, mich anzuklagen, Madame. Ich habe Ihnen gesagt, dass ich in einer eiligen Mission reiste. Bei Tagesanbruch ging ich lautlos aus dem Zimmer und ließ meine bezaubernde Bettgenossin schlafen. In dem ersten Raum schlief mit zurückgelehntem Kopf auf einem Sessel die ihrer Herrin durchaus würdige Zofe. Ihr hübsches Gesicht fiel mir auf, ich trat näher und erkannte die kleine Ketty, die unser Freund Aramis bei ihr untergebracht hatte. Auf diese Weise erfuhr ich, dass die bezaubernde Reisende …«

»Marie Michon war!«, unterbrach Madame de Chevreuse lebhaft.

»Marie Michon«, wiederholte Athos. »Ich verließ also das Haus, ging zum Stall, fand mein Pferd gesattelt und meinen Diener bereit, und wir machten uns auf den Weg.«

»Und Sie sind nie wieder durch dieses Dorf gekommen?«, fragte Madame de Chevreuse begierig.

»Ein Jahr später, Madame.«

»Und?«

»Ich wollte den guten Curé wiedersehen. Ich fand ihn ungemein beschäftigt mit einem Ereignis, das er überhaupt nicht verstand. Acht Tage zuvor hatte er in einer Hängewiege einen reizenden kleinen Knaben von drei Monaten erhalten, samt einer Börse voll Gold und einem Billett, das nur die Worte enthielt: ›Elfter Oktober 1633.‹«

»Es war das Datum jenes seltsamen Abenteuers«, entgegnete Madame de Chevreuse.

»Ja, aber er verstand darunter nichts weiter, als dass er diese Nacht bei einem Sterbenden verbracht hatte, denn Marie Michon hatte das Pfarrhaus vor seiner Rückkehr ebenfalls verlassen.«

»Sie müssen wissen, Monsieur, dass Marie Michon, als sie 1643 wieder nach Frankreich kam, dieses Kind sofort zurückholen wollte und sich nach ihm erkundigte. Als Flüchtling konnte sie es nicht behalten, aber wieder in Paris, wollte sie es in ihrer Nähe erziehen lassen.«

»Und was sagte ihr der Abbé?«, fragte Athos.

»Ein vornehmer Herr, der ihm nicht bekannt sei, habe für das Kind sorgen wollen, für seine Zukunft gebürgt und es mitgenommen.«

»Das ist die Wahrheit.«

»Ah, nun verstehe ich. Dieser vornehme Herr waren Sie, war sein Vater!«

»Still! Sprechen Sie nicht so laut, Madame, er ist da.«

»Er ist da?«, rief Madame de Chevreuse, während sie sich energisch erhob. »Er ist da, mein Sohn, Marie Michons Sohn ist da? Ich will ihn augenblicklich sehen!«

»Beachten Sie, Madame, dass er weder seinen Vater noch seine Mutter kennt«, unterbrach Athos.

»Sie haben das Geheimnis gewahrt und bringen ihn mir auf diese Weise her, in dem Gedanken, dass Sie mich damit sehr glücklich machen würden. Oh, ich danke Ihnen, ich danke Ihnen, Monsieur!«, rief Madame de Chevreuse, während sie seine Hand ergriff und an die Lippen zu führen versuchte. »Danke! Sie haben ein edles Herz.«

»Ich habe ihn hergebracht«, erwiderte Athos und zog seine Hand zurück, »damit Sie Ihrerseits etwas für ihn tun, Madame.

Bis jetzt habe ich über seine Erziehung gewacht und ihn, glaube ich, zu einem vollendeten Edelmann erzogen, aber der Augenblick ist gekommen, da ich mich von neuem gezwungen sehe, das unstete und gefährliche Leben eines Parteimannes zu führen. Schon morgen werde ich mich in ein abenteuerliches Unternehmen stürzen, das mich das Leben kosten kann. Dann wird er nur noch Sie haben, ihn in der Welt vorwärtszubringen, in der er berufen ist, einen Platz innezuhaben.«

»Oh, seien Sie unbesorgt!«, versetzte die Herzogin. »Leider besitze ich zur Zeit wenig Einfluss, aber was mir davon geblieben ist, gehört ihm. Was sein Vermögen und seinen Titel betrifft …«

»Darüber beunruhigen Sie sich nicht, Madame. Ich habe ihn zum Nacherben der Besitzung Bragelonne ernannt, die mein Erbteil ist und ihm den Titel Vicomte und zehntausend Livres Rente gibt.«

»Bei meiner Seele, Monsieur«, sagte die Herzogin, »Sie sind ein wahrer Edelmann! Aber ich habe es eilig, unsern jungen Vicomte zu sehen. Wo ist er?«

»Dort, in dem Salon, ich werde ihn kommen lassen, wenn Sie es wünschen.« Damit öffnete Athos die Tür und gab dem jungen Mann ein Zeichen, worauf dieser an der Schwelle erschien.

Madame de Chevreuse konnte sich nicht bezähmen, beim Anblick eines so reizenden Kavaliers, der alle Erwartungen ihres Stolzes übertraf, einen Freudenschrei auszustoßen.

»Treten Sie näher, Vicomte«, sagte Athos, »die Herzogin von Chevreuse gestattet, dass Sie ihr die Hand küssen.«

Der junge Mann näherte sich entblößten Hauptes mit seinem bezaubernden Lächeln, ließ sich auf ein Knie nieder und küsste Madame de Chevreuse die Hand, indes die Herzogin kaum an sich halten konnte, ihre Lippen auf seine so reine Stirn zu drücken, und ihn fragte: »Welche Laufbahn möchten Sie einschlagen?«

Athos stand und betrachtete beide mit einem Ausdruck unsagbaren Glücks.

»Madame«, antwortete der junge Mann mit seiner sanften und zugleich klangvollen Stimme, »mir scheint, für einen Edelmann gibt es nur eine Laufbahn, das Waffenhandwerk.

Der Herr Graf hat mich, glaube ich, in der Absicht erzogen, aus mir einen Soldaten zu machen, und mich hoffen lassen, er werde mich in Paris jemandem vorstellen, der mich vielleicht dem Herrn Prinzen empfehlen könnte.«

»Ja, ich verstehe, für einen jungen Soldaten wie Sie wäre es gut, unter einem General wie ihm zu dienen, aber … warten Sie … ich persönlich stehe wegen der Streitigkeiten Madame de Montbazons, meiner Schwiegermutter, mit Madame de Longueville ziemlich schlecht mit ihm, doch durch den Prinzen von Marcillac … Wirklich, Graf, das ist es! Der Prinz von Marcillac ist ein alter Freund von mir, er wird unsern jungen Freund Madame de Longueville empfehlen, und sie wird ihm einen Brief an ihren Bruder, den Prinzen, geben, der sie viel zu innig liebt, um nicht auf der Stelle alles für ihn zu tun, worum sie ihn bittet.«

»Das wird ausgezeichnet gehen«, sagte der Graf. »Darf ich mich jetzt nur noch erdreisten, Ihnen größte Eile ans Herz zu legen? Ich habe Gründe, zu wünschen, dass sich der Vicomte morgen Abend nicht mehr in Paris befindet.«

»Und ist es Ihr Wunsch, dass man von Ihrem Interesse an ihm erfährt, Herr Graf?«

»Es wird für seine Zukunft vielleicht besser sein, wenn man nicht weiß, dass er jemals mit mir bekannt war.«

»Oh, Monsieur!«, rief der junge Mann.

»Sie wissen, Bragelonne«, erwiderte der Graf, »dass ich nie etwas ohne Grund tue.«

»Gut, Graf, überlassen Sie ihn mir«, sagte die Herzogin, »ich werde nach dem Prinzen von Marcillac schicken, der sich zum Glück gerade in Paris aufhält, und werde mich nicht von ihm trennen, ehe die Sache nicht beschlossen ist.«

»Das ist schön, Herzogin, tausend Dank. Ich selbst habe heute einige Gänge zu machen und werde den Vicomte nach meiner Rückkehr, also gegen sechs Uhr abends, im Gasthof erwarten.«

»Was machen Sie heute Abend?«

»Wir gehen zu dem Abbé Scarron, für den ich einen Brief habe und bei dem ich einen von meinen Freunden treffen soll.«

»Ausgezeichnet«, sagte die Herzogin von Chevreuse, »ich werde selbst für einen Augenblick vorbeikommen, verlassen Sie seinen Salon also nicht, ehe Sie mich gesprochen haben.« Athos verneigte sich vor Madame de Chevreuse und wandte sich zum Gehen.

»Aber Herr Graf«, sagte die Herzogin lachend, »verabschiedet man sich denn so förmlich von seinen alten Freunden?«

»Ach«, murmelte Athos, während er ihr die Hand küsste, »hätte ich nur eher gewusst, dass Marie Michon ein so bezauberndes Geschöpf ist …«

Und seufzend entfernte er sich.

Der Abbé Scarron

In der Rue des Tournelles gab es eine Wohnung, die allen Sänftenträgern und Lakaien von Paris bekannt war, und doch gehörte diese Wohnung weder einem Standesherrn noch einem Bankier. Es wurde dort nicht gespeist, niemals gespielt und kaum jemals getanzt. Dennoch war sie der Treffpunkt der vornehmen Gesellschaft, und ganz Paris ging dorthin.

Diese Wohnung gehörte dem kleinen Scarron.

Es wurde bei dem geistreichen Abbé so viel gelacht, so viele Neuigkeiten wurden verbreitet, und diese Neuigkeiten wurden so geschwind, sei es in Geschichtchen, sei es in Epigrammen kommentiert, durchgehechelt und abgewandelt, dass jedermann eine Stunde bei dem kleinen Scarron verbringen wollte, um zu hören, was er sagte, und um andernorts zu berichten, was er gesagt hatte. Viele brannten auch darauf, dort ihr Wörtchen mitzureden, und wenn es Witz hatte, waren sie willkommen.

Der kleine Abbé Scarron, der überdies nur Abbé war, weil er eine Abtei besaß, und keineswegs deswegen, weil er die Weihen empfangen hatte, war einst einer der gefallsüchtigsten Präbendare der Stadt Mans gewesen. An einem Fastnachtstag hatte er diese gute Stadt, deren Seele er war, über die Maßen belustigen wollen; folglich musste ihn sein Diener mit Honig einreiben, daraufhatte er sich in einem aufgeschnittenen Federbett gewälzt und sich auf diese Weise in das wunderlichste Stück Geflügel verwandelt, das je ein Auge erblickte. In diesem sonderbaren Kostüm begann er dann seine Freunde und Freundinnen zu besuchen, und bald folgte man ihm mit Verwunderung, dann mit Hohngelächter, dann wurde er von den Lastträgern beschimpft, dann von den Kindern mit Steinen beworfen, so dass er schließlich genötigt war, die Flucht zu ergreifen, um den Wurfgeschossen zu entgehen. Sobald er jedoch flüchtete, setzten ihm alle nach; von allen Seiten bedrängt, gehetzt und gejagt, sah Scarron keine andere Möglichkeit, seinen Verfolgern zu entrinnen, als sich in den Fluss zu stürzen. Er schwamm wie ein Fisch, aber das Wasser war eisig. Scarron hatte geschwitzt, nun packte ihn die Kälte, und als er das andere Ufer erreichte, war er gelähmt.

Man hatte durch alle bekannten Mittel versucht, ihm den Gebrauch seiner Glieder wiederzugeben, und man hatte ihn durch die Behandlung so viel leiden lassen, dass er alle Ärzte fortschickte und erklärte, er zöge die Krankheit bei weitem vor. Daraufwar er nach Paris zurückgekehrt, wo er seinen Ruf als Mann von Geist bereits begründet hatte. Hier ließ er sich einen Sessel nach eigener Erfindung anfertigen, und als er der Königin Anna von Österreich in diesem Sessel eines Tages einen Besuch machte, fragte sie ihn, entzückt von seinem Geist, ob er sich nicht einen Titel wünsche.

»Ja, Eure Majestät, einen wünsche ich mir sehnlichst«, hatte Scarron geantwortet.

»Und welchen?«, fragte Anna von Österreich.

»Den Ihres Kranken«, antwortete der Abbé.

Und so wurde Scarron mit einer Pension von fünfzehnhundert Livres zum »Kranken der Königin« ernannt. Seit der Zeit hatte Scarron, ohne Sorge um die Zukunft, ein lustiges Leben geführt, indem er das Kapital mitsamt den Zinsen durchbrachte. Eines Tages hatte ihm jedoch ein Abgesandter des Kardinals zu verstehen gegeben, dass es unrecht von ihm sei, den Weihbischof zu empfangen.

»Und warum?«, fragte Scarron. »Ist er denn nicht ein Mann von vornehmer Herkunft?«

»Doch, gewiss!«

»Liebenswürdig?«

»Unbestreitbar.«

»Geistreich?«

»Er besitzt leider nur allzu viel Geist.«

»Nun, warum wollen Sie dann, dass ich einen solchen Mann nicht mehr empfange?«, hatte Scarron gefragt.

»Weil er übelgesinnt ist.«

»Wirklich? Und wem?«

»Dem Kardinal.«

»Was?«, hatte Scarron ausgerufen. »Ich empfange weiterhin Monsieur Gilles Despréaux, der mir übelgesinnt ist, und Sie wollen, dass ich aufhöre, den Herrn Weihbischof zu empfangen, weil er einem andern übelgesinnt ist? Unmöglich!«

Aus dem Gespräch war nichts geworden, und Scarron hatte aus Widerspruchsgeist Monsieur de Gondi nur noch häufiger empfangen. Am Morgen jenes Tages nun, bei dem wir angelangt sind und an dem sein vierteljährliches Gehalt fällig war, hatte Scarron wie gewöhnlich seinen Diener mit der Quittung zur Pensionskasse geschickt, sein Geld in Empfang zu nehmen. Dort war ihm jedoch erwidert worden, der Staat habe kein Geld mehr für den Herrn Abbé Scarron.

Als der Diener diese Antwort Scarron überbrachte, befand sich gerade der Herzog von Longueville bei ihm, der sich erbot, ihm eine doppelt so hohe Pension wie die von Mazarin gestrichene zu gewähren, aber der schlaue Gichtkranke hütete sich anzunehmen. Er brachte es fertig, dass um vier Uhr nachmittags bereits die ganze Stadt von der abschlägigen Antwort des Kardinals wusste. Es war gerade ein Donnerstag, der Empfangstag des Abbés. Die Leute strömten in Scharen herbei, und überall in der Stadt wurde der Kardinal scharf und leidenschaftlich getadelt.

»Es trifft sich gut, dass wir heute Abend dorthin müssen«, sagte Athos zu Raoul, »wir werden diesem armen Menschen unser Kompliment machen.«

»Aber wer ist denn Monsieur Scarron, der auf solche Weise ganz Paris in Aufregung versetzt?«, fragte Raoul. »Ist er ein in Ungnade gefallener Minister?«

»Du lieber Himmel, nein«, erwiderte Athos, »er ist ganz einfach ein kleiner Edelmann von großem Geist, der bei dem Kardinal in Ungnade gefallen sein wird, weil er ein paar Vierzeiler gegen ihn gemachthat.«

»Machen denn Edelleute Verse?«, fragte Raoul naiv. »Ich dachte, das sei entwürdigend.«

»Ja, mein Lieber«, lachte Athos, »wenn man schlechte macht, aber wenn man gute macht, wird man dadurch berühmt.«

»Dann ist also dieser Monsieur Scarron ein Dichter?«, fragte Raoul weiter.

»Ja, aber lass dich warnen, gib in diesem Hause gut auf dich acht, sprich nur durch Gesten oder hör lieber zu. Du wirst mich viel mit einem befreundeten Edelmann sprechen sehen, mit dem Abbé d'Herblay, von dem ich oft erzählt habe. Tritt hin und wieder zu uns, als wolltest du dich mit uns unterhalten, aber sprich nicht und lausche auch nicht. Das Spiel soll dazu dienen, dass wir nicht von Aufdringlichen gestört werden.«

»Sehr gut, Monsieur, ich werde Ihnen Punkt für Punkt gehorchen.«

Athos machte noch zwei Besuche in Paris. Um sieben Uhr begaben sie sich zur Rue des Tournelles. Die Straße war durch Sänftenträger, Pferde und Lakaien versperrt. Athos ließ sich Platz schaffen und trat, gefolgt von dem jungen Mann, ins Haus. Der Erste, der ihm beim Eintreten auffiel, war Aramis. Dann bemerkte er in einem sehr großen Rollstuhl mit besticktem Baldachin eine kleine, in eine Brokatdecke gehüllte Gestalt mit einem recht jungen und lachlustigen, doch mitunter erbleichenden Gesicht, in dem die Augen gleichwohl nicht aufhörten, ein lebhaftes, geistvolles oder freundliches Gefühl auszudrücken. Das war der Abbé Scarron, der ständig lachte, spottete, Komplimente machte, litt und sich mit einem kleinen Stöckchen kratzte.

Als Aramis Athos bemerkte, kam er auf ihn zu, nahm ihn bei der Hand und stellte ihn Scarron vor, der dem neuen Gast ebenso viel Freude wie Achtung bezeigte und dem Vicomte ein sehr witziges Kompliment machte. Raoul war verblüfft über die Majestät des Schöngeistes, auf die er nicht gefasst gewesen war. Dennoch verneigte er sich mit großer Anmut. Daraufnahm Athos die Höflichkeiten einiger Herren entgegen, mit denen Aramis ihn bekannt machte, und da sich die durch seine Ankunft verursachte Unruhe allmählich legte, wurde die Unterhaltung allgemein.

»Wann sprechen wir miteinander?«,fragte der Graf Aramis.

»Gleich«, antwortete dieser, »es sind noch nicht genug Leute da, man würde auf uns aufmerksam werden.«

In diesem Augenblick tat sich die Tür auf, und der Diener meldete den Weihbischof. Als sein Name fiel, drehten sich alle um, denn dieser Name begann bereits sehr berühmt zu werden. Athos tat es den andern gleich. Er kannte den Abbé de Gondi nur vom Hörensagen. Nun sah er einen kleinen dunklen Mann eintreten, hässlich gewachsen, kurzsichtig und in allem und jedem ungeschickt mit den Händen, außer um den Degen und das Pistol zu ziehen, der gleich zu Anfang an einen Tisch stieß und ihn um ein Haar umwarf, bei alledem jedoch etwas Vornehmes und Stolzes in seinen Zügen trug.

Auch Scarron drehte sich um und rollte ihm in seinem Stuhl entgegen.

»Nun«, sagte der Weihbischof, als er Scarron bemerkte, was erst der Fall war, nachdem dieser sich bei ihm eingefunden hatte, »da sind Sie also in Ungnade, Abbé?«

Das war der übliche Satz, er war im Laufe des Abends hundertmal geäußert worden, und Scarron hatte sein hundertstes Bonmot über das Thema von sich gegeben, daher wusste er jetzt nichts zu sagen, aber eine verzweifelte Anstrengung rettete ihn.

»Der Herr Kardinal Mazarin war so gütig, an mich zu denken«, sagte er.

»Aber wie werden Sie es anstellen, uns weiterhin zu empfangen?«, fuhr der Weihbischof fort. »Wenn Ihre Einkünfte sinken, werde ich genötigt sein, Sie zum Domherrn von Notre-Dame ernennen zu lassen.«

»Oh, keineswegs«, sagte Scarron, »ich würde Sie zu sehr kompromittieren.«

»Dann haben Sie Hilfsquellen, die wir nicht kennen?«

»Ich werde die Königin anpumpen.«

»Aber Ihre Majestät hat nichts, was ihr gehört«, sagte Aramis, »lebt sie nicht in ehelicher Gütergemeinschaft?«

Der Weihbischof wandte sich um und lächelte Aramis zu, wobei er ihm mit der Fingerspitze ein freundschaftliches Zeichen machte.

Und wieder öffnete sich die Tür, und der Diener verkündete laut: »Die Frau Herzogin von Chevreuse!«

Alle erhoben sich, und Scarron lenkte seinen Rollstuhl geschwind zur Tür. Raoul errötete. Athos gab Aramis ein Zeichen, worauf dieser sich in einer Fensternische versteckte.

Inmitten der ehrerbietigen Höflichkeitsbezeigungen, die sie bei ihrem Eintritt empfing, schien die Herzogin offensichtlich jemanden oder etwas zu suchen. Schließlich entdeckte sie Raoul, und ihre Augen leuchteten auf, sie bemerkte Athos und wurde träumerisch, sie erblickte Aramis in der Fensternische und verbarg eine kaum merkliche Bewegung der Überraschung hinter ihrem Fächer.

Später trat Aramis zu dem Weihbischof, der ihm mit lachender Miene ein paar Worte ins Ohr flüsterte. Trotz seiner Selbstbeherrschung konnte Aramis nicht eine leichte Bewegung unterdrücken.

»Lachen Sie doch«, sagte Monsieur de Retz zu ihm, »man beobachtet uns.« Und er verließ ihn, um mit Madame de Chevreuse zu plaudern, die einen großen Kreis um sich versammelt hatte.

Um die Aufmerksamkeit einiger Neugieriger von der Spur abzubringen, heuchelte Aramis Belustigung, und da er bemerkte, dass sich inzwischen Athos in die Fensternische zurückgezogen hatte, gesellte er sich ohne Umstände zu ihm, nachdem er rechts und links ein paar Worte hingeworfen hatte. Und sobald sie beisammen waren, begannen sie ein Gespräch, das von vielen Gebärden begleitet wurde. Wenig später näherte sich ihnen Raoul, wie es ihm Athos eingeschärft hatte.

»Es ist ein Ringelgedicht von Monsieur Voiture, das mir der Herr Abbé soeben vorträgt«, sagte Athos mit lauter Stimme, »und ich finde es unvergleichlich.«

»Also?«, fragte Athos, als sich Raoul wieder entfernt hatte.

»Morgen«, antwortete Aramis hastig.

»Um welche Zeit?«

»Sechs Uhr.«

»Wo?«

»In Saint-Mandé.«

»Wer hat es dir gesagt?«

»Der Graf von Rochefort.«

Es kam jemand.

»Und die philosophischen Gedanken? Die fehlen dem armen Voiture. Ich schließe mich der Meinung des Herrn Weihbischofs an: ein reiner Poet.«

»Ja, gewiss, im Poetischen ist er wunderbar«, sagte Ménage, »und dennoch wird ihm die Nachwelt bei aller Bewunderung eins vorwerfen, dass er in der Verskomposition eine allzu große Freiheit in Mode gebracht hat; ohne es zu wissen, hat er die Poesie getötet.«

»Getötet ist das richtige Wort«, bemerkte Scudéry.

»Aber welch ein Meisterwerk sind seine Briefe!«, warf Madame de Chevreuse ein.

»Oh, in dieser Hinsicht ist er ein ganz und gar hervorragender Mann«, sagte Mademoiselle de Scudéry.

»Das ist wahr«, erwiderte Mademoiselle Paulet, »aber nur solange er scherzt, denn im seriösen Briefstil ist er jämmerlich, und wenn er die Dinge nicht ganz unumwunden sagt, werden Sie zugeben, dass er sie sehr schlecht sagt.«

»Aber Sie räumen doch wenigstens ein, dass er im Spott unnachahmlich ist.«

»Gewiss, gewiss«, entgegnete Scudéry, seinen Schnurrbart zwirbelnd, »ich finde nur, dass seine Komik forciert und sein Spott allzu vertraulich ist. Nehmen Sie seinen ›Brief von dem Karpfen an den Hecht‹.«

»Ganz davon zu schweigen, dass er seine besten Eingebungen aus dem Haus Rambouillet bezieht«, sagte Ménage. »Denken Sie an ›Zélide und Alcidalée‹.«

»Was mich betrifft«, erklärte Aramis, während er wieder in den Kreis trat, »so beschuldige ich ihn überdies, allzu ungeniert mit den Großen umgegangen zu sein.«

»Und ich«, sagte leise ein junges Mädchen mit Samtaugen, »ich habe das Pech, seine Verse bezaubernd zu finden.«

Das war auch Raouls Meinung, der im Laufe des Abends einige gehört hatte und nun errötend zu Scarron sagte: »Bitte, Monsieur Scarron, tun Sie mir die Ehre an und sagen Sie mir, wer die junge Dame ist, die mit ihrer Ansicht allein gegen diese ganze erlauchte Gesellschaft steht.«

»Ah, mein junger Vicomte«,erwiderte Scarron, »mir scheint, Sie haben Lust, ihr ein Schutz- und Trutzbündnis vorzuschlagen?«

Raoul errötete von neuem. »Ich bat Sie …«

»Ja richtig, Sie wollen wissen, wer diese junge Dame ist, nicht wahr? Es ist die schöne Indianerin.«

»Verzeihen Sie, Monsieur, aber jetzt weiß ich nicht mehr als vorher. Leider bin ich aus der Provinz.«

»Was bedeutet, dass Sie nicht viel von dem Schwulst verstehen, der hier aus allen Mündern trieft. Umso besser, junger Mann, umso besser! Versuchen Sie nicht, zu verstehen, Sie würden dabei nur Zeit verlieren.«

»Ich bitte um Vergebung, Monsieur«, sagte Raoul, »aber hätten Sie wohl die Güte, mir zu sagen, wer das junge Mädchen ist, das Sie die schöne Indianerin nennen?«

»Ja, natürlich, sie ist eins der reizendsten Mädchen auf Erden, Mademoiselle Françoise d'Aubigné.«

»Stammt sie aus der Familie des berühmten Agrippa, des Freundes von König Heinrich IV.?«

»Sie ist seine Enkelin. Sie kommt von Martinique, deshalb nenne ich sie die schöne Indianerin.«

Raoul riss die Augen weit auf, und sein Blick begegnete dem der jungen Dame, die lächelte.

Es wurde weiter über Voiture gesprochen.

»Monsieur«, sagte Mademoiselle d'Aubigné, zu Scarron gewandt, als wolle sie an seinem Gespräch mit dem jungen Vicomte teilhaben, »staunen Sie nicht über die Freunde des armen Voiture? Man höre sich nur an, wie sie bei all ihren Lobeshymnen auf ihn kein gutes Haar an ihm lassen! Der eine spricht ihm den gesunden Menschenverstand ab, der andere die Poesie, der dritte die Originalität, der vierte die Komik, der fünfte die Selbständigkeit, der sechste … Ach, mein Gott, was werden sie ihm denn überhaupt noch lassen, diesem ganz und gar hervorragenden Mann, wie ihn Mademoiselle de Scudéry nannte?«

Scarron begann zu lachen und Raoul desgleichen. Die schöne Indianerin senkte, ganz verwundert über die Wirkung, die sie erzielt hatte, die Augen und machte wieder ihr kindliches Gesicht.

»Sie ist ein geistreiches Mädchen«, sagte Raoul.

Athos, der immer noch in der Fensternische stand, hatte ein Lächeln der Geringschätzung auf den Lippen und fühlte sich über diese ganze Szene erhaben.

»Rufen Sie bitte den Grafen von La Fère«, sagte Madame de Chevreuse zu dem Weihbischof, »es ist mir ein Bedürfnis, mit ihm zusprechen.«

»Und mir«, entgegnete der Weihbischof, »ist es ein Bedürfnis, den Glauben zu erwecken, dass ich nicht mit ihm spreche. Ich liebe und bewundere ihn, denn ich kenne seine früheren Abenteuer, zumindest einige, aber ich gedenke ihn erst übermorgen früh zu begrüßen.«

»Und warum übermorgen früh?«, fragte Madame de Chevreuse.

»Das werden Sie morgen Abend erfahren«, erklärte der Weihbischof lachend.

»Wahrhaftig, mein lieber Gondi«, gab die Herzogin zurück, »dunkel ist Ihrer Rede Sinn. – Monsieur d'Herblay«, fügte sie dann hinzu, indem sie sich an Aramis wandte, »würden Sie die Freundlichkeit haben, heute Abend noch einmal mein gehorsamster Diener zu sein?«

»Was denken Sie, Herzogin!«, antwortete Aramis. »Heute Abend, morgen, immer und ewig. Befehlen Sie!«

»Nun, dann holen Sie mir bitte den Grafen von La Fère, ich möchte mit ihm sprechen.«

Aramis ging zu Athos und kam mit ihm zurück.

»Herr Graf«, sagte die Herzogin und übergab Athos einen Brief, »hier ist, was ich Ihnen versprochen habe. Unser Schützling wird vortrefflich in Empfang genommen werden.«

»Madame«, erwiderte Athos, »es ist für ihn ein großes Glück, Ihnen etwas zu verdanken.«

»Sie haben ihn in dieser Hinsicht um nichts zu beneiden, denn Ihnen verdanke ich, ihn kennengelernt zu haben«, entgegnete die mutwillige Frau mit einem Lächeln, das Aramis und Athos an Marie Michon erinnerte. Und mit diesen Worten erhob sie sich und verlangte ihre Kutsche.

»Vicomte«, sagte Athos zu Raoul, »begleiten Sie die Herzogin von Chevreuse, bitten Sie sie um die Gunst, ihren Arm zu nehmen, und bedanken Sie sich bei ihr, wenn Sie hinuntergehen.«

Die schöne Indianerin verabschiedete sich von Scarron. Nach und nach lichteten sich die Gruppen. Scarron tat, als habe er nicht bemerkt, dass einige von seinen Gästen geheimnisvolle Reden geführt, dass sie Briefe erhalten hatten und dass seine Abendgesellschaft einen mysteriösen Zweck erfüllt zu haben schien, der abseits der Literatur lag, von der man gleichwohl so viel Aufhebens gemacht hatte. Aber was kümmerte das Scarron? Man konnte jetzt bei ihm in aller Gemütsruhe auf die Regierung schimpfen, denn seit diesem Morgen war er nicht mehr der Kranke der Königin.

Raoul hatte tatsächlich die Herzogin bis zu ihrer Kutsche begleitet, wo sie ihm, als sie darin Platz nahm, die Hand zum Kuss reichte; doch dann hatte sie in einer dieser närrischen Launen, die sie so anbetungswürdig und vor allem so gefährlich machten, plötzlich seinen Kopf umfasst, ihn auf die Stirn geküsst und gesagt: »Meine Wünsche und dieser Kuss mögen Ihnen Glück bringen, Vicomte!«

Raoul war völlig verblüfft zurückgekehrt. Athos begriff, was vorgefallen war, und lächelte. »Gehen wir, Vicomte«, sagte er, »es ist Zeit, dass Sie zur Ruhe kommen. Sie brechen morgen zur Armee des Prinzen auf. Schlafen Sie gut in Ihrer letzten Nacht als Zivilist.«

»Ich werde also Soldat?«, rief der junge Mann. »O Monsieur, ich danke Ihnen von ganzem Herzen.«

»Adieu, Graf«, sagte der Abbé d'Herblay, »ich kehre in mein Kloster zurück.«

»Adieu, Abbé«, sagte der Weihbischof, »ich predige morgen und habe heute Abend noch zwanzig Bibelstellen nachzuschlagen.«

»Adieu, Messieurs«, sagte der Graf, »ich werde vierundzwanzig Stunden hintereinander schlafen, ich falle um vor Müdigkeit.«

Die drei Männer verbeugten sich, nachdem sie einen letzten Blick gewechselt hatten.

Scarron folgte ihnen aus dem Augenwinkel durch die Portieren seines Salons. »Und nicht einer von ihnen wird tun, was er gesagt hat«, murmelte er mit seinem kleinen boshaften Lächeln.

Saint-Denis

Der Tag begann zu dämmern, als Athos aufstand und sich ankleiden ließ. An seiner tieferen Blässe als gewöhnlich und jenen Spuren, welche die Schlaflosigkeit auf dem Gesicht hinterlässt, war leicht zu erkennen, dass er fast die ganze Nacht verbracht haben musste, ohne ein Auge zu schließen. Gegen die Gewohnheit dieses so sicheren und so entschiedenen Mannes lag an diesem Morgen in seiner ganzen Erscheinung etwas Träges und Unentschlossenes. Das kam daher, weil er sich mit den Vorbereitungen für Raouls Abreise beschäftigte und Zeit zu gewinnen suchte.

Zunächst putzte er eigenhändig seinen Degen, den er aus seiner Scheide von parfümiertem Leder zog, dann prüfte er, ob der Griff gut in der Hand lag und ob die Klinge fest im Griff saß. Darauf warf er auf den Boden eines für den jungen Mann bestimmten Mantelsacks einen kleinen Beutel voller Louisdors, rief Olivain, den Diener, der ihn auf der Herreise begleitet hatte, und ließ ihn den Mantelsack vor seinen Augen packen, wobei er darüber wachte, dass auch nichts von all dem vergessen wurde, was ein junger Mann brauchte, der ins Feld zog.

Schließlich, nachdem er fast eine Stunde mit dieser ganzen Fürsorge verbracht hatte, öffnete er die Tür zum Zimmer des Vicomte und trat leise ein.

Raoul schlief noch, der Kopf ruhte anmutig auf seinem Arm. Sein langes schwarzes Haar bedeckte halb die schöne und ganz nasse Stirn, von der Schweißperlen über die Wangen des erschöpften Kindes rollten. Er betrachtete ihn eine Zeitlang, bis Raoul erwachte.

»Sie hier, Monsieur?«, sagte er ehrerbietig.

»Ja, Raoul«, antwortete der Graf.

»Und Sie haben mich nicht geweckt?«

»Ich wollte dir noch ein paar Augenblicke dieses freundlichen Schlummers gönnen, mein Freund. Du musst müde gewesen sein von dem gestrigen Tag, der sich so weit in die Nacht hineinzog.«

»Oh, Monsieur, wie gut Sie sind!«, sagte Raoul.

Athos lächelte. »Wie fühlst du dich?«

»Ganz vortrefflich, Monsieur, und völlig erholt und munter.«

Athos rief Olivain, und nach zehn Minuten war der junge Mann mit dieser Pünktlichkeit, die der im Militärdienst erfahrene Athos aufsein Mündel übertragen hatte, fix und fertig.

Als sie auf die Vortreppe hinaustraten, erblickte Raoul drei Pferde. »Oh, Monsieur«, rief er, über das ganze Gesicht strahlend, »Sie begleiten mich also?«

»Ich will dich noch ein wenig anleiten«, sagte Athos.

Die Freude glänzte aus Raouls Augen, und leicht schwang er sich aufsein Pferd. Athos stieg langsam auf das seine, nachdem er ganz leise mit dem Diener gesprochen hatte, der daraufhin nicht sofort folgte, sondern in den Gasthof zurückkehrte. Raoul war so entzückt darüber, die Gesellschaft des Grafen zu genießen, dass er nichts bemerkte oder so tat, als sei es ihm entgangen.

Die beiden Edelleute nahmen ihren Weg über den Pont-Neuf, folgten den Kais oder vielmehr dem, was damals der Abreuvoir Pépin hieß, und ritten an den Mauern des Grand-Châtelet entlang. Sie bogen in die Rue Saint-Denis ein, als sich der Diener zu ihnen gesellte.

Schweigend ritten sie dahin. Raoul fühlte deutlich, dass der Augenblick der Trennung nahe war, denn der Graf hatte am Abend zuvor verschiedene Befehle über Dinge erteilt, mit denen er sich wohl im Laufe des Tages befassen wollte. Außerdem wurden seine Blicke immer zärtlicher und die wenigen Worte, die er fallen ließ, immer liebevoller. Von Zeit zu Zeit äußerte er eine Betrachtung oder einen Rat, und aus seinen Worten sprach große Fürsorge.

Als die Reiter das Tor Saint-Denis passiert hatten und auf der Höhe der Récollets angelangt waren, warf Athos einen Blick auf das Pferd des Vicomte.

»Gib auf das Tier acht, Raoul«, bemerkte er, »ich habe es dir schon oft gesagt, und du solltest es nicht vergessen, denn das ist bei einem guten Reiter ein großer Fehler. Sieh nur! Dein Pferd ist bereits ermüdet und schäumt, während meins gerade aus dem Stall zu kommen scheint. Du verhärtest ihm das Maul, wenn du so an der Gebissstange zerrst, und bedenke, dass du es dann nicht mehr mit der nötigen Geschwindigkeit dirigieren kannst. Die Rettungeines Reiters liegt mitunter in dem pünktlichen Gehorsam seines Pferdes. Denk daran, dass du dich in acht Tagen nicht mehr auf einer Reitbahn bewegst, sondern auf einem Schlachtfeld.«

Um nicht ein allzu betrübliches Gewicht in diese Bemerkung zu legen, setzte er sodann unvermutet hinzu: »Sieh nur die schöne, wie für die Rebhuhnjagd geschaffene Ebene, Raoul.« Der junge Mann nahm sich die Lehre zu Herzen und bewunderte vor allem, mit welch liebevollem Zartgefühl sie ihm erteilt worden war.

»Ich habe neulich noch etwas anderes bemerkt«, fuhr Athos fort, »wenn du das Pistol ziehst, hältst du den Arm zu angespannt. Diese Anspannung beeinträchtigt die Treffsicherheit. Auf zwölfmal verfehlst du daher dreimal das Ziel.«

»Das Sie zwölfmal trafen, Monsieur«, erwiderte Raoul lächelnd.

»Weil ich den Arm beugte und so die Hand auf meinem Ellbogen ruhen ließ. Verstehst du, was ich damit sagen will, Raoul?«

»Ja, Monsieur, ich habe seitdem für mich allein nach diesem Ratschlag geschossen und vollen Erfolg gehabt!«

»Wie kühl der Wind ist!«, sagte Athos. »Eine Erinnerung an den Winter. Übrigens, wenn du ins Feuer rückst, und das wirst du, da du an einen jungen General empfohlen bist, der das Pulver liebt, denk bei einem Kampf Mann gegen Mann, wie er uns Reitern häufig widerfährt, immer daran, nie als

Erster zu schießen; denn wer als Erster schießt, trifft selten seinen Gegner, weil er mit der Furcht schießt, waffenlos vor einem bewaffneten Feind zurückzubleiben; und wenn der andere schießt, lass dein Pferd bäumen, dieses Manöver hat mir zwei- oder dreimal das Leben gerettet.

Und dann noch etwas Wichtiges, Raoul. Wenn du bei einem Angriff verwundet wirst, vom Pferd fällst und es bleibt dir noch etwas Kraft, dann rück von der Linie ab, die dein Regiment verfolgt hat, es kann zurückgeführt werden, und du würdest dann von den Pferdehufen zermalmt. Auf jeden Fall schreib mir sofort oder lass mich benachrichtigen, wenn du verwundet wirst; wir verstehen uns auf Blessuren«, fügte Athos lächelnd hinzu. »Ah, und da sind wir schon in Saint-Denis.« Tatsächlich langten sie gerade am Stadttor an, das von zwei Posten bewacht wurde, deren einer zum andern sagte: »Sieh da, noch ein junger Edelmann, der mir so aussieht, als sei er auf dem Weg zur Armee.«

Athos drehte sich um. »Woran sehen Sie das?«

»An seiner Haltung, Monsieur«, antwortete der Posten. »Außerdem ist er im richtigen Alter. Er ist heute der Zweite.«

»Es ist heute Morgen schon ein junger Mann wie ich hier durchgekommen?«, fragte Raoul.

»Freilich, einer, der sich stolz gebärdete und schön gekleidet war und mir ganz nach einem Sohn aus gutem Hause aussah.«

»Der wird mir ein Weggefährte sein, Monsieur«, sagte Raoul, als sie weiterritten. »Aber ach! Er wird mich nicht den vergessen lassen, den ich verliere.«

»Ich glaube nicht, dass du ihn einholen wirst, Raoul, denn ich habe noch mit dir zu reden, und was ich dir zu sagen habe, wird möglicherweise so viel Zeit in Anspruch nehmen, dass dieser Edelmann einen tüchtigen Vorsprung gewinnt.«

So durchquerten sie plaudernd die Straßen, die wegen des Festes, das man feierte, voller Leute waren, und kamen vor die alte Hauptkirche, in der eine Frühmesse gelesen wurde.

»Steig ab, Raoul«, sagte Athos. »Sie, Olivain, passen auf unsere Pferde auf. Und geben Sie mir meinen Degen.« Athos nahm den Degen, den der Diener ihm reichte, und die beiden Edelleute traten in die Kirche.

Athos bot Raoul Weihwasser dar, worauf der junge Mann die Hand des Grafen berührte, sich verneigte und bekreuzigte. Dann sprach Athos mit einem der Wächter, der ihnen nach einer Verbeugung zu den Grabgewölben vorausging.

»Komm, Raoul«, sagte Athos, »folgen wir diesem Mann.« Der Wächter öffnete das Gitter zu den Königsgrüften und blieb auf der obersten Stufe stehen, während Athos und Raoul hinabstiegen. Die Tiefen der Grufttreppe waren durch eine silberne Lampe erhellt, die über der letzten Stufe brannte, und genau darunter ruhte auf einem Eichengerüst ein Katafalk, von einem weiten Mantel aus violettem Samt mit goldenen Lilien umhüllt.

Der durch den Zustand seines eigenen, von Traurigkeit erfüllten Herzens und die Majestät der Kirche, durch die sie gekommen waren, auf diese Stimmung vorbereitete junge Mann war langsamen und feierlichen Schritts hinabgestiegen und blieb mit entblößtem Haupt vor der sterblichen Hülle des letzten Königs stehen, der sich erst zu seinen Ahnen versammeln sollte, wenn sein Nachfolger sich zu ihm gesellen würde, und der hier zu weilen schien, um dem menschlichen Hochmut, der auf dem Thron mitunter so leicht überspannt wird, zu sagen: »Erdenstaub, ich erwarte dich!«

Eine Weile schwiegen sie. Dann hob Athos die Hand und deutete mit dem Finger auf den Sarg. »Diese zweifelhafte Grabstätte«, sagte er, »ist die eines schwachen Menschen ohne Größe, dessen Regierungszeit gleichwohl mit ungeheuer wichtigen Ereignissen angefüllt war, weil über diesen König der Geist eines anderen Mannes wachte, wie diese Lampe über den Sarg wacht und ihn erhellt. Jener war der wirkliche König, Raoul, dieser nur ein Schattenkönig, in den der andere seine Seele legte. Und doch, so mächtig ist bei uns die monarchische Majestät, dass jener Mann nicht einmal die Ehre hat, in einem Grab zu Füßen dessen zu liegen, für dessen Ruhm er sein Leben verzehrte, denn wenn jener Mann auch den König duckte, darfst du doch nie vergessen, Raoul, dass er das Königtum groß machte, und so ist zweierlei im Louvre enthalten: der sterbliche König und das unsterbliche Königtum. Jene Regierung ist vorbei, Raoul, jener so gefürchtete und von seinem Gebieter so gehasste Minister ist ins Grab gestiegen, und er zog den König nach, den er nicht allein leben lassen wollte, zweifellos aus Angst, dass er sein Werk zerstöre, denn ein König baut nur auf, wenn er Gott oder den Geist Gottes zur Seite hat. Dennoch sahen alle den Tod des Kardinals als eine Erlösung an, und ich selbst, so blind sind Zeitgenossen, habe zuweilen die Pläne dieses großen Mannes durchkreuzt, der Frankreich in seinen Händen hielt und es, je nachdem, ob er sie schloss oder öffnete, erstickte oder ihm Luft gab, wie es ihm beliebte. Wenn er mich und meine Freunde in seinem fürchterlichen Zorn nicht zermalmt hat, dann zweifellos deshalb, damit ich dir heute sagen kann: Raoul, halte den König und das Königtum stets auseinander; der König ist nur ein Mensch, das Königtum ist der Geist Gottes; wenn du im Zweifel bist, wem du dienen sollst, dann verzichte auf den äußeren Schein zugunsten des unsichtbaren Prinzips, denn das unsichtbare Prinzip ist alles. Nur hat Gott dieses Prinzip greifbar gemacht, indem er es in einem Menschen verkörpert. Mir ist, als sähe ich deine Zukunft wie durch eine Wolke, Raoul. Ich glaube, sie ist besser als die unsere. Ganz im Gegensatz zu uns, die wir einen Minister ohne König hatten, wirst du einen König ohne Minister haben. Du wirst also dem König dienen, ihn lieben und achten können. Wenn der König ein Tyrann ist, denn der Allmacht ist die Verblendung eigen, die zur Tyrannei führt, dann diene mit Liebe und Achtung dem Königtum, also dem Unfehlbaren, dem Geist Gottes auf Erden, dem göttlichen Funken, der den Staub so groß und so heilig macht, dass selbst wir Edelleute von hoher Geburt vor dem auf der letzten Stufe dieser Treppe ruhenden Leichnam ebenso gering sind wie der Leichnam selbst vor dem Thron des Herrn.«

»Ich werde Gott anbeten, Monsieur«, sagte Raoul, »das Königtum achten, dem König dienen und danach streben, dass es für den König, das Königtum oder Gott geschieht, wenn ich sterbe. Habe ich Sie richtig verstanden?«

Athos lächelte. »Du bist eine edle Natur«, sagte er, »hier ist dein Degen.«

Raoul ließ sich auf ein Knie nieder.

»Mein Vater, ein getreuer Edelmann, hat ihn getragen. Ich habe ihn getragen und ihm mitunter Ehre gemacht, wenn sein Griff in meiner Hand lag und seine Scheide an meiner Seite hing. Wenn deine Hand noch zu schwach ist, ihn zu führen, umso besser, Raoul, du wirst mehr Zeit haben, zu lernen, dass du ihn nur dann ziehst, wenn er ans Tageslicht muss.«

»Monsieur«, erwiderte Raoul, als er den Degen aus der Hand des Grafen empfing, »ich verdanke Ihnen alles, doch dieser Degen ist das kostbarste Geschenk, das Sie mir gemacht haben. Ich schwöre Ihnen, dass ich ihn mit Dankbarkeit tragen werde.« Damit führte er den Griff an die Lippen und küsste ihn mit Ehrfurcht.

»Gut«, sagte Athos, »steh auf und komm in meine Arme.« Raoul erhob sich und umarmte Athos auf das herzlichste. »Leb wohl«, flüsterte der Graf, der sein Herz schmelzen fühlte, »leb wohl und denk an mich.«

»Oh, immer und ewig!«, rief der junge Mann. »Ich schwöre es, Monsieur, und wenn mir ein Unglück zustößt, wird Ihr Name der letzte sein, den ich ausspreche, wird die Erinnerung an Sie mein letzter Gedanke sein.«

Athos stieg eilig hinauf, um seine Gemütsbewegung zu verbergen, gab dem Gruftwächter ein Goldstück, verneigte sich vor dem Altar und ging mit großen Schritten in den Vorhof der Kirche, an dessen Ende Olivain mit den Pferden wartete.

»Olivain«, sagte der Graf, »Sie werden den Herrn Vicomte begleiten, bis Grimaud zu Ihnen stößt, dann verlassen Sie den Vicomte. Hast du gehört, Raoul? Grimaud ist ein alter Diener, mutig und umsichtig, Grimaud wird dich begleiten.«

»Ja, Monsieur«, antwortete Raoul.

»Also aufs Pferd, damit ich dich davonreiten sehe.«

Raoul gehorchte.

»Leb wohl, Raoul«, sagte der Graf, »leb wohl, mein liebes Kind.«

»Leben Sie wohl, Monsieur«, erwiderte Raoul, »leben Sie wohl, mein innig geliebter Beschützer.«

Athos winkte, da er nicht mehr zu sprechen wagte, und Raoul entfernte sich mit gezogenem Hut.

Athos blieb reglos stehen und sah ihm nach, bis er um eine Straßenbiegung verschwand. Dann warf der Graf den Zügel seines Pferdes einem Bauern zu, stieg langsam die Stufen hinauf, trat wieder in die Kirche, kniete im dunkelsten Winkel nieder und betete.

Eine der vierzig Fluchtmöglichkeiten Monsieur de Beauforts

Unterdessen verstrich die Zeit für den Gefangenen wie für jene, die sich mit seiner Flucht beschäftigten – nur viel langsamer. Ganz im Gegensatz zu anderen Männern, die mit Feuereifer einen gefährlichen Entschluss fassen und sich mit dem Näherrücken des Augenblicks, da sie ihn ausführen wollen, abkühlen, schien der Herzog von Beaufort, dessen hitziger Mut sprichwörtlich geworden war, die Zeit vor sich her zu schieben und die Stunde des Handelns mit seinem ganzen sehnlichen Verlangen herbeizurufen. Schon allein seine Flucht barg Pläne, abgesehen von denen, die er für die Zukunft hegte, freilich noch sehr unbestimmte und nicht fest umrissene für den Beginn der Rache, die ihm das Herz weiteten. In erster Linie wäre seine Flucht eine böse Sache für Monsieur de Chavigny, den er wegen der kleinlichen Quälereien, denen er ausgesetzt gewesen war, hasste; eine noch bösere Sache würde sie für Mazarin sein, den er wegen der großen Vorwürfe, die er ihm zu machen hatte, verabscheute.

Monsieur de Beaufort, der das Innere des Palais-Royal so gut kannte und über die Beziehungen zwischen der Königin und dem Kardinal genau Bescheid wusste, setzte von seinem Gefängnis aus den ganzen dramatischen Aufruhr in Szene, der sich abspielen würde, wenn vom Arbeitszimmer des Ministers bis zum Gemach Anna von Österreichs das Gerücht widerhallte: Monsieur de Beaufort ist entflohen! Während er sich all das vorstellte, lächelte Monsieur de Beaufort leise vor sich hin, glaubte er sich bereits draußen, wo er wieder die Luft der weiten Felder und Wälder atmete, ein kräftiges Pferd zwischen die Schenkel presste und mit lauter Stimme rief: »Ich bin frei!«

Als er wieder zu sich kam, sah er sich freilich immer noch in seinen vier Wänden und zehn Schritte von sich entfernt La Ramée, der die Daumen drehte, und im Vorzimmer seine Wächter, die lachten oder tranken. Unnötig, zu sagen, dass das Vorangegangene ein Spiel der fieberhaften Phantasie des Gefangenen gewesen war.

Grimaud blieb sich stets gleich, daher hatte er sich das völlige Vertrauen seines Vorgesetzten La Ramée bewahrt, der sich jetzt mehr auf ihn als auf sich selbst verlassen hätte, zumal er, wie gesagt, im Grunde seines Herzens eine gewisse Schwäche für Monsieur de Beaufort hatte. Und daher machte der brave La Ramée das kleine Abendessen unter vier Augen mit seinem Gefangenen zu einer Festlichkeit. La Ramée besaß nur einen Fehler, er war ein Leckermaul. Er hatte die Pasteten hervorragend, den Wein ausgezeichnet gefunden, und der Nachfolger von Väterchen Marteau hatte ihm statt einer Hühnerpastete eine Fasanenpastete, statt Burgunder aus Mâcon solchen vom Chambertin versprochen. All das, erhöht durch die Gegenwart dieses vortrefflichen Prinzen, der im Grunde genommen so freundlich war, der sich so lustige Streiche gegen Monsieur de Chavigny ausdachte und so geistreiche Späße gegen Mazarin, machte dieses nahende schöne Pfingsten für La Ramée zu einem der vier bedeutendsten Feste im Jahr. Deshalb wartete La Ramée mit ebenso großer Ungeduld wie der Herzog auf die sechste Abendstunde.

Seit dem frühen Morgen hatte er sich mit allen Einzelheiten befasst, und da er sich in dieser Hinsicht nur auf sich selbst verlassen wollte, hatte er dem Nachfolger von Väterchen Marteau persönlich einen Besuch abgestattet. Dieser hatte sich selbst übertroffen. Er zeigte ihm ein wahres Monstrum von Pastete, deren Decke das Wappen Monsieur de Beauforts schmückte. Die Pastete war noch nicht gefüllt, aber daneben lagen bereits ein Fasan und zwei Rebhühner, so fein gespickt, dass sie wie Nadelkissen aussahen. Bei ihrem Anblick lief La Ramée das Wasser im Mund zusammen, und händereibend war er ins Zimmer des Herzogs zurückgekehrt.

Um dem Glück die Krone aufzusetzen, hatte Monsieur de Chavigny, wie bereits erwähnt, im Verlass auf La Ramée eine kleine Reise angetreten und sich an diesem Morgen auf den Weg gemacht, wodurch La Ramée zum stellvertretenden Vorsteher des Schlosses aufgerückt war.

Grimaud machte einen mürrischeren Eindruck denn je. Am Vormittag hatte Monsieur de Beaufort mit La Ramée eine Schlagballpartie ausgetragen; ein Zeichen von Grimaud hatte ihm zu verstehen gegeben, allem und jedem Aufmerksamkeit zu schenken.

Grimaud marschierte vorneweg und zeichnete den Weg vor, den sie abends nehmen würden. Das Schlagballspiel fand auf dem sogenannten kleinen Schlosshofstatt. Er lag ziemlich ausgestorben, und nur wenn Monsieur de Beaufort dort spielte, wurden Wachen aufgestellt, was obendrein wegen der hohen Mauer überflüssig schien. Drei Türen mussten geöffnet werden, ehe man diesen Hof erreichte, und zu jeder gab es einen anderen Schlüssel.

Als sie anlangten, setzte sich Grimaud mechanisch neben eine Schießscharte und ließ die Beine an der Außenseite der Mauer hinabhängen. Es war offensichtlich, dass an dieser Stelle die Strickleiter befestigt werden sollte. Dieses ganze für den Herzog von Beaufort verständliche Manöver war, wie man sich denken kann, für La Ramée ohne Sinn.

Die Partie begann. Diesmal war Monsieur de Beaufort in Stimmung, und man hätte meinen können, er lege die Bälle mit der Hand dorthin, wohin er sie haben wollte. La Ramée wurde vollständig geschlagen.

Vier Wächter waren Monsieur de Beaufort gefolgt und sammelten die Bälle auf. Als das Spiel beendet war, gab Monsieur de Beaufort, der La Ramée wegen seiner Ungeschicklichkeit nach Herzenslust verspottete, den Wächtern zwei Louisdors, um mit ihren vier Kameraden auf sein Wohl zu trinken. Die Wächter baten La Ramée um seine Genehmigung, die er ihnen erteilte, aber nur für den Abend. Bis dahin musste sich La Ramée mit wichtigen Einzelheiten beschäftigen, und da er Gänge zu machen hatte, wünschte er, dass man den Gefangenen nicht aus den Augen verliere.

Endlich schlug es sechs Uhr, und obgleich man sich erst um sieben Uhr zu Tisch setzen sollte, war das Essen fertig und aufgetragen. Auf einer Anrichte stand die ungeheure Pastete mit dem Wappen des Herzogs und schien, nach der goldenen Farbe ihrer Kruste zu urteilen, gar gebacken zu sein. Die übrigen Speisen entsprachen ihr. Alle waren ungeduldig, die Wächter, trinken zu gehen, La Ramée, sich an den Tisch zu setzen, und Monsieur de Beaufort, zu entfliehen.

La Ramée schickte die Wächter fort und schärfte ihnen ein, auf das Wohl des Prinzen zu trinken. Als sie gegangen waren, schloss er die Türen ab, steckte die Schlüssel in die Tasche und wies dem Prinzen den Tisch mit einem Gesicht, als wolle er sagen: Wenn es Monseigneur beliebt …

Der Prinz blickte auf Grimaud, Grimaud blickte auf die Wanduhr, es war knapp Viertel sieben und die Flucht auf sieben Uhr festgesetzt, man musste also noch eine Dreiviertelstunde warten. Um eine Viertelstunde zu gewinnen, schob der Prinz eine interessante Lektüre vor und verlangte, sein Kapitel zu beenden. La Ramée trat näher und blickte ihm über die Schulter, um zu sehen, welches Buch dem Prinzen solchen Eindruck mache, dass es ihn hinderte, sich zu Tisch zu setzen, wenn das Essen aufgetragen war. Es waren die »Historischen Berichte« Cäsars, die er selbst ihm gegen die Verfügungen Monsieur de Chavignys vor drei Tagen verschafft hatte. La Ramée nahm sich vor, nicht mehr gegen die Bestimmungen des Schlossturms zu verstoßen. Inzwischen entkorkte er die Flaschen und schnupperte an der Pastete.

Um halb sieben stand der Herzog auf und sagte ernst: »Cäsar war entschieden der größte Mann der Antike.«

»So? Nun, mir ist Hannibal lieber«, erwiderte La Ramée.

»Und warum, Meister La Ramée?«, fragte der Herzog.

»Weil er keine historischen Berichte geschrieben hat«, antwortete La Ramée mit seinem breiten Lächeln.

Der Herzog verstand die Anspielung, setzte sich an den Tisch und bedeutete La Ramée, ihm gegenüber Platz zu nehmen. Das ließ sich der Polizeibeamte nicht zweimal sagen.

Der Herzog sah ihn lächelnd an. »Alle Wetter, La Ramée!«, rief er aus. »Wenn man mir sagte, es gäbe in diesem Augenblick einen glücklicheren Menschen als Sie in Frankreich, so würde ich es nicht glauben!«

»Und Sie hätten wahrhaftig recht, Monseigneur«, erklärte La Ramée. »Ich gestehe, dass es für mich, wenn ich Hunger habe, keinen erfreulicheren Anblick gibt als eine gut gedeckte Tafel, und wenn Sie überdies bedenken«, fuhr La Ramée fort, »dass der Enkel Heinrichs des Großen an diesem Tisch die Honneurs macht, dann werden Sie verstehen, Monseigneur, dass die Ehre, die einem erwiesen wird, den Genuss der Tafelfreuden verdoppelt.«

Der Prinz verneigte sich leicht, und über das Gesicht von Grimaud, der hinter La Ramée stand, glitt ein kaum merkliches Lächeln.

»Mein lieber La Ramée«, bemerkte der Herzog, »wirklich, nur Sie sind imstande, ein Kompliment zu machen.«

»O nein, Monseigneur«, entgegnete La Ramée im Überschwang seiner Seele, »ich sage nur, was ich denke, und was ich sagte, war kein bloßes Kompliment.«

»Dann sind Sie mir also zugetan?«, fragte der Prinz.

»Ich wäre untröstlich, wenn Eure Hoheit Vincennes verließen«, antwortete La Ramée.

»Eine merkwürdige Art, Ihre Zuneigung auszudrücken.«

»Aber was würden Sie denn draußen anstellen, Monseigneur«, gab La Ramée zurück. »Irgendeine Torheit, die Sie mit dem Hof entzweien würde, und statt in Vincennes zu bleiben, würde man Sie in die Bastille bringen lassen. Monsieur de Chavigny ist nicht gerade liebenswert, das gebe ich zu«, fuhr La Ramée fort, während er langsam ein Glas Madeira trank, »aber Monsieur du Tremblay ist noch viel schlimmer.«

»Was Sie nicht sagen!«, rief der Herzog, den es amüsierte, welche Wendung das Gespräch nahm, und der von Zeit zu Zeit auf die Wanduhr blickte, deren Zeiger zum Verzweifeln langsam vorrückten.

»Was wollen Sie von dem Bruder eines in der Schule Kardinal Richelieus erzogenen Kapuzinermönchs erwarten! Ach, Monseigneur, glauben Sie mir, es ist ein großes Glück, dass die Königin, die mir stets wohlgesinnt war, zumindest habe ich das sagen hören, den Gedanken gehabt hat, mich hierher zu schicken, wo man spazieren gehen und Schlagball spielen kann, gut Essen und Trinken und frische Luft hat.«

»Wenn ich Sie so höre, La Ramée«, sagte der Herzog, »glaube ich wirklich, dass ich wohl sehr undankbar bin, wenn ich auch nur einen Augenblick den Gedanken hege, hier rauszukommen?«

»O Monseigneur, es ist der Gipfel der Undankbarkeit«, erwiderte La Ramée, »aber Eure Hoheit sind ja nie ernsthaft darauf bedacht gewesen.«

»Doch«, entgegnete der Herzog, »und ich muss Ihnen gestehen – vielleicht ist es eine Torheit, das leugne ich nicht –, dass ich von Zeit zu Zeit immer noch daran denke.«

»Immer noch an eine Ihrer vierzig Möglichkeiten, Monseigneur?«

»Aber ja.«

»Monseigneur«, sagte La Ramée, »da wir unter uns sind, beschreiben Sie mir eine von den vierzig Möglichkeiten, die Eure Hoheit ersonnen haben.«

»Gern«, antwortete der Herzog. »Grimaud, reichen Sie mir die Pastete.«

»Ich höre«, sagte La Ramée, während er sich in seinem Sessel zurückwarf, sein Glas hob und ein Auge zukniff, um die Sonne durch die rubinrote Flüssigkeit darin leuchten zu sehen.

Grimaud stellte die Pastete vor den Prinzen, der sein Messer mit der silbernen Klinge ergriff, um die Decke zu entfernen, doch La Ramée, aus Angst, diesem wunderbaren Gericht könne ein Missgeschick widerfahren, gab dem Herzog sein eigenes Messer, das eine Stahlklinge hatte.

»Danke, La Ramée«, sagte der Herzog, als er es entgegennahm.

»Nun, Monseigneur, und diese famose Möglichkeit …?«

»Zunächst habe ich gehofft, als Wächter einen so braven Burschen wie Sie zu bekommen, Monsieur La Ramée«, antwortete der Herzog, während er mit der einen Hand in die Pastete stach und mit der anderen das Messer einen Kreis beschreiben ließ.

»Gut«, sagte La Ramée, »den haben Sie. Weiter?«

»Und dazu beglückwünsche ich mich.«

La Ramée verneigte sich.

»Dann habe ich mir gesagt«, fuhr der Prinz fort, »wenn ich erst einmal einen trefflichen Burschen wie La Ramée bei mir habe, dann werde ich versuchen, ihm durch einen Freund, von dessen Beziehungen zu mir er nichts weiß, einen mir ergebenen Mann empfehlen zu lassen, mit dem ich mich verständigen könnte, um meine Flucht vorzubereiten.«

»Sieh einer an«, sagte La Ramée, »nicht schlecht ausgedacht.«

»Nicht wahr?«, versetzte der Prinz. »Zum Beispiel den Diener eines wackeren Edelmanns, der selber ein Feind Mazarins ist, wie es jeder Edelmann sein muss.«

»Still, Monseigneur«, bat La Ramée, »sprechen wir nicht über Politik.«

»Hätte ich diesen Mann bei mir«, fuhr der Herzogfort, »dann würde ich, wäre er auch nur im Geringsten geschickt und verstünde er es, meinem Wächter Vertrauen einzuflößen, so dass er sich auf ihn verließe, Nachrichten von draußen erhalten.«

»Aha, nun ja«, sagte La Ramée, »aber auf welche Weise könnten Sie die erhalten?«

»Nichts einfacher als das«, erwiderte der Herzog von Beaufort, »zum Beispiel bei einer Partie Schlagball.«

»Beim Schlagball?«, wiederholte La Ramée, der den Worten des Herzogs die allergrößte Aufmerksamkeit zu schenken begann.

»Ja, angenommen, ich schlage einen Ball in den Graben, und dort ist ein Mann, der ihn aufsammelt. Der Ball enthält einen Brief; und statt diesen Ball zurückzuwerfen, worum ich ihn von der Höhe des Festungswalls gebeten habe, wirft er mir einen anderen zu. Auch dieser enthält einen Brief. So haben wir unsere Gedanken ausgetauscht, und niemand hat etwas gemerkt.«

»Teufel, Teufel!«, rief La Ramée aus und kratzte sich das Ohr. »Sie haben gut daran getan, mir das zu sagen, Monseigneur, ich werde ein wachsames Auge auf die Leute haben, die die Bälle aufsammeln.«

Der Herzog lächelte.

»Aber schließlich ist das nur ein Mittel, sich zu verständigen«, setzte La Ramée hinzu.

»Und mir scheint, das ist schon viel.«

»Es ist nicht genug.«

»Verzeihung – zum Beispiel schreibe ich meinen Freunden: ›Findet Euch an dem und dem Tag zu der und der Stunde mit zwei Handpferden am andern Ufer des Grabens ein.‹«

»Na und?«, fragte La Ramée mit einer gewissen Beunruhigung. »Zumindest haben diese Pferde keine Flügel, um auf den Festungswall zu gelangen und Sie hier abzuholen.«

»Du lieber Himmel«, meinte der Prinz wegwerfend, »es handelt sich ja auch nicht darum, dass die Pferde auf den Festungswall fliegen sollen, sondern dass ich ein Mittel erhalte, hinabzusteigen.«

»Welches?«

»Eine Strickleiter.«

»Aber eine Strickleiter«, wandte La Ramée mit dem Versuch, zu lachen, ein, »kann man nicht wie einen Brief in einem Schlagball schicken.«

»Nein, aber in etwas anderem.«

»Und was wäre das?«

»Zum Beispiel eine Pastete.«

»Eine Pastete?«, staunte La Ramée.

»Ja. Nehmen wir einmal an«, erwiderte der Herzog, »mein Haushofmeister, Noirmont, habe den Laden von Väterchen Marteau erworben …«

»Und?«, fragte La Ramée, von Kopf bis Fuß zitternd.

»Nun, La Ramée, der ein Leckermaul ist, sieht seine Pasteten, findet, dass sie besser ausschauen als die seines Vorgängers, und schlägt mir vor, mich daran gütlich zu tun. Ich nehme unter der Bedingung an, dass La Ramée sie mit mir zusammen genießt. Um ungenierter zu sein, entfernt La Ramée die Wächter und behält nur Grimaud, uns zu bedienen. Grimaud aber ist der Mann, den mir ein Freund überlassen hat, jener Diener, mit dem ich mich verständige und der bereit ist, mir in allen Dingen beizustehen. Der Augenblick meiner Flucht ist auf sieben Uhr festgesetzt. Und ein paar Minuten vor sieben Uhr …«

»Ein paar Minuten vor sieben Uhr …?«, fragte La Ramée, dem Schweißperlen auf der Stirn standen.

»Ein paar Minuten vor sieben Uhr«, wiederholte der Herzog und ließ seinen Worten die Tat folgen, »hebe ich die Kruste von der Pastete. Ich finde darin zwei Dolche, eine Strickleiter und einen Knebel. Ich setze La Ramée einen Dolch auf die Brust und sage zu ihm: ›Mein Freund, ich wäre untröstlich, aber wenn du eine Bewegung machst, wenn du einen Schrei ausstößt, bist du des Todes!‹«

Wir erwähnten bereits, dass der Herzog seinen Worten die Tat folgen ließ. Nun stand er neben La Ramée und hatte ihm die Spitze seines Dolchs mit einem Nachdruck auf die Brust gesetzt, die keinen Zweifel an seiner Entschlossenheit ließ.

Unterdessen hatte der wie immer schweigsame Grimaud den zweiten Dolch, die Strickleiter und den Knebel aus der Pastete hervorgeholt. La Ramée verfolgte jeden dieser Gegenstände in wachsendem Entsetzen mit den Augen. »Oh, Monseigneur«, rief er und blickte mit einem solchen Ausdruck der Bestürzung auf den Prinzen, dass dieser zu einem anderen Zeitpunkt hell aufgelacht hätte, »Sie werden doch nicht das Herz haben, mich zu töten!«

»Nein, wenn du dich meiner Flucht nicht widersetzt.«

»Aber wenn ich Sie entfliehen lasse, Monseigneur, bin ich erledigt.«

»Ich werde dir den Preis für deinen Posten zurückerstatten.«

»Und Sie sind völlig entschlossen, Vincennes zu verlassen?«

»Bei Gott!«

»Und nichts, was ich vorbringen könnte, würde Ihren Entschluss ändern?«

»Heute Abend will ich frei sein.«

»Und wenn ich mich verteidige, rufe oder schreie?«

»Ehrenwort, dann bringe ich dich um.«

In diesem Augenblick schlug die Uhr.

»Sieben«, sagte Grimaud, der noch nicht ein Wort gesprochen hatte.

La Ramée machte eine Bewegung, als wolle er sein Gewissen beruhigen.

Der Herzog runzelte die Stirn, und der Polizeibeamte fühlte die Dolchspitze durch seine Kleider dringen und bereit, ihren Weg in seine Brust fortzusetzen.

»Gut, Monseigneur«, sagte er, »das genügt. Ich werde mich nicht rühren.«

»Sputen wir uns«, sagte der Herzog.

»Monseigneur, eine letzte Gunst.«

»Welche? Sprich, beeil dich.«

»Fesseln Sie mich tüchtig, Monseigneur.«

»Warum sollen wir dich fesseln?«

»Damit man nicht glaubt, ich sei Ihr Helfershelfer.«

»Die Hände!«, befahl Grimaud.

»Doch nicht vorn, auf dem Rücken, auf dem Rücken!«

»Aber womit?«, fragte der Herzog.

»Mit Ihrem Gürtel, Monseigneur«, antwortete La Ramée. Der Herzog löste seinen Gürtel und gab ihn Grimaud, der La Ramée die Hände auf eine Weise fesselte, die ihn zufriedenstellte.

»Die Füße«, sagte Grimaud, und La Ramée streckte die Beine aus. Grimaud nahm eine Serviette, riss sie in Streifen und band La Ramée.

»Jetzt meinen Degen«, bat La Ramée, »binden Sie das Stichblatt meines Degens fest.«

Der Herzog riss ein Band von seiner Kniehose und erfüllte den Wunsch seines Wächters.

»Und nun«, sagte der arme La Ramée, »bitte ich um den Knebel; ohne den würde man mir den Prozess machen, weil ich nicht geschrien habe. Nur zu, Monseigneur, nur zu!« Grimaud schickte sich an, ihm auch diesen Wunsch zu erfüllen, als er durch eine Bewegung zu verstehen gab, dass er noch etwas zu sagen habe.

»Sprich«, sagte der Herzog.

»Wenn mir Ihretwegen ein Unglück widerfährt, Monseigneur«, sagte La Ramée, »vergessen Sie nicht, dass ich eine Frau und vier Kinder habe.«

»Sei unbesorgt. Vorwärts, Grimaud!«

Eine Sekunde später lag La Ramée geknebelt auf dem Fußboden und waren zum Zeichen, dass ein Kampf stattgefunden habe, ein paar Stühle umgestoßen. Grimaud nahm alle Schlüssel aus den Taschen des Polizeibeamten an sich und öffnete zuerst die Tür des Zimmers, die er hinter ihnen doppelt verschloss, dann eilten beide zu der Galerie, die auf den kleinen Hof führte. Die drei Türen wurden nacheinander mit einer Schnelligkeit geöffnet und verschlossen, die Grimauds Geschicklichkeit Ehre machte. Schließlich langten sie auf dem Schlagballplatz an. Er lag völlig verlassen, keine Wachen, niemand an den Fenstern.

Der Herzog lief zum Festungswall und erblickte auf der anderen Seite des Grabens drei Reiter mit zwei Handpferden. Der Herzog wechselte ein Zeichen mit ihnen. Unterdessen befestigte Grimaud das, was eigentlich keine Strickleiter war, sondern ein aufgewickeltes seidenes Seil mit einem Stab, den man zwischen die Beine nahm. Durch das Gewicht des rittlings darauf Sitzenden spulte es sich von selbst ab.

»Los!«, sagte der Herzog.

»Als Erster, Monseigneur?«, fragte Grimaud.

»Natürlich«, erwiderte der Herzog, »wenn man mich erwischt, riskiere ich nur das Gefängnis, du aber wirst gehängt, wenn man dich erwischt.«

»Das ist richtig«, bemerkte Grimaud.

Und sogleich begann Grimaud seinen gefährlichen Abstieg. Der Herzog folgte ihm in unwillkürlichem Entsetzen mit den Augen. Grimaud hatte bereits drei Viertel des Weges hinter sich, als das Seil plötzlich riss. Er stürzte in den Graben. Unverzüglich ließ sich einer von den Wartenden in den Graben hinab, band Grimaud das Ende eines Stricks unter den Achseln fest, und die beiden anderen, die oben geblieben waren, zogen ihn hinauf.

»Kommen Sie herunter, Monseigneur«, rief der im Graben befindliche Mann hinauf, »es sind nur fünfzehn Fuß zu springen, und das Gras ist weich.«

Der Herzog hatte sich bereits ans Werk gemacht. Seine Aufgabe war schwieriger, denn ihm fehlte der Stab, deshalb musste er mit den Händen hinabhangeln, und das aus einer Höhe von fünfzig Fuß. Aber wir erwähnten bereits, dass der Herzog geschickt, kräftig und kaltblütig war. In weniger als fünf Minuten hatte er das Ende des Seils erreicht und nur noch fünfzehn Fuß bis zum Boden, wie es ihm der Edelmann gesagt hatte. Er ließ das Seil los und sprang, ohne dass er dabei zu Schaden kam. Darauf erklomm er die Böschung und fand oben Rochefort. Die beiden anderen Edelleute waren ihm unbekannt. Der ohnmächtige Grimaud war inzwischen auf einem Pferd festgebunden worden.

»Messieurs«, sagte der Prinz, »ich werde Ihnen später danken, jetzt ist kein Augenblick zu verlieren, also vorwärts, vorwärts! Wer mich liebt, folge mir!«

Und er schwang sich aufs Pferd und galoppierte los, wobei er aus voller Brust atmete und mit einem unbeschreiblichen Ausdruck der Freude rief: »Frei! … Frei! … Frei!«

D'Artagnan kommt zur rechten Zeit

In Blois ließ sich d'Artagnan die Summe auszahlen, die Mazarin in seinem Verlangen, ihn wieder bei sich zu sehen, ihm für seine künftigen Dienste auszusetzen geruht hatte.

Von Blois bis Paris waren es für einen gewöhnlichen Reiter vier Tagereisen. D'Artagnan langte um vier Uhr nachmittags des dritten Tages am Schlagbaum Saint-Denis an. Früher hätte er nur zwei gebraucht. Und wir haben gesehen, dass Athos, der drei Stunden nach ihm aufgebrochen war, Paris vierundzwanzig Stunden früher erreicht hatte.

Als d'Artagnan um die Ecke der Rue Montmartre bog, bemerkte er an einem Fenster im Gasthof der Chevrette Porthos, in ein prächtiges himmelblaues, über und über mit Silber besetztes Wams gekleidet und zum Kinnbackenverrenken gähnend, so dass die Vorübergehenden mit einer gewissen ehrfürchtigen Bewunderung auf diesen so schönen und so reichen Edelmann blickten, der von seinem Reichtum und seiner Herrlichkeit so gelangweilt schien.

Auch Porthos hatte d'Artagnan und Planchet erkannt, kaum dass sie in die Straße eingeschwenkt waren.

»Heda, d'Artagnan!«, rief er, »Gott sei gelobt, dabist du!«

»Ah, guten Tag, lieber Freund!«, rief d'Artagnan zurück.

Im Nu war Porthos auf der Schwelle des Gasthofs. »Ach, lieber Freund«, sagte er, »wie schlecht sind meine Pferde hier untergebracht! Und ich auch so ziemlich, und wäre nicht die Wirtin«, fügte er hinzu, während er sich mit ungeheuer selbstgefälliger Miene auf den Beinen wiegte, »die recht einnehmend ist und Spaß versteht, dann hätte ich mir anderswo eine Unterkunft gesucht.«

Die schöne Madeleine, die im Laufe dieses Gesprächs herbeigekommen war, wich einen Schritt zurück und wurde totenbleich, als sie diese Worte Porthos' hörte, da sie glaubte, der Auftritt mit dem Schweizer werde sich wiederholen; doch zu ihrer großen Verblüffung verzog d'Artagnan keine Miene, und statt ärgerlich zu werden, sagte er lachend zu Porthos: »Ja, ich verstehe, lieber Freund, die Luft in der Rue Tiquetonne ist nicht so gut wie die im Tal von Pierrefonds, aber sei unbesorgt, ich werde dich eine bessere atmen lassen.«

»Ah, umso besser.«

Diesem Ausruf Porthos' folgte ein leises und tiefes Stöhnen aus einem Türwinkel. D'Artagnan, der abgesessen war, erblickte, als Relief gegen die Wand abgezeichnet, den mächtigen Bauch Mousquetons, dessen betrübtem Mund sich die dumpfe Klage entrang.

»Und auch Sie fühlen sich in diesem armseligen Gasthof deplaciert, nicht wahr, mein armer Monsieur Mouston?«, fragte d'Artagnan, indem er wie Porthos dessen Namen verkürzte.

»Er findet die Kost abscheulich«, bemerkte Porthos.

»Ehrlich, ich würde Sie bedauern, Monsieur Mouston«, sagte d'Artagnan, »wenn ich im Augenblick nicht Eiligeres zu tun hätte.« Daraufzog er Porthos beiseite und fuhr fort: »Mein lieber du Vallon, du bist völlig angekleidet, das trifft sich gut, denn ich führe dich auf der Stelle zum Kardinal.«

»Nicht doch, wirklich?«, erwiderte Porthos, der verdutzt die Augen aufriss.

»Beruhige dich, du hast es nicht mehr mit dem andern Kardinal zu tun, und dieser wird dich nicht durch seine Majestät zu Boden schmettern. Nur möchte ich mir, um keine

Verzögerung eintreten zu lassen, eins von deinen Pferden ausleihen.«

»Nach deinem Belieben, alle vier stehen zu deinen Diensten.«

»Ich brauche im Augenblick nur eins.«

»Nehmen wir unsere Diener nicht mit?«

»Doch, nimm Mousqueton mit, das wird nicht von Übel sein. Was Planchet betrifft, so hat er Gründe, dem Hof fernzubleiben.«

»Und welche?«

»Er steht in keinem guten Verhältnis mit Seiner Eminenz.« In ziemlich raschem Tempo machten sie sich auf den Weg und langten gegen Viertel acht im Kardinalspalast an. Die Straßen wimmelten von Menschen, denn es war Pfingsten. Als d'Artagnan zum Vorzimmer kam, sah er sich unter lauter Bekannten, denn Dienst hatten gerade Musketiere seiner Kompanie. Er ließ den Türsteher rufen und zeigte ihm den Brief des Kardinals, worin dieser ihm eingeschärft hatte, keine Sekunde zu verlieren und sofort zurückzukehren. Der Türsteher verneigte sich und trat in das Zimmer Seiner Eminenz.

D'Artagnan drehte sich zu Porthos um und glaubte zu bemerken, dass er von einem leichten Zittern befallen war. Er lächelte und raunte ihm ins Ohr: »Nur Mut, mein wackrer Freund! Lass dich nicht einschüchtern. Glaub mir, das Auge des Adlers hat sich geschlossen, und wir haben es nur mit einem simplen Geier zu tun. Sei standhaft wie an dem Tag bei der Bastion Saint-Gervais, und verneige dich nicht zu tief vor diesem Italiener, das würde ihm einen jämmerlichen Begriff von uns geben.«

Der Türhüter kam zurück. »Treten Sie ein, Messieurs«, sagte er, »Seine Eminenz erwartet Sie.«

Mazarin saß in seinem Arbeitszimmer bei der Beschäftigung, von einer Liste über Pensionen und Pfründen so viele Namen wie möglich zu streichen. Aus dem Augenwinkel sah er d'Artagnan und Porthos eintreten, und obgleich er bei der Ankündigung des Türstehers vor Freude außer sich gewesen war, schien er völlig unbewegt zu sein.

»Ah, Sie sind es, Herr Leutnant?«, sagte er. »Sie haben sich beeilt, das ist schön. Seien Sie willkommen.«

»Danke, Monseigneur. Ich stehe Eurer Eminenz zu Diensten, ebenso wie Monsieur du Vallon, jener von meinen alten Freunden, der seinen Adel unter dem Namen Porthos verbarg.«

Porthos verneigte sich vor dem Kardinal.

»Ein prächtiger Kavalier«, sagte Mazarin.

Porthos drehte den Kopf nach rechts und nach links und wiegte sich wichtigtuerisch in den Schultern.

»Der beste Fechter des Königreichs, Monseigneur«, sagte d'Artagnan, »und das wissen viele Leute, die es nicht sagen und nicht sagen können.«

Porthos dankte d'Artagnan mit einer Verbeugung.

Mazarin liebte tüchtige Soldaten fast ebenso sehr wie später Friedrich von Preußen. Er bewunderte die kräftigen Hände, die ungeheuer breiten Schultern und den festen Blick Porthos'. Ihm war, als habe er die fleischgewordene Rettung seines Ministerpostens und des Königreichs vor sich. Und das erinnerte ihn daran, dass der alte Musketierbund aus vier Männern bestanden hatte.

»Und Ihre beiden anderen Freunde?«, fragte Mazarin.

Porthos öffnete schon den Mund, da er glaubte, dies sei die Gelegenheit, ein Wörtchen mitzureden. Doch d'Artagnan blinzelte ihm verstohlen zu.

»Unsere andern Freunde sind im Augenblick verhindert, sie werden später zu uns stoßen.«

Mazarin hüstelte leicht. »Und Monsieur ist unabhängiger als sie und will gern wieder in den Dienst treten?«, fragte er.

»Ja, Monseigneur, und aus reiner Ergebenheit, denn Monsieur de Bracieux ist reich.«

»Reich?«, wiederholte Mazarin, denn dieses eine Wort vermochte ihm stets große Hochachtung einzuflößen. »Fünfzigtausend Livres im Jahr«, warf Porthos ein.

»Aus reiner Ergebenheit«, sagte Mazarin mit seinem schlauen Lächeln, »aus reiner Ergebenheit also?«

»Monseigneur halten vielleicht nicht viel von diesem Ausdruck?«, fragte d'Artagnan.

»Und Sie, Herr Gascogner?«, fragte Mazarin zurück, während er die Ellbogen auf den Schreibtisch und das Kinn in beide Hände stützte.

»Ich«, antwortete d'Artagnan, »ich glaube an Ergebenheit wie zum Beispiel an einen Taufnamen, dem natürlich ein Besitztitel folgen muss. Man ist zweifellos von Natur aus mehr oder weniger ergeben, aber an das Ende einer Ergebenheit muss stets etwas gesetzt sein.«

»Und Ihr Freund? Was würde er sich am Ende seiner Ergebenheit wünschen?«

»Monseigneur, mein Freund ist Herr über drei großartige Besitzungen. Er würde sich wünschen, dass eine davon zur Baronie erhoben wird.«

»Weiter nichts?«, fragte Mazarin, dessen Augen angesichts dessen, dass er Porthos' Ergebenheit vergelten konnte, ohne einen Pimperling zu zahlen, vor Freude funkelten. »Weiter nichts? Das ließe sich arrangieren.«

»Ich werde Baron?«, rief Porthos und trat einen Schritt vor.

»Ich habe es dir doch gesagt«, erwiderte d'Artagnan, der ihn mit der Hand zurückhielt, »und Monseigneur wiederholt es dir.«

»Und Sie, Monsieur d'Artagnan, was wünschen Sie sich?«

»Monseigneur«, antwortete d'Artagnan, »es werden im nächsten September zwanzig Jahre, seit mich der Herr Kardinal de Richelieu zum Leutnant gemacht hat.«

»Ja, und Sie möchten, dass der Kardinal Mazarin Sie zum Hauptmann macht?«

D'Artagnan verbeugte sich.

»Nun, all das ist nicht unmöglich. Wir werden sehen, Messieurs, wir werden sehen. Und nun, Monsieur du Vallon«, fragte Mazarin, »welchen Dienst würden Sie vorziehen? Den in der Stadt? Oder den im Felde?«

Porthos tat schon den Mund auf, um zu antworten, doch d'Artagnan kam ihm zuvor. »Monseigneur«, sagte er, »Monsieur du Vallon ist wie ich, er liebt den außerordentlichen Dienst, das heißt Unternehmungen, die für wahnwitzig und unmöglich gehaltenwerden.«

Diese Prahlerei missfiel Mazarin nicht, der zu überlegen begann. »Dennoch muss ich gestehen«, sagte er nach einer Weile, »dass ich Sie kommen ließ, um Ihnen einen Posten am Ort zu geben. Ich hege gewisse Besorgnisse. – Was ist los?«, unterbrach er sich.

Tatsächlich ließ sich aus dem Vorzimmer beträchtlicher Lärm vernehmen, und fast zur gleichen Zeit sprang die Tür zum Arbeitskabinett auf, und ein mit Staub bedeckter Mann stürzte mit dem Ruf ins Zimmer: »Der Herr Kardinal? Wo ist der Herr Kardinal?«

»Was gibt es, Monsieur«, fragte Mazarin, »dass Sie hier eindringen wie in eine Markthalle?«

»Monseigneur«, antwortete der Offizier, gegen den dieser Vorwurfgerichtet war, »zwei Worte möchte ich Ihnen schnell und im Vertrauen sagen. Ich bin de Poins, Wachoffizier im Schlossturm von Vincennes.«

Der Offizier war so bleich und sah so mitgenommen aus, dass Mazarin, überzeugt davon, er bringe eine wichtige Nachricht, d'Artagnan und Porthos ein Zeichen gab, dem Boten Platz zu machen. D'Artagnan und Porthos zogen sich also in eine Ecke zurück.

»Sprechen Sie, Monsieur, sprechen Sie geschwind«, sagte Mazarin, »was gibt es?«

»Monseigneur«, erwiderte der Bote, »Monsieur de Beaufort ist aus dem Schloss Vincennes entflohen.«

Mazarin stieß einen Schrei aus und wurde selbst noch bleicher als der Überbringer der Nachricht; wie vernichtet sank er auf seinen Sessel zurück. »Entflohen?«, sagteer. »Monsieur de Beaufort entflohen?«

»Monseigneur, ich habe ihn oben vom Altan aus flüchten sehen.«

»Und Sie haben nicht geschossen?«

»Er war außer Schussweite.«

»Aber was hat Monsieur de Chavigny gemacht?«

»Er ist nicht da.«

»Aber La Ramée?«

»Er wurde gefesselt und geknebelt im Zimmer des Gefangenen gefunden, neben sich einen Dolch.«

»Und dieser Mann, den er sich als Gehilfen zugeordnet hatte?«

»Er war mit dem Herzog im Bunde und ist mit ihm geflüchtet.«

Mazarin stöhnte auf.

»Monseigneur«, sagte d'Artagnan und trat einen Schritt auf den Kardinal zu.

»Was ist?«, fragte Mazarin.

»Mir scheint, Eure Eminenz verlieren kostbare Zeit.«

»Wieso?«

»Wenn Eure Eminenz befehlen, dass man dem Gefangenen nachsetzt, wird man ihn vielleicht noch einholen. Frankreich ist groß, und die nächste Grenze ist sechzig Meilen entfernt.«

»Und wer wird ihm nachsetzen?«, rief Mazarin.

»Ich, bei Gott!«

»Und Sie würden ihn festnehmen?«

»Warum nicht?«

»Sie würden den Herzog von Beaufort, bewaffnet und im Felde, festnehmen?«

»Wenn Monseigneur mir befählen, den Teufel festzunehmen, würde ich ihn bei den Hörnern packen und herbringen.«

»Ich auch«, sagte Porthos.

»Sie auch?«, fragte Mazarin, während er diese beiden Männer erstaunt betrachtete. »Aber der Herzog wird sich nicht ohne einen erbitterten Kampf ergeben.«

»Dann eben Kampf!«, sagte d'Artagnan mit flammenden Augen. »Es ist lange her, seit wir gekämpft haben, nicht wahr, Porthos?«

»Und Sie glauben, Sie können ihn erwischen?«

»Ja, wenn wir besser beritten sind als er.«

»Dann nehmen Sie, was Sie hier an Gardisten finden, und eilen Sie. Ich schreibe den Befehl«, erwiderte Mazarin und kritzelte ein paar Zeilen auf ein Papier.

»Fügen Sie hinzu, Monseigneur, dass wir alle Pferde requirieren können, denen wir unterwegs begegnen.«

»Ja, ja«, sagte Mazarin, »im Dienst des Königs! Eilen Sie!«

»Gut, Monseigneur.«

»Monsieur du Vallon, Ihre Baronie sitzt auf dem Pferd hinter dem Herzog von Beaufort, Sie brauchen ihn nur zu erwischen. Was Sie betrifft, mein lieber Monsieur d'Artagnan, Ihnen verspreche ich nichts, aber wenn Sie ihn, tot oder lebend, wiederbringen, dürfen Sie verlangen, was Sie wollen.«

Sie stiegen die große Treppe hinab und nahmen mit dem Ruf: »Zu Pferd! Zu Pferd!« alle Gardisten mit, auf die sie unterwegs stießen. Auf diese Weise brachten sie etwa zehn Männer zusammen. Dann drückten sie ihren edlen Rennern die Sporen in die Flanken und brausten wie ein Sturmwind durch die Rue Saint-Honoré.

An der Ecke des Friedhofs Saint-Jean riss d'Artagnan einen Mann zu Boden, aber das war ein zu geringfügiger Vorfall, um so eilige Leute aufzuhalten. Der galoppierende Trupp setzte also seinen Weg fort, als hätten die Pferde Flügel.

Aber leider gibt es auf dieser Welt keine geringfügigen Vorfälle, und wir werden erleben, dass dieser um ein Haar die Monarchie ins Verderben gestürzt hätte.

Die Heerstraße

Nach zwei Stunden hatten die Pferde ohne Aufenthalt zwölf Meilen hinter sich gebracht, ihre Beine begannen zu zittern, der Schaum, der ihnen von den Mäulern flog, sprenkelte die Wämser der Reiter, und der Schweiß durchnässte deren Kniehosen.

»Lass uns einen Augenblick rasten, damit diese unglücklichen Viecher verschnaufen können«, sagte Porthos.

»Im Gegenteil, wir müssen weiter, und wenn wir sie zu Tode hetzen«, erwiderte d'Artagnan. »Ich sehe frische Spuren. Sie müssen vor nicht mehr als einer Viertelstunde hier vorbeigekommen sein.«

Tatsächlich war der Landweg der Chaussee von Pferdehufen aufgewühlt. Man sah die Spuren in den letzten Strahlen des Tages. Sie ritten weiter, doch nach zwei Meilen stürzte Mousquetons Pferd.

»Weiter, weiter und im Galopp!«, rief d'Artagnan.

»Ja, wenn wir können«, entgegnete Porthos.

Und wirklich weigerte sich d'Artagnans Pferd weiterzulaufen, es atmete kaum mehr. Ein letztes Antreiben mit den Sporen brachte es nicht vorwärts, sondern zu Boden.

»Ach, zum Teufel!«, bemerkte Porthos. »Mein Vulkan ist hin!«

»Schockschwerenot über den Aufenthalt!«, rief d'Artagnan und raufte sich die Haare. »Gib mir dein Pferd, Porthos. Aber was, zum Kuckuck, machst du da?«

»Bei Gott, ich falle!«, antwortete Porthos. »Oder vielmehr, Bayard stürzt.«

D'Artagnan wollte das Pferd wieder hochbringen, während sich Porthos aus den Steigbügeln befreite, doch da sah er das Blut, das ihm aus den Nüstern drang. »Das dritte!«, sagte er. »Jetzt ist alles aus.« Doch kaum hatte er zu Ende gesprochen, da vernahm er ein Wiehern. »Still!«

»Was gibt's?«, fragte Porthos.

»Ich höre ein Pferd.«

»Sicher von einem unserer Gefährten, die uns langsam einholen.«

»Nein«, entgegnete d'Artagnan, »es ist voraus.«

»Dann ist das was anderes«, bemerkte Porthos. Und er spitzte die Ohren und lauschte in die von d'Artagnan gewiesene Richtung. Abermals trug ihnen der leichte Nachtwind ein Wiehern zu.

»Es ist fünfhundert Schritt vor uns«, sagte d'Artagnan.

»Stimmt, Monsieur«, warf Mousqueton ein, »und fünfhundert Schritt vor uns befindet sich ein kleines Jagdhaus.«

»Mousqueton, deine Pistolen«, sagte d'Artagnan.

»Ich hab sie in der Hand, Monsieur.«

»Porthos, nimm deine aus den Halftern.«

»Ist bereits geschehen.«

»Gut«, sagte d'Artagnan, während er die seinen an sich nahm, »und jetzt – du verstehst, Porthos?«

»Nicht viel.«

»Im Namen des Königs werden wir diese Pferde requirieren.«

»Dann kein Wort mehr und ans Werk!«

Geräuschlos wie Gespenster glitten die drei Männer durch die Nacht. An einer Wegbiegung sahen sie durch die Bäume ein Licht schimmern.

»Da ist das Haus«, sagte d'Artagnan ganz leise. »Lass mich nur machen, Porthos, und tu's mir nach.«

Sie schlichen von Baum zu Baum und kamen auf zwanzig Schritt an das Haus heran, ohne gesehen zu werden. Aus dieser Entfernung bemerkten sie dank einer unter einem Schuppendach aufgehängten Laterne vier prächtige Pferde. Ein Knecht striegelte sie. Daneben lagen die Sättel und das Zaumzeug.

D'Artagnan ging rasch näher, wobei er seinen beiden Gefährten ein Zeichen gab, sich einige Schritt im Hintergrund zu halten.

»Ich kaufe diese Pferde«, sagte er zu dem Knecht.

Dieser drehte sich erstaunt um, sagte jedoch nichts.

»Hast du nicht gehört, Schlingel?«, fragte d'Artagnan.

»Doch«, erwiderte jener.

»Warum antwortest du nicht?«

»Weil diese Pferde nicht zu verkaufen sind.«

»Dann nehme ich sie mir einfach«, entgegnete d'Artagnan und legte die Hand auf das, welches sich in seiner Reichweite befand. Im selben Augenblick erschienen seine Gefährten und taten ein Gleiches.

»Aber, Messieurs!«, rief der Knecht. »Sie haben eine Strecke von sechs Meilen hinter sich und sind erst vor kaum einer halben Stunde abgesattelt.«

»Eine halbe Stunde Rast genügt«, gab d'Artagnan zurück, »sie werden nur umso besser im Zuge sein.«

Der Stallknecht rief um Hilfe. Und just, als d'Artagnan und seine Gefährten den Pferden die Sättel auflegten, tauchte so etwas wie ein Verwalter auf. Er wollte mit lauter Stimme loslegen.

»Lieber Freund«, unterbrach ihn d'Artagnan, »wenn Sie auch nur ein Wort sagen, schieß ich Ihnen eine Kugel vor den Kopf.« Und er zeigte ihm den Laufeines Pistols, das er gleich wieder unter den Arm steckte, um in seiner Arbeit fortzufahren.

»Aber, Monsieur«, wandte der Verwalter ein, »wissen Sie auch, dass diese Pferde Monsieur de Montbazon gehören?«

»Umso besser«, erwiderte d'Artagnan, »dann müssen es tüchtige Tiere sein. – Wie weit bist du, Porthos?«

»Fertig.«

»Und Sie, Mouston?«

»Ebenfalls.«

»Alsdann in den Sattel und los!« Damit schwangen sie sich auf die Pferde.

»Zu Hilfe!«, rief der Verwalter. »Zu Hilfe, Diener mit den Stutzen!«

»Vorwärts!«, sagte d'Artagnan, und wie der Wind ritten sie davon.

»Zu Hilfe!«, brüllte der Verwalter, während der Stallknecht zum Haus lief.

»Nehmt euch in Acht, dass ihr nicht eure Pferde tötet!«, rief d'Artagnan lachend zurück.

»Gebt Feuer!«, war die Antwort des Verwalters. Und ein Lichtschein gleich einem Blitz erhellte den Weg. Unmittelbar nach dem Knall hörten die drei Reiter die Kugeln pfeifen, die sich in der Luft verirrten.

»Sie schießen wie Lakaien«, bemerkte Porthos. »Zu Monsieur de Richelieus Zeit wurde besser geschossen. – Bist du sicher, dass wir auf der richtigen Spur sind, d'Artagnan?«

»Du lieber Himmel! Hast du denn nicht gehört, dass diese Pferde Monsieur de Montbazon gehören?«

»Na und?«

»Monsieur de Montbazon ist der Gatte von Madame de Montbazon.«

»Und?«

»Und Madame de Montbazon ist die Geliebte Monsieur de Beauforts.«

»Aha! Ich verstehe«, sagte Porthos. »Sie hatte Pferde zum Wechseln bereitgestellt. Und wir jagen dem Herzog auf den Pferden nach, die er zurückgelassen hat.«

»Mein lieber Porthos, du bist wirklich von einer überragenden Intelligenz«, bemerkte d'Artagnan mit einer halb belustigten, halb ernsthaften Miene.

So ritten sie eine Stunde dahin, die Pferde waren weiß von Schaum, und vom Bauch lief ihnen das Blut.

»Ha! Was seh ich da?«, rief d'Artagnan plötzlich.

»Du bist glücklich dran, wenn du in einer solchen Nacht etwas sehen kannst«, erklärte Porthos. »Was ist es?«

»Funken.«

»Ich habe sie auch gesehen«, bestätigte Mousqueton.

»Oha! Haben wir sie eingeholt?«

»Da! Ein totes Pferd!«, sagte d'Artagnan, während er seins von dem Seitensprung zurücklenkte, den es gemacht hatte. »Anscheinend sind auch sie am Ende ihrer Puste.«

»Mir ist, als höre ich einen Reitertrupp«, sagte Porthos, über die Mähne seines Pferdes gebeugt.

»Ausgeschlossen.«

»Da, noch ein Pferd!«, sagte Porthos.

»Tot?«

»Nein, im Sterben.«

»Gesattelt oder nicht?«

»Gesattelt.«

»Dann sind sie es.«

»Nur Mut! Wir haben sie.«

»Aber sie sind zahlreich«, wandte Mousqueton ein, »nicht wir haben sie, sondern sie haben uns.«

»Pah!«, entgegnete d'Artagnan. »Sie werden uns für stärker als sich halten, da wir sie verfolgen, und werden es mit der Angst bekommen und auseinanderlaufen. Vorwärts, vorwärts! In fünf Minuten werden wir lachen.«

Und von neuem stürmten sie dahin. Die vor Schmerz und Wetteifer rasenden Pferde flogen über die finstere Straße, in deren Mitte die Verfolger etwas zu erkennen begannen, das sich kompakter und dunkler aus dem übrigen Dunkel abhob.

Das Zusammentreffen

So ritten sie zehn Minuten eilends weiter. Plötzlich lösten sich zwei schwarze Punkte aus der Masse, kamen heran, wurden größer und nahmen allmählich die Gestalt von zwei Reitern an.

»Oho!«, sagte d'Artagnan. »Sie kommen zu uns.«

»Umso schlimmer für sie«, erwiderte Porthos.

»Wer da?«, rief eine raue Stimme.

Die drei dahinjagenden Reiter hielten weder an, noch gaben sie Antwort, man hörte nur das Geräusch der aus der Scheide gezogenen Degen und das Klicken der Pistolhähne, die von den beiden schwarzen Schatten gespannt wurden.

»Zügel zwischen die Zähne!«, sagte d'Artagnan.

Porthos verstand, und er und d'Artagnan zogen jeder mit der Linken ein Pistol aus dem Halfter und spannten ebenfalls den Hahn.

»Wer da?«, wurde ein zweites Mal gerufen. »Keinen Schritt weiter, oder ihr seid des Todes!«

»Pah!«, entgegnete Porthos, fast erstickt vom Staub und während er auf dem Zügel kaute wie sein Pferd auf der Gebissstange. »Pah! Davor fürchten wir uns noch lange nicht!«

Er sprach noch, als die beiden Schatten den Weg versperrten. Im Licht der Sterne sah man die Läufe ihrer gesenkten Pistole blinken.

»Zurück!«, schrie d'Artagnan. »Oder ihr seid es, die des Todes sind!«

Zwei Schüsse beantworteten diese Drohung, doch die beiden Angreifer kamen mit einer solchen Geschwindigkeit heran, dass sie im Handumdrehn bei ihren Gegnern waren. Ein dritter Schuss, von d'Artagnan aus nächster Nähe abgefeuert, krachte, und sein Gegner fiel. Porthos versetzte dem seinen einen mit solcher Gewalt geführten Degenstoß, dass dieser, wenngleich er ihn pariert hatte, durch den Anprall zehn Schritt von seinem Pferd entfernt zu Boden geschleudert wurde.

»Führ's zu Ende, Mousqueton!«, rief Porthos seinem Verwalter zu und galoppierte seinem Freund nach, der die Verfolgung bereits wieder aufgenommen hatte.

»Na?«, fragte Porthos.

»Ich hab ihm den Kopf zerschmettert«, antwortete d'Artagnan, »und du?«

»Ich hab ihn bloß vom Pferd geworfen, aber da ...!«

Sie hörten einen Karabinerschuss, das war Mousqueton, der im Vorbeireiten den Befehl seines Herrn ausführte.

»Frischauf!«, sagte d'Artagnan. »Das geht vortrefflich, die erste Partie haben wir gewonnen.«

»Aha!«, sagte Porthos. »Da kommen weitere Spieler.« Tatsächlich tauchten wieder zwei Reiter auf, die sich von dem Haupttrupp gelöst hatten, und kamen geschwind heran, um aufs Neue die Straße zu versperren.

Diesmal wartete d'Artagnan nicht einmal ab, bis das Wort an ihn gerichtet wurde. »Platz da!«, schrie er dem ersten zu. »Macht Platz!«

»Was wollt ihr?«, fragte eine Stimme.

»Den Herzog!«, brüllten Porthos und d'Artagnan gleichzeitig.

Ein schallendes Gelächter ertönte, doch es endete in einem Stöhnen, d'Artagnan hatte den Lachenden mit seinem Degen durchbohrt. Zur gleichen Zeit verschmolzen zwei Schüsse zu einem einzigen Knall, Porthos und sein Gegner hatten aufeinander gefeuert.

D'Artagnan drehte sich um und sah Porthos in seiner Nähe. »Bravo, Porthos«, sagte er, »mir scheint, du hast ihn getötet?«

»Ich glaube, ich habe nur das Pferd getroffen«, gab Porthos zurück.

»Das ist nun mal nicht anders, mein Lieber. Nicht jeder Schuss trifft ins Schwarze, und man darf sich nicht beklagen, wenn man danebenschießt. He, zum Kuckuck, was ist denn mit meinem Pferd los?«

»Es stürzt«, antwortete Porthos und zügelte das seine.

Und so war es. D'Artagnans Pferd strauchelte und brach in die Knie, dann stieß es ein Röcheln aus und legte sich. Es hatte die Kugel von d'Artagnans erstem Gegner in die Brust bekommen. D'Artagnan fluchte, dass der Himmel barst. »Monsieur wollen ein Pferd?«, fragte Mousqueton.

»Bei Gott! Und ob ich eins will!«, erwiderte d'Artagnan.

»Hier«, sagte Mousqueton.

»Wieso, zum Teufel, hast du zwei Handpferde?«, fragte d'Artagnan, während er auf das eine sprang.

»Ihre Herren sind tot, und ich hab mir gedacht, dass wir sie noch brauchen könnten, deshalb hab ich sie mitgenommen.«

Unterdessen hatte Porthos sein Pistol wieder geladen.

»Geschwind«, sagte d'Artagnan, »dasind noch zwei.«

»Also hör mal, die haben wohl noch bis morgen welche?«, sagte Porthos. Denn wirklich kamen abermals zwei Reiter im Galopp heran.

»He, Monsieur«, rief Mousqueton, »der, den Sie vom Pferd geworfen haben, steht auf.«

»Warum hast du's mit ihm nicht wie mit dem Ersten gemacht?«

»Ich war behindert, Monsieur, ich hatte ja die Hände voller Pferde.«

Ein Schuss wurde abgefeuert. Mousqueton stieß einen Schmerzensschrei aus.

Porthos wandte sich wie ein Löwe um und stürzte sich auf den abgeworfenen Reiter, der seinen Degen zu ziehen versuchte; doch ehe er aus der Scheide war, hatte ihm Porthos mit dem Knauf des seinen einen so fürchterlichen Hieb auf den Kopf versetzt, dass er wie ein Ochse unter dem Kolben des Schlächters zu Boden stürzte.

Mousqueton hatte sich stöhnend der Länge nach auf seinem Pferd ausgestreckt, die erlittene Verwundung erlaubte ihm nicht, im Sattel zu sitzen.

Als d'Artagnan die Reiter kommen sah, hatte er angehalten und sein Pistol neu geladen, überdies hing am Sattelbogen seines neuen Pferdes ein Reiterkarabiner.

»Hier bin ich«, sagte jetzt Porthos, »warten wir, oder greifen wir an?«

»Wir greifen an«, erwiderte d'Artagnan. Und damit gaben sie ihren Pferden die Sporen. Die Reiter waren nur noch zwanzig Schritt entfernt.

»Im Namen des Königs!«, rief d'Artagnan. »Lasst uns durch.«

»Der König hat hier nichts zu schaffen«, antwortete eine dunkle, starke und mächtige Stimme, die wie aus einer schweren Wolke zu kommen schien, denn der Reiter war in einen Wirbel von Staub gehüllt.

»Na schön, wir werden ja sehn, ob der König nicht überall durchkommt«, entgegnete d'Artagnan.

Zwei Pistolenschüsse gingen fast gleichzeitig los, einer von d'Artagnan, der andere von Porthos' Gegner abgefeuert. D'Artagnans Kugel fegte seinem Feind den Hut vom Kopf, Porthos' Gegner traf mit seiner Kugel die Kehle seines Pferdes, das jählings mit einem Ächzen zu Boden stürzte.

»Zum letzten Mal, wohin wollt ihr?«, fragte die Stimme von vorhin.

»Zum Teufel!«, antwortete d'Artagnan.

»Dann seid unbesorgt, dort werdet ihr hinkommen.«

D'Artagnan sah den Lauf einer Muskete auf sich gerichtet, er hatte keine Zeit, in seine Pistolenhalfter zu greifen, und erinnerte sich an einen Rat, den ihm einst Athos gegeben hatte. Er ließ sein Pferd bäumen.

Die Kugel traf das Tier mitten in den Bauch. D'Artagnan fühlte es unter sich zusammenbrechen und warf sich mit seiner unvergleichlichen Geschicklichkeit zur Seite.

»Ich kann mir nicht helfen«, sagte dieselbe starke und spöttische Stimme, »das ist ein Pferdegemetzel und kein Kampf zwischen Männern, was wir da machen. Auf Degen, Monsieur, auf Degen!« Damit sprang er vom Pferd.

»Meinetwegen auf Degen«, entgegnete d'Artagnan, »das ist mir nur lieb.«

Mit zwei Sätzen war d'Artagnan an seinem Gegner und spürte dessen Klinge auf der seinen. Er war mit der Terz, seiner Lieblingsstellung, ausgefallen.

Unterdessen hatte sich Porthos hinter sein im Todeskampf mit den Hufen trommelndes Pferd gekniet und hielt in jeder Hand ein Pistol.

Zwischen d'Artagnan und seinem Gegner hatte der Zweikampf begonnen. D'Artagnan griff wie gewöhnlich ungestüm an, doch diesmal sah er sich einem Fechten und einem Handgelenk gegenüber, die ihn nachdenklich stimmten. Nachdem er zweimal mit einer Quart zurückgeschlagen worden war, wich er um einen Schritt. Sein Gegner jedoch rührte sich nicht, und abermals fiel d'Artagnan mit einer Terz aus. Von beiden Seiten wurden ein paar ergebnislose Stöße geführt, in Garben sprangen die Funken von den Degen.

Schließlich hielt d'Artagnan den Augenblick für gekommen, seine beliebte Finte anzuwenden; er leitete sie sehr geschickt ein, führte sie blitzschnell aus und versetzte den Stoß mit einer Kraft, die er für unwiderstehlich erachtete.

Der Stoß wurde pariert.

»Kotzdonner!«, rief er mit seiner gascognischen Aussprache.

Bei diesem Ausruf sprang sein Gegner zurück und versuchte, den entblößten Kopf vorgeneigt, durch die Finsternis d'Artagnans Gesicht zu erkennen. D'Artagnan, der eine Finte fürchtete, hielt sich in der Verteidigung.

»Nehmen Sie sich in Acht«, sagte Porthos zu seinem Gegner, »ich habe noch meine zwei geladenen Pistolen.«

»Umso mehr Grund, dass Sie als Erster schießen«, erwiderte dieser.

Porthos schoss: ein Blitz erhellte die Kampfstätte. Und in diesem Lichtschein stießen die beiden anderen Kämpfer einen Schrei aus.

»Athos!«, sagte d'Artagnan.

»D'Artagnan!«, sagte Athos.

Athos hob seinen Degen, d'Artagnan senkte den seinen.

»Aramis!«, rief Athos. »Nicht schießen!«

»Ah, du bist das, Aramis?«, sagte Porthos und warf sein Pistol fort. Aramis steckte das seine wieder ins Halfter und den Degen in die Scheide.

»Mein Sohn!«, sagte Athos und reichte d'Artagnan die Hand. Diesen Namen hatte er ihm einst in Augenblicken zärtlicher Stimmung gegeben.

»Athos«, entgegnete d'Artagnan, die Hände ringend, »du verteidigst ihn also? Und ich habe geschworen, ihn tot oder lebend zurückzubringen. Ach, ich bin entehrt.«

»Töte mich«, sagte Athos, die Brust entblößend, »wenn deine Ehre meines Todes bedarf.«

»Oh, wehe mir! Wehe mir!«, rief d'Artagnan. »Es gibt nur einen Mann auf der Welt, der mich zurückhalten konnte, und ausgerechnet diesen Mann führt mir das Verhängnis in den Weg. Ach, was werde ich bloß dem Kardinal sagen?«

»Sie werden ihm sagen, Monsieur«, erwiderte eine Stimme, die das Kampffeld beherrschte, »dass er die beiden einzigen Männer gegen mich geschickt hat, die fähig waren, vier an der Zahl zu überwältigen, Mann gegen Mann mit dem Grafen von La Fère und dem Chevalier d'Herblay zu kämpfen, ohne dass sie den Kürzeren zogen, und die sich erst einer Schar von fünfzig ergaben.«

»Der Prinz!«, sagten Athos und Aramis gleichzeitig, wobei sie eine Bewegung machten, den Herzogvon Beaufort in seiner wahren Gestalt zu zeigen, während d'Artagnan und Porthos einen Schritt zurückwichen und murmelten: »Fünfzig Reiter?«

»Blicken Sie um sich, Messieurs, wenn Sie daran zweifeln«, sagte der Herzog.

D'Artagnan und Porthos blickten in die Runde, sie waren tatsächlich von einem Reitertrupp völlig umzingelt.

»Nach dem Lärm Ihres Kampfes«, sagte der Herzog, »glaubte ich, es handle sich um zwanzig Mann, und bin mit allen, die mich umgeben, zurückgekehrt, überdrüssig, ständig zu fliehen, und begierig, ebenfalls ein wenig den Degen zu führen – und dabei sind Sie nur zwei.«

»Ja, Monseigneur«, warf Athos ein, »aber Sie sagten es, zwei, die ihrer zwanzig wert sind.«

»Wohlan, Messieurs, Ihre Degen«, befahl der Herzog.

»Unsere Degen?«, sagte d'Artagnan, der den Kopf hob und wieder zu sich kam. »Unsere Degen? Niemals!«

»Niemals!«, bekräftigte Porthos.

Unter den Reitern entstand eine Bewegung.

»Einen Augenblick, Monseigneur«, sagte Athos, »nur ein paar Worte.« Damit trat er auf den Prinzen zu, der sich zu ihm hinabbeugte und dem er ganz leise etwas sagte.

»Wie Sie wünschen, Graf«, sagte der Prinz. »Ich bin Ihnen zu allzu großem Dank verpflichtet, um Ihnen Ihre erste Bitte abzuschlagen. Zurück, Messieurs«, fuhr er, zu seiner Eskorte gewandt, fort. »Monsieur d'Artagnan und Monsieur du Vallon, Sie sind frei.«

Der Befehl wurde unverzüglich ausgeführt, und d'Artagnan und Porthos sahen sich in der Mitte eines ausgedehnten Kreises.

»Und jetzt, d'Herblay«, sagte Athos, »steig ab und komm her.«

Aramis stieg ab und näherte sich Porthos, während Athos auf d'Artagnan zuging. Alle vier sahen sich wieder vereint.

»Freunde«, begann Athos, »tut es euch noch leid, nicht unser Blut vergossen zu haben?«

»Nein«, antwortete d'Artagnan, »es tut mir leid, die einen von uns gegen die andern zu sehen, da wir doch immer so fest vereint waren, es tut mir leid, dass wir uns in zwei gegnerischen Lagern wiedertreffen. Ach, nichts wird uns mehr glücken.«

»O mein Gott! Nein, damit ist es zu Ende«, fügte Porthos hinzu.

»Nun, dann gesellt euch doch zu uns«, meinte Aramis.

»Schweig, d'Herblay«, sagte Athos, »Männern wie diesen Herren macht man nicht derartige Vorschläge. Wenn sie der Partei Mazarins beigetreten sind, dann hat ihr inneres Gefühl sie auf diese Seite getrieben, wie das unsere uns auf die Seite des Prinzen getrieben hat.«

»Und so sind wir bis auf weiteres Feinde«, bemerkte Porthos. »Potz Blitz! Wer hätte das jemals gedacht!«

D'Artagnan sagte nichts, stieß aber einen tiefen Seufzer aus.

Athos blickte sie an und ergriff ihre Hände.

»Messieurs«, sagte er, »diese Sache ist ernst, und das Herz tut mir weh, als hätten Sie es durchbohrt. Ja, wir sind voneinander geschieden, das ist die gewichtige, traurige Wahrheit, aber wir haben einander noch nicht den Krieg erklärt. Vielleicht haben wir Bedingungen zu stellen, ein letztes Gespräch ist unerlässlich.«

»Ich verlange es sogar«, erklärte Aramis.

»Ich bin einverstanden«, sagte d'Artagnan mit Stolz.

Porthos nickte zum Zeichen seiner Zustimmung.

»Wählen wir also einen Treffpunkt, der für uns alle nicht schwer zu erreichen ist«, fuhr Athos fort, »und bei dieser letzten Zusammenkunft werden wir dann endgültig unsere beiderseitige Stellung und das Verhalten festlegen, das wir gegeneinander wahren werden.«

»Gut. Und der Treffpunkt?«, fragten die drei anderen.

»Sagt Ihnen die Place Royale zu?«, schlug d'Artagnan vor.

»In Paris?«

»Ja.«

Athos und Aramis sahen sich an, Aramis nickte.

»Also die Place Royale«, sagte Athos.

»Und wann?«

»Morgen Abend, wenn es Ihnen recht ist.«

»Um welche Zeit?«

»Um zehn Uhr abends. Passt Ihnen das?«

»Ausgezeichnet.«

»Und nun, Porthos«, sagte d'Artagnan, »werden wir zurückkehren, um dem Kardinal unsere Schande zu melden.«

»Und sagt ihm vor allem«, rief eine Stimme, »dass ich für einen Mann der Tat noch nicht zu alt bin.«

D'Artagnan erkannte die Stimme Rocheforts.

»Kann ich etwas für Sie tun, Messieurs?«, fragte der Prinz.

»Bezeugen Sie, dass wir getan haben, was wir konnten, Monseigneur.«

»Seien Sie unbesorgt, das wird geschehen. Adieu, Messieurs, ich hoffe, irgendwann werden wir uns wiedersehen, bei Paris oder möglicherweise sogar in Paris, und dann können Sie Ihre Revanche nehmen.« Nach diesen Worten grüßte der Herzog mit der Hand, setzte sich in Galopp und verschwand, gefolgt von seinem Geleit, dessen Anblick sich in der Dunkelheit und dessen Lärm sich in der Ferne verlor.

D'Artagnan und Porthos sahen sich auf der Heerstraße allein mit einem Mann, der zwei Handpferde am Zügel hielt. Sie glaubten, es sei Mousqueton, und gingen auf ihn zu.

»Was seh ich?«, rief d'Artagnan. »Du bist es, Grimaud?«

Grimaud gab den beiden Freunden durch ein Zeichen zu verstehen, dass sie sich nicht täuschten.

»Und wem gehören die Pferde?«, fragte d'Artagnan.

»Wer gibt uns die?«, fragte Porthos.

»Der Herr Graf von La Fère.«

»Athos, Athos«, murmelte d'Artagnan, »du denkst an alles, und du bist wahrhaft ein Edelmann.«

»Das lasse ich mir gefallen!«, sagte Porthos. »Ich hatte schon Angst, ich müsste die Strecke zu Fuß machen.« Damit schwanger sich in den Sattel. D'Artagnan war bereits aufgesessen.

»Nun, und wohin willst du, Grimaud?«, erkundigte sich d'Artagnan. »Du verlässt deinen Herrn?«

»Ja«, antwortete Grimaud, »ich begebe mich zu dem Vicomte de Bragelonne in der flandrischen Armee.«

Schweigend ritten sie ein Stück auf der Heerstraße in Richtung Paris, als sie plötzlich ein Wehklagen vernahmen, das aus einem Graben zu kommen schien.

»Was ist das?«, fragte d'Artagnan.

»Das ist Mousqueton«, erwiderte Porthos.

»Ach ja, Monsieur, ich bin's«, antwortete eine klägliche Stimme, während sich am Straßenrand ein Schatten aufrichtete. Porthos eilte zu seinem Verwalter, dem er ehrlich zugetan war.

»Bist du gefährlich verwundet, mein lieber Mouston?«, fragte er.

»Nein, Monsieur, ich glaube nicht, aber auf eine sehr lästige Art.«

»Dann kannst du nicht reiten?«

»Ach, Monsieur, was muten Sie mir da zu!«

»Kannst du gehen?«

»Ich werd's versuchen, bis zum ersten Haus.«

»Was tun?«, sagte d'Artagnan. »Wir müssen doch nach Paris zurück.«

»Ich werde mich um Mousqueton kümmern«, erklärte Grimaud.

»Vielen Dank, mein guter Grimaud!«, sagte Porthos.

Grimaud stieg ab und reichte seinem alten Freund den Arm, den dieser mit Tränen in den Augen nahm – Grimaud hätte nicht mit Bestimmtheit sagen können, ob es Tränen der Freude waren, ihn wiederzusehen, oder des Schmerzes, den ihm seine Verwundung verursachte.

Indessen setzten d'Artagnan und Porthos schweigend ihren Weg nach Paris fort.

Drei Stunden später wurden sie von einem staubbedeckten Kurier überholt, den der Herzog mit einem Brief an den Kardinal entsandt hatte, in dem er, wie versprochen, das bezeugte, was d'Artagnan und Porthos getan hatten.

Mazarin verbrachte eine sehr schlechte Nacht, nachdem er diesen Brief erhalten hatte, in dem ihm der Prinz selbst mitteilte, dass er sich in Freiheit befinde, und ihm einen Krieg bis aufs Messer ansagte. Der Kardinal las ihn mehrmals, faltete ihn dann zusammen, steckte ihn in die Tasche und sagte sich: Wenn d'Artagnan ihn auch verfehlt hat, so habe ich doch wenigstens den Trost, dass er auf der Jagd nach ihm Broussel niedergetrampelt hat. Zweifellos ist der Gascogner ein wertvoller Mann, und er dient mir noch mit seinen Ungeschicklichkeiten.

Diese Anspielung bezog sich auf den Mann, den d'Artagnan an der Ecke des Friedhofs Saint-Jean in Paris zu Boden gerissen hatte und der kein anderer war als das Parlamentsmitglied Broussel.

Die Place Royale

Athos und Aramis ritten durch den Faubourg Saint-Antoine in Paris ein. Sie hatten sich unterwegs erfrischt und beeilten sich, um bei der Zusammenkunft auf der Place Royale nicht zu fehlen. Nur Bazin war bei ihnen, da ja Grimaud, wie man sich erinnert, andere Aufgaben hatte.

Kaum waren sie durch die Rue du Pas-de-la-Mule zu den Gittertoren des einsamen Platzes gelangt, da entdeckten sie unter der Arkade am Ausgang der Rue Sainte-Catherine drei Reiter. Es waren d'Artagnan und Porthos, in Mäntel gehüllt, die an der Seite von den Degen emporgehoben wurden. Hinter ihnen Planchet, die Muskete am Schenkel.

Athos und Aramis stiegen ab, als sie ihrer ansichtig wurden. D'Artagnan und Porthos taten ein Gleiches. Dann gingen sie zu zweit und gefolgt von den Dienern aufeinander zu und begrüßten sich höflich.

»Wo beliebt es Ihnen, dass wir uns unterhalten, meine Herren?«, fragte Athos, als er bemerkte, dass einige Leute stehen blieben und sie beobachteten.

»Das Tor ist geschlossen«, sagte Aramis, »aber wenn die Herren für die Frische unter den Bäumen und eine ungestörte Einsamkeit sind, werde ich aus dem Haus Rohan den Schlüssel holen.«

D'Artagnan bohrte seinen Blick in das Dunkel des Platzes, und Porthos riskierte es, seinen Kopf zwischen zwei Gitterstäbe zu zwängen, um die Finsternis zu ergründen.

»Wenn Sie einen anderen Ort vorziehen, Messieurs«, bemerkte Athos mit seiner würdevollen und überzeugenden Stimme, »so wählen Sie selbst.«

»Wenn Monsieur d'Herblay den Schlüssel beschaffen kann, wird dieser Platz, glaube ich, der allerbeste sein.«

Also entfernte sich Aramis, nachdem er Athos noch gewarnt hatte, nicht allein in d'Artagnans und Porthos' Reichweite zu bleiben, was dieser jedoch mit einem verächtlichen Lächeln abtat, er ging sogar noch einen Schritt weiter auf seine alten Freunde zu, die sich nicht von der Stelle rührten.

Aramis hatte an das Haus Rohan geklopft und erschien bald darauf mit einem Mann, der ihn im Gehen fragte: »Schwören Sie mir das, Monsieur?«

»Da, nehmen Sie«, antwortete Aramis und gab ihm einen Louisdor.

»Ach, Sie wollen nicht schwören, gnädiger Herr!«, stellte der Pförtner kopfschüttelnd fest.

»Kann man denn für etwas einstehen, was vielleicht später kommt?«, entgegnete Aramis. »Ich versichere Ihnen nur, dass diese Herren augenblicklich unsere Freunde sind.«

»Ja, gewiss«, bestätigten Athos, d'Artagnan und Porthos kühl. D'Artagnan hatte das Gespräch gehört und begriffen. »Siehst du?«, sagte er zu Porthos.

»Was soll ich sehen?«

»Dass er nicht schwören wollte.«

»Schwören? Was?«

»Der Mann wollte sich von Aramis schwören lassen, dass wir nicht auf die Place Royale gehen, um uns zu schlagen.«

»Und Aramis hat nicht schwören wollen?«

»Nein.«

»Dann aufgepasst!«

Athos ließ die beiden nicht aus den Augen. Inzwischen schloss Aramis das Tor auf und trat beiseite, um d'Artagnan und Porthos eintreten zu lassen. Als d'Artagnan hineinging, blieb der Griff seines Degens am Gitter hängen, und er musste den Mantel zurückschlagen. Dabei enthüllte er die schimmernden Kolben seiner Pistolen, auf die ein Mondstrahl fiel.

»Siehst du?«, sagte Aramis, während er Athos eine Hand auf die Schulter legte und ihm mit der anderen das Arsenal zeigte, das d'Artagnan am Gürtel trug.

»Leider ja«, erwiderte Athos mit einem tiefen Seufzer und ging hinein.

Aramis trat als Letzter ein und verschloss hinter sich das Tor. Die beiden Diener blieben draußen, doch in einem gewissen Abstand voneinander, als misstrauten auch sie einer dem anderen.

Schweigend gingen die vier Männer bis zur Mitte des Platzes. Hier und da waren Bänke aufgestellt, und vor einer machten sie halt. Auf ein Zeichen von Athos setzten sich d'Artagnan und Porthos. Athos und Aramis blieben vor ihnen stehen.

Nach einem kurzen Schweigen der Verlegenheit, wie sie mit der Auseinandersetzung beginnen sollten, sprach Athos. »Messieurs«, sagte er, »ein Beweis für die Macht unserer alten Freundschaft ist unsere Anwesenheit bei dieser Zusammenkunft, keiner hat sie versäumt, keiner hat sich daher Vorwürfe zu machen.«

»Hören Sie, Herr Graf«, unterbrach ihn d'Artagnan, »statt uns Komplimente zu machen, die vielleicht weder die einen noch die andern verdienen, wollen wir uns doch lieber als herzhafte Männer aussprechen.«

»Ich wünsche mir nichts Besseres«, erwiderte Athos. »Ich bin offen, sprechen auch Sie mit aller Offenheit: Haben Sie mir oder dem Herrn Abbé d'Herblay etwas vorzuwerfen?«

»Ja«, antwortete d'Artagnan. »Als ich die Ehre hatte, Sie im Schloss Bragelonne zu besuchen, machte ich Ihnen Vorschläge, die Sie verstanden. Statt mir wie einem Freund darauf zu antworten, haben Sie mich wie ein Kind behandelt, und diese Freundschaft, die Sie rühmen, ist nicht gestern durch das Aufeinanderprallen unserer Degen zerbrochen, sondern durch Ihre Verstellung in Ihrem Schloss.«

»D'Artagnan!«, warf Athos in sanft vorwurfsvollem Ton ein.

»Sie haben Offenheit von mir verlangt«, sagte d'Artagnan, »da ist sie. Sie verlangen, dass ich Ihnen sage, was ich denke. Und mit alldem kann ich auch Ihnen aufwarten, Herr Abbé d'Herblay. Gegen Sie habe ich ebenso gehandelt, und auch Sie haben mich getäuscht.«

»Sie sind wahrhaftig sonderbar, Monsieur«, gab Aramis zurück, »Sie haben mich aufgesucht, um mir Vorschläge zu machen, aber haben Sie mir die gemacht? Sie haben mich sondiert, weiter nichts. Und was habe ich Ihnen gesagt? Dass Mazarin ein Pedant ist und dass ich Mazarin nicht dienen werde. Das ist alles. Habe ich Ihnen gesagt, dass ich nicht einem anderen dienen werde? Im Gegenteil, mir scheint, ich habe Ihnen zu verstehen gegeben, dass ich für die Prinzen bin. Wir haben sogar, wenn ich mich nicht täusche, sehr nett über den durchaus wahrscheinlichen Fall gescherzt, dass Sie von dem Kardinal den Auftrag erhalten könnten, mich zu arretieren. Sind Sie ein Parteimann? Ja, zweifellos. Und warum sollten nicht auch wir Parteileute sein? Sie hatten Ihr Geheimnis, wie wir das unsere hatten, wir haben sie nicht ausgetauscht, umso besser, es beweist, dass wir unsere Geheimnisse zu hüten wissen.«

»Ich mache Ihnen keinen Vorwurf, Monsieur«, sagte d'Artagnan, »nur weil der Herr Graf von La Fère von Freundschaft gesprochen hat, prüfe ich Ihr Verhalten.«

»Und was entdecken Sie darin?«, fragte Aramis hochmütig. D'Artagnan stieg das Blut in die Schläfen, er sprang auf und entgegnete: »Ich entdecke, dass es das eines Jesuitenzöglings ist.«

Als d'Artagnan aufgesprungen war, hatte sich Porthos ebenfalls erhoben. So standen nun die vier Männer drohend einander gegenüber. Bei d'Artagnans Antwort machte Aramis eine Bewegung, als wolle er nach seinem Degen greifen. Athos hielt ihn zurück.

»D'Artagnan«, sagte er, »Sie sind heute Abend noch ganz wütend über unser gestriges Abenteuer hergekommen. D'Artagnan, ich halte Sie für so großherzig, dass eine zwanzig Jahre währende Freundschaft bei Ihnen nicht in einer Viertelstunde untergeht, in der Ihre Eigenliebe eine Schlappe erleidet. Sagen Sie mir eins: Glauben Sie, dass Sie mir etwas vorzuwerfen haben? Wenn ich gefehlt habe, d'Artagnan, werde ich meinen Fehler zugeben.«

Athos' ernste und wohlklingende Stimme übte wie früher ihre Wirkung auf d'Artagnan aus, während ihn die von Aramis, die in Augenblicken übler Laune spitz und kreischend wurde, nur aufbrachte. Daher antwortete er Athos: »Ich glaube, Herr Graf, dass Sie mir im Schloss Bragelonne eine vertrauliche Mitteilung zu machen hatten und dass Monsieur«, dabei zeigte er auf Aramis, »desgleichen in seinem Kloster hatte, ich hätte mich dann nicht in ein Abenteuer gestürzt, bei dem Sie mir den Weg versperren mussten. Doch weil ich verschwiegen gewesen bin, braucht man mich noch lange nicht für einen Trottel zu halten. Hätte ich ergründen wollen, welchen Unterschied Monsieur d'Herblay zwischen den Leuten macht, die er über eine Strickleiter, und denen, die er über eine Holzleiter empfängt, dann wäre ich wohl gezwungen gewesen zu reden.«

»In was mischen Sie sich ein?«, rief Aramis, bleich vor Zorn bei dem Verdacht, der sich in sein Herz schlich, d'Artagnan habe ihn belauert und mit Madame de Longueville gesehen.

»Ich mische mich in das, was mich angeht, und kann so tun, als hätte ich nicht gesehen, was mich nichts angeht, aber ich hasse die Heuchler, und in diese Kategorie reihe ich die Musketiere ein, die den Abbé spielen, und die Abbés, die den Musketier spielen, und hier«, fügte er mit einer Wendung zu Porthos hin, »ist ein Herr, der meine Ansicht teilt.«

Porthos, der noch nicht gesprochen hatte, antwortete mit einem Wort und mit einer Gebärde. Er sagte: »Ja«, und nahm den Degen in die Hand.

Aramis sprang mit einem Satz zurück und zog den seinen. D'Artagnan bückte sich, bereit, anzugreifen oder sich zu verteidigen.

Da streckte Athos mit einer höchst gebieterischen Bewegung, die nur ihm zukam, die Hand aus, zoglangsam Degen und Scheide zugleich, zerbrach die Klinge in ihrem Futteral über dem Knie und warf die beiden Stücke von sich. Dann wandte er sich an Aramis: »Aramis, zerbrich deinen Degen.«

Aramis zögerte.

»Es muss sein«, sagte Athos und dann leiser und sanfter: »Ich will es.«

Da zerbrach Aramis, jetzt noch bleicher, aber beherrscht durch diese Gebärde und besiegt durch diese Stimme, die biegsame Klinge in den Händen; dann schlug er die Arme unter und wartete, bebend vor Zorn.

Angesichts dessen wichen d'Artagnan und Porthos zurück. D'Artagnan zog seinen Degen nicht, Porthos steckte den seinen wieder in die Scheide.

»Niemals«, sagte Athos, während er langsam die Rechte zum Himmel hob, »niemals, schwöre ich vor Gott, der uns in dem feierlichen Ernst dieser Nacht sieht und hört, niemals wird mein Auge für euch einen Blick des Zorns haben, mein Herz einen Schlag des Hasses. Wir haben zusammen gelebt, gehasst und geliebt, wir haben unser Blut vergossen und vermengt, und vielleicht, möchte ich hinzufügen, gibt es zwischen uns ein noch mächtigeres Band als das der Freundschaft, das Bündnis des Verbrechens; denn wir vier haben ein Menschengeschöpf verdammt, zum Tode verurteilt und gerichtet und hatten möglicherweise nicht das Recht, es aus dieser Welt zu reißen, obgleich es auf dieser Welt viel mehr der Hölle anzugehören schien. D'Artagnan, ich habe dich immer wie meinen Sohn geliebt. Porthos, wir haben zehn Jahre Seite an Seite geschlafen. Aramis ist euer Bruder wie der meine, denn Aramis hat euch geliebt, wie ich euch heute noch liebe, wie ich euch immer lieben werde. Was kann uns der Kardinal de Mazarin bedeuten, da wir die Hand und das Herz eines Mannes wie Richelieu bezwungen haben? Was gilt uns der oder der Prinz, da wir die Krone auf dem Haupt einer Königin gesichert haben? D'Artagnan, ich bitte dich um Verzeihung, dass ich gestern den Degen mit dir gekreuzt habe. Aramis, tu ein Gleiches bei Porthos. Und jetzt hasst mich, wenn ihr könnt, ich aber schwöre euch, dass ich euch trotz eures Hasses nur Achtung und Freundschaft entgegenbringen werde. Wiederhole nun meine Worte, Aramis, und dann werden wir, wenn sie es wollen und wenn du es willst, unsere alten Freunde für immer verlassen.«

Ein feierliches Schweigen trat ein, das von Aramis gebrochen wurde. »Ich schwöre«, sagte er mit ruhiger Stirn und aufrichtigem Blick, doch mit einer Stimme, in der noch die Erregung nachzitterte, »ich schwöre, dass ich keinen Hass mehr gegen die hege, die meine Freunde waren. Es tut mir leid, deinen Degen berührt zu haben, Porthos. Ich schwöre nicht nur, dass der meine sich nicht mehr gegen deine Brust richten wird, sondern auch, dass in Zukunft am Grunde meiner geheimsten Gedanken nicht einmal der Schimmer eines feindlichen Gefühls gegen dich bleiben wird. Komm, Athos.«

Athos wandte sich zum Gehen.

»O nein, nein, geht noch nicht!«, rief d'Artagnan, hingerissen von dem unwiderstehlichen leidenschaftlichen Feuer, das die Hitze seines Blutes und die angeborene Redlichkeit seiner Seele verriet. »Geht noch nicht, denn auch ich will ein Gelübde leisten. Ich schwöre, dass ich meinen letzten Blutstropfen, den letzten Fetzen meines Leibes hingeben werde, um mir die Achtung eines Mannes wie du, Athos, und die Freundschaft eines Mannes wie du, Aramis, zu bewahren.« Damit warf er sich Athos in die Arme.

»Mein Sohn!«, sagte Athos und drückte ihn an sein Herz.

»Und ich«, sagte Porthos, »schwöre nichts, aber bei Gott, ich ersticke! Wenn ich gegen euch kämpfen müsste, ich glaube, ich ließe mich widerstandslos durchbohren, denn ich habe nie jemand anders auf der Welt geliebt als euch.« Und der ehrliche Porthos zerfloss in Tränen, als er sich in Aramis' Arme stürzte.

»Meine Freunde«, sagte Athos, »das habe ich erhofft, das habe ich von zwei Herzen wie den euren erwartet. Ja, ich habe es gesagt, und ich wiederhole es, unsere Geschicke sind unwiderruflich miteinander verbunden, mögen wir auch verschiedenen Wegen folgen. Ich achte deine Ansicht, d'Artagnan, ich achte deine Überzeugung, Porthos; doch wenn wir auch für entgegengesetzte Parteien kämpfen, wollen wir Freunde bleiben. Die Minister, die Prinzen, die Könige werden wie ein Sturzbach, der Bürgerkrieg wird wie eine Flamme vorbei sein, aber wir, werden wir übrigbleiben? Ich habe so eine Ahnung.«

»Ja«, sagte Aramis, »Kardinalisten oder Frondeure, was schert uns das? Lasst uns unsere guten Sekundanten für Duelle, unsere ergebenen Freunde in ernsten Angelegenheiten, unsere fröhlichen Gefährten für das Vergnügen wiederfinden!«

»Und jedes Mal, wenn wir im Schlachtgetümmel aufeinanderstoßen, wollen wir bei dem einen Wort, Place Royale!, den Degen in die Linke nehmen und uns die Rechte reichen, sei es auch mitten im Gemetzel. Das ist also beschlossen. Eure Hand, Freunde! Seid ihr Christen, wenn auch nur ein wenig?«

»Ach was!«, sagte Porthos. »Ich bin bereit, bei allem zu schwören, was ihr wollt, sogar bei Mohammed! Der Teufel hol mich, wenn ich jemals so glücklich gewesen bin wie in diesem Augenblick!« Und der wackre Porthos wischte sich die noch immer feuchten Augen.

»Hat einer von euch ein Kreuz?«, fragte Athos.

Porthos und d'Artagnan sahen sich wie unversehens überfallene Leute an und schüttelten den Kopf. Aramis lächelte und zog aus seiner Brust ein mit Diamanten besetztes Kreuz, das an einer Perlenschnur um seinen Hals hing. »Da ist eins«, sagte er.

»Gut«, erwiderte Athos, »lasst uns auf dieses Kreuz, das ungeachtet seines Materials immer noch ein Kreuz ist, schwören, trotz allem und für immer vereint zu bleiben, und möge dieser Schwur nicht nur uns, sondern auch unsere Nachkommen vereinen! Seid ihr einverstanden?«

»Ja«, erwiderten sie wie aus einem Munde.

»Ha, Verräter!«, raunte d'Artagnan Aramis ins Ohr. »Du hast uns auf das Kruzifix einer Frondeuse schwören lassen.«

Die Fähre über die Oise

Wir hoffen, der Leser hat nicht völlig den jungen Reisenden vergessen, den wir auf dem Weg nach Flandern verließen.

Es war vier Uhr nachmittags, als Raoul Compiègne erreichte. Er speiste dort mit gutem Appetit und erkundigte sich nach dem jungen Edelmann, der ihm ein Stück voraus war. Er hatte wie Raoul im Gasthof »Zur Glocke und Flasche«, dem besten in Compiègne, haltgemacht und seinen Weg mit der Bemerkung fortgesetzt, dass er in Noyen übernachten wolle.

»Wir werden in Noyen übernachten«, sagte Raoul zu seinem Diener Olivain, der gern schon in Compiègne geblieben wäre. Und ungeachtet der Bemerkungen Olivains, dass die Pferde müde seien, trieb er das seine noch mehr an, als er den hübschen kleinen Pfad erreichte, der zu einer Fähre führte und den Weg, wie man ihm versichert hatte, um eine Meile abkürzte, und als er, auf der Kuppe eines Hügels angelangt, vor sich den Fluss erblickte. Eine kleine Schar Berittener wartete am Ufer, um sich übersetzen zu lassen. Raoul zweifelte nicht daran, dass es sich um den Edelmann und seine Begleitung handle. Er rief, war jedoch noch zu weit entfernt, um gehört zu werden. Da setzte Raoul sein Pferd, so müde es auch war, in Galopp, doch eine Bodenerhebung verwehrte ihm bald darauf den Blick auf die Reisenden, und als er abermals eine Anhöhe erreichte, hatte die Fähre losgemacht und schwamm dem anderen Ufer entgegen.

Da Raoul sah, dass er nun nicht mehr gleichzeitig mit den Reisenden in der Fähre übersetzen konnte, hielt er an, um auf Olivain zu warten. Im selben Augenblick hörte er einen Schrei, der vom Fluss herzukommen schien. Raoul wandte sich nach der Richtung, aus der er den Schrei vernommen hatte, legte die Hand über die von der untergehenden Sonne geblendeten Augen und rief: »Olivain, was ist da auf dem Fluss?«

Ein zweiter, noch durchdringenderer Schrei erscholl.

»Ach, Monsieur«, antwortete Olivain, »das Seil der Fähre ist gerissen, und das Boot treibt. Aber da ist was im Wasser, etwas, das sich heftig bewegt.«

»Ja, natürlich!«, rief Raoul, während er seinen Blick auf einen Punkt in dem Fluss richtete, den die Strahlen der Sonne herrlich beleuchteten. »Ein Pferd, ein Reiter!«

»Sie gehen unter!«, schrie Olivain.

Das war richtig, und auch Raoul war zu der Überzeugung gelangt, dass ein Unglück geschehen sei und dass ein Mann ertrank. Er ließ seinem Pferd die Zügel nach, drückte ihm die Sporen in die Flanken, und das Tier, durch den Schmerz angetrieben und weil es spürte, dass man ihm Spielraum gab, sprang über das Geländer des Landungsplatzes und in den Fluss, dessen Wasser hoch aufspritzte.

»Ach, Monsieur«, schrie Olivain, »was machen Sie bloß, du lieber Gott!«

Raoul lenkte sein Pferd zu dem Unglücklichen, der sich in Gefahr befand. Das war übrigens eine Übung, die ihm vertraut war. An den Ufern der Loire aufgewachsen, war er sozusagen von den Wellen gewiegt worden, hundertmal hatte er die Loire zu Pferd, tausendmal schwimmend überquert. Athos hatte ihn in weiser Voraussicht auf die Zeit, da er den Vicomte zum Soldaten machen würde, in dergleichen Unternehmungen gestählt.

»Wie soll ich denn rüberkommen?«, rief Olivain, der bleich und verzweifelt am Ufer hin- und herritt.

»Spring hinein, du Hasenfuß!«, rief ihm Raoul zu. Dann wandte er sich an den Verunglückten, der zwanzig Schritt von ihm entfernt im Wasser zappelte. »Nur Mut, Monsieur, nur Mut, Sie bekommen Hilfe.«

Unterdessen war ein grauhaariger Mann von der Fähre in den Fluss gesprungen und schwamm mit kraftvollen Stößen auf den Ertrinkenden zu, kam jedoch nur langsam vorwärts, weil er die Strömung überwinden musste.

Raoul setzte seinen Weg fort und kam immer näher, doch Pferd und Reiter, die er nicht aus den Augen ließ, sanken merklich tiefer. Das Pferd hatte nur noch die Nüstern über Wasser, und der Reiter, der bei seinem verzweifelten Kampf die Zügel losgelassen hatte, streckte die Arme aus und ließ den Kopf nach hinten fallen. Noch eine Minute, und sie würden verschwunden sein.

»Mut«, schrie Raoul, »Mut!« Er glitt von seinem Pferd, dem er die Sorge für seine Selbsterhaltung überließ, und war mit ein paar Stößen bei dem Edelmann. Zunächst packte er dessen Pferd an der Kinnkette und hob ihm den Kopf aus dem Wasser, das Tier atmete freier und verdoppelte seine Anstrengungen, als verstünde es, dass man ihm zu Hilfe geeilt war. Gleichzeitig ergriff Raoul eine Hand des jungen Mannes und führte sie wieder in die Mähne, in die sie sich mit der Zähigkeit krallte, die den Ertrinkenden eigen ist. Überzeugt, dass der Reiter den Griff nicht mehr lockern würde, beschäftigte sich Raoul jetzt nur noch mit dem Pferd, das er zum anderen Ufer lenkte, indem er ihm half, das Wasser zu durchqueren, und es mit Worten ermunterte.

Plötzlich stieß das Pferd auf Grund und stellte sich auf.

»Gerettet!«, rief der grauhaarige Mann, der nun auch Boden unter den Füßen hatte.

»Gerettet!«, murmelte mechanisch der Edelmann, während er die Hand aus der Mähne zog und aus dem Sattel in Raouls Arme glitt.

Raoul war nur zehn Schritt vom Ufer entfernt, dorthin trug er den ohnmächtigen Edelmann, legte ihn ins Gras, löste die Schnüre seines Kragens und öffnete die Haken an seinem Wams. Wenig später war der grauhaarige Mann bei ihm.

Dank der Fürsorge Raouls und des Mannes aus der Begleitung des jungen Kavaliers kam allmählich wieder Leben in die bleichen Wangen des soeben noch Todgeweihten, der die Augen verwirrt öffnete, sie jedoch bald auf den richtete, der ihn gerettet hatte.

»Ach, Monsieur«, sagte er, »Sie habe ich gesucht; ohne Sie wäre ich tot. – Und da sind Sie, mein guter d'Arminges! Ich habe Ihnen große Angst verursacht, nicht wahr? Aber das ist Ihre Schuld, Sie waren mein Erzieher, warum haben Sie mir nicht beigebracht, besser zu schwimmen?«

»O Herr Graf«, erwiderte der Greis, »wäre Ihnen ein Unglück widerfahren, hätte ich mich nie vor dem Marschall zu zeigen gewagt.«

»Ich bin Graf von Guiche«, fuhr der Kavalier, zu Raoul gewandt, fort, »mein Vater ist der Marschall von Grammont.

Und da Sie jetzt wissen, mit wem Sie es zu tun haben, werden Sie mir die Ehre erweisen, mir zu sagen, wer Sie sind?«

»Ich bin Vicomte von Bragelonne«, antwortete Raoul errötend, da er nicht, wie es der Graf von Guiche getan hatte, seinen Vater nennen konnte.

»Vicomte, Ihr Gesicht, Ihre Güte und Ihr Mut nehmen mich für Sie ein. Meine ganze Dankbarkeit gehört Ihnen. Umarmen wir uns, ich bitte um Ihre Freundschaft.«

»Und wohin führt Sie der Weg, Vicomte?«, fragte de Guiche nach einer Weile.

»In die Armee des Prinzen, Graf.«

»Und mich desgleichen«, rief der junge Mann außer sich vor Freude. »Umso besser, wir werden den ersten Schuss zusammen abfeuern.«

»Aber jetzt müssen Sie erst Ihre Kleidung wechseln«, bemerkte der Hofmeister. »Ihre Diener, denen ich gleich, als sie aus der Fähre stiegen, Befehle erteilt habe, müssen bereits im Ausspann angelangt sein. Wäsche und Wein werden gewärmt, kommen Sie.«

Was Olivain betraf, so war er der Einzige, den diese schöne Tat seines Herrn nicht völlig befriedigte. Er wrang die Ärmel und Schöße seines Rocks aus und dachte dabei, dass ein Aufenthalt in Compiègne ihn nicht allein vor dem eben überstandenen Zwischenfall, sondern überdies vor der Lungenentzündung und dem Rheumatismus bewahrt hätte, die natürlich die Folge sein mussten.

Das Scharmützel

Der Aufenthalt in Noyen war kurz, beide schliefen fest und tief. Raoul hatte befohlen, ihn zu wecken, wenn Grimaud käme, aber Grimaud kam nicht. Der Graf von Guiche wurde um fünf Uhr früh von Raoul geweckt, der kam, um ihm guten Morgen zu wünschen. Sie frühstückten in aller Eile und hatten um sechs Uhr bereits zwei Meilen hinter sich.

Die Unterhaltung des jungen Grafen war für Raoul ungemein interessant. Daher hörte er viel zu, während der junge Graf unaufhörlich erzählte. In Paris aufgewachsen, wohin Raoul nur ein einziges Mal gekommen war, am Hofe, den Raoul nie erlebt hatte, seine Torheiten als Page, zwei Duelle, die er ungeachtet der Verbote und vor allem seinem Hofmeister zum Trotz bereits hatte austragen können – all das war für Raoul ungewöhnlich und hörenswürdig. Raoul war ja nur bei Monsieur Scarron gewesen, und er nannte de Guiche die Leute, die er dort getroffen hatte. Guiche kannte alle und spottete mit Witz über alle. Raoul zitterte davor, dass er womöglich auch über Madame de Chevreuse spotten würde, für die er eine aufrichtige und tiefe Zuneigung empfand, aber mochte es Instinkt oder Sympathie für die Herzogin von Chevreuse sein, über sie sprach er in den höchsten Tönen, so dass diese Lobreden Raouls freundschaftliche Gefühle für den Grafen noch steigerten.

Dann kam er zu den Aufmerksamkeiten gegen Damen und den Liebschaften. Und auch hier hatte Bragelonne viel mehr zu hören, als zu sagen. Also lauschte er, und ihm schien, als entdecke er hinter drei, vier recht durchsichtigen Liebesabenteuern, dass der Graf wie er selbst am Grunde seines Herzens ein Geheimnis barg.

Der Tag verging ihnen so rasch wie eine Stunde. Gegen vier Uhr nachmittags hielten sie ihre mehr als am Vortag geschonten Pferde in Arras an. Sie näherten sich dem Kriegsschauplatz und beschlossen, bis zum nächsten Morgen in dieser Stadt zu bleiben, da spanische Streifkorps mitunter die Nacht ausnutzten, um Aufklärungszüge bis in die Umgebung von Arras zu unternehmen.

Die französische Armee erstreckte sich von Pont-à-Marc bis Valenciennes und war im Begriff, wieder nach Douai vorzustoßen. Es hieß, der Prinz selbst befinde sich in Béthune.

Die feindliche Armee stand von Cassel bis Courtray, und da die Soldaten jederlei Plünderungen und Gewalttaten begingen, verließen die armen Leute an der Grenze ihre abgelegenen Wohnstätten und suchten Zuflucht in den befestigten Städten, die ihnen Schutz versprachen. In Arras wimmelte es daher von Flüchtlingen.

Man sprach von einer bevorstehenden Schlacht, die entscheidend werden sollte, denn bisher hatte der Prinz nur in Erwartung der Verstärkungen manövriert, die endlich eingetroffen waren. Die jungen Leute beglückwünschten sich, dass sie zu so gelegener Zeit angekommen waren.

Am Morgen verbreitete sich das Gerücht, der Prinz von Condé habe Béthune geräumt und sich nach Carvin zurückgezogen, die Besatzung jedoch in der erstgenannten Stadt zurückgelassen. Doch da diese Nachricht nicht zuverlässig war, beschlossen die jungen Leute, ihren Weg nach Béthune fortzusetzen, auf die Gefahr hin, sich unterwegs schräg nach rechts in Richtung Carvin wenden zu müssen. Der Erzieher des Grafen von Guiche kannte die Gegend wie seine Tasche, deshalb schlug er vor, den geraden Weg zwischen der Straße nach Lens und der nach Béthune zu nehmen. In Ablain wollten sie Erkundigungen einholen und für Grimaud einen Hinweis auf ihre Route hinterlassen.

Gegen sieben Uhr früh brachen sie auf und erreichten Ablain ohne Zwischenfall. Dort erkundigten sie sich und erfuhren, dass der Prinz tatsächlich Béthune den Rücken gekehrt habe und sich zwischen Cambrin und La Venthie aufhalte. Sie ließen also für Grimaud die Karte mit der Marschroute zurück und machten sich wieder auf den bereits eingeschlagenen Weg, der den kleinen Trupp nach einer halben Stunde zum Ufer eines Nebenflüsschens der Lys führte.

Es war eine bezaubernde, von smaragdgrünen Tälern durchschnittene Gegend, durch die sie kamen. Hin und wieder drang der Pfad, dem sie folgten, in ein Wäldchen ein, und jedes Mal ließ dann der Hofmeister aus Vorsicht gegen einen Hinterhalt die zwei Diener des Grafen die Spitze des Zuges einnehmen, so dass sie auf diese Weise die Vorhut bildeten. Der Hofmeister und die beiden jungen Leute stellten das Armeekorps dar, und Olivain, den Karabiner überm Knie und aufmerksam spähend, deckte als Nachtrab den Rücken.

Seit einiger Zeit zeichnete sich ein ziemlich dichter Wald am Horizont ab. Als sie auf hundert Schritt herangekommen waren, ergriff Monsieur d'Arminges die schon gewohnten Vorsichtsmaßregeln und schickte die beiden Diener des Grafen voraus. Die Diener verschwanden unter den Bäumen, und die beiden jungen Leute mit dem Erzieher folgten ihnen lachend und plaudernd in einer Entfernung von fast hundert Schritt; Olivain hielt einen ebenso großen Abstand ein. Plötzlich krachten fünf oder sechs Musketenschüsse. Der Erzieher schrie: »Halt!«, die beiden jungen Leute gehorchten und hielten ihre Pferde an. Im selben Augenblick sahen sie die beiden Diener im Galopp zurückkehren. Ungeduldig, die Ursache der Musketensalve zu erfahren, trieben die beiden jungen Männer ihre Pferde den Dienern entgegen. Der Erzieher folgte ihnen.

»Seid ihr aufgehalten worden?«, fragten der Graf und Raoul begierig.

»Nein«, antworteten die Diener, »wahrscheinlich hat man uns nicht einmal gesehen. Die Schüsse gingen hundert Schritt vor uns los, ungefähr da, wo der Wald am dichtesten ist. Wir sind zurückgekommen, um zu fragen, was wir tun sollen.«

»Mein Rat«, sagte Monsieur d'Arminges, »und, wenn nötig, sogar mein Wille ist es, dass wir den Rückzug antreten. Der Wald kann einen Hinterhalt bergen.«

»Habt ihr denn nichts gesehen?«, fragte der Graf die Diener.

»Mir war so, als sähe ich in Gelb gekleidete Reiter, die sich ins Flüsschen hinabließen«, erwiderte der eine.

»Dann sind wir auf ein spanisches Streifkorps gestoßen«, sagte der Erzieher. »Zurück, Messieurs, zurück!«

Die beiden jungen Leute verständigten sich mit einem Blick aus den Augenwinkeln, als sie einen Pistolenschuss vernahmen, dem Hilfeschreie folgten. Durch einen letzten Blick vergewisserten sich der Graf und Raoul, dass sie beide nicht zum Rückzug geneigt waren, und da der Erzieher bereits kehrtgemacht hatte, gaben sie ihren Pferden die Sporen, wobei Raoul rief: »Zu mir, Olivain!« und der Graf von Guiche: »Zu mir, Urbain und Blanchet!« Und ehe sich der Erzieher von seiner Überraschung erholt hatte, waren sie bereits im Wald verschwunden, nicht ohne vorher ihre Pistolen aus dem Halfter gezogen zu haben.

Fünf Minuten später waren sie an dem Ort, von dem der Lärm anscheinend ausgegangen war. Sie ließen ihre Pferde langsamer gehen und ritten vorsichtig näher.

»Still!«, sagte de Guiche. »Reiter.«

»Ja, drei, und drei sind abgesessen.«

»Was machen sie? Können Sie etwas erkennen?«

»Ja, es sieht mir so aus, als durchstöberten sie einem Verwundeten oder Toten die Taschen.«

»Ein gemeiner Meuchelmord«, sagte de Guiche.

»Immerhin sind es Soldaten«, entgegnete Bragelonne.

»Ja, aber Freischärler, also Straßenräuber.«

»Auf sie!«, sagte Raoul.

»Messieurs!«, rief der arme Hofmeister, der inzwischen herangekommen war. »Messieurs, um Himmels willen …!«

Aber die jungen Leute hörten ihn nicht. Sie waren einander ebenbürtig, und das Geschrei des Hofmeisters hatte kein anderes Ergebnis, als die Spanier aufmerksam zu machen. Sogleich sprengten die drei berittenen Freischärler den jungen Leuten entgegen, während die drei anderen ihr Werk vollendeten, die beiden Überfallenen auszuplündern; denn als de Guiche und Raoul näher kamen, sahen sie nicht nur einen, sondern zwei am Boden liegen.

Auf zehn Schritt feuerte de Guiche als Erster und verfehlte seinen Mann. Nun schoss der Spanier, der auf Raoul zukam, und Raoul spürte in seinem linken Arm einen Schmerz wie von einem Peitschenhieb. Auf vier Schritt feuerte er nun sein Pistol ab, und der mitten in die Brust getroffene Spanier streckte die Arme aus und fiel rückwärts aufsein Pferd, das umkehrte und ihn davontrug.

In diesem Augenblick sah Raoul wie durch eine Wolke den Lauf einer Muskete auf sich gerichtet. Da fiel ihm ein, was Athos ihm geraten hatte; durch eine blitzschnelle Bewegung ließ er sein Pferd bäumen, und der Schuss ging los. Das Pferd machte einen Satz zur Seite, brach mit allen vieren gleichzeitig zusammen und stürzte zu Boden, wobei es Raouls Bein unter sich begrub.

Die Muskete am Lauf gepackt, um Raoul mit dem Kolben den Schädel einzuschlagen, stürmte der Spanier vor. Unglücklicherweise konnte Raoul in seiner behinderten Lage weder den Degen aus der Scheide noch das Pistol aus dem Halfter ziehen. Er sah den Musketenkolben über seinem Kopf und schloss unwillkürlich die Augen, als de Guiche mit einem Satz bei dem Spanier war und ihm das Pistol an die Kehle setzte.

»Ergeben Sie sich, oder Sie sind des Todes!«, befahl er.

Die Muskete entfiel den Händen des Soldaten, der sich auf der Stelle ergab. Guiche rief einen von seinen Dienern herbei, übergab ihm den Gefangenen mit dem Befehl, ihm eine Kugel vor den Kopf zu schießen, falls er zu fliehen versuche, sprang vom Pferd und ging zu Raoul.

»Meiner Treu, Monsieur«, lachte Raoul, obgleich seine Blässe die bei einem ersten Gefecht unvermeidliche Aufregung verriet, »Sie bezahlen Ihre Schulden schnell und haben mir nicht lange zu Dank verpflichtet sein wollen. Ohne Sie«, fügte er hinzu, indem er die Worte des Grafen wiederholte, »wäre ich tot.«

»Da mein Gegner die Flucht ergriff«, erwiderte de Guiche, »hatte ich freie Hand und konnte Ihnen zu Hilfe eilen. Aber Sie sind blutüberströmt, sind Sie schwer verwundet?«

»Ich glaube, ich habe einen Kratzer am Arm abbekommen«, antwortete Raoul. »Helfen Sie mir bitte unter meinem Pferd hervor, dann wird uns hoffentlich nichts hindern, unsern Weg fortzusetzen.«

Monsieur d'Arminges und Olivain waren bereits abgesessen und hoben das Pferd an, das in seinem Todeskampf um sich schlug. Es gelang Raoul, seinen Fuß aus dem Steigbügel und das Bein unter dem Pferd hervorzuziehen, und im Nu stand er aufrecht.

»Nichts gebrochen?«, fragte de Guiche.

»Nein, Gott sei Dank nichts«, erwiderte Raoul. »Aber was ist mit den Unglücklichen, die von den Schurken ermordet wurden?«

»Wir sind zu spät gekommen, ich glaube, sie sind tot, und das Pack hat die Flucht ergriffen und die Beute mitgenommen. Meine beiden Diener sind bei den Leichen.«

»Wir wollen sehen, ob sie vielleicht noch nicht ganz tot sind und ob man ihnen nicht doch noch helfen kann«, sagte Raoul. »Olivain, wir haben zwei Pferde geerbt, aber ich habe meins eingebüßt. Nimm das beste von den beiden für dich und gib mir deines.«

Damit näherten sie sich der Stelle, wo die Opfer lagen.

Der Mönch

Sie fanden zwei Männer; der eine, von drei Kugeln durchbohrt und in seinem Blut schwimmend, lag reglos mit dem Gesicht nach unten … Dieser war tot. Der andere, von den beiden Dienern mit dem Rücken an einen Baum gesetzt, hatte die Augen zum Himmel erhoben, die Hände gefaltet und betete inbrünstig … er hatte eine Kugel in den Oberschenkel abbekommen.

Die beiden jungen Leute gingen zuerst zu dem Toten und sahen sich erstaunt an. »Ein Priester«, sagte Bragelonne, »er hat eine Tonsur. Oh, diese Verfluchten, die ihre Hand gegen die Diener Gottes erheben!«

»Kommen Sie hierher, Monsieur«, rief Urbain, ein alter Soldat, der alle Feldzüge unter dem herzoglichen Kardinal mitgemacht hatte, »kommen Sie hierher … bei dem andern ist nichts mehr zu machen, während man diesen vielleicht noch retten kann.«

Der Verwundete lächelte traurig. »Mich retten? Nein«, sagte er, »aber mir helfen zu sterben.«

»Sind Sie ein Priester?«, fragte Raoul.

»Nein, Monsieur.«

»Denn Ihr unglücklicher Gefährte scheint mir der Kirche angehört zu haben«, erläuterte Raoul.

»Er ist der Curé von Béthune, Monsieur, er wollte die geweihten Gefäße seiner Kirche und den Schatz des Domkapitels an einen sicheren Ort bringen, denn gestern hat der Prinz unsere Stadt verlassen, und morgen sind vielleicht die Spanier drin. Da es bekannt war, dass feindliche Streifkorps das Land durchzogen, und da die Mission gefährlich war, wagte ihn niemand zu begleiten, und da habe ich mich erboten.«

»Und diese Schurken haben euch überfallen, diese Lumpen haben auf einen Priester geschossen!«

»Messieurs«, sagte der Verwundete, während er um sich blickte, »ich leide sehr, und doch möchte ich gern in ein Haus gebracht werden.«

»Wo man Ihnen Beistand leisten könnte?«, fragte de Guiche.

»Nein, wo ich beichten könnte.«

»Aber vielleicht sind Sie nicht so gefährlich verletzt, wie Sie glauben?«, sagte Raoul.

»Monsieur«, entgegnete der Verwundete, »glauben Sie mir, ich habe keine Zeit zu verlieren, die Kugel hat den Oberschenkelhals durchschlagen und ist bis in die Eingeweide gedrungen.«

»Sind Sie Arzt?«, fragte de Guiche.

»Nein«, antwortete der Todgeweihte, »aber ich kenne mich ein wenig in Verwundungen aus, und meine ist tödlich. Versuchen Sie daher, mich irgendwohin zu schaffen, wo ich einen Priester finde, oder nehmen Sie die Mühe auf sich, mir einen herzubringen, Gott wird Ihnen diese fromme Tat lohnen. Meine Seele bedarf der Rettung, denn mein Leib ist verloren.«

»Beruhigen Sie sich, Monsieur«, sagte de Guiche, »ich schwöre Ihnen, dass Sie den Trost erhalten werden, nach dem es Sie verlangt. Sagen Sie mir nur, wo es hier ein Haus gibt, in dem wir um Hilfe bitten, und ein Dorf, aus dem wir einen Priester holen könnten.«

»Vielen Dank, und Gott vergelte es Ihnen! Eine halbe Meile von hier befindet sich eine Herberge, und fast eine Meile von dort entfernt werden Sie das Dorf Greney finden. Suchen Sie den Curé auf, und wenn er nicht daheim ist, dann gehen Sie in das Augustinerkloster, das letzte Haus des Fleckens auf der rechten Seite, und bringen Sie mir einen Ordensbruder. Was liegt schon daran, ob es ein Mönch oder ein Curé ist, wenn er nur von unserer heiligen Kirche die Befugnis erhalten hat, in articulo mortis zu absolvieren.«

»Monsieur d'Arminges«, sagte de Guiche, »bleiben Sie bei dem unglücklichen Menschen und passen Sie auf, dass er so sacht wie möglich transportiert wird. Lassen Sie aus Ästen eine Tragbahre machen, und legen Sie unsere Mäntel darauf, zwei von unsern Dienern werden ihn tragen, und der dritte soll sich bereithalten, den Platz dessen einzunehmen, der müde wird. Der Vicomte und ich werden einen Priester holen.«

Und so galoppierten die beiden jungen Leute in der angegebenen Richtung davon, während der Erzieher des Grafen von Guiche die Anfertigung der Tragbahre leitete.

Nach zehn Minuten bemerkten der Graf und der Vicomte die Herberge. Ohne vom Pferd zu steigen, rief Raoul den Wirt, sagte ihm, dass man ihm einen Verwundeten bringen werde, und bat ihn, unterdessen alles für seine Pflege vorzubereiten, also ein Bett, Verbandzeug, Scharpie, und forderte ihn überdies auf, falls er in der Umgebung einen Arzt kenne, diesen holen zu lassen, er werde sich dem Boten erkenntlich zeigen.

Angesichts der beiden reich gekleideten Herren versprach der Wirt, alles zu tun, was sie von ihm wünschten, und nachdem unsere beiden Kavaliere den Beginn der Vorbereitungen für den Empfang abgewartet hatten, machten sie sich abermals auf den Weg und ritten in schnellem Tempo nach Greney.

Sie hatten mehr als eine Meile hinter sich und erkannten bereits die ersten Häuser des Dorfes, deren rote Ziegeldächer sich lebhaft von den grünen Bäumen in ihrem Umkreis abhoben, als sie einen armen Mönch bemerkten, den sie wegen seines großen Hutes und seiner grauwollenen Kutte für einen Augustiner hielten und der ihnen auf einer Mauleselin entgegenkam. Der Zufall schien ihnen zu schicken, was sie suchten.

Sie näherten sich dem Mönch. Er war ein Mann von zwei- oder dreiundzwanzig Jahren, aber die asketischen Übungen hatten sein Äußeres älter gemacht. Er war bleich, nicht von dieser matten Blässe, die schön ist, sondern von einem galligen Gelb. Sein kurzes Haar, das kaum unter dem Hutrand hervorschaute, war fahlblond, und seine hellblauen Augen schienen blicklos zu sein.

»Monsieur«, redete ihn Raoul mit seiner gewohnten Höflichkeit an, »sind Sie Geistlicher?«

»Warum fragen Sie mich das?«, erwiderte der Fremde mit nahezu unhöflicher Gleichgültigkeit.

»Um es zu wissen«, versetzte de Guiche hochmütig.

Der Fremde stieß die Mauleselin mit dem Absatz und setzte seinen Weg fort. De Guiche war mit einem Sprung vor ihm und versperrte ihm die Straße. »Antworten Sie, Monsieur!«, fuhr er ihn an. »Man hat Sie höflich gefragt, und jede Frage ist einer Antwort wert.«

»Ich denke, es steht mir frei, ob ich den erstbesten Leuten, die gelaunt sind, mich auszufragen, sage, wer ich bin, oder nicht.«

De Guiche bezähmte mit großer Mühe das wütende Verlangen, dem Mönch die Knochen zu zerbrechen. »Zunächst«, sagte er mit krampfhafter Selbstbeherrschung, »sind wir keine erstbesten Leute, mein Freund hier ist der Vicomte von Bragelonne, und ich bin der Graf von Guiche. Und es ist auch keine Laune von uns, dass wir Ihnen diese Frage stellen, denn es handelt sich um einen Verwundeten, der im Sterben liegt und den Beistand der Kirche erbittet. Sind Sie Priester, dann fordere ich Sie im Namen der Menschlichkeit auf, mir zu folgen und diesem Mann zu helfen; sind Sie es nicht, dann ist das etwas anderes. Dann sage ich Ihnen im Namen der Höflichkeit, von der Sie keine Ahnung zu haben scheinen, dass ich Sie für Ihre Unverschämtheit züchtigen werde.«

Die Blässe des Mönchs wurde fahl, und er lächelte auf so merkwürdige Weise, dass Raoul, der ihn nicht aus den Augen ließ, das Gefühl hatte, als beklemme ihm dieses Lächeln das Herz wie eine Beleidigung.

»Das ist irgendein spanischer oder flandrischer Spion«, sagte er und legte die Hand um den Kolben seines Pistols.

Ein drohender und aufblitzender Blick antwortete ihm.

»Nun, Monsieur, wollen Sie antworten?«, fragte de Guiche.

»Ich bin Priester, Messieurs«, sagte der junge Mann. Und sein Gesicht wurde wieder gleichgültig.

»Dann haben Sie hier eine Gelegenheit, Ihres Amtes zu walten, Pater«, sagte Raoul, »ein unglücklicher Verwundeter bittet um den Beistand eines Priesters.«

»Ich komme«, erwiderte der Mönch. Und er spornte seine Mauleselin an.

»Wir wollen ihm folgen«, sagte de Guiche, »das ist sicherer.« Und sie richteten ihr Tempo nach dem des Mönchs, dem sie auf Pistolenschussweite folgten.

Nach fünf Minuten drehte sich der Mönch um, weil er feststellen wollte, ob sie ihm nachritten oder nicht. »Sie sehen, dass wir gut daran taten«, bemerkte Raoul.

»Was für ein abscheuliches Gesicht dieser Mönch hat!«, sagte der Graf von Guiche. »Die Mönche sind so entwürdigenden Übungen unterworfen. Die Fasten machen sie bleich, die Geißelungen zu Heuchlern, und weil sie den Gütern des Lebens nachweinen, die sie verloren haben und die wir genießen, werden ihre Augen trübe.«

»Welch ein Unglück für den armen Verwundeten, unter den Händen eines solchen Kuttenträgers zu sterben!«

»Ach was!«, entgegnete de Guiche. »Die Absolution kommt nicht von dem, der sie erteilt, sondern von Gott. Doch wenn ich ehrlich sein soll, möchte ich lieber unbußfertig sterben als einen solchen Beichtvater haben.«

Sie erblickten bereits die kleine Herberge und sahen von der anderen Seite den von Monsieur d'Arminges geführten Zug mit dem Verwundeten kommen. Zwei Mann trugen den Todgeweihten, der dritte hielt die Pferde am Zügel. Die jungen Leute gaben den ihren die Sporen.

»Da ist der Verwundete«, sagte de Guiche, als er an dem Augustinermönch vorbeikam, »haben Sie die Güte, sich ein wenigzu beeilen, Herr Mönch.« Damit ritt er weiter zu dem Verletzten und brachte ihm die gute Nachricht, dass gleich ein Beichtvater zur Stelle sein werde.

»Wir haben nun alles für Sie getan, was wir konnten«, sagten die jungen Leute zu ihm, »und da wir es eilig haben, zur Armee des Prinzen zu kommen, wollen wir unsern Weg fortsetzen. Sie entschuldigen uns, nicht wahr, Monsieur? Es soll eine Schlacht bevorstehen, und wir möchten nicht erst morgen unser Ziel erreichen.«

»Reitet nur immer, ihr lieben jungen Herren«, entgegnete der Verwundete, »und seid beide gesegnet für euer Erbarmen.«

»Monsieur«, sagte de Guiche zu seinem Erzieher, »wir reiten schon vor, auf der Straße nach Cambrin werden Sie uns einholen.«

Der Wirt stand an der Tür und hatte alles vorbereitet, Bett, Verbandzeug und Scharpie, und ein Stallknecht war fort, um aus Lens, der nächsten Stadt, einen Arzt zu holen.

»Gut«, sagte der Herbergswirt, »es wird alles getan, wie Sie es wünschen. Aber«, fuhr er, zu Bragelonne gewandt, fort, »wollen Sie nicht bleiben, um Ihre Wunde verbinden zu lassen?«

»Oh, meine Wunde hat nichts zu bedeuten«, erwiderte der Vicomte, »die hat Zeit. Beim nächsten Aufenthalt werde ich mich damit beschäftigen. Tun Sie mir nur den Gefallen, wenn ein Reiter kommt und sich bei Ihnen nach einem jungen Mann auf einem Fuchs erkundigt, der von einem Diener begleitet wird, dann sagen Sie ihm bitte, dass Sie mich gesehen haben, aber ich wäre weitergeritten und rechnete damit, in Mazingarbe zu Mittag zu essen und in Cambrin zu übernachten. Der Reiter ist mein Diener.«

»Wäre es nicht besser und sicherer, wenn ich ihn nach seinem Namen fragte und wenn Sie mir den Ihren sagten?«, wandte der Wirt ein.

»Richtig, es ist nicht von Übel, noch umsichtiger zu sein«, erwiderte Raoul, »ich bin Vicomte de Bragelonne, und er heißt Grimaud.«

Und während sie davonritten, trugen die beiden Diener die Bahre ins Haus. Der Wirt und seine Frau, die herbeigelaufen war, standen auf der Vortreppe. Der unglückliche Verwundete schien grausame Schmerzen zu leiden, und dennoch beschäftigte ihn nur das eine – ob der Mönch ihm auch folge.

Beim Anblick des bleichen, blutüberströmten Mannes griff die Frau heftig nach dem Arm ihres Mannes.

»Was ist?«, fragte dieser. »Wird dir womöglich schlecht?«

»Nein, aber sieh doch nur!«, sagte die Wirtin, während sie auf den Verwundeten zeigte.

»Wahrhaftig!«, antwortete der Mann. »Er scheint sehr krank zu sein.«

»Das meine ich nicht«, erklärte die Frau, am ganzen Leibe zitternd, »ich meine, ob du ihn erkennst!«

»Tatsächlich!«, rief der Wirt. »Ein Unglück für unser Haus, es ist der ehemalige Henker von Béthune.«

»Der ehemalige Henker von Béthune?«, murmelte der junge Mönch vor sich hin. Er blieb stehen, und auf seinem Gesicht sah man den Widerwillen, den ihm sein Beichtkind einflößte. Trotzdem setzte er sodann schweigend seinen Weg zu dem Zimmer im Erdgeschoss fort, in dem die beiden Diener den Sterbenden bereits auf ein Bett gelegt hatten. Als sie den Gottesdiener kommen sahen, gingen sie hinaus und schlossen die Tür hinter dem Mönch und dem Todgeweihten. D'Arminges und Olivain erwarteten sie. Sie saßen auf, und alle vier trabten den Weg entlang, an dessen äußerstem Ende Raoul und sein Gefährte bereits verschwunden waren. In dem Augenblick, als auch der Hofmeister und seine Begleiter verschwanden, hielt ein neuer Reisender vor der Herberge.

»Was wünscht der Herr?«, fragte der Wirt, noch bleich und zitternd wegen der eben gemachten Entdeckung.

Der Reisende antwortete durch eine Gebärde, dass er zu trinken wünsche, stieg ab, zeigte aufsein Pferd und bedeutete dem Wirt, es abzureiben.

Ach, zum Teufel! sagte sich der Wirt. Mir scheint, der ist stumm.

»Und wo wollen Sie trinken?«, fragte er.

»Hier«, erwiderte der Reisende und zeigte auf einen Tisch.

Ich habe mich geirrt, dachte der Wirt, er ist gar nicht stumm. Und er verbeugte sich, holte eine Flasche Wein und Biskuits und stellte sie vor seinen schweigsamen Gast. »Wünscht der Herr sonst noch etwas?«, fragte er.

»Allerdings«, antwortete der Reisende.

»Und was wünscht der Herr?«

»Zu wissen, ob ein junger Edelmann von fünfzehn Jahren auf einem Fuchs und in Begleitung eines Dieners hier vorbeigekommen ist.«

»Der Vicomte de Bragelonne?«

»Richtig.«

»Dann heißen Sie wohl Monsieur Grimaud?«

Der Reisende nickte.

»Nun«, sagte der Wirt, »Ihr junger Herr war vor einer knappen Viertelstunde hier. Er wird in Mazingarbe zu Mittagessen und in Cambrin übernachten.«

»Wie weit ist es bis Mazingarbe?«

»Zweieinhalb Meilen.«

»Danke.«

Überzeugt, seinen jungen Herrn vor Tagesende einzuholen, wurde Grimaud ruhiger, wischte sich die Stirn ab und goss sich ein Glas Wein ein, das er schweigend trank. Er hatte sein Glas auf den Tisch gestellt und schickte sich an, es ein zweites Mal zu füllen, als aus dem Zimmer, in dem der Mönch bei dem Sterbenden weilte, ein fürchterlicher Schrei erscholl.

Grimaud sprang auf. »Was ist das?«, fragte er. »Woher kommt dieser Schrei?«

»Aus dem Zimmer des Verwundeten«, antwortete der Wirt.

»Welches Verwundeten?«

»Des früheren Henkers von Béthune, der von spanischen Freischärlern überfallen wurde. Man hat ihn hierher gebracht, und er beichtet gerade einem Augustinermönch. Anscheinend leidet er sehr.«

»Der frühere Henker von Béthune?«, murmelte Grimaud, während er in seinem Gedächtnis kramte. »Ein Mann zwischen fünfundfünfzig und sechzig Jahren, groß, kräftig, sonnverbrannt, schwarzes Haar und schwarzer Bart?«

»Stimmt, nur ist sein Bart grau und sein Haar weiß geworden. Kennen Sie ihn?«, fragte der Wirt.

»Ich habe ihn einmal gesehen«, erwiderte Grimaud, dessen Stirn sich bei dem Bild, das ihm die Erinnerung bot, verdüsterte.

Zitternd kam die Frau angelaufen. »Hast du gehört?«, fragte sie ihren Mann.

»Ja«, antwortete er, während er beunruhigt nach der Tür sah. Im selben Augenblick war ein weniger lauter, aber von einem langen Stöhnen gefolgter Schrei zu vernehmen. Alle drei sahen sich bebend an.

»Man muss nachschauen, was das bedeutet«, sagte Grimaud.

»Es klingt, als werde einer erwürgt«, murmelte der Wirt.

»Jesus!«, rief die Frau und bekreuzigte sich.

Wenn Grimaud auch wenig sprach, so weiß man doch, dass er groß im Handeln war. Er stürzte zur Tür und rüttelte heftig an ihr, aber sie war von innen verriegelt.

»Öffnen Sie!«, schrie der Wirt. »Öffnen Sie, Herr Mönch, öffnen Sie unverzüglich!«

Niemand antwortete.

»Öffnen Sie, oder ich schlage die Tür ein!«, rief Grimaud.

Abermals Schweigen.

Grimaud schaute um sich, und sein Blick fiel auf ein Stemmeisen, das zufällig in einer Ecke lag. Er sprang hin, und ehe sich der Wirt seiner Absicht widersetzen konnte, hatte er die Tür aufgebrochen.

Das Zimmer war von Blut überschwemmt, das durch die Matratze sickerte, der Verwundete röchelte nur noch, der Mönch war verschwunden.

»Der Mönch?«, schrie der Wirt. »Wo ist der Mönch?«

Grimaud stürzte zu dem offenen Fenster, das auf den Hof führte.

»Durch das Fenster ist er entflohen«, rief er.

»Glauben Sie?«, fragte der Wirt bestürzt. »Sieh nach, ob die Mauleselin des Mönchs im Stall ist.«

»Keine Mauleselin mehr!«, rief der Knecht, zu dem er gesprochen hatte.

Grimaud trat zu dem Verwundeten und betrachtete seine strengen und scharf ausgeprägten Züge, die ihm eine so furchtbare Erinnerung zurückriefen. »Kein Zweifel«, sagte er, nachdem er ihn eine Weile düster und stumm angeblickt hatte, »er ist es.«

»Lebt er noch?«, fragte der Wirt.

Grimaud öffnete, ohne zu antworten, den Rock des Mannes, um das Herz zu fühlen, während der Wirt herankam. Plötzlich wichen beide zurück, der Wirt stieß einen Entsetzensschrei aus, Grimaud erbleichte.

Die Klinge eines Dolches war dem Henker auf der linken Seite bis zum Heft in die Brust gestoßen worden.

Die Absolution

Folgendes hatte sich zugetragen:

Nachdem der Mönch eingetreten war, hatte er sich dem Kopfende des Bettes genähert, in dem der Verwundete lag. Der Henker prüfte mit jenem raschen Blick der Sterbenden, die keine Zeit zu verlieren haben, das Gesicht dessen, der sein Tröster sein sollte, und ließ seine Überraschung erkennen. »Sie sind noch sehr jung, mein Vater«, sagte er.

»Menschen, die mein Gewand tragen, haben kein Alter«, erwiderte der Mönch schroff.

»Ach, sprechen Sie freundlicher mit mir, mein Vater«, bat der Verwundete, »ich habe in meinen letzten Augenblicken einen Freund nötig.«

»Leiden Sie sehr?«, fragte der Mönch.

»Ja, aber mehr als mein Körper leidet meine Seele.«

»Wir werden Ihre Seele retten«, sagte der junge Mann. »Aber sind Sie tatsächlich der Henker von Béthune, wie diese Leute behaupteten?«

»Das heißt«, erwiderte der Verwundete rasch, da er zweifellos fürchtete, der Name Henker könne ihn um den letzten Beistand bringen, den er verlangte, »ich war es, bin es aber nicht mehr. Vor fünfzehn Jahren habe ich mein Amt niedergelegt. Ich spiele zwar bei Hinrichtungen noch eine Rolle, schlage aber nicht mehr selber zu, o nein!«

»Ihr Beruf flößt Ihnen also Entsetzen ein?«

Der Henker stieß einen tiefen Seufzer aus.

»Solange ich nur im Namen des Gesetzes und des Gerichts geköpft habe«, antwortete er, »hat mich mein Beruf ruhig schlafen lassen, denn ich stand ja unter dem Schutz von Gesetz und Gericht, aber seit jener schrecklichen Nacht, in der ich einer persönlichen Rache als Werkzeug diente und mit Widerwillen das Schwert gegen ein Gottesgeschöpf erhob, seit damals …«

Der Henker hielt inne und schüttelte mit verzweifelter Miene den Kopf.

»Sprechen Sie«, sagte der Mönch, der sich ans Fußende des Bettes gesetzt hatte und sich für den Bericht, der sich so merkwürdig anließ, zu interessieren begann.

»Ach!«, rief der Sterbende mit der ganzen Erregung eines lange unterdrückten Schmerzes, der sich endlich Bahn bricht. »Durch zwanzig Jahre guter Werke habe ich diese Gewissensbisse zu ersticken versucht. Ich habe die Wildheit jener abgelegt, die Blut vergießen. Bei allen möglichen Gelegenheiten habe ich mein Leben aufs Spiel gesetzt, um das Leben solcher zu retten, die in Gefahr waren, und ich habe der Erde Menschenwesen bewahrt, zum Ersatz für das, das ich ihr entriss. Das ist noch nicht alles. Die bei der Ausübung meines Berufes erworbenen Güter habe ich unter die Armen verteilt, ich bin ein fleißiger Kirchgänger geworden, die Leute, die mich flohen, haben sich an meinen Anblick gewöhnt. Alle haben mir verziehen, einige mich sogar geliebt, aber ich glaube, Gott hat mir nicht verziehen; denn die Erinnerung an jene Hinrichtung verfolgt mich unaufhörlich, und jede Nacht ist mir, als sähe ich das Gespenst jener Frau sich vor mir aufrichten.«

»Einer Frau? Sie haben also eine Frau gemordet?«, rief der Mönch.

»Ach, auch Sie!«, rief der Henker. »Auch Sie bedienen sich dieses Wortes, das mir in den Ohren dröhnt: gemordet! Ich habe also gemordet, nicht hingerichtet, ich bin also ein Mörder, kein Rächer!« Und stöhnend schloss er die Augen.

Der Mönch fürchtete zweifellos, er könne sterben, ohne noch mehr gesagt zu haben, deshalb erwiderte er rasch: »Fahren Sie fort, ich sage nichts, und wenn Sie Ihre Erzählung beendet haben, werden Gott und ich urteilen.«

»Oh, mein Vater!«, begann der Henker von neuem, ohne die Augen wieder zu öffnen, als fürchte er, etwas Schreckliches zu erblicken. »Vor allem wenn es Nacht ist und wenn ich einen Fluss überquere, packt mich mit aller Macht dieses Entsetzen, dessen ich nicht Herr zu werden vermochte. Dann ist mir, als werde mir die Hand schwer, weil ich meinen Hirschfänger noch darin halte, als nähme das Wasser die Farbe von Blut an und als vereinigten sich alle Stimmen der Natur, das Rauschen der Bäume, das Flüstern des Windes, das Plätschern der Wellen, zu der einen tränenvollen, verzweifelten, schrecklichen Stimme, die mir zuruft: ›Lassen Sie der

Gerechtigkeit Gottes ihren Lauf!‹ Diese Worte habe ich in meinem Hochmut selbst gesprochen. Nachdem ich das Werkzeug der menschlichen Gerechtigkeit gewesen war, glaubte ich, das der göttlichen Gerechtigkeit geworden zu sein.«

»Aber wie ist das alles geschehen?«, fragte der Mönch. »Sprechen Sie.«

»Eines Abends kam mich ein Mann holen, er zeigte mir einen Befehl, und ich folgte ihm. Vier weitere vornehme Herren erwarteten mich. Sie maskierten mich und führten mich fort. Ich behielt mir immer noch vor, mich zu widersetzen, wenn die von mir verlangte Verrichtung mir ungerecht erschiene. Wir legten, düster, still und fast ohne ein Wort zu wechseln, fünf oder sechs Meilen zurück, schließlich zeigten sie mir durch das Fenster einer kleinen strohgedeckten Hütte eine Frau, die mit aufgestützten Ellbogen an einem Tisch saß, und sagten: ›Diese sollen Sie hinrichten.‹«

»Wie abscheulich!«, warf der Mönch ein. »Und Sie haben gehorcht?«

»Mein Vater, diese Frau war ein Ungeheuer. Es hieß, sie habe ihren zweiten Ehemann vergiftet und versucht, ihren Schwager zu ermorden, der sich unter den Männern befand. Sie hatte auch gerade eine junge Frau, ihre Rivalin, vergiftet, und ehe sie England verließ, hatte sie, so wurde gesagt, den Günstling des Königs erdolchen lassen.«

»Buckingham?«, rief der Mönch.

»Ja, ganz recht, Buckingham.«

»Diese Frau war also eine Engländerin?«

»Nein, sie war Französin, hatte aber nach England geheiratet.«

Der Mönch erbleichte, wischte sich die Stirn und verriegelte die Tür. Der Henker glaubte, er lasse ihn im Stich, und fiel stöhnend zurück.

»Nein, nein, ich bin noch da«, sagte der Mönch, der rasch wieder zu ihm trat, »fahren Sie fort. Wer waren jene Männer?«

»Der eine war ein Ausländer, aus England, glaube ich. Die vier anderen waren Franzosen und trugen die Uniform der Musketiere.«

»Ihre Namen?«, fragte der Mönch.

»Die kenne ich nicht. Ich weiß nur, dass die vier Franzosen den Engländer Mylord nannten.«

»Und war jene Frau schön?«

»Jung und schön! Ja, ja, besonders schön. Ich sehe sie noch vor mir, wie sie zu meinen Füßen kniete und mit zurückgeworfenem Kopf betete. Ich habe seitdem nie begriffen, wie ich dieses so schöne und so bleiche Haupt abschlagen konnte.«

Der Mönch schien von einer sonderbaren Erregung gepackt zu sein. Er zitterte an allen Gliedern. Es war ihm anzumerken, dass er eine Frage stellen wollte, es jedoch nicht wagte. Schließlich brachte er nach einer heftigen Anstrengung, seiner Herr zu werden, hervor: »Wie war der Name jener Frau?«

»Ich weiß nicht. Wie gesagt, hatte sie anscheinend zweimal geheiratet, das eine Mal in Frankreich, das andere Mal in England.«

»Und sie war jung, sagen Sie?«

»Fünfundzwanzig Jahre.«

»Schön?«

»Hinreißend.«

»Blond?«

»Ja.«

»Üppiges Haar, das ihr bis auf die Schulter fiel, nicht wahr?«

»Ja.«

»Wunderbar ausdrucksvolle Augen?«

»Wenn sie wollte. O ja, genau so war sie.«

»Eine ungewöhnlich süße Stimme?«

»Woher wissen Sie das?« Der Henker stützte sich auf den Ellbogen und richtete seinen erschrockenen Blick auf den Mönch, der fahl geworden war.

»Und Sie haben sie getötet!«, sagte der Mönch. »Sie haben jenen Feiglingen, die sie nicht selbst zu töten wagten, als Werkzeug gedient! Sie hatten kein Erbarmen mit ihrer Jugend, ihrer Schönheit, ihrer Schwäche, Sie haben jene Frau getötet?«

»Ach«, erwiderte der Henker, »ich habe Ihnen schon gesagt, mein Vater, dass jene Frau unter der himmlischen Hülle einen teuflischen Geist verbarg, und als ich sie sah und mich an all das Böse erinnerte, das sie mir selbst angetan hatte …«

»Ihnen? Was hat sie Ihnen antun können? Lassen Sie hören.«

»Sie hatte meinen Bruder verführt und ins Verderben gestürzt, sie war mit ihm aus seinem Kloster geflohen.«

»Mit Ihrem Bruder?«

»Ja. Mein Bruder war ihr erster Liebhaber; sie hatte den Tod meines Bruders herbeigeführt. O mein Vater, mein Vater, sehen Sie mich nicht so an. Bin ich schuldig? Werden Sie mir nicht vergeben?«

»Doch, doch«, sagte der Mönch, »ich werde Ihnen vergeben, wenn Sie mir alles sagen. Sie müssen doch ihren Mädchennamen kennen?«

»O mein Gott!«, entgegnete der Henker. »Mein Gott, ich glaube, ich sterbe. Die Absolution, mein Vater, die Absolution!«

»Sag mir ihren Namen!«, rief der Mönch. »Dann erteile ich sie dir.«

»Anne de Bueil«, flüsterte der Verwundete.

»Anne de Bueil!«, rief der Mönch und hob beide Hände gen Himmel.

»Ja, so hieß sie, und jetzt sprechen Sie mich meiner Sünden ledig, denn ich sterbe.«

»Ich soll dich deiner Sünden ledig sprechen?«, rief der Mönch mit einem Lachen, bei dem sich dem Sterbenden die Haare sträubten. »Ich bin gar kein Priester!«

»Sie sind kein Priester?«, rief der Henker aus. »Aber was sind Sie dann?«

»Ich werde es dir sagen, Elender!«

»O Herr mein Gott!«

»Ich bin John Francis of Winter.«

»Ich kenne Sie nicht«, sagte der Henker.

»Wart nur ab, du wirst mich noch kennenlernen. Ich bin John Francis of Winter«, wiederholte er, »und jene Frau … war meine Mutter.«

Da stieß der Henker den ersten Schrei aus, jenen entsetzlichen, der draußen vernommen wurde. »Oh, vergeben Sie mir, vergeben Sie mir«, murmelte er dann, »wenn nicht im Namen Gottes, dann wenigstens in Ihrem, wenn nicht als Priester, dann wenigstens als Sohn.«

»Dir vergeben?«, rief der falsche Mönch. »Dir vergeben? Gott wird es vielleicht, ich niemals!« Damit zog er aus seiner Kutte einen Dolch und stieß ihn dem Henker in die Brust. »Da hast du meine Absolution!«

Der Henker, der sich aufgerichtet hatte, fiel zurück. Und der Mönch lief, ohne den Dolch aus der Wunde zu ziehen, zum Fenster, öffnete es, sprang hinaus, schlich zum Stall, nahm seine Mauleselin und ritt eilends durch eine Hinterpforte bis zu einem nahe gelegenen Wäldchen, wo er seine Mönchskutte abwarf, aus seinem Mantelsack einen vollständigen Kavaliersanzug hervorholte und sich ankleidete. Zu Fuß erreichte er die erste Posthalterei, wo er sich ein Pferd verschaffte und in höchster Eile seinen Weg nach Paris fortsetzte.

Grimaud spricht

»Wer sind Sie?«, fragte der Verwundete, die übermäßig groß geöffneten Augen auf Grimaud gerichtet.

»Ein alter Bekannter«, antwortete Grimaud.

Der Verwundete versuchte sich an die Züge dessen zu erinnern, der so zu ihm sprach. »Unter welchen Umständen sind wir uns begegnet?«, fragte er weiter.

»Eines Nachts, vor zwanzig Jahren. Mein Herr hatte Sie aus Béthune geholt und nach Armentières geführt.«

»Nun erkenne ich Sie«, sagte der Henker, »Sie sind einer von den vier Dienern. Woher kommen Sie?«

»Ich bin auf meinem Weg in dieser Herberge abgestiegen, damit sich mein Pferd erfrischen kann. Als Sie schrien, erzählte man mir, dass hier der Henker von Béthune verwundet läge.«

»Und der Mönch?«, fragte der Henker. »Haben Sie den Mönch gesehen?«

»Nein, er war nicht mehr da, anscheinend ist er durch dieses Fenster geflohen. Er hat Ihnen also den Dolch in die Brust gestoßen?«

»Ja«, erwiderte der Henker.

Grimaud wandte sich zum Gehen.

»Was wollen Sie tun?«, fragte der Verwundete.

»Man muss ihm nacheilen.«

»Davor hüten Sie sich!«

»Warum?«

»Jene Frau, die ich auf Ihr und Ihrer Herren Verlangen tötete …«

»Mylady?«

»Ja, richtig, Sie nannten sie Mylady … Sie war seine Mutter.«

Grimaud wankte und betrachtete den Sterbenden mit einem trüben, fast stumpfsinnigen Blick. »Er kennt also das Geheimnis?«

»Ich hielt ihn für einen Mönch und habe es ihm in der Beichte enthüllt.«

»Unseliger!«, rief Grimaud mit schweißnassem Haar bei dem bloßen Gedanken an die möglichen Folgen einer solchen Enthüllung. »Unseliger! Ich hoffe nur, Sie haben keinen Namen genannt?«

»Nein, denn ich wusste ja keinen außer dem Mädchennamen seiner Mutter, und an dem hat er sie erkannt, aber er weiß, dass sein Onkel zu den Richtern gehörte.« Erschöpft fiel er wieder zurück. Grimaud wollte ihm helfen und streckte die Hand nach dem Heft des Dolches aus, doch der Henker gebot ihm Einhalt. »Rühren Sie mich nicht an«, sagte er, »wenn Sie den Dolch herausziehen, sterbe ich.«

Grimauds Hand stockte, und plötzlich schlug er sich mit der Faust an die Stirn. »Ach, wenn dieser Mann jemals erfährt, wer die andern sind, ist mein Herr verloren.«

»Dann eilen Sie«, sagte der Henker, »und warnen Sie ihn, wenn er noch lebt. Warnen Sie auch seine Freunde, denn glauben Sie mir, mein Tod wird nicht der Ausgang dieses furchtbaren Abenteuers sein.«

»Wohin wollte er?«, fragte Grimaud.

»Nach Paris.«

»Wer hat ihn aufgehalten?«

»Zwei junge Edelleute, die auf dem Wegzur Armee waren, den Namen des einen hörte ich von seinem Kameraden, er heißt Vicomte de Bragelonne.«

»Und dieser junge Mann hat Ihnen den Mönch zugeführt?«

»Ja.«

Grimaud hob die Augen gen Himmel. »So ist es Gottes Wille?«, murmelte er. »Es ist schrecklich, und dennoch hatte jene Frau ihr Schicksal verdient. Oder sind Sie nicht mehr der Ansicht?«

»In der Sterbestunde«, antwortete der Henker, »hält man die Verbrechen anderer für klein im Vergleich mit den eigenen.« Matt schloss er die Augen.

Grimaud schwankte noch zwischen dem Mitleid, das ihm verbot, diesen Mann ohne Beistand zu lassen, und der Furcht, die ihm befahl, auf der Stelle aufzubrechen und den Grafen von La Fère zu benachrichtigen, als er Geräusche im Flur hörte und den Wirt mit dem endlich gefundenen Wundarzt eintreten sah.

Der Arzt schlug dem Verwundeten das Wams auseinander, riss das Hemd auf und legte die Brust bloß. Die Klinge war, wie gesagt, bis zum Heft eingedrungen. Der Arzt packte den Griff, und während er sie herauszog, öffnete der Verwundete die Augen mit einem Ausdruck fürchterlicher Gewissheit. Rötlicher Schaum bedeckte seine Lippen, als der Dolch entfernt war, und als er Atem holte, sprang ein Blutstrom aus der Wunde. Mit einem eigentümlichen Blick sah der Sterbende Grimaud an, röchelte erstickt und verschied.

Grimaud hob den blutüberströmten Dolch auf, der im Zimmer lag und alle entsetzte, bedeutete dem Wirt, ihm zu folgen, bezahlte seine Rechnung mit einer seines Herrn würdigen Großzügigkeit und stiegwieder aufsein Pferd.

Zuerst hatte er im Sinn, schnurstracks nach Paris zurückzukehren, doch dann dachte er daran, dass seine lange Abwesenheit Raoul beunruhigen würde, und ihm fiel ein, dass sich Raoul nur zwei Meilen voraus befand, dass er in einer Viertelstunde bei ihm sein konnte und dass es ihn keine Stunde kosten würde, ihn einzuholen, ihm alles zu erklären und wieder zurückzureiten, also setzte er sein Pferd in Galopp und stieg zehn Minuten später im »Bekränzten Maulesel« ab, dem einzigen Gasthof von Mazingarbe.

»Grimaud, mein guter Grimaud«, rief Raoul, »da bist du endlich! Aber was hast du? Warum bist du so bleich? Blut! Woher dieses Blut?«

»Von dem Unglücklichen, den Sie in der Herberge zurückgelassen haben und der in meinen Armen gestorben ist.«

»In deinen Armen? Dieser Mann? Weißt du denn nicht, wer er war? Der frühere Henker von Béthune.«

»Das weiß ich.«

»Und du kanntest ihn?«

»Ja.«

»Setzen wir uns wieder zu Tisch«, warf d'Arminges ein, der wie alle Männer jener Zeit und vor allem seines Alters nichts für Gefühlsergüsse zwischen zwei Gängen übrig hatte.

»Ja, Monsieur, Sie haben recht«, sagte Raoul. »Lass dir bringen, was du willst, Grimaud, und wenn du dich erquickt hast, werden wir uns unterhalten.«

»Nein, Monsieur, nein«, entgegnete Grimaud, »ich kann mich keinen Augenblick aufhalten, ich muss sofort nach Paris.«

»Du nach Paris? Du irrst dich, Olivain soll zurückreiten, du bleibst. So hat es der Herr Graf von La Fère angeordnet, und ich werde seinen Befehlen folgen.«

»Nicht unter diesen Umständen, Monsieur.« Damit verneigte sich Grimaud und wandte sich zur Tür, um hinauszugehen.

Wütend und zugleich beunruhigt lief ihm Raoul nach und hielt ihn am Arm zurück. »Grimaud!«, rief er. »Bleib, ich will es!«

»Dann wollen Sie, dass ich den Herrn Grafen umbringen lasse?«, versetzte Grimaud.

»Grimaud, mein Freund«, erwiderte der Vicomte, »du wirst doch nicht so gehen und mich in einer solchen Unruhe zurücklassen. Sprich, Grimaud, sprich, um Himmels willen!«

»Ich kann Ihnen nur eins sagen, Monsieur, denn was Sie von mir erfahren wollen, ist ein Geheimnis, das nicht mir gehört. Sie sind einem Mönch begegnet, nicht wahr?«

»Ja.«

Die beiden jungen Leute sahen sich erschrocken an.

»Sie haben ihn zu dem Verwundeten geführt?«

»Ja.«

»Dann hatten Sie also Zeit, ihn zu betrachten?«

»Ja.«

»Und würden ihn vielleicht wiedererkennen, wenn Sie ihm noch einmal begegneten?«

»O ja, ich schwöre es«, antwortete Raoul.

»Ich desgleichen«, sagte de Guiche.

»Nun«, fuhr Grimaud fort, »wenn Sie ihm jemals wiederbegegnen, wo es auch immer sein mag, unterwegs, auf der Straße, in einer Kirche, dann zertreten Sie ihn ohne Erbarmen, wie Sie es mit einer Viper, einer Schlange, einer Natter tun würden, zertreten Sie ihn und lassen Sie nicht von ihm ab, ehe er tot ist. Ich bin um das Leben von fünf Männern besorgt, solange er lebt.«

Und ohne noch ein einziges Wort hinzuzufügen, benutzte Grimaud das Erstaunen und Entsetzen, das er unter seinen Zuhörern verbreitet hatte, um aus dem Zimmer zu eilen.

Am Vorabend der Schlacht

Raoul wurde aus seinen düsteren Betrachtungen, in die ihn Grimauds Worte gestürzt hatten, durch den Wirt gerissen, der mit dem Ruf: »Die Spanier! Die Spanier!« ins Zimmer platzte.

Diese Mitteilung war ernst genug, ihr alle Aufmerksamkeit zu schenken. Die jungen Leute überfielen den Wirt mit Fragen und erfuhren, dass der Feind tatsächlich auf Houdin und Béthune vorrücke. Während Monsieur d'Arminges Befehl gab, die erfrischten Pferde wieder zu satteln, stiegen die beiden jungen Leute die Treppe hinauf zu den obersten Fenstern im Hause, aus denen sie die Umgebung überblicken konnten, und sahen in der Richtung von Marsin und Lens einen zahlreichen Heerhaufen Infanterie und Kavallerie am Horizont auftauchen. Diesmal handelte es sich nicht mehr um einen umherstreifenden Freischärlertrupp, sondern um eine ganze Armee. Daher blieb ihnen nichts anderes übrig, als dem weisen Rat Monsieur d'Arminges‹ zu folgen und den Rückzug anzutreten.

Rasch gingen die beiden jungen Leute wieder hinunter. Monsieur d'Arminges war bereits aufgesessen. Olivain hielt des Grafen und Raouls Reitpferde am Zügel, und die Diener des Grafen von Guiche bewachten zwischen sich sorgfältig den spanischen Gefangenen, der auf einem extra für ihn gekauften kleinen Klepper saß und dem sie zur größeren Vorsicht die Hände gefesselt hatten.

Der kleine Trupp schlug in schnellem Trab den Weg nach Cambrin ein, wo man den Prinzen zu finden hoffte, doch auf Grund einer Falschmeldung, der Feind werde bei Estaire über die Lys setzen, hatte er Cambrin verlassen und sich nach La Bassée begeben. Er hatte seine Truppen aus Béthune zurückgezogen und alle Streitkräfte zwischen Vieille-Chapelle und La Venthie konzentriert. Nachdem er die gesamte Truppenaufstellung mit dem Marschall de Grammont besichtigt hatte, war er zu Tisch gegangen, wo er die Offiziere zu seinen Seiten, die auf seinen Befehl Erkundigungen eingeholt hatten, nach dem Ergebnis fragte. Doch keiner von ihnen hatte zuverlässige Nachrichten erhalten können. Die feindliche Armee war seit achtundvierzig Stunden verschwunden und schien sich in Luft aufgelöst zu haben.

Nun ist aber eine feindliche Armee nie so nahe und so bedrohlich, als wenn sie völligvon der Bildfläche verschwunden ist. Deshalb war der Prinz ungewöhnlich übelgelaunt und besorgt, als ein Offizier vom Dienst eintrat und dem Marschall de Grammont meldete, dass ihn jemand zu sprechen wünsche.

Durch einen Blick holte der Herzog von Grammont die Erlaubnis des Prinzen ein und ging hinaus.

Plötzlich ließ sich ein dumpfes Geräusch vernehmen. Der Prinz sprang mit einem Ruck auf und streckte die Hand in die Richtung aus, woher das Geräusch kam. Es war ihm wohlbekannt, es rührte von Kanonen her.

Auch die anderen standen auf, und im selben Augenblick öffnete sich die Tür.

»Monseigneur«, sagte der Marschall de Grammont strahlend. »Gestatten Eure Hoheit, dass mein Sohn, Graf von Guiche, und sein Reisegefährte, Vicomte von Bragelonne, Ihnen Nachricht über den Feind geben, den wir suchen und den sie entdeckt haben?«

»Was denken Sie!«, erwiderte der Prinz lebhaft. »Und ob ich es gestatte! Ich wünsche es sogar. Sie mögen eintreten.«

Der Marschall schob die beiden jungen Leute ins Zimmer und vor das Angesicht des Prinzen.

»Sprechen Sie, meine Herren«, sagte der Prinz, nachdem er sie begrüßt hatte.

Natürlich ergriff der Graf von Guiche das Wort. Er war nicht allein der Ältere von beiden, sondern überdies durch seinen Vater vor den Prinzen gebracht worden. Außerdem kannte er den Prinzen seit langem, während Raoul ihn zum ersten Mal erblickte. Also erzählte er dem Prinzen, was sie von dem Gasthof in Mazingarbe aus gesehen hatten.

Unterdessen betrachtete Raoul den jungen, durch die Schlachten von Rocroy, Freiburg und Nördlingen bereits so berühmten General.

Ludwig von Bourbon, Prinz von Condé, den man nach dem Tode seines Vaters, Heinrich von Bourbon, abgekürzt und nach damaliger Gewohnheit Monsieur le Prince nannte, war knapp siebenundzwanzig Jahre alt. Er hatte einen Adlerblick – agl'occhi grifani, wie Dante sagte –, eine gekrümmte Nase, langes Haar, das in Locken hinabfiel, war mittelgroß, aber schön gewachsen und besaß alle Eigenschaften eines bedeutenden Kriegsherrn, also Scharfblick, rasche Entschlusskraft und einen unglaublichen Mut, was ihn nicht hinderte, gleichzeitig ein eleganter und geistvoller Mann zu sein, so dass er, abgesehen von dem Umschwung, den er durch neue Ansichten in die Kriegführung gebracht hatte, auch die jungen Standesherren am Hof von Paris revolutioniert hatte, deren natürliches Oberhaupt er war und die man im Gegensatz zu den Modeherren des früheren Hofes, deren Vorbilder Bassompierre, Bellegarde und der Herzog von Angoulême gewesen waren, Stutzer nannte.

Nach den ersten Worten des Grafen von Guiche und der Richtung, aus der der Kanonendonner kam, hatte der Prinz alles verstanden. Der Feind musste die Lys bei Saint-Venant passiert haben und auf Lens marschieren, zweifellos in der Absicht, sich dieser Stadt zu bemächtigen und die französische Armee von Frankreich abzuschneiden. Der Kanonendonner, den man hörte und der von Zeit zu Zeit jeden anderen Lärm übertönte, kam von großkalibrigen Geschützen, die den spanischen und lothringischen antworteten.

Aber von welcher Stärke war diese feindliche Truppe? Handelte es sich um ein Korps, das nur einen Ablenkungsangriff unternahm, oder um die gesamte Armee? Das war die letzte Frage des Prinzen, die de Guiche unmöglich zu beantworten vermochte. Da es aber die allerwichtigste war, hätte sich der Prinz gerade über diesen Punkt eine genaue und zuverlässige Auskunft gewünscht.

Da überwand Raoul das ganz natürliche Gefühl der Scheu, das sich angesichts des Prinzen seiner Person bemächtigt hatte, trat auf ihn zu und sagte: »Gestatten mir Monseigneur ein paar Worte über die Sache, die Ihnen vielleicht aus der Verlegenheit helfen könnten?«

Der Prinz wandte sich ihm zu und schien den jungen Mann mit einem einzigen Blick von Kopf bis Fuß zu umfassen. Er lächelte, als er in ihm ein Kind von kaum fünfzehn Jahren erkannte. »Gewiss, Monsieur, sprechen Sie nur«, erwiderte er, indem er seine schroffe und nachdrückliche Stimme mäßigte, als richte er das Wort an eine Frau.

»Monseigneur«, sagte Raoul errötend, »könnten den spanischen Gefangenen verhören.«

»Sie haben einen spanischen Gefangenen gemacht?«, rief der Prinz.

»Ja, Monseigneur.«

»Ach, richtig!«,fiel de Guiche ein. »Den hatte ich vergessen.«

»Das ist ganz natürlich, weil Sie ihn gemacht haben, Graf«, erwiderte Raoul lächelnd.

»Der junge Mann hat recht«, sagte der Prinz, »man führe den Gefangenen her.«

Inzwischen nahm der Prinz de Guiche beiseite und erkundigte sich, auf welche Weise er den Mann gefangen genommen habe und wer der Jüngling sei. Darauf wandte er sich wieder an Raoul: »Monsieur, ich weiß, dass Sie ein Schreiben meiner Schwester, Madame de Longueville, mithaben, aber wie ich sehe, haben Sie es vorgezogen, sich selbst zu empfehlen, indem Sie mir einen guten Rat gaben.«

Der Freischärler wurde hereingeführt. Er war einer von jenen Söldnern (wie es sie noch heute gibt), die ihr Leben dem verkaufen, der dafür bezahlen will, und mit Hinterlist und Plünderung alt werden. Seit er in Gefangenschaft geraten war, hatte er kein einziges Wort gesprochen, so dass jene, die ihn gefangen hatten, selbst nicht wussten, welcher Nation er angehörte. Der Prinz betrachtete ihn mit einem Ausdruck unbeschreiblichen Misstrauens. »Welcher Nation bist du?«, fragte er.

Der Gefangene erwiderte ein paar Worte in einer fremden Sprache.

»Aha! Anscheinend ein Spanier. Messieurs, gibt es unter Ihnen jemand, der spanisch spricht und mir als Dolmetsch dienen möchte?«

»Ich, Monseigneur«, antwortete Raoul.

Der Gefangene hatte keine Miene verzogen, als verstünde er nicht im mindesten, worum es sich handelte.

»Monseigneur fragt Sie, welcher Nation Sie angehören«, begann Raoul im reinsten Kastilisch.

»Ich bin Deutscher«, antwortete der Gefangene.

»Was, zum Teufel, sagt er?«, fragte der Prinz. »Und was ist das schon wieder für ein Kauderwelsch?«

»Er sagt, er sei ein Deutscher, Monseigneur«, erwiderte Raoul, »doch das bezweifle ich, denn seine Betonung ist falsch und seine Aussprache mangelhaft.«

»Deutsch sprechen Sie also auch?«, fragte der Prinz.

»Ja, Monseigneur.«

»Dann verhören Sie ihn also.«

Raoul begann das Verhör, aber was dabei herauskam, bestätigte seine Ansicht. Der Gefangene verstand nicht oder tat so, als verstehe er nicht, was Raoul sagte, und Raoul wurde aus seinen mit Flämisch und Elsässisch vermengten Antworten auch nicht recht schlau. Doch während sich der Gefangene alle Mühe gab, einem regelrechten Verhör auszuweichen, erkannte Raoul die Muttersprache dieses Mannes. »Non siete Spagnuolo«, sagte er, »non siete Tedesco, siete Italiano.«

Der Gefangene zuckte zusammen und biss sich auf die Lippen.

»Ah, das verstehe ich wunderbar«, sagte der Prinz von Condé, »und da er Italiener ist, werde ich das Verhör fortsetzen. Vielen Dank, Vicomte«, fuhr der Prinz lachend fort, »ich ernenne Sie von diesem Augenblick an zu meinem Dolmetsch.« Doch der Gefangene war ebenso wenig geneigt, auf Italienisch zu antworten wie in den anderen Sprachen, er wollte nur den Fragen ausweichen. Daher wusste er nichts, weder die Zahl des Feindes noch die Namen der Kommandierenden noch wohin die Armee zu marschieren beabsichtigte.

»Es ist gut«, sagte der Prinz, der die Ursachen dieser Unwissenheit begriff, »dieser Mann ist gefasst worden, als er plünderte und mordete. Durch Rede und Antwort hätte er sein Leben loskaufen können, er will nicht reden, also führt ihn fort und lasst ihn erschießen.«

Der Gefangene erbleichte. Die beiden Soldaten, die ihn hergebracht hatten, packten seine Arme und führten ihn zur Tür. Auf der Schwelle blieb der Gefangene stehen. »Einen Augenblick«, sagte er auf Französisch, »ich bin bereit zu sprechen, Monseigneur.«

»Aha!«, lachte der Prinz. »Ich wusste doch, dass wir damit enden würden. Ich besitze ein vortreffliches Geheimnis, die Zungen zu lösen; lasst euch das zur Lehre dienen, ihr jungen Leute, für die Zeit, da ihr kommandieren werdet.«

»Aber unter der Bedingung, dass mir Eure Hoheit schwören, mich mit dem Leben davonkommen zu lassen«, fügte der Gefangene hinzu.

»Mein Wort als Edelmann«, sagte der Prinz.

»Also fragen Sie, Monseigneur.«

»Wo hat die Armee die Lys überquert?«

»Zwischen Saint-Venant und Aire.«

»Von wem wird sie befehligt?«

»Von dem Grafen von Fuonsaldagna, dem General Beck und dem Erzherzog persönlich.«

»Aus wie viel Mann besteht sie?«

»Achtzehntausend Mann und sechsunddreißig Geschütze.«

»Und sie ist in Marsch …?«

»Auf Lens.«

»Sehen Sie, Messieurs?«, sagte der Prinz, während er sich mit triumphierender Miene zu Marschall de Grammont und den anderen Offizieren umwandte.

»Ja, Monseigneur«, erwiderte der Marschall, »Sie haben alles erraten, was dem menschlichen Genie zu erraten möglich war.«

»Geben Sie den Befehl zum Sammeln an Le Plessis, Bellièvre, Villequier und d'Erlac«, sagte der Prinz, »an alle Truppen, die diesseits der Lys stehen. Sie sollen sich bereithalten, heute Nacht zu marschieren. Morgen greifen wir aller Wahrscheinlichkeit nach den Feind an.«

»Aber bedenken Sie, Monseigneur«, wandte der Marschall de Grammont ein, »dass wir kaum die Zahl von dreizehntausend Mann erreichen werden, wenn wir alle zusammenbringen, die wir zur Verfügung haben.«

»Herr Marschall«, entgegnete der Prinz mit jenem herrlichen Blick, der nur ihm eigen war, »die großen Schlachten gewinnt man mit den kleinen Armeen.« Dann wandte er sich wieder zu dem Gefangenen um. »Führt diesen Mann fort und lasst ihn keine Sekunde aus den Augen. Sein Leben hängt von den Auskünften ab, die er uns gegeben hat. Treffen sie zu, wird er freigelassen, sind sie falsch, wird er erschossen.«

Während der Gefangene abgeführt wurde, sprach der Prinz weiter. »Graf von Guiche, Sie haben Ihren Vater lange nicht gesehen, bleiben Sie bei ihm. Sie, Monsieur«, fuhr er, zu Raoul gewandt, fort, »begleiten mich, wenn Sie nicht zu müde sind. Zwanzig aufs beste berittene Gardisten sind alles, was ich als Eskorte brauche.«

»Das ist sehr wenig«, sagte der Marschall.

»Es genügt«, erklärte der Prinz. »Haben Sie ein gutes Pferd, Monsieur de Bragelonne?«

»Meins wurde heute Morgen getötet, Monseigneur, und einstweilen reite ich das meines Dieners.«

»Suchen Sie sich in meinen Ställen selbst eins aus, das Ihnen zusagt. Keine falsche Scham, nehmen Sie das Pferd, das

Ihnen als das beste erscheint. Sie werden es heute Abend vielleicht und morgen ganz gewiss nötig haben.«

Raoul ließ sich das nicht zweimal sagen. Er wusste, dass die äußerste Höflichkeit gegenüber Vorgesetzten und vor allem, wenn diese Vorgesetzten Prinzen sind, darin besteht, ohne Säumen und ohne Widerrede zu gehorchen, deshalb ging er zu den Ställen, wählte sich einen andalusischen Falben aus, sattelte und zäumte ihn selbst – denn Athos hatte ihm eingeschärft, diese wichtige Sorge niemandem zu überlassen, wenn Gefahr drohe – und kehrte zu dem Prinzen zurück, der sich gerade aufs Pferd schwang. Im Galopp ritten sie davon.

Je weiter der kleine Trupp auf dem Weg nach Lens kam, desto näher ertönte das Geschützfeuer. Schließlich hörten sie es so nahe, dass ihnen klar wurde, sie könnten kaum noch eine Meile vom Schlachtfeld entfernt sein. Tatsächlich erblickten sie nach einer Wegbiegung das Dörfchen Aunay und erreichten zehn Minuten später die Ruinen eines alten Schlosses. Diese Ruinen krönten die Kuppe eines Hügels, von dessen Höhe sie die ganze Umgebung überschauen konnten. Eine knappe Viertelmeile entfernt sahen sie Lens in seiner verzweifelten Lage und vor Lens die gesamte feindliche Armee.

Mit einem einzigen Blick umfasste der Prinz das Gelände, das sich von Lens bis Vimy vor seinen Augen erstreckte. Im Nu entrollte sich in seinem Geist der ganze Schlachtplan, der Frankreich morgen zum zweiten Mal vor einer Invasion retten sollte. Er nahm einen Bleistift, riss eine Seite aus seinem Notizbuch und schrieb:

> »Mein lieber Marschall,
>
> in einer Stunde wird Lens in der Gewalt des Feindes sein. Kommen Sie mit Ihrer ganzen Armee zu mir. Ich werde in Vendin sein, um ihr die Stellung anzuweisen. Morgen werden wir Lens zurückerobert und den Feind geschlagen haben.«

Daraufwandte er sich an Raoul. »Eilen Sie, Monsieur«, sagte er, »reiten Sie in gestrecktem Galopp und überbringen Sie Monsieur de Grammont diesen Brief.«

Raoul verneigte sich, nahm das Schreiben, stieg rasch den Hügel hinab, schwang sich aufsein Pferd und galoppierte davon. Eine Viertelstunde später war er bei dem Marschall. Ein Teil der Truppen war bereits angelangt, jeden Augenblick erwartete man die übrigen. Doch schon setzte sich Marschall de Grammont an die Spitze der verfügbaren Infanterie und Kavallerie und machte sich auf den Weg nach Vendin. Dem Herzog von Châtillon überließ er es, den Rest zu erwarten und anzuführen.

Es war sieben Uhr abends, als der Marschall den Treffpunkt erreichte. Der Prinz erwartete ihn. Wie er vorausgesehen hatte, war Lens fast unmittelbar nach Raouls Aufbruch in die Hände der Feinde gefallen. Das Ereignis hatte sich überdies durch das Verstummen des Geschützfeuers angekündigt.

Der Brief Karls I.

Es ist nicht zu umgehen, dass uns der Leser nun über die Seine und bis zum Portal des Karmeliterklosters in der Rue Saint-Jacques begleitet.

Soeben hat es elf Uhr vormittags geschlagen, und die frommen Schwestern haben eine Messe für den Waffenerfolg Karls I. gelesen. Nach dem Verlassen der Kirche sind eine Frau und ein junges Mädchen, beide in Schwarz wie eine Witwe und eine Waise, in ihre Zelle zurückgekehrt. Die Frau kniet jetzt vor einem Betpult aus bemaltem Holz, einige Schritte von ihr entfernt steht, auf einen Stuhl gestützt, das junge Mädchen und weint. Die Frau muss schön gewesen sein, aber man sieht, dass die Tränen sie alt gemacht haben. Das junge Mädchen ist bezaubernd, und das Weinen verschönt sie noch. Die Frau scheint vierzig Jahre alt zu sein, das junge Mädchen vierzehn.

»Mein Gott«, sagte die auf den Knien Flehende, »bewahre meinen Gatten, bewahre meinen Sohn, und nimm mein so trauriges und so unglückliches Leben von mir!«

»Mein Gott«, sagte das junge Mädchen, »bewahre mir meine Mutter!«

»Deine Mutter vermag auf dieser Welt nichts mehr für dich, Henriette«, entgegnete die tief betrübt Betende, während sie sich umwandte. »Deine Mutter besitzt nichts mehr, weder Thron noch Gatten und Sohn, weder Geld noch Freunde; deine Mutter, mein armes Kind, ist von aller Welt verlassen.« Damit fiel sie in die Arme des jungen Mädchens, das herbeigeeilt war, um sie zu stützen, und ließ ihrem Schluchzen freien Lauf.

»Liebe Mutter, fassen Sie Mut!«, bat das junge Mädchen.

»Ach, in diesem Jahr sind die Herrscher unglücklich dran«, sagte die Mutter, den Kopf an die Schulter des Kindes gelehnt, »niemand in diesem Land denkt an uns, da jeder nur seine eigenen Angelegenheiten im Kopf hat. Solange dein Bruder bei uns war, hat er mich unterstützt, aber dein Bruder ist fort und kann im Augenblick weder mir noch deinem Vater Nachricht geben. Ich habe meine letzten Juwelen verpfändet, all meine und deine Kleidungsstücke verkauft, um seine Diener zu entlohnen, die sich weigerten, ihn zu begleiten, hätte ich diese Laune nicht erfüllt. Jetzt sind wir genötigt, auf Kosten der Töchter des Herrn zu leben. Wir sind Mittellose, die von Gott unterstützt werden.«

»Aber warum wenden Sie sich nicht an Ihre Schwägerin, die Königin?«, fragte das junge Mädchen.

»Ach«, antwortete die Betrübte, »meine Schwägerin, die Königin, ist nicht mehr Königin, mein Kind, ein anderer regiert in ihrem Namen. Eines Tages wirst du das verstehen können.«

»Nun, dann an Ihren Neffen, den König. Wollen Sie, dass ich mit ihm spreche? Sie wissen, wie sehr er mich liebt, Mutter.«

»Leider ist mein Neffe, der König, noch nicht König, und ihm selbst, das weißt du, Laporte hat es uns zwanzigmal gesagt, fehlt es an allem.«

»Dann wollen wir uns an Gott wenden«, sagte das junge Mädchen und kniete neben der Mutter nieder.

Diese beiden Frauen, die vor demselben Betpult Gott anflehten, waren die Tochter und die Enkelin Heinrichs IV., die

Gattin und die Tochter Karls I. Sie beendeten ihr zwiefaches Gebet, als eine Nonne leise an der Zellentür kratzte.

»Treten Sie ein, liebe Schwester«, sagte die Ältere, während sie sich die Tränen trocknete und sich erhob.

Die Nonne öffnete ehrfurchtsvoll die Tür einen Spalt breit. »Eure Majestät mögen gütigst entschuldigen, wenn ich Ihre Andacht störe«, sagte sie, »aber im Sprechzimmer ist ein vornehmer Fremder, der aus England kommt und um die Ehre bittet, Eurer Majestät einen Brief zu überreichen.«

»Oh, ein Brief! Vielleicht ein Brief vom König! Gewiss Nachricht von deinem Vater, hörst du, Henriette?«

»Ja, Madame, ich höre und ich hoffe es.«

»Und wer ist dieser Herr?«

»Ein Edelmann von fünfundvierzig bis fünfzig Jahren.«

»Sein Name? Hat er seinen Namen genannt?«

»Lord Winter.«

»Lord Winter?«, rief die Königin. »Der Freund meines Gatten! Lassen Sie ihn eintreten, lassen Sie ihn rasch eintreten!« Und die Königin lief dem Sendboten entgegen und ergriff voller Eifer seine Hand.

Nachdem Lord Winter die Zelle betreten hatte, kniete er nieder und übergab der Königin einen Brief in einem goldenen Behälter.

»Ach, Mylord«, sagte die Königin, »Sie bringen uns drei Dinge, die wir seit sehr langer Zeit nicht gesehen haben: Gold, einen ergebenen Freund und einen Brief des Königs, unseres Gatten und Vaters.«

Winter verneigte sich, vermochte aber nicht zu antworten, so tiefbewegt war er.

»Mylord«, sagte die Königin, auf den Brief zeigend, »Sie verstehen, dass ich schnellstens erfahren möchte, was das Schreiben enthält.«

»Ich entferne mich, Madame«, erwiderte Winter.

»Nein, bleiben Sie«, gebot die Königin, »wir werden es in Ihrer Gegenwart lesen. Begreifen Sie nicht, dass ich Ihnen tausend Fragen zu stellen habe?«

Lord Winter trat ein paar Schritte zurück und blieb schweigend stehen, während Mutter und Tochter in eine

Fensternische traten und begierig, die Tochter auf den Arm der Mutter gestützt, den folgenden Brief lasen:

»Madame, teure Gattin!

Wir sind hier am Ende angelangt. Alle Hilfstruppen, die mir Gott gelassen hat, sind in diesem Feldlager bei Naseby konzentriert, aus dem ich Ihnen in Eile schreibe. Ich erwarte die Armee meiner rebellischen Untertanen und werde ein letztes Mal gegen sie kämpfen. Siege ich, dann verewige ich den Kampf; werde ich besiegt, dann bin ich vollständig verloren. In dem letztgenannten Fall (ach, wenn es so um einen steht wie um uns, muss man alles ins Auge fassen!) will ich versuchen, die Küste Frankreichs zu erreichen. Aber wird man einen unglücklichen König, der ein so trauriges Beispiel in ein bereits vom Bürgerzwist zerrissenes Land mitbringt, empfangen können und wollen? Ich werde mich von Ihrer Klugheit und Ihrer Zuneigung leiten lassen. Der Überbringer dieses Briefes, Madame, wird Ihnen sagen, was ich nicht der Gefahr eines Unglücksfalls aussetzen kann. Er wird Ihnen erläutern, welches Verhalten ich von Ihnen erwarte. Ich gebe ihm desgleichen meinen Segen für meine Kinder mit und alle innigen Gefühle meines Herzens für Sie, Madame, meine teure Gattin.«

Die Unterschrift des Briefes lautete nicht »Karl, König«, sondern »Karl, noch König«.

Diese betrübliche Lektüre, deren Eindruck Lord Winter vom Gesicht der Königin ablas, brachte dennoch einen Hoffnungsschimmer in ihre Augen.

»Mager nicht mehr König sein!«, rief sie. »Mager besiegt, verbannt und geächtet werden, aber leben! Ach, der Thron ist heute ein zu gefährlicher Platz, als dass ich sein Verbleiben auf ihm wünschen könnte. Aber sagen Sie mir, Mylord«, fuhr die Königin fort, »verhehlen Sie mir nichts, wie steht es um den König? Ist seine Lage so hoffnungslos, wie er glaubt?«

»Leider noch hoffnungsloser, Madame, als er selbst es vermutet. Seine Majestät hat ein so gutes Herz, dass er den Hass nicht begreift, ein so aufrichtiges Herz, dass er keinen Verrat vorhersieht. England ist von einem Geist der Verblendung gepackt worden, der, wie ich sehr fürchte, nur im Blut erlöschen wird.«

»Aber Lord Montrose?«, wandte die Königin ein. »Ich habe von großen und raschen Erfolgen gehört, von gewonnenen Schlachten bei Inverlochy, Auldone, Alford und Kilsyth. Ich habe gehört, dass er sich auf dem Marsch zur Grenze befindet, um sich mit seinem König zu vereinigen.«

»Ja, Madame, aber an der Grenze ist er auf Lesly gestoßen. Er hatte den Sieg durch übermenschliche Unternehmungen ermüdet, und da hat ihn der Sieg im Stich gelassen. Bei Philippaugh geschlagen, war Montrose gezwungen, die Reste seiner Armee zu verabschieden und als Diener verkleidet zu fliehen. Er befindet sich in der norwegischen Stadt Bergen.«

»Gott schütze ihn!«, sagte die Königin. »Es ist wenigstens ein Trost, zu wissen, dass jene, die so oft ihr Leben für uns gewagt haben, in Sicherheit sind. Und nun, Mylord, da ich die Lage des Königs so sehe, wie sie ist, also verzweifelt, sagen Sie mir, was Sie mir von meinem königlichen Gemahl auszurichten haben.«

»Der König wünscht«, erwiderte Lord Winter, »dass Sie zu ergründen versuchen, welche Absichten der König und die Königin in Bezug auf ihn hegen.«

»Ach, Sie wissen doch«, entgegnete die Königin, »der König ist noch ein Kind und die Königin eine Frau, sogar eine sehr schwache; Monsieur de Mazarin ist das A und O.«

»Will er denn in Frankreich die Rolle spielen, die Cromwell in England spielt?«

»O nein! Er ist ein geschmeidiger und durchtriebener Italiener, der vielleicht von dem Verbrechen träumt, aber niemals wagen würde, es zu begehen, und ganz im Gegensatz zu Cromwell, der mit dem Oberhaus und dem Unterhaus nach Belieben schaltet und waltet, hat Mazarin als Stütze in seinem Kampf gegen das Parlament nur die Königin.«

»Umso mehr Anlass für ihn, einen König zu schützen, der von Ober- und Unterhaus verfolgt wird.«

Die Königin schüttelte mit Bitterkeit den Kopf. »Wenn ich in meinem Urteil von mir ausgehe, Mylord«, sagte sie, »so wird der Kardinal nichts unternehmen oder möglicherweise sogar gegen uns sein. Meine und meiner Tochter Anwesenheit in Frankreich ist ihm bereits lästig, aus gewichtigeren

Gründen würde es die des Königs sein. Es ist traurig und fast beschämend, das zu sagen, Mylord«, fügte Henriette mit schwermütigem Lächeln hinzu, »aber wir haben den Winter im Louvre ohne Geld, ohne Wäsche und fast ohne Nahrung verbracht, und häufig standen wir nicht aus dem Bett auf, weil wir keine Feuerung hatten.«

»Grässlich!«, rief Lord Winter. »Die Tochter Heinrichs IV., die Gattin König Karls! Warum haben Sie sich nicht an den Erstbesten von uns gewandt, Madame?«

»Das ist die Gastfreundschaft, die einer Königin von einem Minister gewährt wird, den ein König darum bitten will. Ach, Mylord«, fuhr die Königin fort, ohne sich überhaupt noch die Tränen zu trocknen, »besser zu kämpfen, wie es der König getan hat, und zu sterben, wie es ihm möglicherweise widerfahren wird, denn wie ich als Bettlerin zu leben.«

»Mut, Madame«, erwiderte Winter, »nur Mut! Verzweifeln Sie nicht. Es liegt im Interesse der im Augenblick so erschütterten Krone Frankreichs, die Rebellion bei dem engsten Nachbarvolk zu bekämpfen. Mazarin ist ein Staatsmann und wird diese Notwendigkeit einsehen. Und um des Königs, der Königin Ehre willen …«

»Hoffen wir, dass er um dieser Ehre willen etwas tun wird«, versetzte Madame Henriette. »Sie sind von einer so freundschaftlichen Beredsamkeit, Mylord, dass Sie mich beruhigen. Geben Sie mir Ihre Hand, und lassen Sie uns zu dem Minister gehen.«

»Madame«, antwortete Lord Winter mit einer Verneigung, »diese Ehre beschämt mich.«

»Aber wenn er sich weigert«, sagte die Königin und blieb stehen, »und wenn der König die Schlacht verliert?«

»Dann wird Seine Majestät nach Holland fliehen, wo sich der Prinz von Wales befinden soll.«

»Und Seine Majestät könnte, was seine Flucht betrifft, auf viele ergebene Diener wie Sie zählen?«

»Leider nicht, Madame«, entgegnete Winter, »aber der Fall ist vorgesehen, und ich werde in Frankreich Verbündete suchen.«

»Verbündete!«, wiederholte die Königin kopfschüttelnd.

»Madame«, sagte Winter, »wenn ich ein paar alte Freunde von mir wiederfinde, dann stehe ich für alles ein.«

»Nicht möglich!«, erwiderte die Königin mit dem nagenden Zweifel derer, die seit langer Zeit unglücklich sind. »Gott erhöre Sie, Mylord!«

Die Königin stieg in ihren Wagen, und Lord Winter, von zwei Dienern gefolgt, begleitete sie zu Pferd.

Cromwells Brief

Als Madame Henriette das Karmeliterkloster verließ, um sich ins Palais-Royal zu begeben, stieg am Portal dieses königlichen Wohnsitzes ein Reiter ab und erklärte der Wache, dass er dem Kardinal Mazarin etwas Wichtiges zu sagen habe. Ein herbeigerufener Türhüter führte ihn durch einen Raum in einen zweiten, die beide nur von Musketieren bewacht waren, und fragte den Einlassbegehrenden: »Haben Sie ein Audienzschreiben?«

»Ja, aber nicht von Kardinal Mazarin.«

»Treten Sie ein und fragen Sie nach Monsieur Bernouin«, sagte der Türhüter, während er die Tür zu einem dritten Raum öffnete – denn der Zugang zu Mazarin war dreifach abgesichert –, hinter der, zufällig oder auf seinem gewohnten Posten, Bernouin stand und alles mit angehört hatte.

»Ich bin der, Monsieur, den Sie suchen«, sagte er. »Von wem ist das Schreiben, das Sie Seiner Eminenz bringen?«

»Von dem General Oliver Cromwell«, antwortete der Fremde. »Nennen Sie bitte Seiner Eminenz diesen Namen und berichten Sie mir dann, ob er mich empfangen kann oder nicht.« Dabei blieb er in der strengen und stolzen Haltung stehen, die den Puritanern eigen war.

Nachdem Bernouin den jungen Mann mit einem prüfenden Blick von Kopf bis Fuß gemustert hatte, trat er in das Arbeitszimmer des Kardinals, dem er die Worte des Sendboten wiederholte.

»Ein Mann, der ein Schreiben von Oliver Cromwell überbringt?«, sagte Mazarin. »Was ist das für ein Mann?«

»Ein richtiger Engländer, Monseigneur: rotblondes Haar, mehr rot als blond, graublaue Augen, mehr grau als blau, und im Übrigen steif und hochmütig.«

»Er mag sein Schreiben hergeben.«

»Monseigneur ersucht um das Schreiben«, sagte Bernouin, in das Vorzimmer zurückgekehrt.

»Monseigneur wird den Brief nicht ohne den Überbringer zu sehen bekommen«, entgegnete der junge Mann, »aber um Sie zu überzeugen, dass ich wirklich einen Brief bringe – hier, sehen Sie.«

Bernouin betrachtete das Siegel, und da er erkannte, dass der Brief tatsächlich von General Oliver Cromwell kam, schickte er sich an, wieder zu Mazarin hineinzugehen.

»Fügen Sie hinzu«, sagte der junge Mann, »dass ich kein einfacher Bote, sondern ein außerordentlicher Gesandter bin.«

Bernouin trat wieder in das Arbeitszimmer und kam nach wenigen Sekunden zurück. »Treten Sie ein, Monsieur«, sagte er und hielt ihm die Tür auf.

Mazarin hatte dieses ganze Hin und Her gebraucht, um sich von der Aufregung zu erholen, in die ihn die Ankündigung dieses Briefes versetzt hatte, aber wie scharfsinniger auch war, vergeblich suchte er nach dem Motiv, das Cromwell bewogen haben mochte, mit ihm in Verbindung zu treten.

Der junge Mann erschien auf der Schwelle, in einer Hand seinen Hut, in der anderen den Brief. Mazarin erhob sich.

»Sie haben ein Beglaubigungsschreiben an mich, Monsieur?«, fragte er.

»Hier ist es, Monseigneur«, antwortete der junge Mann.

Mazarin nahm es, entsiegelte es und las:

»Mister Mordaunt, einer meiner Sekretäre, wird Seiner Eminenz, dem Kardinal Mazarini in Paris, dieses Empfehlungsschreiben aushändigen; er ist außerdem der Überbringer eines zweiten, vertraulichen Briefes an Seine Eminenz.

Oliver Cromwell«

»Ausgezeichnet, Monsieur Mordaunt«, sagte Mazarin, »geben Sie mir diesen zweiten Brief, und setzen Sie sich.«

Der junge Mann tat, wie geheißen. Immer noch nachdenklich, nahm der Kardinal den Brief entgegen und drehte ihn, ohne das Siegel zu entfernen, in den Händen; doch um den Boten hinters Licht zu führen und weil er aus Erfahrung überzeugt war, dass nur wenige ihm etwas verbergen konnten, wenn er jemanden ausforschte und dabei zugleich beobachtete, begann er den jungen Mann zu fragen.

»Sie sind noch sehr jung für den schweren Beruf des Gesandten, in dem mitunter die ältesten Diplomaten scheitern, Monsieur Mordaunt.«

»Monseigneur, ich bin dreiundzwanzig Jahre alt, aber Eure Eminenz täuschen sich mit der Bemerkung, ich sei noch sehr jung. Ich bin älter als Sie, wenn auch keineswegs so weise.«

»Wie sollte das angehen, Monsieur?«, erwiderte Mazarin. »Ich verstehe Sie nicht.«

»Ich behaupte, Monseigneur, dass die Jahre des Leidens doppelt zählen, und seit zwanzig Jahren leide ich.«

»Ach so, nun begreife ich«, sagte Mazarin, »kein Vermögen, Sie sind arm, nicht wahr?« Und bei sich fügte er hinzu: Diese englischen Umstürzler sind lauter Bettler und Bauernflegel.

»Monseigneur, ich sollte eines Tages ein Vermögen von sechs Millionen besitzen, aber man hat mich darum gebracht.«

»Dann sind Sie also kein Mann aus dem Volk?«, fragte Mazarin erstaunt.

»Trüge ich meinen Titel, dann wäre ich Lord, trüge ich meinen Namen, so hätten Sie einen der erlauchtesten Englands vernommen.«

»Wie nennen Sie sich also?«, fragte Mazarin.

»Ich nenne mich Mordaunt«, antwortete der junge Mann mit einer Verbeugung.

Mazarin begriff, dass der Gesandte Cromwells sein Inkognito zu wahren wünschte. Er schwieg einen Augenblick, betrachtete ihn dabei jedoch mit noch größerer Aufmerksamkeit als zuvor. Der junge Mann verzog keine Miene. »Zum Teufel mit diesen Puritanern!«, dachte Mazarin. Sie sind aus Marmor gehauen.

»Aber Sie haben doch noch Verwandte?«, fragte er dann.

»Nur noch einen, Monseigneur.«

»Der Ihnen beisteht?«

»Dreimal bin ich bei ihm gewesen, um seine Unterstützung zu erbitten, und dreimal hat er mich durch seine Diener fortjagen lassen.«

»O mein Gott!«, rief Mazarin in der Hoffnung, den jungen Mann durch sein geheucheltes Mitleid in eine Falle stolpern zu lassen. »Mein lieber Monsieur Mordaunt, Sie glauben gar nicht, wie sehr mich interessiert, was Sie mir erzählen. Wie ist das mit Ihrer Herkunft?«

»Sie ist mir erst seit kurzer Zeit bekannt.«

»Und bis Sie davon erfuhren …?«

»Hielt ich mich für ein ausgesetztes Kind.«

»Dann haben Sie Ihre Mutter nie gesehen?«

»Doch, Monseigneur; als ich noch ein Kind war, besuchte sie dreimal meine Amme. An das letzte Mal erinnere ich mich, als wäre es heute geschehen.«

»Sie haben ein gutes Gedächtnis«, bemerkte Mazarin.

»O ja, Monseigneur«, erwiderte der junge Mann mit einer so eigentümlichen Betonung, dass der Kardinal einen Schauer durch seine Adern laufen fühlte.

»Und wer hat Sie aufgezogen?«, fragte er dann.

»Eine französische Amme, die mich vor die Tür setzte, als ich fünf Jahre alt war, weil niemand sie mehr bezahlte, und mir den Namen jenes Verwandten nannte, von dem meine Mutter häufig gesprochen hatte.«

»Was wurde mit Ihnen?«

»Da ich weinte und auf den Landstraßen bettelte, nahm mich ein Geistlicher aus Kingston auf, unterrichtete mich im kalvinistischen Glauben, vermittelte mir sein ganzes Wissen und half mir später bei den Nachforschungen nach meiner Familie!«

»Und diese Nachforschungen?«

»Waren ergebnislos; der Zufall brachte alles zuwege.«

»Sie entdeckten, was aus Ihrer Mutter geworden war?«

»Ich erfuhr, dass jener Verwandte sie mit Hilfe von vier Freunden ermordet hatte, aber da wusste ich schon, dass mich König Karl I. aus dem Adelsstand gestoßen und mich meines ganzen Vermögens beraubt hatte.«

»Ah, jetzt verstehe ich, warum Sie Monsieur Cromwell dienen. Sie hassen den König.«

»Ja, Monseigneur, ich hasse ihn!«, antwortete der junge Mann.

Mazarin gewahrte mit Erstaunen den diabolischen Ausdruck Monsieur Mordaunts, als er diese Worte sprach. Wie sich Gesichter sonst durch aufsteigendes Blut verfärben, so verfärbte sich sein Gesicht durch Bitterkeit und Hass und wurde bleigrau.

»Ihre Geschichte ist schrecklich, Monsieur Mordaunt, und bewegt mich heftig; aber zu Ihrem Glück dienen Sie ja einem allmächtigen Gebieter. Er muss Ihnen bei Ihren Nachforschungen helfen. Unsereinem sind so viele Aufschlüsse zugänglich.«

»Einem guten Rassehund, Monseigneur, braucht man nur den Anfang einer Fährte zu zeigen, dann kommt er untrüglich an ihr Ende.«

»Aber dieser Verwandte, von dem Sie mir erzählt haben – wollen Sie, dass ich mit ihm spreche?«, fragte Mazarin, der Wert darauflegte, sich bei Cromwell einen Freund zu schaffen.

»Danke, Monseigneur, ich werde selbst mit ihm sprechen.«

»Haben Sie nicht gesagt, dass er Sie schlecht behandelt?«

»Er wird mich, wenn ich ihn wiedersehe, besser behandeln.«

»Sie haben demnach ein Mittel, ihn zu erweichen?«

»Ich habe ein Mittel, ihm Furcht vor mir einzuflößen.«

Mazarin betrachtete den jungen Mann, aber der Blitz, der aus dessen Augen sprang, ließ ihn den Kopf senken, und in Verlegenheit, wie er ein solches Gespräch fortsetzen solle, öffnete er Cromwells Brief.

»An Seine Eminenz Monseigneur Kardinal Mazarini Es ist mein Wunsch, Monseigneur, Ihre Absichten hinsichtlich der gegenwärtigen Zustände in England kennenzulernen. Die beiden Königreiche sind zu eng benachbart, als dass sich Frankreich nicht mit unserer Lage beschäftigen sollte, wie wir uns mit der in Frankreich beschäftigen. Die Engländer sind fast einmütig dafür, gegen die Tyrannei König Karls und seiner Parteigänger zu kämpfen. Durch das öffentliche Vertrauen an die Spitze dieser Bewegunggestellt, weiß ich deren

Beschaffenheit und Folgen besser zu beurteilen als sonst jemand. Heute führe ich Krieg und werde König Karl eine Entscheidungsschlacht liefern. Ich werde sie gewinnen, denn mit mir sind die Hoffnung der Nation und der Geist des Herrn. Ist diese Schlacht gewonnen, dann hat der König in England und Schottland keine Hilfe mehr zu erwarten, und wird er nicht gefangen genommen oder getötet, dann wird er versuchen, nach Frankreich zu gehen, um Soldaten anzuwerben und sich wieder Waffen und Geld zu beschaffen. Frankreich hat bereits die Königin Henriette aufgenommen und somit, zweifellos unbeabsichtigt, einen nicht zu löschenden Bürgerkriegsherd in meinem Lande genährt; aber Madame Henriette ist eine Prinzessin des königlichen Hauses von Frankreich, und ihr gebührt die Gastfreundschaft Frankreichs. Was König Karl betrifft, so hat die Sache ein anderes Gesicht; wenn Frankreich ihn aufnähme und unterstützte, würde es dadurch die Taten des englischen Volkes missbilligen und England und vor allem der Regierung, die es sich zu schaffen gedenkt, so empfindlich schaden, dass ein solcher Zustand unleugbaren Feindseligkeiten gleichkäme.

Es ist daher dringend notwendig, Monseigneur, dass ich erfahre, woran ich mich in Bezug auf die Absichten Frankreichs zu halten habe. Obgleich die Interessen dieses Königreiches und Englands auf Gegensätzliches gerichtet sind, nähern sie sich doch mehr, als man glauben möchte. England braucht die Ruhe im Innern, um die Vertreibung seines Königs zu vollbringen, Frankreich braucht diese Ruhe, um den Thron seines jungen Monarchen zu sichern. Ebenso wie wir bedürfen Sie dieses Friedens im Innern, dem wir dank der Entschiedenheit unserer Regierung nahe sind.

Ihre Händel mit dem Parlament, Ihre viel Lärm verursachenden Misshelligkeiten mit den Prinzen, die heute für und morgen gegen Sie kämpfen, der von dem Weihbischof, dem Präsidenten Blancmesnil und dem Ratsherrn Broussel gelenkte Starrsinn des Volkes, kurzum, diese ganze Unordnung, die sich durch die verschiedenen Schichten des Staates zieht, muss Sie der Möglichkeit eines Krieges gegen das Ausland mit Besorgnis entgegensehen lassen, denn dann würde sich das durch die Begeisterung für die neuen Ideen überreizte England mit Spanien verbünden, das auf dieses Bündnis bereits begierig ist. Da mir Ihre Klugheit und die rein persönliche Stellung, in die Sie die jetzigen Ereignisse bringen, bekannt sind, Monseigneur, habe ich mir gedacht, Sie werden es vorziehen, Ihre Truppen im Innern des Königreichs Frankreich zu konzentrieren und die neue Regierung Englands den seinen zu überlassen. Diese Neutralität besteht einzig und allein darin, König Karl vom Boden Frankreichs fernzuhalten und diesen König, an dem Ihr Land völlig unbeteiligt ist, weder durch Waffen noch Geld oder Truppen zu unterstützen.

Mein Brief ist folglich durchaus vertraulich, weswegen ich ihn durch einen Mann sende, der mein innigstes Vertrauen genießt. Ein Gefühl, das Eure Eminenz gewiss anerkennen werden, veranlasste mich, den Maßnahmen vorauszueilen, die ich nach den Ereignissen zu ergreifen gedenke. Oliver Cromwell hat sich gedacht, er täte besser daran, einem einsichtsvollen Geist wie Mazarini Vernunft zu predigen als einer Königin von zweifellos bewundernswerter Standhaftigkeit, die jedoch allzu sehr den eitlen Vorurteilen der Geburt und der göttlichen Macht unterworfen ist.

Leben Sie wohl, Monsieur, wenn ich in vierzehn Tagen keine Antwort erhalten habe, betrachte ich meinen Brief als null und nichtig. Oliver Cromwell«

»Monsieur Mordaunt«, sagte der Kardinal, »meine Antwort auf dieses Schreiben wird General Cromwell umso mehr befriedigen, als ich sicherer bin, dass nichts davon bekannt wird. Erwarten Sie sie in Boulogne-sur-Mer, und versprechen Sie mir, morgen aufzubrechen.«

»Ich verspreche es Ihnen, Monseigneur«, erwiderte Mordaunt, »aber wie viel Tage werden mich Eure Eminenz auf die Antwort warten lassen?«

»Wenn Sie das Schreiben nicht in zehn Tagen erhalten haben, können Sie abreisen.«

Mordaunt verneigte sich.

»Das ist noch nicht alles, Monsieur«, fuhr Mazarin fort, »Ihr sonderbares Schicksal hat mich lebhaft bewegt, außerdem macht Monsieur Cromwells Brief Sie in meinen Augen zu einem bedeutenden Botschafter. Sagen Sie mir, ich wiederhole es, was ich für Sie tun kann.«

Mordaunt überlegte einen Augenblick und wollte nach sichtlichem Zögern gerade den Mund öffnen, um zu sprechen, als Bernouin eilends eintrat, sich zum Ohr des Kardinals niederbeugte und ihm etwas zuflüsterte. »Monseigneur«, sagte er, »die Königin Henriette betritt in Begleitung eines englischen Edelmanns diesen Augenblick das Palais-Royal.«

Mazarin fuhr auf seinem Sessel mit einem Ruck hoch, der dem jungen Mann nicht entging und ihn bewog, die vertraulichen Worte zu unterdrücken, die er zweifellos auf der Zunge hatte.

»Monsieur«, sagte der Kardinal, »Sie haben verstanden, nicht wahr? Ich habe Boulogne für Sie festgesetzt, weil ich denke, Ihnen ist jede Stadt in Frankreich einerlei. Wenn Sie eine andere vorziehen, nennen Sie mir ihren Namen, aber Sie sehen wohl ein, dass ich, von Einflüssen umgeben, denen ich mich nur durch Verschwiegenheit entziehen kann, nicht wünsche, Ihre Anwesenheit in Paris bekannt werden zu lassen.«

»Ich werde abreisen, Monseigneur«, sagte Mordaunt und ging ein paar Schritte auf die Tür zu, durch die er eingetreten war.

»Nein, nicht dort hinaus, Monsieur, ich bitte Sie!«, rief der Kardinal heftig. »Gehen Sie durch jene Galerie, die in den Vorsaal führt. Ich wünsche nicht, dass man Sie herauskommen sieht, unsere Zusammenkunft muss geheim bleiben.«

Mordaunt folgte Bernouin, der ihn durch einen langen Saal führte und dann einem Türhüter übergab. Dann eilte Bernouin zu seinem Herrn zurück, um die Königin Henriette einzulassen, die bereits durch die Glashalle kam.

Mazarin und Madame Henriette

Der Kardinal erhob sich und eilte, die Königin von England zu empfangen. Er erreichte sie mitten in der Halle, die vor seinem Arbeitszimmer lag. Er bezeigte dieser Königin ohne

Gefolge und Geschmeide umso mehr Achtung, als er fühlte, dass er sich wegen seiner Habsucht und seines Mangels an Herz einiges vorzuwerfen hatte. Doch Bittsteller verstehen es, ihrem Gesicht einen vielfältigen Ausdruck abzunötigen, und die Tochter Heinrichs IV. lächelte, als sie auf den Mann zuging, den sie so sehr hasste und verachtete.

Ah!, sagte sich Mazarin. Welch liebenswürdiges Gesicht! Ob sie Geld von mir leihen will?

»Herr Kardinal«, sagte die erlauchte Besucherin, »zuerst hatte ich im Sinn, über die Sache, die mich herführt, mit meiner Schwägerin, der Königin, zu sprechen, aber ich habe mir gedacht, dass politische Angelegenheiten in erster Linie die Männer angehen.«

»Madame«, erwiderte Mazarin, »Eure Majestät beschämen mich mit dieser schmeichelhaften Auszeichnung.«

Er ist sehr freundlich, dachte die Königin, ob er erraten hat, weshalb ich gekommen bin?

Sie waren im Arbeitszimmer des Kardinals angelangt. Er ließ die Königin Platz nehmen, und als sie sich bequem in einen Sessel gesetzt hatte, sagte er: »Erteilen Sie dem ehrerbietigsten Ihrer Diener Ihre Befehle.«

»Ach, Monsieur«, entgegnete die Königin, »ich habe die Gewohnheit, Befehle zu erteilen, eingebüßt und die angenommen, Bitten zu stellen. Ich komme, um zu bitten, und wäre überglücklich, würde meine Bitte von Ihnen erhört.«

»Sprechen Sie, Madame«, sagte Mazarin.

»Herr Kardinal, es handelt sich um den Krieg, den mein Gemahl, der König, gegen seine rebellischen Untertanen führen muss. Ich habe von ihm selbst erfahren, dass er vor einer Entscheidungsschlacht steht. Im Falle einer Niederlage …« Mazarin machte eine Bewegung. »… Man muss auf alles gefasst sein«, fuhr die Königin fort, »im Falle einer Niederlage möchte er sich nach Frankreich zurückziehen und hier als schlichter Privatmann leben. Was sagen Sie zu diesem Plan?«

Der Kardinal hatte zugehört, ohne dass ein Muskel in seinem Gesicht verriet, welchen Eindruck ihm die Worte machten, und ohne dass sein übliches falsches und schmeichlerisches Lächeln verflog. Als die Königin geendet hatte, antwortete er mit seiner seidigsten Stimme: »Glauben Sie, Madame, dass Frankreich, in dem selbst eine solche Unruhe brodelt, eine sehr ersprießliche Zuflucht für einen entthronten König wäre? Die Krone auf dem Haupt König Ludwigs XIV. sitzt bereits nicht ganz fest, wie sollte sie ein doppeltes Gewicht aushalten?«

»Was mich betrifft, so ist dieses Gewicht nicht sehr schwer gewesen«, unterbrach ihn die Königin mit einem schmerzlichen Lächeln, »und ich verlange nicht, dass man für meinen Gemahl mehr tut, als man für mich getan hat. Wie Sie sehen, sind wir sehr bescheidene Herrscher, Monsieur.«

»Oh, Sie, Madame«, entgegnete der Kardinal rasch, um die Erläuterungen abzuschneiden, die er kommen sah, »bei Ihnen ist das etwas anderes, Sie sind eine Tochter Heinrichs IV., dieses großen, dieses erhabenen Königs …«

»Was Sie nicht hindert, seinem Schwiegersohn die Gastfreundschaft zu verweigern, nicht wahr, Monsieur? Doch Sie sollten sich erinnern, dass dieser große, dieser erhabene König, der eines Tages geächtet war, wie es mein Gemahl sein wird, England um Beistand bat und dass England ihm den gewährte, freilich war die Königin Elisabeth nicht seine Nichte.«

»Peccato!«, sagte Mazarin, der sich gegen diese so einfache Logik sträubte. »Eure Majestät verstehen mich nicht, beurteilen meine Absichten nicht richtig, und das zweifellos, weil ich mich im Französischen schlecht auszudrücken weiß.«

»Sprechen Sie italienisch, Unsere Mutter, die Königin Maria von Medici, hat Uns, ehe Ihr Vorgänger, Richelieu, sie im Exil sterben ließ, diese Sprache gelehrt. Wenn von diesem großen, diesem erhabenen König Heinrich IV., über den Sie eben sprachen, etwas geblieben wäre, dann würde er über Ihre tiefe Bewunderung für ihn im Verein mit so wenig Mitleid für seine Familie nicht wenig staunen.«

Mazarin rann in großen Tropfen der Schweiß von der Stirn. »Diese Bewunderung ist im Gegenteil so groß und so aufrichtig, Madame«, sagte er, indem er auf das Angebot der Königin, die Sprache zu wechseln, verzichtete, »dass ich, käme König Karl I. – den Gott vor allem Unglück bewahren möge! – nach

Frankreich, ihm mein Haus, mein eigenes Haus anbieten würde, aber leider wäre das eine wenig sichere Zuflucht. Eines Tages wird das Volk dieses Haus in Brand stecken, wie es das des Marschalls d'Ancre abgebrannthat. Armer Concino Concini! Er wollte doch nur Gutes für Frankreich!«

»Ja, Monsieur, wie Sie«, warf die Königin ironisch ein.

Mazarin tat, als verstünde er nicht die Doppeldeutigkeit des Satzes, den er selbst gesprochen hatte, und fuhr fort, über das Schicksal Concino Concinis zu klagen.

»Kurz und gut, Herr Kardinal«, fragte die Königin ungeduldig, »was antworten Sie mir?«

»Madame«, rief Mazarin, der immer gerührter wurde, »gestatten mir Eure Majestät, Ihnen einen Rat zu geben?«

»Sprechen Sie, Monsieur«, erwiderte die Königin. »Der Rat eines so klugen Mannes wie Sie muss ganz gewiss gut sein.«

»Madame, der König muss sich bis zum Schluss verteidigen.«

»Er hat es getan, Monsieur, und diese letzte Schlacht, die er mit viel schwächeren Mitteln als seine Feinde liefern wird, beweist, dass er nicht daran denkt, sich kampflos zu ergeben, aber was ist, falls er besiegt wird?«

»Nun, Madame, in diesem Fall rate ich – ich bin mir der Kühnheit bewusst, Eurer Majestät einen Rat zu erteilen –, dass der König sein Reich nicht verlässt. Abwesende Könige werden schnell vergessen. Wenn er nach Frankreich kommt, ist seine Sache verloren.«

»Aber wenn das Ihr Rat ist und wenn Sie ihm wirklich Teilnahme entgegenbringen«, sagte die Königin, »dann schicken Sie ihm Hilfe in Gestalt von Männern und Geld, denn ich kann nichts mehr für ihn tun, ich habe, um ihm zu helfen, alles bis zum letzten Diamanten verkauft. Es ist mir nichts geblieben, das wissen Sie, das wissen Sie besser als sonst jemand, Monsieur. Wäre mir noch ein Kleinod geblieben, dann hätte ich dafür Holz gekauft, um mich und meine Tochter in diesem Winter zu wärmen.«

»Ach, Madame«, entgegnete Mazarin, »Eure Majestät wissen wohl kaum, was Sie von mir verlangen. An dem Tage, da sich eine Hilfstruppe von Ausländern dem Gefolge eines Königs anschließt, um ihn wieder auf den Thron zu setzen, gesteht man ein, dass man von der Liebe seiner Untertanen keine Hilfe mehr zu erwarten hat.«

»Zur Sache, Herr Kardinal«, sagte die Königin, die es ungeduldig machte, diesem spitzfindigen Geist in das Labyrinth der Worte zu folgen, in dem er umherirrte, »zur Sache, antworten Sie mir ja oder nein, werden Sie, wenn der König darauf besteht, in England zu bleiben, ihm Hilfe schicken? Werden Sie ihm, wenn er nach Frankreich kommt, Gastfreundschaft gewähren?«

»Ich werde unverzüglich mit der Königin darüber beraten, und dann werden wir die Sache dem Parlament überweisen.«

»Mit dem Sie sich im Kriegszustand befinden, nicht wahr? Sie werden Broussel beauftragen, darüber Bericht zu erstatten. Genug, Herr Kardinal, genug. Ich verstehe Sie oder vielmehr, ich habe unrecht. Gehen Sie tatsächlich zum Parlament, denn von diesem den Königen feindlichen Parlament ist der Tochter dieses großen, dieses erhabenen Heinrichs IV., den Sie so sehr bewundern, die einzige Hilfe zuteil geworden, die sie davor bewahrte, in diesem Winter vor Hunger zu sterben.« Und bei diesen Worten erhob sich die Königin mit majestätischer Entrüstung.

Der Kardinal streckte ihr seine gefalteten Hände entgegen. »Ach, Madame, Madame! Mein Gott, wie schlecht Sie mich kennen!«

Doch die Königin Henriette durchquerte, ohne sich nach dem Mann umzudrehen, der heuchlerische Tränen vergoss, das Arbeitszimmer, öffnete die Tür und ergriff draußen, allein, isoliert und hoch aufgerichtet inmitten von zahlreichen Gardisten Seiner Eminenz, Höflingen, die begierig waren, ihm ihre Aufwartung zu machen, und der ganzen Pracht eines rivalisierenden Königtums, die Hand Lord Winters. Arme, bereits abgesetzte Königin, vor der man sich noch nach der Hofsitte verneigte, der sich jedoch kein Arm mehr bot, auf den sie sich stützen konnte.

Einerlei, sagte sich Mazarin, als er allein war, es war mir peinlich, und ich hatte eine schwierige Rolle zu spielen. Aber ich habe weder dem einen noch dem andern etwas gesagt. Hm. Dieser Cromwell ist ein furchtbarer Königsjäger, ich bedaure seine Minister, wenn er sich je welche zulegt. »Bernouin!«

Bernouin trat ein.

»Man soll nachsehen, ob der junge Mann mit dem schwarzen Wams und kurzen Haar, den Sie vor einer Weile zu mir geführt haben, noch im Palast ist.«

Bernouin ging und kehrte bald darauf mit Comminges zurück, der Dienst hatte.

»Monseigneur«, sagte Comminges, »als ich den jungen Mann, den Eure Eminenz wünschen, zurückführte, ging er zur Glastür des Saals und betrachtete voller Staunen etwas, zweifellos das Gemälde von Raffael, das gegenüber der Tür hängt. Versonnen blieb er einen Augenblick stehen und stieg dann die Treppe hinab. Ich glaube, ich habe ihn auf einem Grauschimmel aus dem Hof des Palastes reiten sehen. Aber gehen Monseigneur denn nicht zur Königin?«

»Warum?«

»Mein Onkel, Monsieur de Guitaut, hat mir gesagt, Ihre Majestät habe Nachrichten von der Armee erhalten.«

»Es ist gut, ich eile.«

Comminges hatte richtig gesehen, tatsächlich war Mordaunt, wie er erzählt hatte, erregt gewesen. Als er den zu der großen Glashalle parallel verlaufenden Gang durchquerte, bemerkte er Lord Winter, der die Königin nach ihrer Unterredung erwartete. Als er ihn erblickte, blieb er stehen, nicht in Bewunderung vor dem Gemälde Raffaels, sondern wie verzaubert durch den Anblick von etwas Schrecklichem. Seine Augen weiteten sich, ein Schauer lief ihm von Kopf bis Fuß. Man hätte meinen können, er wolle durch die Schutzwehr von Glas brechen, die ihn von seinem Feind trennte; denn hätte Comminges bemerkt, mit welchem Ausdruck von Hass der junge Mann seine Augen auf Winter richtete, so wäre er keinen Augenblick im Zweifel gewesen, dass der vornehme englische Herr sein Todfeind sei.

Doch er bezähmte sich. Gewiss, um nachzudenken, denn statt sich von seiner ersten Regung hinreißen zu lassen, die ihn zu Lord Winter trieb, stieg er langsam die Treppe hinab, verließ mit gesenktem Kopf den Palast, schwang sich in den Sattel, lenkte sein Pferd an die Ecke der Rue Richelieu und wartete, die Augen auf das Gittertor geheftet, dass die Kutsche der Königin vom Hof rolle.

Wie die Unglücklichen mitunter den Zufall für die Vorsehung halten

»Nun, Madame?«, fragte Winter, als die Königin ihre Diener entlassen hatte.

»Es ist so gekommen, wie ich vorausgesehen habe, Mylord.«

»Der Kardinal lehnt es ab, den König aufzunehmen, Frankreich verweigert einem unglücklichen Fürsten die Gastfreundschaft? Aber das ist das erste Mal, Madame!«

»Ich habe nicht Frankreich gesagt, Mylord, ich habe gesagt, der Kardinal, und der Kardinal ist nicht einmal Franzose.«

»Aber die Königin, haben Sie die gesprochen?«

»Zwecklos«, erwiderte Madame Henriette, traurig den Kopf schüttelnd, »weil die Königin niemals ja sagen würde, wenn der Kardinal nein gesagt hat. Ich wäre nicht erstaunt, wenn Cromwell vor uns gewarnt hätte. Der Kardinal war verlegen, als er mit mir sprach, und doch fest in seinem Willen abzulehnen. Haben Sie übrigens die Aufregung im Palais-Royal bemerkt, dieses Kommen und Gehen von geschäftigen Leuten? Sollten irgendwelche Nachrichten eingetroffen sein, Mylord?«

»Nicht aus England, Madame, ich habe mich so sehr beeilt, dass ich überzeugt bin, mir ist niemand zuvorgekommen. Vor drei Tagen bin ich abgereist und wie durch ein Wunder mitten durch die puritanische Armee. Ich habe mit meinem Diener Tony die Extrapost genommen, unsere Pferde haben wir erst in Paris gekauft. Außerdem wird der König, ehe er etwas riskiert, die Antwort Eurer Majestät abwarten, dessen bin ich sicher.«

»Sie werden ihm berichten, Mylord«, erwiderte die Königin verzweifelt, »dass ich nichts vermag, dass ich ebenso viel gelitten habe wie er, sogar noch mehr, da ich genötigt bin, das Brot der Verbannung zu essen und falsche Freunde, die meiner Tränen spotten, um Gastfreundschaft zu bitten, und dass er sich großmütig opfern und als König sterben muss. Ich werde an seiner Seite sterben.«

»Madame! Madame!«, rief Lord Winter. »Eure Majestät überlassen sich der Mutlosigkeit, und vielleicht bleibt uns doch noch eine Hoffnung. Ich habe Ihnen von vier Männern erzählt.«

»Was wollen Sie mit vier Männern anfangen?«

»Vier ergebene Männer, vier Männer, die entschlossen sind zu sterben, vermögen viel, glauben Sie mir, Madame, und die ich meine, haben einst viel vermocht.«

»Und wo sind diese vier Männer?«

»Das ist es leider, was ich nicht weiß. Seit fast zwanzig Jahren habe ich sie aus den Augen verloren, und doch, jedes Mal, wenn ich den Königin Gefahr sah, musste ich an sie denken.«

»Und diese Männer waren Ihre Freunde?«

»Einer von ihnen hielt mein Leben in seiner Hand und hat es mir wiedergegeben; ich weiß nicht, ob er mein Freund geblieben ist, aber seit der Zeit bin zumindest ich der seine geblieben.«

»Sagen Sie mir ihre Namen, vielleicht habe ich sie gehört und könnte Ihnen helfen.«

»Der eine ist der Chevalier d'Artagnan.«

»Oh, Mylord, wenn ich nicht irre, ist der Chevalier d'Artagnan Leutnant der Garde, seinen Namen habe ich erwähnen hören, aber beachten Sie, ich fürchte, dieser Mann ist ganz und gar für den Kardinal.«

»Das wäre allerdings das höchste Unglück«, sagte Winter, »ich fange an, zu glauben, dass wir tatsächlich verwünscht sind.«

»Aber die andern?«, fragte die Königin.

»Den Namen des Zweiten habe ich zufällig gehört, Graf von La Fère. Die beiden andern pflege ich nur bei ihren angenommenen Namen zu nennen und habe daher ihre richtigen vergessen.«

»Suchen Sie diese Herren, Mylord, suchen Sie sie, und wenn Sie sie gefunden haben und sie sind einverstanden, mit Ihnen nach England zu reisen, verleihe ich jedem an dem Tag, da wir wieder auf dem Thron sitzen, ein Herzogtum und gebe ihnen außerdem so viel Gold, dass sie dafür den Whitehall-Palast kaufen könnten. Suchen Sie sie also, Mylord, ich beschwöre Sie.«

»Ich würde sie suchen, Madame, und zweifellos auch finden, aber es fehlt mir an der Zeit. Vergessen Eure Majestät, dass der König auf Antwort wartet, und mit Bangen?«

»Dann sind wir also verloren!«, rief die Königin, der fast das Herz brach.

In diesem Augenblick tat sich die Tür auf, und die junge Henriette trat ein. Und mit jener erhabenen Kraft, dem Heroismus der Mütter, drängte die Königin ihre Tränen auf den Grund ihres Herzens zurück und bedeutete Lord Winter, das Gesprächsthema zu wechseln. Dann wandte sie sich an ihre Tochter: »Was willst du, Henriette?«

»Liebe Mutter«, antwortete die junge Prinzessin, »ein Kavalier ist im Louvre eingetroffen und bittet, Eurer Majestät seine Aufwartung machen zu dürfen. Er kommt von der Armee und sagt, er habe Ihnen einen Brief, ich glaube, von Marschall de Grammont, zu übergeben.«

»Ah!«, sagte die Königin zu Winter. »Der ist einer von meinen Getreuen. Und wer ist dieser Kavalier, Henriette?«

»Ich habe ihn durchs Fenster gesehen, Madame, er ist ein junger Mann von anscheinend kaum sechzehn Jahren und nennt sich Vicomte von Bragelonne.«

Die Königin nickte lächelnd, und die junge Prinzessin öffnete die Tür und ließ Raoul eintreten. Er ging auf die Königin zu und kniete nieder. »Madame«, sagte er, »ich bringe Eurer Majestät einen Brief von meinem Freund, dem Grafen von Guiche, der mir gesagt hat, er habe die Ehre, zu Ihren ergebenen Dienern zu gehören. Dieser Brief enthält eine wichtige Nachricht und den Ausdruck seiner Hochachtung.«

Als der Name des Grafen von Guiche genannt wurde, breitete sich Röte über die Wangen der jungen Prinzessin. Die Königin beobachtete sie ernst. »Du hast mir doch aber gesagt, der Brief sei von Marschall de Grammont, Henriette«, sagte sie.

»Ich dachte es …«, stammelte das junge Mädchen.

»Es ist meine Schuld, Madame«, sagte Raoul, »ich habe tatsächlich gesagt, ich käme von Marschall de Grammont, aber da er am rechten Arm verwundet ist, konnte er nicht schreiben, und da hat ihm Graf von Guiche als Sekretär gedient.«

»Es wurde also gekämpft?«, fragte die Königin und gebot Raoul durch ein Zeichen, sich zu erheben.

»Ja, Madame«, antwortete der junge Mann, während er Lord Winter, der auf ihn zugetreten war, den Brief gab und dieser ihn der Königin überreichte.

Bei der Nachricht von einer Schlacht öffnete die junge Prinzessin den Mund, um eine Frage zu stellen, die sie zweifellos interessierte, aber ihr Mund schloss sich, ohne dass sie ein Wort gesprochen hatte, indes langsam die Rosen von ihren Wangen schwanden.

Der Königin entgingen diese Regungen nicht, und gewiss übersetzte ihr Mutterherz sie, denn sie wandte sich abermals an Raoul. »Dem jungen Grafen von Guiche ist hoffentlich nichts zugestoßen?«, fragte sie. »Denn er gehört nicht nur, wie er gesagt hat, zu unseren ergebenen Dienern, sondern überdies zu unseren Freunden.«

»Nein, Madame«, erwiderte Raoul, »im Gegenteil, er hat sich an dem Tag großen Ruhm erworben, und ihm ist die Ehre widerfahren, auf dem Schlachtfeld von dem Prinzen umarmt zu werden.«

»Wir wollen sehen, was uns der Graf schreibt«, sagte die Königin. Damit entsiegelte sie den Brief und las:

»Madame, verehrte Königin!

Da ich wegen einer Verwundung an der rechten Hand nicht die Ehre haben kann, Ihnen selbst zu schreiben, muss ich Ihnen durch meinen Sohn, den Grafen von Guiche, schreiben lassen, der, wie Sie wissen, ebenso Ihr ergebener Diener ist wie sein Vater, um Ihnen zu melden, dass wir die Schlacht bei Lens gewonnen haben und dass dieser Sieg nicht verfehlen kann, dem Kardinal Mazarin und der Königin große Macht über die Angelegenheiten in Europa zu verleihen. Mögen Eure Majestät meinem Rat folgen und diesen Augenblick benutzen, um zugunsten Ihres erhabenen Gemahls in die Regierung des Königs zu dringen. Der Vicomte von Bragelonne, der die Ehre haben wird, Ihnen diesen Brief zu übergeben, ist der Freund meines Sohnes, dem er aller Wahrscheinlichkeit nach das Leben gerettet hat. Er ist ein Edelmann, auf den sich Eure Majestät völlig verlassen können, falls Sie mir mündlich oder schriftlich einen Befehl zu erteilen haben.

Ich habe die Ehre, ehrfurchtsvoll zu verbleiben

Marschall von Grammont«

Als von dem Dienst die Rede war, den er dem Grafen erwiesen hatte, konnte sich Raoul nicht enthalten, der jungen Prinzessin den Kopf zuzuwenden, und da er in ihren Augen einen Ausdruck unendlicher Dankbarkeit gegen ihn erblickte, zweifelte er nicht mehr daran, dass die Tochter König Karls I. seinen Freund liebte.

»Die Schlacht bei Lens gewonnen!«, sagte die Königin. »Hier haben sie Glück, sie gewinnen Schlachten! Ja, der Marschall von Grammont hat recht, das wird die Lage der Dinge für sie ändern, aber ich fürchte sehr, nicht für uns, wenn es uns auch nicht schadet. Diese Nachricht ist ganz frisch, Monsieur«, fuhr die Königin fort, »ich weiß Ihnen Dank für die Eile, mit der Sie mir den Brief überbracht haben. Ohne ihn und ohne Sie hätte ich erst morgen, vielleicht erst übermorgen, als Letzte in ganz Paris davon erfahren.«

»Madame«, erwiderte Raoul, »der Louvre ist der zweite Palast, in den diese Nachricht gelangt ist, sie ist sonst noch niemand bekannt, und ich habe dem Grafen von Guiche geschworen, Eurer Majestät den Brief zu übergeben, noch ehe ich meinen Vormund umarmt habe.«

»Ist Ihr Vormund wie Sie ein Bragelonne?«, fragte Lord Winter. »Ich habe einen Bragelonne gekannt, lebt er noch?«

»Nein, Monsieur, er ist tot, und von ihm hat mein Vormund, der, glaube ich, ein sehr naher Verwandter von ihm war, den Besitz dieses Namens geerbt.«

»Und wer ist Ihr Vormund, Monsieur?«, fragte die Königin, die Interesse für diesen schönen jungen Mann zu empfinden begann.

»Der Graf von La Fère, Madame«, antwortete Raoul mit einer Verneigung.

Lord Winter fuhr überrascht auf, und die Königin rief freudig: »Graf von La Fère? Ist das nicht der Name, den Sie mir nannten?«

Winter vermochte kaum zu glauben, was er gehört hatte. »Der Graf von La Fère?«, rief auch er. »Oh, Monsieur, antworten Sie mir, ich bitte Sie: Ist der Graf von La Fère ein Seigneur, den ich als schön und tapfer gekannt habe, der ein Musketier Ludwigs XIII. war und jetzt sieben- oder achtundvierzig Jahre alt sein muss?«

»Ja, Monsieur, das trifft in allen Punkten zu.«

»Und der einen angenommenen Namen trug?«

»Den Namen Athos. Ich habe ihn vor kurzem von seinem Freund, Monsieur d'Artagnan, so nennen hören!«

»Das ist er, Madame, das ist er. Gott sei gelobt! Befindet er sich in Paris?«, fragte er dann Raoul und wandte sich gleich darauf wieder an die Königin: »Hoffen Sie noch, hoffen Sie, die Vorsehung erklärt sich für uns, denn sie hat bewirkt, dass ich diesen wackeren Edelmann auf so wunderbare Weise wiederfinde. Und wo wohnt er bitte, Monsieur?«

»Der Graf von La Fère ist im Gasthof ›Zum König Karl dem Großen‹ in der Rue Guénégaud abgestiegen.«

»Danke, Monsieur. Richten Sie meinem werten Freund aus, dass ich ihn sogleich umarmen werde, wenn er daheim bleibt.«

»Monsieur, ich gehorche mit großem Vergnügen, wenn Ihre Majestät mich beurlaubt.«

»Gehen Sie, Vicomte von Bragelonne«, sagte die Königin, »gehen Sie und seien Sie Unseres Wohlwollens versichert.«

Raoul verneigte sich ehrfurchtsvoll vor der Königin und der Prinzessin, grüßte Lord Winter und entfernte sich.

Onkel und Neffe

Lord Winters Pferd und Diener erwarteten ihn am Portal. Tief nachdenklich machte er sich auf den Weg zu seinem Quartier und schaute von Zeit zu Zeit nach hinten auf die schweigende und düstere Fassade des Louvre. Dabei erblickte er einen Reiter, der sich gleichsam von der Mauer löste und ihm in einiger Entfernung folgte. Der Diener Lord Winters, der einige Schritt hinter ihm ritt, beobachtete den Reiter ebenfalls mit Unruhe.

»Tony«, sagte der Edelmann, während er dem Diener durch ein Zeichen bedeutete heranzureiten. »Hast du den Mann bemerkt, der uns folgt?«

»Ja, Mylord.«

»Wer ist das?«

»Ich weiß nicht, nur, dass er Euer Gnaden schon seit dem Palais-Royal folgt.«

Irgendein Spion des Kardinals, sagte sich Winter, tun wir so, als bemerkten wir seine Überwachung nicht. Und indem er beide Sporen gab, drang er in das Labyrinth der Straßen ein, die zu seinem im Marais gelegenen Gasthof führten. Da er lange Zeit an der Place Royale gewohnt hatte, war es für Lord Winter ganz selbstverständlich gewesen, in der Nähe seines früheren Aufenthalts abzusteigen.

Der Unbekannte setzte sein Pferd in Galopp.

Als Lord Winter vor seinem Gasthof abstieg und in sein Zimmer ging, nahm er sich vor, den Spion beobachten zu lassen, doch als er Handschuhe und Hut auf einen Tisch legte, erblickte er in einem Spiegel vor sich eine Gestalt, die sich auf der Schwelle abzeichnete. Er drehte sich um. Vor ihm stand Mordaunt.

Lord Winter wurde blass und blieb reglos stehen, während Mordaunt frostig, drohend und wie die Statue des Komturs an der Tür verharrte. Einen Augenblick herrschte eisiges Schweigen zwischen den beiden Männern. Lord Winter brach es.

»Monsieur«, sagte er, »ich glaubte, ich hätte Ihnen bereits zu verstehen gegeben, dass mich Ihre Zudringlichkeit belästigt. Entfernen Sie sich also, oder ich lasse Sie wie in London hinauswerfen. Ich bin nicht Ihr Onkel, ich kenne Sie nicht.«

»Mein Onkel«, entgegnete Mordaunt mit seiner heiseren und höhnischen Stimme, »Sie irren sich, diesmal werden Sie mich nicht hinauswerfen lassen, wie Sie es in London getan haben, Sie werden es nicht wagen. Und dass Sie mich als Neffen verleugnen, werden Sie sich noch überlegen, denn jetzt habe ich Dinge erfahren, die ich vor einem Jahr noch nicht wusste.«

»Was geht mich das an, was Sie erfahren haben!«, erwiderte Winter.

»Oh, es geht Sie sehr viel an, mein Onkel, davon bin ich überzeugt, und Sie werden gleich meine Ansicht teilen«, fügte er mit einem Lächeln hinzu, das dem Angeredeten einen Schauer durch die Adern jagte. »Als ich Sie das erste Mal in London aufsuchte, fragte ich Sie, was aus meinem Vermögen geworden sei; als ich das zweite Mal zu Ihnen kam, fragte ich Sie, wer meinen Namen besudelt habe. Diesmal stelle ich Ihnen eine viel schrecklichere Frage, ich frage Sie, wie Gott den ersten Mörder fragte: ›Kain, was hast du mit deinem Bruder Abel gemacht?‹ – Mylord, was haben Sie mit Ihrer Schwägerin gemacht, die meine Mutter war?«

Unter dem Feuer dieser glühenden Augen wich Lord Winter zurück. Während er sich mit aller Kraft zu beherrschen suchte, rief er: »Forschen Sie nach, was aus ihr geworden ist, Unseliger, und fragen Sie in der Hölle an, vielleicht wird Ihnen die Hölle Antwort geben.«

»Ich habe den Henker von Béthune gefragt«, sagte Mordaunt dumpf, mit einem vor Schmerz und Zorn bleigrauen Gesicht, »und der Henker von Béthune hat mir geantwortet.«

Winter fiel wie vom Blitz getroffen in einen Sessel und versuchte vergeblich, etwas zu sagen.

»Ja«, fuhr der junge Mann fort, »mit diesem Wort wird alles klar, nicht wahr? Mit diesem Schlüssel öffnet sich der Abgrund. Meine Mutter hatte ihren Gatten beerbt, und Sie haben meine Mutter ermordet. Mein Name sicherte mir das väterliche Vermögen, und Sie haben mir meinen Namen entzogen, und als Sie mich um meinen Namen gebracht hatten, haben Sie mir mein Vermögen geraubt. Ich wundere mich jetzt nicht mehr, dass Sie mich nicht erkannten, ich wundere mich nicht mehr, dass Sie sich weigerten, mich zu erkennen. Für einen Räuber schickt es sich nicht, den Mann, den man arm, für einen Mörder nicht, denjenigen, den man zur Waise gemacht hat, seinen Neffen zu nennen.«

Diese Worte erzielten die gegenteilige Wirkung von der, die Mordaunt erwartete. Lord Winter erhob sich ruhig und ernst und bezwang mit seinem strengen Blick den hitzigen des jungen Mannes. »Sie wollen in dieses grauenhafte Geheimnis dringen, Monsieur?«, fragte er. »Gut, sei es! ... Erfahren Sie also, wie jene Frau war, um derentwillen Sie heute Rechenschaft von mir fordern. Jene Frau hat aller Wahrscheinlichkeit nach meinen Bruder vergiftet, und um mich zu beerben, wollte sie auch mich ermorden, dafür habe ich Beweise. Was sagen Sie dazu?«

»Sie war meine Mutter!«

»Sie ließ durch einen zuvor rechtschaffenen, guten und lauteren Mann den unglücklichen Herzog von Buckingham erdolchen. Was sagen Sie zu diesem Verbrechen, für das ich Beweise habe?«

»Sie war meine Mutter!«

»Nach Frankreich zurückgekehrt, hat sie im Augustinerkloster von Béthune ein junges Mädchen vergiftet, das einen ihrer Feinde liebte. Wird dieses Verbrechen Sie überzeugen, dass die Strafe gerecht war? Dieses Verbrechen, für das ich Beweise habe?«

»Sie war meine Mutter!«, schrie der junge Mann, der die Worte mit ständig wachsender Kraft hervorgestoßen hatte.

»Mit Morden und Ausschweifungen belastet, die jedermann ein Abscheu waren, und bedrohlich wie eine blutdürstige Pantherin, starb sie schließlich, von Männern getroffen, die sie zur Verzweiflung getrieben hatte und die ihr nie den mindesten Schaden zugefügt hatten. Sie fand Richter, die ihre grauenhaften Anschläge herbeiriefen. Der Henker, den Sie gesprochen haben und der Ihnen, wie Sie behaupten, alles erzählt hat, muss Ihnen in dem Fall auch gesagt haben, dass er vor Freude zitterte, die Schande und den Selbstmord seines Bruders an ihr zu rächen. Verdorbenes junges Mädchen, ehebrecherische Gattin, unnatürliche Schwägerin, Mörderin, Giftmischerin, ein Abschaum für alle Menschen, die sie kennengelernt, für alle Nationen, die sie in ihrem Schoß aufgenommen hatten, starb sie, von Himmel und Erde verflucht. So war jenes Weib.«

Ein Schluchzen, das stärker war als sein Wille, entrang sich Mordaunts Kehle und ließ ihm das Blut in sein fahles Gesicht steigen. Er ballte die Fäuste, während ihm der Schweiß von der Stirn rann, und schrie, von rasender Wut verzehrt: »Schweigen Sie, Monsieur! Sie war meine Mutter! Ihre Ausschweifungen kenne ich nicht, ihre Laster kenne ich nicht, ihre Verbrechen kenne ich nicht. Aber ich weiß, dass ich eine Mutter hatte, dass fünf gegen sie verbündete Männer sie heimlich bei Nacht und in aller Stille wie Feiglinge umgebracht haben. Ich weiß, dass Sie dazugehörten, Monsieur, dass Sie, mein Onkel, dazugehörten und dass Sie wie die anderen und noch lauter als die anderen sagten: ›Sie muss sterben!‹ Daher hören Sie gut auf meine Worte, damit sie sich Ihnen ins Gedächtnis eingraben und Sie sie nie vergessen, dieser Mord, der mir alles geraubt, dieser Mord, der mich namenlos, dieser Mord, der mich arm, böse, unversöhnlich gemacht und verdorben hat – für ihn werde ich Rechenschaft fordern, zunächst von Ihnen und dann von Ihren Helfershelfern, sobald ich sie kenne.«

Hass in den Augen und Schaum vor dem Mund, hatte Mordaunt mit vorgestreckter Faust einen furchtbaren und drohenden Schritt auf Lord Winter zugemacht. Dieser legte die Hand an den Degen und sagte mit dem Lächeln des Mannes, der seit dreißig Jahren mit dem Tod spielt: »Wollen Sie mich ermorden, Monsieur? Dann werde ich Sie als meinen Neffen erkennen, denn Sie sind fürwahr der Sohn Ihrer Mutter.«

»Nein«, entgegnete Mordaunt, »ich werde Sie nicht umbringen, zumindest nicht in diesem Augenblick, denn ohne Sie werde ich die andern nicht entdecken. Doch wenn ich sie kenne, zittern Sie, Monsieur, ich habe den Henker von

Béthune erdolcht, ohne Mitleid, ohne Erbarmen, und er war von Ihnen allen der am wenigsten Schuldige.«

Mit diesen Worten ging der junge Mann hinaus und stieg, um nicht aufzufallen, einigermaßen ruhig die Treppe hinab.

Vaterschaft

Während sich bei Lord Winter diese furchtbare Szene abspielte, saß Athos am Fenster seines Zimmers, den Ellbogen auf einen Tisch und den Kopf in die Hand gestützt und lauschte mit Augen und Ohren zugleich Raoul, der ihm von seinen Reiseabenteuern und von Einzelheiten der Schlacht erzählte. Das schöne und edle Gesicht des Grafen drückte unsagbares Glück beim Anhören dieser ersten so frischen und so reinen Gemütserregungen aus. Er hatte vergessen, was die Vergangenheit an Düsterem, die Zukunft an Nebelhaftem enthielt. Man hätte meinen können, die Rückkehr des geliebten Kindes habe selbst die Befürchtungen in Hoffnungen verwandelt. Athos war glücklich, so glücklich wie nie zuvor.

»Und du hast dieser großen Schlacht beigewohnt und an ihr teilgenommen, Bragelonne?«, fragte der ehemalige Musketier.

»Ja, Monsieur.«

»Und sie war gewaltig, sagst du?«

»Der Prinz hat selbst elfmal angegriffen.«

»Er ist ein bedeutender Kriegsmann, Bragelonne.«

»Er ist ein Held, Monsieur, ich habe ihn keine Sekunde aus den Augen verloren. Oh, wie schön ist das, Monsieur, Condé zu heißen … und seinen Namen auf solche Weise zu tragen!«

»Ruhig und glänzend, nicht wahr?«

»Ruhig wie bei einer Parade und glänzend wie bei einem Fest. Als wir uns dem Feind näherten, geschah es im Schritt. Man hatte uns verboten, als Erste zu schießen, und wir marschierten auf die Spanier los, die, die Muskete am Schenkel, auf einer Anhöhe hielten. Auf dreißig Schritt herangekommen, drehte sich der Prinz zu den Soldaten um. ›Ihr werdet eine gewaltige Salve zu bestehen haben, meine Kinder‹, sagte er, ›aber seid getrost, hinterher habt ihr leichtes Spiel mit all den Leuten da.‹ Es herrschte eine solche Stille, dass Freunde und Feinde seine Worte vernahmen. Dann hob er seinen Degen und rief: ›Blast die Trompeten!‹«

»Gut, gut! … Bei Gelegenheit würdest du es ebenso machen, nicht wahr, Raoul?«

»Vermutlich, Monsieur, denn ich fand es so schön und so groß. Als wir auf zwanzig Schritt heran waren, sahen wir, wie sich alle Musketen gleich einer einzigen schimmernden Linie senkten, denn die Sonne funkelte auf den Läufen. ›Im Schritt, Kinder, im Schritt‹, sagte der Prinz, ›der Augenblick ist da.‹«

»Hast du Angst gehabt, Raoul?«, fragte der Graf.

»Ja, Monsieur«, antwortete der junge Mann treuherzig, »ich fühlte eine eisige Kälte im Herzen, und bei dem Wort ›Feuer!‹, das auf Spanisch in den Reihen der Feinde erscholl, schloss ich die Augen. Im selben Moment gab es einen solchen Knall, als öffne sich die Hölle, und die nicht getötet wurden, spürten die Flammenhitze. Ich machte die Augen wieder auf, erstaunt, nicht tot oder zumindest verwundet zu sein. Ein Drittel der Schwadron lag verstümmelt und blutend am Boden. Da begegnete ich dem Blick des Prinzen und dachte nur noch an das eine, dass er mich ansah. Ich gab beide Sporen und befand mich mitten in den feindlichen Reihen.«

»Und der Prinz war zufrieden mit dir?«

»Er hat es mir wenigstens gesagt, Monsieur, als er mich beauftragte, Monsieur de Châtillon nach Paris zu begleiten, der diese Nachricht der Königin bringen und erbeutete Fahnen mitnehmen sollte. ›Reiten Sie‹, sagte der Prinz zu mir, ›der Feind wird erst in vierzehn Tagen seine Truppen wieder zusammengezogen haben. Umarmen Sie die Menschen, die Sie lieben und von denen Sie geliebt werden, und sagen Sie meiner Schwester, de Longueville, ich danke ihr für das Geschenk, das sie mir gemacht hat, indem sie mir Sie übergab.‹ Und ich bin gekommen, Monsieur«, fügte Raoul hinzu, während er den Grafen mit einem Lächeln inniger Liebe ansah, »weil ich mir gedacht habe, Sie würden sich freuen, mich wiederzusehen.«

Athos zog den jungen Mann an sich und küsste ihn auf die Stirn, wie er es mit einem jungen Mädchen gemacht hätte. »Du hast dich also eingeführt, Raoul«, sagte er, »du hast Herzöge zu Freunden, einen Marschall von Frankreich zum Kampfzeugen, einen Prinzen von Geblüt als Befehlshaber und bist am Tag deiner Rückkehr von zwei Königinnen empfangen worden. Für einen Neuling recht hübsch.«

»Ach, Monsieur«, sagte Raoul unvermutet, »Sie erinnern mich an etwas, was ich in meinem Eifer, Ihnen von meinen Heldentaten zu erzählen, vergessen hatte. Bei Ihrer Majestät der Königin von England befand sich ein Edelmann, der vor Überraschung und Freude aufschrie, als ich Ihren Namen nannte. Er bezeichnete sich als Ihren Freund, fragte mich nach Ihrer Adresse und wird Sie besuchen kommen.«

»Wie heißt er?«

»Ich habe nicht gewagt, ihn danach zu fragen, Monsieur, aber obgleich er sich vorzüglich ausdrückte, hielt ich ihn seiner Aussprache nach für einen Engländer,«

»Ach«, sagte Athos und neigte den Kopf, als suche er in seiner Erinnerung nach. Als er die Stirn wieder hob, staunten seine Augen über die Anwesenheit eines Mannes, der in der halb offenen Tür stand und ihn mit bewegter Miene betrachtete.

»Lord Winter!«, rief der Graf.

»Athos! Mein Freund!«

Und die beiden Edelleute hielten sich einen Augenblick umschlungen, dann ergriff Athos beide Hände Lord Winters, sah ihn an und fragte: »Was haben Sie, Mylord? Sie scheinen so betrübt zu sein wie ich froh.«

»Ja, lieber Freund, das ist wahr, und ich sage Ihnen noch mehr: Ihr Anblick verdoppelt meine Furcht.« Dabei blickte er um sich, als suche er die Einsamkeit. Raoul verstand, dass die beiden Freunde miteinander zu reden hatten, und ging ohne Ziererei hinaus.

»Da wir nun allein sind, wollen wir von uns sprechen«, sagte Lord Winter. »Er ist hier.«

»Wer?«

»Myladys Sohn.«

Wieder einmal mit diesem Namen überrascht, der ihn wie ein unseliges Echo zu verfolgen schien, zögerte Athos einen Augenblick, runzelte leicht die Stirn und erwiderte dann in ruhigem Ton: »Ich weiß es.«

»Sie wissen es?«

»Ja. Grimaud ist ihm zwischen Béthune und Arras begegnet und in gestrecktem Galopp zurückgekommen, um mich zu warnen.«

»Dann kannte ihn Grimaud?«

»Nein, aber er war am Sterbebett eines Mannes, der ihn kannte.«

»Des Henkers von Béthune!«, rief Winter.

»Das wissen Sie?«, fragte Athos erstaunt.

»Er hat mich soeben verlassen«, antwortete Winter, »er hat mir alles gesagt. Ach, mein Freund, welch grässliche Szene! Warum haben wir nicht das Kind mit der Mutter zum Schweigen gebracht!«

Athos ließ wie alle edlen Naturen seine unangenehmen Eindrücke nie an andern aus. »Was befürchten Sie?«, fragte er, nachdem er sich durch seine Urteilskraft von dem instinktiven Entsetzen, das er anfangs empfunden, befreit hatte. »Sind wir nicht da, uns zu verteidigen? Ist der junge Mann ein berufsmäßiger, kaltblütiger Mörder geworden? In einer zornigen Regung hat er den Henker von Béthune umgebracht, aber seine rasende Wut ist jetzt befriedigt.«

Winter lächelte traurig und schüttelte den Kopf. »Kennen Sie denn den Menschenschlag nicht mehr?«, fragte er.

»Ach was!«, sagte Athos, ebenfalls mit einem Versuch zu lächeln. »Er wird seine Grausamkeit in der zweiten Generation verloren haben. Außerdem, Freund, hat uns die Vorsehung gewarnt, damit wir auf der Hut sind. Wir können nichts anderes tun, als abwarten. Warten wir also. Doch jetzt wollen wir von Ihnen sprechen. Was führt Sie nach Paris?«

»Wichtige Geschäfte, die Sie später erfahren werden. Bei Ihrer Majestät der Königin von England habe ich gehört, dass Monsieur d'Artagnan zu Mazarin halten soll. Verzeihen Sie meine Offenheit, lieber Freund, weder hasse noch tadle ich den Kardinal, und Ihre Ansichten werden mir stets heilig sein. Halten Sie womöglich auch zu diesem Mann?«

»Monsieur d'Artagnan steht im Dienst«, erwiderte Athos, »er ist Soldat und gehorcht der eingesetzten Macht. Monsieur d'Artagnan ist nicht reich und braucht seinen Leutnantsrang, um zu leben. Millionäre wie Sie, Mylord, sind in Frankreich selten.«

»Leider bin ich heute so arm wie er und noch ärmer. Aber sprechen wir von Ihnen.«

»Sie wollen wissen, ob ich es mit Mazarin halte? Nein, tausendmal nein. Verzeihen auch Sie mir meine Offenheit, Mylord.«

Lord Winter erhob sich und schloss Athos in die Arme. »Danke, Graf«, sagte er, »danke für diese erfreuliche Kunde. Sie sehen mich glücklich und verjüngt. Ah, Sie sind kein Mazarinanhänger, das lasse ich mir gefallen! Es konnte ja auch nicht sein. Aber, verzeihen Sie noch einmal, sind Sie frei?«

»Was verstehen Sie unter frei?«

»Ich meine, ob Sie verheiratet sind!«

»Aha, das also. Nein«, erwiderte Athos lächelnd.

»Dann ist dieser so schöne, so elegante, so liebenswürdige junge Mann ...«

»Ein Kind, das ich aufzog und das nicht einmal seinen Vater kennt.«

»Prachtvoll, Sie sind immer derselbe, Athos, groß und hochherzig.«

»Lassen Sie hören, Mylord, was wollen Sie von mir wissen?«

»Sind Sie noch mit den Herren Porthos und Aramis befreundet?«

»Und fügen Sie d'Artagnan hinzu, Mylord. Wir sind immer noch wie einst vier einander ergebene Freunde, aber wenn es sich darum handelt, dem Kardinal zu dienen oder ihn zu bekämpfen, Mazarinanhänger oder Frondeure zu sein, dann sind wir nur noch zwei.«

»Monsieur Aramis macht gemeinsame Sache mit d'Artagnan?«, fragte Lord Winter.

»Nein«, antwortete Athos, »Monsieur Aramis erweist mir die Ehre, meine Überzeugungen zu teilen.«

»Können Sie mich mit diesem so bezaubernden und so geistvollen Freund in Verbindung bringen?«

»Gewiss, sobald es Ihnen recht ist.«

»Hat er sich verändert?«

»Er ist Abbé geworden, das ist alles.«

»Sie erschrecken mich. Sein Beruf muss ihn veranlassen, auf große Unternehmungen zu verzichten.«

»Im Gegenteil«, erwiderte Athos lächelnd, »nie ist er so sehr Musketier gewesen wie seit der Zeit, da er Abbé ist. Soll ich ihn durch Raoul holen lassen?«

»Vielen Dank, Graf, es könnte sein, dass man ihn zu dieser Stunde nicht daheim antrifft. Aber wenn Sie glauben, Sie könnten für ihn einstehen ...«

»Wie für mich selbst.«

»Wäre es Ihnen möglich, ihn morgen um zehn Uhr auf den Pont du Louvre mitzubringen?«

»Aha«, sagte Athos lächelnd, »Sie haben ein Duell?«

»Ja, Graf, ein edles Duell, ein Duell, bei dem Sie, wie ich hoffe, dabei sein werden.«

»Wohin gehen wir, Mylord?«

»Zu Ihrer Majestät der Königin von England, die mich beauftragt hat, Sie ihr vorzustellen, Graf.«

»Ihre Majestät kennt mich?«

»Ich kenne Sie.«

»Rätsel«, bemerkte Athos, »aber einerlei, da Sie mein Wort haben, frage ich nicht weiter. Erweisen Sie mir die Ehre, mit mir zu Abend zu speisen, Mylord?«

»Danke, Graf«, entgegnete Winter, »ich muss gestehen, der Besuch des jungen Mannes hat mir den Appetit genommen und wird mich wahrscheinlich um den Schlaf bringen. Was für ein Geschäft hat er in Paris zu erledigen? Er ist nicht gekommen, um mir zu begegnen, denn von meiner Reise wusste er nichts. Dieser junge Mann macht mir Bange, Graf, er trägt eine blutige Zukunft in sich.«

»Was macht er in England?«

»Er gehört zu den glühendsten Parteigängern Oliver Cromwells.«

»Was hat ihn nur bewogen, sich dieser Sache anzuschließen? Seine Mutter und sein Vater waren doch, glaube ich, Katholiken?«

»Sein Hass gegen den König.«

»Gegen den König?«

»Ja, der König hat ihn zum Bastard erklärt, hat ihn seiner Güter beraubt und ihm verboten, den Namen Winter zu tragen.«

»Und wie nennt er sich jetzt?«

»Mordaunt.«

»Puritaner und als Mönch verkleidet, allein unterwegs auf den Straßen Frankreichs.«

»Als Mönch, sagen Sie?«

»Ja, wussten Sie das nicht?«

»Ich weiß nur, was er mir gesagt hat.«

»Auf diese Weise und durch Zufall – ich bitte Gott um Vergebung, wenn ich lästere – hat er die Beichte des Henkers von Béthune gehört.«

»Dann errate ich alles: Er ist von Cromwell geschickt worden.«

»Zu wem?«

»Zu Mazarin, und die Ahnung der Königin war richtig, der Kardinal wurde vor uns gewarnt. Jetzt wird mir alles klar. Adieu, Graf, auf morgen.«

»Aber die Nacht ist finster«, sagte Athos, als er Lord Winter von einer Unruhe erregt sah, die größer war, als er sich anmerken lassen wollte, »und Sie haben vielleicht keinen Diener mit?«

»Ich habe Tony mit, einen tüchtigen, wenn auch einfältigen Burschen.«

»Heda! Olivain, Grimaud, Blaisois, nehmt die Musketen und ruft den Herrn Vicomte.«

Fünf Minuten nachdem dieser Befehl erteilt worden war, trat Raoul ein.

»Vicomte«, sagte Athos, »Sie werden Mylord bis zu seinem Gasthof begleiten und niemand in seine Nähe kommen lassen.«

»Aber, Graf«, wandte Winter ein, »wofür halten Sie mich?«

»Für einen Fremden, der Paris nicht kennt und dem der Vicomte den Weg weisen wird«, antwortete Athos.

Winter drückte ihm die Hand.

»Grimaud«, fuhr Athos fort, »setz dich an die Spitze des Zuges und gib Acht auf den Mönch.«

»Bis morgen, Graf«, sagte Winter.

Wieder bittet eine Königin um Hilfe

Athos hatte bereits am Morgen Aramis benachrichtigen lassen und seinen Brief Blaisois, dem einzigen ihm verbliebenen Diener, übergeben. Bazin kleidete sich gerade in sein Küstergewand, da er an diesem Tag Dienst in Notre-Dame hatte. Athos hatte Blaisois eingeschärft, er solle versuchen, selbst mit Aramis zu sprechen. Blaisois, ein hochgewachsener einfältiger Bursche, der nur seine Anweisung kannte, hatte also den Abbé d'Herblay zu sprechen verlangt und ungeachtet Bazins Versicherungen, er sei nicht zu Hause, auf eine Art und Weise darauf bestanden, dass Bazin in heftigen Zorn geriet. Blaisois ließ sich weder von Bazins kirchlichem Gewand noch von seinem Leugnen beeindrucken und wollte an ihm vorbei ins Haus gehen, da er glaubte, der Mann, mit dem er es zu tun hatte, sei mit allen Tugenden seiner Gewandung ausgestattet, also mit Geduld und christlicher Nächstenliebe. Doch Bazin war immer noch Musketierdiener, das Blut stieg ihm in seine vorstehenden Augen, er packte einen Besenstiel und prügelte auf Blaisois ein mit den Worten: »Sie haben die Kirche beleidigt, mein Freund, Sie haben die Kirche beleidigt.«

Der ungewohnte Lärm störte Aramis auf, der vorsichtig seine Schlafzimmertür einen Spalt breit öffnete. Da stieß Bazin ehrerbietig seinen Besenstiel auf den Boden, wie er es in Notre-Dame den Schweizer mit seiner Hellebarde hatte tun sehen, und Blaisois zogmit einem vorwurfsvollen Blick auf den Zerberus seinen Brief aus der Tasche und überreichte ihn Aramis.

»Vom Grafen von La Fère?«, fragte Aramis. »Es ist gut.« Dann war er wieder in sein Zimmer getreten, ohne sich überhaupt nach der Ursache des ganzen Lärms zu erkundigen.

Betrübt kehrte Blaisois in den Gasthof »Zum König Karl dem Großen« zurück, wo ihn Athos fragte, wie er seinen Auftrag ausgeführt habe. Blaisois berichtete sein Abenteuer.

Gut, dachte Athos, da Aramis meinen Brief erhalten hat, wird er kommen, ohne sich durch etwas hindern zu lassen.

Um zehn Uhr fand sich Athos mit seiner gewohnten Pünktlichkeit auf dem Pont du Louvre ein. Dort traf er Lord Winter, der im selben Augenblick anlangte. Sie warteten fast zehn Minuten. Lord Winter begann schon zu fürchten, Aramis werde nicht kommen.

»Geduld«, sagte Athos, der unverwandt in die Richtung der Rue du Bac blickte, »Geduld, da ist ein Abbé, der einem Mann einen Fausthieb versetzt und eine Frau begrüßt, das muss Aramis sein.«

Er war es in der Tat. Ein junger Bürger, der Maulaffen feilhielt, war ihm in den Weg getreten und hatte ihn mit Kot bespritzt, worauf ihn Aramis mit einem Puff zehn Schritt von sich gestoßen hatte. Zu gleicher Zeit war ein Beichtkind von ihm vorbeigegangen, und da es sich um eine hübsche junge Frau handelte, hatte Aramis sie mit seinem liebenswürdigsten Lächeln begrüßt. Wenig später war Aramis bei ihnen.

Wie man sich denken kann, gab es große Umarmungen zwischen ihm und Lord Winter. Dann fragte Aramis: »Wohin gehen wir? Potztausend, geht es um ein Duell? Ich habe keinen Degen mit und muss dann noch mal nach Hause einen holen.«

»Nein«, sagte Winter, »wir werden Ihrer Majestät der Königin von England einen Besuch machen.«

Im Louvre angelangt, trat Lord Winter als Erster durch die überdies nur von einem einzigen Türhüter bewachte Tür. Bei Tageslicht fiel Athos, Aramis und dem Engländer selbst die fürchterliche Armut der Behausung auf, die eine knickrige Barmherzigkeit der unglücklichen Königin zugestand. Weite, jeglicher Einrichtungberaubte Säle, schadhafte Wände, an denen hier und da altes vergoldetes Schnitzwerk der Vernachlässigung widerstanden hatte, Fenster, die nicht mehr schlossen und in denen die Scheiben fehlten, keine Teppiche, keine Gardisten, keine Diener, das fiel Athos zuerst in die Augen, und schweigend machte er seinen Gefährten darauf aufmerksam, indem er ihn mit dem Ellbogen anstieß und mit einem Blick auf das ganze Elend hinwies.

»Mazarin ist besser untergebracht«, sagte Aramis.

»Mazarin ist fast König«, erwiderte Athos, »und Madame Henriette ist fast nicht mehr Königin.«

Die Königin schien sie mit Ungeduld zu erwarten, denn bei der ersten Bewegung, die sie im Vorsaal vernahm, kam sie ihnen bis zur Schwelle ihres Gemachs entgegen, um die Höflinge ihres Unglücks zu empfangen.

»Treten Sie ein, Messieurs, und seien Sie willkommen«, sagte sie.

Die Edelleute taten wie geheißen und blieben stehen, bis Athos auf ein Zeichen der Königin, Platz zu nehmen, mit gutem Beispiel voranging. Er war ernst und ruhig, Aramis dagegen aufs höchste aufgebracht, die Not der Königin erbitterte ihn, seine Augen vermerkten genau jeden neuen Zug des Elends, das sich ihnen darbot.

»Sie betrachten meinen Luxus?«, fragte Madame Henriette und warf einen betrübten Blick um sich.

»Madame«, antwortete Aramis, »ich bitte Eure Majestät um Vergebung, aber ich kann meine Entrüstung nicht verhehlen, da ich sehe, wie man am Hof von Frankreich die Tochter Heinrichs IV. behandelt.«

»Monsieur ist kein Edelmann?«, fragte die Königin Lord Winter.

»Monsieur ist der Abbé d'Herblay«, antwortete dieser.

Aramis errötete. »Madame«, sagte er, »ich bin allerdings Abbé, aber gegen meinen Willen. Ich habe nie eine Neigung für den geistlichen Stand gehabt, meine Soutane hängt nur an einem Fädchen, und ich bin stets bereit, wieder ein Musketier zu werden. Da ich nicht wusste, dass ich die Ehre haben würde, Eure Majestät zu besuchen, habe ich mich heute Morgen mit dieser Kleidung so lächerlich herausgeputzt, aber darum bin ich nicht minder der Mann, den Eure Majestät in Ihrem Dienst, was immer Sie befehlen mögen, aufs tiefste ergeben finden werden.«

»Der Chevalier d'Herblay gehört zu diesen tapferen Musketieren Seiner Majestät des Königs Ludwig XIII., von denen ich Ihnen erzählt habe, Madame«, sagte Winter und fuhr mit einer Wendung zu Athos fort, »und dieser Herr ist der edle Graf von La Fère, dessen hohes Ansehen Eurer Majestät so wohlbekannt ist.«

»Messieurs«, sagte die Königin, »vor einigen Jahren hatte ich Edelleute, Schätze und Armeen um mich, auf ein Zeichen meiner Hand stand mir all das zu Diensten. Werfen Sie heute einen Blick auf mich, er wird Sie zweifellos in Erstaunen setzen; um eine Absicht auszuführen, die mir das Leben retten soll, habe ich nur Lord Winter, einen Freund seit zwanzig Jahren, und Sie, Messieurs, die ich zum ersten Mal sehe und von denen ich nur weiß, dass Sie meine Landsleute sind.«

»Das genügt, Madame«, erklärte Athos mit einer tiefen Verneigung, »wenn das Leben dreier Männer das Ihre auszulösen vermag.«

»Danke, Messieurs. Aber hören Sie mich an«, fuhr sie fort, »ich bin nicht allein die unseligste Königin, sondern die unglücklichste Mutter, die verzweifeltste Gattin; meine Kinder, zumindest zwei, der Herzog von York und die Prinzessin Charlotte, sind fern von mir den Bedrohungen von Ehrgeizigen und von Feinden ausgesetzt; mein Gemahl, der König, führt in England ein so schmerzvolles Dasein, dass noch wenig damit gesagt ist, wenn ich Ihnen versichere, er sucht den Tod als etwas Wünschenswertes. Hier ist der Brief, Messieurs, den er mir durch Lord Winter überbringen ließ. Lesen Sie.«

Athos und Aramis lehnten es ab.

»Lesen Sie«, wiederholte die Königin.

Darauflas Athos den Brief, den wir bereits kennen und in dem König Karl fragte, ob ihm in Frankreich Gastfreundschaft gewährt würde, laut vor.

»Und?«, fragte Athos, als er geendet hatte.

»Sie wird verweigert«, antwortete die Königin.

Die beiden Freunde tauschten ein Lächeln der Verachtung.

»Und was ist jetzt zu tun, Madame?«, fragte Athos.

»Haben Sie Erbarmen mit so viel Unglück?«, sagte die Königin bewegt.

»Ich habe die Ehre gehabt, Eure Majestät zu fragen, was Sie von Monsieur d'Herblay und mir wünschen. Wir sind zu jedem Dienstbereit.«

»Ach, Monsieur, Sie haben wahrhaftig ein edles Herz!«, rief die Königin in einem Ausbruch der Dankbarkeit, während Lord Winter sie ansah, als wollte er sagen: Habe ich mich nicht für sie verbürgt?

»Und Sie, Monsieur?«, fragte die Königin Aramis.

»Wohin der Herr Graf geht, Madame«, antwortete dieser, »und sei es in den Tod, folge ich ihm, ohne nach dem Warum zu fragen, aber wenn es sich um den Dienst für Eure Majestät handelt«, fügte er hinzu, während er der Königin mit der ganzen Anmut seiner Jugend ins Gesicht sah, »dann gehe ich dem Herrn Grafen voraus.«

»Nun, Messieurs«, sagte die Königin, »wenn es so steht, wenn Sie sich dem Dienst einer armen Fürstin weihen wollen, die von aller Welt im Stich gelassen wird, dann hören Sie, was Sie für mich tun können. Der Königbefindet sich mit einigen Edelleuten, die er jeden Tag zu verlieren fürchtet, allein unter lauter Schotten, denen er misstraut, obgleich er selbst Schotte ist. Seit Lord Winter ihn verlassen hat, lebe ich nicht mehr, Messieurs. Vielleicht verlange ich zu viel, denn ich habe kein Recht, etwas zu verlangen. Reisen Sie nach England zum König, seien Sie ihm Freunde und Beschützer, bleiben Sie an seiner Seite, in der Schlacht wie auch in seinem Haus, wo ihm Tag für Tag gefährlichere Fallen gestellt werden als alle Fährnisse des Krieges, und zum Entgelt für das Opfer, das Sie mir bringen, Messieurs, verspreche ich Ihnen nicht, Sie zu belohnen, denn ich glaube, das Wort würde Sie verletzen, aber Sie wie eine Schwester zu lieben und Ihnen vor allen außer meinem Gemahl und meinen Kindern den Vorzug zu geben. Das schwöre ich!«

»Wann sollen wir abreisen, Madame?«, fragte Athos.

»Sie willigen also ein?«, rief die Königin voller Freude. »Ja, Madame.«

»Ach, Messieurs«, sagte die Königin, zu Tränen gerührt, »das ist der erste Augenblick der Freude und Hoffnung, der mir seit fünf Jahren beschieden ist.« Damit reichte sie ihnen die Hand zum Kuss.

Die Königin hatte zwei Briefe bereit, einen, den sie selbst geschrieben hatte, und einen von der jungen Prinzessin Henriette. Beide waren an König Karl adressiert. Den einen gab sie Athos, den anderen Aramis, damit sie sich dem König kenntlich machen könnten, falls sie durch Zufall voneinander getrennt würden. Darauf entfernten sie sich.

Am Fuß der Treppe blieb Lord Winter stehen und sagte: »Gehen Sie in Ihre Richtung, Messieurs, ich schlage die meine ein, damit wir keinen Verdacht erregen, und heute Abend um neun Uhr treffen wir uns am Tor Saint-Denis.« Und nachdem sie sich mit einem Händedruck verabschiedet hatten, nahm er den Weg durch die Rue Saint-Honoré, während Athos und Aramis beisammenblieben.

»Nun«, begann Aramis, als sie allein waren, »was hältst du von dieser Sache, mein lieber Graf?«

»Schlecht«, antwortete Athos, »sehr schlecht.«

»Aber du hast sie mit Begeisterung aufgenommen?«

»Wie ich stets die Verteidigung eines erhabenen Prinzips aufnehmen werde, mein lieber d'Herblay. Die Könige können nur durch den Adel stark sein, und der Adel kann nur durch die Könige bedeutend sein. Erhalten wir die Monarchien, dann erhalten wir somit uns selbst.«

»Man wird uns dort umbringen«, bemerkte Aramis. »Ich hasse die Engländer, sie sind unkultiviert wie alle Biertrinker.«

»Wäre es denn besser, hierzubleiben und eine Reise in die Bastille oder den Schlossturm von Vincennes antreten zu müssen, weil wir die Flucht Monsieur de Beauforts begünstigt haben?«, entgegnete Athos. »Meiner Treu, Aramis, glaub mir, wir brauchen nichts zu bereuen. Wir vermeiden das Gefängnis und handeln als Helden, die Wahl fällt nicht schwer.«

»Das ist wahr, aber auf jeden Fall müssen wir auf die wichtigste, sehr dumme, ich weiß, aber ganz unerlässliche Frage zurückkommen: Hast du Geld?«

»Ungefähr hundert Pistolen, die mir mein Pächter am Tag vor meiner Abreise von Bragelonne geschickt hat, aber davon muss ich fünfzig Raoul lassen. Ein junger Edelmann muss ein angemessenes Leben führen. Ich besitze also nur annähernd fünfzig Pistolen, und du?«

»Ich bin überzeugt, wenn ich meine Taschen umwende und meine Schubladen aufziehe, werde ich keine zehn Louis finden. Zum Glück ist Lord Winter reich.«

»Lord Winter ist ruiniert, denn seine Einkünfte kassiert Cromwell.«

»Da wäre der Baron Porthos von Nutzen«, bemerkte Aramis.

»Da vermisse ich d'Artagnan«, sagte Athos.

»Welch volle Börse!«

»Welch tüchtiger Fechter!«

»Verleiten wir sie, abtrünnig zu werden.«

»Dies Geheimnis gehört nicht uns, Aramis, glaub mir, wir können niemanden ins Vertrauen ziehen. Überdies würden wir mit einem solchen Schritt den Anschein erwecken, als hätten wir kein Zutrauen zu uns. Bedauern wir unter uns, aber sprechen wir nicht.«

»Du hast recht. Was machst du bis heute Abend? Ich bin gezwungen, zwei Sachen aufzuschieben. Zunächst einen Degenstoß gegen den Weihbischof, den ich gestern Abend bei Madame de Rambouillet traf und der mir gegenüber einen merkwürdigen Ton anschlug.«

»Pfui! Ein Streit zwischen Priestern! Ein Duell zwischen Bundesgenossen!«

»Das ist nun mal nicht anders, mein Lieber. Er ist ein Raufbold und ich desgleichen; er verkehrt viel mit Damen und ich ebenfalls; seine Soutane drückt ihn, und ich habe, glaube ich, genug von der meinen. Manchmal ist mir, als sei er Aramis und ich der Weihbischof, so viel Ähnlichkeit haben wir miteinander. Diese Art von Doppelgängertum ist mir lästig und macht mich misstrauisch; außerdem ist er ein Wirrkopf, der unsere Partei im Stich lassen wird. Ich bin überzeugt, wenn ich ihm eine Ohrfeige gäbe wie heute Vormittag dem gemeinen Bürger, der mich mit Kot bespritzte, dann würde das die Lage der Dinge ändern.«

»Und ich glaube, mein lieber Aramis«, entgegnete Athos ruhig, »es würde nur das Gesicht von Monsieur de Retz verändern. Daher wollen wir die Dinge so lassen, wie sie sind. Überdies gehörst du jetzt weder zu dem einen noch zu dem anderen; du gehörst zur Königin von England und zur Fronde, wenn daher die zweite Sache, die du bedauerst nicht erledigen zu können, nicht wichtiger ist als die erste …«

»Oh, die ist sehr wichtig!«

»Dann tu sie gleich.«

»Leider steht es mir nicht frei, sie dann zu tun, wann ich will. Es sollte am Abend sein.«

»Ich verstehe«, sagte Athos lächelnd, »um Mitternacht?«

»So ungefähr.«

»Was willst du, mein Lieber, dergleichen Dinge lassen sich aufschieben, vor allem, wenn du bei deiner Rückkehr eine solche Entschuldigungvorbringen kannst …«

»Ja, wenn ich zurückkehre.«

»Was liegt dir noch daran, wenn du nicht zurückkehrst? Sei doch ein wenig vernünftig. Du bist nicht mehr zwanzig, mein lieber Freund.«

»Zu meinem großen Bedauern, bei Gott! Ach, wenn ich es doch noch wäre!«

»Ja«, sagte Athos, »ich glaube, du würdest schöne Dummheiten begehen. Aber jetzt müssen wir uns trennen. Ich habe noch ein paar Besuche zu machen und einen Brief zu schreiben. Hol mich um acht Uhr ab, oder möchtest du lieber, dass ich dich um sieben zum Abendessen erwarte?«

»Ausgezeichnet; ich habe inzwischen noch zwanzig Besuche zu machen und ebenso viele Briefe zu schreiben.«

Damit trennten sie sich. Athos besuchte Madame de Vendôme, hinterließ bei Madame de Chevreuse seinen Namen und schrieb folgenden Brief an d'Artagnan:

»Lieber Freund, ich breche mit Aramis zu einem wichtigen Unternehmen auf. Ich würde mich gern von Dir verabschieden, aber mir fehlt die Zeit. Vergiss nicht, dass ich Dir schreibe, um Dir noch einmal zu sagen, wie sehr ich Dich liebe.

Raoul ist in Blois und weiß nichts von meiner Reise. Wache während meiner Abwesenheit so gut über ihn, wie es Dir möglich ist, und solltest Du in drei Monaten keine Nachricht von mir erhalten haben, dann sage ihm, er möge ein an ihn adressiertes versiegeltes Päckchen öffnen, das er in meiner

Bronzekassette, zu der ich Dir den Schlüssel sende, in Blois finden wird.

Umarme Porthos in Aramis' und meinem Namen. Auf Wiedersehn, vielleicht adieu.«

Den Brief ließ er durch Blaisois überbringen.

Zur festgesetzten Zeit kam Aramis. Er war als Kavalier gekleidet und trug an der Seite den alten Degen, den er so oft gezogen hatte und mehr denn je bereit war zu ziehen.

Gegen Ende des Abendessens kehrte Blaisois zurück. »Hier ist die Antwort von Monsieur d'Artagnan, Monsieur«, sagte er.

»Aber ich habe dir nicht aufgetragen, eine Antwort zu bringen, Dummkopf!«, schalt Athos.

»Deshalb war ich ja auch schon fort, ohne eine zu erwarten, aber er ließ mich zurückrufen und gab mir dies hier.« Damit überreichte er einen prallen und klimpernden kleinen Lederbeutel. Athos öffnete ihn und zog ein Briefchen folgenden Inhalts heraus:

»Mein lieber Graf,

wenn man verreist, und noch dazu für drei Monate, hat man nie genug Geld. Ich erinnere mich an unsere Zeiten höchster Not und schicke Dir die Hälfte von dem, was meine Börse enthält. Es ist Geld, das ich mit Erfolg Mazarin habe ausschwitzen lassen. Mach daher, ich bitte dich inständig, keinen allzu schlechten Gebrauch davon.

Was Deine Bemerkung betrifft, Dich nicht mehr wiederzusehen, so glaube ich davon kein Wort. Mit Deinem Mut und Deinem Degen kommt man überall durch.

Daher: Auf Wiedersehen und nicht adieu.

Ich brauche nicht zu sagen, dass ich Raoul seit dem Tag, an dem ich ihn erblickte, wie mein eigenes Kind liebe. Dennoch musst du mir glauben, dass ich Gott aufrichtig bitte, nicht sein Vater zu werden, wenn ich auch stolz wäre auf einen Sohn wie ihn.

Dein d'Artagnan

PS: Wohlgemerkt, die fünfzig Louis, die ich Dir schicke, sind für Dich wie für Aramis bestimmt.«

Athos lächelte. D'Artagnan, dem er stets so zärtlich zugetan gewesen war, liebte ihn also immer noch, mochte er auch noch so sehr für Mazarin sein.

»Meiner Treu, da sind die fünfzig Louis«, sagte Aramis, während er den Beutel auf den Tisch leerte, »alle mit dem Bild König Ludwigs XIII. Was machst du nun mit diesem Geld, Graf, behältst du es, oder schickst du es zurück?«

»Ich behalte es, Aramis, und hätte ich es nicht nötig, würde ich es dennoch behalten. Was großherzig dargeboten wird, muss großherzig empfangen werden. Nimm dir fünfundzwanzig davon, Aramis, und gib mir die übrigen fünfundzwanzig.«

»Recht so, ich bin glücklich, dass du meiner Meinungbist. Wollen wir jetzt aufbrechen?«

»Wann du willst; aber hast du denn keinen Diener?«

»Nein, dieser Schwachkopf Bazin hat, wie du weißt, die Torheit besessen, Kirchendiener zu werden, so dass er Notre-Dame nicht verlassen kann.«

»Gut, dann nimmst du Blaisois, mit dem ich nichts anzufangen wüsste, da ich ja schon Grimaud habe.«

In diesem Augenblick erschien Grimaud auf der Schwelle. »Fertig«, bemerkte er kurz und bündigwie gewöhnlich.

»Dann wollen wir uns auf den Weg machen«, sagte Athos. Tatsächlich warteten bereits die gesattelten Pferde. An der Ecke des Kais stießen sie auf Bazin, der völlig außer Atem angelaufen kam.

»Ach, Monsieur«, rief Bazin. »Gott sei Dank! Ich komme noch rechtzeitig.«

»Was gibt es?«

»Monsieur Porthos ist gerade aus dem Haus und hat dies für Sie hinterlassen und gesagt, die Sache sei sehr eilig und müsste Ihnen vor Ihrer Abreise zugestellt werden.«

»Gut«, erwiderte Aramis und nahm eine Börse entgegen, die Bazin ihm reichte, »was ist das?«

»Warten Sie, Herr Abbé, da ist noch ein Brief.«

»Du weißt, wie oft ich dir gesagt habe, dass ich dir die Knochen zerbreche, wenn du mich anders als Chevalier nennst. Her mit dem Brief.«

»Wie willst du den lesen?«, fragte Athos. »Es ist finster wie in einem Backofen.«

»Warten Sie«, sagte Bazin, schlug Feuer und zündete einen gerollten Wachsstock an, mit dem er seine Kirchenkerzen zum Brennen brachte. In seinem Schein las Aramis:

»Mein lieber d'Herblay,

soeben erfahre ich von d'Artagnan, der mich in Deinem Namen und dem des Grafen von La Fère umarmt, dass Ihr zu einem Unternehmen von vielleicht zwei, drei Monaten Dauer aufbrecht. Da ich weiß, dass Ihr Eure Freunde nicht gern bittet, biete ich es Euch selbst an: Hier sind zweihundert Pistolen, über die Ihr verfügen und die Ihr mir bei Gelegenheit zurückgeben könnt. Habt keine Angst, mich in Verlegenheit zu bringen. Wenn ich Geld brauche, lasse ich es mir von einem meiner Schlösser kommen, allein in Bracieux habe ich zwanzigtausend Livres in Gold. Wenn ich Euch daher nicht mehr schicke, geschieht es nur deshalb, weil ich fürchte, eine zu große Summe würdet Ihr nicht annehmen.

Ich schreibe an Dich, weil der Graf von La Fère mir, wie Du weißt, unwillkürlich immer ein wenig Scheu einflößt, obgleich ich ihn von ganzem Herzen liebe, aber es versteht sich von selbst, dass mein Anerbieten auch für ihn bestimmt ist.

Ich bin, woran Du hoffentlich nicht zweifeln wirst, Dein ganz ergebener

du Vallon de Bracieux de Pierrefonds«

»Nun«, schloss Aramis, »was sagst du dazu?«

»Dass es nahezu ein Frevel ist, an der Vorsehung zu zweifeln, wenn man solche Freunde hat. Teilen wir also die Pistolen von Porthos, wie wir die Louis von d'Artagnan geteilt haben.«

Die Teilung wurde im Schein von Bazins Wachsstock vorgenommen, worauf sich die beiden Freunde wieder auf den Weg machten. Eine Viertelstunde später waren sie am Tor Saint-Denis, wo Lord Winter sie erwartete.

Hier wird bewiesen, dass die erste Regung stets gut und richtig ist

Die drei Edelleute nahmen die Straße nach der Picardie und langten, nachdem sie zwei Tage und eine Nacht in hervorragendem Tempo unterwegs gewesen waren, des Abends in Boulogne an, einer damals fast ausgestorbenen Stadt und ganz und gar auf der Anhöhe erbaut; die sogenannte Unterstadt gab es noch nicht. Boulogne war ungemein günstig gelegen.

Als sie zu den Stadttoren kamen, sagte Lord Winter: »Wir wollen es wie in Paris machen, Messieurs, und uns trennen, um keinen Verdacht zu erregen. Ich kenne eine wenig besuchte Herberge, deren Wirt mir völlig ergeben ist. Dorthin werde ich gehen, da mich dort Briefe erwarten müssen. Begeben Sie sich zum erstbesten Gasthof der Stadt, zum Beispiel zum ›Degen Heinrichs des Großen‹. Erfrischen Sie sich und finden Sie sich in zwei Stunden an der Mole ein, wo unsere Barke uns erwarten soll.«

So wurde es vereinbart. Lord Winter setzte seinen Weg längs der Außenboulevards fort, um die Stadt durch ein anderes Tor zu betreten, während die beiden Freunde durch das ritten, vor dem sie sich befanden, und nach etwa zweihundert Schritt auf den bezeichneten Gasthof stießen. Sie ließen die Pferde tränken und füttern, ohne sie jedoch abzusatteln. Die Diener aßen zu Abend, denn es war schon spät, und die beiden Herren, die daraufbrannten, sich einzuschiffen, verabredeten sich mit ihnen an der Mole und befahlen ihnen, mit niemandem ein Wort zu wechseln, was man Grimaud nicht erst einzuschärfen brauchte. Dann ritten Athos und Aramis zum Hafen.

Durch ihre staubbedeckte Kleidung und ihr ungezwungenes Auftreten, das stets den Reisegewohnten erkennen lässt, erregten sie die Aufmerksamkeit einiger Spaziergänger. Sie gewahrten vor allem einen, auf den ihre Ankunft einen gewissen Eindruck gemacht hatte. Dieser Mann, den sie aus denselben Gründen bemerkt hatten, aus denen sie von den anderen bemerkt worden waren, ging niedergeschlagen auf der Mole hin und her. Sobald er sie erblickte, wandte er nicht mehr die Augen von ihnen und schien sie brennend gern anreden zu wollen. Er war jung und bleich, mit Augen von einem so veränderlichen Blau, dass sie wie die gereizten eines Tigers wirkten. Obwohl er langsam und unschlüssig hin und her ging, war sein Schritt straffund kühn. Er war in Schwarz gekleidet und trug mit hinlänglichem Anstand einen langen Degen.

Auf der Mole angelangt, machten Athos und Aramis halt und betrachteten ein an einem Pfahl befestigtes kleines Boot, das voll bemannt war, als warte es.

»Das ist zweifellos unser Fahrzeug«, sagte Athos.

»Ja«, antwortete Aramis, »und der Einmaster, der sich dort segelfertigmacht, sieht mir sehr danach aus, als sollte er uns zu unserm Bestimmungsort bringen, vorausgesetzt, Winter lässt nicht auf sich warten. Hierzubleiben kann nicht gerade vergnüglich sein, keine einzige Frau kommt vorbei.«

»Still!«, sagte Athos. »Man belauscht uns.«

Tatsächlich war der Spaziergänger, während die beiden Freunde die Fahrzeuge in Augenschein nahmen, mehrmals hinter ihnen vorbeigegangen und stehen geblieben, als Lord Winters Name fiel, doch da sein Gesicht dabei keine Regung ausgedrückt hatte, konnte es ebenso gut ein reiner Zufall gewesen sein, der ihn haltmachen ließ.

»Messieurs«, sagte der junge Mann, indem er sich ungezwungen und sehr höflich verneigte, »verzeihen Sie meine Neugier, aber ich sehe, dass Sie aus Paris kommen oder zumindest in Boulogne fremd sind.«

»Ja, Monsieur, wir kommen aus Paris«, antwortete Athos ebenso verbindlich, »womit können wir Ihnen dienen?«

»Würden Sie die Güte haben, mir zu sagen, Monsieur, ob es wahr ist, dass der Herr Kardinal Mazarin nicht mehr Minister ist?«

»Eine merkwürdige Frage«, sagte Aramis.

»Er ist es und ist es nicht«, erwiderte Athos, »das heißt, die Hälfte von Frankreich macht Jagd auf ihn, und durch Intrigen und Versprechungen lässt er sich von der anderen Hälfte am Ruder halten. Wie Sie sehen, kann das so noch sehr lange andauern.«

»Dann befindet er sich weder auf der Flucht noch im Gefängnis, Monsieur?«, fragte der Fremde.

»Nein, Monsieur, wenigstens im Augenblick nicht.«

»Haben Sie Dank für ihre Gefälligkeit, Messieurs«, sagte darauf der junge Mann und entfernte sich.

»Was sagst du zu diesem lästigen Fragesteller?«, erkundigte sich Aramis.

»Wahrscheinlich ein Kleinstädter, der sich langweilt, oder ein Spion, der sich informiert.«

»Und da hast du ihm so geantwortet?«

»Nichts gab mir das Recht, ihm anders zu antworten. Er war höflich gegen mich, und ich bin es gegen ihn gewesen.«

»Aber wenn er doch ein Spion ist …«

»Was soll ein Spion schon machen? Wir leben nicht mehr in der Zeit des Kardinals de Richelieu, der auf einen einfachen Verdacht hin die Häfen sperren ließ.«

»Einerlei, es war nicht recht von dir, ihm so zu antworten, wie du es getan hast«, bemerkte Aramis, während er dem jungen Mann, der hinter den Dünen verschwand, mit den Augen folgte.

»Und du vergisst«, entgegnete Athos, »dass du eine ganz andere Unvorsichtigkeit begangen hast, indem du Lord Winters Namen nanntest. Erinnerst du dich nicht mehr, dass der junge Mann stehen blieb, als dieser Name fiel?«

»Umso mehr Grund, ihn zu ersuchen, er solle seiner Wege gehen, als er dich ansprach.«

»Ein Streit«, sagte Athos.

»Und seit wann macht dir ein Streit Bange?«

»Ein Streit macht mir stets Bange, wenn ich irgendwo erwartet werde und wenn dieser Streit mich hindern kann, meinen Bestimmungsort zu erreichen. Und soll ich dir außerdem etwas gestehen? Auch ich war neugierig, mir diesen jungen Mann aus der Nähe anzusehen.«

»Und warum?«

»Aramis, du wirst dich über mich lustig machen, du wirst sagen, ich wiederhole ständig dasselbe, du wirst mich den ängstlichen Gespensterseher nennen.«

»Weiter?«

»Wem, findest du, ähnelt dieser Mensch?«

»Im Hässlichen oder im Schönen?«, fragte Aramis lachend. »Im Hässlichen, und so sehr, wie ein Mann einer Frau ähneln kann.«

»Ach, wahrhaftig!«, rief Aramis. »Du bringst mich darauf. Nein, mein lieber Freund, du bist ganz gewiss kein Gespensterseher, und da ich überlege, muss ich sagen, du hast recht; dieser schmale, eingezogene Mund, diese Augen, denen stets der Verstand und nie das Herz zu gebieten scheint. Er ist irgendein Bastard von Mylady.«

»Du spottest, Aramis!«

»Nur aus Gewohnheit, denn ich schwöre dir, es wäre mir ebenso wenig lieb wie dir, dieser Schlangenbrut auf meinem Weg zu begegnen.«

»Ah, da kommt Winter«, sagte Athos.

»Gut, dann fehlt nur noch eins, denn jetzt lassen unsere Diener auf sich warten.«

»Nein«, erwiderte Athos, »ich sehe sie zwanzig Schritt hinter Lord Winter. Ich erkenne Grimaud an der steifen Haltung seines Kopfes und an seinen langen Beinen. Tony trägt unsere Karabiner.« Er ging Lord Winter entgegen. Aramis folgte ihm. »Was hat denn unser Freund?«, fragte er. »Er sieht aus wie die Verdammten von Dante, denen Satan den Hals umgedreht hat, so dass sie ihre Fersen sehen. Was, zum Teufel, ist in ihn gefahren, auf solche Weise hinter sich zu schauen?« Als Winter sie erblickte, beschleunigte er seinen Schritt und kam mit erstaunlicher Geschwindigkeit auf sie zu.

»Was ist Ihnen, Mylord, und was bringt Sie so außer Atem?«, fragte Athos.

»Nichts«, antwortete Winter, »nichts. Doch als ich an den Dünen vorbeikam, schien mir …« Und abermals drehte er sich um.

Athos sah Aramis an.

»Aber eilen wir«, fuhr Winter fort, »eilen wir, das Boot soll uns erwarten, und dort liegt unser Einmaster vor Anker, sehen Sie ihn von hier aus? Ich wünschte, ich wäre schon an Bord.«

»Er hat ihn gesehen«, sagte Athos leise zu Aramis.

Sie waren an der Treppe angelangt, die zu dem Boot hinabführte. Winter ließ zuerst die Diener mit den Waffen, dann die Träger mit dem Gepäck hinuntersteigen und schickte sich an, ihnen zu folgen. In diesem Augenblick bemerkte Athos einen Mann, der dem parallel zur Mole verlaufenden Ufer folgte und sein Tempo beschleunigte, als wolle er von der anderen, kaum zwanzig Schritt entfernten Seite des Hafens ihrer Einschiffung beiwohnen. Er glaubte, in der einbrechenden Dunkelheit den jungen Mann zu erkennen, der sie mit Fragen belästigt hatte. »Oh!«, dachte er. Sollte er wirklich ein Spion sein und gegen unsere Einschiffung Einspruch erheben wollen?

Doch da es, falls der Fremde diese Absicht gehabt hätte, bereits etwas zu spät war, sie auszuführen, stieg auch Athos hinab, doch ohne den jungen Mann aus den Augen zu lassen. Dieser war kurzerhand auf eine Schleuse gestiegen.

»Er will uns bestimmt nicht wohl«, sagte Athos, »aber schiffen wir uns getrost ein, sind wir erst einmal auf dem offenen Meer, mag er kommen.« Damit sprang er in die Barke, die sogleich vom Ufer losmachte und sich dank der Anstrengung von vier kräftigen Ruderern langsam entfernte.

Doch der junge Mann folgte der Barke oder eilte ihr vielmehr voraus. Sie musste zwischen der Molenspitze mit dem bereits angezündeten Leuchtfeuer und einem überhängenden Felsen hindurchfahren. Von weitem sah man ihn auf den Felsen klettern, so dass er sich über der Barke befände, wenn sie vorbeikäme.

»Hör mal«, sagte Aramis zu Athos, »dieser junge Mann ist entschieden ein Spion.«

»Welcher junge Mann?«, fragte Winter und drehte sich um.

»Der uns gefolgt ist, der uns angesprochen hat und uns dort erwartet, sehen Sie.«

Winter folgte der Richtung von Aramis' Zeigefinger. Das Leuchtfeuer überflutete die kleine Enge, die sie passieren mussten, und den Felsen, auf dem der junge Mann barhäuptig und mit verschränkten Armen stand und wartete.

»Das ist er!«, rief Lord Winter, während er Athos am Arm packte. »Das ist er! Ich habe geglaubt, ihn zu erkennen, und habe mich nicht getäuscht.«

»Wer, ›er‹?«, fragte Aramis.

»Der Sohn von Mylady«, antwortete Athos.

»Der Mönch!«, schrie Grimaud.

Der junge Mann hörte ihre Worte. Man hätte meinen können, er wolle sich ins Meer stürzen, denn er stand am äußersten Rand des Felsens und nach vorn gebeugt.

»Ja, ich bin es, Onkel, ich, der Sohn von Mylady, ich, der Mönch, ich, der Sekretär und Freund von Cromwell, und ich weiß Bescheid über Sie und Ihre Gefährten.«

»Aha!«, sagte Aramis. »Wenn es so ist, wie er selbst sagt, dann warten Sie!« Und mit der erschreckenden Kaltblütigkeit, die ihm unter außergewöhnlichen Umständen eigen war, nahm er eine der beiden Musketen, die Tony hielt, spannte den Hahn und zielte auf den jungen Mann, der gleich dem Engel der Finsternis auf dem Felsen stand.

»Feuer!«, schrie Grimaud außer sich.

Athos warf sich auf den Lauf des Karabiners und hielt den Schuss, der gerade losgehen sollte, zurück.

»Der Teufel hol dich!«, rief Aramis. »Ich hatte ihn so gut im Schussfeld, die Kugel wäre ihm mitten in die Brust gegangen.«

»Es genügt vollauf, die Mutter umgebracht zu haben«, entgegnete Athos mit dumpfer Stimme.

»Die Mutter war ein ruchloses Weib und hat uns alle heimgesucht, uns selbst oder in denen, die uns teuer waren.«

»Ja, aber der Sohn hat uns nichts getan.«

Grimaud, der aufgestanden war, um die Wirkung des Schusses zu beobachten, ließ sich verzagt niedersinken und schlug in die Hände.

Der junge Mann brach in Gelächter aus. »Ah, das sieht Ihnen ähnlich!«, rief er. »Das sieht Ihnen ähnlich, und jetzt kenne ich Sie.« Sein gellendes Lachen und seine drohenden Worte wurden von dem leichten Wind über die Barke getragen und verloren sich in den Weiten des Horizonts.

Aramis schauderte.

»Ruhe«, sagte Athos. »Zum Teufel! Sind wir denn keine Männer mehr?«

»Doch«, erwiderte Aramis, »aber der da ist ein böser Geist. Und frag den Onkel, ob ich unrecht hatte, als ich ihn von seinem lieben Neffen befreien wollte.«

Lord Winters Antwort war nur ein Seufzer.

Das Tedeum für den Sieg bei Lens

Das geschäftige Hin und Her, das Madame Henriette beobachtet hatte, ohne den Beweggrund dafür zu finden, war durch den Sieg bei Lens verursacht worden, den der Prinz durch den Herzog von Châtillon hatte melden lassen.

Es war eine bedeutsame Nachricht, denn sie entschied den schwebenden Rechtsstreit mit dem Parlament zugunsten des Hofes. Alle summarisch verzeichneten Steuern, gegen die das Parlament Einspruch erhob, waren stets mit der Notwendigkeit begründet worden, die Ehre Frankreichs zu wahren, und mit der verwegenen Hoffnung, den Feind zu schlagen. Da man jedoch seit Nördlingen nur Rückschläge erfahren hatte, war es für das Parlament ein Leichtes, von Monsieur de Mazarin Erklärungen für die ständig versprochenen und ständig vertagten Siege zu fordern; doch diesmal war es endlich zum Gefecht gekommen, und es hatte einen Triumph, einen vollständigen Triumph gegeben, daher begriff jedermann, dass der Hof einen doppelten Sieg errungen hatte, nach außen und im Innern.

Noch am selben Abend fand eine Beratung statt, von der nichts durchsickerte, als dass am kommenden Sonntag in Notre-Dame zu Ehren des Sieges bei Lens ein Tedeum gesungen werden sollte.

An diesem Sonntag erwachten die Pariser daher voller Freuden, denn zu jener Zeit war ein Tedeum eine großartige Angelegenheit. Man hatte mit dieser Feierlichkeit noch keinen Missbrauch getrieben, und sie erzielte ihre Wirkung. Die Sonne, die ihrerseits an dem Fest teilzuhaben schien, war strahlend aufgegangen und vergoldete die düsteren Türme der Hauptstadt, in der es bereits von einer ungeheuren Menschenmenge wimmelte. Die Läden waren verödet, die Häuser geschlossen, jedermann hatte den jungen König mit seiner Mutter und dem berüchtigten Kardinal de Mazarin sehen wollen, der so verhasst war, dass sich niemand um seinen Anblick bringen wollte. Außerdem herrschte unter der gewaltigen Volksmenge die größte Ungeniertheit. Offen wurden alle Ansichten geäußert und waren gleichsam das Geläut des Aufruhrs, wie von den tausend Glocken aller Kirchen von Paris zum Tedeum geläutet wurde. Die Polizei war von der Stadt selbst gestellt worden, und so hatte nichts Drohendes das Konzert des allgemeinen Hasses gestört und die Reden der Lästermäuler gefrieren lassen.

Doch schon um acht Uhr morgens war das von Guitaut und seinem Neffen, Comminges, befehligte Garderegiment der Königin mit Trommeln und Trompeten aufgezogen und hatte sich vom Palais-Royal bis zu Notre-Dame staffelförmig verteilt, ein Manöver, dem die stets neugierigen Pariser, wenn es Militärmusik zu hören und prächtige Uniformen zu sehen gab, gelassen zugeschaut hatten.

Friquet war sonntäglich gekleidet und hatte von seinem Vorgesetzten, Bazin, unter dem Vorwand einer geschwollenen Backe, die vorübergehend durch eine Menge Kirschkerne hervorgerufen wurde, für den ganzen Tag Urlaub erhalten, nachdem sich Bazin anfangs geweigert hatte; denn Bazin war schlechter Laune, erstens wegen der Abreise Aramis', der aufgebrochen war, ohne ihm zu sagen, wohin, und zweitens, weil er bei einer Messe für einen Sieg ministrieren musste, der nicht nach seinem Herzen als Frondeur war. Von seinem Dienst im Gasthof hatte sich Friquet natürlich mit der Behauptung befreit, dass er bei der Messe in Notre-Dame gebraucht werde. Er war also aller Verpflichtungen ledig und hatte sich in seinen prächtigsten Anzug geworfen, zu dem eine von diesen unbeschreiblichen Kopfbedeckungen gehörte, die ein mittelalterliches Barett mit dem Hut aus der Zeit Ludwigs XIII. verschmolzen. Dieses sonderbare Meisterwerk von der Hand seiner Mutter war, sei es aus Laune oder aus Mangel an gleichartigem Stoff, auf der einen Seite gelb und grün, auf der anderen weiß und rot, was Friquet, der schon immer die Abwechslung geliebt hatte, nur noch stolzer daraufmachte.

Nachdem er Bazin verlassen hatte, war Friquet zum Palais-Royal gelaufen und dort in dem Augenblick angelangt, als das Garderegiment loszog, und da er nur gekommen war, um sich an seinem Anblick und an seiner Musik zu erfreuen, setzte er sich an die Spitze und trommelte mit zwei Schieferstücken, worauf er zum Trompeteblasen überging, was er mit dem Mund so natürlich nachzuahmen verstand, dass es ihm schon mehr als einmal Lob von Liebhabern derartiger Tonerzeugung eingetragen hatte. Dieser Zeitvertreib hielt bis zur Place Notre-Dame an und bereitete Friquet ein wahres Vergnügen, doch als das Regiment haltmachte und die Kompanien sich auseinanderzogen, in den Kern der Cité und bis zum äußersten Ende der Rue Saint-Christophe vordrangen, dicht neben der Rue Cocatrix, in der Broussel wohnte, da fiel Friquet ein, dass er noch nicht gefrühstückt hatte. Er sah sich um, wohin er seine Schritte wenden könnte, um dieses wichtige Tagewerk zu vollbringen, und entschied nach reiflicher Überlegung, dass der Ratsherr Broussel die Kosten für seine Mahlzeit bestreiten solle. Also nahm er Anlauf und langte völlig außer Atem an der Tür zu Broussels Haus an, wo er heftig klopfte.

Seine Mutter, Broussels alte Dienerin, öffnete ihm. »Was willst du hier, du Taugenichts?«, fragte sie. »Und warum bist du nicht in Notre-Dame?«

»Ich war dort, Mutter Nanette«, antwortete Friquet, »aber ich hab gesehn, dass dort Dinge vorgehn, die man Meister Broussel melden muss, und mit Erlaubnis von Monsieur Bazin – Ihr wisst doch, Mutter Nanette, Monsieur Bazin ist der Küster – bin ich gekommen, um mit Monsieur Broussel zu sprechen.«

»Und was willst du Taugenichts Monsieur Broussel sagen?«

»Ich möchte selbst mit ihm sprechen.«

»Das geht nicht, er arbeitet.«

»Dann werde ich warten«, erwiderte Friquet, dem das umso besser passte, als er die Möglichkeit haben würde, die Zeit nutzbringend anzuwenden. Und rasch stieg er die Treppe hinauf, während Frau Nanette ihm langsamer folgte. »Aber was willst du denn bloß von Monsieur Broussel?«, fragte sie.

»Ich will ihm sagen«, schrie Friquet mit seiner lautesten Stimme, »dass ein ganzes Garderegiment hierher kommt. Und da ich überall hab reden hören, dass es am Hof böse Stimmungen gegen ihn gibt, will ich ihn warnen, damit er auf der Hut ist.«

Broussel hörte das Geschrei des kleinen Schlingels und kam, von dessen übermäßigem Eifer eingenommen, in den ersten Stock hinunter, denn er hatte tatsächlich in seinem einen Stock höher gelegenen Studierzimmer gearbeitet. »Was geht uns das Garderegiment an, mein Freund«, sagte er, »und bist du nicht närrisch, einen solchen Krach zu machen? Weißt du nicht, dass diese Herren nur so handeln, wie es Brauch ist, und dass dieses Regiment am Weg des Königs Spalier zu bilden pflegt?«

Friquet tat erstaunt und antwortete, während er seine neue Mütze zwischen den Fingern drehte: »Kein Wunder, dass Sie das wissen, Monsieur Broussel, wo Sie doch alles wissen, aber ich hab's wahrhaftigen Gotts nicht gewusst und hab geglaubt, Ihnen einen guten Rat zu geben. Sie dürfen mir deswegen nicht böse sein, Monsieur Broussel.«

»Im Gegenteil, mein Junge, im Gegenteil, und dein Eifer gefällt mir. Frau Nanette, schauen Sie doch mal nach den Aprikosen, die uns Madame de Longueville gestern aus Noisy geschickt hat, und geben Sie Ihrem Sohn ein halbes Dutzend und dazu eine frische Brotkruste.«

»Ach, vielen Dank, Monsieur Broussel«, sagte Friquet, »vielen Dank, grad Aprikosen lieb ich so sehr.«

Darauf ging Broussel zu seiner Frau und verlangte sein Frühstück. Es war halb zehn. Der Rat stellte sich ans Fenster. Die Straße lag völlig verlassen, doch in der Ferne hörte man wie das Brausen einer steigenden Flut das ungeheure Gebrüll der Menschenwogen, die bereits um Notre-Dame anschwollen.

Der Lärm nahm noch zu, als sich d'Artagnan mit einer Kompanie Musketiere an den Portalen von Notre-Dame aufstellte, um dort den Dienst zu versehen. Er hatte Porthos geraten, die Gelegenheit zu benutzen und sich die Zeremonie anzusehen, und so gab Porthos in vollem Staat auf seinem schönsten Pferd den Ehrenmusketier ab, wie es d'Artagnan früher so oft getan hatte. Der Sergeant dieser Kompanie, ein alter Soldat der spanischen Kriege, hatte Porthos, seinen früheren Gefährten, wiedererkannt, und im Nu hatte er alle, die unter seinem Befehl standen, über die kriegerischen Heldentaten dieses Riesen unterrichtet, der einst die Zierde der Musketiere unter Tréville gewesen war. So wurde Porthos von der Kompanie nicht allein gut aufgenommen, sondern überdies mit Bewunderung betrachtet.

Um zehn Uhr verkündete die Kanone des Louvre, dass der König sich auf den Weg gemacht habe. Eine Bewegung, als fahre ein Sturmwind durch Bäume und beuge und schüttele die Wipfel, lief durch die Menge, die hinter den unbeweglichen Musketen der Gardisten hin und her flutete. Endlich erschien der König mit der Königin in einer über und über vergoldeten Karosse. Zehn weitere Karossen folgten, in denen die Hofdamen, die Offiziere der königlichen Familie und der gesamte Hof saßen.

»Es lebe der König!«, wurde von allen Seiten gerufen.

Der junge König neigte ernst den Kopf zum Wagenschlag, drückte mit seiner Miene hinreichende Erkenntlichkeit aus und grüßte sogar leicht, worauf die Hochrufe der Menge noch zunahmen.

Der Zug kam langsam vorwärts und brauchte fast eine halbe Stunde, um den Weg zwischen dem Louvre und der Place Notre-Dame zurückzulegen. Dort angelangt, ergoss er sich allmählich unter das Gewölbe der düsteren erzbischöflichen Kirche, und der Gottesdienst begann.

In dem Augenblick, als der Hof Platz nahm, verließ eine Kutsche mit Comminges' Wappen die Reihe der Hofkarossen und fuhr langsam ans Ende der völlig verlassenen Rue Saint-Christophe. Dort stiegen vier Gardisten und ein Polizeibeamter, die sie begleitet hatten, in das schwere Fahrzeug und schlossen die Schirmleder, worauf der Polizeibeamte durch eine klug angebrachte Öffnung die Rue Cocatrix entlang zu spähen begann, als erwarte er jemanden.

Alle waren von der Feierlichkeit in Anspruch genommen, so dass weder die Kutsche noch das geheimnisvolle Verhalten ihrer Insassen bemerkt wurde. Friquet, der sie, stets auf der Hut, allein hätte durchschauen können, war fortgegangen, um seine Aprikosen auf dem Gesims eines Hauses auf dem Platz vor Notre-Dame zu schmausen. Von dort aus sah er den König, die Königin und Monsieur de Mazarin und hörte die Messe, als hätte er bei ihr ministriert.

Gegen Ende des Gottesdienstes sagte die Königin, als sie Comminges neben sich auf eine Bestätigung des bereits vor Verlassen des Louvre erteilten Befehls warten sah, mit leiser Stimme: »Gehen Sie, Comminges, und Gott helfe Ihnen!«

Sogleich entfernte sich Comminges aus der Kirche und bog in die Rue Saint-Christophe ein.

Friquet, der den schönen Offizier in Begleitung zweier Gardisten fortgehen sah, machte sich einen Spaß daraus, ihm zu folgen, und das mit umso größerer Begeisterung, als im selben Augenblick die Feierlichkeit endete und der König wieder in seine Karosse stieg.

Kaum sah der Polizeibeamte Comminges am Ende der Rue Cocatrix auftauchen, da sprach er zu dem Kutscher, der unverzüglich seinen Wagen in Bewegung setzte und vor Broussels Tür lenkte. Zur gleichen Zeit, als der Wagen dort hielt, klopfte Comminges an die Tür. Friquet wartete hinter Comminges darauf, dass sie geöffnet werde.

»Was machst du da, du Schlingel?«, fragte Comminges.

»Ich warte, um ins Haus von Meister Broussel reinzukommen, Herr Offizier!«, erwiderte Friquet in dem schmeichlerischen Ton, den die Pariser Gassenbuben bei bestimmten Gelegenheiten so gut zu treffen wissen.

»Er wohnt also hier?«, fragte Comminges.

»Ja, Monsieur.«

»Und welche Etage bewohnt er?«

»Das ganze Haus«, antwortete Friquet, »das Haus gehört ihm.«

»Aber wo hält er sich gewöhnlich auf?«

»Um zu arbeiten im zweiten Stock, aber zu den Mahlzeiten steigt er in den ersten hinunter. Er wird jetzt essen, denn es ist Mittag.«

»Gut«, sagte Comminges, als gerade geöffnet wurde. Der Offizier befragte den Diener und erfuhr, dass Broussel zu Hause und tatsächlich beim Mittagessen sei. Comminges ging hinter dem Diener hinauf und Friquet hinter Comminges.

Broussel saß mit seiner Familie bei Tisch, ihm gegenüber hatte seine Frau Platz genommen, rechts und links von ihm saßen seine beiden Töchter und am Tischende sein Sohn, Louvières. Von dem Unfall völlig erholt, genoss er mit gutem Appetit die schönen Früchte, die ihm Madame de Longueville geschickt hatte.

Comminges, der den Diener am Arm zurückgehalten hatte, als dieser die Tür öffnen und ihn ankündigen wollte, stieß sie selbst auf und sah sich diesem Familienbild gegenüber.

Beim Anblick des Offiziers fühlte sich Broussel etwas beunruhigt, doch da Comminges höflich grüßte, erhob er sich und grüßte ebenfalls. Doch ungeachtet dieser wechselseitigen Höflichkeit malte sich Besorgnis auf den Gesichtern der Frauen.

Louvières wurde sehr blass und wartete ungeduldig auf die Erklärung des Offiziers.

»Monsieur«, sagte Comminges, »ich überbringe einen Befehl des Königs.«

»Ausgezeichnet, Monsieur«, erwiderte Broussel. »Wie lautet dieser Befehl?« Und er streckte die Hand aus.

»Ich habe den Auftrag, mich Ihrer Person zu bemächtigen, Monsieur«, sagte Comminges noch immer im selben Ton, mit der nämlichen Höflichkeit, »und wenn Sie mir das gütigst glauben wollen, ersparen Sie sich die Mühe, dieses lange Schreiben zu lesen, und folgen mir.«

Wäre der Blitz mitten unter diese so friedlich beisammensitzenden guten Leute eingeschlagen, hätte er keine schrecklichere Wirkung hervorgerufen. Broussel wich, am ganzen Leibe zitternd, zurück. Es bedeutete zu jener Zeit etwas Furchtbares, auf Grund der Feindschaft des Königs eingekerkert zu werden. Louvières machte eine Bewegung, als wolle er mit einem Satz zu seinem Degen stürzen, der auf einem Stuhl in einer Ecke des Speisezimmers lag, aber ein Blick Broussels, der bei alldem nicht den Kopf verlor, hielt diese verzweifelte Bewegung auf. Madame Broussel, von ihrem Mann durch die Breite des Tisches getrennt, zerfloss in Tränen, die beiden jungen Mädchen hatten die Arme um ihren Vater geschlungen.

»Vorwärts, Monsieur«, sagte Comminges, »eilen wir, dem König muss man gehorchen.«

»Monsieur«, entgegnete Broussel, »es steht schlecht um meine Gesundheit, in diesem Zustand kann ich mich nicht in Gefangenschaft begeben, ich bitte um Zeit.«

»Unmöglich«, erwiderte Comminges, »der Befehl ist ausdrücklich und muss sofort ausgeführt werden.«

»Ausgeschlossen!«, sagte Louvières. »Hüten Sie sich, Monsieur, dass Sie uns nicht zur Verzweiflung treiben.«

»Ausgeschlossen!«, rief gellend eine Stimme aus dem Hintergrund.

Comminges drehte sich um und erblickte Frau Nanette, deren Augen vor Zorn funkelten, mit dem Besen in der Hand.

»Meine gute Nanette, verhalten Sie sich ruhig«, sagte Broussel, »ich bitte Sie darum.«

»Ich soll mich ruhig verhalten, wenn man meinen Herrn, die Stütze, den Befreier, den Vater des armen Volkes, arretiert? Was nicht gar! Dabei kennen Sie mich … Wollen Sie sich gefälligst entfernen!«, sagte sie dann zu Comminges.

Comminges lächelte. »Im Ernst, Monsieur«, sagte er, wieder zu Broussel gewandt, »bringen Sie mir dieses Weib zum Schweigen, und folgen Sie mir.«

»Mich zum Schweigen bringen? Mich? Mich?«, rief Nanette. »Was nicht gar! Dazu wäre schon ein andrer nötig als Sie, Sie sauberer Königsvogel! Sie werden's erleben.« Damit stürzte Frau Nanette zum Fenster, öffnete es und schrie mit so durchdringender Stimme, dass man es bis zu dem Platz vor Notre-Dame hören konnte: »Zu Hilfe! Man verhaftet meinen Herrn, man verhaftet den Ratsherrn Broussel! Zu Hilfe!«

»Monsieur«, sagte Comminges, »erklären Sie sofort: Wollen Sie gehorchen, oder haben Sie im Sinn, gegen den König zu rebellieren?«

»Ich gehorche, ich gehorche, Monsieur«, rief Broussel, während er versuchte, sich aus der innigen Umarmung seiner beiden Töchter zu befreien und mit Blicken seinen Sohn im Zaum zu halten, der ständig auf dem Sprung war, ihm durchzugehen.

»In dem Fall gebieten Sie der Alten Schweigen«, sagte Comminges.

»Ha! Alte!«, sagte Nanette, während sie sich an die Stäbe des Fenstergitters klammerte und von neuem zu schreien begann: »Zu Hilfe! Zu Hilfe! Für Meister Broussel, den man verhaftet, weil er für das Volk eingetreten ist. Zu Hilfe!«

Comminges packte die Dienerin mitten um den Leib und wollte sie von ihrem Standort losreißen, doch im selben Augenblick brüllte eine andere Stimme, die aus einer Art Zwischenstock kam, überkippend: »Zeter und Mord! Feuer! Zu Hilfe! Man tötet Monsieur Broussel! Man erwürgt Monsieur Broussel!«

Es war die Stimme von Friquet. Frau Nanette fühlte sich unterstützt und fiel aus Leibeskräften ein.

Schon erschienen an den Fenstern neugierige Gesichter. Das zum Ende der Straße herbeigelockte Volk kam angelaufen, erst einzelne, dann Gruppen, dann eine Menge. Man hörte die Hilferufe, sah eine Kutsche, begriff aber nicht. Friquet sprang aus dem Zwischenstock auf das Verdeck des Wagens. »Sie wollen Monsieur Broussel verhaften!«, schrie er. »In der Kutsche sitzen Gardisten, und der Offizier ist oben.«

Die Menge begann zu murren und näherte sich den Pferden. Die beiden Gardisten, die im Hausflur geblieben waren, eilten nach oben, um Comminges beizustehen; die in der Kutsche öffneten die Wagenschläge und kreuzten ihre Piken.

»Seht ihr sie?«, schrie Friquet. »Seht ihr sie? Da sind sie!«

Der Kutscher drehte sich um und versetzte Friquet einen Peitschenhieb, der ihn vor Schmerz aufheulen ließ.

»Ah! Du Teufelskutscher!«, schrie Friquet. »Du mischst dich ein? Na warte!« Darauf kletterte er wieder in seinen

Zwischenstock, von wo er den Kutscher mit allen Wurfgeschossen bombardierte, die er finden konnte.

Ungeachtet der feindseligen Haltung der Gardisten und vielleicht gerade deswegen ging die Menge grollend auf die Pferde los. Die eigensinnigsten Aufrührer wurden von den Gardisten mit heftigen Pikenstößen zurückgetrieben.

Unterdessen nahm der Tumult immer mehr zu. Die Straße konnte nicht mehr die Zuschauer fassen, die von allen Seiten herbeiströmten. Durch das Gedränge verminderte sich der Abstand, den die furchtbaren Piken der Gardisten zwischen den Leuten und der Kutsche schafften. Die wie von lebenden Mauern zurückgestoßenen Soldaten wurden an die Radnaben und Wagenfüllungen gequetscht. Auch die von dem Polizeibeamten zwanzigmal wiederholten Rufe »Im Namen des Königs!« vermochten nichts gegen diese erschreckende Menge und schienen sie noch mehr zu erbittern, als ein Reiter angesprengt kam und sich angesichts der stark benachteiligten Uniformen mit dem Degen in der Hand mitten in das Gewühl stürzte und den Gardisten unverhoffte Hilfe brachte.

Dieser Reiter war ein junger Mann von knapp fünfzehn oder sechzehn Jahren, den der Zorn erbleichen ließ. Er stieg wie die anderen Gardisten ab, stellte sich mit dem Rücken gegen die Wagendeichsel, in Deckung hinter seinem Pferd, zog aus den Halftern seine Pistolen, steckte sie in den Gürtel und begann wie ein Mann, dem die Handhabung des Degens wohlvertraut ist, auf Hieb zu fechten. Zehn Minuten lang hielt der junge Mann allein der Gewalt der ganzen Menge stand. Da tauchte Comminges auf, der Broussel vor sich herstieß.

»Zertrümmert die Kutsche!«, schrie das Volk.

»Zu Hilfe!«, schrie die alte Nanette.

»Zeter und Mord!«, schrie Friquet, während er weiterhin alles, was er zu fassen bekam, auf die Gardisten niederhageln ließ.

»Im Namen des Königs!«, schrie Comminges.

»Der Erste, der vorrückt, ist des Todes!«, schrie Raoul und ließ, da er sich bedrängt sah, einen Riesen, der drauf und dran war, ihn zu zerquetschen, die Spitze seines Degens fühlen, worauf dieser brüllend zurückwich.

Denn es war Raoul, der, nach fünftägiger Abwesenheit aus Blois zurückgekehrt, wie er dem Grafen von La Fère versprochen, den Anblick der Feierlichkeit hatte genießen wollen und die Straßen eingeschlagen hatte, die ihn geradewegs zu Notre-Dame führten. Als er in die Gegend der Rue Cocatrix gekommen war, hatte ihn der Strom der Volksmenge mitgerissen, und bei dem Ruf »Im Namen des Königs!« hatte er sich an Athos' Worte erinnert: »Diene dem König«, und war herbeigeeilt, um für den König zu kämpfen, dessen Gardisten misshandelt wurden.

Comminges warf Broussel förmlich in den Wagen und stürzte ihm nach. In diesem Augenblick krachte ein Büchsenschuss, eine Kugel schlug von oben nach unten durch Comminges' Hut und zerschmetterte einem Gardisten den Arm. Comminges hob den Kopf und erblickte inmitten des Pulverqualms das drohende Gesicht von Louvières an dem Fenster im zweiten Stock.

»Gut, Monsieur«, sagte Comminges, »Sie werden noch von mir hören.«

»Und Sie von mir ebenfalls, Monsieur«, entgegnete Louvières, »und wir werden ja sehen, wer die lautere Stimme hat.«

Friquet und Nanette schrien immer noch, und das Geschrei, der Knall des Schusses und der stets so berauschende Pulvergeruch taten ihre Wirkung.

»Bringt den Offizier um! Bringt ihn um!«, brüllte die Menge. Und alles geriet in Bewegung.

»Einen Schritt weiter«, rief Comminges, während er die Schirmleder zurückschlug, damit man in den Wagen sehen konnte, und Broussel seinen Degen auf die Brust setzte, »einen Schritt weiter, und ich töte den Gefangenen. Ich habe den Befehl, ihn tot oder lebendig wegzubringen, und dann werde ich ihn eben tot mitnehmen.«

Ein furchtbarer Aufschrei war zu hören, Broussels Frau und Töchter streckten dem Volk flehend die Hände entgegen. Das Volk begriff, dass dieser so bleiche, aber anscheinend so entschlossene Offizier tun würde, was er sagte. Die Drohungen wurden fortgesetzt, aber die Leute gingen auseinander.

Comminges ließ den verwundeten Gardisten in den Wagen steigen und befahl den anderen, die Schläge zu schließen. »Zum Palais!«, befahl er dann dem Kutscher, der mehr tot als lebendig war und mit der Peitsche auf seine Tiere einschlug, die eine breite Gasse durch die Menge bahnten, doch auf dem Kai mussten sie haltmachen. Die Kutsche stürzte um, die Pferde wurden von der Menge mitgerissen, erstickt, niedergetrampelt. Raoul, der nicht die Zeit gehabt hatte, wieder aufzusitzen, und es wie die Gardisten überdrüssig war, Hiebe mit der flachen Klinge auszuteilen, fing an, die Degenspitze zu gebrauchen. Doch diese letzte und schreckliche Zuflucht erbitterte die Menge nur. Von Zeit zu Zeit sah man auch unter dem Volk den Laufeiner Muskete oder die Klinge eines Rapiers aufblitzen. Ein paar Schüsse krachten, zweifellos in die Luft abgegeben, aber ihr Widerhall ließ die Herzen darum nicht weniger erbeben, und aus den Fenstern hagelte es unentwegt Wurfgeschosse. Man hörte Stimmen, wie man sie nur an Tagen des Aufruhrs hört, und sah Gesichter, wie man sie nur an Bluttagen erblickt. Diesen ganzen Lärm, so ungeheuer er auch war, übertönten die Rufe: »Bringt sie um! Bringt die Gardisten um! In die Seine mit dem Offizier!« Raoul, den Hut zerfetzt und mit blutendem Gesicht, fühlte, dass ihn nicht allein seine Kräfte, sondern auch seine Sinne zu verlassen begannen. Vor seinen Augen wogte ein rötlicher Nebel, und durch diesen Nebel sah er hundert drohend nach ihm ausgestreckte Arme, bereit, ihn zu packen, falls er zu Boden fiele. Comminges raufte sich in der umgestürzten Kutsche vor Wut die Haare. Die Gardisten konnten keinem zu Hilfe eilen, da jeder davon in Anspruch genommen war, seine eigene Person zu verteidigen. Alles war aus. Wagen, Pferde, Gardisten, Leibwächter und vielleicht auch der Gefangene – alles war drauf und dran, in Stücke gerissen zu werden, als plötzlich eine Raoul wohlbekannte Stimme erscholl, als unvermutet ein langer Degen in der Luft leuchtete. Im selben Augenblick tat sich eine Öffnung in dem Gewühl auf;

durchbohrt, zu Boden geworfen, niedergetreten, wich die Menschenmauer. Ein Offizier der Musketiere, der nach rechts und links um sich hieb, eilte zu Raoul und fing ihn in seinen Armen auf, ehe er niederfiel.

»Potztausend!«, rief der Offizier. »Haben sie ihn ermordet? Dann wehe ihnen!« Und er drehte sich um, so erschreckend in Kraft, Zorn und Drohung, dass selbst die rasendsten Aufrührer in ihrem Bestreben, zu fliehen, übereinanderstolperten und einige in die Seine rollten.

»Monsieur d'Artagnan«, murmelte Raoul.

»Jawohl, bei Gott! Leibhaftig und, wie es scheint, zu Ihrem Glück, mein junger Freund. – Heda! Hierher!«, rief er dann, wobei er sich in den Steigbügeln aufrichtete und den Degen hob, seinen Musketieren zu, die ihm nicht hatten folgen können, so geschwind war er herangaloppiert. »Fegt mir das alles weg! An die Musketen! Fasst sie! Fertig! Legt an …«

Diese Befehle ließen die Berge von Menschen so plötzlich zusammensinken, dass sich d'Artagnan nicht eines homerischen Gelächters enthalten konnte.

»Danke, d'Artagnan«, sagte Comminges, der bis zur Hüfte aus dem umgestürzten Wagen auftauchte, »und Dank auch Ihnen, junger Edelmann! Ihr Name? Damit ich ihn der Königin nenne.«

Raoul wollte schon antworten, aber d'Artagnan beugte sich zu seinem Ohr und sagte leise: »Schweigen Sie, und lassen Sie mich antworten.« Dann wandte er sich an Comminges: »Verlieren Sie keine Zeit, Comminges, steigen Sie aus der Kutsche, wenn Sie können, und lassen Sie eine andere holen, die erstbeste, die über den Pont-Neuf kommt. Die Insassen werden, hoffe ich, nur allzu glücklich sein, ihre Kutsche für den Dienst des Königs auszuleihen. Eilen Sie also, sonst werden all diese Flegel in fünf Minuten mit Degen und Musketen zurückkommen. Man wird Sie umbringen und Ihren Gefangenen befreien. Vorwärts. Ach, sehen Sie, da kommt gerade eine Kutsche.« Darauf neigte er sich wieder zu Raoul und raunte ihm zu: »Nennen Sie vor allem nicht Ihren Namen.«

Der junge Mann sah ihn erstaunt an.

»Schon gut, ich laufe hin«, sagte Comminges, »und wenn sie wiederkommen, lassen Sie feuern.«

»Nein, nein«, entgegnete d'Artagnan, »im Gegenteil, keiner soll sich rühren. Ein in diesem Augenblick abgefeuerter Schuss würde morgen zu teuer bezahlt werden.«

Comminges nahm seine vier Gardisten und ebenso viele Musketiere mit und lief zu dem Wagen. Er ließ die Insassen aussteigen und führte sie zu der umgestürzten Kutsche. Doch als Broussel von dem einen Wagen in den andern gebracht wurde, stieß das Volk angesichts dessen, den es seinen Befreier nannte, ein unvorstellbares Gebrüll aus und stürzte abermals auf die Kutsche los.

»Fahren Sie los«, sagte d'Artagnan. »Hier haben Sie zehn Musketiere als Geleit; ich behalte zwanzig, das Volk im Zaum zu halten. Fahren Sie los und verlieren Sie keine Minute. Zehn Mann für Monsieur de Comminges!« Zehn Mann lösten sich aus dem Trupp, umringten die neue Kutsche und galoppierten los.

Als die Kutsche abfuhr, wuchs das Geschrei, mehr als zehntausend Menschen drängten sich auf dem Kai, versperrten den Pont-Neuf und die benachbarten Straßen. Ein paar Schüsse krachten. Ein Musketier wurde verwundet.

»Vorwärts!«, schrie d'Artagnan, zum Äußersten getrieben, und biss sich auf seinen Schnurrbart. Und mit seinen zwanzig Mann machte er einen solchen Angriff auf die riesige Menge, dass sie entsetzt zurückwich. Ein einziger Mann blieb, die Büchse in der Hand, an seinem Platz. »Ah!«, sagte er. »Das bist du, der ihn schon einmal hat umbringen wollen! Warte!« Und er senkte seine Büchse auf d'Artagnan, der angesprengt kam.

D'Artagnan beugte sich über den Hals seines Pferdes, der junge Mann schoss, und die Kugel riss dem Musketier die Feder vom Hut. Das hitzige Pferd rannte gegen den Verwegenen, der allein ein Ungewitter aufzuhalten versuchte, und warf ihn an die Mauer. D'Artagnan zügelte sein Pferd mit einem Ruck, und während seine Musketiere den Angriff fortsetzten, kehrte er mit erhobenem Degen zu dem zurück, den er zu Boden geworfen hatte.

»Ach, Monsieur«, rief Raoul, der den jungen Mann erkannte, weil er ihn in der Rue Cocatrix gesehen hatte, »schonen Sie ihn, Monsieur, er ist sein Sohn.«

D'Artagnan hielt seinen Arm zurück, der zustoßen wollte.

»Ah, Sie sind sein Sohn«, sagte er, »das ist etwas anderes.«

»Monsieur, ich ergebe mich«, erwiderte Louvières und hielt dem Offizier seine abgefeuerte Büchse hin.

»Aber nein! Ergeben Sie sich nicht, potztausend! Im Gegenteil, machen Sie sich aus dem Staube, und zwar schleunigst. Wenn ich Sie fasse, werden Sie gehängt.«

Das ließ sich der junge Mann nicht zweimal sagen. Er schlüpfte unter dem Hals des Pferdes hindurch und verschwand um die Ecke der Rue Guénégaud.

»Meiner Treu«, sagte d'Artagnan zu Raoul, »es war höchste Zeit, dass Sie meine Hand zurückhielten, er war ein toter Mann, und es hätte mir wahrhaftig leidgetan, ihn getötet zu haben, hätte ich dann erfahren, wer er war.«

Als er dann sah, dass die Musketiere den Kai vom Pont-Neuf bis zum Kai Saint-Michel gesäubert hatten und zurückkehrten, hob er seinen Degen, damit sie ihr Tempo beschleunigten.

Die Musketiere kamen im Trab heran, gleichzeitig langten vom anderen Ende des Kais die zehn Mann Eskorte an, die d'Artagnan Comminges mitgegeben hatte.

»Heda!«, fragte d'Artagnan diese. »Hat sich was Neues ereignet?«

»Ach, Monsieur«, erwiderte der Sergeant, »auch diese Kutsche ist zu Bruch gegangen, es ist wirklich wie verhext.«

D'Artagnan zuckte die Achseln. »Ungeschickte Leute«, sagte er. »Wenn man eine Kutsche wählt, muss sie auch fest gebaut sein. Die Kutsche, die einen Broussel abführen soll, muss zehntausend Männer tragen können.«

»Was befehlen Sie, Herr Leutnant?«

»Führen Sie die Abteilung ins Quartier.«

»Sie wollen sich allein entfernen?«

»Gewiss, Sie glauben doch wohl nicht, dass ich Begleitung brauche?«

»Aber …«

»Also vorwärts!«

Die Musketiere ritten los, und d'Artagnan blieb allein mit Raoul. »Haben Sie Schmerzen?«, fragte er ihn.

»Ja, Monsieur, der Kopf ist mir schwer und brennt.«

»Was ist denn mit Ihrem Kopf?«, fragte d'Artagnan und nahm ihm den Hut ab. »Aha! Eine Quetschung.«

»Ja, ich glaube, ich habe einen Blumentopf auf den Kopf bekommen.«

»Gesindel!«, sagte d'Artagnan. »Aber Sie haben Sporen an den Stiefeln, sind Sie beritten?«

»Ja, aber ich bin abgestiegen, um Monsieur de Comminges zu verteidigen, und mein Pferd wurde gestohlen. Ach, da ist es ja.«

Tatsächlich kam in diesem Augenblick Raouls Pferd im Galopp vorbei, darauf Friquet, der seine vierfarbige Mütze schwenkte und schrie: »Broussel! Broussel!«

»Heda! Halt an, du Schlingel!«, rief d'Artagnan. »Bring das Pferd her.«

Friquet hörte recht gut, tat aber so, als habe er nichts vernommen, und versuchte, seinen Weg fortzusetzen. D'Artagnan hatte einen Augenblick Lust, hinter dem Bürschchen Friquet herzusetzen, wollte jedoch Raoul nicht allein lassen. Deshalb begnügte er sich, ein Pistol aus dem Halfter zu ziehen und den Hahn zu spannen.

Friquet hatte flinke Augen und ein feines Gehör, er sah die Bewegung d'Artagnans und vernahm das Geräusch des Hahns; mit einem Ruck zügelte er das Pferd. »Ach, Sie sind es, Herr Offizier«, rief er, als er auf d'Artagnan zukam, »ich bin wahrhaftig sehr erleichtert, Sie zu treffen.«

D'Artagnan musterte Friquet aufmerksam und erkannte den kleinen Kellner aus der Rue de la Calandre.

»Du Schlingel bist es«, sagte er. »Komm her.«

»Ja, Herr Offizier, ich bin's«, antwortete Friquet mit seiner schmeichlerischen Miene.

»Du hast also deinen Beruf gewechselt? Bist nicht mehr Ministrant? Nicht mehr Schankbursche? Bist ein Pferdedieb geworden?«

»Ach, Herr Offizier, wie können Sie so was sagen!«, rief Friquet. »Ich habe den Edelmann gesucht, dem dieses Pferd gehört, einen schönen Kavalier und tapfer wie ein Held …« Erst jetzt schien er Raoul zu bemerken. »Ach, aber da ist er ja, ich täusche mich nicht«, fuhr er fort. »Sie werden das Trinkgeld nicht vergessen, nicht wahr, Monsieur?«

Raoul steckte die Hand in die Tasche.

»Was wollen Sie tun?«, fragte d'Artagnan.

»Diesem braven Jungen zehn Livres geben«, erwiderte Raoul und zog ein Goldstück aus der Tasche.

»Zehn Fußtritte in den Bauch«, sagte d'Artagnan. »Fort mit dir, du Schlingel! Und vergiss nicht, dass ich deine Adresse habe.«

Friquet, der nicht erwartet hatte, so billigen Kaufs davonzukommen, war mit einem Satz vom Kai in der Rue Dauphine, wo er verschwand. Raoul schwang sich wieder aufsein Pferd, und beide ritten im Schritt davon in der Richtung auf die Rue Tiquetonne.

Ohne Zwischenfall langten sie im Gasthof der Chevrette an. Die schöne Madeleine meldete d'Artagnan, dass Planchet zurück sei und Mousqueton mitgebracht habe, der heldenhaft die Entfernung der Kugel ertragen habe und sich so wohl befände, wie es sein Zustand erlaube.

D'Artagnan befahl daher, Planchet zu rufen, aber wie man auch rief, Planchet antwortete nicht, er war plötzlich verschwunden.

»Dann Wein her!«, sagte d'Artagnan. Und als der Wein gebracht und d'Artagnan mit Raoul allein war, sah er ihm in die Augen und fragte: »Sie sind sehr zufrieden mit sich, nicht wahr?«

»Aber ja«, antwortete Raoul, »mir scheint, ich habe meine Pflicht getan. Habe ich nicht den König verteidigt?«

»Und wer hat Sie geheißen, den König zu verteidigen?«

»Der Graf von La Fère selbst.«

»Ja, den König; aber heute haben Sie nicht den König, sondern Mazarin verteidigt, was nicht dasselbe ist.«

»Aber, Monsieur …«

»Sie haben etwas Ungeheuerliches getan, junger Mann, Sie haben sich in Dinge gemischt, die Sie nichts angehen.«

»Doch Sie selbst …«

»Oh, bei mir ist das etwas anderes. Ich habe den Befehlen meines Kommandanten gehorchen müssen. Ihr Kommandant ist der Prinz. Einen anderen haben Sie nicht, merken Sie sich das. Hat man denn so was schon gesehn«, fuhr d'Artagnan fort, »tritt dieser Brausekopf für Mazarin ein und hilft, Broussel zu arretieren! Lassen Sie wenigstens kein Wort davon verlauten, sonst wird der Graf von La Fère fuchsteufelswild.«

»Glauben Sie, dass der Herr Grafsich über mich ärgern würde?«

»Und ob ich das glaube! Ich bin überzeugt davon. Wenn das nicht wäre, würde ich Ihnen danken, denn schließlich haben Sie für uns gearbeitet. Deshalb tadle ich Sie an seiner Statt und in seinem Namen, das Ungewitter wird milder ausfallen, glauben Sie mir. Außerdem«, fügte d'Artagnan hinzu, »bediene ich mich des Vorrechts, das mir Ihr Vormund eingeräumt hat, mein liebes Kind.« Damit stand er auf, ging zu seinem Schreibpult, nahm daraus einen Brief und reichte ihn Raoul.

Sobald Raoul das Schreiben durchgelesen hatte, trübte sich sein Blick. »O mein Gott«, sagte er, die tränenfeuchten Augen zu d'Artagnan erhoben, »dann hat der Herr Graf Paris verlassen, ohne mich zu sehen?«

»Er ist vor vier Tagen aufgebrochen«, erwiderte d'Artagnan.

»Aber sein Brief scheint anzudeuten, dass er Gefahr läuft, ums Leben zu kommen.«

»Ach was, er und Gefahr laufen zu sterben! Seien Sie unbesorgt. Nein, er reist in Geschäften und wird bald zurückkommen. Ich hoffe, Sie haben nichts dagegen, in der Zwischenzeit mich als Vormund hinzunehmen?«

»O nein, Monsieur d'Artagnan«, antwortete Raoul, »Sie sind ein so tapferer Edelmann, und der Graf von La Fère liebt Sie so sehr!«

»Mein Gott, dann lieben Sie mich auch. Ich werde Sie nicht viel belästigen, doch unter der Bedingung, dass Sie ein Frondeur werden, mein junger Freund, und noch dazu ein sehr tüchtiger.«

»Und darf ich Madame de Chevreuse weiterhin besuchen?«

»Potztausend, allemal! Und auch den Herrn Weihbischof und Madame de Longueville, und wenn Monsieur Broussel da wäre, zu dessen Festnahme Sie so unbesonnen beigetragen haben, würde ich Ihnen sagen: Entschuldigen Sie sich schleunigst bei ihm und küssen Sie ihn auf beide Wangen.«

»Ja, Monsieur, ich werde Ihnen gehorchen, wenn ich Sie auch nicht verstehe.«

»Es ist nicht nötig, dass Sie verstehen. Sehen Sie«, fuhr d'Artagnan fort, der sich zur Tür umgedreht hatte, die sich gerade auftat, »da ist Monsieur du Vallon und mit völlig zerrissenen Kleidern.«

»Ja, aber dafür«, entgegnete Porthos, vor Schweiß triefend und über und über mit Staub beschmutzt, »dafür habe ich vielen das Fell zerrissen. Wollten mir doch diese Lumpenkerle meinen Degen entwinden! Alle Wetter! So was von Volksaufruhr!«, fuhr der Riese mit seiner gelassenen Miene fort. »Aber ich habe mehr als zwanzig zu Boden gestreckt … Ein Schlückchen Wein, d'Artagnan.«

»Oh, darin stimme ich mit dir überein«, sagte der Gascogner, während er für Porthos ein Glas bis zum Rand füllte, »aber wenn du getrunken hast, sag mir deine Meinung.«

Porthos trank das Glas auf einen Zug aus. Als er es auf den Tisch gestellt und sich den Schnurrbart abgeleckt hatte, fragte er: »Worüber?«

»Sieh dir das an«, erwiderte d'Artagnan, »da sitzt Monsieur de Bragelonne, der aus Leibeskräften bei der Festnahme von Broussel helfen wollte und den ich nur mit großer Mühe daran hindern konnte, Monsieur de Comminges zu verteidigen!«

»Alle Wetter!«, sagte Porthos. »Und der Vormund, was würde der dazu sagen, wenn er es erfahren hätte?«

»Da haben Sie's!«, unterbrach d'Artagnan. »Halten Sie zur Fronde, mein Freund, und denken Sie daran, dass ich in allem den Herrn Grafen vertrete.« Dabei ließ er seine Börse klimpern. Dann wandte er sich an seinen Gefährten und fragte: »Kommst du, Porthos?«

»Wohin?«, fragte Porthos zurück, während er sich ein zweites Glas Wein einschenkte.

»Dem Kardinal unsere Aufwartung machen.«

Porthos goss das zweite Glas so gelassen hinunter, wie er das erste getrunken hatte, nahm seinen Filzhut, den er auf einen Stuhl gelegt hatte, und folgte d'Artagnan.

Raoul blieb völlig betäubt zurück, da ihm d'Artagnan verboten hatte, das Zimmer zu verlassen, ehe sich der Aufruhr gelegt habe.

Der Bettler von Saint-Eustache

D'Artagnan hatte sich ausgerechnet, was sein würde, wenn er sich nicht unverzüglich ins Palais-Royal begäbe. Er hatte Comminges Zeit gelassen, vor ihm hinzugehen und dem Kardinal zu berichten, welche hervorragenden Dienste er und sein Freund an diesem Vormittag der Partei der Königin erwiesen hatten. Daher wurden beide vortrefflich von Mazarin empfangen, der ihnen viele Komplimente machte und ihnen verkündete, sie seien auf mehr als dem halben Weg zu dem, was sie sich wünschten, also d'Artagnan zu seiner Hauptmannsstelle und Porthos zu seiner Baronie. D'Artagnan hätte zwar lieber Geld gehabt, denn er wusste, dass Mazarin leicht versprach und schwer hielt, weshalb er die Versprechungen des Kardinals als eitle Hirngespinste einschätzte, gab sich jedoch vor Porthos, den er nicht entmutigen wollte, den Anschein, als sei er sehr zufrieden.

Während die beiden Freunde bei dem Kardinal waren, ließ die Königin ihn zu sich bitten. Da der Kardinal eine Möglichkeit sah, den Eifer seiner beiden Verteidiger zu steigern, indem er ihnen den Dank der Königin selbst verschaffte, forderte er sie mit einem Wink auf, ihm zu folgen. D'Artagnan und Porthos wiesen auf ihre völlig verstaubte und zerrissene Kleidung, aber der Kardinal schüttelte den Kopf. »Diese Anzüge sind mehr wert als die der meisten Höflinge, die Sie bei der Königin finden werden«, sagte er, »denn sie wurden im Kampf getragen.«

D'Artagnan und Porthos gehorchten also.

Der Hofstaat Anna von Österreichs war zahlreich und freudig erregt, denn alles in allem hatte man nach dem Sieg über Spanien einen Sieg über das Volk errungen. Broussel war ohne Widerstand aus Paris geschafft worden und musste sich zu dieser Stunde bereits in den Gefängnissen von Saint-Germain befinden, und Blancmesnil, der zur gleichen Zeit wie er arretiert worden war, dessen Verhaftung jedoch ohne Aufsehen und ohne Schwierigkeiten vor sich gegangen war, hatte man im Schloss Vincennes eingesperrt.

Comminges war bei der Königin, die ihn nach Einzelheiten seines Unternehmens fragte, und alle lauschten seinem Bericht, als sie an der Tür hinter dem eintretenden Kardinal d'Artagnan und Porthos erblickten.

»Ah, Madame«, sagte Comminges, während er auf d'Artagnan zueilte, »hier ist einer, der Ihnen all das besser sagen kann als ich, denn er ist mein Retter. Ohne ihn wäre ich wahrscheinlich in diesem Augenblick in den Netzen von Saint-Cloud gefangen, denn es handelte sich um nichts Geringeres, als mich in den Fluss zu werfen. Sprechen Sie, d'Artagnan, sprechen Sie.«

Seit d'Artagnan Leutnant der Musketiere war, hatte er sich wohl an die hundertmal im selben Gemach wie die Königin befunden, aber nie hatte sie das Wort an ihn gerichtet.

»Nun, Monsieur, nachdem Sie mir einen solchen Dienst erwiesen haben, schweigen Sie?«, fragte Anna von Österreich.

»Madame«, erwiderte d'Artagnan, »ich habe nichts zu sagen, außer dass mein Leben dem Dienst Eurer Majestät geweiht ist und dass ich erst an dem Tag, da ich es um Ihretwillen einbüße, glücklich sein werde.«

»Das weiß ich, Monsieur, das weiß ich«, gab die Königin zurück, »und seit langem. Daher freut es mich sehr, Ihnen diesen öffentlichen Beweis meiner Hochachtung und meiner Dankbarkeit geben zu können.«

»Erlauben Sie mir, Madame«, entgegnete d'Artagnan, »dass ich einen Teil davon auf meinen Freund übertrage, der wie ich ein Musketier in der Kompanie Trévilles war«, diese Worte betonte er nachdrücklich, »und der Wunderdinge vollbracht hat.«

»Monsieurs Name?«, fragte die Königin.

»Bei den Musketieren nannte er sich Porthos«, antwortete d'Artagnan, während die Königin erbebte, »aber sein wirklicher Name ist Chevalier du Vallon.«

»De Bracieux de Pierrefonds«, setzte Porthos hinzu.

»Diese Namen sind zu zahlreich, als dass ich mich an alle erinnern könnte, ich will nur den ersten im Gedächtnis behalten«, sagte die Königin huldvoll.

Porthos verneigte sich. D'Artagnan trat zwei Schritte zurück. In diesem Augenblick wurde der Weihbischof gemeldet. Ein Ruf der Überraschung entfuhr den bei der Königin Versammelten. Obgleich der Weihbischof an diesem Vormittag gepredigt hatte, wusste man, dass er sehr stark zur Fronde neigte, und als Mazarin den Erzbischof von Paris gebeten hatte, seinen Neffen predigen zu lassen, war es offensichtlich seine Absicht gewesen, Monsieur de Retz einen von diesen Streichen auf italienische Art zu spielen, die ihn so sehr belustigten.

Beim Verlassen von Notre-Dame hatte der Weihbischof von den Vorfällen erfahren. Obgleich er sich mit den Hauptfrondeuren so gut wie verbündet hatte, war er doch nicht so sehr Frondeur, um nicht den Rückzug antreten zu können, wenn ihm der Hof Vorteile bot, die sein Ehrgeiz erstrebte und zu denen das Amt des Weihbischofs nur ein Weg war. Monsieur de Retz wollte anstelle seines Onkels Erzbischof und wie Mazarin Kardinal werden. Die Volkspartei konnte ihm schwerlich diese durchaus königlichen Vergünstigungen gewähren. Daher begab er sich zum Palast, um die Königin zum Sieg bei Lens zu beglückwünschen, von vornherein entschlossen, für oder gegen den Hof zu handeln, je nachdem, ob sein Glückwunsch gut oder schlecht aufgenommen würde.

Der Weihbischof wurde also gemeldet; er trat ein, und bei seinem Anblick wuchs die Neugier dieses ganzen triumphierenden Hofstaates, seine Worte zu hören.

Der Weihbischof besaß allein fast ebenso viel Geist wie alle hier Versammelten, die sich über ihn lustig zu machen gedachten. Daher war seine Rede so vollendet geschickt, dass die Anwesenden, so große Lust sie auch hatten, darüber zu lachen, doch keinen Anlass dazu fanden. Er endete mit den

Worten, dass er Ihrer Majestät seine geringe Macht zu Diensten stelle.

Der Königin schien die feierliche Ansprache des Herrn Weihbischofs von Anfang bis Ende sehr zu gefallen, doch als sie mit diesem Satz endete, dem einzigen, der zu Anzüglichkeiten Veranlassung bot, drehte sich Anna um und gab ihren Günstlingen mit einem Blick zu verstehen, dass sie ihnen den Weihbischof preisgäbe. Und sogleich begannen ihn die Spaßvögel am Hofe zu foppen. Nogent-Beautin, der Hofnarr, rief, die Königin müsse sich überglücklich schätzen, in einem solchen Augenblick den Beistand der Religion zu finden.

Alle brachen in Gelächter aus.

Der Graf von Villeroy sagte, ihm sei nicht klar, wie man einen Augenblick habe Furcht hegen können, da man doch, um den Hof gegen das Parlament und die Bürger von Paris zu verteidigen, den Herrn Weihbischof habe, der auf ein Zeichen von ihm eine Armee von Curés, Schweizern und Küstern auf die Beine bringen könne.

Der Marschall de La Meilleraie fügte hinzu, träte der Fall ein, da man handgemein werde und der Herr Weihbischof im zerstreuten Gefecht mitkämpfe, dann würde es ihn nur verdrießen, dass man den Herrn Weihbischof im Schlachtgetümmel nicht an einem roten Hut werde erkennen können wie seinerzeit Heinrich IV. an seiner weißen Feder in der Schlacht von Ivry.

Gondi blieb angesichts dieses Hagels, der für die Spötter tödlich werden konnte, ruhig und ernst. Die Königin fragte ihn, ob er der schönen Rede, die er ihr gehalten, etwas hinzuzufügen habe.

»Ja, Madame«, antwortete der Weihbischof, »ich muss Sie bitten, noch einmal darüber nachzudenken, ehe Sie es zum Bürgerkrieg im Königreich kommen lassen.«

Die Königin kehrte ihm den Rücken zu, und das Gelächter begann von neuem.

Der Weihbischof verneigte sich und verließ den Palast, nachdem er dem Kardinal, der ihn ansah, einen jener Blicke zugeworfen hatte, wie man sie unter Todfeinden bemerkt. Der Blick war so scharf, dass er Mazarin bis ins tiefste Herz durchbohrte, worauf er, da er ihn als eine Kriegserklärung empfand, d'Artagnans Arm ergriff und sagte: »Bei Gelegenheit werden Sie den Mann, der eben hinausging, wiedererkennen, nicht wahr, Monsieur?«

»Ja, Monseigneur«, erwiderte d'Artagnan. Dann wandte er sich zu Porthos und flüsterte ihm zu: »Zum Teufel! Das nimmt eine schlimme Wendung, Streitereien zwischen Kirchenmännern liebe ich nicht.«

Gondi entfernte sich, wobei er unterwegs jedermann den Segen erteilte und sich das boshafte Vergnügen machte, selbst die Diener seiner Feinde auf die Knie fallen zu lassen. »Oh«, murmelte er, als er hinausging, »undankbarer Hof, hinterlistiger Hof, feiger Hof! Morgen werde ich dich lachen lehren, aber in einer anderen Tonart.«

Doch während man sich im Palais-Royal so unmäßig lustig gab, um die Heiterkeit der Königin zu überbieten, vergeudete Mazarin als verständiger Mann, der überdies die ganze Voraussicht der Furcht besaß, seine Zeit nicht mit eitlen und gefährlichen Späßen. Er war hinter dem Weihbischof hinausgegangen, brachte seine Rechnungen in Sicherheit, verschloss sein Gold und ließ durch vertrauenswürdige Handwerker in seinen Wänden Verstecke anlegen.

Als der Weihbischof sein Haus betrat, erfuhr er, dass nach seinem Fortgang ein junger Mann gekommen sei und ihn erwarte. Er fragte nach dem Namen des jungen Mannes und erbebte vor Freude, als er vernahm, dass er sich Louvières nenne. Sogleich eilte er in sein Arbeitszimmer, und tatsächlich fand er dort den Sohn Broussels, immer noch rasend vor Zorn und blutüberströmt von dem Kampf gegen die Leute des Königs. Die einzige Vorsichtsmaßnahme, die er ergriffen hatte, um den erzbischöflichen Palast aufzusuchen, bestand darin, dass er seine Arkebuse bei einem Freund abgegeben hatte. Der Weihbischof ging auf ihn zu und streckte ihm die Hand hin. Der junge Mann betrachtete ihn, als wolle er bis auf den Grund seines Herzens sehen.

»Mein lieber Monsieur Louvières«, sagte der Weihbischof, »glauben Sie mir, dass ich an dem Unglück, von dem Sie betroffen sind, sehr lebhaft Anteil nehme.«

»In dem Fall, Monseigneur, ist die Zeit für Worte vorbei und die Stunde des Handelns gekommen. Wenn Sie wollen, Monseigneur, ist mein Vater in drei Tagen aus dem Gefängnis heraus, und Sie sind in sechs Monaten Kardinal.«

Der Weihbischof zuckte zusammen.

»Oh, reden wir offen, und spielen wir mit aufgedeckten Karten«, fuhr Louvières fort. »Man verteilt nicht für dreißigtausend Taler Almosen, wie Sie es seit sechs Monaten getan haben, aus purer christlicher Barmherzigkeit, das wäre zu schön. Sie sind ganz einfach ehrgeizig. Sie sind ein genialer Mann und sich Ihres Wertes bewusst. Und ich, ich hasse den Hof und habe in diesem Augenblick nur einen einzigen Wunsch: nach Rache. Geben Sie uns den Klerus und das Volk, mit denen Sie tun können, was Sie wollen, und ich gebe Ihnen die Bourgeoisie und das Parlament. Mit diesen vier Elementen gehört Paris in acht Tagen uns, denn glauben Sie mir, Herr Weihbischof, aus Furcht wird der Hof gewähren, was er aus Wohlwollen nicht gewähren würde.«

Nun war es an dem Weihbischof, Louvières mit seinem durchdringenden Blick zu betrachten. »Aber ist Ihnen denn auch klar, Monsieur Louvières, dass Sie mir da ganz einfach den Bürgerkrieg vorschlagen?«

»Sie bereiten ihn schon seit ziemlich langer Zeit vor, Monseigneur, daher müsste er Ihnen willkommen sein.«

»Einerlei«, erwiderte der Weihbischof, »Sie verstehen, dass Derartiges Überlegung erfordert.«

»Und wie viele Stunden verlangen Sie?«

»Zwölf Stunden, Monsieur. Ist das zuviel?«

»Jetzt haben wir Mittag, um Mitternacht werde ich bei Ihnen sein.«

»Wenn ich noch nicht zurück sein sollte, warten Sie auf mich.«

»Vortrefflich. Also bis Mitternacht, Monseigneur.«

Allein geblieben, entbot Gondi alle Curés zu sich, mit denen er in Verbindung stand. Zwei Stunden später waren bei ihm dreißig Pfarrverweser von den bevölkertsten und unruhigsten Pariser Gemeinden versammelt. Gondi erzählte ihnen, welche Beleidigung man ihm im Palais-Royal zugefügt habe, und gab die Sticheleien Beautins, des Grafen von Villeroy und des Marschalls de La Meilleraie wieder. Die Curés fragten ihn, was zu tun sei.

»Etwas ganz Einfaches«, antwortete der Weihbischof, »Sie sind die Seelsorger und haben Einfluss auf das Gewissen, entfernen Sie daraus das erbärmliche Vorurteil, dass man Könige fürchten und achten müsse. Bringen Sie Ihren Pfarrkindern bei, dass die Königin eine Tyrannin ist, wiederholen Sie so oft und so nachdrücklich, dass es jeder begreift, das ganze Unglück Frankreichs käme von Mazarin, ihrem Geliebten und Verderber, machen Sie sich morgen sofort ans Werk, in drei Tagen erwarte ich Sie mit dem Ergebnis. Wenn mir überdies einer von Ihnen einen guten Rat zu geben hat, dann möge er bleiben, ich werde ihn mit Freuden anhören.«

Drei Curés blieben, der von Saint-Merri, der von Saint-Sulpice und der von Saint-Eustache. Die anderen entfernten sich.

»Sie glauben also, mir noch wirksamer helfen zu können als Ihre Amtsbrüder?«, fragte Gondi.

»Wir hoffen es«, antworteten die Curés.

»Lassen Sie mich hören. Beginnen Sie, Herr Curé von Saint-Merri.«

»Monseigneur, ich habe in meiner Gegend einen Mann, der Ihnen von größtem Nutzen sein könnte.«

»Wer ist dieser Mann?«

»Ein Kaufmann in der Rue des Lombards, der den größten Einfluss auf den Kleinhandel in seinem Viertel besitzt. Es ist ein gewisser Planchet. Er hat vor fast sechs Wochen ganz allein einen Aufstand gemacht, ist dann aber, da man ihn zu ergreifen suchte, verschwunden.«

»Und Sie werden ihn wiederfinden?«

»Ich hoffe es, ich glaube nicht, dass er gefangen genommen wurde, und da ich der Beichtvater seiner Frau bin, werde ich erfahren, wo er sich aufhält, wenn sie es weiß.«

»Gut, Herr Curé, suchen Sie mir diesen Mann, und wenn Sie ihn finden, bringen Sie ihn zu mir.«

»Um welche Zeit, Monseigneur?«

»Um sechs Uhr, einverstanden?«

»Wir werden um sechs Uhr bei Ihnen sein, Monseigneur.«

»Gehen Sie, mein lieber Curé, gehen Sie, und Gott steh Ihnen bei!«

Der Curé entfernte sich. »Und Sie, Monsieur?«, fragte Gondi den Curé von Saint-Sulpice.

»Ich kenne einen Mann, Monseigneur«, erwiderte dieser, »der einem sehr beliebten Prinzen große Dienste geleistet hat. Er würde Aufständischen einen hervorragenden Anführer abgeben, und ich kann Ihnen den Mann zur Verfügung stellen.«

»Wer ist es?«

»Der Graf von Rochefort.«

»Ich kenne ihn, leider ist er nicht in Paris.«

»Monseigneur, er befindet sich in der Rue Cassette.«

»Seit wann?«

»Schon seit drei Tagen.«

»Und warum hat er mich nicht aufgesucht?«

»Man hat ihm gesagt … Monseigneur werden mir verzeihen …«

»Gewiss, sprechen Sie.«

»Monseigneur seien im Begriff, mit dem Hof zu unterhandeln.«

Gondi biss sich auf die Lippen. »Man hat sich getäuscht, bringen Sie ihn um acht Uhr zu mir, Herr Curé, und Gott segne Sie, wie ich Sie segne!«

Der zweite Curé verneigte sich und ging hinaus.

»Nun zu Ihnen, Monsieur«, sagte der Weihbischof, während er sich dem Letzten zuwandte. »Haben Sie mir ebenso Gutes zu bieten wie die beiden Herren, die uns verlassen haben?«

»Besseres, Monseigneur.«

»Teufel noch mal! Bedenken Sie, dass Sie damit eine gewaltige Verpflichtung eingehen. Der eine hat mir einen Kaufmann, der andere einen Grafen geboten, Sie werden mir wohl einen Prinzen bieten?«

»Ich biete Ihnen einen Bettler, Monseigneur.«

»Aha!«, überlegte Gondi. »Sie haben recht, Herr Curé, einer, der die ganze Legion von Armen, die die Straßenecken von Paris blockieren, auf die Beine und zu so lautem Geschrei bringen kann, der Mazarin habe sie an den Bettelstab gebracht, dass ganz Frankreich sie hört.«

»Genau, den Mann habe ich.«

»Bravo! Und wer ist es?«

»Ein einfacher Bettler, wie ich Ihnen gesagt habe, Monseigneur, der seit fast sechs Jahren auf den Stufen der Kirche Saint-Eustache um Almosen bittet, während er Weihwasser reicht.«

»Und Sie sagen, er besitzt großen Einfluss auf seinesgleichen?«

»Wissen Monseigneur, dass der Bettelstand eine organisierte Körperschaft ist, so etwas wie eine Vereinigung der Besitzlosen gegen die Besitzenden, eine Vereinigung, zu der jeder seinen Teil beiträgt und die ein Oberhaupt erwählt?«

»Ja, davon habe ich gehört«, antwortete der Weihbischof.

»Nun, der Mann, den ich Ihnen biete, ist ein Generalsyndikus.«

»Und was wissen Sie von dem Mann?«

»Nichts, Monseigneur, außer dass er mir von Gewissensbissen gequält scheint.«

»Wie kommen Sie darauf?«

»Am 28. jeden Monats lässt er mich eine Messe für die ewige Ruhe einer Person lesen, die eines gewaltsamen Todes gestorben ist. Gestern habe ich wieder diese Messe gelesen.«

»Und er heißt?«

»Maillard, aber ich glaube nicht, dass es sein wirklicher Name ist.«

»Und Sie glauben, wir werden ihn zu dieser Stunde auf seinem Posten finden?«

»Ganz gewiss.«

»Dann wollen wir Ihren Bettler besuchen, Herr Curé, und wenn er so ist, wie Sie sagen, haben Sie recht, dann hätten Sie den wahren Schatz gefunden.«

Darauf kleidete sich Gondi als Kavalier, setzte einen großen Filzhut mit roter Feder auf, gürtete einen langen Degen, schnallte sich Sporen an die Stiefel, hüllte sich in einen weiten Mantel und folgte dem Curé.

Als sie in die Rue des Prouvaires kamen, streckte der Curé die Hand nach dem Platz vor der Kirche aus. »Sehen Sie, da ist er«, sagte er, »er ist auf seinem Posten.«

Gondi schaute in die angegebene Richtung und erblickte einen Bettler, der, mit dem Rücken an einem Sims, auf einem Stuhl saß, neben sich hatte er einen kleinen Eimer stehen, und er hielt einen Weihwedel in der Hand.

»Verdankt er einem Vorrecht, dass er sich dort aufhalten darf?«, fragte Gondi.

»Nein, Monseigneur«, antwortete der Curé, »er hat mit seinem Vorgänger über die Stelle des Weihwasserspenders verhandelt.«

»Verhandelt?«

»Ja, diese Stellen sind käuflich. Ich glaube, dieser hat für seine hundert Pistolen bezahlt.«

»Der Schlingel ist demnach reich?«

»Einige von diesen Männern hinterlassen nach ihrem Tode mitunter zwanzigtausend, fünfundzwanzigtausend, dreißigtausend Livres und sogar noch mehr.«

»Oho!«, lachte Gondi. »Ich habe nicht geglaubt, meine Almosen so gut anzulegen.«

Unterdessen näherten sie sich dem Platz vor der Kirche, und als der Curé und der Weihbischof den Fuß auf die erste, zum Portal führende Stufe setzten, stand der Bettler auf und hielt ihnen die Weihwedel hin. Er war ein Mann zwischen Sechsundsechzig und achtundsechzig Jahren, klein, ziemlich dick, grauhaarig und mit rötlichgelben Augen. Sein Gesicht war von dem Kampf zweier entgegengesetzter Grundzüge geprägt, einer bösen Veranlagung, die durch den Willen, vielleicht auch durch die Reue bezähmt wurde.

Als er den Kavalier in Begleitung des Curés erblickte, zuckte er leicht zusammen und betrachtete ihn mit erstaunter Miene.

Der Curé und Gondi berührten den Weihwedel mit den Fingerspitzen und bekreuzigten sich, dann warf der Weihbischof ein Geldstück in den Hut auf dem Boden.

»Maillard«, sagte der Curé, »Monsieur und ich sind gekommen, um einen Augenblick mit Ihnen zu plaudern.«

»Mit mir?«, entgegnete der Bettler. »Das ist viel Ehre für einen armen Weihwasserspender.« In der Stimme des Bettlers lag ein ironischer Ton, den er nicht völlig zu unterdrücken vermochte und der den Weihbischof verwunderte.

»Ja«, fuhr der Curé fort, der an diesen Ton gewöhnt zu sein schien, »ja, wir möchten gern wissen, was Sie von den heutigen Ereignissen halten und was Sie die Leute beim Betreten und Verlassen der Kirche darüber reden hörten.«

Der Bettler schüttelte den Kopf. »Das sind betrübliche Vorfälle, Herr Curé, die wie stets auf das arme Volk zurückfallen. Und was man darüber spricht – nun, alle Welt ist unzufrieden, alle Welt beklagt sich, aber wer alle Welt sagt, bezeichnet niemand.«

»Drücken Sie sich deutlicher aus, lieber Freund«, bat der Weihbischof.

»Ich meine, dass dieses ganze Geschrei, all diese Klagen und Verwünschungen nur ein Ungewitter und Blitze hervorbringen, weiter nichts, und dass es nur einschlagen wird, wenn ein Anführer daist, sie zu lenken.«

»Sie scheinen mir ein fähiger Mann zu sein, lieber Freund«, bemerkte Gondi, »wären Sie geneigt, sich an einem kleinen Bürgerkrieg zu beteiligen, falls es dazu kommen sollte, und diesem Anführer, sofern wir einen finden, Ihre persönliche Fähigkeit und den Einfluss zur Verfügung zu stellen, den Sie über Ihre Gefährten erlangt haben?«

»Ja, Monsieur, vorausgesetzt, dieser Krieg würde von der Kirche gebilligt und könnte mich folglich zu dem Ziel bringen, das ich erreichen möchte, der Vergebung meiner Sünden.«

»Dieser Krieg würde nicht allein von ihr gebilligt, sondern sogar von ihr gelenkt werden. Was die Vergebung Ihrer Sünden betrifft, so haben wir den Herrn Erzbischof von Paris, der von der römischen Kurie mit großen Vollmachten ausgestattet ist, und auch den Herrn Weihbischof, der vollständigen Ablass erteilen kann, wir werden Sie ihm empfehlen.«

»Bedenken Sie, Maillard«, sagte der Curé, »dass ich Sie Monsieur, der ein allmächtiger Herr ist, empfohlen und dass ich gleichsam für Sie gebürgt habe.«

»Ich weiß, Herr Curé«, erwiderte der Bettler, »dass Sie stets ausnehmend gut zu mir gewesen sind, daher bin ich durchaus geneigt, Ihnen gefällig zu sein.«

»Und halten Sie Ihre Macht über Ihre Mitbrüder für so groß, wie es der Herr Curé mir gegenüber behauptet hat?«

»Ich glaube, dass sie mir eine gewisse Achtung entgegenbringen«, bemerkte der Bettler mit Stolz, »und dass sie nicht allein alles tun werden, was ich ihnen befehle, sondern mir auch überallhin folgen werden.«

»Und können Sie mir für fünfzig sehr entschlossene Männer bürgen, die leichtgläubig und unschwer in Wallung zu bringen sind und so stimmgewaltig, dass bei ihrem Geschrei ›Nieder mit Mazarin!‹ die Mauern des Palais-Royal fallen, wie einst die von Jericho fielen?«

»Ich glaube, man kann mir Schwereres und Wichtigeres als das auftragen«, entgegnete der Bettler.

»Ah! Sie würden es also auf sich nehmen, in einer Nacht zehn Barrikaden errichten zu lassen?«, fragte Gondi.

»Ich würde es auf mich nehmen, fünfzig errichten zu lassen und sie bei Tagesanbruch zu verteidigen.«

»Bei Gott! Sie sprechen mit einer Zuversicht, die mich erfreut, und da sich der Herr Curé für Sie verbürgt …«

»Ich verbürge mich«, warf der Curé ein.

»Hier ist ein Beutel mit fünfhundert Pistolen in Gold, treffen Sie all Ihre Vorbereitungen und sagen Sie mir, wo ich Sie heute Abend um zehn Uhr wiederfinden kann.«

»Es müsste an einem höher gelegenen Ort sein, von dem aus ein gegebenes Zeichen in allen Stadtteilen von Paris zu sehen wäre.«

»Soll ich Ihnen ein Wort für den Vikar von Saint-Jacques-la-Boucherie mitgeben? Er wird Sie in ein Gemach des Turms führen«, sagte der Curé.

»Ausgezeichnet«, versetzte der Bettler.

»Dann also bis heute Abend, zehn Uhr«, sagte der Weihbischof, »und wenn ich mit Ihnen zufrieden bin, werden Sie einen weiteren Beutel mit fünfhundert Pistolen erhalten.«

Die Augen des Bettlers glitzerten vor Begierde, doch er unterdrückte diese Regung. »Heute Abend wird alles bereit sein, Monsieur«, antwortete er.

Darauf trug er seinen Stuhl in die Kirche, stellte daneben seinen Eimer mit dem Weihwedel, tauchte die Finger in den Weihkessel, als hätte er zu seinem Wasser kein Vertrauen, und verließ die Kirche.

Der Turm von Saint-Jacques-la-Boucherie

Um drei Viertel sechs hatte Monsieur de Gondi all seine Gänge erledigt und war in den erzbischöflichen Palast zurückgekehrt. Um sechs Uhr meldete man ihm den Curé von Saint-Merri. Der Weihbischof warf einen raschen Blick hinter ihn und bemerkte, dass ihm ein zweiter Mann folgte.

»Führen Sie ihn herein«, sagte er.

Der Curé trat ein und mit ihm Planchet.

»Monseigneur«, sagte der Curé von Saint-Merri, »hier ist der Mann, den ich Ihnen anzukündigen die Ehre hatte.«

Planchet verneigte sich mit der Miene eines Menschen, dem der Besuch vornehmer Häuser nichts Unbekanntes ist.

»Und Sie sind bereit, der Sache des Volkes zu dienen?«, fragte Gondi.

»Das möchte ich meinen«, erwiderte Planchet, »ich bin von ganzer Seele Frondeur. So wie Sie mich hier sehen, Monseigneur, bin ich dazu verdammt, gehängt zu werden.«

»Aus welchem Grund?«

»Ich habe den Händen von Mazarins Häschern einen edlen Seigneur entrissen, als sie ihn in die Bastille zurückbringen wollten, wo er seit fünf Jahren eingesperrt war.«

»Den Namen?«

»Oh, Monseigneur kennen ihn gut, es war der Graf von Rochefort.«

»Ach, wahrhaftig!«, sagte der Weihbischof. »Von der Sache habe ich gehört, Sie sollen das ganze Viertel aufgewiegelt haben?«

»Fast«, entgegnete Planchet mit selbstzufriedenem Gesicht.

»Und Sie sind von Beruf …?«

»Zuckerbäcker, Rue des Lombards.«

»Erklären Sie mir, wie es zugeht, dass Sie bei einem so friedlichen Beruf so kriegerische Neigungen haben!«

»So wie Monseigneur als Angehöriger der Kirche mich jetzt in der Kleidung eines Kavaliers empfangen, mit dem Degen an der Seite und Sporen an den Stiefeln.«

»Nicht schlecht geantwortet, meiner Treu!«, lachte Gondi. »Aber Sie wissen wohl, dass ich ungeachtet meines Beffchens stets kriegerische Neigungen gehabt habe.«

»Nun, Monseigneur, ehe ich Zuckerbäcker wurde, war ich drei Jahre Sergeant im Piemonteser Regiment, und davor bin ich achtzehn Monate lang Monsieur d'Artagnans Diener gewesen.«

»Des Leutnants bei den Musketieren?«, fragte Gondi.

»Ja, Monseigneur.«

»Aber der soll doch ein leidenschaftlicher Mazarinanhänger sein?«

»Hm …«, machte Planchet.

»Was wollen Sie sagen?«

»Nichts, Monseigneur. Monsieur d'Artagnan ist im Dienst, Monsieur d'Artagnans Aufgabe ist es, Mazarin, der ihn bezahlt, zu verteidigen, so wie es die Aufgabe von uns Bürgern ist, Mazarin anzugreifen, da er uns bestiehlt.«

»Sie sind ein verständiger Bursche, mein Freund, kann man sich auf Sie verlassen?«

»Ich dächte, der Herr Curé habe sich bei Ihnen für mich verbürgt«, antwortete Planchet.

»Wie viel Mann glauben Sie heute Nacht zusammenbringen zu können?«

»Zweihundert Musketen und fünfhundert Hellebarden.«

»Wäre nur in jedem Stadtteil ein Mann, der so viel schaffte, dann hätten wir morgen eine hinreichend starke Armee. Wären Sie bereit, dem Grafen von Rochefort zu gehorchen?«

»Ich würde ihm bis in die Hölle folgen, und das will nicht wenig heißen, denn ich halte ihn für fähig, dort hinunterzusteigen.«

»Bravo!«

»An welchem Zeichen wird man morgen die Freunde von den Feinden unterscheiden können?«

»Jeder Frondeur mag sich ein strohfarbenes Band an den Hut stecken.«

»Gut. Erteilen Sie die Weisung.«

»Brauchen Sie Geld?«

»Geld ist bei keinem Unternehmen vom Übel, Monseigneur. Hat man keins, wird man sich darüber hinwegsetzen, hat man welches, werden die Dinge nur umso rascher und besser gehen.«

Gondi ging zu einer Kassette und holte einen Beutel heraus. »Hier sind fünfhundert Pistolen«, sagte er, »und wenn die Aktion gut verläuft, können Sie mit einer gleichen Summe rechnen.«

»Ich werde Monseigneur über das Geld getreulich Rechenschaft ablegen«, antwortete Planchet und ging, gleich darauf gefolgt von dem Curé, den er auf der Treppe erwartete. Zehn Minuten später wurde der Curé von Saint-Sulpice gemeldet.

Sobald sich die Tür zum Arbeitszimmer Gondis öffnete, stürmte ein Mann herein: der Graf von Rochefort.

»Da sind Sie, mein lieber Graf!«, begrüßte ihn Gondi, während er ihm die Hand reichte.

»Sie sind also endlich entschlossen, Monseigneur?«, sagte Rochefort.

»Ich war es schon immer«, erwiderte Gondi.

»Reden wir nicht mehr davon; Sie sagen es, und ich glaube Ihnen. Der Mazarin soll sein Tänzchen haben.«

»Ich hoffe es.«

»Und wann soll es beginnen?«

»Die Einladungen ergehen für heute Nacht«, antwortete der Weihbischof, »aber aufgespielt wird erst morgen früh.«

»Sie können auf mich und fünfzig Soldaten zählen, die mir der Chevalier d'Humières für den Fall versprochen hat, da ich sie brauche.«

»Gut, mein lieber Rochefort, aber das ist noch nicht alles. Was haben Sie mit Monsieur de Beaufort gemacht?«

»Er ist in Vendôme und wartet darauf, dass ich ihm schreibe, er könne nach Paris zurückkommen.«

»Schreiben Sie ihm, es ist an der Zeit.«

»Dann sind Sie also Ihrer Sache sicher?«

»Ja, aber Eile tut not, denn sobald sich das Volk von Paris erhoben hat, werden wir statt eines Prinzen zehn haben, die sich an die Spitze werden stellen wollen. Wenn er zögert, wird er den Platz besetzt finden.«

»Und Sie werden ihm alle Macht einräumen?«

»Für den Krieg, ja, was die Politik betrifft …«

»Sie wissen, dass die nicht seine Stärke ist.«

»Er wird mich auf meine Weise wegen meines Kardinalshutes unterhandeln lassen.«

»Sie legen Wert auf ihn?«

»Wenn man mich schon zwingt, einen Hut zu tragen, dessen Form mir nicht zusagt, dann wünsche ich zumindest, dass dieser Hut rot ist.«

»Über die Geschmäcker und Farben ist nicht zu streiten«, lachte Rochefort, »ich verbürge mich für seine Zustimmung.« Darauf verabschiedete er sich von Gondi.

Es war halb zehn, und der Weihbischof brauchte eine gute halbe Stunde, um sich von dem erzbischöflichen Palast zum Turm der Kirche Saint-Jacques-la-Boucherie zu begeben. In einem der höchsten Fenster des Turms bemerkte er Licht. »Gut«, sagte er, »unser Syndikus ist auf seinem Posten.« Er klopfte an, und der Vikar selbst öffnete ihm und führte ihn mit einem Licht ganz nach oben in den Turm. Dort angelangt, zeigte er ihm eine kleine Tür, stellte das Licht in einen Mauerwinkel, damit der Weihbischofes beim Verlassen des Gemachs fände, und stieg wieder hinunter. Obgleich der Schlüssel in der Tür steckte, klopfte Gondi an.

»Herein!«, rief eine Stimme, die der Weihbischof als die des Bettlers erkannte.

Gondi trat ein. Es war tatsächlich der Weihwasserspender von dem Platz vor Saint-Eustache. Er lag wartend auf einer Pritsche. Als er Gondi eintreten sah, erhob er sich. Es schlug zehn Uhr.

»Hast du Wort gehalten?«, fragte der Weihbischof.

»Nicht ganz«, antwortete der Bettler. »Sie haben fünfhundert Mann von mir verlangt, nicht wahr?«

»Ja, und?«

»Ich verschaffe Ihnen zweitausend.«

»Du schneidest nicht auf?«

»Wollen Sie einen Beweis?«

Drei Kerzen brannten vor drei Fenstern, deren eines auf die Cité, das zweite auf das Palais-Royal und das dritte auf die Rue Saint-Denis blickte. Schweigend ging der Mann hin und blies eine nach der andern aus.

Der Weihbischof stand im Dunkel des Gemachs, das nur noch durch den unbeständigen Schein des hinter dicken schwarzen Wolken verborgenen Mondes beleuchtet wurde, deren ausgefranste Ränder er versilberte.

»Was hast du gemacht?«, fragte der Weihbischof.

»Ich habe das Signal gegeben.«

»Wofür?«

»Für die Barrikaden. Wenn Sie hinausgehen, werden Sie meine Leute bei der Arbeit sehen. Nehmen Sie sich nur in Acht, dass Sie sich nicht die Beine brechen, wenn Sie über eine Kette stolpern oder in ein Loch fallen.«

»Gut! Hier ist noch einmal die gleiche Summe wie die, die du schon erhalten hast. Denk daran, dass du ein Anführer bist, und trink nicht.«

»Seit zwanzig Jahren habe ich nur Wasser getrunken.« Damit nahm er den Beutel aus den Händen des Weihbischofs, der wenig später hörte, wie der Mann in den Goldstücken wühlte und sie betastete.

»Aha, du bist habgierig, Schlingel«, sagte der Weihbischof.

Der Bettler stieß einen Seufzer aus und warf den Beutel von sich. »Werde ich denn immer derselbe bleiben«, sagte er, »und wird es mir nie gelingen, den alten Adam auszuziehen?« Sein Gesicht war bleich und verzerrt wie das eines Menschen, der einen inneren Kampf durchmacht.

»Sonderbarer Mensch!«, murmelte Gondi. Dann nahm er seinen Hut, um zu gehen, doch als er sich wieder umdrehte, sah er den Bettler zwischen sich und der Tür stehen. Sein erster Gedanke war, dass ihm dieser Mann etwas Böses antun wolle. Doch schon sah er ihn im Gegenteil die Hände falten und auf die Knie sinken.

»Monseigneur«, sagte er, »ehe Sie mich verlassen, bitte ich Sie inständig um Ihren Segen.«

»Monseigneur?«, rief Gondi aus. »Du hältst mich für einen anderen.«

»Nein, Monseigneur, ich halte Sie für den, der Sie sind, für den Herrn Weihbischof. Ich habe Sie auf den ersten Blick erkannt.«

Gondi lächelte. »Und du willst meinen Segen?«, fragte er.

»Ja, ich habe ihn nötig.«

Diese Worte sprach der Bettler in einem Ton so großer Demut und so tiefer Reue, dass Gondi die Hand über ihn ausstreckte und ihm mit aller Inbrunst, deren er fähig war, den Segen erteilte. »Jetzt besteht Gemeinschaft zwischen uns«, sagte der Weihbischof. »Ich habe dich gesegnet, und du bist mir geweiht, so wie ich hinwiederum zu dir halte. Lass hören, hast du irgendein Verbrechen begangen, dass ich dich vor der Verfolgung durch die menschliche Gerechtigkeit schützen könnte?«

Der Bettler schüttelte den Kopf. »Das Verbrechen, das ich begangen habe, Monseigneur, bringt nicht die menschliche Gerechtigkeit in Gang, und Sie können mich davon nur erlösen, indem Sie mich häufig segnen, wie Sie es soeben getan haben.«

»Sei ehrlich«, entgegnete der Weihbischof, »du hast doch nicht dein ganzes Leben lang dein jetziges Gewerbe ausgeübt?«

»Nein, Monseigneur, erst seit sechs Jahren.«

»Und wo warst du vorher?«

»In der Bastille.«

»Und ehe du in die Bastille kamst?«

»Das werde ich Ihnen an dem Tag sagen, Monseigneur, da Sie meine Beichte hören wollen.«

»Gut. Denk daran, dass ich bereit bin, dir Absolution zu erteilen, zu welcher Stunde des Tages oder der Nacht du auch kommen magst.«

»Danke, Monseigneur«, sagte der Bettler mit dumpfer Stimme, »aber ich bin noch nicht bereit, sie zu empfangen.«

»Schon gut. Adieu.«

»Adieu, Monseigneur«, erwiderte der Bettler, während er die Tür öffnete und sich vor dem Prälaten verneigte.

Der Weihbischof nahm die Kerze, stieg hinab und ging sehr nachdenklich hinaus.

Der Aufstand

Es war fast elf Uhr nachts. Gondi war knapp hundert Schritt durch die Straßen von Paris gegangen, als ihm eine merkwürdige Veränderung auffiel. Die ganze Stadt schien von Scheinwesen bevölkert zu sein. Schweigsame Schatten rissen das Straßenpflaster auf, andere zogen Karren und stürzten sie um, und wieder andere hoben Gräben aus, die ganze Reiterkompanien verschlingen konnten. All diese so geschäftigen Wesen kamen, gingen und liefen wie Geister, die ein unbekanntes Werk vollbringen. Es waren die Bettler von der Cour des Miracles, die Beauftragten des Weihwasserspenders vom Vorhof von Saint-Eustache, die für den kommenden Tag die Barrikaden errichteten.

Gondi beobachtete diese Männer der Finsternis, die nächtlichen Arbeiter mit einem gewissen Entsetzen, und er fragte sich, ob er die Macht haben würde, diese unreinen Geschöpfe, die er aus ihren Schlupfwinkeln hatte hervorkommen lassen, wieder dorthin zurückzuschicken. Wenn eins von diesen Wesen in seine Nähe kam, war er drauf und dran, sich zu bekreuzigen.

Er kam in die Rue Saint-Honoré und folgte ihr in der Richtung auf die Rue de la Ferronnerie. Dort änderte sich das Bild, dort hasteten Händler von Laden zu Laden, die Türen schienen verschlossen zu sein wie die Fensterläden, aber sie waren nur zugeschlagen, so dass sie sich ständig auftaten, um Männer einzulassen, die anscheinend fürchteten, man könne sehen, was sie trugen, so rasch wurden sie hinter ihnen wieder zugemacht. Diese Männer waren Krämer im Besitz von Waffen, die sie denen liehen, die keine hatten.

Einer ging, gebückt unter der Last von Degen, Büchsen, Musketen und anderen Waffen, von Tür zu Tür und verteilte sie. Im Licht einer Laterne erkannte der Weihbischof Planchet.

Durch die Rue de la Monnaie gelangte Gondi wieder auf den Kai, wo er auf reglose Gruppen von Bürgern in schwarzen oder grauen Mänteln stieß, je nachdem, ob sie dem höheren oder niederen Bürgerstand angehörten, und auf einzelne, die von einer Gruppe zur andern gingen. All diese grauen oder schwarzen Mäntel waren hinten durch eine Degenspitze angehoben und vorn durch den Laufeiner Büchse oder einer Muskete.

Als der Weihbischof zum Pont-Neuf kam, fand er die Brücke bewacht. Ein Mann trat auf ihn zu und fragte: »Wer sind Sie? Ich erkenne Sie nicht als einen von uns.«

»Weil Sie Ihre Freunde nicht erkennen, mein lieber Monsieur Louvières«, entgegnete der Weihbischof und lüftete den Hut. Da erkannte ihn Louvières und verneigte sich.

Gondi setzte seinen Weg fort bis zur Tour de Nesle. Dort sah er eine lange Reihe von Leuten, die an den Mauern entlangschlichen. Man hätte sie für eine Prozession von Gespenstern halten können, denn alle waren in weiße Mäntel gehüllt. An einer bestimmten Stelle angelangt, schienen all diese Männer einer nach dem andern ins Nichts zu sinken, als werde ihnen der Boden unter den Füßen entzogen. Gondi stützte sich mit dem Ellbogen in einen Winkel und sah sie vom ersten bis zum vorletzten verschwinden.

Der letzte hob den Blick, zweifellos um sich zu vergewissern, ob man ihn und seine Gefährten auch nicht heimlich beobachtet habe, und bemerkte trotz der Dunkelheit Gondi. Er marschierte geradeswegs auf ihn zu und setzte ihm das Pistol auf die Brust.

»Sachte, Monsieur de Rochefort!«, lachte Gondi. »Wir wollen doch keinen Scherz mit Feuerwaffen treiben.«

Rochefort erkannte die Stimme. »Ah, Sie sind es, Monseigneur?«, sagteer.

»In eigner Person. Was sind das für Leute, die Sie auf solche Weise in die Eingeweide der Erde führen?«

»Meine fünfzig Rekruten von Chevalier d'Humières, die für die leichte Reiterei bestimmt sind und als ganze Ausrüstung ihre weißen Mäntel erhalten haben.«

»Und wohin wollen Sie?«

»Zu einem befreundeten Bildhauer, nur nehmen wir den Weg durch die für seine Marmorarbeiten angelegte Falltür.«

»Ausgezeichnet«, sagte Gondi und verabschiedete sich mit einem Händedruck von Rochefort, der nun ebenfalls hinabstieg und die Falltür hinter sich schloss, während der Weihbischof heimkehrte. Es war ein Uhr früh.

Die ganze Nacht war man auf diese Weise für den Aufstand am Werke. Als Paris am nächsten Morgen erwachte, schien es über seinen eigenen Anblick zu schaudern. Man hätte meinen können, es sei eine belagerte Stadt. Bewaffnete standen auf den Barrikaden, drohenden Blicks und die Muskete an der Schulter. Auf Schritt und Tritt begegnete der Passant Parolen, Patrouillen, Verhaftungen und sogar Exekutionen. Federhüte und vergoldete Degen wurden angehalten, um ihren Trägern den Ruf abzunötigen: »Es lebe Broussel! Nieder mit Mazarin!« Und wer diese Förmlichkeit ablehnte, wurde beschimpft, verhöhnt und sogar geschlagen. Getötet wurde noch nicht, aber man spürte, dass es nicht an dem Verlangen danach fehlte.

Die Barrikaden waren bis in die Nähe des Palais-Royal vorgetrieben worden. Von der Rue des Bons-Enfants bis zur Rue de la Ferronnerie, von der Rue Saint-Thomas-du-Louvre bis zum Pont-Neuf, von der Rue Richelieu bis zum Tor Saint-Honoré befanden sich zehntausend Bewaffnete, und die vordersten schrien den kaltblütigen Posten des Garderegiments, die rings um das Palais-Royal aufgestellt waren, Herausforderungen zu. Die Gittertore des Palastes waren hinter den Posten geschlossen, eine Vorsichtsmaßnahme, die sie in eine missliche Lage brachte. Durch all das bewegten sich in Trupps von hundert, hundertfünfzig oder zweihundert abgezehrte, bleifahle, zerlumpte Männer, die so etwas wie Feldzeichen trugen, darauf die Worte standen: »Seht das Elend des Volkes!« Überall, wohin diese Leute kamen, erhob sich ein wahnsinniges Geschrei, und da so viele derartige Trupps umherzogen, wurde allerorten geschrien.

Groß war das Erstaunen Annas von Österreich und Mazarins, als man ihnen beim Lever meldete, dass die Cité, die sie am Abend zuvor als einen ruhigen Stadtteil zurückgelassen hatten, fieberhaft und in hellem Aufruhr erwacht sei. Daher wollte weder die eine noch der andere den empfangenen Berichten Glauben schenken, und beide sagten, sie würden sich darin nur auf ihre eigenen Augen und Ohren verlassen. Da öffnete man ihnen ein Fenster: sie sahen, sie hörten und waren überzeugt.

Mazarin zuckte die Achseln und tat sehr geringschätzig über diesen Pöbel, erbleichte jedoch sichtlich und lief, am ganzen Leibe zitternd, in sein Arbeitszimmer, wo er sein Gold und seine Juwelen in Schatullen verschloss und sich die schönsten Diamantringe über die Finger streifte. Indessen ließ die Königin, zornig und ihrem eigenen Gutdünken überlassen, den Marschall de La Meilleraie kommen, befahl ihm, so viele Mann mitzunehmen, wie er wünsche, und nachzusehen, was dieser »Scherz« zu bedeuten habe.

Der Marschall war in der Regel höchst verwegen und schreckte vor nichts zurück, da er die hochmütige Verachtung für das gemeine Volk besaß, aus der die Soldaten kein Hehl machen. Er nahm hundertfünfzig Mann und wollte über die Louvre-Brücke hinaus, doch dort stieß er auf Rochefort und seine fünfzig leichten Reiter, die von mehr als fünfzehnhundert Leuten begleitet waren. Es gab keine Möglichkeit, eine solche Schranke zu durchbrechen. Der Marschall versuchte es nicht einmal und ritt wieder auf den Kai.

Doch am Pont-Neuf fand er Louvières mit seinen Bürgern. Diesmal unterfing sich der Marschall anzugreifen, wurde jedoch mit Musketenschüssen empfangen, während es aus allen Fenstern Steine hagelte. Er ließ dort drei Mann zurück.

Er trat den Rückzug an zum Quartier des Halles, doch da waren Planchet und seine Hellebardiere. Die Hellebarden neigten sich drohend gegen ihn. Er wollte all diese Graumäntel über den Haufen rennen, aber die Graumäntel hielten stand, und der Marschall wich nach der Rue Saint-Honoré zurück und ließ vier Gardisten auf dem Schlachtfeld, die in aller Stille mit der blanken Waffe getötet worden waren.

Darauf boger in die Rue Saint-Honoré ein, stieß dort jedoch auf die Barrikaden des Bettlers von Saint-Eustache. Sie wurden nicht allein von bewaffneten Männern, sondern überdies von Frauen und Kindern geschützt. Meister Friquet, Besitzer eines Pistols und eines Degens, eines Geschenks von Louvières, hatte eine Bande von Schlingeln wie er organisiert und veranstaltete einen Höllenradau.

Der Marschall hielt diesen Punkt für schlechter gesichert als die anderen und wollte ihn stürmen. Er ließ zwanzig

Mann absitzen, diese Barrikade zu sprengen, während er und die übrigen seines Trupps die Angreifer zu Pferd schützten. Die zwanzig Mann marschierten schnurstracks auf das Hindernis los, doch dort empfing sie ein fürchterliches Gewehrfeuer, das hinter den Balken, zwischen den Karrenrädern und von der Höhe übereinandergetürmter Steine abgegeben wurde, und der Lärm des Gewehrfeuers lockte die Hellebardiere Planchets zur Ecke des Friedhofs des Innocents und die Bürger Louvières‹ zur Ecke der Rue de la Monnaie, so dass der Marschall de La Meilleraie in eine missliche Lage geriet.

Er war tapfer, daher beschloss er, an Ort und Stelle zu sterben. Er erwiderte Schuss für Schuss, und aus der Menge stieg lautes Schmerzensgebrüll auf. Die besser geübten Gardisten trafen genauer, aber die Bürger waren zahlreicher und überschütteten sie mit einem wahren Eisenhagel. Rings um ihn fielen die Männer, wie sie bei Rocroy oder Lérida hätten fallen können. Seinem Flügeladjutanten, Fontrailles, wurde der Arm zerschmettert; des Marschalls Pferd hatte eine Kugel in den Hals bekommen, und nur mit großer Mühe vermochte er es zu meistern, denn der Schmerz machte es fast rasend. Schließlich war dieser äußerste Zeitpunkt erreicht, da selbst der Tapferste einen Schauer durch die Adern rieseln und den Schweiß auf der Stirn fühlt, doch plötzlich öffnete sich die Menge von der Rue de l'Arbre-Sec her mit dem Ruf: »Es lebe der Weihbischof!«, und Gondi, in Chorrock und Mäntelchen, ging ruhig mitten durch das Gewehrfeuer und teilte nach rechts und links mit solcher Gelassenheit seinen Segen aus, als führe er die Prozession des Fronleichnamsfestes an.

Alle fielen auf die Knie. Der Marschall erkannte ihn und eilte auf ihn zu. »Ziehen Sie mich um Himmels willen hier heraus«, sagte er, »sonst lasse ich hier meine Haut und die all meiner Männer.«

Es entstand ein solcher Tumult, dass er ein Donnerwetter übertönt hätte. Gondi hob die Hand und gebot Schweigen. Es wurde still. »Meine Kinder«, sagte er, »hier ist der Herr Marschall de La Meilleraie, über dessen Absichten ihr euch täuscht und der sich verpflichtet, wenn er in den Louvre zurückkehrt, von der Königin in eurem Namen die Freilassung unseres Broussel zu erbitten. Dazu verpflichten Sie sich doch, Marschall?«, fügte Gondi, zu La Meilleraie gewandt, hinzu.

»Potztausend!«, rief dieser. »Das will ich meinen! Ich habe nicht gehofft, so billigen Kaufs loszukommen.«

»Er gibt euch sein Wort als Edelmann«, sagte Gondi.

Der Marschall hob zum Zeichen der Zustimmung die Hand.

»Es lebe der Weihbischof!«, schrie die Menge. Ein paar Stimmen fügten sogar hinzu: »Es lebe der Marschall!«, aber alle wiederholten im Chor: »Nieder mit Mazarin!«

Die Menge trat auseinander, der Weg durch die Rue Saint-Honoré war am kürzesten. Die Barrikaden wurden geöffnet, und der Marschall trat mit dem Rest seiner Truppe den Rückzug an.

Unterdessen befand sich Mazarin, wie gesagt, in seinem Arbeitszimmer und brachte seine kleinen Angelegenheiten in Ordnung. Er hatte nach d'Artagnan fragen lassen, erwartete jedoch nicht, ihn in diesem ganzen Tumult bei sich zu sehen, da d'Artagnan außer Dienst war. Doch nach zehn Minuten erschien der Leutnant, von seinem unzertrennlichen Porthos gefolgt, auf der Schwelle.

»Ah! Treten Sie ein, treten Sie ein, Monsieur d'Artagnan«, rief der Kardinal, »und seien Sie sowie Ihr Freund willkommen. Was geht denn in diesem verdammten Paris vor?«

»Nichts Gutes, Monseigneur!«, erwiderte d'Artagnan kopfschüttelnd. »Die Stadt ist in vollem Aufruhr, und eben, als ich mit Monsieur du Vallon durch die Rue Montorgueil kam, hat man uns trotz meiner Uniform oder vielleicht gerade deswegen zwingen wollen, ›Es lebe Broussel!‹ zu rufen. Und muss ich sagen, Monseigneur, was wir noch rufen sollten? ›Nieder mit Mazarin!‹ Meiner Treu, da ist das große Wort gefallen.«

Mazarin lächelte, wurde jedoch sehr bleich. »Und Sie haben gerufen?«, fragte er.

»Aber nein«, antwortete d'Artagnan, »ich war nicht bei Stimme, und Monsieur du Vallon ist verschnupft und hat auch nicht gerufen. Und da, Monseigneur … Sehen Sie sich meinen Hut und meinen Mantel an.« Dabei zeigte ihm d'Artagnan vier Löcher von Kugeln in seinem Mantel und zwei in seinem Filzhut. Den Anzug von Porthos hatte ein Hellebardenstoß an der Seite aufgeschlitzt, und ein Pistolenschuss hatte ihm seine Feder vom Hut gerissen.

»Diavolo!«, sagte der Kardinal nachdenklich und während er die beiden Freunde mit treuherziger Bewunderung betrachtete. »Ich hätte gerufen!«

In diesem Augenblick erscholl der lärmende Tumult aus größerer Nähe. Mazarin wischte sich die Stirn und blickte um sich. Er hatte große Lust, zum Fenster zu gehen, wagte es jedoch nicht.

»Sehen Sie doch mal nach, was dalos ist, Monsieur d'Artagnan«, sagte er.

D'Artagnan ging mit seinem gewohnten Gleichmut zum Fenster. »Oho!«, rief er. »Was ist das? Der Marschall de La Meilleraie kommt ohne Hut zurück. Fontrailles trägt den Arm in der Binde, verwundete Gardisten, blutüberströmte Pferde … He! Was machen denn die Posten? Sie legen an, sie wollen schießen!«

»Sie sind angewiesen worden, auf das Volk zu schießen, wenn sich das Volk dem Palais-Royal nähert«, schrie Mazarin.

»Aber wenn Sie Feuer geben, ist alles verloren!«, rief d'Artagnan.

»Wir haben die Gittertore.«

»Die Gittertore! Die halten nur fünf Minuten. Die werden niedergerissen, krumm gebogen, zermalmt … Nicht schießen, zum Donnerwetter!«, schrie d'Artagnan, während er das Fenster öffnete.

Trotz dieser dringenden Ermahnung, die in dem Lärm unterging, krachten drei, vier Musketenschüsse, denen ein fürchterliches Gewehrfeuer folgte. Man hörte die Kugeln an die Fassade des Palais-Royal knattern, eine fuhr unter d'Artagnans Arm hindurch und zerbrach einen Spiegel, in dem sich Porthos mit Wohlgefallen betrachtete.

»Ojemine!«, rief der Kardinal. »Ein venezianischer Spiegel!«

»Weinen Sie noch nicht, Monseigneur«, sagte d'Artagnan, während er gelassen das Fenster wieder schloss, »es ist nicht der Mühe wert, denn in einer Stunde wird wahrscheinlich von all Ihren Spiegeln im Palais-Royal, venezianisch oder aus Paris, keiner mehr übrig sein.«

»Aber welchen Rat geben Sie mir denn?«, fragte der Kardinal, am ganzen Leibe zitternd.

»Potztausend! Ihnen Broussel wiederzugeben, da sie ihn von Ihnen zurückverlangen! Was, zum Teufel, wollen Sie mit einem Parlamentsrat machen? Das ist zu nichts gut!«

»Und was ist Ihre Meinung, Monsieur du Vallon? Was würden Sie tun?«

»Ich würde Broussel zurückgeben«, antwortete Porthos.

»Kommen Sie, kommen Sie, meine Herren«, rief Mazarin, »ich werde mit der Königin darüber sprechen.« Am Ende des Ganges blieb er stehen. »Ich kann mich auf Sie verlassen, nicht wahr, meine Herren?«, fragte er.

»Wir geben uns nicht zweimal hin«, entgegnete d'Artagnan, »wir sind Ihnen ergeben, befehlen Sie, und wir gehorchen.«

»Nun gut«, sagte Mazarin, »treten Sie in dieses Kabinett und warten Sie.« Worauf er eine Wendung machte und durch eine andere Tür in den Salon trat.

Der Aufstand wird zur Revolte

Das Kabinett, in das der Kardinal d'Artagnan und Porthos gewiesen hatte, war von dem Salon, in dem sich die Königin befand, nur durch gewirkte Portieren getrennt, die zuließen, dass man alles hörte, was vor sich ging, während die Öffnung zwischen den beiden Vorhängen, so schmal sie auch war, zu sehen erlaubte.

Die Königin stand bleich vor Wut in diesem Salon, dennoch war ihre Selbstbeherrschung so groß, dass man hätte meinen können, sie empfinde nichts. Hinter ihr hielten sich Comminges, Villequier und Guitaut und hinter diesen die Herren und Damen des Hofes.

Der Kanzler Séguier, der nämliche, der ihr vor zwanzig Jahren so heftig zugesetzt hatte, erzählte ihr gerade, wie man seine Kutsche zertrümmert, wie man ihn verfolgt und wie er sich in das Haus d'O gestürzt habe, in das man sogleich mit Plünderung und Verwüstung eingedrungen sei. Zum Glück habe er noch Zeit gefunden, in ein hinter der Wandbekleidung verborgenes Kabinett zu gelangen, wo ihn eine alte Frau mitsamt seinem Bruder, dem Bischof von Meaux, eingeschlossen habe. Dort sei die Gefahr so offenbar geworden, die Rasenden hätten sich dem Kabinett mit solchen Drohungen genähert, dass er geglaubt, seine letzte Stunde sei gekommen, und seinem Bruder gebeichtet habe, um völlig zum Sterben bereit zu sein, wenn er entdeckt würde. Das sei glücklicherweise nicht geschehen. Das Volk habe sich in dem Glauben, er sei durch eine Hintertür geflüchtet, entfernt und ihm freien Abzug gelassen. Da habe er sich mit Kleidungsstücken des Marquis von O vermummt und das Haus verlassen, über die Leichname seines Offizierstellvertreters und zweier Gardisten hinweg, die bei der Verteidigung der Haustür getötet worden seien.

Während dieses Berichts war Mazarin eingetreten, hatte sich lautlos an die Seite der Königin geschlichen und hörte zu.

»Nun?«, fragte die Königin, als der Kanzler geendet hatte. »Was halten Sie davon?«

»Ich halte die Sache für sehr bedenklich, Madame.«

»Und welchen Rat geben Sie mir?«

»Ich hätte Eurer Majestät wohl etwas vorzuschlagen, wage es jedoch nicht.«

»Wagen Sie es immerhin, Monsieur«, sagte die Königin mit bitterem Lächeln, »Sie haben schon ganz anderes gewagt.«

Der Kanzler wurde rot und stammelte ein paar Worte.

»Es handelt sich nicht um die Vergangenheit, sondern um die Gegenwart«, bemerkte die Königin. »Sie sagten, Sie hätten mir einen Rat zu geben, wie lautet er?«

»Madame«, antwortete der Kanzler zögernd, »es wäre der, Broussel freizulassen.«

Die Königin, ohnehin sehr blass, erbleichte sichtlich, und ihr Gesicht verzerrte sich. »Broussel freilassen?«, sagte sie. »Niemals!«

In diesem Augenblick hörte man Schritte im Vorsaal, und ohne gemeldet zu sein, erschien der Marschall de La Meilleraie auf der Türschwelle.

»Ah! Sie sind da, Marschall!«, rief Anna von Österreich voller Freude. »Ich hoffe, Sie haben dieses ganze Pack zur Vernunft gebracht?«

»Madame«, erwiderte der Marschall, »am Pont-Neuf habe ich drei Mann gelassen, vier bei den Markthallen, sechs an der Ecke der Rue de l'Arbre-Sec und zwei am Portal Ihres Palastes, das sind im ganzen fünfzehn. Ich bringe zehn oder zwölf Verwundete mit. Mein Hut ist ich weiß nicht wo geblieben, von einer Kugel entführt, und aller Wahrscheinlichkeit nach wäre ich bei meinem Hut geblieben, wäre nicht der Herr Weihbischof gekommen und hätte mich aus der Klemme gezogen.«

»Aha!«, sagte die Königin. »Es hätte mich wahrhaftig gewundert, diesen Knirps mit den abgebrochenen Beinen nicht mittendrin in alldem zu sehen.«

»Madame«, entgegnete La Meilleraie lachend, »sprechen Sie mir gegenüber nicht allzu schlecht über ihn, denn der Dienst, den er mir erwiesen hat, ist noch brühwarm.«

»Schon gut«, sagte die Königin, »seien Sie ihm so dankbar, wie Sie wollen, aber mich betrifft das nicht. Sie sind gesund und munter zurück, das ist alles, was ich mir wünschte, seien Sie mir nicht allein willkommen, sondern als der wohlbehalten Wiedergekehrte begrüßt.«

»Ja, Madame, aber ich bin unter einer Bedingung wohlbehalten wiedergekehrt, und die ist, dass ich Ihnen den Willen des Volkes übermittle.«

»Den Willen?«, rief Anna von Österreich stirnrunzelnd. »Oho, Herr Marschall, Sie müssen sich in sehr großer Gefahr befunden haben, einen so befremdenden Auftrag zu übernehmen!« Die Worte wurden in einem spöttischen Ton geäußert, der dem Marschall keineswegs entging.

»Verzeihung, Madame«, sagte er, »ich bin kein Advokat, ich bin Soldat, daher verstehe ich die richtige Bedeutung von Worten vielleicht nicht sehr gut – den Wunsch, nicht den Willen des Volkes hätte ich sagen müssen. Was Ihre Antwort betrifft, mit der Sie mich beehrten, so sollte sie wohl besagen, dass ich Angst gehabt hätte.«

Die Königin lächelte.

»Nun ja, Madame, ich habe Angst gehabt, es ist das dritte Mal in meinem Leben, dass mir so etwas passiert, und dabei habe ich an einem Dutzend geordneter Feldschlachten und ich weiß nicht wie vielen Kämpfen und Scharmützeln teilgenommen. Ja, ich habe Angst gehabt, und es ist mir lieber, Eurer Majestät gegenüberzustehen, wie drohend Ihr Lächeln auch sein mag, als diesen Höllenteufeln, die mich bis hierher begleitet haben und die von wer weiß woher stammen.«

»Bravo!«, sagte d'Artagnan leise zu Porthos. »Gut geantwortet.«

»Na schön!«, sagte die Königin und biss sich auf die Lippen, während die Höflinge sie erstaunt ansahen. »Und welchen Wunsch hat mein Volk?«

»Dass man ihm Broussel wiedergibt, Madame«, erwiderte der Marschall.

»Niemals!«, versetzte die Königin. »Niemals!«

»Eure Majestät sind die Gebieterin«, sagte La Meilleraie, verneigte sich und trat einen Schritt zurück.

»Wohin wollen Sie, Marschall?«

»Die Antwort Eurer Majestät denen überbringen, die darauf warten.«

»Bleiben Sie, Marschall, ich will nicht, dass es so aussieht, als ließe ich mich mit Rebellen auf Unterhandlungen ein.«

»Madame, ich habe mein Wort gegeben«, entgegnete der Marschall.

»Was soll das heißen?«

»Wenn Sie mich nicht arretieren lassen, bin ich gezwungen hinunterzugehen.«

Die Augen Annas von Österreich schleuderten Blitze. »Oh, darauf soll es mir nicht ankommen, ich habe Größere als Sie arretieren lassen. Guitaut!«

Mazarin trat eilends vor. »Madame«, sagte er, »wenn auch ich wagen dürfte, Ihnen einen Rat zu geben ...«

»Wäre es auch der, Broussel zurückzugeben, Monsieur? In dem Fall können Sie darauf verzichten.«

»Nein«, antwortete Mazarin, »obgleich dieser vielleicht einen anderen aufwöge.«

»Wie lautet er also?«

»Den Herrn Weihbischof kommen zu lassen.«

»Den Weihbischof?«, rief die Königin. »Diesen abscheulichen Unruhestifter? Er hat doch diese ganze Revolte angezettelt.«

»Umso mehr Grund«, erwiderte Mazarin, »wenn er sie angezettelt hat, kann er sie auch niederschlagen.«

»Und sehen Sie da, Madame«, sagte Comminges, der an einem Fenster stand und hinausblickte, »sehen Sie, die Gelegenheit ist günstig, denn er erteilt auf dem Platz vor dem Palais-Royal seinen Segen.«

Die Königin stürzte zum Fenster. »Wahrhaftig«, sagte sie, »dieser Erzheuchler! Schauen Sie nur!«

»Ich sehe«, entgegnete Mazarin, »dass alle vor ihm niederknien, obgleich er nur Weihbischof ist, während man mich, stünde ich an seinem Platz, in Stücke reißen würde, obwohl ich Kardinal bin. Daher, Madame, bestehe ich auf meinem Wunsch (Mazarin legte Nachdruck auf dieses Wort), dass Eure Majestät den Weihbischof empfangen.«

»Und warum sagen Sie nicht auch, auf Ihrem Willen?«, entgegnete die Königin leise.

Mazarin verneigte sich.

Die Königin dachte einen Augenblick nach. Dann hob sie den Kopf. »Herr Marschall«, sagte sie, »holen Sie mir den Herrn Weihbischof.«

»Und was soll ich dem Volk sagen?«, fragte der Marschall.

»Es möge Geduld haben«, erwiderte Anna von Österreich, »ich habe sie auch.«

In der Stimme der stolzen Spanierin lag etwas so Gebieterisches, dass sich der Marschall jeder Bemerkung enthielt, sich verneigte und hinausging.

Unterdessen trat Anna von Österreich zu Comminges und sprach leise mit ihm. Mazarin blickte unruhig nach der Seite, wo sich d'Artagnan und Porthos befanden. Die anderen Anwesenden wechselten mit leiser Stimme ein paar Worte. Dann tat sich die Tür wieder auf, und der Marschall erschien, gefolgt von dem Weihbischof.

»Da ist Monsieur de Gondi, Madame«, sagte er, »der sich beeilt, Eurer Majestät zu Diensten zu sein.«

Die Königin ging ihm ein paar Schritte entgegen und blieb dann frostig, streng und unbeweglich stehen, die Unterlippe verächtlich vorgeschoben. Gondi verneigte sich ehrerbietig.

»Nun, Monsieur«, begann die Königin, »was sagen Sie zu diesem Aufstand?«

»Dass es schon kein Aufstand mehr ist, Madame, sondern eine Revolte«, antwortete der Weihbischof.

»Die Revolte ist bei denen, die glauben, mein Volk könne sich auflehnen!«, rief Anna, außerstande, vor dem Weihbischof zu verhehlen, dass sie ihn, vielleicht mit gutem Recht, als den Urheber dieser ganzen Bewegung betrachtete. »Revolte nennen diejenigen, die sie wünschen, die von ihnen selbst herbeigeführte Unruhe, aber warten Sie ab, die Autorität des Königs wird schon Ordnung schaffen.«

»Haben mir Eure Majestät die Ehre Ihres Anblicks erwiesen, um mir das zu sagen?«, entgegnete Gondi kalt.

»Nein, mein lieber Weihbischof«, sagte Mazarin, »sondern um in der fatalen Lage, in der wir uns befinden, Ihren Rat zu erbitten.«

»Ist es wahr«, fragte de Gondi, indem er sehr erstaunt tat, »dass mich Ihre Majestät hat kommen lassen, um von mir einen Rat einzuholen?«

»Ja«, sagte die Königin, »man hat es gewollt.«

Der Weihbischof verneigte sich. »Ihre Majestät wünscht also …«

»Dass Sie ihr sagen, was Sie an ihrer Stelle tun würden«, antwortete Mazarin hastig.

Der Weihbischof sah die Königin an, die ein Zeichen der Zustimmung gab. »Ich anstelle Ihrer Majestät würde nicht zögern, ich würde Broussel herausgeben«, sagte Gondi kühl.

»Und wenn ich ihn nicht herausgebe«, rief die Königin, »was, glauben Sie, geschieht dann?«

»Ich glaube, dann wird morgen in Paris kein Stein auf dem andern sein«, sagte der Marschall.

»Sie habe ich nicht gefragt«, bemerkte die Königin schroff und ohne sich auch nur umzudrehen, »sondern Monsieur de Gondi.«

»Wenn Ihre Majestät mich fragt«, erwiderte der Weihbischof mit derselben Ruhe, »dann möchte ich ihr sagen, dass ich in jeder Hinsicht der Meinung des Herrn Marschalls bin.«

Röte stieg der Königin ins Gesicht. Die schönen blauen Augen schienen ihr aus dem Kopf springen zu wollen, ihre Korallenlippen, die alle Dichter jener Zeit mit Granatapfelblüten verglichen hatten, erbleichten und bebten vor Zorn, sie erschreckte fast sogar Mazarin, der doch an häusliche Wutausbrüche in dieser beschwerlichen ehelichen Gemeinschaft gewöhnt war. »Broussel herausgeben?«, schrie sie schließlich mit einem fürchterlichen Lächeln. »Das ist wahrhaftig ein schöner Ratschlag! Man merkt, dass er von einem Priester kommt!«

Gondi war nicht zu erschüttern. Die Beleidigungen des heutigen Tages schienen wie die beißenden Spötteleien am Tag zuvor von ihm abzugleiten, doch still und Tropfen für Tropfen sammelten sich am Grunde seines Herzens der Hass und die Rachsucht. Kalt betrachtete er die Königin, die Mazarin anstieß, damit auch er etwas sage.

Mazarin, wie es seine Gewohnheit war, dachte viel und sprach wenig. »Ach ja«, sagte er, »ein guter Rat, ein Freundesrat. Auch ich würde diesen braven Monsieur Broussel herausgeben, tot oder lebendig, und alles wäre zu Ende.«

»Gäben Sie ihn tot heraus, wäre freilich alles zu Ende, wie Sie sagen, Monseigneur, aber anders, als Sie es meinen.«

»Habe ich tot oder lebendig gesagt?«, entgegnete Mazarin. »Eine Redensart; Sie wissen, dass ich mich sehr schlecht auf das Französische verstehe, das Sie, Herr Weihbischof, so gut sprechen und schreiben.«

Der Weihbischof ließ den Platzregen vorüberziehen und antwortete immer noch mit derselben Kaltblütigkeit: »Madame, wenn Eure Majestät keinen Geschmack an dem Vorschlag finden, den ich Ihnen unterbreite, dann zweifellos, weil Sie über bessere verfügen, denen Sie zu folgen gedenken. Die Weisheit der Königin und ihrer Ratgeber ist mir nur allzu gut bekannt, um anzunehmen, man werde die Hauptstadt lange in einem Aufruhr lassen, der eine Revolution herbeiführen kann.«

»Dann kann also Ihrer Ansicht nach«, erwiderte hohnlächelnd die Spanierin, während sie sich vor Wut auf die Lippen biss, »der Aufstand von gestern, der heute bereits eine Revolte ist, morgen eine Revolution werden?«

»Ja, Madame«, sagte der Weihbischof ernst.

»Aber dann wären, wenn ich Sie recht verstehe, Monsieur, die Völker also völlig zügellos?«

»Es ist ein schlechtes Jahr für die Herrscher«, antwortete Gondi kopfschüttelnd, »schauen Sie nach England, Madame.«

»Ja, aber zum Glück haben wir in Frankreich keinen Oliver Cromwell«, versetzte die Königin.

»Wer weiß?«, sagte Gondi. »Diese Männer gleichen dem Blitzstrahl, man lernt sie erst kennen, wenn sie einschlagen.«

Alle schauderten, und ein kurzes Schweigen trat ein. Die Königin hatte beide Hände auf die Brust gelegt, man sah, dass sie ihrem beschleunigten Herzschlag zu wehren versuchte.

»Majestät werden also geeignete Maßnahmen ergreifen«, fuhr der Weihbischof schonungslos fort. »Aber ich sehe voraus, dass sie schrecklich sein und die Aufrührer noch mehr reizen werden.«

»Nun, dann, Herr Weihbischof, der Sie so viel Macht über sie besitzen und der Sie Unser Freund sind«, bemerkte die Königin ironisch, »werden Sie sie beruhigen, indem Sie ihnen Ihren Segen erteilen.«

»Das könnte zu spät sein«, gab Gondi eisig zurück, »und vielleicht habe ich dann selbst jeden Einfluss verloren, während Eure Majestät dem Aufstand alle Wurzeln nehmen und sich selbst das Recht sichern, jeden Wiederausbruch der Revolte unbarmherzig zu bestrafen, wenn Sie ihnen ihren Broussel zurückgeben.«

»Habe ich denn dieses Recht nicht?«, rief die Königin.

»Wenn Sie es haben, gebrauchen Sie es«, antwortete Gondi.

»Potztausend!«, sagte d'Artagnan zu Porthos. »Das ist eine Charakterstärke, wie ich sie liebe. Warum ist nicht er Minister, und warum bin ich nicht sein d'Artagnan statt der dieses Lumpen Mazarin! Ach, zum Henker! Wie viel Prachtvolles könnten wir zusammen unternehmen!«

Mit einer Handbewegung entließ die Königin den Hofstaat, ausgenommen Mazarin. Gondi verneigte sich und wollte sich wie die anderen entfernen, doch die Königin befahl ihm zu bleiben.

Gut, dachte Gondi, sie wird nachgeben.

»Sie wird ihn umbringen lassen«, sagte d'Artagnan zu Porthos, »aber jedenfalls wird es nicht durch mich geschehen. Ich schwöre bei Gott, dass ich im Gegenteil über die herfallen werde, die ihm an den Kragen wollen.«

»Ich auch«, sagte Porthos.

»Gut«, murmelte Mazarin, während er Platz nahm, »wir werden etwas Neues erleben.«

Die Königin folgte den Hinausgehenden mit den Augen. Als der letzte die Tür geschlossen hatte, drehte sie sich um. Man sah, dass sie sich unglaubliche Mühe gab, ihre Wut zu bezähmen, sie fächelte sich, sie atmete tief an den Räucherpfännchen, sie ging hin und her. Mazarin blieb in seinem Sessel sitzen und schien nachzudenken. Gondi, der unruhig zu werden begann, musterte aufmerksam alle Wandbehänge, tastete nach dem Brustharnisch unter seinem langen Chorrock und fühlte von Zeit zu Zeit unter sein Mäntelchen, ob sich der Griff eines vortrefflichen spanischen Dolches, den er dort verborgen hatte, noch in Reichweite befände.

»Wohlan«, sagte die Königin, als sie endlich stehen blieb, »wiederholen Sie mir jetzt, da wir allein sind, Ihren Ratschlag, Herr Weihbischof.«

»Ich rate Folgendes, Madame: tun Sie so, als hätten Sie nachgedacht, bekennen Sie öffentlich, einen Fehler begangen zu haben – dergleichen ist die Stärke starker Regierungen –, entlassen Sie Broussel aus seinem Gefängnis und geben Sie ihn dem Volk zurück.«

»Oh!«, rief Anna von Österreich. »Soll ich mich so demütigen? Bin ich die Königin oder nicht? Ist dieses brüllende Gesindel mir untertan oder nicht? Habe ich Freunde, Gardisten? Ah! Bei unserer Heiligen Jungfrau Maria!, wie die Königin Katharina sagte«, fuhr sie fort, während sie über ihre eigenen Worte in Eifer geriet, »ehe ich ihnen diesen infamen Broussel wiedergäbe, würde ich ihn lieber mit eigenen Händen erdrosseln!« Worauf sie mit gekrümmten Fingern auf Gondi losstürzte, den sie in diesem Augenblick zweifellos mindestens ebenso sehr verabscheute wie Broussel.

Gondi blieb unbeweglich, nicht ein Muskel in seinem Gesicht regte sich, nur den eisigen Blick kreuzte er wie ein Schwert mit dem wütenden Blick der Königin.

»Madame!«, rief der Kardinal, der Anna von Österreich packte und sie zurückzog. »Was tun Sie, Madame?« Dann fügte er auf Spanisch hinzu: »Anna, sind Sie wahnsinnig? Sie keifen herum wie ein Bürgerweib, Sie, eine Königin! Sehen Sie denn nicht, dass Sie in der Person dieses Priesters das ganze Volk von Paris vor sich haben, das man in diesem Augenblick nicht ohne Gefahr beleidigen kann, und spüren Sie nicht, dass Sie in einer Stunde keine Krone mehr haben werden, wenn dieser Priester es will? Später, bei einer anderen Gelegenheit, werden Sie fest und stark bleiben, aber heute ist nicht der Zeitpunkt dafür, heute müssen Sie schmeicheln und schöntun, oder Sie sind nur ein ganz gewöhnliches Frauenzimmer.«

Bei den ersten Worten dieser Rede hatte d'Artagnan den Arm von Porthos ergriffen und ihn immer stärker gedrückt. Als Mazarin schwieg, flüsterte er kaum hörbar: »Porthos, erwähne niemals vor Mazarin, dass ich Spanisch verstehe, sonst bin ich verloren und du ebenfalls.«

Diese gestrenge Strafpredigt, die sich durch eine für Mazarin charakteristische Beredsamkeit auszeichnete, wenn er italienisch oder spanisch sprach, und die er völlig verlor, wenn er französisch redete, wurde mit einem so undurchdringlichen Gesicht gehalten, dass Gondi, sonst ein fähiger Physiognomiker, nichts anderes darin vermutete als nur eine Ermahnung, sich zu mäßigen. Und die auf so schroffe Weise angefahrene Königin besänftigte sich plötzlich, sie ließ gleichsam das Feuer aus ihren Augen, das Blut aus ihren Wangen und den wortreichen Zorn aus ihrem Mund schwinden. Sie setzte sich und sagte, während sie die Arme kraftlos an den Seiten niederfallen ließ, mit tränenvoller Stimme: »Verzeihen Sie mir, Herr Weihbischof, und schreiben Sie diese Heftigkeit dem zu, was ich leide. Als Frau, und daher den Schwächen meines Geschlechts unterworfen, erschreckt mich der Bürgerkrieg; als Königin, und daher an Gehorsam gewöhnt, geht es beim ersten Widerstand mit mir durch.«

»Madame«, erwiderte Gondi mit einer Verneigung, »Eure Majestät täuschen sich, wenn Sie meine aufrichtigen Ratschläge als Widerstand bezeichnen. Eure Majestät haben nur gehorsame und ehrerbietige Untertanen. Nicht gegen die Königin ist das Volk erzürnt, es ruft nach Broussel, weiter nichts, und wird nur allzu glücklich sein, unter den Gesetzen Eurer Majestät zu leben, sofern ihm allerdings Eure Majestät Broussel zurückgeben«, fügte Gondi lächelnd hinzu.

Mazarin, der bei den Worten, »nicht gegen die Königin ist das Volk erzürnt« schon die Ohren gespitzt und geglaubt hatte, der Weihbischof werde mit dem Ruf »Nieder mit Mazarin!« fortfahren, wusste Gondi für diese Auslassung Dank und sagte mit seiner seidigsten Stimme und seinem liebenswürdigsten Gesicht: »Madame, glauben Sie dem Weihbischof, der zu unsern fähigsten Politikern gehört. Der erste Kardinalshut, der vakant wird, scheint für sein edles Haupt geschaffen.«

Ah, wie sehr du mich brauchst, du schlauer Spitzbube!, dachte de Gondi.

»Also fürchten Sie im Ernst den Volksaufruhr, Monsieur?«, fragte die Königin.

»Im Ernst, Madame«, erwiderte Gondi, erstaunt darüber, nicht weitergekommen zu sein, »ich fürchte, der Strom, hat er erst einmal seinen Damm gesprengt, wird große Verheerungen anrichten.«

»Und ich meine«, sagte die Königin, »dass man ihm in diesem Fall neue Dämme entgegenstellen muss. Gehen Sie, ich werde darüber nachdenken.«

Gondi sah Mazarin verwundert an, und dieser trat zu der Königin, um mit ihr zu reden. Da erhob sich plötzlich ein entsetzlicher Lärm auf dem Platz vor dem Palais-Royal. Gondi lächelte, die Augen der Königin flammten, Mazarin wurde sehr bleich. »Was ist denn das schon wieder?«, fragte er.

In diesem Augenblick stürmte Comminges in den Salon. »Verzeihung, Madame«, sagte er, »aber das Volk hat die Posten an den Gittertoren zerquetscht und erzwingt sich den Eingang. Was befehlen Sie?«

»Hören Sie, Madame«, sagte Gondi.

Das Brausen der Wogen, das Krachen des Blitzschlags und das Brüllen eines Vulkans waren nichts im Vergleich zu dem Ungewitter von Schreien, die zum Himmel aufstiegen.

»Wie viel Mann ungefähr haben Sie im Palais-Royal?«

»Sechshundert.«

»Umgeben Sie den König mit hundert Mann, und fegen Sie mir mit dem Rest diesen ganzen Pöbel weg.«

»Madame«, sagte Mazarin, »was tun Sie?«

»Gehen Sie!«, befahl die Königin.

Comminges entfernte sich mit dem blinden Gehorsam des Soldaten. Doch gleichzeitig war ein fürchterliches Krachen zu vernehmen, eins der Portale begann nachzugeben.

»Oh, Madame«, rief Mazarin, »Sie stürzen uns alle ins Verderben, den König, sich selbst und mich.«

Bei diesem Aufschrei, der sich der Seele des erschrockenen Kardinals entrang, wurde auch der Königin bange, sie rief Comminges zurück.

»Zu spät!«, jammerte Mazarin und raufte sich die Haare. »Zu spät!«

Das Portal gab nach, und man hörte das Freudengeheul der Volksmenge. D'Artagnan nahm den Degen in die Hand und bedeutete Porthos, ein Gleiches zu tun.

»Retten Sie die Königin!«, schrie Mazarin dem Weihbischof zu. Gondi stürzte zum Fenster, öffnete es und erkannte Louvières an der Spitze einer Schar von vielleicht drei- oder viertausend Mann. »Keinen Schritt weiter!«, rief er. »Die Königin unterschreibt.«

»Was sagen Sie da?«, schrie die Königin.

»Die Wahrheit, Madame«, erklärte Mazarin und reichte ihr Feder und Papier, »es muss sein.« Leise fügte er hinzu: »Unterschreiben Sie, Anna, ich bitte Sie darum, ich will es!«

Die Königin sank auf einen Stuhl, nahm die Feder und unterschrieb.

Von Louvières zurückgehalten, hatte sich das Volk keinen Schritt weiter gewagt, aber das ungeheure Murren, das den Zorn der Menge anzeigt, hielt an.

Die Königin schrieb: »Der Kerkermeister des Gefängnisses von Saint-Germain setze den Ratsherrn Broussel in Freiheit.« Und diesen Befehl unterzeichnete sie.

Der Weihbischof, der jede kleinste Bewegung von ihr mit den Augen verschlang, ergriff das Papier, sobald es ihre Unterschrift trug, trat wieder an das Fenster und schwenkte es in der Hand. »Hier ist der Befehl«, rief er.

Ganz Paris schien in einen gewaltigen Freudenlärm auszubrechen, dann erschollen die Rufe: »Es lebe Broussel! Es lebe der Weihbischof!«

»Es lebe die Königin!«, fügte der Weihbischof hinzu. Ein paar Stimmen nahmen seinen Ruf auf, aber es waren wenige, und sie klangen dürftig. Vielleicht hatte der Weihbischof Anna von Österreich nur deshalb hochleben lassen, damit sie ihre Ohnmacht fühle.

»Und da Sie jetzt haben, was Sie wollten, gehen Sie, Monsieur de Gondi«, sagte sie.

»Wenn mich die Königin braucht«, erwiderte der Weihbischof und verneigte sich, »so wissen Eure Majestät, dass ich Ihnen zu Diensten stehe.«

Die Königin nickte, und Gondi entfernte sich.

»Ah, verwünschter Priester!«, rief Anna von Österreich, die Hand nach der kaum geschlossenen Tür ausgestreckt. »Eines Tages werde ich dich den Rest der Galle trinken lassen, die du mir heute eingeflößt hast.«

Mazarin wollte sich ihr nähern.

»Lassen Sie mich in Ruhe!«, sagte sie. »Sie sind kein Mann!« Damit ging sie hinaus.

»Umgekehrt, Sie sind keine Frau«, murmelte Mazarin. Und nachdem er einen Augenblick in tiefem Sinnen gestanden hatte, erinnerte er sich, dass d'Artagnan und Porthos noch da sein und folglich alles gehört haben mussten. Er runzelte die Stirn, ging geradeswegs zu der Portiere und hob sie an; das Kabinett war leer.

Beim letzten Wort der Königin hatte d'Artagnan Porthos' Hand gefasst und ihn in die Galerie gezogen. Als Mazarin dort eintrat, fand er die beiden Freunde auf und ab gehen.

»Warum haben Sie das Kabinett verlassen, Monsieur d'Artagnan?«, fragte Mazarin.

»Weil die Königin allen befahl, sich zu entfernen«, antwortete d'Artagnan, »und weil ich dachte, dieser Befehl gälte auch uns.«

»Dann sind Sie hier seit …«

»Seit ungefähr einer Viertelstunde«, sagte d'Artagnan, mit einem warnenden Blick auf Porthos, ihn nicht Lügen zu strafen.

Mazarin ertappte ihn dabei und blieb überzeugt davon, dass d'Artagnan alles gesehen und gehört habe, wusste ihm jedoch Dank für die Lüge. »Sie sind entschieden der Mann, den ich suchte, Monsieur d'Artagnan«, sagte er, »und Sie wie auch Ihr Freund können sich auf mich verlassen.«

Darauf grüßte er die beiden Freunde mit seinem charmantesten Lächeln und kehrte ruhiger in sein Arbeitszimmer zurück, denn wie durch Zauberei hatte sich der Tumult gelegt, als de Gondi draußen aufgetaucht war.

Das Unglück verleiht Gedächtnis

Anna war zornig in ihr Betzimmer zurückgekehrt. »Wie?«, rief sie, die schönen Hände ringend. »Das Volk hat erlebt, wie Monsieur de Condé, der höchste Prinz von Geblüt, auf Veranlassung meiner Schwiegermutter, Maria von Medici, arretiert wurde; es hat erlebt, wie meine Schwiegermutter, seine frühere Regentin, von dem Kardinal vertrieben wurde; es hat Monsieur de Vendôme, den Sohn Heinrichs IV., als Gefangenen in Vincennes erlebt, und es hat nichts dazu gesagt, als man diese hochgestellten Persönlichkeiten beleidigte, einkerkerte und bedrohte! Und wegen eines Broussel! Jesus, was ist aus dem Königtum geworden!«

Ohne dass es ihr in den Sinn kam, berührte Anna die brennende Frage. Zugunsten der Fürsten hatte das Volk nichts gesagt, das Volk empörte sich wegen Broussel – weil es sich um Plebejer handelte und weil das Volk instinktiv spürte, dass es sich selbst verteidigte, indem es Broussel verteidigte.

Unterdessen ging Mazarin in seinem Arbeitszimmer auf und ab und blickte dabei von Zeit zu Zeit auf seinen völlig gesprungenen schönen venezianischen Spiegel. »Ach«, sagte er, »ich weiß wohl, wie betrüblich es ist, dass man gezwungen wird, auf solche Weise nachzugeben, aber was denn! Wir werden Rache nehmen. Was liegt an Broussel? Das ist ein Name, keine Sache.«

Ein so geschickter Politiker Mazarin auch war, diesmal täuschte er sich: Broussel war eine Sache und kein bloßer Name. Deshalb eilte am nächsten Morgen, als Broussel in einer Prachtkutsche, neben sich seinen Sohn Louvières und hinter dem Wagen Friquet, seinen Einzug in Paris hielt, alles Volk in Waffen herbei und säumte seinen Weg. Überall erschollen die Rufe »Es lebe Broussel! Es lebe unser Vater!« und schrien Mazarin den Tod in die Ohren, und von allen Seiten trugen die Spione des Kardinals und der Königin beiden fatale Nachrichten zu, die der Minister sehr erregt und die Königin sehr gelassen aufnahm. Im Kopf der Königin schien ein großer Entschluss zu reifen, was Mazarins Besorgnisse noch vermehrte. Er kannte die hochmütige Fürstin und fürchtete die Entschlüsse Anna von Österreichs nicht wenig.

Der Weihbischof war, mehr König als der König, die Königin und der Kardinal zusammengenommen, ins Parlament zurückgekehrt. Auf seinen Rat hin hatte ein Edikt des Parlaments die Bürger aufgefordert, ihre Waffen niederzulegen und die Barrikaden einzureißen. Sie wussten jetzt, dass sie nur eine Stunde brauchten, um die Waffen wieder zu ergreifen, und nur eine Nacht, um die Barrikaden wieder aufzurichten.

Planchet war in seinen Laden zurückgekehrt; Rochefort hatte dem Chevalier d'Humières seine leichte Reiterei wieder zugestellt; der Bettler hatte aufs Neue seinen Platz vor der Kirche Saint-Eustache eingenommen, wo er mit der einen Hand sein Weihwasser austeilte und mit der anderen um Almosen bat. D'Artagnan hatte den Augenblick der Ruhe benutzt, um Raoul zurückzuschicken, den er während des Aufstands nur mit großer Mühe hatte eingesperrt halten können und der unbedingt für die eine oder die andere Partei den Degen hatte ziehen wollen.

Nur Rochefort fand, die Sache sei ziemlich schlecht ausgegangen. Er hatte dem Herzogvon Beaufort geschrieben, er möge kommen, und der Herzog würde es tun und Paris ruhig antreffen. Er suchte den Weihbischof auf, um ihn zu fragen, ob man dem Prinzen nicht raten müsse, unterwegs haltzumachen, doch Gondi hatte einen Augenblick darüber nachgedacht und gesagt: »Lassen Sie ihn seinen Weg fortsetzen.«

»Aber ist es denn nicht zu Ende?«, fragte Rochefort.

»Mein lieber Graf, wir befinden uns erst am Anfang.«

»Was verführt Sie zu dem Glauben?«

»Meine Kenntnis vom Herzen der Königin, sie wird nicht geschlagen bleiben wollen.«

»Dann bereitet sie etwas vor?«

»Ich hoffe es.«

»Erzählen Sie, was Sie wissen.«

»Ich weiß, dass sie an den Prinzen von Condé geschrieben hat, er möge in aller Eile von der Armee zurückkehren.«

»Aha!«, sagte Rochefort. »Sie haben recht, man muss Monsieur de Beaufort kommen lassen.«

Und schon am Abend nach dieser Unterredung verbreitete sich das Gerücht, der Prinz sei angekommen. Das war eine ganz simple und natürliche Nachricht, und dennoch machte sie ein ungeheures Aufsehen. Es hieß, von Madame de Longueville, der der Prinz – man beschuldigte ihn einer zärtlichen Liebe zu seiner Schwester, die über die Grenzen brüderlicher Freundschaft hinausging – vertrauliche Mitteilungen gemacht habe, seien Indiskretionen begangen worden. Diese vertraulichen Mitteilungen enthüllten finstere Pläne der Königin.

Schon am Abend der Ankunft des Prinzen begaben sich fortschrittlichere Bürger, Schöffen und Stadtkommandanten zu ihren Bekannten und sagten: »Warum bemächtigen wir uns nicht des Königs und bringen ihn ins Rathaus? Es ist unrecht, ihn von unsern Feinden erziehen zu lassen, die ihm schlechte Ratschläge erteilen, während er nationale Grundsätze einsaugen und das Volk lieben würde, wenn ihn zum Beispiel der Herr Weihbischof lenkte.«

Die Nacht verlief mit heimlicher Unruhe, und tags darauf sah man wieder die grauen und schwarzen Mäntel, die Patrouillen der bewaffneten Händler und die Bettlerscharen.

Die Königin hatte die Nacht in einer Beratung unter vier Augen mit dem Prinzen verbracht, um Mitternacht war er in ihr Betzimmer geführt worden und hatte es erst um fünf Uhr früh verlassen. Danach begab sich die Königin in das Arbeitszimmer des Kardinals. Wenn sie noch nicht geschlafen hatte, der Kardinal war bereits aufgestanden. Er schrieb eine Antwort an Cromwell, sechs Tage von den zehn, die er sich von Mordaunt ausgebeten hatte, waren bereits verstrichen. »Ach was«, sagte er, »ich hätte ihn noch ein wenig warten lassen, aber Monsieur Cromwell weiß nur allzu gut, was es mit Revolutionen auf sich hat, um mich nicht zu entschuldigen.«

Er überlas daher mit Wohlgefallen den ersten Absatz seiner Darlegung, als leise an der Tür gekratzt wurde, die zu den Gemächern der Königin führte. Nur Anna von Österreich konnte durch diese Tür kommen. Der Kardinal erhob sich, um sie zu öffnen.

Die Königin war im Negligé, aber es stand ihr noch, denn so wie Diane de Poitiers und Ninon genoss Anna von Österreich den Vorzug, immer schön zu bleiben. Nur war sie an diesem Morgen noch schöner als gewöhnlich, ihre Augen hatten den vollen Glanz, den ihnen eine innere Freude gibt.

»Was haben Sie, Madame?«, fragte Mazarin beunruhigt. »Sie sehen so ungemein stolz aus.«

»Ja, Giulio«, antwortete sie, »stolz und glücklich, denn ich habe das Mittel gefunden, diese Hydra zu ersticken.«

»Sie sind eine große Politikerin, meine Königin«, sagte Mazarin, »lassen Sie mich das Mittel hören.« Und er verbarg, was er geschrieben hatte, indem er den angefangenen Brief unter leeres Papier schob.

»Wissen Sie, dass sie mir den König nehmen wollen?«

»Ach ja! Und mich hängen.«

»Sie werden den König nicht bekommen.«

»Und sie werden mich auch nicht hängen.«

»Hören Sie: ich will ihnen meinen Sohn und mich und Sie mit mir entreißen, ich will, dass dieses Ereignis, das von heute auf morgen das Gesicht der Dinge ändern wird, stattfindet, ohne dass andere davon wissen als Sie, ich und eine dritte Person.«

»Und wer ist diese dritte Person?«

»Der Prinz.«

»Er ist also angekommen, wie man mir gesagt hat?«

»Gestern Abend.«

»Und Sie haben ihn gesprochen?«

»Ich habe ihn soeben verlassen.«

»Und er wird bei dem Plan behilflich sein?«

»Der Rat kommt von ihm.«

»Und Paris?«

»Ich hungere es aus und zwinge es, sich auf Gnade und Ungnade zu ergeben.«

»Der Plan ermangelt nicht des Grandiosen, und ich sehe nur ein Hindernis.«

»Welches?«

»Dass er unmöglich ist.«

»Ein sinnloses Wort. Nichts ist unmöglich.«

»Als Plan.«

»In der Ausführung. Haben wir Geld?«

»Ein wenig«, antwortete Mazarin, davor zitternd, dass Anna von Österreich von ihm verlangen könnte, in den Beutel zu greifen.

»Haben wir Truppen?«

»Fünf- oder sechstausend Mann.«

»Haben wir Mut?«

»Viel.«

»Dann ist die Sache leicht. Oh, verstehen Sie, Giulio? Paris, dieses abscheuliche Paris, erwacht eines Morgens ohne Königin und ohne König, wird eingeschlossen, belagert, ausgehungert, hat als einzige Hilfe nur noch sein stumpfsinniges Parlament und seinen armseligen Weihbischof mit den abgebrochenen Beinen!«

»Hübsch, hübsch!«, bemerkte Mazarin. »Der Effekt leuchtet mir ein, aber ich sehe keine Möglichkeit, ihn zu erlangen.«

»Ich werde sie finden.«

»Sie wissen, dass das Krieg bedeutet, den leidenschaftlichen, erbitterten, unversöhnlichen Bürgerkrieg.«

»O ja, ja, Krieg«, erwiderte Anna von Österreich, »ja, ich will diese rebellische Stadt in Schutt und Asche legen, ich will das Feuer in Blut ersticken, ich will, dass ein fürchterliches Beispiel das Verbrechen und die Strafe verewige. Paris! Ich hasse es, ich verabscheue es.«

»Gemach, Anna, sind Sie jetzt blutgierig? Hüten Sie sich, wir leben nicht mehr in der Zeit der Malatesta und Castruccio Castracani, Sie werden es noch dahin bringen, dass man Sie enthauptet, meine schöne Königin, und das wäre schade.«

»Sie scherzen.«

»Ich scherze sehr selten, der Krieg gegen ein ganzes Volk ist gefährlich, denken Sie an Ihren Schwager Karl I., es geht ihm schlecht, sehr schlecht.«

»Wir sind in Frankreich, und ich bin Spanierin.«

»Umso schlimmer, per Bacco, umso schlimmer, es wäre mir lieber, Sie wären Französin und ich Franzose, man würde uns alle beide weniger verabscheuen.«

»Doch Sie sind einverstanden?«

»Ja, wenn ich sehe, dass die Sache möglich ist.«

»Sie ist es, ich sage es Ihnen. Treffen Sie Ihre Vorbereitungen für die Abreise.«

»Ich? Ich bin jederzeit bereit abzureisen, nur reise ich niemals ab, das wissen Sie … und diesmal wahrscheinlich noch weniger als sonst.«

»Kurz und gut, wenn ich abreise, werden Sie mitkommen?«

»Ich werde es versuchen.«

»Sie bringen mich um mit Ihren Ängsten, Giulio, und wovor haben Sie überhaupt Angst?«

»Vor vielem.«

»Und was ist das?«

Das Gesicht Mazarins wurde trotz allen Spotts düster. »Anna«, sagte er, »Sie sind nur eine Frau, und als Frau können Sie die Männer nach Belieben beleidigen, da Sie Ihrer Straflosigkeit sicher sind. Sie beschuldigen mich, Angst zu haben, dabei habe ich nicht so viel Angst wie Sie, denn ich flüchte nicht. Gegen wen schreit man? Gegen Sie oder gegen mich?

Wen will man hängen? Sie oder mich? Nun, ich trotze dem Sturm, ich, den Sie beschuldigen, Angst zu haben. Großsprecherei ist nicht mein Geschmack, aber ich halte aus. Tun Sie's mir gleich, nicht so viel Aufhebens, mehr Resultat. Sie schreien sehr laut und kommen zu keinem Ziel. Sie sprechen von Flucht!« Mazarin zuckte die Achseln, nahm die Hand der Königin und führte sie ans Fenster. »Schauen Sie!«

»Und?«, fragte die Königin, verblendet von ihrem Eigensinn.

»Und? Was sehen Sie durch dieses Fenster? Es sind, wenn ich mich nicht täusche, geharnischte, behelmte, mit vortrefflichen Musketen bewaffnete Bürger wie zur Zeit der Liga, die das Fenster, durch das Sie sie betrachten, so gut beobachten, dass Sie gesehen würden, höben Sie den Vorhang hoch genug. Kommen Sie jetzt zu dem anderen Fenster: Was sehen Sie? Mit Hellebarden bewaffnete Leute aus dem Volk, die Ihre Tore beobachten. Durch jede Öffnung dieses Palastes, zu der ich sie führte, würden Sie ein Gleiches erblicken. Ihre Tore werden bewacht, Ihre Kellerluken werden bewacht, und ich sage Ihnen, was mir der gute La Ramée von Monsieur de Beaufort sagte: Wenn Sie kein Vogel und keine Maus sind, werden Sie nicht hinausgelangen.«

»Er ist trotzdem hinausgelangt.«

»Rechnen Sie damit, auf dieselbe Weise hinauszukommen?«

»Ich bin also eine Gefangene?«

»Bei Gott!«, erwiderte Mazarin. »Seit einer Stunde beweise ich es Ihnen.« Und gelassen machte er sich wieder an den angefangenen Brief und schrieb an der Stelle weiter, wo er unterbrochen worden war.

Anna, zitternd vor Wut und rot vor Demütigung, verließ das Arbeitszimmer und knallte hinter sich die Tür zu. Mazarin wandte nicht einmal den Kopf. Wieder in ihren Gemächern, ließ sich die Königin in einen Lehnstuhl fallen und begann zu weinen. Doch plötzlich kam ihr eine unvermutete Idee. »Ich bin gerettet«, sagte sie und stand auf. »O ja, ja, ich kenne einen Mann, der mich aus Paris fortschaffen könnte, einen Mann, den ich allzu lange vergessen habe.«

Und sie lief zu einem Tisch, auf dem sich Papier und Tinte befanden, und schrieb an d'Artagnan.

Die Zusammenkunft

An jenem Morgen schlief d'Artagnan noch in Porthos' Zimmer. Seit den Unruhen hatten die beiden Freunde diese Gewohnheit angenommen. Unter ihrem Kopfkissen hatten sie den Degen, und auf dem Tisch lagen in Reichweite ihre Pistolen.

Um sieben Uhr wurden sie durch einen Diener ohne Livree geweckt, der d'Artagnan einen Brief überbrachte.

»Von wem?«, fragte der Gascogner.

»Von der Königin«, antwortete der Diener.

»He?«, rief Porthos und richtete sich in seinem Bett auf. »Was sagt er?«

D'Artagnan bat den Diener, in einen anstoßenden Raum zu gehen, und sobald er die Tür geschlossen hatte, sprang er aus seinem Bett und las rasch, während Porthos ihn mit aufgerissenen Augen anstarrte und nicht wagte, ihm eine Frage zu stellen.

»Freund Porthos«, sagte d'Artagnan und hielt ihm den Brief hin, »hier haben wir deinen Baronstitel und mein Hauptmannspatent. Da, lies und urteile selbst.«

Porthos streckte die Hand aus, nahm den Brief und las mit bebender Stimme folgendes: »›Die Königin wünscht mit Monsieur d'Artagnan zu sprechen, er möge dem Überbringer folgen.‹ – Na«, sagte Porthos, »ich sehe darin nichts als das Gewöhnliche.«

»Ich sehe darin viel Außergewöhnliches«, entgegnete d'Artagnan. »Wenn man mich ruft, dann deshalb, weil die Dinge sehr verworren sind. Bedenk doch nur, welches Durcheinander im Kopf der Königin herrschen muss, dass nach zwanzig Jahren die Erinnerung an mich wieder an die Oberfläche steigt. Wetze deinen Degen, Baron, lade deine Pistolen, gib den Pferden Hafer, ich bürge dir dafür, dass es vor dem morgigen Tag etwas Neues geben wird, aber – kein Wort!« Und im Handumdrehen hatte er sich angekleidet.

Als Porthos, der immer noch im Bett lag, ihm den Mantel zuhakte, wurde ein zweites Mal an die Tür geklopft.

»Herein«, sagte d'Artagnan.

Ein zweiter Diener trat ein. »Von Seiner Eminenz dem Kardinal Mazarin«, erläuterte er.

D'Artagnan sah Porthos an.

»Es wird kompliziert«, bemerkte Porthos, »wo anfangen?«

»Es trifft sich wunderbar«, erwiderte d'Artagnan, »Seine Eminenz erwartet mich in einer halben Stunde. Guter Freund«, sagte er zu dem Diener, »richten Sie Seiner Eminenz aus, dass ich ihm in einer halben Stunde zu Diensten stehe.«

Der Diener verbeugte sich und ging hinaus.

»Ein Glück, dass er den andern nicht gesehen hat!«, sagte d'Artagnan.

»Du glaubst also, dass beide nicht wegen derselben Sache nach dir geschickt haben?«

»Ich glaube es nicht, ich bin überzeugt davon.«

»Los, los, d'Artagnan, flink! Bedenke, dass die Königin dich erwartet, nach der Königin der Kardinal und nach dem Kardinal ich.«

D'Artagnan rief den Diener Anna von Österreichs herein. »Da bin ich, mein Freund«, sagte er, »führen Sie mich.«

Der Diener brachte ihn durch die Rue des Petits-Champs, wandte sich nach links und ließ ihn durch eine zur Rue Richelieu gelegene Gartenpforte eintreten, dann stiegen sie eine Geheimtreppe hinauf, und d'Artagnan wurde in das Betzimmer geführt.

Die Königin trat ein. »Sie sind es, Monsieur d'Artagnan«, sagte sie, wobei sie einen Blick liebevoller Schwermut auf dem Offizier ruhen ließ, »Sie sind es, und ich erkenne Sie wohl. Betrachten Sie mich auch, ich bin die Königin, erkennen Sie mich wieder?«

»Nein, Madame«, antwortete d'Artagnan.

»Aber wissen Sie denn nicht mehr«, fuhr Anna von Österreich in dem holden Ton fort, den sie, wenn sie wollte, ihrer Stimme zu geben wusste, »dass die Königin einst eines tapferen und ergebenen jungen Kavaliers bedurfte, dass sie diesen Kavalier fand und dass sie ihm, obgleich er hätte glauben können, sie habe ihn vergessen, einen Platz in ihrem tiefsten Herzen bewahrt hat?«

»Nein, Madame, davon weiß ich nichts«, erwiderte der Musketier.

»Umso schlimmer, Monsieur«, sagte Anna von Österreich, »umso schlimmer, wenigstens für die Königin, denn die Königin bedarf heute desselben Muts und derselben Ergebenheit.«

»Wie?«, gab d'Artagnan zurück. »Die Königin, umringt von so ergebenen Dienern, so weisen Ratgebern, kurzum von Männern, die durch ihr Verdienst oder ihre Stellung so bedeutend sind, geruht, den Blick auf einen unscheinbaren Offizier zu werfen?«

Anna verstand den verhüllten Vorwurf, er bewegte sie mehr, als er sie ärgerte. So viel Selbstverleugnung und Uneigennützigkeit des gascognischen Edelmanns hatte sie so manches Mal gedemütigt, sie hatte sich an Großmut übertreffen lassen.

»Alles, was Sie mir von denen meiner Umgebung sagen, Monsieur d'Artagnan«, entgegnete die Königin, »trifft möglicherweise zu, aber zu Ihnen allein habe ich Vertrauen. Ich weiß, dass Sie zu dem Herrn Kardinal halten, aber halten Sie auch zu mir, und ich werde mir Ihr Glück angelegen sein lassen. Sagen Sie mir, würden Sie heute für mich tun, was einst jener Edelmann, den Sie nicht kennen, für die Königin tat?«

»Ich werde alles tun, was Eure Majestät befehlen«, antwortete d'Artagnan.

Die Königin überlegte einen Augenblick und fragte dann, da ihr das vorsichtige Verhalten des Musketiers nicht entging: »Sie lieben vielleicht die Ruhe?«

»Ich weiß nicht, Madame, da ich niemals zur Ruhe gekommen bin.«

»Haben Sie Freunde?«

»Ich habe drei, zwei haben Paris verlassen, und ich weiß nicht, wohin sie sind. Ein einziger ist mir geblieben, aber er gehört zu denen, die, glaube ich, den Kavalier kennen, von dem zu sprechen Eure Majestät mir die Ehre erwiesen.«

»Das ist gut«, sagte die Königin, »Sie und Ihr Freund wiegen eine Armee auf.«

»Was soll ich tun, Madame?«

»Kommen Sie um fünf Uhr wieder, und ich werde es Ihnen sagen; aber sprechen Sie zu keiner Menschenseele von der Zusammenkunft, zu der ich Sie bestelle, Monsieur.«

»Nein, Madame.«

»Schwören Sie es bei Christus.«

»Madame, ich habe mein Wort noch nie gebrochen, wenn ich nein sage, dann heißt das nein.«

Wenngleich erstaunt über diese Sprache, an die ihre Höflinge sie nicht gewöhnt hatten, nahm die Königin sie als ein günstiges Omen für den Eifer, mit dem ihr d'Artagnan bei der Ausführung ihres Plans dienen würde. Es war ein Trick des Gascogners, seinen bedeutenden Scharfsinn zuweilen unter dem Anschein biederer Grobheit zu verbergen.

»Hat mir die Königin im Augenblick weiter nichts zu befehlen?«, fragte er.

»Nein, Monsieur«, antwortete Anna von Österreich, »Sie können sich bis zu dem genannten Zeitpunkt entfernen.«

D'Artagnan verneigte sich und ging. Zum Teufel!, sagte er sich draußen. Es scheint, als habe man mich hier sehr nötig. Da die halbe Stunde verstrichen war, nahm er seinen Weg durch die Galerie und klopfte an die Tür des Kardinals. Bernouin ließ ihn ein.

»Ich stehe zu Ihren Diensten, Monseigneur«, sagte d'Artagnan. Dabei warf er nach seiner Gewohnheit einen raschen Blick um sich und bemerkte, dass Mazarin einen versiegelten Brief vor sich liegen hatte.

»Sie kommen von der Königin?«, fragte Mazarin und sah ihn fest an.

»Ich, Monseigneur? Wer hat Ihnen das gesagt?«

»Niemand, aber ich weiß es.«

»Ich bin untröstlich, Monseigneur sagen zu müssen, dass er sich täuscht«, log der Gascogner schamlos, eingedenk des Versprechens, das er Anna von Österreich gegeben hatte.

»Ich habe selbst das Vorzimmer geöffnet und habe Sie vom Ende der Galerie kommen sehen.«

»Weil ich über die Geheimtreppe hinaufgeführt wurde.«

»Wie ist das möglich?«

»Ich weiß nicht, es wird ein Missverständnis gewesen sein.«

Mazarin wusste, dass man d'Artagnan nicht so leicht bewegen konnte, zu sagen, was er zu verschweigen wünschte, daher verzichtete er für den Augenblick darauf, das Rätsel zu lösen, das ihm der Gascogner aufgab.

»Sprechen wir von meinen Angelegenheiten«, sagte der Kardinal, »da Sie mir von den Ihren nichts erzählen wollen.«

D'Artagnan verneigte sich.

»Lieben Sie es, zu reisen?«, fragte der Kardinal.

»Ich habe mein ganzes Leben auf den Heerstraßen verbracht.«

»Würde Sie etwas in Paris zurückhalten?«

»Nichts als ein höherer Befehl.«

»Gut. Hier ist ein Brief, der an seine Adresse zugestellt werden muss.«

»An seine Adresse, Monseigneur? Aber er trägt ja keine.«

Tatsächlich war die dem Siegel gegenüberliegende Seite völlig unbeschriftet.

»Das heißt, er steckt in einem doppelten Umschlag«, erwiderte Mazarin.

»Ich verstehe, und ich soll den ersten aufreißen, wenn ich einen nur genannten Ort erreicht habe.«

»Vortrefflich. Nehmen Sie ihn und machen Sie sich auf den Weg. Sie haben einen Freund, Monsieur du Vallon, dem ich sehr zugetan bin, er soll Sie begleiten.«

Zum Teufel!, dachte d'Artagnan. Er weiß, dass wir sein gestriges Gespräch mit angehört haben, und will uns aus Paris entfernen.

»Sie zögern?«, fragte Mazarin.

»Nein, Monseigneur, ich reise auf der Stelle ab. Nur möchte ich um eins bitten …«

»Was? Sprechen Sie.«

»Dass Eure Eminenz zur Königin gehen, um ihr zu sagen: Ich schicke Monsieur d'Artagnan irgendwohin und lasse ihn unverzüglich aufbrechen.«

»Na also«, sagte Mazarin, »Sie haben mit der Königin gesprochen.«

»Ich hatte die Ehre, Eurer Eminenz zu erklären, dass es sich möglicherweise um ein Missverständnis handelte.«

»Was soll das heißen?«, fragte Mazarin.

»Darf ich wagen, meine Bitte an Seine Eminenz zu wiederholen?«

»Gut, ich gehe. Warten Sie hier auf mich.« Aufmerksam prüfte er, ob auch kein Schlüssel zu den Schränken vergessen worden sei, und ging hinaus.

Zehn Minuten vergingen, die d'Artagnan mit dem angestrengten Versuch hinbrachte, durch den ersten Umschlag zu lesen, was auf den zweiten geschrieben war, es gelang ihm jedoch nicht. Oje, dachte der Gascogner, er sieht erzürnt aus. Sollte er es gegen mich sein? Er führt etwas im Schilde, will er mich in die Bastille schicken? Sachte, Monseigneur! Beim ersten Wort, das Sie davon reden, erwürge ich Sie und werde Frondeur. Man wird mich im Triumph tragen wie Monsieur Broussel, und Athos wird mich als den französischen Brutus ausrufen. Das wäre lustig. Mit seiner stets galoppierenden Phantasie hatte der Gascogner bereits den ganzen Vorteil erkannt, den er aus der Situation ziehen konnte.

Doch Mazarin gab keinerlei Befehl dieser Art, sondern bemühte sich im Gegenteil, d'Artagnan mit Samthandschuhen anzufassen.

»Sie hatten recht, mein lieber Monsieur d'Artagnan«, sagte er, »Sie können noch nicht abreisen.«

»Ah!«, bemerkte d'Artagnan.

»Geben Sie mir bitte diesen Brief zurück.«

D'Artagnan gehorchte. Mazarin vergewisserte sich, dass das Siegel völlig unversehrt war.

»Heute Abend werde ich Sie brauchen«, sagte er, »kommen Sie um fünf Uhr wieder.«

»Um fünf Uhr, Monseigneur, habe ich eine Verabredung, die ich nicht versäumen kann«, erwiderte d'Artagnan.

»Das soll Sie nicht beunruhigen«, erklärte Mazarin, »es ist die nämliche.«

Gut, dachte d'Artagnan, ich ahnte es.

»Kommen Sie also um fünf Uhr wieder, und bringen Sie mir den lieben Monsieur du Vallon mit, nur lassen Sie ihn im Vorzimmer, ich möchte mit Ihnen allein sprechen.«

D'Artagnan verneigte sich. Dabei dachte er: Beide denselben Befehl, beide zur selben Stunde, beide im Palais-Royal, ich kann es mir denken. Ah! Das ist ein Geheimnis, für das Monsieur de Gondi hunderttausend Livres zahlen würde.

»Sie überlegen!«, sagte Mazarin beunruhigt.

»Ja, ich frage mich, ob wir bewaffnet kommen sollen oder nicht.«

»Bis zu den Zähnen bewaffnet«, antwortete Mazarin.

»Gut, Monseigneur, es wird geschehen.«

D'Artagnan grüßte, ging hinaus und beeilte sich, seinem Freund die schmeichelhaften Versprechungen Mazarins zu wiederholen, die Porthos eine unvorstellbare Freude bereiteten.

Die Flucht

Ungeachtet der Zeichen von Erregung in der Stadt, bot das Palais-Royal, als sich d'Artagnan gegen fünf Uhr nachmittags dorthin begab, einen ungemein erfreulichen Anblick. Das war kein Wunder: Die Königin hatte dem Volk Broussel und Blancmesnil wiedergegeben. Die Königin hatte also wirklich nichts zu befürchten, da das Volk nichts mehr zu fordern hatte. Seine Erregung war ein Rest der Unruhe, der man Zeit lassen musste, sich zu legen.

Es hatte ein großes Festmahl gegeben unter dem Vorwand der Rückkehr des Siegers von Lens. Alle Prinzen und Prinzessinnen waren eingeladen, seit mittags wimmelte es in den Höfen von Karossen. Nach dem Essen sollte bei der Königin gespielt werden.

Anna von Österreich war an diesem Tag bezaubernd, liebenswürdig und geistreich, nie hatte man sie so heiterer Laune gesehen. Die geplante Rache glänzte in ihren Augen und ließ ihre Lippen aufblühen.

Als man sich von der Tafel erhob, verschwand Mazarin. D'Artagnan war bereits zur Stelle und erwartete ihn im Vorzimmer. Der Kardinal erschien freundlichen Gesichts, nahm ihn bei der Hand und führte ihn in sein Arbeitszimmer. »Mein lieber Monsieur d'Artagnan«, begann der Minister, während er sich setzte, »ich bin im Begriff, Ihnen den größten Vertrauensbeweis zu geben, den ein Minister einem Offizier geben kann.«

D'Artagnan verneigte sich. »Ich hoffe«, erwiderte er, »Monseigneur geben ihn mir ohne Hintergedanken und in der Überzeugung, dass ich dessen würdig bin.«

»Am würdigsten von allen, mein lieber Freund, da ich mich an Sie wende.«

»Nun«, gab d'Artagnan zurück, »ich muss Ihnen gestehen, Monseigneur, dass ich seit langem auf eine solche Gelegenheit warte. Daher sagen Sie mir rasch, was Sie mir zu sagen haben.«

»In Ihren Händen, mein lieber Monsieur d'Artagnan, wird heute Abend das Heil des Staates liegen«, versetzte Mazarin.

»Erklären Sie sich näher, Monseigneur, ich warte.«

»Die Königin hat beschlossen, mit dem Königeine kleine Reise nach Saint-Germain zu unternehmen.«

»Aha!«, sagte d'Artagnan. »Das heißt also, dass die Königin Paris verlassen will.«

»Sie verstehen, die Laune einer Frau.«

»Ja, ich verstehe sehr gut«, bemerkte d'Artagnan.

»Deshalb hat sie Sie heute Morgen holen lassen und Ihnen gesagt, sie sollten um fünf Uhr wiederkommen.«

»Das war der Mühe wert, dass sie mich schwören lassen wollte, zu keinem etwas von der Zusammenkunft zu sagen!«, brummte d'Artagnan vor sich hin. »O die Weiber! Mögen sie auch Königinnen sein, sie bleiben immer Weiber.«

»Haben Sie etwas gegen diese kleine Reise, mein lieber Monsieur d'Artagnan?«, fragte Mazarin beunruhigt.

»Ich, Monseigneur? Warum sollte ich?«

»Weil Sie die Achseln zuckten.«

»Das ist meine Art von Selbstgespräch, Monseigneur.«

»Also billigen Sie diese kleine Reise?«

»Ich billige sie nicht mehr, als ich sie nicht missbillige, Monseigneur, ich erwarte Ihre Befehle.«

»Gut. Sie habe ich also im Auge, den König und die Königin nach Saint-Germain zu bringen.«

»Monseigneur, ich bin mir der ganzen Verantwortung eines solchen Auftrags bewusst.«

»Sie nehmen doch an?«

»Ich nehme stets an.«

»Und Sie halten die Sache für möglich?«

»Alles ist möglich.«

»Wird man Sie unterwegs angreifen?«

»Wahrscheinlich.«

»Aber was werden Sie in dem Fall tun?«

»Ich werde mich durch die Angreifer durchschlagen.«

»Und wenn Ihnen das nicht gelingt?«

»Dann umso schlimmer für sie, ich werde über sie hinwegsetzen.«

»Und Sie werden den König und die Königin wohlbehalten nach Saint-Germain bringen?«

»Ja.«

»Und mich?«, fragte Mazarin nach einem kurzen Schweigen, während er d'Artagnan fest ansah.

»Wieso Sie, Monseigneur?«

»Falls ich abreisen will.«

»Das wäre schwieriger.«

»Warum?«

»Eure Eminenz könnten erkannt werden.«

»Selbst in dieser Verkleidung?«, fragte Mazarin und hob einen Mantel von einem Sessel, auf dem der vollständige Anzug eines Kavaliers lag, in Perlgrau und Granatrot und über und über mit silbernen Tressen besetzt.

»Wenn sich Eure Eminenz verkleiden, wird es leichter sein.«

»Aha!«, sagte Mazarin aufatmend.

»Aber Eure Eminenz müssten das tun, was Sie gestern, wie Sie sagten, an unserer Stelle getan hätten.«

»Und das wäre?«

»›Nieder mit Mazarin!‹ schreien.«

»Ich werde schreien.«

»Auf Französisch, in gutem Französisch, Monseigneur, geben Sie acht auf den Akzent! Man hat uns auf Sizilien sechstausend Mann aus Anjou umgebracht, die schlecht italienisch sprachen. Nehmen Sie sich in Acht, dass die Franzosen nicht an Ihnen Rache nehmen für die Sizilianische Vesper.«

»Ich werde mein Bestes tun.«

»Es gibt viele Bewaffnete auf den Straßen«, fuhr d'Artagnan fort, »sind Sie sicher, dass niemand von dem Plan der Königin weiß?«

Mazarin dachte nach.

»Was Sie mir da antragen, Monseigneur, wäre eine schöne Sache für einen Verräter, es könnte alles den Zufällen eines Angriffs zugutegehalten werden.«

Mazarin schauderte, überlegte jedoch, dass ein Mann, der die Absicht hätte, Verrat zu üben, nicht davor warnen würde. »Daher traue ich niemandem«, sagte er rasch, »und der Beweis dafür ist, dass ich Sie erwählt habe, mich zu eskortieren.«

»Brechen Sie nicht mit der Königin zusammen auf?«

»Nein«, sagte Mazarin.

»Dann wollen Sie also nach der Königin abfahren?«

»Nein«, sagte Mazarin abermals.

»Aha!«, sagte d'Artagnan, der zu verstehen begann.

»Ja, ich habe meine Pläne«, fuhr der Kardinal fort, »reise ich mit der Königin, dann erhöhe ich ihre schlechten Aussichten; nach der Königin, erhöht ihre Abreise die meinen; außerdem, ist der Hof erst einmal in Sicherheit, könnte er mich vergessen: die Großen sind undankbar.«

»Das ist wahr«, erwiderte d'Artagnan, wobei er unwillkürlich einen Blick auf den Diamantring der Königin warf, den Mazarin am Finger trug. Mazarin folgte der Richtung dieses Blicks und drehte langsam die Fassung seines Rings nach innen.

»Ich möchte sie also hindern, undankbar gegen mich zu sein«, sagte Mazarin mit seinem schlauen Lächeln.

»Es ist christliche Nächstenliebe«, bemerkte d'Artagnan, »seinen Nächsten nicht in Versuchung zu führen.«

»Und genau deshalb möchte ich vor ihnen abreisen.«

D'Artagnan lächelte. Er war der Mann, diese italienische Verschlagenheit sehr gut zu verstehen. Mazarin sah das Lächeln und nutzte den Augenblick. »Zuerst bringen Sie also mich aus Paris, nicht wahr, mein lieber Monsieur d'Artagnan?«

»Ein beschwerlicher Auftrag, Monseigneur!«, sagte d'Artagnan, der wieder seine ernste Miene aufsetzte.

»Aber«, entgegnete Mazarin, während er ihn aufmerksam beobachtete, damit ihm kein Ausdruck seines Gesichts entgehe, »aber im Hinblick auf den König und die Königin haben Sie nicht so viele Bemerkungen gemacht.«

»Der König und die Königin sind mein König und meine Königin, Monseigneur«, erwiderte der Musketier, »mein Leben gehört ihnen, ich schulde es ihnen. Sie fordern es von mir, und dazu habe ich nichts zu sagen.«

»Das ist richtig«, murmelte Mazarin kaum hörbar, »doch da mir dein Leben nicht gehört, muss ich es wohl kaufen, nicht wahr?« Und mit einem tiefen Seufzer begann er die Fassung des Ringes wieder nach außen zu drehen.

D'Artagnan lächelte. In einem Punkt berührten sich diese beiden Männer, in der Verschlagenheit. Hätten sie sich auch ebenso in der Tapferkeit berührt, dann hätte einer den anderen große Dinge vollbringen lassen.

»Und daher«, sagte Mazarin, »Sie verstehen – wenn ich Sie um diesen Dienst bitte, so habe ich die Absicht, mich dafür erkenntlich zu zeigen.«

»Ist das nur Ihre Absicht, Monseigneur?«, fragte d'Artagnan.

»Sehen Sie«, sagte Mazarin, während er den Ring vom Finger zog, »hier ist ein Diamantring, mein lieber Monsieur d'Artagnan, der einst Ihnen gehörte. Es ist nur recht und billig, wenn er wieder an Sie kommt, nehmen Sie ihn, ich bitte Sie inständig.«

D'Artagnan machte Mazarin nicht erst die Mühe, darauf bestehen zu müssen. Er nahm ihn, sah nach, ob der Stein noch derselbe war, und nachdem er sich von der Reinheit seines Wassers überzeugt hatte, streifte er ihn mit unsagbarer Freude über seinen Finger.

»Ich habe sehr daran gehangen«, sagte Mazarin, der ihn mit einem letzten Blick begleitete, »doch einerlei, ich schenke Ihnen den Ring mit großem Vergnügen.«

»Und ich, Monseigneur«, erwiderte d'Artagnan, »empfange ihn so, wie er mir geschenkt wurde. Und nun lassen Sie uns über Ihre kleinen Angelegenheiten sprechen. Sie wollen vor allen abreisen?«

»Ja, darauf bestehe ich.«

»Um welche Zeit?«

»Um zehn Uhr.«

»Und um welche Zeit bricht die Königin auf?«

»Um Mitternacht.«

»Dann ist es möglich. Ich bringe Sie zuerst hinaus, lasse Sie außerhalb des Schlagbaums und kehre zurück, die Königin zu holen.«

»Wunderbar. Wie wollen Sie mich aus Paris hinausbringen?«

»Oh, das müssen Sie schon meine Sorge sein lassen.«

»Ich gebe Ihnen völlig freie Hand, nehmen Sie sich eine so umfangreiche Eskorte, wie Sie wünschen.«

D'Artagnan schüttelte den Kopf.

»Doch mir scheint, das ist der sicherste Weg«, wandte Mazarin ein.

»Ja, für Sie, Monseigneur, aber nicht für die Königin.«

Mazarin biss sich auf die Lippen. »Wie wollen wir dann vorgehen?«, fragteer.

»Das lassen Sie meine Sorge sein, Monseigneur.«

»Hm!«, machte Mazarin.

»Und Sie müssen mir voll und ganz die Leitung dieses Unternehmens übertragen.«

»Aber …«

»Oder sich einen andern suchen«, sagte d'Artagnan, während er den Rücken kehrte.

»He!«, flüsterte Mazarin vor sich hin. »Mir scheint, er will sich mit dem Diamantring davonmachen.« Und er rief ihn zurück. »Monsieur d'Artagnan, mein lieber Monsieur d'Artagnan«, sagte er in schmeichelndem Ton.

»Monseigneur?«

»Stehen Sie mir für alles ein?«

»Ich stehe für nichts ein, ich werde mein Bestes tun.«

»Gut, ich vertraue mich Ihnen an.«

Das ist ein großes Glück, dachte d'Artagnan.

»Sie werden also um halb zehn hier sein?«

»Und ich werde Eure Eminenz bereit finden?«

»Gewiss, völlig bereit.«

»Das ist also abgemacht. Wollen mich Monseigneur jetzt mit der Königin sprechen lassen?«

»Weswegen?«

»Es wäre mir lieb, die Befehle Ihrer Majestät aus ihrem eigenen Mund zu vernehmen.«

»Sie hat mich beauftragt, sie Ihnen zu übermitteln.«

»Sie könnte etwas vergessen haben.«

»Sie bestehen darauf, sie zu sehen?«

»Es ist unerlässlich, Monseigneur.«

Mazarin zögerte einen Augenblick, indes d'Artagnan in seinem Willen unzugänglich blieb.

»Gehen wir also«, sagte Mazarin, »ich bringe Sie hin, aber kein Wort von unserm Gespräch.«

»Was zwischen uns gesagt wurde, geht nur uns etwas an, Monseigneur«, entgegnete d'Artagnan.

»Kommen Sie«, sagte Mazarin. Er ließ d'Artagnan in das Betzimmer eintreten und hieß ihn dort warten.

D'Artagnan brauchte nicht lange zu warten. Fünf Minuten später trat die Königin in großer Gala ein. In diesem Schmuck erschien sie kaum fünfunddreißig Jahre alt und war immer noch schön.

»Sie sind es, Monsieur d'Artagnan«, sagte sie mit liebenswürdigem Lächeln, »ich danke Ihnen, dass Sie darauf bestanden haben, mich zu sprechen.«

»Ich bitte Eure Majestät deswegen um Verzeihung«, erwiderte d'Artagnan, »aber ich wollte Ihre Befehle aus Ihrem eigenen Mund hören.«

»Sie wissen, worum es sich handelt?«

»Ja, Madame.«

»Sie nehmen den Auftrag an, mit dem ich Sie betraue?«

»Mit Dank.«

»Gut, seien Sie um Mitternacht hier.«

»Ich werde zur Stelle sein.«

»Monsieur d'Artagnan«, fuhr die Königin fort, »ich kenne Ihre Uneigennützigkeit nur allzu gut, um Ihnen in diesem Augenblick von meiner Dankbarkeit zu sprechen, aber ich schwöre Ihnen, dass ich diesen zweiten Dienst nicht vergessen werde, wie ich den ersten vergaß.«

»Es steht Eurer Majestät frei, sich zu erinnern oder zu vergessen, und ich weiß nicht, wovon Sie reden.« Damit verneigte er sich.

»Gehen Sie, Monsieur«, sagte die Königin mit ihrem bezauberndsten Lächeln, »gehen Sie und kommen Sie um Mitternacht wieder.« Sie verabschiedete ihn mit einer Handbewegung, und d'Artagnan entfernte sich, wobei er jedoch einen Blick auf die Portiere warf, durch die die Königin eingetreten war, und unter dem Wandteppich die Spitze eines Samtschuhs bemerkte. Vortrefflich, dachte er, der Mazarin hat gelauscht, um zu hören, ob ich ihn auch nicht verrate. Wahrhaftig, dieser italienische Hampelmann verdient nicht, dass ihm ein ehrlicher Mann dient.

Deshalb hielt d'Artagnan seine Verabredung aber nicht weniger pünktlich ein, um halb zehn betrat er das Vorzimmer. Bernouin erwartete ihn und führte ihn hinein.

Er fand den Kardinal als Kavalier gekleidet. Er sah sehr gut aus in dem Kostüm, das er mit Eleganz trug, nur war er sehr bleich und zitterte ein wenig.

»Ganz allein?«, fragte Mazarin.

»Ja, Monseigneur.«

»Und der vortreffliche Monsieur du Vallon, werden wir nicht seine Gesellschaft genießen?«

»Doch, Monseigneur, er wartet in seiner Kutsche.«

»Wo?«

»An der Gartenpforte des Palais-Royal.«

»Wir werden also in seiner Kutsche fahren?«

»Ja, Monseigneur.«

»Und ohne weiteres Geleit als Sie beide?«

»Ist das denn nicht genug? Einer von beiden würde genügen!«

»Wahrhaftig, mein lieber Monsieur d'Artagnan«, sagte Mazarin, »Sie erschrecken mich mit Ihrer Kaltblütigkeit.«

»Ich hätte im Gegenteil geglaubt, dass sie Ihnen Vertrauen einflößen müsste.«

»Und Bernouin, nehme ich ihn nicht mit?«

»Es ist kein Platz für ihn, er wird Eure Eminenz später treffen.«

»Gehen wir«, sagte Mazarin, »da ja alles nach Ihrem Willen geschehen muss.«

»Monseigneur, es ist noch Zeit, die Sache rückgängig zu machen« , entgegnete d'Artagnan, »und es steht Eurer Eminenz völlig frei.«

»Keineswegs, keineswegs«, sagte Mazarin, »machen wir uns auf den Weg.« Daraufstiegen sie die Geheimtreppe hinab, Mazarin auf den Arm d'Artagnans gestützt, der des andern Arm auf dem seinen zittern fühlte. Sie gingen durch die Höfe des Palais-Royal, wo noch ein paar Kutschen später Gäste warteten, erreichten den Garten und dann die kleine Pforte. Mazarin versuchte sie mit Hilfe eines Schlüssels, den er aus der Tasche zog, zu öffnen, aber die Hand zitterte ihm so sehr, dass er das Schlüsselloch nicht finden konnte.

»Geben Sie her«, sagte d'Artagnan.

Mazarin gab ihm den Schlüssel, d'Artagnan schloss auf und steckte ihn in seine Tasche. Er rechnete damit, dort wieder einzutreten.

Der Wagentritt war heruntergelassen, der Schlag geöffnet, Mousqueton stand davor, Porthos saß in der Kutsche.

»Steigen Sie ein, Monseigneur«, sagte d'Artagnan.

Das ließ sich Mazarin nicht zweimal sagen, er stürzte sich geradezu in die Kutsche. D'Artagnan stieg nach ihm ein, Mousqueton schloss den Schlag und kletterte unter großem Stöhnen auf den Rücksitz. Daraufluhr der Wagen in gemäßigtem Tempo ab, das nicht im Entferntesten ahnen ließ, wie eiliges die Insassen hatten. Der Kardinal wischte sich mit seinem Taschentuch die Stirn und blickte um sich.

Zu seiner Linken hatte er Porthos und zu seiner Rechten d'Artagnan, jeder bewachte einen Schlag, und jeder diente ihm als Bollwerk. Ihm gegenüber auf dem Vordersitz lagen zwei Paar Pistolen, eins vor Porthos, das andere vor d'Artagnan, überdies hatten die beiden Freunde ihren Degen an der Seite.

Hundert Schritt vom Palais-Royal entfernt hielt eine Patrouille die Kutsche an. »Wer da?«, fragte der Anführer.

»Mazarin!«, antwortete d'Artagnan und brach in Lachen aus.

Der Kardinal spürte, wie sich ihm die Haare auf dem Kopf sträubten. Die Bürger fanden den Witz vorzüglich, und da sie die Kutsche ohne Waffen und Geleit sahen, hätten sie eine solche Unvorsichtigkeit auch niemals für möglich gehalten. »Gute Reise!«, riefen sie und ließen den Wagen passieren.

»Nun?«, fragte d'Artagnan. »Was halten Monseigneur von dieser Antwort?«

»Sie sind ein Mann von Geist!«, rief Mazarin.

Etwa auf der Mitte der Rue des Petits-Champs hielt eine zweite Patrouille die Kutsche an. »Wer da?«

»Machen Sie sich unsichtbar, Monseigneur«, sagte d'Artagnan. Worauf Mazarin sich so tief zwischen den beiden Freunden niedersinken ließ, dass er von ihnen vollständig verdeckt wurde.

»Wer da?«, wiederholte dieselbe Stimme ungeduldig. Und d'Artagnan merkte, dass man sich vor die Pferde warf. Er beugte sich mit dem Oberkörper aus der Kutsche. »He, Planchet!«, rief er.

Der Patrouillenführer trat näher, es war tatsächlich Planchet. D'Artagnan hatte die Stimme seines früheren Dieners erkannt.

»Wie, Monsieur, Sie sind es?«, sagte Planchet.

»Du lieber Himmel, ja, mein guter Freund. Der werte Porthos hat einen Degenstich abbekommen, und ich bringe ihn zu seinem Landhaus in Saint-Cloud.«

»Großer Gott, welch ein Unglück!«, rief Planchet aus. »Wie ist denn das passiert?«

»Das werde ich dir später erzählen«, sagte Mousqueton.

Porthos stieß ein tiefes Seufzen aus.

»Schaff uns Platz, Planchet«, sagte d'Artagnan leise, »sonst wird er nicht lebend ankommen, es hat die Lunge getroffen, mein Freund.«

Planchet wiegte den Kopf mit einer Miene, als wollte er sagen: In dem Fall steht die Sache wahrlich schlecht. Dann wandte er sich an seine Männer und befahl: »Lasst sie passieren, es sind Freunde.«

Der Wagen setzte seinen Weg fort, und Mazarin, der den Atem angehalten hatte, wagte, wieder Luft zu holen. »Bricconi!«, murmelte er.

Einige Schritt vor dem Tor Saint-Honoré stießen sie auf einen dritten Trupp, dieser bestand aus übel aussehenden Leuten, die eher Banditen glichen. Es waren die Männer des Bettlers von Saint-Eustache.

»Aufgepasst, Porthos!«, sagte d'Artagnan. Porthos langte nach seinen Pistolen.

»Was gibt's?«, fragte Mazarin.

»Monseigneur, ich glaube, wir befinden uns in schlechter Gesellschaft.«

Ein Mann mit einer Art Sense in der Hand trat an den Schlag. »Wer da?«, fragte er.

»He, du Spitzbube«, erwiderte d'Artagnan, »erkennst du nicht die Kutsche des Herrn Prinzen von Condé?«

»Prinz oder nicht«, entgegnete der Mann, »öffnen Sie! Wir haben das Tor zu bewachen, und niemand kommt durch, wenn wir nicht wissen, wer es ist.«

»Was tun?«, fragte Porthos.

»Passieren, zum Henker!«, erwiderte d'Artagnan.

»Aber wie?«, fragte Mazarin.

»Mittendurch oder drüber weg, Kutscher, im Galopp!«

Der Kutscher hob seine Peitsche.

»Keinen Schritt weiter«, sagte der Mann, der der Anführer zu sein schien, »oder ich schneide euren Pferden die Sprunggelenke durch.«

»Verdammt!«, sagte Porthos. »Es wäre schade um die Tiere, die mich das Stück hundert Pistolen gekostet haben.«

»Ich bezahle Sie Ihnen mit zweihundert«, warf Mazarin ein.

»Schön, aber wenn sie ihnen die Sprunggelenke durchgeschnitten haben, werden sie uns die Kehle durchschneiden.«

»Da kommt einer an meine Seite«, rief Porthos, »soll ich ihn umlegen?«

»Ja, mit einem Fausthieb, wenn du kannst, schieß nur im äußersten Notfalle.«

»Das kann ich«, antwortete Porthos.

»Kommen Sie also her und öffnen Sie«, sagte d'Artagnan zu dem Mann mit der Sense, während er eine von seinen Pistolen am Lauf packte und sich bereit machte, mit dem Kolben zuzuschlagen.

Der Mann kam noch näher, und unterdessen beugte sich d'Artagnan hinaus, um mehr Bewegungsfreiheit zu haben. Seine Augen blieben an denen des Bettlers hängen, die vom Schein einer Laterne beleuchtet wurden.

Zweifellos erkannte der Mann den Musketier, denn er wurde leichenblass, und zweifellos erkannte d'Artagnan den Mann, denn die Haare sträubten sich ihm.

»Monsieur d'Artagnan!«, rief der Mann zurückweichend. »Monsieur d'Artagnan! Passieren lassen!«

Vielleicht hätte d'Artagnan geantwortet, aber da vernahm er einen Schlag, wie er einen Ochsen hätte fällen können. Porthos hatte seinen Mann erschlagen. D'Artagnan sah den Unglücklichen vier Schritt entfernt am Boden liegen.

»Jetzt aber los, im gestreckten Galopp!«, rief er dem Kutscher zu. »Vorwärts! Vorwärts!«

Der Kutscher hüllte seine Pferde in einen weit ausgeholten Peitschenhieb ein, und die edlen Tiere bäumten sich. Man hörte Schreie wie von Menschen, die zu Boden gerissen wurden. Dann spürten sie einen doppelten Stoß: Zwei Räder waren über einen geschmeidigen rundlichen Körper gerollt.

Eine Weile herrschte Schweigen. Sie jagten durch das Tor.

»Zum Cours-la-Reine!«, schrie d'Artagnan dem Kutscher zu. Dann wandte er sich an Mazarin. »Jetzt, Monseigneur, können Sie fünf Paternoster und fünf Ave-Maria beten, um Gott für Ihre Errettung zu danken; denn Sie sind gerettet, Sie sind frei!«

Mazarin antwortete nur mit einem Stöhnen, er vermochte nicht an ein solches Wunder zu glauben.

Fünf Minuten später hielt der Wagen, sie waren auf dem Cours-la-Reine angelangt.

»Sind Monseigneur mit Ihrer Eskorte zufrieden?«, fragte der Musketier.

»Entzückt, Monsieur«, antwortete Mazarin, der schon den Kopf aus der Kutsche zu strecken wagte, »tun Sie jetzt ebenso viel für die Königin.«

»Das wird weniger schwierig sein«, entgegnete d'Artagnan und stieg aus. »Monsieur du Vallon, ich empfehle Seine Eminenz Ihrer Obhut.«

»Seien Sie unbesorgt«, sagte Porthos, während er ihm die Hand hinhielt. D'Artagnan ergriff und schüttelte sie.

»Au!«, rief Porthos.

»Was ist?«, fragte d'Artagnan erstaunt.

»Ich glaube, ich habe mir das Handgelenk verstaucht«, erwiderte Porthos.

»Warum, zum Teufel, hast du auch so unbarmherzig zugeschlagen?«

»Es musste sein, der Mensch wollte mit einem Pistol auf mich schießen; aber du, wie bist du deinen losgeworden?«

»Ach, meiner«, sagte d'Artagnan, »der war kein Mensch. Der war ein Gespenst. Ich habe es gebannt.«

Ohne weitere Erklärung nahm d'Artagnan seine Pistolen, steckte sie in den Gürtel, hüllte sich in seinen Mantel und machte sich auf den Weg zum Tor Richelieu, weil er nicht durch dasselbe Tor zurückkehren wollte.

Die Kutsche des Herrn Weihbischofs

D'Artagnan, der noch genügend Zeit hatte, machte also den Umweg und kehrte durch das Tor Richelieu in die Stadt zurück. Man kam, seine Persönlichkeit festzustellen, und als man ihn an seinem Federhut und seinem mit Tressen besetzten Mantel als einen Offizier der Musketiere erkannte, umringte man ihn in der Absicht, ihn »Nieder mit Mazarin!« rufen zu lassen. Diese bedrohliche Lage verfehlte nicht, ihn zu beunruhigen, doch als er merkte, worum es ging, schrie er mit einer so vortrefflichen Stimme, dass die Anspruchsvollsten befriedigt waren.

Er ging durch die Rue de Richelieu und sann darüber nach, wie er nun die Königin hinausschaffen sollte – denn in einer Karosse mit dem Wappen Frankreichs, daran war nicht zu denken –, als er vor dem Haus von Madame Guémenée eine Equipage bemerkte.

Eine unvermutete Idee erleuchtete ihn. Bei Gott, dachte er, das wäre ehrlicher Kriegsbrauch! Damit näherte er sich der Kutsche und betrachtete das Wappen auf der Türfüllung sowie die Livree des Kutschers, der auf dem Bock saß. Die Untersuchung fiel ihm umso leichter, als der Kutscher mit geballten Fäusten schlief.

Das ist doch die Kutsche des Herrn Weihbischofs, sagte er sich, Ehrenwort, ich beginne zu glauben, dass die Vorsehung für uns ist. Leise stieg er ein, zog an dem Seidenfaden, der an den kleinen Finger des Kutschers gebunden war, und befahl: »Zum Palais-Royal!«

Der Kutscher erwachte mit einem Ruck und setzte den Wagen zu dem bezeichneten Ort in Bewegung, ohne zu ahnen, dass der Befehl von einem anderen als seinem Herrn ergangen war. Der Schweizer wollte gerade die Gittertore schließen, doch als er die prächtige Equipage erblickte, zweifelte er nicht daran, dass es sich um einen wichtigen Besucher handle, und ließ die Kutsche passieren, die unter dem Säulengang hielt.

Erst da merkte der Kutscher, dass die Lakaien nicht hinten aufsaßen. Er glaubte, der Herr Weihbischof habe anders über sie verfügt, sprang vom Bock, ohne die Zügel loszulassen, und ging öffnen. Aber schon sprang d'Artagnan hinaus, und im selben Augenblick, als der Kutscher vor Schreck, nicht seinen Herrn vor sich zu sehen, einen Schritt zurücktrat, packte er ihn mit der Linken am Kragen und setzte ihm mit der Rechten das Pistol an die Kehle. »Versuchst du auch nur ein einziges Wort zu sprechen, bist du des Todes!«, sagte d'Artagnan.

Der Kutscher erkannte an dem Gesichtsausdruck des Sprechers, dass er in einen Hinterhalt geraten war, und blieb mit offnem Mund und unmäßig aufgerissenen Augen stehen.

Zwei Musketiere spazierten umher, d'Artagnan rief sie mit ihrem Namen an. »Monsieur de Bellière«, sagte er zu dem einen, »tun Sie mir den Gefallen, und nehmen Sie diesem braven Mann die Zügel ab, steigen Sie auf, fahren Sie den Wagen vor die Geheimtreppe und erwarten Sie mich dort, es handelt sich um eine wichtige Angelegenheit im Dienst des Königs.«

Der Musketier, der wusste, dass sein Leutnant unfähig war, sich am Dienstort einen schlechten Scherz zu erlauben, gehorchte ohne ein Wort, obgleich ihn der Befehl sonderbar anmutete.

Daraufwandte sich d'Artagnan an den zweiten Musketier: »Monsieur du Verger, helfen Sie mir, diesen Mann an einen sicheren Ort zu bringen.«

Der Musketier glaubte, sein Leutnant habe einen verkleideten Prinzen arretiert, er verneigte sich, zog seinen Degen und ließ erkennen, dass er bereit sei. D'Artagnan stieg die Treppe hinauf, gefolgt von seinem Gefangenen, dem wiederum der Musketier folgte, durchquerte das Vestibül und trat in das Vorzimmer Mazarins. Dort wartete Bernouin schon mit Ungeduld auf Nachrichten über seinen Herrn. »Nun, Monsieur?«, fragte er.

»Alles läuft wunderbar, mein lieber Monsieur Bernouin, aber hier haben wir einen Mann, den Sie an einen sicheren Ort schaffen müssen. Der Raum, den Sie wählen, muss Fensterläden mit Vorhängeschlössern und eine verschließbare Tür haben.«

»So etwas haben wir, Monsieur«, antwortete Bernouin und führte den armen Kutscher in ein Kabinett, dessen Fenster vergittert waren und das sehr einer Gefängniszelle glich.

»Und jetzt, mein lieber Freund«, sagte d'Artagnan, »fordere ich Sie auf, sich mir zuliebe Ihres Huts und Ihres Mantels zu entledigen.«

Der Kutscher leistete, was gut zu verstehen ist, keinen Widerstand, außerdem war er so verdutzt über das, was ihm widerfuhr, dass er wie ein Betrunkener schwankte und stammelte. D'Artagnan schob dem Kammerdiener die Sachen unter den Arm.

»Monsieur du Verger«, sagte er dann, »schließen Sie sich jetzt mit diesem Mann bis zu dem Zeitpunkt ein, da Monsieur Bernouin die Tür öffnen wird. Die Wache wird ziemlich lange dauern und sehr wenig amüsant sein, ich weiß, aber Sie verstehen«, fügte er gewichtig hinzu, »Dienst für den König.«

»Zu Befehl, Herr Leutnant«, erwiderte der Musketier, der merkte, dass es sich um ernste Dinge handelte.

»Übrigens«, sagte d'Artagnan, »wenn dieser Mann zu fliehen oder zu schreien versucht, rennen Sie ihm Ihren Degen durch den Leib.«

Der Musketier gab mit einer Kopfbewegung zu verstehen, dass er die Anweisung pünktlich befolgen werde. Darauf entfernte sich d'Artagnan mit Bernouin.

Es schlug Mitternacht. »Führen Sie mich in das Betzimmer der Königin«, sagte d'Artagnan, »melden Sie ihr, dass ich dabin, und legen Sie mir dieses Bündel und eine wohlgeladene Muskete auf den Bock des Wagens, der an der Geheimtreppe wartet.«

Bernouin tat, wie ihm geheißen, und d'Artagnan nahm tief nachdenklich im Betzimmer Platz.

Alles im Palais-Royal war wie sonst gewesen. Um zehn Uhr hatten sich fast alle Gäste entfernt. Die mit dem Hof fliehen sollten, hatten das Stichwort erhalten und waren ersucht worden, sich zwischen Mitternacht und ein Uhr auf dem Cours-la-Reine einzufinden.

Um zehn Uhr ging Anna von Österreich zu dem König. Man hatte den Herzog von Anjou zu Bett gebracht, und der kleine Ludwig, der noch aufgeblieben war, unterhielt sich damit, Bleisoldaten in Schlachtordnung aufzustellen, was ihn ungemein ergötzte. Zwei Edelknaben spielten mit ihm.

»Laporte«, sagte die Königin, »es wäre Zeit, Seine Majestät schlafen zu legen.«

Der König bat, noch aufbleiben zu dürfen, da er, wie er sagte, keine Lust habe zu schlafen, doch die Königin bestand darauf, dass er zu Bett gehe.

»Willst du nicht morgen früh um sechs Uhr in Conflans baden, Ludwig? Mir scheint, du selbst hast darum gebeten.«

»Sie haben recht, Madame«, antwortete der König, »und ich bin bereit, mich in mein Zimmer zurückzuziehen, wenn Sie mich geküsst haben. Laporte, geben Sie dem Herrn Chevalier de Coislin den Wachsstock.«

Die Königin drückte ihre Lippen auf die weiße glatte Stirn, die ihr das erlauchte Kind, das bereits ein Gefühl für Etikette hatte, ernst hinhielt.

»Schlaf schnell ein, Ludwig«, sagte die Königin, »denn du wirst zeitig geweckt.«

»Ich werde mein Bestes tun, Ihnen zu gehorchen, Madame«, erwiderte der kleine Ludwig, »aber ich habe kein Verlangen danach, zu schlafen.«

»Laporte«, sagte Anna von Österreich ganz leise, »suchen Sie ein möglichst langweiliges Buch heraus, Seiner Majestät vorzulesen, und bleiben Sie angezogen.«

Der König ging, begleitet von dem Chevalier de Coislin, der ihm leuchtete. Der andere Edelknabe wurde nach Hause gebracht. Darauf begab sich die Königin wieder in ihre Gemächer. Ihre Kammerfrauen, Madame de Brégy, Mademoiselle de Beaumont, Madame de Motteville und deren Schwester, die man wegen ihrer Klugheit Socratine nannte, hatten ihr ins Ankleidezimmer Reste vom Diner gebracht, die wie stets ihr Nachtessen waren.

Nachdem die Königin gespeist hatte, erteilte sie ihre Befehle, sprach von einem Festmahl, das ihr der Marquis de Villequier am übernächsten Tag geben wolle, bestimmte diejenigen, denen sie die Ehre erwies, daran teilzunehmen, kündete für den nächsten Tag einen Besuch der Abteikirche Val-de-Grâce an, wo sie ihre Andacht verrichten wolle, und befahl ihrem obersten Kammerdiener, Béringhen, sie dorthin zu begleiten.

Darauf täuschte die Königin große Müdigkeit vor und ging in ihr Schlafgemach. Madame de Motteville, die ihr an diesem Abend aufwartete, folgte ihr dorthin und half ihr, sich zu entkleiden. Die Königin legte sich zu Bett, sprach liebevoll ein paar Minuten mit ihr und entließ sie dann.

Zu diesem Zeitpunkt fuhr d'Artagnan im Wagen des Weihbischofs gerade auf den Hof des Palais-Royal. Einen Augenblick später verließen ihn die Kutschen der Ehrendamen, und hinter ihnen schloss sich das Gittertor.

Es schlug Mitternacht. Fünf Minuten später klopfte Bernouin, der durch den Geheimgang des Kardinals gekommen war, an die Schlafzimmertür der Königin.

Anna von Österreich öffnete selbst.

Sie war bereits angekleidet, das heißt, sie hatte ihre Strümpfe wieder angezogen und war in einen langen Frisiermantel gehüllt.

»Ist Monsieur d'Artagnan da, Bernouin?«, fragte sie.

»Ja, Madame, er wartet im Betzimmer auf Eure Majestät.«

»Ich bin bereit. Sagen Sie Laporte, er soll den König wecken und ankleiden, von dort gehen Sie zu dem Marschall de Villeroy und geben ihm Bescheid.«

Bernouin verneigte sich und verschwand. Die Königin trat in ihr Betzimmer, das von einer schlichten Lampe aus venezianischem Glas erhellt wurde. Sie erblickte d'Artagnan, der sie stehend erwartete.

»Sind Sie bereit?«, fragte sie.

»Ja, Madame.«

»Und der Herr Kardinal?«

»Ist ohne Zwischenfall aus der Stadt gelangt. Er erwartet Eure Majestät auf dem Cours-la-Reine.«

»In welchem Wagen werden wir fahren?«

»Ich habe alles bedacht und an der Geheimtreppe eine Kutsche für Eure Majestät.«

»Gehen wir zum König.«

D'Artagnan verneigte sich und folgte der Königin. Der kleine Ludwig war bereits angezogen. Das Bett war aufgeschlagen und die Wäsche so abgenutzt, dass sich an manchen Stellen Löcher zeigten – eine Folge der Knausrigkeit Mazarins.

Die Königin trat ein, während d'Artagnan an der Schwelle stehen blieb. Als das Kind die Königin erblickte, entschlüpfte es den Händen Laportes und lief zu ihr, worauf die Königin d'Artagnan heranwinkte.

»Mein Sohn«, sagte Anna von Österreich, auf den Musketier zeigend, der gelassen und entblößten Hauptes vor ihnen stand, »das ist Monsieur d'Artagnan, der so tapfer ist wie einer von jenen alten Helden, deren Geschichte du dir so gern von meinen Kammerfrauen erzählen lässt. Behalte seinen Namen gut im Gedächtnis, und betrachte ihn genau, damit du sein Gesicht nicht vergisst, denn heute Nacht wird er uns einen großen Dienst erweisen.«

Der junge König hob langsam die Hand und hielt sie dem Musketier hin, der ein Knie beugte und sie küsste. Im selben Augenblick hörten sie sich nähernden Lärm.

»Was ist das?«, fragte die Königin.

»Oho!«, erwiderte d'Artagnan, während er seine scharfen Ohren spitzte und seinen intelligenten Blick schärfte. »Das ist Volksaufruhr.«

»Wir müssen fliehen«, sagte die Königin.

»Eure Majestät haben mir die Leitung dieses Unternehmens übertragen, wir müssen bleiben und erfahren, was die Leute wollen.«

Nichts teilt sich rascher mit als Zuversicht. Die Königin, die selber stark und mutig war, spürte diese beiden Tugenden bei andern in hohem Maße.

»Machen Sie nur«, sagte sie, »ich verlasse mich auf Sie.«

»Erlauben mir Eure Majestät, bei dieser ganzen Angelegenheit in Ihrem Namen Befehle zu erteilen?«

»Befehlen Sie, Monsieur.«

»Was will denn dieses Volk?«, fragte der König.

»Wir werden es erfahren, Sire«, antwortete d'Artagnan und verließ geschwind das Zimmer.

Der Tumult nahm zu, er schien das Palais-Royal völlig einzuhüllen. Man hörte Geschrei, dem kein Sinn zu entnehmen war. Offenbar handelte es sich um Schmähungen und Empörung. Der König, die Königin und Laporte blieben wie angewurzelt an ihrem Platz, horchten und warteten.

Comminges, der in dieser Nacht im Palais-Royal Dienst hatte, kam angelaufen. Er hatte in den Höfen und Ställen an die zweihundert Mann, die er der Königin zur Verfügung stellte.

»Nun?«, fragte Anna von Österreich, als d'Artagnan wieder auftauchte. »Was gibt es?«

»Madame, es hat sich das Gerücht verbreitet, die Königin habe das Palais-Royal verlassen und den König entführt, und das Volk verlangt, dass man ihm das Gegenteil beweist, und droht, andernfalls das Palais-Royal niederzureißen.«

»Oh, das ist zu stark«, sagte die Königin, »ich werde ihnen schon beweisen, dass ich nicht fort bin!«

D'Artagnan erkannte am Gesichtsausdruck der Königin, dass sie im Begriff stand, einen Gewaltbefehl zu erteilen. Er trat zu ihr und fragte ganz leise: »Haben Eure Majestät immer noch Vertrauen zu mir?«

Seine Stimme ließ sie erbeben. »Ja, Monsieur, volles Vertrauen«, antwortete sie. »Sprechen Sie.«

»Geruht die Königin, sich von meinen Ratschlägen leiten zu lassen?«

»Sprechen Sie.«

»Dann schicken Eure Majestät Monsieur de Comminges fort und befehlen Sie ihm, sich mit seinen Leuten im Wachthaus und in den Ställen einzuschließen.«

Comminges bedachte d'Artagnan mit jenem neidischen Blick, mit dem jeder Höfling ein neues Glück anbrechen sieht.

»Sie haben gehört, Comminges?«, fragte die Königin.

D'Artagnan ging zu ihm, mit seinem üblichen Scharfsinn hatte er diesen beunruhigten Blick durchschaut. »Verzeihen Sie mir, Monsieur de Comminges«, sagte er, »wir sind beide Diener der Königin, nicht wahr? An mir ist die Reihe, ihr nützlich zu sein, neiden Sie mir daher nicht dieses Glück.«

Comminges verneigte sich und ging hinaus. Na schön, sagte sich d'Artagnan, da habe ich einen weiteren Feind.

»Und was sollen wir jetzt tun?«, fragte die Königin. »Denn Sie hören es, statt sich zu legen, nimmt der Lärm zu.«

»Madame«, erwiderte d'Artagnan, »das Volk will den König sehen, es muss ihn sehen dürfen.«

»Wie soll es ihn sehen? Wo? Auf dem Balkon?«

»Nein, Madame, sondern hier in seinem Bett schlafend.«

»Oh, Eure Majestät, Monsieur d'Artagnan hat völlig recht!«, rief Laporte.

Die Königin überlegte und lächelte als Frau, der die Doppelzüngigkeit nicht fremd ist. »Wenn man erst recht bedenkt …«, murmelte sie.

»Monsieur Laporte«, sagte d'Artagnan, »gehen Sie zum Tor und sagen Sie dem Volk, dass man es zufriedenstellen wird und dass es in fünf Minuten den König nicht nur sehen, sondern überdies in seinem Bett sehen wird. Fügen Sie hinzu, dass der König schläft und dass die Königin bittet, man möge sich still verhalten, um ihn nicht aufzuwecken.«

»Aber doch nicht alle. Eine Abordnung von zwei oder vier Leuten, nicht wahr?«

»Alle, Madame.«

»Aber bedenken Sie, sie werden uns bis Tagesanbruch aufhalten.«

»Wir werden sie nur eine Viertelstunde hier haben. Ich stehe für alles ein, Madame. Glauben Sie mir, ich kenne das Volk, es ist ein großes Kind, dem man nur schmeicheln muss. Vor dem schlafenden König wird es stumm, sanft und schüchtern wie ein Lamm sein.«

»Gehen Sie, Laporte«, befahl die Königin.

»Warum tun, was diese Leute verlangen?«, fragte der junge König seine Mutter.

»Es muss sein, mein Sohn«, erwiderte Anna von Österreich.

»Aber da Sie mir sagen, es *muss* sein, bin ich also nicht mehr König?«

Die Königin schwieg.

»Sire«, sagte d'Artagnan, »erlauben mir Eure Majestät, Ihnen eine Frage zu stellen?«

Ludwig XIV. drehte sich um, erstaunt, dass man das Wort an ihn zu richten wagte, während die Königin die Hand des Kindes drückte.

»Ja, Monsieur«, sagte der König.

»Erinnern sich Eure Majestät, dass Sie, wenn Sie im Park von Fontainebleau oder in den Höfen des Versailler Schlosses spielten, sahen, wie sich plötzlich der Himmel bedeckte, und das Krachen des Donners hörten?«

»Natürlich.«

»Nun, das Krachen des Donners sagte Eurer Majestät, so große Lust Sie auch noch hatten zu spielen: ›Gehen Sie ins Haus, Sire, es muss sein.‹«

»Gewiss, Monsieur, aber man hat mir auch gesagt, das Krachen des Donners sei die Stimme Gottes.«

»Horchen Sie auf den Lärm des Volkes, Sire«, fuhr d'Artagnan fort, »Sie werden merken, dass er große Ähnlichkeit mit dem des Donners hat.«

Tatsächlich brachte in diesem Augenblick der Nachtwind ein fürchterliches Getöse heran. Plötzlich verstummte es.

»Da, Sire«, sagte d'Artagnan, »man hat dem Volk gesagt, dass Sie schlafen. Sie sehen wohl, dass Sie immer noch König sind.«

Erstaunt betrachtete die Königin diesen ungewöhnlichen Mann, dessen hervorragender Mut ihn den Tapfersten und dessen scharfer und schlauer Geist ihn überhaupt allen gleichstellte.

Laporte trat ein.

»Nun, Laporte?«, fragte die Königin.

»Madame«, antwortete er, »was Monsieur d'Artagnan vorausgesagt hat, ist eingetroffen, wie durch Zauberei haben sie sich beruhigt. Man hat ihnen die Tore geöffnet, und in fünf Minuten werden sie hier sein.«

»Laporte«, sagte die Königin, »wenn Sie einen von Ihren Söhnen an die Stelle des Königs legten, könnten wir unterdessen abfahren.«

»Keineswegs«, sagte d'Artagnan, »denn wenn einer von ihnen den König kennt und die Unterschiebung bemerkte, wäre alles verloren.«

»Sie haben recht, Monsieur, durchaus recht«, erwiderte Anna von Österreich. »Laporte, bringen Sie den König zu Bett.«

Laporte legte den König voll angekleidet, wie er war, ins Bett und deckte ihn bis zu den Schultern zu. Dann ging er hinaus, während sich die Königin an die Portiere stellte und d'Artagnan hinter die Vorhänge glitt.

Man hörte den gedämpften und gemäßigten Schritt einer großen Menschenmenge. Die Königin hob selbst die Portiere und legte einen Finger über den Mund. Beim Anblick der Königin blieben die Männer in ehrerbietiger Haltung stehen.

»Treten Sie ein, Messieurs, treten Sie ein«, sagte die Königin.

Darauf entstand unter all dem Volk eine Bewegung des Zögerns, das der Scham glich: Die Männer hatten Widerstand erwartet, hatten erwartet, gehindert zu werden, die Gittertore mit Gewalt eindrücken und die Wachen überrennen zu müssen. Die Tore hatten sich von selbst geöffnet, und am Bett des Königs wachte, zumindest dem Anschein nach, niemand als seine Mutter. Die an der Spitze stammelten verworren und versuchten, sich zurückzuziehen.

»Treten Sie doch ein, Messieurs«, sagte Laporte, »da die Königin es gestattet.«

Da wagte einer, der beherzter war als die andern, hineinzugehen und sich dem Fußende des Bettes zu nähern. Die andern taten es ihm gleich, und das Zimmer füllte sich lautlos, als wären all diese Männer die unterwürfigsten und ergebensten Diener. Vor der Tür bemerkte man die Köpfe derer, die nicht hineinkonnten und sich auf die Zehenspitzen reckten. Durch eine Öffnung, die d'Artagnan in den Vorhang geschnitten hatte, sah er alles und erkannte in dem ersten Eintretenden Planchet.

»Monsieur«, sagte die Königin zu ihm, da sie begriff, dass er der Anführer der ganzen Schar war, »Sie haben gewünscht, den König zu sehen, und ich habe Ihnen Seine Majestät selber zeigen wollen. Kommen Sie näher, betrachten Sie ihn, und sagen Sie mir, ob wir so aussehen, als wollten wir entfliehen.«

»Gewiss nicht«, erwiderte Planchet, ein wenig erstaunt über die unerwartete Ehre, die ihm zuteil wurde.

»Sie werden also meinen guten und getreuen Parisern sagen«, fuhr Anna von Österreich mit einem Lächeln fort, über dessen Ausdruck d'Artagnan sich nicht täuschte, »dass Sie den König zu Bett und schlafend gesehen haben sowie die Königin im Begriff, ebenfalls zu Bett zu gehen.«

»Das werde ich, Madame, und die mich begleiten werden es auch sagen, aber …«

»Aber was?«, fragte Anna von Österreich.

»Eure Majestät mögen mir verzeihen«, entgegnete Planchet, »aber ist es auch wirklich der König, der in diesem Bett liegt?« Anna von Österreich erbebte. »Wenn es einen unter Ihnen gibt, der den König kennt«, erwiderte sie, »mag er herkommen und sagen, ob es Seine Majestät ist.«

Ein Mann, in einen Mantel gehüllt, den er so drapiert hatte, dass er sein Gesicht verbarg, trat vor, beugte sich über das Bett und blickte aufmerksam hin. Eine Sekunde lang glaubte d'Artagnan, dieser Mann hege eine böse Absicht, und er legte die Hand an den Degen, doch als sich der Mann bückte, offenbarte er durch die Bewegung einen Teil seines Gesichts, und d'Artagnan erkannte den Weihbischof.

»Es ist wirklich der König«, sagte der Mann und richtete sich wieder auf, »Gott segne Seine Majestät!«

Und all die Männer, die wütend gekommen waren, gingen von Zorn zu Mitgefühl über und segneten ebenfalls das königliche Kind.

»Jetzt wollen wir der Königin danken, meine Freunde«, sagte Planchet, »und uns entfernen.« Worauf sich alle verneigten und, einer nach dem andern, so leise gingen, wie sie eingetreten waren. Planchet, der als Erster hereingekommen war, entfernte sich als Letzter. Die Königin hielt ihn zurück. »Wie heißen Sie, mein Freund?«, fragte sie.

Ganz verwundert über die Frage, drehte sich Planchet um.

»Ja«, sagte die Königin, »ich fühle mich ebenso geehrt, Sie heute Nacht empfangen zu haben, als wären Sie ein Prinz, und ich möchte gern Ihren Namen wissen.«

Ja, dachte Planchet, um mich wie einen Prinzen zu verraten, vielen Dank!

D'Artagnan zitterte davor, dass Planchet, wie der Rabe in der Fabel verleitet, womöglich seinen Namen nenne und dass die Königin dann erführe, Planchet habe in seinem Dienst gestanden.

»Madame«, erwiderte Planchet ehrerbietig, »ich heiße, Ihnen zu dienen, Dulaurier.«

»Danke, Monsieur Dulaurier, und was machen Sie?«

»Ich bin Tuchhändler in der Rue des Bourdonnais, Madame.«

»Weiter wollte ich nichts wissen«, sagte die Königin, »ich bin Ihnen sehr verbunden, mein lieber Monsieur Dulaurier, Sie werden von mir hören.«

Als sich Planchet entfernt hatte, verharrten die verschiedenen Akteure dieser seltsamen Szene eine Weile, ohne ein einziges Wort zu sagen, die Königin an der Tür, d'Artagnan halb aus seinem Versteck heraus, der König auf den Ellbogen gestützt und bereit, sich bei dem kleinsten Geräusch, das die Rückkehr der Menge anzeigen würde, wieder auf sein Kissen fallen zu lassen; doch statt näher zu kommen, entfernten sich die Geräusche mehr und mehr und erstarben schließlich vollends.

Die Königin atmete auf, d'Artagnan wischte sich die feuchte Stirn, der König ließ sich aus seinem Bett gleiten und sagte: »Wir wollen aufbrechen.«

In diesem Augenblick erschien Laporte.

»Nun?«, fragte die Königin.

»Madame«, antwortete der Kammerdiener, »ich bin ihnen bis zu den Gittertoren gefolgt, sie haben all ihren Gefährten mitgeteilt, dass sie den König gesehen haben und dass die Königin mit ihnen gesprochen hat, worauf sie ungemein stolz und ruhmredigabgezogen sind.«

»Oh! Die Elenden!«, murmelte die Königin. »Sie werden mir ihre Unverschämtheit teuer bezahlen, das verspreche ich ihnen!« Dann wandte sie sich an d'Artagnan mit den Worten: »Monsieur, Sie haben mir heute Nacht die besten Ratschläge gegeben, die ich je in meinem Leben erhielt. Fahren Sie fort, was sollen wir jetzt tun?«

»Monsieur Laporte«, sagte d'Artagnan, »kleiden Sie Seine Majestät fertig an.«

»Dann können wir also aufbrechen?«, fragte die Königin.

»Wann Eure Majestät wünschen, Sie brauchen nur die Geheimtreppe hinabzusteigen und werden mich an der Tür finden.«

»Gehen Sie, Monsieur«, sagte die Königin, »ich komme nach.«

D'Artagnan stieg hinunter. Die Kutsche war zur Stelle, der Musketier saß auf dem Bock. D'Artagnan nahm das Bündel, das Bernouin auftragsgemäß zu Füßen des Musketiers deponiert hatte. Es enthielt, wie man sich erinnern wird, den Hut und den Mantel des Kutschers von Monsieur de Gondi. Er legte den Mantel um die Schultern und setzte den Hut auf. Der Musketier stieg vom Bock.

»Monsieur«, sagte d'Artagnan, »gehen Sie und befreien Sie Ihren Gefährten, der den Kutscher bewacht. Dann reiten Sie beide nach der Rue Tiquetonne zum Gasthof der Chevrette, dort satteln und zäumen Sie mein Pferd und das von Monsieur du Vallon kriegsmäßig auf und bringen beide aus Paris zum Cours-la-Reine. Wenn Sie auf dem Cours-la-Reine niemanden antreffen, reiten Sie nach Saint-Germain. Dienst für den König.«

Der Musketier legte die Hand an den Hut und entfernte sich, um die erhaltenen Befehle auszuführen. D'Artagnan schwang sich auf den Bock. Er hatte zwei Pistolen im Gürtel, eine Muskete unter den Füßen und den blanken Degen hinter sich.

Die Königin erschien, ihr folgten der König und sein Bruder, der Herzog von Anjou. »Die Kutsche des Herrn Weihbischofs!«, rief sie, einen Schritt zurückweichend.

»Ja, Madame«, erwiderte d'Artagnan, »aber steigen Sie nur beherzt ein, ich lenke sie.«

Die Königin stieß einen Schrei der Überraschung aus und stieg in den Wagen. Der König und der Herzog von Anjou kletterten nach ihr hinein und setzten sich neben sie.

»Kommen Sie, Laporte«, sagte die Königin.

»Wie, Madame?«, entgegnete der Kammerdiener. »In dieselbe Kutsche wie Eure Majestäten?«

»Heute Nacht handelt es sich nicht um die königliche Etikette, sondern um das Heil des Königs. Steigen Sie ein, Laporte.«

Laporte gehorchte.

»Schließen Sie die Schirmleder«, befahl d'Artagnan.

»Aber wird das nicht Argwohn erregen, Monsieur?«, fragte die Königin.

»Eure Majestät können ganz beruhigt sein«, erwiderte d'Artagnan, »ich habe meine Antwort parat.«

Die Schirmleder wurden geschlossen, und die Kutsche fuhr im Galopp durch die Rue de Richelieu. Als sie zum Tor kamen, trat mit einer Laterne in der Hand der Kommandeur der Wachmannschaft an der Spitze von zwölf Mann heraus. D'Artagnan bedeutete ihm, näher zu treten. »Erkennen Sie den Wagen?«, fragte er den Sergeanten.

»Nein«, antwortete dieser.

»Sehen Sie sich das Wappen an.«

Der Sergeant hob seine Laterne zu der Türfüllung. »Es ist das des Herrn Weihbischofs«, bemerkte er.

»Pst! Er steht in großer Gunst bei Madame de Guéménée.«

Der Sergeant lachte. »Öffnet das Tor«, sagte er, »ich weiß, wer das ist.« Dann trat er auf das geschlossene Schirmleder zu und sagte: »Viel Vergnügen, Monseigneur.«

»Schwätzer!«, rief d'Artagnan. »Sie werden es so weit treiben, dass man mich davonjagt.«

Die Schranke quietschte in ihren Angeln, und d'Artagnan peitschte angesichts des freien Weges heftig auf die Pferde ein, die in schnellem Galopp lossausten. Fünf Minuten später hatten sie die Karosse des Kardinals eingeholt.

»Mousqueton«, rief d'Artagnan, »öffnen Sie die Schirmleder an der Kutsche Ihrer Majestäten.«

»Er ist es«, sagte Porthos.

»Als Kutscher!«, rief Mazarin.

»Und mit der Kutsche des Weihbischofs!«, sagte die Königin.

»Corpo di Dio! Monsieur d'Artagnan«, sagte Mazarin. »Sie sind nicht mit Gold zu bezahlen!«

Wie d'Artagnan und Porthos, der eine zweihundertneunzehn, der andere zweihundertfünfzehn Louis durch den Verkauf von Stroh einnahmen

Mazarin wollte unverzüglich nach Saint-Germain fahren, aber die Königin erklärte, sie wolle auf die Leute warten, die sie zu der Zusammenkunft bestellt habe. Nur bot sie dem Kardinal den Platz von Laporte an. Der Kardinal nahm an und stieg von dem einen Wagen in den andern um.

Nicht ohne Grund hatte sich das Gerücht verbreitet, der König werde in der Nacht Paris verlassen. Zehn oder zwölf Personen waren seit sechs Uhr nachmittags in das Geheimnis dieser Flucht eingeweiht, und wie verschwiegen sie auch gewesen sein mochten, sie hatten ihre Abreisebefehle nicht geben können, ohne dass etwas durchsickerte. Außerdem hatte jede dieser Personen eine oder zwei andere, an denen sie interessiert war, und da keiner daran zweifelte, dass die Königin

Paris mit furchtbaren Racheplänen verließ, hatten sie alle ihre Freunde oder Verwandten benachrichtigt, so dass das Gerücht von dieser Abreise wie ein Lauffeuer durch die Straßen der Stadt eilte.

Die erste Kutsche, die nach dem Wagen der Königin anlangte, war die des Prinzen, darin saßen Monsieur de Condé, die Prinzessin und die Prinzessinwitwe. Die beiden Damen waren mitten in der Nacht geweckt worden und wussten nicht, worum es sich handelte.

Die zweite beherbergte den Herzog von Orléans, die Herzogin, die Tochter des Herzogs und den Abbé de La Rivière, seinen unzertrennlichen Günstling und vertrauten Ratgeber.

Die Insassen der dritten waren Monsieur de Longueville und der Prinz von Conti, Bruder und Schwager des Prinzen von Condé. Sie stiegen aus, traten zur Kutsche des Königs und der Königin und huldigten den Majestäten. Die Königin blickte in die Kutsche, deren Schlag offen geblieben war, und sah, dass sie leer war. »Aber wo ist denn Madame de Longueville?«, fragte sie.

»Ja, wahrhaftig, wo ist meine Schwester?«, fragte der Prinz von Condé.

»Madame de Longueville ist leidend, Madame«, antwortete der Herzog, »und hat mich beauftragt, sie bei Eurer Majestät zu entschuldigen.«

Anna warf Mazarin einen raschen Blick zu, den er durch eine unmerkliche Kopfbewegung erwiderte. »Was sagen Sie dazu?«, fragte die Königin.

»Sie ist eine Geisel für die Pariser«, erwiderte der Kardinal.

»Warum ist sie nicht gekommen?«, fragte der Prinz von Condé leise seinen Bruder.

»Still!«, antwortete dieser. »Zweifellos hat sie ihre Gründe.«

»Sie stürzt uns ins Verderben«, murmelte der Prinz.

»Sie rettet uns«, entgegnete Conti.

In Scharen langten die Wagen an. Der Marschall de La Meilleraie, der Marschall de Villeroy, Guitaut, Villequier, Comminges kamen nacheinander; auch die beiden Musketiere trafen mit den Pferden d'Artagnans und Porthos' am Zügel ein. D'Artagnan und Porthos saßen auf.

Die Königin, wenngleich von tausend Einzelheiten in Anspruch genommen, suchte mit den Augen d'Artagnan, aber der Gascogner war mit seiner gewohnten Umsicht bereits in der Menge untergetaucht. »Bilden wir die Vorhut«, sagte er zu Porthos, »und verschaffen wir uns eine gute Unterkunft in Saint-Germain, denn an uns wird keiner denken. Und ich bin sehr müde.«

»Ich falle tatsächlich um vor Müdigkeit«, erwiderte Porthos. »Wenn man bedenkt, dass wir nicht den mindesten Kampf zu bestehen hatten! Die Pariser sind entschieden große Dummköpfe.«

»Wird es nicht eher so sein, dass wir sehr geschickt sind?«, bemerkte d'Artagnan.

»Möglich.«

Daraufsetzte sich d'Artagnan, von Porthos begleitet, in Galopp nach Saint-Germain.

»Brechen wir auf, Messieurs!«, sagte die Königin. Und die Königskutsche fuhr ab, gefolgt von allen anderen Wagen und mehr als fünfzig Reitern.

Ohne Zwischenfall erreichten sie Saint-Germain. Als die Königin den Wagentritt hinabstieg, erwartete sie der Prinz von Condé entblößten Hauptes, um ihr die Hand zu bieten.

»Welch ein Erwachen für die Pariser!«, sagte Anna von Österreich strahlend.

»Das ist der Krieg«, entgegnete der Prinz.

»Gut, also Krieg, sei's drum. Haben wir nicht den Sieger von Rocroy, Nördlingen und Lens bei uns?«

Der Prinz verneigte sich zum Zeichen der Dankbarkeit.

Es war drei Uhr früh. Die Königin trat als Erste in das Schloss, alle folgten ihr, fast zweihundert Personen hatten sie auf ihrer Flucht begleitet.

»Messieurs«, sagte die Königin lachend, »quartieren Sie sich im Schloss ein, es steht leer, und es wird Ihnen nicht an Platz fehlen; doch da man nicht mit unserer Ankunft gerechnet hat, soll es, wie ich höre, nur drei Betten geben, eins für den König, eins für mich …«

»Und eins für Mazarin«, ergänzte leise der Prinz von Condé.

»Und ich soll demnach auf dem Fußboden schlafen?«, fragte Gaston von Orléans mit höchst besorgtem Lächeln.

»Nein, Monseigneur«, sagte Mazarin, »denn das dritte Bett ist für Eure Hoheit bestimmt.«

»Aber Sie?«, fragte der Prinz.

»Ich werde nicht schlafen gehen«, antwortete Mazarin, »ich habe zu arbeiten.«

Gaston ließ sich das Zimmer bezeichnen, in dem das Bett stand, ohne sich darüber zu beunruhigen, wie seine Frau und seine Tochter unterkommen würden.

»Also ich will jetzt zu Bett«, sagte d'Artagnan, »komm mit, Porthos.«

Porthos folgte d'Artagnan mit seinem tiefen Vertrauen zu dem Verstand seines Freundes. Seite an Seite gingen sie über den Schlossplatz, wobei Porthos mit verwunderten Augen auf d'Artagnan blickte, der an den Fingern zählte.

»Vierhundert zu einer Pistole das Stück macht vierhundert Pistolen.«

»Stimmt«, sagte Porthos, »aberwas macht vierhundert Pistolen?«

»Eine Pistole ist nicht genug«, fuhr d'Artagnan fort, »das ist einen Louis wert.«

»Was denn bloß?«

»Vierhundert zu einem Louis ergeben vierhundert Louis.«

»Vierhundert …?«, fragte Porthos.

»Ja, es sind zweihundert, und jeder braucht mindestens zwei. Zwei für jeden, das macht vierhundert.«

»Aber vierhundert was?«

»Hör zu«, sagte d'Artagnan. Und da allerlei Leute herumstanden, die mit Staunen die Ankunft des Hofes beobachtet hatten, vollendete er den Satz leise in Porthos' Ohr.

»Ich verstehe«, erwiderte Porthos, »ich verstehe ausgezeichnet, meiner Treu! Zweihundert Louis für jeden, das ist hübsch, aber was wird man sagen?«

»Man wird sagen, was man will, und wird man außerdem erfahren, dass wir es sind?«

»Aber wer wird die Verteilung übernehmen?«

»Ist Mousqueton nicht da?«

»Und meine Livree!«, entgegnete Porthos. »Man wird meine Livree erkennen.«

»Er kann seinen Anzug umwenden.«

»Du hast immer recht, mein Lieber«, rief Porthos, »wo, zum Teufel, nimmst du nur all deine Ideen her?«

Die beiden Freunde bogen in die erstbeste Straße, Porthos klopfte an die Haustür zur Rechten, während d'Artagnan links anklopfte. »Stroh!«, verlangten sie.

»Wir haben keins, Monsieur«, antworteten die Leute, die geöffnet hatten, »aber wenden Sie sich an den Futterhändler zur Linken.«

»Gibt es in Saint-Germain noch andere, bei denen man welches bekommen könnte?«

»Bei dem Gastwirt vom ›Bekränzten Hammel‹ und bei dem Pächter Gros-Louis.«

»Wo wohnen die?«

»Rue des Ursulines.«

Die beiden Freunde ließen sich die zweite und dritte Adresse so genau angeben wie die erste, dann ging d'Artagnan zu dem Futterhändler und verhandelte mit ihm über hundertfünfzig Bund Stroh, die er vorrätig hatte, für die Summe von drei Pistolen. Darauf begab er sich zu dem Gastwirt, wo Porthos bereits zweihundert Bund zu fast demselben Preis erstanden hatte. Der Pächter Louis schließlich stellte ihnen achtzig Bund zur Verfügung. Das machte im ganzen vierhundertdreißig. Mehr gab es in Saint-Germain nicht.

Diese ganze Ausplünderung nahm sie nicht länger als eine halbe Stunde in Anspruch, und der gebührend unterwiesene Mousqueton wurde an die Spitze des improvisierten Geschäfts gestellt. Man schärfte ihm ein, keinen Strohhalm unter einem Louis für das Bund aus den Händen zu geben, und vertraute ihm für vierhundertdreißig Louis Stroh an.

Mousqueton schüttelte den Kopf und begriff nichts von der Spekulation der beiden Freunde.

D'Artagnan kehrte mit der Last von drei Bund Stroh zum Schloss zurück, wo alle vor Kälte schlotterten und vor Müdigkeit umfielen und den König, die Königin und den Herzog von Orléans um ihre Feldbetten beneideten.

D'Artagnans Eintritt in den großen Saal rief schallendes Gelächter hervor, doch d'Artagnan schien es nicht einmal zu bemerken, dass er der Gegenstand der allgemeinen Aufmerksamkeit war, und begann mit so viel Geschick, Behändigkeit und Munterkeit sein Strohlager herzurichten, dass all diesen armen Schläfrigen das Wasser im Mund zusammenlief.

»Stroh!«, riefen sie. »Stroh! Wo bekommt man Stroh?«

»Ich werde Sie hinführen«, sagte Porthos. Und er führte die Dilettanten zu Mousqueton, der freigebig die Bündel zu einem Louis das Stück verteilte. Man fand das zwar ein wenig teuer, doch wer, da das Schlafbedürfnis so groß war, zahlte nicht gern zwei oder drei Louis für ein paar Stunden ruhigen Schlummers?

D'Artagnan trat ständig sein Lager ab und machte es zehnmal von neuem, und da man annahm, er habe wie die andern einen Louis für das Bund Stroh bezahlt, nahm er auf diese Weise in weniger als einer halben Stunde dreißig Louis ein. Um fünf Uhr morgens war das Bund Stroh achtzig Livres wert, dennoch war keines mehr aufzutreiben.

D'Artagnan hatte Sorge getragen, vier Bund für sich beiseitezulegen. Er steckte den Schlüssel zu dem Kabinett, wo er sie versteckt hatte, in die Tasche und kehrte, von Porthos begleitet, zurück, um mit Mousqueton abzurechnen, der ihnen treuherzig und als der würdige Verwalter, der er war, vierhundertdreißig Louis übergab und noch hundert Louis für sich behielt. Er begriff nicht, warum ihm der Gedanke, Stroh zu verkaufen, nicht schon früher gekommen war. Schließlich wusste er ja auch nicht, was sich im Schloss zugetragen hatte.

D'Artagnan teilte das Geld brüderlich mit Porthos; an jeden fielen zweihundertfünfzehn Louis. Und erst jetzt merkte Porthos, dass er selbst kein Stroh hatte, deshalb ging er noch einmal zu Mousqueton, aber Mousqueton hatte alles bis zum letzten Strohhalm verkauft und nichts für sich zurückbehalten. Darauf begab sich Porthos zu d'Artagnan, der gerade im Begriff war, sich dank seiner vier Bunde ein so weiches, am Kopfende so gut gepolstertes Lager zu bereiten, dass sogar der König Gefallen daran gefunden hätte. Er wollte es wegen Porthos um keinen Preis auseinanderreißen, willigte jedoch ein, dass er sich für vier Louis zu ihm lege, worauf er sich wollüstig auf dem knisternden Stroh ausstreckte. Er erging sich bereits in süßen Träumen über die in so kurzer Zeit erworbenen zweihundertneunzehn Louis, als eine Stimme an der Tür ertönte und ihn hochfahren ließ.

»Monsieur d'Artagnan!«, rief jemand. »Monsieur d'Artagnan!«

»Hier«, sagte Porthos, »hier!« Denn er begriff, dass er das Lager für sich allein haben würde, wenn d'Artagnan ginge.

Ein Offizier trat heran. D'Artagnan stützte sich auf den Ellbogen.

»Sind Sie Monsieur d'Artagnan?«, fragte der Offizier.

»Ja, Monsieur, was wünschen Sie von mir?«

»Ich komme Sie holen.«

»Wer schickt Sie?«

»Seine Eminenz.«

»Sagen Sie Monseigneur, dass ich schlafen möchte und dass ich ihm als Freund rate, ein Gleiches zu tun.«

»Seine Eminenz ist nicht zur Ruhe gegangen und wird es auch nicht tun, und er wünscht Sie auf der Stelle zu sprechen.«

»Der Henker hol den Mazarin, der nicht zur rechten Zeit schlafen kann!«, murmelte d'Artagnan. »Will er mich zum Hauptmann machen? In dem Fall verzeihe ich ihm.« Und brummend stand der Musketier auf, nahm Degen, Hut, Pistole und Mantel und folgte dem Offizier, während Porthos als alleiniger Besitzer des Lagers den glücklichen Stimmungen seines Freundes nachzueifern suchte.

»Monsieur d'Artagnan«, sagte der Kardinal, als er den Mann vor sich sah, den er so zur Unzeit hatte holen lassen, »ich habe nicht vergessen, mit welchem Eifer Sie mir dienten, und will Ihnen einen Beweis dafür geben.«

Gut, dachte d'Artagnan, das kündigt nichts Schlechtes an.

»Monsieur d'Artagnan«, fuhr Mazarin fort, »haben Sie großes Verlangen danach, Hauptmann zu werden?«

»Ja, Monseigneur.«

»Und Ihr Freund wünscht sich immer noch, Baron zu werden?«

»In diesem Augenblick träumt er, es bereits zu sein, Monseigneur.«

»Dann«, sagte Mazarin, während er aus einem Portefeuille den Brief zog, den er d'Artagnan bereits gezeigt hatte, »nehmen Sie dieses Schreiben und bringen Sie es nach England.«

D'Artagnan blickte auf den Umschlag, er trug immer noch keine Adresse. »Darf ich nicht wissen, wem ich es übergeben soll?«

»In London werden Sie es erfahren. Erst in London werden Sie das Umschlagdoppel aufreißen.«

»Und wie lauten meine Anweisungen?«

»In jeder Hinsicht dem zu gehorchen, an den dieser Brief gerichtet ist.«

D'Artagnan wollte weitere Fragen stellen, als Mazarin hinzufügte: »Sie reisen nach Boulogne, dort werden Sie im ›Wappen von England‹ einen jungen Edelmann namens Mordaunt antreffen.«

»Ja, Monseigneur, und was soll ich mit diesem jungen Edelmann machen?«

»Ihm folgen, wohin er Sie führt.«

D'Artagnan blickte den Kardinal mit höchst erstaunter Miene an.

»Sie haben Bescheid erhalten«, sagte Mazarin, »gehen Sie!«

»Gehen! Das ist leicht gesagt«, entgegnete d'Artagnan, »aber zum Reisen braucht man Geld, und ich habe keins.«

»Ah!«, sagte Mazarin und kratzte sich das Ohr. »Sie sagen, Sie haben kein Geld?«

»So ist es, Monseigneur.«

»Aber dieser Diamantring, den ich Ihnen gestern Abend gegeben habe?«

»Den möchte ich als eine Erinnerung an Eure Eminenz behalten.«

Mazarin seufzte.

»Das Leben in England ist kostspielig, Monseigneur, und vor allem als außerordentlicher Gesandter.«

»Hm«, machte Mazarin, »es ist ein Land, das sehr mäßig und seit der Revolution sehr einfach lebt, aber einerlei.« Damit öffnete er eine Schublade und holte einen Geldbeutel heraus. »Was sagen Sie zu diesen tausend Talern?«

D'Artagnan schob die Unterlippe übermäßig weit vor. »Das ist wenig, Monseigneur, denn ich werde doch gewiss nicht allein reisen.«

»Damit rechne ich«, erwiderte Mazarin, »Monsieur du Vallon, dieser ehrenwerte Edelmann, wird Sie begleiten, denn nach Ihnen, mein lieber Monsieur d'Artagnan, ist er ganz gewiss der Mann in Frankreich, den ich am meisten liebe und schätze.«

»Wenn Sie ihn so sehr lieben und schätzen, Monseigneur«, sagte d'Artagnan, wobei er auf den Geldbeutel zeigte, den Mazarin nicht losgelassen hatte, »dann, Sie verstehen …«

»Sei's drum! Mit Rücksicht auf ihn werde ich zweihundert Taler dazulegen.«

»Geizkragen!«, murmelte d'Artagnan und fügte laut hinzu: »Doch zumindest nach unserer Rückkehr werden wir doch – Monsieur Porthos auf seine Baronie und ich auf meinen Grad – rechnen können, nicht wahr?«

»Mazarins Ehrenwort!«

Ein anderer Schwur wäre mir lieber, dachte d'Artagnan. Laut fragte er: »Kann ich nicht Ihrer Majestät der Königin meine Aufwartung machen?«

»Ihre Majestät schläft«, antwortete Mazarin schnell, »und Sie müssen ohne Säumen abreisen, gehen Sie also, Monsieur.«

»Noch ein Wort, Monseigneur: Wenn man dort, wohin ich gehe, kämpft, soll ich mich daran beteiligen?«

»Sie werden tun, was Ihnen die Person, zu der ich Sie schicke, befiehlt.«

»Gut, Monseigneur«, sagte d'Artagnan und streckte die Hand nach dem Beutel aus, »ich empfehle mich Ihnen.« Langsam schob er ihn in seine große Tasche und wandte sich darauf an den Offizier mit den Worten: »Monsieur, wollen Sie nun freundlichst auch Monsieur du Vallon im Namen Seiner Eminenz wecken und ihm sagen, dass ich ihn bei den Ställen erwarte?«

Der Offizier entfernte sich mit einer Eilfertigkeit, die d'Artagnan nicht ganz uneigennützig anmutete.

Porthos hatte sich auf dem Lager ausgestreckt und nach seiner Gewohnheit melodisch zu schnarchen begonnen, als er einen Schlag auf der Schulter spürte. Er glaubte, es sei d'Artagnan, und rührte sich nicht.

»Im Namen des Kardinals«, sagte der Offizier.

»Wie beliebt?«, fragte Porthos und riss die Augen auf. »Was sagen Sie?«

»Seine Eminenz schickt Sie nach England, und Monsieur d'Artagnan erwartet Sie bei den Ställen.«

Porthos stieß einen tiefen Seufzer aus, erhob sich, nahm Filzhut, Pistole, Degen und Mantel und warf im Gehen einen bedauernden Blick auf das Lager, wo er so schön zu schlafen gehofft hatte.

Kaum hatte er den Rücken gekehrt, da lag schon der Offizier darauf, und er war noch nicht über die Schwelle, da schnarchte sein Nachfolger bereits ohrenbetäubend. Das war ganz natürlich, denn abgesehen von dem König, der Königin und Monseigneur Gaston d'Orléans war er der Einzige von allen Versammelten, der unentgeltlich schlief.

Nachrichten von Athos und Aramis

Porthos kam mit einem höchst verdrossenen Gesicht zu den Ställen. »Dann wirst du also deinen Grad und ich meine Baronie erhalten?«, fragte er.

»Wir holen uns die Bestallungsbriefe«, antwortete d'Artagnan, »und nach unserer Rückkehr wird Meister Mazarini sie unterzeichnen.«

»Und wohin gehen wir?«, fragte Porthos weiter.

»Zuerst nach Paris«, erwiderte d'Artagnan, »da möchte ich ein paar Sachen erledigen.«

»Also auf nach Paris!« Damit machten sie sich auf den Weg und erreichten nach einigen Zwischenfällen die Rue Tiquetonne. Dort fragte d'Artagnan die schöne Madeleine, während er ihr mit einer Handbewegung bedeutete, sich Jammergeschrei zu ersparen, da es überflüssig sei: »Haben Sie Briefe für mich erhalten?«

»Einen, der soeben angekommen ist.« Und sie gab ihn d'Artagnan.

»Von Athos!«, rief dieser aus, als er die sichere und weitläufige Schrift ihres Freundes erkannte.

»Ah!«, sagte Porthos. »Lass hören, was er schreibt.«

D'Artagnan öffnete den Brief und las vor: »›Lieber d'Artagnan, lieber du Vallon, meine guten Freunde, möglicherweise erhaltet Ihr zum letzten Mal eine Nachricht von mir. Aramis und ich sind sehr unglücklich, aber Gott, unser Mut und die Erinnerung an unsere Freundschaft halten uns aufrecht. Denkt an Raoul. Ich lege Euch die Papiere in Blois ans Herz. Wenn Ihr in zweieinhalb Monaten keine Nachricht von uns erhalten habt, dann seht sie ein. Umarmt den Vicomte von Eurem ganzen Herzen anstelle Eures ergebenen Freundes Athos.‹ – Das möchte ich wohl meinen, dass ich ihn umarmen werde«, sagte d'Artagnan, »trotz allem, was vor uns liegt, und wenn ihm das Unglück widerfährt, unsern armen Athos zu verlieren, ist er von dem Tage an mein Sohn.«

»Und ich mache ihn zu meinem Universalerben«, sagte Porthos. »Lies weiter, was schreibt Athos noch?«

»›Wenn Ihr unterwegs einem Mister Mordaunt begegnet, dann misstraut ihm. Ich kann Euch in meinem Brief nicht mehr darüber sagen.‹ – Mister Mordaunt?«, rief d'Artagnan überrascht aus.

»Mister Mordaunt, in Ordnung«, sagte Porthos, »wir werden es nicht vergessen. Aber weiter, da ist doch noch eine Nachschrift von Aramis.«

»Tatsächlich«, sagte d'Artagnan und las: »›Wir verschweigen Euch unsern Aufenthaltsort, liebe Freunde, da wir Eure brüderliche Ergebenheit kennen und genau wissen, dass Ihr herkämt, um mit uns zu sterben.‹«

»Potztausend!«, unterbrach Porthos in aufbrausendem Zorn, so dass Mousqueton ans andere Ende des Zimmers sprang. »Sind sie denn in Lebensgefahr?«

D'Artagnan fuhr fort: »›Athos hinterlässt Euch Raoul, und ich hinterlasse Euch eine Rache. Wenn Ihr durch einen glücklichen Zufall einen gewissen Mordaunt in die Hände bekommt, dann möge Porthos ihn in eine Ecke führen und ihm den Hals umdrehen. Mehr wage ich Euch in einem Brief nicht zu sagen, Aramis.‹«

»Wenn's weiter nichts ist«, erklärte Porthos, »das lässt sich leicht machen.«

»Im Gegenteil«, erwiderte d'Artagnan mit düstrem Gesicht, »es ist unmöglich.«

»Warum?«

»Weil es justament dieser Mister Mordaunt ist, den wir in Boulogne treffen und mit dem wir nach England rüberfahren sollen.«

»Nun, und wenn wir statt diesen Mister Mordaunt unsre Freunde treffen?«, fragte Porthos mit einer Gebärde, die eine ganze Armee hätte in Schrecken setzen können.

»Daran habe ich schon gedacht«, antwortete d'Artagnan, »aber der Brief trägt weder ein Datum noch einen Poststempel. All das führt zu nichts. Deshalb wollen wir uns auf den Wegmachen, Raoul, wie uns geheißen, umarmen, und vielleicht hat er Nachricht von Athos erhalten.«

Also saßen sie auf und ritten los.

In der Rue Saint-Denis stießen sie auf einen riesigen Menschenauflauf. Monsieur de Beaufort war aus Vendôme angekommen, und der Weihbischof zeigte ihn den erstaunten und erfreuten Parisern.

Auf Umwegen gelangten die beiden Freunde, gefolgt von Mousqueton, in das Feldlager zwischen Saint-Omer und Lambe. Sie fanden Raoul neben seinem Zelt, auf ein Heubündel gebettet, aus dem sein Pferd heimlich ein paar Büschel zupfte. Der junge Mann hatte gerötete Augen und schien völlig niedergeschlagen zu sein. Der Marschall de Grammont und der Graf von Guiche waren nach Paris zurückgekehrt, und das arme Kind fühlte sich einsam und konnte sich kaum fassen vor Glück, als es die beiden Freunde sah.

D'Artagnan schwindelte ihm vor, erfreuliche und beruhigende Nachrichten von Athos erhalten zu haben, und nachdem Raoul sich sein Herz erleichtert hatte, sagte d'Artagnan: »Freund Raoul, Monsieur du Vallon und ich müssen weiter, als

Abgesandte. Zu welchem Ziel, kann ich dir nicht sagen, denn ich weiß selber nichts, aber wenn du etwas brauchst, schreib an Madame Madeleine im Gasthof der Chevrette, Rue Tiquetonne, und lass dir dort Geld auszahlen wie bei einem Bankier.«

Und nachdem er sein einstweiliges Mündel umarmt hatte, übergab er es dem starken Porthos, der Raoul einfach vom Boden hob, so dass er einen Augenblick über dem edlen Herzen des gefürchteten Riesen schwebte.

»Vorwärts!«, sagte d'Artagnan. Und so ritten sie weiter nach Boulogne, wo sie gegen Abend ihre schweißnassen und mit Schaum bedeckten Pferde zügelten.

Zehn Schritt von der Stelle entfernt, wo sie vor der Stadt haltmachten, befand sich ein schwarz gekleideter junger Mann, der jemanden zu erwarten schien und sie von der ersten Sekunde an nicht aus den Augen ließ.

D'Artagnan ritt auf ihn zu, und da der andere nicht aufhörte, ihn unverwandt anzustarren, sagte er: »He, Freund, ich liebe es nicht, so gemustert zu werden.«

»Mein Herr«, erwiderte der junge Mann, ohne auf d'Artagnans Verweis einzugehen, »kommen Sie nicht aus Paris?«

D'Artagnan hielt ihn für einen Neugierigen, der gern etwas von der Hauptstadt hören wollte. Deshalb antwortete er in sanfterem Ton: »Ja, Monsieur.«

»Sollen Sie nicht im ›Wappen von England‹ absteigen?«

»Ja, Monsieur.«

»Und sind Sie nicht von Seiner Eminenz dem Herrn Kardinal de Mazarin mit einem Auftrag betraut worden?«

»Ja, Monsieur.«

»In dem Fall haben Sie mit mir zu tun«, sagte der junge Mann, »ich bin Mordaunt.«

»Aha!«, sagte d'Artagnan ganz leise. »Der, dem zu misstrauen Athos mir geraten hat.«

»Aha!«, murmelte Porthos. »Der, den ich auf Aramis' Wunsch erwürgen soll.«

Beide betrachteten aufmerksam den jungen Mann, der sich über den Ausdruck ihres Blicks täuschte. »Zweifeln Sie an meinem Wort?«, fragte er. »In dem Fall bin ich bereit, Ihnen jeden Beweis zugeben.«

»Nein, Monsieur«, erwiderte d'Artagnan, »und wir stellen uns Ihnen zur Verfügung.«

»Gut, meine Herren«, sagte Mordaunt, »dann werden wir ohne Säumen abfahren, denn heute läuft die Frist ab, die der Kardinal von mir gefordert hat Mein Schiff liegt bereit, und wenn Sie nicht gekommen wären, hätte ich die Überfahrt ohne Sie angetreten, denn General Oliver Cromwell muss meine Rückkehr bereits mit Ungeduld erwarten.«

»Ach«, sagte d'Artagnan, »demnach sind wir zu General Oliver Cromwell entsandt worden?«

»Haben Sie denn keinen Brief für ihn?«, fragte der junge Mann.

»Ich habe einen Brief, dessen Umschlagdoppel ich erst in London aufreißen soll, aber da Sie mir sagen, an wen er gerichtet ist, ist es ja unnötig, bis dahin zu warten.« Damit entfernte er den äußeren Umschlag des Briefes, dessen Adresse tatsächlich lautete: »An Herrn Oliver Cromwell, General der Truppen der englischen Nation«.

»Hm«, sagte d'Artagnan, »merkwürdiger Auftrag.«

»Wer ist denn dieser Monsieur Oliver Cromwell?«, erkundigte sich Porthos leise.

»Ein ehemaliger Bierbrauer«, antwortete d'Artagnan. »Sollte der Mazarin mit Bier spekulieren wollen, wie wir es mit dem Stroh gemacht haben?«, fragte Porthos.

»Vorwärts, vorwärts, meine Herren«, rief Mordaunt ungeduldig, »machen wir uns auf den Weg.«

»Oho!«, wandte Porthos ein. »Ohne Abendessen? Kann Monsieur Cromwell nicht noch ein wenig warten?«

»Ja, aber ich?«, entgegnete Mordaunt.

»Hm, Sie, na und?«, fragte Porthos.

»Ich habe es eilig.«

»Ach, wenn es Ihretwegen ist«, sagte Porthos, »dann geht mich die Sache nichts an, und ich werde mit Ihrer Erlaubnis oder ohne sie zu Abend speisen.«

Der unstete Blick des jungen Mannes flammte auf und schien Blitze schießen zu wollen, doch er beherrschte sich.

»Monsieur«, sagte d'Artagnan, »Sie müssen ausgehungerte Reisende entschuldigen. Außerdem wird unser Abendessen

Sie nicht lange aufhalten, wir werden im Galopp den Gasthof aufsuchen. Gehen Sie zu Fuß zum Hafen, wir essen einen Happen und werden zur selben Zeit dort sein wie Sie.«

»Es soll alles nach Ihrem Wunsch geschehen, meine Herren, vorausgesetzt, dass wir abfahren«, erklärte Mordaunt.

»Wie heißt das Schiff?«

»Die ›Standard‹.«

»Gut, in einer halben Stunde sind wir an Bord.« Damit gaben die beiden Freunde ihren Pferden die Sporen und galoppierten zu dem Gasthof »Wappen von England«.

»Was hältst du von dem jungen Mann?«, fragte d'Artagnan unterwegs.

»Er gefällt mir überhaupt nicht«, antwortete Porthos, »und es gelüstet mich heftig, dem Rat Aramis' zu folgen.«

»Hör zu, wenn unser Auftrag erfüllt ist …«

»Ja?«

»Nun, wir werden sehen.«

Unterdessen waren sie in dem Gasthof angelangt, wo sie mit großem Appetit speisten; dann begaben sie sich unverzüglich zum Hafen. Eine Brigg war bereit, Segel zu setzen, und an Deck bemerkten sie Mordaunt, der ungeduldig auf und ab ging.

»Unglaublich«, sagte d'Artagnan, als das Boot sie an Bord der »Standard« brachte, »erstaunlich, welche Ähnlichkeit dieser junge Mann mit jemand hat, den ich gekannt habe, ich weiß nur nicht, mit wem.«

Sie legten an der Schiffstreppe an und waren einen Augenblick später an Bord.

Der von drei schlaflosen Nächten und einem Ritt von siebzig Meilen todmüde Porthos hatte sich in seine Kabine zurückgezogen und schlief.

D'Artagnan überwand seine Abneigung gegen Mordaunt, spazierte mit ihm an Deck umher und erzählte ihm endlos Geschichten, um ihn zum Reden zu zwingen.

Mousqueton war seekrank.

Und jetzt müssen unsere Leser die »Standard« unbesorgt dahinschwimmen lassen – nicht nach London, wie d'Artagnan und Porthos glaubten, sondern nach Durham, wohin Briefe, die Mordaunt während seines Aufenthalts in Boulogne aus England erhalten hatte, ihn befahlen – und uns in das königliche Feldlager folgen, das diesseits des Tyne unweit der Stadt Newcastle aufgeschlagen war.

Dort, zwischen zwei Flüssen an der Grenze Schottlands, aber auf dem Boden Englands, breiten sich die Zelte einer kleinen Armee aus. Es ist Mitternacht. Männer, die man an ihren nackten Beinen, kurzen Röcken, buntscheckigen Plaids und an der Feder, die ihre Mütze ziert, als Hochländer erkennt, halten lässig Wache. Der Mond, der zwischen zwei dicken Wolken dahingleitet, beleuchtet bei jedem Ausblick, den er auf seinem Weg findet, die Musketen der Posten und lässt deutlich die Mauern, Dächer und Glockentürme der Stadt hervortreten, die Karl I. wie die Städte Oxford und Newart, die in der Hoffnung auf einen Vergleich noch zu ihm halten, den Parlamentstruppen übergeben hat.

An dem einen Ende des Lagers neben einem riesigen Zelt voll schottischer Offiziere, die unter dem Vorsitz ihres Befehlshabers, des alten Grafen von Loeven, eine Beratung halten, schläft auf dem Rasen ein als Kavalier gekleideter Mann, die Rechte nach seinem Degen ausgestreckt.

Fünfzig Schritt von ihm entfernt unterhält sich ein zweiter, ebenfalls als Kavalier gekleideter Mann mit einem schottischen Posten, und da er, obgleich ein Fremder, mit der englischen Sprache vertraut zu sein scheint, gelingt es ihm auch, die Antworten, die ihm sein Gesprächspartner in der Mundart der Grafschaft Perth gibt, zu verstehen.

Als es in Newcastle ein Uhr früh schlug, erwachte der Schläfer, und nachdem er sich in jeder Hinsicht wie ein Mann gebärdet hatte, der aus tiefem Schlummer hochfährt und die Augen öffnet, blickte er aufmerksam um sich, stand, da er sich allein sah, auf und ging auf einem Umweg an dem Kavalier vorbei, der mit dem Posten sprach. Dieser hatte zweifellos seine Erkundigungen beendet, denn wenig später verabschiedete er sich von dem Posten und folgte ohne Getue dem Weg des ersten Kavaliers, der ihn im Schatten eines am Weg gelegenen Zelts erwartete.

»Nun, lieber Freund?«, fragte er ihn in dem reinsten Französisch, das je von Rouen bis Tours gesprochen wurde.

»Es ist keine Zeit zu verlieren, mein Freund, man muss den Königwarnen.«

»Was geht denn vor?«

»Es würde zu lange dauern, es dir zu erzählen, außerdem wirst du es gleich hören. Und das geringste hier gesprochene Wort kann alles verderben. Wir wollen Lord Winter aufsuchen.« Worauf sich beide zum entgegengesetzten Ende des Lagers begaben, und da sich das Feldlager über eine Oberfläche von nicht mehr als fünfhundert Schritt im Quadrat erstreckte, waren sie bald am Zelt dessen angelangt, den sie suchten.

»Schläft Ihr Herr, Tony?«, fragte einer der beiden Kavaliere auf Englisch.

»Nein, Herr Graf«, antwortete der Diener, »ich glaube nicht, oder erst seit ganz kurzer Zeit, denn mehr als zwei Stunden nachdem er den König verlassen hat, ist er hin und her gegangen. Außerdem«, fügte der Diener hinzu, während er den Zeltvorhang hob, »können Sie ihn sehen.«

Tatsächlich saß Winter vor einer als Fenster angelegten Öffnung, die die Nachtluft einließ und durch die seine Augen schwermütig dem Mond folgten, über den sich von Zeit zu Zeit dicke schwarze Wolken schoben.

Die beiden Freunde traten zu Lord Winter, der, den Kopf in die Hand gestützt, den Himmel betrachtete. Er hörte sie nicht kommen und blieb in derselben Haltung, bis er eine Hand auf seiner Schulter fühlte. Da drehte er sich um, erkannte Athos und Aramis und reichte ihnen die Hand. »Haben Sie bemerkt«, sagte er, »dass der Mond heute Nacht die Farbe von Blut hat?«

»Nein«, antwortete Athos, »er erscheint mir wie sonst.«

»Schauen Sie hin, Chevalier«, sagte Winter.

»Ich muss Ihnen gestehen«, erwiderte Aramis, »dass ich völlig der Meinung des Grafen von La Fère bin, ich sehe nichts Besonderes daran.«

»Mylord«, sagte Athos, »in einer so misslichen Lage wie der unsern muss man sich die Erde, nicht den Himmel genau ansehen. Haben Sie unsere Schotten gründlich beobachtet, und sind Sie ihrer sicher?«

»Die Schotten?«, fragte Winter. »Welche Schotten?«

»Na, die unsern, bei Gott!«, erwiderte Athos. »Die, auf die sich der König verlässt, die Schotten des Grafen von Loeven.«

»Nein«, sagte Winter. Dann fügte er hinzu: »Sagen Sie mir, haben Sie nicht wie ich diese rötliche Färbung gesehen, die den Himmel überzieht?«

»Nicht im Allergeringsten«, antworteten Athos und Aramis zusammen.

»Sagen Sie«, fuhr Winter, immer noch ausschließlich mit demselben Gedanken beschäftigt, fort, »ist es nicht eine Überlieferung in Frankreich, dass Heinrich IV. am Vorabend seiner Ermordung, als er mit Monsieur de Bassompierre Schach spielte, Blutflecken auf dem Schachbrett sah?«

»Ja«, erwiderte Athos, »und der Marschall hat es mir viele Male selbst erzählt.«

»Das ist es«, murmelte Lord Winter, »und am nächsten Tag wurde Heinrich IV. umgebracht.«

»Aber welche Beziehung hat diese Vision Heinrichs IV. zu Ihnen, Mylord?«, fragte Aramis.

»Keine, Messieurs, und ich bin wahrhaftig töricht, Sie mit solchen Dingen zu unterhalten, wenn mir Ihr Erscheinen zu dieser Stunde sagen muss, dass Sie mir eine wichtige Nachricht bringen.«

»Ja, Mylord«, entgegnete Athos, »ich möchte gern mit dem König sprechen.«

»Mit dem König? Aber der König schläft.«

»Ich habe ihm Dinge von großer Bedeutung zu enthüllen.«

»Können die nicht bis morgen aufgeschoben werden?«

»Er muss sie augenblicklich erfahren, und vielleicht ist es schon zu spät.«

»Gehen wir hinein, Messieurs«, sagte Winter.

Winters Zelt war neben dem des Königs aufgeschlagen, eine Art Gang verband beide miteinander.

In seinem schwarzen Wams und den hohen Stiefeln, den Gürtel gelockert und den Filzhut neben sich, war König Karl, einem unwiderstehlichen Schlafbedürfnis nachgebend, auf einem Feldbett eingeschlafen. Die Männer traten näher, und Athos, der als Erster hereingekommen war, betrachtete einen Augenblick schweigend das von langen schwarzen Haaren eingerahmte, so bleiche edle Gesicht. Er stieß einen tiefen Seufzer aus, der den König weckte, so leicht war sein Schlaf.

Karl I. öffnete die Augen. »Ah, Sie sind es, Graf von La Fère«, sagte er und stützte sich auf den Ellbogen.

»Ja, Sire«, antwortete Athos.

»Sie wachen, während ich schlafe, und Sie bringen mir eine Nachricht?«

»Leider, Sire«, erwiderte Athos, »Eure Majestät haben richtig geraten.«

»Dann handelt es sich um eine schlechte Nachricht?«, fragte der König mit einem traurigen Lächeln.

»Ja, Sire.«

»Einerlei, der Sendbote ist willkommen, und nie können Sie in mein Zelt treten, ohne mir Freude zu bereiten. Sie, deren Ergebenheit weder Vaterland noch Unglück kennt, Sie sind mir von Henriette geschickt worden, sprechen Sie daher mit Zuversicht, welche Nachricht Sie auch für mich haben mögen.«

»Sire, Monsieur Cromwell ist heute Nacht in Newcastle eingetroffen.«

»Ah«, sagte der König, »um gegen mich zu kämpfen?«

»Nein, Sire, um Sie zu kaufen.«

»Was sagen Sie da?«

»Sire, Sie schulden der schottischen Armee vierhunderttausend Pfund Sterling.«

»An rückständigem Sold, ja, ich weiß. Seit fast einem Jahr kämpfen meine tapferen und treuen Schotten für die Ehre.«

Athos lächelte. »Obgleich die Ehre eine schöne Sache ist, Sire, sind sie es überdrüssig, für sie zu kämpfen, und heute Nacht haben sie Eure Majestät für zweihunderttausend Pfund, also die Hälfte dessen, was Sie ihnen schulden, verkauft.«

»Unmöglich!«, rief der König. »Die Schotten ihren König für zweihunderttausend Pfund verkaufen!«

»Die Juden haben ihren Gott für dreißig Silberlinge verkauft.«

»Und wer ist der Judas, der diesen niederträchtigen Handel abgeschlossen hat?«

»Der Graf von Loeven.«

»Sind Sie dessen sicher, mein Herr?«

»Ich habe es mit eigenen Ohren gehört.«

Der König stieß einen tiefen Seufzer aus, als bräche ihm das Herz, und ließ den Kopf zwischen die Hände sinken. »Oh, die Schotten!«, sagte er. »Die Schotten, die ich meine Getreuen nannte, die Schotten, denen ich mich anvertraute, als ich nach Oxford fliehen konnte, die Schotten, meine Landsleute, die Schotten, meine Brüder! Aber sind Sie dessen auch ganz sicher, Monsieur?«

»Ich laghinter dem Zelt des Grafen von Loeven, und da ich die Leinwand angehoben hatte, habe ich alles gesehen und alles gehört.«

»Und wann soll dieser abscheuliche Handel vollzogen werden?«

»Heute Vormittag. Wie Eure Majestät sehen, ist keine Zeit zu verlieren.«

»Warum etwas tun, da Sie doch sagen, ich sei verkauft?«

»Um den Tyne zu überqueren, um Schottland zu erreichen, um zu Lord Montrose zu gelangen, der Sie nicht verkaufen wird.«

»Und was werde ich in Schottland anfangen? Einen Kleinkrieg führen? Ein solcher Kriegist eines Königs unwürdig.«

»Wir haben das Beispiel Robert Bruce, Sie freizusprechen, Sire.«

»Nein, nein! Seit zu langer Zeit kämpfe ich schon. Wenn sie mich verkauft haben, mögen sie mich ausliefern, und die ewige Schande ihres Verrats falle auf sie zurück.«

»Sire«, sagte Athos, »vielleicht muss ein König so handeln, nicht aber ein Gatte und Vater. Ich bin im Namen Ihrer Gemahlin und Ihrer Tochter gekommen, und in beider Namen und im Namen der zwei Kinder, die Sie noch in London haben, sage ich Ihnen: Leben Sie, Sire, Gott will es!«

Der König stand auf, zog seinen Gürtel fest, hängte den Degen ein und wischte sich mit einem Taschentuch die schweißnasse Stirn. »Gut«, sagte er, »was ist zu tun?«

»Sire, haben Sie in der ganzen Armee ein Regiment, auf das Sie sich verlassen könnten?«

»Winter«, fragte der König, »glauben Sie an die Treue des Ihren?«

»Sire, es sind nur Menschen, und die Menschen sind sehr schwach oder sehr böse geworden. Ich glaube an ihre Treue, aber ich verbürge mich nicht für sie. Ich würde ihnen mein Leben anvertrauen, aber ich habe Bedenken, ihnen das Eurer Majestät anzuvertrauen.«

»Nun«, sagte Athos, »statt eines Regiments sind wir drei ergebene Männer, wir werden genügen. Wenn Eure Majestät aufsitzen und sich in unserer Mitte halten wollen, werden wir den Tyne überqueren, Schottland erreichen und sind gerettet.«

»Ist das auch Ihr Rat, Winter?«, fragte der König.

»Ja, Sire.«

»Und der Ihre, Herr d'Herblay?«

»Ja, Sire.«

»Dann sei es so, wie Sie es wollen. Geben Sie Ihre Befehle, Winter.«

Winter ging hinaus, unterdessen beendete der König seine Toilette. Die ersten Sonnenstrahlen begannen durch die Zeltöffnungen zu sickern, als Winter zurückkehrte. »Alles ist bereit, Sire«, sagte er.

»Dann wollen wir keinen Augenblick verlieren und aufbrechen«, riet Athos.

Der König war einverstanden, und mit jener Behändigkeit, die ihn zu einem der besten Reiter Europas machte, schwanger sich in den Sattel. Dann drehte er sich zu Athos, Aramis und Winter um und sagte: »Ich warte, meine Herren.«

Doch Athos stand unbeweglich, die Augen und die ausgestreckte Hand auf eine schwarze Linie gerichtet, die dem Ufer des Tyne folgte und sich doppelt so lang hinzog wie das Feldlager. »Was bedeutet diese Linie?«, sagte Athos. »Gestern habe ich sie nicht gesehen.«

»Das ist zweifellos der Nebel, der vom Fluss aufsteigt«, bemerkte der König.

»Es ist etwas Kompakteres als Dunst, Sire. Es ist der Feind, der Newcastle verlässt und uns umzingelt«, rief Athos.

»Der Feind?«, wiederholte der König.

»Ja, der Feind. Es ist zu spät. Da! Sehen Sie dort neben der Stadt unter dem Sonnenstrahl die Eisenseiten leuchten?« Diesen Namen trugen die Kürassiere, die Cromwell zu seiner Garde gemacht hatte.

»Nun werden wir erfahren, ob es wahr ist, dass meine Schotten mich verraten«, sagte der König, gab seinem Pferd die Sporen und galoppierte zum Zelt des Grafen von Loeven.

»Ihm nach«, rief Athos.

»Sollte der König verwundet sein?«, murmelte Winter. »Ich sehe am Boden Blutflecken.« Dann folgte er den beiden Freunden.

Athos hielt ihn an. »Sammeln Sie Ihr Regiment«, sagte er, »vermutlich werden wir es gleich nötig haben.«

Winter kehrte um, und die Freunde setzten ihren Weg fort. Zwei Sekunden später hatte der König das Zelt des kommandierenden Generals der schottischen Armee erreicht. Er sprang ab und trat ein.

Der General befand sich im Kreis der obersten Kommandeure. »Der König!«, riefen sie, während sie sich erhoben und einander bestürzt ansahen.

Karl stand vor ihnen, den Hut auf dem Kopf, mit gerunzelter Stirn, und klopfte mit der Reitpeitsche an seinen Stiefel. »Ja, meine Herren«, sagte er, »der Königin eigener Person, der König, der von Ihnen Rechenschaft fordert über das, was geschieht.«

»Was geschieht denn, Sire?«, fragte der Graf von Loeven.

»Mein Herr«, entgegnete der König, der sich von seinem Zorn hinreißen ließ, »heute Nacht ist der General Cromwell in Newcastle eingetroffen, Sie wissen es, und mich hat man nicht unterrichtet. Der Feind verlässt die Stadt und versperrt uns den Übergang über den Tyne. Ihre Posten müssen diese Bewegung gesehen haben, und mich hat man nicht unterrichtet. Ferner haben Sie mich durch einen infamen Vertrag für zweihunderttausend Pfund Sterling an das Parlament verkauft, aber wenigstens von diesem Vertrag wurde ich in Kenntnis gesetzt. Das ist es, was vorgeht, meine Herren, antworten Sie oder rechtfertigen Sie sich, denn ich klage Sie an.«

»Sire«, stammelte der Graf von Loeven, »Sire, man muss Eure Majestät durch einen falschen Bericht getäuscht haben.«

»Ich habe mit eigenen Augen gesehen, wie sich die feindliche Armee zwischen mir und Schottland ausbreitet«, versetzte Karl, »und ich kann fast behaupten, mit eigenen Ohren gehört zu haben, wie über die Klauseln des Handels debattiert wurde.«

Die schottischen Befehlshaber blickten einander finsteren Gesichts an.

»Sire«, murmelte der Graf von Loeven, gekrümmt unter dem Gewicht der Schande, »Sire, wir sind bereit, Ihnen alle Beweise zugeben.«

»Ich verlange nur einen einzigen«, entgegnete der König, »stellen Sie die Armee in Schlachtordnung auf und marschieren Sie gegen den Feind.«

»Das ist unmöglich, Sire«, erwiderte der Graf.

»Wie? Unmöglich? Und wer hindert Sie daran?«, rief Karl I.

»Eure Majestät wissen genau, dass zwischen uns und der englischen Armee ein Waffenstillstand besteht«, antwortete der Graf.

»Wenn ein Waffenstillstand besteht, so hat ihn die englische Armee gebrochen, indem sie die Stadt entgegen den Übereinkünften verließ, in ihren Mauern zu bleiben. Ich sage Ihnen, Sie müssen mit mir durch diese Armee hindurch und wieder nach Schottland ziehen, und wenn Sie es nicht tun, können Sie zwischen den beiden Namen wählen, die Männer in den Augen anderer zu einem Gegenstand der Verachtung oder des Abscheus machen, dann sind Sie entweder Feiglinge, oder Sie sind Verräter!«

Die Augen der Schotten flammten, und wie es häufig bei solchen Gelegenheiten zu beobachten ist, wechselten sie von der tiefsten Scham zur höchsten Schamlosigkeit über, und zwei Clan-Oberhäupter traten vor und nahmen den Königin ihre Mitte.

»Also gut, ja«, sagten sie, »wir haben versprochen, Schottland und England von dem zu befreien, der seit fünfundzwanzig Jahren England und Schottland das Blut und das Geld aussaugt. Wir haben es versprochen, und wir halten unsere Versprechen. König Karl Stuart, Sie sind unser Gefangener.« Und beide streckten gleichzeitig die Hand aus, um den König zu ergreifen, doch ehe ihre Fingerspitzen ihn berührt hatten, fielen beide zu Boden, der eine ohnmächtig, der andere tot. Den einen hatte Athos mit dem Kolben seines Pistols niedergeschlagen, dem andern hatte Aramis seinen Degen durch den Leib gerannt.

Da der Graf von Loeven und die andern Befehlshaber vor dieser unerwarteten Hilfe zurückwichen, die auf den, den sie bereits als ihren Gefangenen betrachteten, vom Himmel zu fallen schien, zogen Athos und Aramis den König aus dem Verräterzelt, in das er sich so unbesonnen gewagt hatte, worauf sie sich alle drei auf die Pferde schwangen, die von den Dienern bereitgehalten wurden, und im Galopp zum Zelt des Königs zurückritten.

Im Vorbeisausen erblickten sie Winter, der an der Spitze seines Regiments herbeieilte. Der König winkte ihm, sich ihnen anzuschließen.

Der Rächer

Alle vier traten in das Zelt, wo sich der Königin einen Lehnstuhl sinken ließ. »Ich bin verloren«, sagte er.

»Nein, Sire«, entgegnete Athos, »Sie sind nur verraten. Aber es ist jetzt nicht die Stunde für Beschuldigungen, sondern der Augenblick, zu zeigen, dass Sie ein König und ein Edelmann sind. Auf, Sire, auf! Denn zumindest hier haben Sie drei Männer, die Sie nicht verraten werden. Sie können getrost sein, es gibt noch eine Möglichkeit. Lord Winter steht für sein Regiment ein, oder wenigstens beinahe, streiten wir nicht um Worte. Er setzt sich an die Spitze seiner Männer, wir nehmen Eure Majestät in unsere Mitte, reißen eine Lücke in die Armee Cromwells und erreichen Schottland.«

»Es gibt noch eine andere Möglichkeit«, warf Aramis ein, »einer von uns kleidet sich in den Anzug des Königs und reitet sein Pferd; während man ihm wütend nachsetzt, kann der König vielleicht durchkommen.«

»Der Rat ist gut«, sagte Athos, »und wenn Seine Majestät einem von uns die Ehre erweisen wollte, würden wir ihm sehr dankbar dafür sein.«

»Was halten Sie von dem Rat, Winter?«, fragte der König, der mit Bewunderung auf diese beiden Männer blickte, deren einzige Sorge war, die Gefahren, die ihn bedrohten, auf ihr Haupt zu häufen.

»Ich denke, Sire, wenn es einen Weggibt, Eure Majestät zu retten, dann hat Monsieur d'Herblay ihn soeben vorgeschlagen. Ich bitte daher untertänigst, dass Eure Majestät sofort Ihre Wahl treffen, den wir haben keine Zeit zu verlieren.«

Der König sah seinen alten Freund mit Tränen in den Augen an, nahm das Band des Heiligen-Geist-Ordens ab, den er zu Ehren der beiden Franzosen in seiner Begleitung trug, und legte es um den Hals von Winter, der dieses außerordentliche Zeichen der Freundschaft und des Vertrauens kniend entgegennahm.

Dann wandte sich der König an die beiden Freunde. »Auch Ihnen möchte ich einen Orden verleihen, meine Herren«, sagte er und entnahm einer Schatulle zwei Hosenbandorden.

»Diese Orden können nicht für uns sein«, wandte Athos ein, »sie sind eines Königs würdig, und wir sind nur einfache Edelleute.«

»Zeigen Sie mir alle Throne der Erde«, erwiderte der König, »und sagen Sie mir, wo ich größere Herzen finde als die Ihren. Nein, nein, meine Herren, Sie sind nicht gerecht gegen sich, aber ich will Ihnen Gerechtigkeit widerfahren lassen. Knien Sie nieder, Graf.«

Athos tat, wie ihm geheißen, und der König legte ihm, von links nach rechts, wie es sich gehörte, den Hosenbandorden um. Die gleiche Ehre wurde Aramis zuteil, während Lord Winter schon mit Hilfe einiger Knappen seinen kupfernen Brustharnisch ablegte, um mit besserer Aussicht für den König gehalten zu werden.

Dann drückte der König allen dreien ein letztes Mal die Hand, vertauschte seinen Hut gegen den Lord Winters und ging hinaus.

Das Regiment Winters war auf einer flachen Anhöhe aufgestellt, die das Lager überschaute. Dorthin wandte sich der König, gefolgt von den drei Freunden. Indessen war das schottische Lager endlich erwacht. Die Männer hatten ihre Zelte verlassen und waren ins Glied getreten wie zur Schlacht.

»Sehen Sie«, sagte der König, »vielleicht bereuen sie und sind bereit zu marschieren.«

»Wenn sie bereuen, Sire«, antwortete Athos, »werden sie uns folgen. Sehen wir uns genau die feindliche Armee an.«

In derselben Sekunde richteten sich die Augen der kleinen Gruppe auf jene Linie, die sie in der Morgendämmerung für Nebel gehalten hatten und die ihnen die Sonnenstrahlen jetzt als eine Armee in Schlachtordnung zeigten. Die Luft war rein und klar wie gewöhnlich zu dieser Morgenstunde. Sie konnten deutlich die Regimenter, die Feldzeichen, ja sogar die Farbe der Uniformen und der Pferde unterscheiden. Dann sahen sie auf einem kleinen, etwas vor der feindlichen Front gelegenen Hügel einen kleinen, stämmigen Mann auftauchen, umgeben von einigen Offizieren. Er richtete ein Fernglas auf die Gruppe, zu der der König gehörte.

»Kennt dieser Mann Eure Majestät persönlich?«, fragte Aramis.

Karl lächelte. »Dieser Mann ist Cromwell«, antwortete er.

»Dann ziehen Sie Ihren Hut ins Gesicht, Sire, damit er die Unterschiebung nicht bemerkt.«

»Ach«, sagte Athos, »wir haben viel Zeit verloren.«

»Dann den Befehl und los«, rief der König.

»Geben Sie ihn, Sire?«, fragte Athos.

»Nein, ich ernenne Sie zu meinem Generalleutnant.«

»Dann hören Sie, Lord Winter, – treten Sie bitte etwas beiseite, Sire, was wir zu besprechen haben, betrifft Eure Majestät nicht.«

Der König entfernte sich lächelnd ein paar Schritt.

»Ich schlage Folgendes vor«, fuhr Athos fort, »wir teilen unser Regiment in zwei Schwadronen, Sie führen die erste an, Seine Majestät und ich die zweite. Wenn uns nichts den Weg versperrt, greifen wir alle gemeinsam an, um die feindliche Linie zu durchbrechen und den Tyne zu durchqueren, sei es bei einer Furt oder schwimmend. Wenn man uns dagegen Hindernisse in den Weg stellt, leisten Sie und Ihre Männer bis zum Tod Widerstand, während wir mit dem König unsern Weg fortsetzen. Sind wir erst einmal am Ufer des Flusses, und sei es durch drei dichte Glieder, und tut Ihre Schwadron ihre Pflicht, ist das Weitere unsere Sache.«

»Aufgesessen!«, rief Winter.

»Aufgesessen!«, wiederholte Athos. »Alles ist im Voraus bedacht und entschieden.«

»Dann vorwärts, meine Herren!«, sagte der König. »Und vereinigen wir unsere Stimmen zu dem alten Schlachtruf Frankreichs: Montjoie et Saint-Denis! Den Schlachtruf Englands wiederholen jetzt allzu viele Verräter.«

Sie saßen auf. Der König schwang sich auf Winters Pferd, Winter auf das des Königs. Dann stellte sich Winter in das erste Glied der ersten Schwadron und der König, Athos zur Rechten und Aramis zur Linken, in das erste Glied der zweiten.

Die gesamte schottische Armee beobachtete diese Vorkehrungen mit der Reglosigkeit und dem Schweigen der Schande. Man sah einige Befehlshaber aus den Reihen treten und ihre Degen zerbrechen.

»Das tröstet mich«, sagte der König, »nicht alle sind Verräter.«

In diesem Augenblick ertönte die Stimme Lord Winters. »Vorwärts!«

Die erste Schwadron setzte sich in Bewegung, die zweite folgte ihr die Anhöhe hinab. Ein Regiment Kürassiere von fast ebenso großer Zahl rückte hinter dem Hügel hervor und kam ihnen in gestrecktem Galopp entgegen. Der König machte Athos und Aramis darauf aufmerksam.

»Sire«, erwiderte Athos, »der Fall ist im Voraus bedacht, und wenn die Männer von Lord Winter ihre Pflicht tun, wird uns dieser Vorfall retten und nicht verderben.«

Den ganzen Lärm, den die galoppierenden und wiehernden Pferde verursachten, übertönte jetzt Winters Befehl: »Blankgezogen!« Auf das Kommando fuhren alle Klingen aus der Scheide und wie Blitze durch die Luft.

»Vorwärts, meine Herren!«, rief jetzt auch der König, berauscht von Lärm und Anblick. »Blankgezogen, meine Herren!«

Doch diesem Befehl und dem Beispiel des Königs folgten nur Athos und Aramis. »Wir sind verraten«, sagte der König leise.

»Warten wir noch ab«, erwiderte Athos, »vielleicht haben sie die Stimme Eurer Majestät nicht erkannt und erwarten den Befehl von ihrem Schwadronschef.«

»Haben sie nicht die ihres Obersten gehört? Aber sehen Sie!«, rief der König, während er sein Pferd mit einem solchen Ruck anhielt, dass es in die Knie ging, und Athos in den Zügel griff.

»Feiglinge! Lumpen! Verräter!«, hörten sie Winter schreien, indes seine Männer die Reihen verließen und sich auf der Ebene zerstreuten. Kaum fünfzehn Mann waren noch um ihn und erwarteten den Angriff der Kürassiere Cromwells.

»Lassen Sie uns mit ihnen sterben!«, sagte der König.

»Mit ihnen!«, wiederholten Athos und Aramis.

»Alle getreuen Herren zu mir!«, rief Winter, worauf sich die beiden Freunde in Galopp setzten.

»Kein Pardon!«, antwortete Winter eine Stimme, die sie erbeben ließ und bei deren Klang Winter erbleichte und gleichsam versteinerte. Sie gehörte einem Kavalier auf einem herrlichen Rappen an der Spitze des englischen Regiments, dem er in seinem leidenschaftlichen Feuer zehn Schritt vorausgeritten war.

»Er ist es!«, murmelte Lord Winter mit starrem Blick und ließ den Degen an der Seite hinabhängen.

»Der König! Der König!«, schrien mehrere, von dem blauen Band des Heiligen-Geist-Ordens und dem isabellfarbenen Pferd des Königs irregeführt. »Ergreift ihn lebend!«

»Nein, das ist nicht der König!«, rief der Kavalier. »Täuscht euch nicht. Nicht wahr, Lord Winter, Sie sind nicht der König? Sie sind mein Onkel, nicht wahr?« Gleichzeitig richtete Mordaunt, denn er war es, den Lauf eines Pistols auf Winter. Der Schuss ging los, die Kugel durchschlug die Brust des alten Edelmanns, der im Sattel hochfuhr, dann nach hinten in die Arme Athos' fiel und flüsterte: »Der Rächer!«

»Denk an meine Mutter!«, brüllte Mordaunt im Vorbeireiten, da ihn der wilde Galopp seines Pferdes davontrug.

»Erbärmlicher Lump!«, rief Aramis und feuerte, als Mordaunt in Schussweite an ihm vorbeisauste, sein Pistol auf ihn ab, aber nur das Zündpulver fing Feuer, der Schuss ging nicht los.

In diesem Augenblick fiel das ganze Regiment über die paar Mann her, die standgehalten hatten, und die beiden Franzosen wurden umringt, bedrängt und eingeschlossen. Athos hatte sich überzeugt, dass Winter tot war, ließ den Leichnam niedersinken, schwenkte den blanken Degen und rief: »Vorwärts, Aramis, für die Ehre Frankreichs!« Und die beiden Engländer, die sich ihnen am nächsten befanden, fielen tödlich getroffen zu Boden. Gleichzeitig erhob sich ein fürchterliches Hurrageschrei, und dreißig Klingen funkelten über ihren Köpfen.

Plötzlich stürmte aus den Reihen der Engländer, die er völlig durcheinanderwarf, ein Mann, war mit einem Satz bei Athos, umschlang ihn mit seinen kraftvollen Armen, entriss ihm den Degen und raunte ihm ins Ohr: »Pst! Ergib dich. Dich mir ergeben heißt nicht ergeben.«

Und ein Riese hatte die Handgelenke Aramis' gepackt, der sich dem furchtbaren Griff vergeblich zu entwinden suchte. »Ergib dich!«, flüsterte der Riese und sah ihn fest an.

Aramis hob den Kopf, Athos drehte sich um.

»D'Art…«, rief Athos, aber der Gascogner legte ihm schon die Hand über den Mund.

»Ich ergebe mich«, sagte Aramis und reichte Porthos seinen Degen.

»Feuer! Feuer!«, brüllte Mordaunt, als er zu der Gruppe zurückkehrte, in der sich die beiden Freunde befanden.

»Warum feuern?«, entgegnete der Oberst. »Alle haben sich ergeben.« Gleichzeitig öffneten sich die Reihen. D'Artagnan führte Athos' Pferd am Zügel, Porthos das von Aramis. Beide versuchten, ihre Gefangenen so weit wie möglich vom Schlachtfeld zu entfernen.

Diese Bewegung legte die Stelle frei, wo der Leichnam Lord Winters ruhte. Mit dem Instinkt des Hasses hatte Mordaunt ihn wiedergefunden und betrachtete ihn nun, über sein Pferd geneigt, mit abscheulichem Lächeln.

Athos, so ruhiger auch war, fuhr mit der Hand an sein Pistolenhalfter, das noch seinen Inhalt trug.

»Was willst du tun?«, fragte d'Artagnan.

»Lass mich ihn umbringen.«

»Keine Gebärde, die sie auf den Verdacht bringen könnte, dass du ihn kennst, oder wir sind alle vier verloren.« Dann drehte er sich nach dem jungen Mann um und rief: »Vortreffliche Beute, Freund Mordaunt! Wir haben beide einen guten Fang gemacht, Monsieur du Vallon und ich. Nichts Geringeres als Ritter des Hosenbandordens.«

»Aber mir scheint«, rief Mordaunt zurück, während er Athos und Aramis aus blutunterlaufenen Augen anstarrte, »das sind Franzosen.«

»Davon weiß ich nichts. Sind Sie Franzose, Monsieur?«, fragte er Athos.

»Ja«, antwortete dieser ernst.

»Nun, mein lieber Monsieur, dann sind Sie der Gefangene eines Landsmanns.«

»Aber der König?«, fragte Athos beklommen. »Der König?«

D'Artagnan drückte heftig die Finger seines Gefangenen und antwortete: »Ach, den König, den haben wir in der Hand.«

»Ja«, sagte Aramis, »durch einen niederträchtigen Verrat.«

Porthos zerquetschte fast das Handgelenk seines Freundes und entgegnete ihm lächelnd: »Nun, Monsieur, Krieg wird mit so viel Geschicklichkeit wie Stärke geführt. Schauen Sie hin!«

Tatsächlich sah man in diesem Augenblick die Schwadron, die den Rückzug Karls hatte schützen sollen, dem englischen Regiment entgegenreiten; in ihrer Mitte, allein und zu Fuß, der König, dem man einen weiten freien Raum ließ. Er schien nach außen hin ruhig, doch man merkte, was es ihn kostete, diese Ruhe vorzutäuschen. Der Schweiß rann ihm von der Stirn, und er wischte sich die Schläfen und die Lippen mit einem Taschentuch, das er jedes Mal mit Blut befleckt von seinem Mund entfernte.

»Da ist Nebukadnezar!«, rief einer von den Kürassieren Cromwells, ein alter Puritaner, dessen Augen beim Anblick dessen, den man den Tyrannen nannte, zornig flammten.

»Was sagen Sie da, Nebukadnezar?«, entgegnete Mordaunt mit fürchterlichem Lächeln. »Nein, das ist der König Karl I., der gute König Karl, der seinen Untertanen das Fell abzieht, um sie zu beerben.«

Karl hob die Augen zu dem Unverschämten, der solche Rede führte, erkannte ihn jedoch nicht.

»Ich begrüße Sie, meine Herren«, sagte er zu den beiden Edelleuten, als er sie, den einen in den Händen d'Artagnans, den andern in denen Porthos', erblickte. »Der Tag ist unglücklich verlaufen, aber das ist, gottlob, nicht Ihre Schuld! Wo ist mein alter Freund Winter?«

Die Edelleute wandten den Kopf zurück und schwiegen.

»Such da, wo Strafford ist!«, antwortete ihm die gellende Stimme Mordaunts.

Karl schauderte; der Dämon hatte recht getroffen. Strafford war sein ewiger Gewissensbiss, der Schatten seiner Tage, das Gespenst seiner Nächte. Er schaute um sich und bemerkte einen Leichnam zu seinen Füßen. War es der von Winter?

Karl stieß keinen Schrei aus, vergoss keine Träne, nur breitete sich eine noch fahlere Blässe über sein Gesicht. Er setzte ein Knie auf den Boden, hob den Kopf Winters an, küsste ihn auf die Stirn, nahm den Heiligen-Geist-Orden, den er ihm um den Hals gehängt hatte, und legte ihn gewissenhaft wieder an.

»Winter ist also getötet worden?«, fragte d'Artagnan, die Augen unverwandt auf den Leichnam gerichtet.

»Ja«, erwiderte Athos, »und von seinem Neffen.«

»Der Erste von uns, der dahin ist«, murmelte d'Artagnan, »möge er in Frieden ruhen, er war ein tapferer Mann.«

»Karl Stuart«, sagte nun der Oberst des englischen Regiments und trat auf den König zu, der die Insignien seines Königtums wieder an sich genommen hatte, »ergeben Sie sich als unser Gefangener?«

»Oberst Thomlison«, entgegnete Karl, »der König ergibt sich nicht; der Mensch weicht der Stärke, das ist alles.«

»Ihren Degen.«

Der König zog seinen Degen und zerbrach ihn über dem Knie.

Oliver Cromwell

»Kommen Sie mit zu dem General?«, fragte Mordaunt d'Artagnan und Porthos. »Sie wissen, dass er Sie nach dem Gefecht zu sich bestellt hat.«

»Zuerst wollen wir unsere Gefangenen an einen sicheren Ort bringen«, erwiderte d'Artagnan. »Ist Ihnen klar, Monsieur, dass jeder von diesen Edelleuten fünfzehnhundert Pistolen wert ist?«

»Oh, da seien Sie unbesorgt«, versetzte Mordaunt, »meine Reiter werden sie bewachen, und gut bewachen, ich verbürge mich für sie.«

»Ich selbst werde sie noch besser bewachen«, entgegnete d'Artagnan, »außerdem, was ist schon nötig? Ein angemessenes Zimmer mit Posten oder einfach ihr Wort, dass sie nicht zu fliehen versuchen. Ich werde das in Ordnung bringen, dann werden wir die Ehre haben, uns dem General zu präsentieren und ihn um seine Aufträge für Seine Eminenz zu bitten.«

Der junge Mann biss sich auf die Lippen und beugte sich zum Ohr des Sergeanten: »Sie werden diesen Männern folgen, sie nicht aus den Augen verlieren, und wenn Sie wissen, wo sie Unterkunft genommen haben, kommen Sie zurück und erwarten mich am Stadttor.«

Daraufwandte sich Mordaunt, statt der Masse der Gefangenen zu folgen, die in die Stadt geführt wurden, nach dem Hügel, von dem aus Cromwell die Schlacht beobachtet hatte und wo inzwischen sein Zelt aufgeschlagen war.

Cromwell hatte verboten, jemanden zu ihm zu lassen, doch der Posten, der Mordaunt als einen der intimsten Vertrauten des Generals kannte, glaubte, den jungen Mann beträfe das Verbot nicht. Mordaunt schlug also den Zeltvorhang beiseite und sah Cromwell an einem Tisch sitzen, das Gesicht in den Händen verborgen. Langsam drehte er sich um. »Ich habe befohlen, dass ich allein sein will!«, rief er, als er den jungen Mann erblickte. »Ach, Sie sind es, Mordaunt«, fuhr er dann fort, wobei er gleichsam durch die Kraft seines Willens den Schleier lichtete, der seine Augen bedeckte. »Na schön, da Sie nun einmal hier sind, bleiben Sie.«

»Ich bringe Ihnen meine Glückwünsche.«

»Glückwünsche? Wozu?«

»Zu der Gefangennahme Karl Stuarts. Sie sind jetzt Englands Gebieter.«

»Vor zwei Stunden war ich es sehr viel mehr«, erwiderte Cromwell.

»Wieso, General?«

»England brauchte mich, um den Tyrannen zu ergreifen, jetzt ist er gefangen. Haben Sie ihn gesehen?«

»Ja.«

»Wie verhielt er sich?«

Mordaunt zögerte, aber die Wahrheit schien sich mit Gewalt über seine Lippen zu drängen. »Ruhig und würdig«, antwortete er.

»Was hat er gesagt?«

»Ein paar Abschiedsworte an seine Freunde.«

»An seine Freunde!«, murmelte Cromwell. »Er hat also Freunde.« Laut fragte er weiter: »Hat er sich verteidigt?«

»Nein, er war von allen, außer drei oder vier Männern, im Stich gelassen worden, daher hatte er keine Möglichkeit, sich zu verteidigen.«

»Hat er seinen Degen übergeben?«

»Nein, er hat ihn zerbrochen.«

»Das hat er gut gemacht, doch statt ihn zu zerbrechen, hätte er besser getan, sich seiner mit größerem Nutzen zu bedienen. – Der Oberst des Regiments, das dem König, das Karl das Geleit gab, ist anscheinend getötet worden?« Dabei blickte er Mordaunt fest an.

»Ja.«

»Von wem?«

»Von mir.«

»Wie hieß er?«

»Lord Winter.«

»Ihr Onkel?«, rief Cromwell aus.

»Mein Onkel?«, entgegnete Mordaunt. »Verräter an England gehören nicht meiner Familie an.«

»Mordaunt, Sie sind ein entsetzlicher Diener.«

»Wenn der Herr befiehlt, gibt es über seine Befehle nichts zu feilschen.«

»Sie sind stark unter den Starken, Mordaunt«, verwies ihn Cromwell. »Und wie haben sich die Franzosen betragen?«

»Als mutige Männer.«

»Ja, die Franzosen schlagen sich gut, und wenn mein Fernglas in Ordnung ist, dann scheint mir, als hätte ich sie in der vordersten Reihe gesehen.«

»Dort waren sie.«

»Doch hinter Ihnen.«

»Das lag an ihren Pferden, nicht an ihnen.«

Einen Augenblick herrschte Schweigen, dann fragte Cromwell: »Und die Schotten?«

»Haben ihr Wort gehalten und sich nicht gerührt.«

»Die erbärmlichen Lumpen!«, murmelte Cromwell.

»Ihre Offiziere bitten, Sie zu sehen.«

»Ich habe keine Zeit. Hat man sie bezahlt?«

»Heute Nacht.«

»Dann mögen sie aufbrechen, in ihre Berge zurückkehren und dort ihre Schande verbergen, wenn ihre Berge hoch genug sind. Ich habe nichts mehr mit ihnen zu tun und sie nichts mit mir. Und jetzt gehen Sie, Mordaunt.«

»Ehe ich gehe, habe ich noch ein paar Fragen an Sie zu richten«, erwiderte Mordaunt, »und eine Bitte, mein Herr und Gebieter. Ich frage Sie, mein Held, mein Beschützer, mein Vater: Sind Sie mit mir zufrieden?«

Cromwell sah ihn erstaunt an. Der junge Mann blieb unempfindlich dagegen.

»Ja«, sagte Cromwell, »seit ich Sie kenne, haben Sie nicht allein Ihre Pflicht getan, sondern mehr als Ihre Pflicht, Sie sind ein treuer Freund, ein geschickter Unterhändler, ein guter Soldat gewesen.«

»Erinnern Sie sich, dass ich es gewesen bin, der die Idee hatte, mit den Schotten über die Preisgabe ihres Königs zu verhandeln?«

»Ja, der Gedanke kam allerdings von Ihnen, ich trieb meine Menschenverachtung noch nicht so weit.«

»Bin ich ein tüchtiger Botschafter in Frankreich gewesen?«

»Ja, und Sie haben von Mazarin erlangt, was ich begehrte.«

»Habe ich stets leidenschaftlich für Ihren Ruhm und Ihre Interessen gekämpft?«

»Vielleicht allzu leidenschaftlich, das habe ich Ihnen eben zum Vorwurf gemacht. Aber worauf wollen Sie mit all diesen Fragen hinaus?«

»Ihnen zu sagen, dass der Augenblick gekommen ist, da Sie mir mit einem einzigen Wort all meine Dienste lohnen können.«

»Ach so!«, entfuhr es Cromwell mit einer etwas verächtlichen Handbewegung. »Ich vergaß, dass jeder Dienst einer Belohnung wert ist, dass Sie mir gedient haben und dass Sie noch nicht belohnt worden sind.«

»Das kann augenblicklich geschehen und über meine Wünsche hinaus.«

»Wie?«

»Ich habe den Lohn bei und fast in der Hand.«

»Und um welchen Lohn handelt es sich?«, fragte Cromwell. »Hat man Ihnen Geld geboten? Begehren Sie einen Grad? Wünschen Sie sich eine Statthalterschaft?«

»Euer Gnaden«, erwiderte Mordaunt, »heute Morgen wurden zwei Gefangene gemacht, die erbitte ich von Ihnen.«

»Sie haben wohl ein beträchtliches Lösegeld geboten?«

»Ich halte sie im Gegenteil für arm.«

»Dann sind es wohl Freunde von Ihnen?«

»Ja«, rief Mordaunt, »es sind Freunde von mir, teure Freunde, und ich würde mein Leben für das ihre hingeben.«

»Gut, Mordaunt«, sagte Cromwell, der mit einem Gefühl der Freude wieder eine bessere Meinung über den jungen

Mann fasste, »gut, ich schenke sie dir, ich will nicht einmal wissen, wer sie sind, mach mit ihnen, was du willst.«

»Danke, mein Gebieter«, rief Mordaunt, »vielen Dank! Von nun an gehört mein Leben Ihnen, und verliere ich es, bleibe ich immer noch in Ihrer Schuld; danke, Sie haben mich für meine Dienste fürstlich bezahlt.« Und er warf sich vor Cromwell auf die Knie, und trotz der Bemühungen des puritanischen Generals, der diese fast königliche Huldigung nicht entgegennehmen wollte oder sich zumindest den Anschein gab, als lehnte er sie ab, ergriff er dessen Hand und küsste sie.

Darauf stürzte Mordaunt mit einer Herz und Augen überströmenden Freude aus dem Zelt des Generals.

Die Edelleute

Während Mordaunt auf dem Weg zu Cromwells Zelt war, führten d'Artagnan und Porthos ihre Gefangenen nach Newcastle in das Haus, das ihnen als Unterkunft zugewiesen war.

Der von Mordaunt dem Sergeanten erteilte Befehl war dem Gascogner nicht entgangen, und er hatte Athos und Aramis mit einem Blick die allerstrengste Vorsicht geboten. Folglich waren Aramis und Athos schweigend an der Seite ihrer Überwinder dahingeritten, was ihnen nicht schwergefallen war, da jeder mit seinen eigenen Gedanken genug zu tun hatte.

Wenn es je einen erstaunten Mann gegeben hatte, dann war es Mousqueton, als er von der Türschwelle aus die vier Freunde, gefolgt von dem Sergeanten und zehn Mann, kommen sah. Und völlig außer Fassung brachte ihn, dass die vier Freunde einander nicht mehr zu kennen schienen.

Das Haus, in das d'Artagnan und Porthos gleich darauf Athos und Aramis führten, bewohnten sie auf Anweisung General Cromwells seit dem Abend zuvor. Es war ein Eckhaus und hatte einen Garten und nach hintenheraus zur Nebenstraße Ställe. Die Fenster im Erdgeschoss waren, wie man es oft in kleinen Provinzstädten findet, vergittert, so dass sie große Ähnlichkeit mit denen eines Gefängnisses hatten.

Die beiden Freunde ließen die Gefangenen vor sich eintreten und blieben auf der Schwelle stehen, nachdem sie Mousqueton befohlen hatten, die vier Pferde in den Stall zu führen.

»Warum gehen wir nicht mit ihnen zusammen hinein?«, fragte Porthos.

»Weil wir zuerst sehen müssen, was dieser Sergeant und die acht oder zehn Mann in seiner Begleitung von uns wollen.«

Die Genannten ließen sich im Garten nieder. D'Artagnan fragte sie, was sie wünschten und warum sie sich dort aufhielten.

»Wir haben den Befehl erhalten, Sie bei der Bewachung Ihrer Gefangenen zu unterstützen«, antwortete der Sergeant.

Dazu war nichts zu sagen, es war im Gegenteil eine sinnige Aufmerksamkeit, für die man sich nach außen hin dankbar zeigen musste. D'Artagnan bedankte sich also bei dem Sergeanten und gab ihm eine Krone, auf die Gesundheit Cromwells zu trinken.

Der Sergeant erwiderte, die Puritaner tränken nicht, und steckte die Krone in die Tasche.

»Ach, lieber d'Artagnan, welch abscheulicher Tag!«, sagte Porthos.

»Was sagst du da, Porthos? Abscheulich nennst du den Tag, an dem wir unsere Freunde wiedergefunden haben?«

»Ja, aber unter welchen Umständen!«

»Das ist wahr, die Lage ist misslich, aber einerlei, wir wollen hineingehen und versuchen, ein wenig Licht in unsere Situation zubringen.«

»Sie ist sehr verwickelt«, bemerkte Porthos, »und ich verstehe jetzt, warum mir Aramis so dringend empfahl, diesem grässlichen Mordaunt den Hals umzudrehen.«

»Still doch!«, verwies ihn d'Artagnan. »Nenne nicht seinen Namen.«

»Aber ich spreche ja französisch, und sie sind Engländer«, gab Porthos zurück.

D'Artagnan sah ihn mit jener Bewunderung an, die ein vernünftiger Mensch einer Ungeheuerlichkeit nicht versagen kann.

Porthos trat als Erster ins Haus. D'Artagnan folgte ihm und verschloss sorgfältig die Tür, worauf er die beiden Freunde nacheinander umarmte.

Athos war tief betrübt, Aramis blickte erst Porthos, dann d'Artagnan an, ohne etwas zu sagen, aber sein Blick war so beredt, dass d'Artagnan ihn verstand.

»Ihr wollt wissen, wie es kommt, dass wir hier sind? Du lieber Gott, das ist leicht zu erraten. Mazarin hat uns beauftragt, General Cromwell einen Brief zu überbringen.«

»Aber wie geht es zu, dass ihr euch Seite an Seite mit Mordaunt befindet, da ich dir doch geschrieben habe, ihm zu misstrauen, d'Artagnan?«, fragte Athos.

»Immer wieder Mazarin. Cromwell hatte ihn zu Mazarin geschickt, und uns hat Mazarin zu Cromwell geschickt und zuerst an Mordaunt verwiesen. Etwas Verhängnisvolles liegt in alldem.«

»Ja, du hast recht, d'Artagnan, ein Verhängnis, das uns trennt und ins Verderben stürzt. Deshalb wollen wir nicht mehr davon sprechen, mein lieber Aramis, sondern uns bereit machen, unser Schicksal zu erdulden.«

»Potz Blitz! Im Gegenteil, wir wollen davon sprechen, denn es ist ein für allemal abgemacht, dass wir für immer zusammengehören, wenn auch auf entgegengesetzten Seiten.«

»O ja, sehr entgegengesetzten«, gab Athos lächelnd zurück, »denn ich frage dich, welcher Sache ihr hier dient! Ach, d'Artagnan, sieh doch nur, wozu dich der erbärmliche Mazarin verwendet. Weißt du, welchen Verbrechens du dich heute schuldig gemacht hast? Der Gefangennahme des Königs, seiner Schmach, seines Todes.«

»Du übertreibst, Athos«, entgegnete d'Artagnan, »so weit sind wir noch nicht.«

»O mein Gott, im Gegenteil, dicht davor. Warum nimmt man einen König gefangen? Wenn man ihn als Herrn und Gebieter achten will, kauft man ihn nicht wie einen Sklaven. Glaubst du, Cromwell habe zweihunderttausend Pfund Sterling für ihn bezahlt, um ihn wieder auf den Thron zu setzen? Freunde, sie werden ihn töten, dessen könnt ihr gewiss sein, und das ist noch das geringste Verbrechen, das sie begehen können. Es ist immer noch besser, einen König zu enthaupten, als ihn zu ohrfeigen.«

»Ich widerspreche dir nicht, und nach allem ist es möglich«, sagte d'Artagnan, »aber was geht uns das alles an? Ich bin hier, weil ich Soldat bin, weil ich meinen Herren diene, das heißt denen, die mir meinen Sold zahlen. Ich habe den Eid geleistet, zu gehorchen, und ich gehorche; aber ihr habt keinen Eid geleistet, warum seid ihr hier, und welcher Sache dient ihr?«

»Der heiligsten Sache, die es auf der Welt gibt«, antwortete Athos. »Ein Freund, eine Gemahlin, eine Tochter haben uns die Ehre erwiesen, uns zu Hilfe zu rufen. Du magst anders darüber denken, d'Artagnan, die Dinge auf andere Weise betrachten, ich will dich nicht davon abbringen, aber ich tadle dich.«

»Oho«, entgegnete d'Artagnan, »was geht es mich im Grunde genommen an, wenn sich Cromwell, der Engländer ist, gegen seinen König empört, der Schotte ist? Ich bin Franzose, all diese Dinge betreffen mich nicht. Warum wollt ihr mich also dafür verantwortlich machen?«

»Richtig«, bemerkte Porthos.

D'Artagnan kaute an einem Blumenstängel und fühlte sich unbehaglich, denn als er Athos' Blick auswich, begegnete er dem von Aramis.

Athos stand auf, gingzu d'Artagnan und streckte ihm die Hand hin. »Grolle nicht, mein lieber Sohn«, sagte er, »alles, was ich dir gesagt habe, sagte ich wenn nicht mit der Stimme, so doch mit dem Herzen eines Vaters. Glaub mir, es wäre mir leichter gefallen, dir zu danken, dass du mir das Leben gerettet hast, und nicht mit einem einzigen Wort meine Gefühle zu berühren.«

»Gewiss, gewiss, Athos«, erwiderte d'Artagnan und drückte ihm die Hand, »du hast aber auch so verteufelte Gefühle, wie sie nicht jeder haben kann. Wer kann sich vorstellen, dass ein vernünftiger Mensch sein Haus, Frankreich, sein Mündel – ein reizender junger Mann, den wir im Feldlager gesprochen haben – verlässt, um wohin zu eilen? Einem verfaulten und wurmstichigen Königtum zu helfen, das eines Morgens wie eine alte Bretterbude zusammenstürzen wird. Das Gefühl, von dem du sprichst, ist schön, zweifellos, so schön, dass es übermenschlich ist.«

»Wie auch immer, d'Artagnan«, versetzte Athos, »es ist unrecht von mir, mit meinem Gebieter zu streiten. Ich bin dein Gefangener, behandle mich also dementsprechend.«

»Ach, zum Henker! Du weißt genau, dass du nicht lange mein Gefangener sein wirst. Siehst du die Tür dort, Athos?«

»Ja, und?«

»Du wirst durch diese Tür gehen, wann du willst, denn von diesem Augenblick an seid ihr beide, du und Aramis, frei wie die Luft.«

»Daran erkenne ich dich, mein braver d'Artagnan«, erwiderte Athos, »aber du bist nicht mehr Herr über uns, diese Tür ist bewacht, das weißt du.«

»Dann werdet ihr eben durchbrechen«, sagte Porthos. »Was ist schon davor? Höchstens zehn Mann.«

»Für uns vier wäre das nichts, für uns zwei sind es zu viele. Nein, getrennt, wie wir jetzt sind, müssen wir zugrunde gehen. Denkt an das fatale Beispiel: Auf der Straße nach Vendôme wurdet ihr, d'Artagnan so tapfer, Porthos so wacker, geschlagen; heute sind Aramis und ich an der Reihe. Nie ist uns dergleichen passiert, als wir alle vier vereinigt waren. Sterben wir also, wie Winter gestorben ist. Was mich betrifft, so erkläre ich, dass ich in die Flucht nur einwillige, wenn wir vier zusammen fliehen.«

»Unmöglich«, sagte d'Artagnan, »wir stehen unter Mazarins Befehl. – Bildet ihr euch etwa ein, dass man euch umbringen wird?«, fuhr er nach einer Weile fort. »Und warum auch? Wer hat ein Interesse an eurem Tod? Außerdem seid ihr unsere Gefangenen.«

»Narr, dreifacher Narr!«, rief Aramis aus. »Kennst du Mordaunt nicht? Ich habe nur einen Blick mit ihm gewechselt und habe aus diesem Blick gelesen, dass wir zum Tode verurteilt sind.«

»Es ärgert mich wirklich, dass ich ihn nicht erwürgt habe, wie du mir schriebst, Aramis«, sagte Porthos.

»Ach, was schert mich Mordaunt!«, rief d'Artagnan. »Wenn er mich zu sehr reizt, zertrete ich dieses Insekt!«

»Da«, sagte Athos und wies mit der Hand auf eines der vergitterten Fenster, die das Zimmer erhellten, »gleich wirst du wissen, woran du bist, denn er kommt eiligst hergeritten.«

Tatsächlich erblickte d'Artagnan, als er der Richtung folgte, die Athos' Hand angab, einen Reiter, der im Galopp näher kam. Es war Mordaunt. D'Artagnan stürzte aus dem Zimmer. Porthos wollte ihm folgen, aber d'Artagnan rief ihm zu: »Bleib da und komm erst, wenn du mich mit den Fingern an die Tür trommeln hörst.«

»Jesus Christus!«

Als Mordaunt vor dem Haus anlangte, sah er d'Artagnan auf der Schwelle stehen und die Soldaten mit ihren Waffen hier und da auf dem Rasen des Gartens liegen.

»Holla!«, rief er mit einer Stimme, die von dem eiligen Ritt heiser war. »Sind die Gefangenen noch da?«

»Ja«, antwortete der Sergeant, während er sich ebenso flink wie seine Leute erhob und wie sie die Hand an den Hut legte.

»Gut. Vier Mann, um sie sofort zu meiner Unterkunft zu führen.«

Vier Männer traten näher.

»Wie beliebt?«, fragte d'Artagnan mit jener spöttischen Miene, die unsere Leser, seit sie ihn kennen, viele Male an ihm bemerkt haben müssen. »Was gibt's, bitte schön?«

»Ich habe befohlen, Monsieur«, antwortete Mordaunt, »dass vier Mann die Gefangenen, die wir heute Morgen gemacht haben, zu meiner Unterkunft führen.«

»Und warum?«, erkundigte sich d'Artagnan. »Verzeihen Sie die Neugier, aber Sie werden verstehen, dass ich über die Sache belehrt werden möchte.«

»Weil die Gefangenen jetzt mir gehören«, erwiderte Mordaunt hochmütig, »und weil ich nach meinem Belieben über sie verfüge.«

»Erlauben Sie, junger Mann, mir scheint, Sie befinden sich da in einem Irrtum. Gefangene gehören gewöhnlich denen, die sie gemacht haben. Sie hätten Lord Winter gefangen nehmen können, der Ihr Onkel war, wie man sagt. Sie haben es vorgezogen, ihn zu töten, na schön. Wir, Monsieur du Vallon und ich, hätten diese beiden Edelleute töten können, wir haben es vorgezogen, sie gefangen zu nehmen – jeder nach seinem Geschmack.«

Mordaunts Lippen wurden blass. D'Artagnan begriff, dass sich die Dinge bald verschlimmern würden, und begann den Gardemarsch an die Tür zu trommeln.

Bei den ersten Takten trat Porthos heraus und stellte sich auf die andere Seite der Tür, die er von der Schwelle bis zum oberen Rahmen hätte ausfüllen können.

Das Manöver entging Mordaunt nicht. »Monsieur«, sagte er mit aufsteigender Wut, »Sie leisten unnützen Widerstand, diese Gefangenen sind mir soeben von dem kommandierenden General, meinem berühmten Gönner, Herrn Oliver Cromwell, zugestanden worden.«

D'Artagnan trafen diese Worte wie ein Blitzschlag. Das Blut stieg ihm in die Schläfen, eine Wolke zog über seine Augen, er erkannte die blutdürstige Hoffnung des jungen Mannes, und instinktiv fuhr seine Hand nach dem Degengriff. Porthos sah d'Artagnan an, um zu erfahren, was er tun solle, und um seine Bewegungen nach dessen zu richten.

Dieser Blick Porthos' beunruhigte d'Artagnan mehr als ihm lieb war, und er machte sich Vorwürfe, die brutale Kraft Porthos' in einer Angelegenheit, die vor allem durch List geführt werden musste, auf den Plan gerufen zu haben.

»Ach so«, sagte er mit einer tiefen Verbeugung, »warum haben Sie das nicht gleich gesagt, Monsieur Mordaunt! Wie? Sie kommen von Monsieur Oliver Cromwell, dem berühmtesten Feldherrn unserer Zeit?«

»Ich habe ihn gerade verlassen, Monsieur«, entgegnete Mordaunt, während er absaß und sein Pferd einem seiner Soldaten zum Halten gab.

»Warum haben Sie das nicht gleich gesagt, mein Lieber?«, wiederholte d'Artagnan. »Ganz England gehört ja Monsieur

Cromwell, und da Sie meine Gefangenen in seinem Namen von mir fordern, verneige ich mich, Monsieur, sie sind Ihr Eigentum, nehmen Sie sie.«

Mordaunt trat strahlend näher, und Porthos, der d'Artagnan völlig vernichtet und mit tiefer Bestürzung anstarrte, machte schon den Mund auf, um zu sprechen. Aber da trat ihm d'Artagnan auf den Stiefel, und er verstand sofort, dass sein Freund etwas im Schilde führte.

Mordaunt setzte, den Hut in der Hand, den Fuß auf die erste Stufe der Vortreppe und schickte sich an, zwischen den beiden Freunden hindurchzugehen, während er seinen vier Männern bedeutete, ihm zu folgen.

Doch d'Artagnan legte dem jungen Mann die Hand auf die Schulter und sagte mit seinem bezauberndsten Lächeln: »Verzeihung, wenn der berühmte General Oliver Cromwell zu Ihren Gunsten über unsere Gefangenen verfügt hat, dann wird er Ihnen diese Schenkung doch gewiss schriftlich bestätigt haben.«

»Wollen Sie mir die Beleidigung zufügen, Monsieur, an meinen Worten zu zweifeln?«, entrüstete sich Mordaunt.

»Ich?«, rief d'Artagnan. »Ich an Ihren Worten zweifeln, mein lieber Monsieur Mordaunt? Gott bewahre! Ich halte Sie im Gegenteil für einen ehrenwerten und vollendeten Edelmann, wenn ich nach dem Anschein gehe. Und außerdem, Monsieur, darf ich offen sprechen?«, fügte d'Artagnan mit seiner freimütigen Miene hinzu.

»Sprechen Sie, Monsieur.«

»Monsieur du Vallon hier ist reich, er besitzt vierzigtausend Livres Jahresrente und legt folglich keinen großen Wert auf Geld, ich spreche daher nicht für ihn, sondern für mich.«

»Und, Monsieur?«

»Nun, ich bin nicht reich, in der Gascogne ist das keine Schande, Monsieur, dort ist niemand reich, und Heinrich IV. glorreichen Angedenkens, der der König der Gascogner war, wie Seine Majestät Philipp IV. der König aller Spanier ist, hatte nie einen Sou in der Tasche. Ich bin ein Offizier, der von der Pike auf gedient hat, weiter nichts. Ich besitze nur, was mir mein Degen einbringt, das heißt mehr Hiebe als Banknoten.

Als ich heute Morgen zwei Franzosen gefangen nahm, die mir von vornehmer Abkunft schienen, kurz und gut, zwei Ritter des Hosenbandordens, sagte ich mir: Mein Glück ist gemacht. Ich sage zwei, weil mir Monsieur du Vallon, der ja reich ist, in solchen Fällen stets seine Gefangenen abtritt.«

Völlig irregeführt durch d'Artagnans wortreiche Biederkeit, lächelte Mordaunt als ein Mann, der die Gründe, die man ihm angab, ausgezeichnet verstand, und erwiderte freundlich: »Den unterzeichneten Befehl werde ich mir im Nu verschaffen, Monsieur, und gleichzeitig zweitausend Pistolen, doch inzwischen lassen Sie mich diese Männer schon abführen.«

»Nein«, entgegnete d'Artagnan, »was macht Ihnen eine Verzögerung von einer halben Stunde aus? Ich bin ein ordnungsliebender Mensch, Monsieur, lassen Sie uns vorschriftsmäßig verfahren.«

»Ich könnte Sie zwingen, Monsieur, ich befehle hier!«

»Aber, Monsieur!«, gab d'Artagnan mit liebenswürdigem Lächeln zurück. »Monsieur du Vallon und ich haben zwar die Ehre genossen, in Ihrer Gesellschaft zu reisen, aber es ist deutlich zu merken, dass Sie uns nicht kennen. Wir sind Edelleute, wir beide allein sind fähig, Sie und Ihre acht Mann zu erledigen. Um Gottes willen, Monsieur Mordaunt, seien Sie kein Starrkopf, denn wenn sich einer versteift, versteife ich mich auch und entwickle einen wilden Eigensinn, und dieser Herr hier wird in unserem Fall noch sehr viel eigensinniger und wilder sein als ich – abgesehen davon sind wir Gesandte des Herrn Kardinals Mazarin, der den König von Frankreich repräsentiert. Daraus ergibt sich, dass wir in diesem Augenblick den König und den Kardinal repräsentieren, woraus wiederum folgt, dass wir in unserer Eigenschaft als Gesandte unverletzlich sind, was Monsieur Oliver Cromwell, der gewiss ein ebenso bedeutender Politiker wie ein bedeutender General ist, völlig verstehen wird. Bitten Sie ihn also um den unterzeichneten Befehl. Was kostet Sie das schon, mein lieber Monsieur Mordaunt?«

So großes Verlangen Mordaunt auch hatte, seine Zuflucht zur Gewaltanwendung zu nehmen, war er doch der Mann, die von d'Artagnan angeführten Gründe als stichhaltig anzuerkennen. Außerdem flößte ihm dessen Nimbus Achtungein, und was er ihn am Morgen hatte vollbringen sehen, erhöhte diesen Nimbus in seinen Augen. Und da er sich überdies in völliger Unkenntnis über die Beziehungen tiefer Freundschaft zwischen den vier Franzosen befand, zerstreute der noch dazu sehr plausible Beweggrund des Lösegelds all seine Besorgnisse. Er beschloss daher, nicht nur den Befehl, sondern auch die zweitausend Pistolen zu holen, auf die er selbst die beiden Gefangenen geschätzt hatte. Also stieg er aufsein Pferd, und nachdem er dem Sergeanten eingeschärft hatte, gut aufzupassen, machte er kehrt und verschwand.

»Gut«, bemerkte d'Artagnan, »eine Viertelstunde bis zu Cromwells Zelt, eine Viertelstunde zurück – das ist mehr, als wir brauchen.« Dann wandte er sich an Porthos und sagte, ohne in seinem Gesicht die mindeste Veränderung erkennen zu lassen, so dass die Leute, die ihn belauerten, hätten meinen können, er setze dieselbe Unterhaltung fort: »Freund Porthos, hör gut zu … Zunächst, kein Wort über das, was ich dir jetzt sage, zu unsern Freunden, es ist nicht nötig, dass sie wissen, welchen Dienst wir ihnen leisten. Geh in den Stall, dort findest du Mousqueton. Sattelt die Pferde, steckt ihnen die Pistolen in die Halfter und führt sie nach hintenheraus auf die Straße, so dass man nur aufzusitzen braucht. Das Übrige ist meine Sache.«

»Wird gemacht«, antwortete Porthos. »Und tu mir den Gefallen und nimm meine Börse an dich, die ich auf dem Kamin habe liegenlassen.«

»Keine Bange.«

Darauf ging Porthos mit seinem ruhigen und gemessenen Schritt zum Stall, während d'Artagnan, eine kleine Melodie pfeifend, wieder ins Haus trat.

»Mein lieber Athos«, begann er, »ich habe über deine Einwendungen nachgedacht, und sie haben mich überzeugt. Ich bedaure wahrhaftig, mich an dieser ganzen Sache beteiligt zu haben. Du hast gesagt, Mazarin sei ein Mann ohne Lebensart. Ich bin daher entschlossen, mit euch zu fliehen. Keine Überlegungen, haltet euch bereit. Eure Degen liegen in der Ecke, vergesst sie nicht, unter den Umständen, in denen wir uns befinden, sind sie vielleicht recht nützliche Werkzeuge. Das erinnert mich an Porthos' Börse. Ah, daist sie.« Und er steckte sie in die Tasche.

Die beiden Freunde schauten ihn verblüfft an. Ohne es zu beachten, fuhr d'Artagnan fort: »Seht ihr die Straße? Dort werdet ihr eure Pferde finden. Ihr geht durch die Tür, wendet euch nach links, springt in den Sattel, und damit ist alles gesagt. Macht euch um nichts Sorgen, nur achtet gut auf das Signal. Es ist gegeben, wenn ich ›Jesus Christus!‹ schreie.«

»Aber du, gib mir dein Wort, dass du mitkommst, d'Artagnan!«, sagte Athos.

»Ich schwöre es dir bei Gott!«

»Abgemacht!«, rief Aramis. »Bei dem Ruf ›Jesus Christus!‹ eilen wir hinaus, werfen alles zu Boden, was sich uns in den Weg stellt, laufen zu unsern Pferden und geben ihnen die Sporen. Und du fliehst mit uns, ja?«

»Das will ich meinen!« Und so gelassen, wie er eingetreten war, ging er hinaus, wobei er wieder vor sich hin pfiff.

Die Soldaten spielten oder schliefen, zwei sangen falsch ein Stückchen des Psalms »Super flumina Babylonis«. D'Artagnan rief den Sergeanten.

»Mein lieber Monsieur«, sagte er zu ihm. »General Cromwell hat mich durch Monsieur Mordaunt zu sich bitten lassen, halten Sie gut Wache über die Gefangenen.«

Der Sergeant bedeutete ihm, dass er Französisch nicht verstehe, worauf d'Artagnan versuchte, sich ihm durch Gebärden verständlich zu machen, was ihm auch glückte. Dann ging er zum Stall, wo er die fünf gesattelten Pferde fand.

»Nehmt jeder ein Pferd am Zügel«, sagte er zu Porthos und Mousqueton, »und wendet euch nach links, damit Athos und Aramis euch durch das Fenster sehen können.«

Porthos und Mousqueton taten, wie ihnen geheißen, während d'Artagnan, allein geblieben, Feuer schlug, ein Stückchen Zunder, zweimal so groß wie eine Linse, in Brand setzte, sich in den Sattel schwang, mitten unter die Soldaten ritt und vor der Tür haltmachte. Er klopfte dem Tier auf den Hals und steckte ihm dabei das kleine Zunderstückchen ins Ohr.

Man musste schon ein so guter Reiter wie d'Artagnan sein, um ein solches Mittel zu riskieren, denn kaum spürte der Gaul das heftige Brennen, als er vor Schmerz aufwieherte und sich wie wahnsinnig bäumte und umhersprang.

Die Soldaten, denen die Gefahr drohte, niedergetrampelt zu werden, entfernten sich schleunigst.

»Zu Hilfe! Zu Hilfe!«, rief d'Artagnan. »Halt! Halt! Mein Pferd hat den Koller!«

Tatsächlich schien ihm das Blut aus den Augen zu quellen, und es wurde weiß von Schaum.

»Zu Hilfe!«, schrie d'Artagnan immer noch, aber die Soldaten wagten nicht, ihm beizustehen. »Zu Hilfe! Wollt ihr mich umbringen lassen? Jesus Christus!«

Kaum hatte d'Artagnan diesen Schrei ausgestoßen, da öffnete sich die Tür, und Athos und Aramis, den Degen in der Hand, stürmten heraus. Doch dank der List d'Artagnans war der Weg frei.

»Die Gefangenen flüchten! Die Gefangenen flüchten!«, schrie der Sergeant.

»Halt! Halt!«, schrie d'Artagnan, während er den Zügel seines wild gewordenen Pferdes lockerte, so dass es losschoss und dabei ein paar Männer zu Boden warf.

»Stopp! Stopp!«, schrien die Soldaten und liefen zu ihren Waffen.

Doch die Gefangenen saßen bereits im Sattel, und einmal im Sattel, verloren sie keine Zeit, sondern jagten dem nächsten Tor zu. Plötzlich erblickten sie mitten auf der Straße Grimaud und Blaisois, die auf der Suche nach ihren Herren zurückgekommen waren. Ein Zeichen von Athos, und Grimaud hatte alles begriffen, er folgte mit Blaisois dem kleinen Trupp, der wie ein Wirbelwind dahinfegte und den d'Artagnan, der hinterdrein kam, mit seiner Stimme noch anfeuerte. Wie eine Gespensterjagd sausten sie durch das Tor, ohne dass die Wächter auch nur daran dachten, sie aufzuhalten, und sahen sich auf freiem Feld.

Unterdessen schrien die Soldaten immer weiter: »Stopp! Stopp!«, und der Sergeant, der allmählich merkte, dass er durch eine List übertölpelt worden war, raufte sich die Haare.

Zu allem Übel sah er einen Reiter herangaloppieren, der ein Papier in der Hand schwenkte.

Es war Mordaunt mit dem Befehl Cromwells. »Die Gefangenen?«, rief er, als er aus dem Sattel sprang.

Der Sergeant hatte nicht die Kraft, ihm zu antworten, er zeigte nur auf die offne Tür und das leere Zimmer. Mordaunt stürzte zur Vortreppe, begriff alles, stieß einen Schrei aus, als hätte man ihm die Eingeweide zerrissen, und fiel ohnmächtig auf das Pflaster.

Ein Ehrengruß an die gestürzte Majestät

Nach mehrstündigem Ritt entdeckten die Flüchtlinge ein allein stehendes Haus, zu dem sie der Hunger trieb. Doch je näher sie ihm kamen, desto deutlicher sahen sie den Boden wie von einem beträchtlichen Reitertrupp aufgewühlt, und an der Tür lasen sie aus den Spuren, dass der Trupp hier haltgemacht hatte.

»Bei Gott!«, sagte d'Artagnan. »Die Sache ist klar, der König und seine Eskorte sind hier vorbeigekommen.«

»Zum Teufel!«, entfuhr es Porthos. »Dann werden sie alles aufgegessen haben.«

»Ach was«, erwiderte d'Artagnan, »ein Huhn wird schon noch übrig geblieben sein.« Damit sprang er ab und klopfte an die Tür, doch niemand kam. Er stieß die Tür auf, die nicht abgeschlossen war, und schaute in das erste Zimmer. Es war leer.

»Na?«, fragte Porthos.

»Ich sehe niemanden«, antwortete d'Artagnan. »Ach ...!«

»Was ist?«

»Blut.«

Bei diesem Wort sprangen auch die drei Freunde von ihren Pferden und traten in das Zimmer, doch d'Artagnan hatte bereits die Tür des zweiten aufgestoßen, und der Ausdruck seines Gesichts sagte ihnen, dass es dort etwas Ungewöhnliches zu sehen gäbe. Sie gingen also näher und erblickten einen noch jungen Mann, der in einer Blutlache auf dem Boden lag. Anscheinend hatte er sein Bett erreichen wollen, aber nicht mehr die Kraft gehabt, so dass er schon vorher niedergefallen war.

Athos war der Erste, der sich dem Unglücklichen näherte, er hatte eine schwache Bewegung wahrzunehmen geglaubt.

»Nun?«, fragte d'Artagnan.

»Wenn er tot ist, dann noch nicht lange, denn er ist noch warm. Doch nein, sein Herz schlägt. Heda, mein Freund!«

Der Verwundete stieß einen Seufzer aus, während d'Artagnan mit der Hand Wasser schöpfte und es ihm ins Gesicht schüttete. Der Mann öffnete die Augen, wollte den Kopf heben und fiel zurück.

Da versuchte Athos, ihn mit dem Knie zu stützen, bemerkte jedoch, dass ihm die Verwundung etwas oberhalb des Kleinhirns den Schädel gespalten hatte, das Blut strömte nur so hervor. Aramis tauchte eine Serviette in das Wasser und legte sie über die Wunde. Die kühle Frische brachte den Verletzten zur Besinnung, ein zweites Mal öffnete er die Augen. Erstaunt blickte er auf diese Männer, die ihn zu bedauern schienen und ihm, soweit es ihnen möglich war, zu helfen versuchten.

»Sie sind unter Freunden«, sagte Athos auf Englisch, »beruhigen Sie sich also, und wenn Sie die Kraft dazu haben, erzählen Sie uns, was Ihnen widerfahren ist.«

»Der König«, murmelte der Verwundete, »der König ist Gefangener.«

»Haben Sie ihn gesehen?«, fragte Aramis in derselben Sprache.

Der Mann antwortete nicht.

»Seien Sie unbesorgt«, begann Athos von neuem, »wir sind getreue Diener Seiner Majestät.«

»Ist das wahr?«, fragte der junge Mann.

»Bei unserer Ehre als Edelleute.«

»Ich bin der Bruder von Parry, dem Kammerdiener Seiner Majestät.«

Athos und Aramis erinnerten sich, dass Winter den Diener in dem Verbindungsgang zum Zelt des Königs mit diesem Namen angeredet hatte.

»Wir kennen ihn«, sagte Athos, »er war immer um den König.«

»Ja, so ist es«, erwiderte der Verletzte. »Als er den König gefangen sah, dachte er an mich. Ihr Wegführte sie an meinem Haus vorbei, und er bat im Namen des Königs, hier haltzumachen. Die Bitte wurde gewährt. Der König, hieß es, habe Hunger. Man ließ ihn in dieses Zimmer treten, sein Mahl zu verzehren, und stellte Posten an die Türen und Fenster. Parry kannte dieses Zimmer, denn als sich Seine Majestät in Newcastle aufhielt, hat er mich mehrmals besucht. Er wusste, dass es in diesem Zimmer eine Falltür gibt, die zum Keller führt, und dass man vom Keller aus in den Obstgarten gelangt. Er gab mir ein Zeichen. Ich verstand. Doch zweifellos wurde dieses Zeichen von den Posten aufgefangen und machte sie misstrauisch. Ohne zu wissen, dass man etwas ahnte, hatte ich nur noch den einen Wunsch, Seine Majestät zu retten. Ich ging also hinaus und tat so, als wolle ich Holz holen, weil ich mir dachte, es sei keine Zeit zu verlieren, und stieg hinunter in den Keller. Dort hob ich die Falltür mit dem Kopf an, und während Parry leise die Zimmertür verriegelte, bedeutete ich dem König, mir zu folgen. Ach! Er wollte nicht, es war, als sei ihm diese Flucht zuwider. Doch Parry faltete flehend die Hände, und auch ich bat ihn inständig, eine solche Gelegenheit nicht zu versäumen. Endlich entschloss er sich, mir zu folgen. Ich ging auf gut Glück voraus, der König kam mir in einem Abstand von wenigen Schritten nach. Plötzlich sah ich, wie sich in dem Kellergang so etwas wie ein großer Schatten aufrichtete. Ich wollte schreien, um den König zu warnen, doch dazu blieb mir keine Zeit mehr. Ich fühlte einen Schlag, als ob das Haus über meinem Kopf einstürze, und fiel ohnmächtig nieder. Als ich wieder zu mir kam, lagich noch an derselben Stelle. Ich schleppte mich bis in den Hof, der König und seine Eskorte waren fort. Ich brauchte vielleicht eine Stunde, um vom Hof bis hierher zu gelangen, aber die Kräfte verließen mich, und ich wurde ein zweites Mal ohnmächtig.«

»Wie fühlen Sie sich jetzt?«

»Sehr schlecht«, antwortete der Verwundete.

»Können wir etwas für Sie tun?«, fragte Athos.

»Helfen Sie mir ins Bett, ich glaube, das wird mich erleichtern.«

»Haben Sie jemanden, der Ihnen beistehen wird?«

»Meine Frau ist in Durham, sie muss jeden Augenblick zurück sein. Aber Sie selbst, brauchen Sie nichts, wünschen Sie nichts?«

»Wir kamen in der Absicht, Sie um Essen zu bitten.«

»Ach, sie haben alles genommen, kein Stückchen Brot ist mehr im Hause.«

»Hörst du, d'Artagnan?«, sagte Athos. »Wir müssen uns unsere Mahlzeit anderswo suchen.«

»Das ist mir jetzt völlig egal«, erwiderte d'Artagnan. »Ich habe keinen Hunger mehr.«

»Meiner Treu, ich auch nicht«, bemerkte Porthos.

Darauf trugen sie den Mann in sein Bett und riefen Grimaud, der die Wunde kunstgerecht verband, da er im Dienst der vier Freunde häufig Gelegenheit gehabt hatte, sich darin zu üben. Unterdessen waren die Flüchtlinge in das Vorderzimmer zurückgegangen und hielten Rat.

»Jetzt wissen wir, woran wir uns zu halten haben«, sagte Aramis, »der König und seine Eskorte haben diesen Weg genommen, also müssen wir die entgegengesetzte Richtung einschlagen. Bist du nicht auch der Meinung, Athos?«

Athos antwortete nicht, er überlegte.

»Ja«, erwiderte dafür Porthos, »ich bin auch für die entgegengesetzte Richtung. Wenn wir der Eskorte folgen, werden wir alles ratzekahl gegessen finden und am Ende Hungers sterben. Eine verfluchte Gegend, dieses England! Es ist das erste Mal, dass ich um mein Mittagessen kommen soll. Dabei ist es für mich die beste Mahlzeit am Tag.«

»Was meinst du, d'Artagnan?«, fragte Athos. »Bist du auch der Ansicht von Aramis und Porthos?«

»Keineswegs«, entgegnete d'Artagnan. »Ganz im Gegenteil.«

»Wie? Du willst der Eskorte folgen?« rief Porthos erschrocken aus.

»Nein, sondern mich ihr anschließen.«

»Der Eskorte anschließen?«, rief Aramis.

»Lasst d'Artagnan sprechen«, gebot Athos, »wir wissen, dass er stets gute Ratschläge zu geben hat.«

»Natürlich müssen wir uns dahin wenden, wo man uns nicht suchen wird«, begann d'Artagnan. »Und man wird sich hüten, uns unter den Puritanern zu suchen. Deshalb wollen wir mit den Puritanern ziehen.«

»Gut, Freund, gut! Ein vortrefflicher Rat!«, sagte Athos. »Man wird glauben, wir wollten England verlassen, und uns in den Häfen suchen, inzwischen erreichen wir mit dem König London, und in London sind wir unauffindbar. Es ist nicht schwer, sich unter einer Million Menschen zu verstecken – abgesehen von den Möglichkeiten, die uns dieser Weg bietet«, ergänzte er mit einem raschen Blick zu Aramis.

»Ja«, sagte Aramis, »ich verstehe.«

»Ich verstehe rein gar nichts«, erklärte Porthos, »na, einerlei!«

»Aber werden wir dem Führer der Eskorte nicht verdächtig erscheinen?«, wandte Aramis ein.

»Potztausend!«, entgegnete d'Artagnan. »Gerade auf den baue ich. Oberst Harrison ist ein Freund von uns, wir sind ihm zweimal bei General Cromwell begegnet. Er weiß, dass wir von dem Mazarini aus Frankreich hergeschickt wurden, und betrachtet uns als seine Brüder. Und ist er nicht außerdem der Sohn eines Schlächters? Porthos wird ihm zeigen, wie man einen Ochsen mit einem Fausthieb fällt, und ich, wie man einen Stier zu Boden wirft, indem man ihn bei den Hörnern packt, damit werden wir uns in sein Vertrauen einschleichen.«

Athos lächelte. Doch da nun Grimaud erschien, nachdem der Verletzte verbunden war und sich besser befand, machten sie sich wieder auf den Weg, über den sie sich nicht täuschen konnten, da seine Spur deutlich sichtbar durch das flache Land lief.

Nach einem schweigsamen Ritt von zwei Stunden machte d'Artagnan, der die Spitze hielt, an einer Biegung halt. »Aha, da sind sie«, sagte er und zeigte auf einen etwa eine halbe Meile entfernten Reitertrupp. »Gebt eure Degen Monsieur Mouston, liebe Freunde«, fuhr er fort, »er wird sie euch zur rechten Zeit und am rechten Ort zurückgeben, und vergesst nicht, dass ihr unsere Gefangenen seid.«

Darauf ließen sie die Pferde, die müde zu werden begannen, antraben und hatten die Eskorte bald eingeholt.

Der König, an der Spitze und von einigen Regimentsangehörigen Oberst Harrisons umgeben, ritt gleichgültig dahin, stets würdig und irgendwie gutwillig. Als er Athos und Aramis bemerkte und aus den Blicken der beiden Edelleute las, dass er wenige Schritt von sich entfernt noch Freunde hatte, wenn er diese Freunde auch für Gefangene hielt, stieg Freudenröte in die bleichen Wangen des Königs.

D'Artagnan ließ Athos und Aramis in der Obhut Porthos' und ritt geradeswegs an die Spitze der Kolonne zu Harrison, der sich tatsächlich erinnerte, ihn bei Cromwell gesehen zu haben, und so höflich empfing, wie ein Mann in seiner Stellung und seines Charakters jemanden empfangen konnte. Was d'Artagnan vorausgesehen hatte, traf zu, der Oberst hegte keinen Verdacht.

Es wurde haltgemacht, und während dieser Rast sollte der König zu Mittag speisen. Nur wurden diesmal alle Vorsichtsmaßnahmen getroffen, um einen Fluchtversuch von vornherein unmöglich zu machen. In dem großen Zimmer des Ausspanns wurde ein kleiner Tisch für ihn und eine große Tafel für die Offiziere gedeckt.

»Essen Sie mit mir?«, fragte Harrison d'Artagnan.

»Zum Teufel!«, erwiderte d'Artagnan. »Ich würde es mit großem Vergnügen, aber ich habe meinen Gefährten, Monsieur du Vallon, und meine beiden Gefangenen bei mir, die ich nicht allein lassen kann und die Ihre Tafel überfüllen würden. Ich schlage etwas Besseres vor: Lassen Sie für uns einen Tisch in einem Winkel decken und schicken Sie uns von dem Ihren, was Ihnen gut dünkt, andernfalls würden wir große Gefahr laufen zu verhungern. So würden wir immer noch zusammen speisen, da wir uns ja im selben Zimmer befinden.«

Harrison war einverstanden, und die Sache wurde nach d'Artagnans Wunsch geregelt, und als er seine Freunde geholt hatte und zu dem Oberst zurückkehrte, sah er den König, dem Parry aufwartete, bereits an seinem kleinen Tisch sitzen, Harrison mit seinen Offizieren an einem großen und in einer Ecke die für ihn und seine Gefährten reservierten Plätze.

Die Tafel, an der die puritanischen Offiziere speisten, war rund, und Harrison saß so, dass er, sei es durch Zufall, sei es aus unhöflicher Berechnung, dem König den Rücken kehrte.

Der König sah die vier Edelleute eintreten, schien ihnen jedoch keine Beachtung zu schenken. Sie setzten sich an den für sie bestimmten Tisch, und zwar so, dass sie niemandem den Rücken zuwandten. Harrison schickte seinen Gästen, um ihnen Ehre zu erweisen, die besten Speisen von seinem Tisch. Zum Bedauern der vier Freunde gab es jedoch keinen Wein. Athos schien das völlig gleichgültig zu sein, doch d'Artagnan, Porthos und Aramis schnitten bei jedem Schluck Bier, diesem Puritanergetränk, eine Grimasse.

»Wahrhaftig, Oberst«, sagte d'Artagnan, »wir sind Ihnen sehr dankbar für Ihre liebenswürdige Einladung, ohne Sie wären wir vermutlich ohne Mittagessen geblieben, wie wir schon auf das Frühstück verzichten mussten. Mein Freund, Monsieur du Vallon, teilt meine Dankbarkeit, denn er hatte großen Hunger.«

»Ich bin immer noch hungrig«, warf Porthos mit einer Verneigung gegen Oberst Harrison ein.

»Wie ist Ihnen denn der bedenkliche Vorfall zugestoßen, ohne Frühstück zu bleiben?«, fragte der Oberst lachend.

»Durch einen ganz simplen Anlass, Oberst«, erwiderte d'Artagnan. »Ich hatte Eile, Sie einzuholen, und um das zu erreichen, nahm ich denselben Weg wie Sie, was ein alter Fourier wie ich nicht hätte tun sollen, denn der muss ja wissen, dass dort, wo ein tüchtiges und tapferes Regiment wie das Ihre vorbeikam, nur noch Nachlese zu halten ist. Sie werden daher unsere Enttäuschung verstehen, als wir zu einem hübschen kleinen Haus am Saum eines Waldes kamen, das mit seinem roten Dach und seinen grünen Fensterläden von weitem erfreulich und feiertäglich wirkte, und dort statt der Hühner und Schinken, die wir zu braten gedachten, nur einen blutüberströmten armen Teufel fanden … Ah, potz Blitz, Oberst! Mein Kompliment dem von Ihren Offizieren, der diesen Schlag geführt hat. Es war ein tüchtiger Schlag, so tüchtig, dass er die Bewunderung Monsieur du Vallons erregte, der sich auch aufrecht artige Hiebe versteht.«

»Ja«, lachte Harrison mit einem Blick auf einen seiner Offiziere, »wenn Grosloweine solche Aufgabe übernimmt, braucht er kein zweites Mal zu kommen.«

»Ah, jener Herr!«, sagte d'Artagnan, indem er den betreffenden Offizier grüßte. »Ich bedaure, dass Monsieur nicht französisch spricht, damit ich ihm selbst mein Kompliment machen kann.«

»Ich bin bereit, es entgegenzunehmen und zurückzugeben, Monsieur«, erwiderte der Offizier in leidlich gutem Französisch, »denn ich habe drei Jahre in Paris gelebt.«

»Nun, Monsieur, dann beeile ich mich, Ihnen zu versichern, dass der Schlag so gut geführt war, dass Sie Ihren Mann fast getötet haben.«

»Ich dachte, ich habe ihn wirklich getötet«, sagte Groslow.

»Nein, es hat allerdings nicht viel daran gefehlt, aber tot ist er nicht.« Bei diesen Worten warf d'Artagnan einen Blick zu Parry hinüber, der totenbleich hinter dem König stand, um ihm anzudeuten, dass diese Nachricht für ihn bestimmt sei.

Was den König betraf, so hatte er dieses Gespräch unsagbar bangen Herzens mit angehört, da er nicht wusste, worauf der französische Offizier hinauswollte, und weil ihn diese unter scheinbarer Gleichgültigkeit versteckten grausamen Einzelheiten empörten. Doch bei den letzten Worten atmete er auf.

»Wahrhaftig, d'Artagnan«, erklärte Athos, »du bist sowohl ein Mann von Wort wie von Geist. Aber was sagst du zu dem König?«

»Sein Gesicht gefällt mir durchaus«, antwortete d'Artagnan, »er sieht edel und gut aus.«

»Ja, aber er lässt sich gefangen nehmen«, wandte Porthos ein, »und das ist nicht recht.«

»Ich habe große Lust, auf das Wohl des Königs zu trinken«, bemerkte Athos.

»Dann lass mich das machen«, entgegnete d'Artagnan.

D'Artagnan nahm seinen Zinnbecher, füllte ihn und stand auf. »Messieurs«, sagte er zu seinen Gefährten, »wenn es Ihnen gefälligist, wollen wir auf den trinken, der diesem Mahl präsidiert. Auf unsern Oberst, und er möge wissen, dass wir ihm bis London und darüber hinaus zu Diensten stehen.«

Da d'Artagnan bei den letzten Worten Harrison ansah, bezog dieser den Toast auf sich und verneigte sich vor den vier Freunden, während der König die vier Edelleute ansah, seinen Becher an die Lippen führte und mit dankbarem Lächeln ein paar Tropfen trank.

»Auf, meine Herren«, rief Harrison, stellte sein Glas zurück und erhob sich, ohne Rücksicht auf seinen erlauchten Gefangenen, »vorwärts!«

»Meiner Treu«, sagte d'Artagnan zu Athos, als sie hinausgingen, »dein König hat mich wirklich für sich eingenommen, und ich stehe ihm völlig zu Diensten.«

Der Prozess

Obwohl es noch nicht Tag war, als sie in London ankamen, fanden die vier Freunde die ganze Stadt in Aufruhr. Das Gerücht, der König sei, von Oberst Harrison zurückgeführt, auf dem Weg zur Hauptstadt, hatte sich seit dem Abend zuvor verbreitet, und viele waren gar nicht zu Bett gegangen, weil sie fürchteten, der Stuart, wie sie ihn nannten, käme womöglich in der Nacht und sie könnten seinen Einzug versäumen.

Nach d'Artagnans Vorschlag beschlossen die vier Freunde, andere Kleidung anzulegen. Athos wählte einen schwarzen Anzug, in dem er wie ein ehrbarer Bürger aussah, Aramis, der sich nicht von seinem Degen trennen wollte, einen dunklen von militärischem Schnitt, Porthos wurde von einem roten Wams und grünen Kniehosen verlockt, und d'Artagnan, dessen Farbe von vornherein bestimmt war, brauchte sich nur um die Schattierung zu kümmern und stellte in dem kastanienbraunen Anzug, nach dem es ihn gelüstet hatte, leidlich gut einen Zuckerhändler vor, der sich vom Geschäft zurückgezogen hat.

Was Grimaud und Mousqueton betraf, so waren sie hinreichend verkleidet, da sie keine Livree trugen, Grimaud repräsentierte überdies den ruhigen, leidenschaftslosen und steifen Typ des besonnenen Engländers und Mousqueton den des dickbäuchigen, pausbäckigen englischen Müßiggängers.

»Und jetzt zur Hauptsache«, sagte d'Artagnan, »um vom Pöbel nicht verhöhnt zu werden, müssen wir uns die Haare schneiden. Da wir ohne Degen keine Edelleute mehr sind, lasst uns mit der Frisur Puritaner sein. Das ist, wie euch wohl bekannt ist, das wichtige Merkmal, das den Covenanter vom Kavalier unterscheidet.«

Doch in Bezug auf dieses wichtige Merkmal fand d'Artagnan seinen Freund Aramis sehr ungehorsam. Er wollte mit aller Gewalt sein Haar behalten, das sehr schön war und auf das er große Sorgfalt verwandte, und Athos, dem all diese Fragen gleichgültig waren, musste ihm erst mit gutem Beispiel vorangehen. Porthos überließ ohne Bedenken sein Haupt Mousqueton, der mit der Schere rücksichtslos in dem dichten, spröden Haar herumschnitt. D'Artagnan schnitt sich selbst eine Phantasiefrisur, die nicht übel einer Denkmünze aus der Zeit Franz‹ I. oder Karls IX. ähnelte.

»Wir sehen abscheulich aus«, erklärte Athos.

»Mir scheint, wir stinken zum Grausen nach Puritaner«, bemerkte Aramis.

»Mir ist kalt am Kopf«, sagte Porthos.

»Und ich fühle in mir das Verlangen zu predigen«, schloss d'Artagnan.

»Und jetzt«, sagte Athos, »da wir uns selbst nicht mehr erkennen und daher keine Angst zu haben brauchen, dass uns andere erkennen, wollen wir einen Gang durch die Stadt machen. Nicht einmal Mordaunt würde uns so, wie wir aussehen, und bei dem Nebel erkennen.«

Tags darauf begleitete eine riesige Menschenmenge Karl I. zum Staatsgerichtshof, der das Urteil über ihn sprechen sollte. Sie überschwemmte die Straßen und die in der Nähe des Palastes gelegenen Häuser, daher wurden die vier Freunde schon nach den ersten Schritten durch das fast unüberwindliche Hindernis dieser lebenden Mauer aufgehalten.

Ganz London drängte zu den Türen der Tribünen im Gerichtshof, doch endlich glückte es den vier Freunden, sich durch eine zu quetschen, und sie fanden die drei ersten Bänke schon besetzt. Doch das war nur halb so schlimm für Leute, die nicht erkannt zu werden wünschten. Sie nahmen also ihre Plätze ein, sehr zufrieden damit, dass sie nicht so weit vorn lagen, mit Ausnahme Porthos', der sich so gern in seinem roten Wams und den grünen Kniehosen zeigen wollte und bedauerte, nicht in der ersten Reihe zu sitzen.

Die Bänke waren wie in einem Amphitheater angeordnet, und von ihrem Platz aus überschauten die vier Freunde die ganze Versammlung. Der Zufall hatte es so gut gefügt, dass sie auf die Mitteltribüne geraten waren, die sich genau gegenüber dem für Karl I. bereitgestellten Sessel befand.

Gegen elf Uhr vormittags erschien der König auf der Schwelle des Saals. Er trat, umringt von Wächtern, ein, aber mit dem Hut auf dem Kopf und mit ruhiger Miene, und schickte einen zuversichtlichen Blick in die Runde, als solle er einer Versammlung ergebener Untertanen präsidieren und nicht auf die Anschuldigungen eines Rebellengerichtshofs antworten.

Die Richter, stolz darauf, dass es in ihrer Macht lag, einen König zu demütigen, waren offensichtlich bereit, von diesem Recht, das sie sich angemaßt hatten, Gebrauch zu machen. Folglich schickten sie einen Gerichtsdiener zu Karl I. und ließen ihm sagen, es sei Brauch, dass der Angeklagte vor ihnen den Kopf entblöße.

Karl wandte ohne ein Wort den Kopf nach der andern Seite, drückte sich den Filzhut fester in die Stirn und setzte sich, als der Gerichtsdiener gegangen war, auf den Sessel gegenüber dem Präsidenten, wobei er mit einem dünnen Rohrstock, den er in der Hand hielt, an seinen Stiefel klopfte. Parry, der ihn begleitet hatte, stellte sich hinter seinen Sessel.

»Sieh da!«, sagte d'Artagnan. »Mir scheint, man befürchtet etwas, denn die Posten werden verdoppelt. Erst hatten wir nur Hellebarden, jetzt auch noch Musketen. Es ist für alle gesorgt: die Hellebarden beobachten die Zuhörer im Parkett, die Musketen sind auf uns gerichtet.«

»Dreißig, vierzig, fünfzig, siebzig Mann«, zählte Porthos den Zuwachs.

»He!«, sagte Aramis. »Du vergisst den Offizier, Porthos, und mir scheint er durchaus der Mühe wert, mitgezählt zu werden.«

»Jawohl!«, bestätigte d'Artagnan und wurde bleich vor Zorn, denn er hatte Mordaunt erkannt, der mit blankem Degen die Musketiere hinter den König, also den Tribünen gegenüber, führte. »Ob er uns erkannt hat?«, fuhr er fort. »In dem Fall wäre ich dafür, schleunigst den Rückzug anzutreten. Es liegt mir nichts daran, mir eine Todesart vorschreiben zu lassen, ich möchte nach eigner Wahl sterben, und die ist nicht, in einem geschlossenen Raum erschossen zu werden.«

»Nein«, entgegnete Athos, »er hat uns nicht gesehen. Er sieht nur den König. Potztausend! Mit welchen Augen der Unverschämte ihn betrachtet! Sollte er Seine Majestät ebenso sehr hassen wie uns?«

»Gewiss«, erwiderte Athos. »Wir haben ihm nur seine Mutter entrissen, aber der Könighat ihn seines Namens und seines Vermögens beraubt.«

»Das ist richtig«, sagte Aramis. »Aber still jetzt, der Präsident spricht zum König.«

So war es, der Gerichtspräsident, Bradshaw, forderte den erlauchten Angeklagten auf, sich zu äußern. »Stuart«, sagte er, »hören Sie den Namensaufruf Ihrer Richter, und geben Sie dem Gerichtshof bekannt, welche Bemerkungen Sie zu machen haben.«

Der König drehte den Kopf zur Seite, als wären diese Worte nicht zu ihm gesprochen worden. Der Präsident wartete, und da keine Antwort kam, herrschte einen Augenblick Schweigen.

Von den hundertdreiundsechzig Mitgliedern des Gerichtshofes konnten nur dreiundsiebzig antworten, da die andern aus Angst vor der Mitschuld an einer solchen Verhandlung ferngeblieben waren.

»Ich beginne mit dem Namensaufruf«, sagte Bradshaw, ohne anscheinend die Abwesenheit von drei Fünfteln der Versammlung zu bemerken. Und so rief er nacheinander alle Mitglieder, die anwesenden wie die abwesenden, auf. Die anwesenden antworteten mit starker oder schwacher Stimme, je nachdem, ob sie mutig zu ihrer Meinung standen oder nicht. Eine kurze Stille trat ein, wenn der Name eines abwesenden genannt und zweimal wiederholt wurde.

Es kam der Name von Oberst Fairfax an die Reihe, und auch ihm folgte das kurze feierliche Schweigen, das die Abwesenheit solcher Mitglieder kennzeichnete, die an dieser richterlichen Entscheidung keinen Anteil hatten haben wollen.

»Oberst Fairfax?«, wiederholte Bradshaw.

»Fairfax?«, erwiderte eine spöttische Stimme, die man an ihrem silberhellen Klang als die einer Frau erkannte. »Er ist zu verständig, um hier zu sein.«

Mit ungeheurem Gelächter wurden diese mit jener Kühnheit gesprochenen Worte aufgenommen, welche die Frauen gerade aus ihrer Schwäche schöpfen, da diese Schwäche sie der Bestrafung entzieht.

»Die Stimme einer Frau!«, rief Aramis. »Ach, ich würde wahrhaftig viel darum geben, wenn sie jung und hübsch wäre.« Und er stieg auf die Bank, um einen Blick auf die Tribüne zu werfen, von wo die Stimme gekommen war. »Bei meinem Leben, sie ist bezaubernd! Sieh doch nur, d'Artagnan, alle schauen sie an, und trotz Bradshaws Blick ist sie nicht bleich geworden.«

»Das ist Lady Fairfax selbst«, antwortete d'Artagnan. »Erinnerst du dich, Porthos? Wir haben sie mit ihrem Gatten bei General Cromwell getroffen.«

»Diese Spitzbuben werden die Gerichtssitzung aufheben, wenn sie merken, dass sie nicht in genügender Zahl vorhanden sind«, meinte der Graf von La Fère.

»Du kennst sie nicht, Athos, beachte das Lächeln von Mordaunt und wie er den König betrachtet. Ist das der Blick eines Mannes, der fürchtet, dass ihm sein Opfer entschlüpft? Nein, nein, es ist das Lächeln des Hasses, dem Genüge getan ist, der Rachsucht, die zuverlässig befriedigt wird. Ach, du von Hass erfüllter Verfluchter! Ein glücklicher Tag wäre es für mich, wenn ich etwas anderes als Blicke mit dir kreuzte.«

Als der Namensaufruf beendet war, befahl der Präsident, die Verlesung der Anklageschrift vorzunehmen. Athos erbleichte, er hatte sich wieder einmal in seiner Hoffnung getäuscht. Obgleich die Richter in ungenügender Zahl waren, sollte der Prozess eingeleitet werden. Der König war also von vornherein verurteilt.

Karl I. lauschte der Rede des Anklägers mit besonderer Aufmerksamkeit, überging die Beleidigungen, hielt sich an die Klagegründe und antwortete, als der Hass durch allzu vieles hervorbrach, als sich der Ankläger im Voraus zum Henker machte, mit einem Lächeln der Verachtung. Es war alles in allem ein auf Tod und Leben gehendes schreckliches Schriftwerk, worin der unglückliche König all seine Unbesonnenheiten in Hinterlisten, all seine Irrtümer in Verbrechen verwandelt wiederfand.

D'Artagnan, der den Sturzbach von Beschimpfungen mit der Verachtung, die sie verdienten, dahinströmen ließ, richtete indessen seinen gescheiten Verstand auf einige Beschuldigungen des Anklägers. »Wenn man ihm Unbesonnenheit und Leichtfertigkeit vorzuwerfen hat«, sagte er, »so verdient der arme König tatsächlich Strafe, aber mir scheint, die er augenblicklich erleidet, ist grausam genug.«

»Auf jeden Fall«, erwiderte Aramis, »dürfte die Strafe nicht den König treffen, sondern seine Minister, denn das oberste Gesetz der Verfassung ist: Der König kann nicht fehlen.«

In diesem Moment beendete der Ankläger seine Rede mit den Worten: »Diese Anklage wurde von uns im Namen des englischen Volkes ausgesprochen.«

Darauf entstand ein Gemurmel auf den Tribünen, und eine Stimme, nicht die einer Frau, sondern eine kraftvolle und zornige Männerstimme, donnerte hinter d'Artagnan: »Du lügst! Und neun Zehntel des englischen Volkes verabscheuen, was du sagst!«

Es war die Stimme von Athos, der, außer sich, aufgesprungen war und mit vorgestrecktem Arm auf diese Weise gegen den öffentlichen Ankläger Einspruch erhob.

Bei seinem Verweis wandten König, Richter, Zuhörer, überhaupt alle die Augen nach der Tribüne, auf der sich die vier Freunde befanden. Mordaunt machte es wie die andern und erkannte den Edelmann, um den sich die drei anderen Franzosen bleich und drohend erhoben hatten. Seine Augen funkelten vor Freude, er hatte die wiedergefunden, die zu suchen und umzubringen er sein Leben geweiht hatte. Mit einer wütenden Gebärde rief er zwanzig von seinen Musketieren zu sich und zeigte mit dem Finger auf die Tribüne, auf der seine Feinde waren. »Feuert auf diese Tribüne!«, befahl er.

Doch rasch wie ein Gedanke packte d'Artagnan Athos um die Hüften, tat Porthos mit Aramis ein Gleiches, und so sprangen sie von den Sitzbänken, stürmten in die Gänge, jagten die Treppen hinab und verloren sich in der Menge, während im Saal die angelegten Musketen dreitausend Zuschauer bedrohten, deren Geschrei um Erbarmen und gellendes Entsetzen das Blutbad aufhielten, zu dem das Signal gegeben war.

Mordaunt stürzte, bleich und zitternd vor Wut, den blanken Degen in der Hand, mit zehn Hellebardieren aus dem Saal, durchstöberte keuchend die Menge, fragte überall und kehrte schließlich zurück, ohne etwas gefunden zu haben.

Ein unbeschreiblicher Tumult herrschte. Mehr als eine halbe Stunde verging, in der sich niemand verständlich machen konnte. Die Richter hielten jede Tribüne für bereit loszudonnern. Die Tribünen sahen, schwankend zwischen Furcht und Neugier, die auf sie gerichteten Musketen und blieben stürmisch und erregt. Endlich trat Ruhe ein.

»Was haben Sie zu Ihrer Verteidigung zu sagen?«, fragte Bradshaw den König.

Da stand Karl auf, keineswegs aus Unterwürfigkeit, sondern im Bewusstsein der Herrschaft, den Kopf immer noch bedeckt, und sagte im Ton eines Richters, nicht eines Angeklagten: »Ehe Sie mich verhören, antworten Sie mir. In Newcastle war ich frei, dort habe ich einen Vertrag mit beiden Kammern geschlossen. Statt Ihren Teil des Vertrages zu erfüllen, wie ich den meinen erfüllte, haben Sie mich von den Schotten gekauft, nicht teuer, ich weiß, und das macht der Sparsamkeit Ihrer Regierung Ehre. Aber geben Sie sich der Hoffnung hin, ich hätte aufgehört, Ihr König zu sein, weil Sie mich für einen Sklavenpreis gekauft haben? Nein. Ihnen antworten hieße das vergessen. Ich werde Ihnen also nur antworten, wenn Sie mir den Nachweis Ihrer Rechte liefern, mich zu verhören. Ihnen antworten würde bedeuten, dass ich Sie als meine Richter anerkenne, und ich erkenne Sie nur als meine Henker an.«

Und inmitten einer Totenstille setzte sich Karl ruhig und stolz wieder auf seinen Sessel.

»Nun gut«, sagte der Präsident, als er merkte, dass Karl unerschütterlich zu schweigen entschlossen war, »sei's drum, dann werden wir Sie trotz Ihres Schweigens aburteilen. Sie sind des Verrats, des Machtmissbrauches und des Mordes angeklagt. Die Zeugen werden es beweisen. Ich sage Ihnen, in einer weiteren Sitzung wird vollendet werden, was Sie in dieser zu tun ablehnen.«

Karl erhob sich und drehte sich zu Parry um, der bleich war und von dessen Schläfen der Schweiß rann. »Was hast du denn, mein lieber Parry?«, fragte er. »Was erregt dich so?«

»Oh, Sire«, erwiderte Parry mit Tränen in den Augen und in flehendem Ton, »blicken Sie, wenn Sie den Saal verlassen, nicht nach links.«

»Was gibt es denn? Sprich doch!«, befahl Karl, während er durch die Postenkette hinter ihm zu schauen versuchte.

»Sie werden nicht hinsehen, Sire, nicht wahr? Auf einen Tisch haben sie das Beil gelegt, mit dem die Verbrecher hingerichtet werden. Ein grässlicher Anblick. Sehen Sie nicht hin, Sire, ich bitte Sie inständig.«

»Die Dummköpfe!«, entgegnete Karl. »Halten sie mich für so feige, wie sie selbst es sind? Du hast gut daran getan, mich darauf aufmerksam zu machen. Danke, Parry.«

Und da der Augenblick gekommen war, sich zu entfernen, ging der König hinter seinen Wächtern hinaus. Tatsächlich schimmerte links von der Tür in dem unheilvollen Widerschein von der roten Decke, auf die man es gelegt hatte, das weiße Beil mit dem langen, von der Hand des Henkers polierten Griff.

Als er davor angelangt war, blieb Karl stehen und drehte sich lächelnd um. »Aha, das Beil!«, sagte er. »Sinnreicher Popanz und jener würdig, die nicht wissen, was ein Edelmann ist. Mir machst du nicht bange, Henkersbeil«, fügte er hinzu, während er es mit dem dünnen und biegsamen Rohrstöckchen peitschte, »ich schlage dich und warte in christlicher Geduld ab, dass du es mir vergiltst.« Und mit königlicher Verachtung zuckte er die Achseln, setzte seinen Weg fort und ließ die Menge, die sich um den Tisch drängte, um zu sehen, was für ein Gesicht der König beim Anblick des Beils machen würde, das ihm den Kopf vom Leib trennen sollte, bestürzt zurück.

»Wahrhaftig, Parry«, sprach er im Gehen weiter, »all diese Leute halten mich wohl – Gott verzeih mir! – für einen indischen Baumwollhändler und nicht für einen Edelmann, der gewohnt ist, den Stahl funkeln zu sehen. Bilden sie sich etwa ein, ich taugte weniger als ein Schlächter?«

Bei diesen Worten hatte er die Tür erreicht. Davor stand eine ungeheure Menge Menschen, die auf den Tribünen keinen Platz gefunden hatten und wenigstens das Ende des Schauspiels hatten genießen wollen, dessen interessantester Teil ihnen entgangen war. Diese unzählbare Menge, aus der so viele drohende Gesichter blickten, ließ den König aufseufzen. Wie viele Leute, dachte er, und kein ergebener Freund! Doch auf seine besorgten und entmutigten Gedanken antwortete dicht neben ihm eine Stimme: »Ich grüße die gestürzte Majestät!«

Rasch drehte sich der König um, Tränen in den Augen und Trauer im Herzen. Es war ein alter Soldat seiner Garde, der seinen gefangenen König nicht hatte vorbeilassen wollen, ohne ihm diese letzte Huldigung zu erweisen. Aber im selben Augenblick wurde der Unglückliche durch Hiebe mit dem Degengriff fast erschlagen. Unter den Schlägern erkannte der König Hauptmann Groslow. »Ach«, sagte Karl, »welch gewaltige Strafe für ein so kleines Vergehen!«

Whitehall

Das Parlament verurteilte, wie man leicht hatte voraussehen können, Karl Stuart zum Tode. Politische Urteilsfindungen sind stets nichtige Formalitäten, da dieselben Leidenschaften, die anklagen, auch verurteilen. Das ist die schreckliche Logik der Revolutionen.

Obgleich unsere Freunde dieses Urteil erwartet hatten, erfüllte es sie mit Schmerz. D'Artagnan, dessen Geist nie über mehr Hilfsquellen verfügte als in schwierigsten Augenblicken, schwur aufs Neue, dass er alles nur Erdenkliche versuchen werde, den Ausgang dieser blutigen Tragödie zu verhindern. Aber wie sollte das geschehen? Darüber war er sich noch nicht recht klar. Alles würde von den Umständen abhängen. Um jeden Preis musste man, bis ein vollständiger Plan gefasst werden konnte, Zeit gewinnen und verhindern, dass die Exekution einen Tag darauf stattfände, wie die Richter entschieden hatten. Und das einzige Mittel, dies zu erreichen, bestand darin, dass sie den Henker von London verschwinden ließen.

Verschwand der Henker, dann konnte das Urteil nicht vollstreckt werden. Zweifellos würde man den aus der nächstgelegenen Stadt holen lassen, aber damit war mindestens ein Tag gewonnen, und in einem solchen Fall bedeutete ein Tagvielleicht die Rettung! D'Artagnan übernahm diese mehr als schwierige Aufgabe.

Nicht weniger unerlässlich war es, Karl Stuart zu benachrichtigen, dass man versuchen wolle, ihn zu retten, damit er seine Verteidiger so gut wie möglich unterstütze oder zumindest nichts täte, was ihren Bemühungen zuwiderliefe. Diesen gefährlichen Auftrag übernahm Aramis. Karl Stuart hatte um die Erlaubnis gebeten, dass ihn der Bischof Jackson in seinem Gefängnis Whitehall besuche. Mordaunt hatte am selben Abend den Bischof aufgesucht und ihm den frommen Wunsch des Königs sowie die Genehmigung Cromwells übermittelt. Aramis beschloss, durch Einschüchterung oder Überredung von dem Bischof zu erlangen, dass er ihn an seiner Statt und mit seinen priesterlichen Abzeichen versehen in das Schloss Whitehall gehen lasse.

Athos schließlich übernahm es, auf alle Fälle die Mittel und Wege vorzubereiten, dass sie England verlassen konnten, sei es nun erfolglos oder erfolgreich.

Da inzwischen die Nacht hereingebrochen war, verabredeten sie sich für elf Uhr in ihrem Gasthof und machten sich auf den Weg, ihre gefährlichen Unternehmen auszuführen.

Das Schloss Whitehall war von drei Reiterregimentern und überdies Cromwells ständigen Besorgnissen bewacht, die ihn veranlassten, unaufhörlich seine Generäle oder seine Bevollmächtigten hinzuschicken.

Allein in seinem gewohnten Zimmer, das von zwei Wachskerzen erhellt war, hielt der zum Tode verurteilte Monarch eine traurige Rückschau auf die Pracht seiner Größe, so wie man in der letzten Stunde das Abbild des Lebens glänzender und freundlicher denn je vor sich sieht. Parry hatte seinen Herrn nicht verlassen und seit dem Urteilsspruch nicht aufgehört zu weinen. Mit dem Ellbogen auf den Tisch gestützt, betrachtete Karl Stuart ein Medaillon, das dicht nebeneinander die Bildnisse seiner Gemahlin und seiner Tochter trug.

Mitunter verweilten seine Gedanken bei den tapferen französischen Edelleuten, die ihm bereits hundert Meilen weit entfernt schienen, sagenhaft, trügerisch und jenen Gestalten gleich, die man im Traum erblickt und die beim Erwachen verschwinden. Zuweilen fragte er sich tatsächlich, ob nicht alles, was ihm widerfahren war, ein Traum oder ein Fieberwahn sei.

Er stand auf, machte ein paar Schritte, um seine Betäubung abzuschütteln, und kam zum Fenster, doch da sah er unten die Musketen der Posten schimmern. Er musste sich eingestehen, dass er hellwach und dass sein blutiger Traum Wirklichkeit war. Ach, dachte er, hätte ich zum Beichtiger doch wenigstens einen von diesen großen Kirchenlehrern, deren Seele alle Geheimnisse des Lebens, alle Schwächen der Größe ergründet hat, vielleicht würde seine Seele die klagende Stimme in der meinen zum Schweigen bringen! Aber ich werde einen Priester von alltäglicher Fähigkeit haben, dessen Laufbahn und Stellung ich durch mein Unglück zum Scheitern brachte. Er wird mir von Gott und vom Tod reden, wie er zu andern Sterbenden davon gesprochen hat, ohne zu begreifen, dass der sterbende König den Thron einem Usurpator überlassen muss, während seine Kinder kein Brot mehr haben. Damit führte er das Medaillon an die Lippen und flüsterte nacheinander die Namen seiner Kinder.

Es war eine düstre Nebelnacht. Die Turmuhr von der benachbarten Kirche schlug die Stunde. Der blasse Schein der beiden Wachskerzen belebte das weite und hohe Gemach mit seltsamen Schatten. Es waren die Gespenster der Ahnen König Karls, die aus ihren Goldrahmen stiegen.

Eine tiefe Schwermut bemächtigte sich Karls. Er vergrub die Stirn in beiden Händen und dachte an die Welt, die so schön ist, wenn man sie verlässt oder wenn sie vielmehr uns verlässt, an die Liebkosungen der Kinder, so köstlich und wohltuend, vor allem wenn man von ihnen getrennt ist und sie nicht wiedersehen wird, und an seine Gemahlin, das edle und mutige Geschöpf, das ihm bis zum letzten Augenblick beigestanden hatte. In diesem Gemach, das ihm so viele Erinnerungen zurückrief, durch das so viele Höflinge mit ihren Schmeichelreden gegangen waren und in dem er nun allein saß mit einem einzigen Diener, dessen schwache Seele ihn nicht aufzurichten vermochte, ließ der König seinen Mut in die Tiefe der Ohnmacht, der Finsternis und der Kälte des Winters sinken.

Plötzlich waren Schritte in den Gängen zu vernehmen, die Tür öffnete sich, Fackeln füllten das Gemach mit einem rauchigen Lichtschein, und ein Geistlicher im Bischofsornat trat ein, gefolgt von zwei Wächtern, denen Karl mit einer gebieterischen Handbewegung befahl, sich zu entfernen. Sie taten es, und mit ihnen schwand die Helligkeit, die für kurze Zeit die Fackeln verbreitet hatten.

»Jackson!«, rief Karl. »Danke, mein Freund, Sie kommen zur rechten Zeit.«

Der Bischof warf einen besorgten Seitenblick auf den Mann, der in der Kaminecke schluchzte.

»Hör auf zu weinen, Parry«, sagte der König, »nun ist Gott zu uns gekommen.«

»Wenn es Parry ist«, bemerkte der Bischof, »dann habe ich nichts zu befürchten. Sire, erlauben Sie mir, Eure Majestät zu begrüßen und Ihnen zu sagen, wer ich bin und weswegen ich komme.«

Als Karl diese Stimme vernahm, wollte er laut seinem Erstaunen Ausdruck geben, doch Aramis legte den Finger über die Lippen und verneigte sich tief vor dem König von England.

»Der Chevalier«, murmelte Karl.

»Ja, Sire«, unterbrach ihn Aramis, indem er die Stimme erhob, »der Bischof Jackson, der getreue Ritter Christi, der den Wünschen Eurer Majestät zur Verfügung steht.«

Karl faltete die Hände, er hatte d'Herblay erkannt und war aufs höchste erstaunt, fast bestürzt über diese Männer, die als Fremde und ohne einen anderen Beweggrund als die Pflicht, die ihnen das eigene Gewissen auferlegte, auf diese Weise gegen den Willen eines Volkes und das Geschick eines Königs kämpften.

»Sie?«, sagte er. »Sie? Wie sind Sie hierher gelangt? Mein Gott, wenn man Sie erkennt, sind Sie verloren.«

»Denken Sie nicht an mich, Sire«, erwiderte Aramis, während er dem König immer wieder bedeutete, leise zu sein, »denken Sie nur an sich. Ihre Freunde wachen, wie Sie sehen. Was wir tun werden, weiß ich noch nicht, aber vier entschlossene Männer können viel erreichen. Schlafen Sie unterdessen heute Nacht nicht, verwundern Sie sich über nichts, und machen Sie sich auf alles gefasst.«

Karl schüttelte den Kopf. »Lieber Freund«, entgegnete er, »wissen Sie denn auch, dass Sie keine Zeit zu verlieren haben und dass Sie eilen müssen, wenn Sie etwas unternehmen wollen? Wissen Sie, dass ich morgen um zehn Uhr sterben soll?«

»Sire, bis dahin wird etwas geschehen, das die Exekution unmöglich macht.«

Der König blickte Aramis verwundert an. Gleichzeitig erhob sich ein merkwürdiger Lärm unterm Fenster des Königs, wie von einem Holzkarren, der entladen wird.

»Hören Sie?«, fragte der König. Und dem Gepolter folgte ein Schmerzensschrei.

»Ich höre«, antwortete Aramis, »aber ich verstehe nicht, was dieser Krach und vor allem dieser Schrei zu bedeuten hat.«

»Den Schrei verstehe ich auch nicht, aber den Lärm kann ich Ihnen erklären. Ich soll draußen vor diesem Fenster hingerichtet werden«, sagte Karl und zeigte auf den dunklen, öden Platz, auf dem sich nur Soldaten befanden.

»Ja, Sire, das weiß ich.«

»Nun, und das Holz, das angefahren wird, sind die Balken und Streben für mein Schafott. Ein Arbeiter wird sich beim Entladen verletzt haben.«

Unwillkürlich schauderte es Aramis.

»Sie sehen also, dass es zwecklos ist, wenn Sie sich darauf versteifen, etwas zu tun. Ich bin zum Tode verurteilt, lassen Sie mich mein Schicksal ertragen.«

»Sire«, entgegnete Aramis, der seine vorübergehend gestörte Ruhe wiedergefunden hatte, »ein Schafott können sie errichten, aber sie werden keinen Henker finden.«

»Was wollen Sie damit sagen?«, fragte der König.

»Zu dieser Stunde ist der Henker bereits entführt oder bestochen. Morgen wird das Schafott bereitstehen, aber der Henker fehlen, deshalb wird man die Exekution auf übermorgen verschieben. Und morgen Nacht werden wir Sie fortbringen.«

»Wie denn?«, rief der König, dessen Gesicht ein unwillkürlicher Freudenschein erhellte. »Wie denn? Ich muss es wissen, damit ich Sie, wenn nötig, unterstützen kann.«

»Ich weiß es nicht, Sire, aber der geschickteste, tapferste und ergebenste von uns vieren hat mir, als wir uns trennten, ans Herz gelegt: ›Sag dem König, dass wir ihn morgen Abend um zehn Uhr entführen.‹ Da er es gesagt hat, wird es geschehen.«

»Nennen Sie mir den Namen dieses hochherzigen Freundes, damit ich ihm ewige Dankbarkeit bewahren kann, mag es ihm glücken oder nicht.«

»Er heißt d'Artagnan, Sire.«

»Ihr seid wahrhaftig unvergleichliche Männer, und man hat mir Dinge erzählt, die ich nicht für möglich gehalten hätte.«

»Hören Sie mich jetzt an, Sire«, unterbrach Aramis. »Vergessen Sie nicht einen Augenblick, dass wir über Ihr Heil wachen. Achten und horchen Sie auf die geringste Gebärde, den kleinsten Liedfetzen, das mindeste Zeichen derer, die sich Ihnen nähern werden, und deuten Sie sich alles.«

»Oh, Chevalier, was soll ich sagen?«, rief der König aus. »Kein Wort, käme es auch aus meinem tiefsten Herzen, könnte meine Dankbarkeit ausdrücken. Wenn es Ihnen gelingt, werde ich nicht sagen, Sie hätten einen König gerettet. Nein, ich schwöre Ihnen, angesichts des Schafotts gilt mir das Königtum sehr wenig. Aber Sie werden seiner Frau den Gemahl, seinen Kindern den Vater erhalten haben. Legen Sie Ihre Hand in die meine, Chevalier, es ist die eines Freundes, der Sie bis zum letzten Atemzug lieben wird.«

Aramis wollte des Königs Hand küssen, doch Karl ergriff die seine und drückte sie an sein Herz. In diesem Augenblick trat ein Mann ein, ohne auch nur an die Tür zu klopfen. Aramis wollte seine Hand zurückziehen, aber der König hielt sie fest. Der Fremde war einer von jenen Puritanern, die – halb Priester, halb Soldat – in der Umgebung Cromwells überhandnahmen.

»Was wünschen Sie, mein Herr?«, fragte der König.

»Ich möchte wissen, ob Karl Stuart seine Beichte beendet hat«, antwortete der Mann.

»Was geht Sie das an?«, versetzte der König. »Wir haben nicht dieselbe Religion.«

»Alle Menschen sind Brüder«, gab der Puritaner zurück. »Einer von meinen Brüdern wird sterben, und ich bin gekommen, ihn auf den Tod vorzubereiten.«

»Genug«, mischte sich Parry ein, »der König hat mit Ihren Vorbereitungen nichts zu schaffen.«

»Sire«, raunte Aramis dem König zu, »gehen Sie behutsam mit ihm um, zweifellos ist er ein Spion.«

»Nach Hochwürden dem Bischof werde ich Ihnen mit Vergnügen zuhören, mein Herr«, sagte der König, worauf sich der Mann entfernte, nicht ohne Aramis mit einer Aufmerksamkeit betrachtet zu haben, die dem König nicht entging. »Chevalier«, sagte er, als sich die Tür geschlossen hatte, »ich glaube, Sie haben recht, der Mann ist mit bösen Absichten hergekommen. Nehmen Sie sich in Acht, wenn Sie gehen, dass Ihnen kein Unheil widerfährt.«

»Sire«, antwortete Aramis, »ich danke Eurer Majestät, aber seien Sie unbesorgt, unter diesem Gewand trage ich ein Panzerhemd und einen Dolch.«

»Dann gehen Sie, mein Herr, und Gott schütze Sie.« Darauf führte ihn der König bis zur Schwelle, wo Aramis seinen Segen erteilte, vor dem sich die Wächter verneigten. Dann schritt er majestätisch durch die mit Soldaten angefüllten Vorzimmer, stieg in seine Kutsche, in die ihm zwei Beschützer folgten, und ließ sich zum bischöflichen Palast zurückfahren.

Jackson erwartete ihn schon ängstlich. »Nun?«, fragte er, als Aramis vor ihm stand.

»Es ist alles nach Wunsch verlaufen, Spione, Posten, Wächter, alle haben mich für Sie gehalten, und der König segnet Sie, bis Sie ihn segnen werden.«

»Gott sei mit Ihnen, mein Sohn, denn Ihr Beispiel hat mir Hoffnung und Mut eingeflößt.«

Aramis kleidete sich wieder in seine eigenen Sachen und teilte Jackson beim Abschied mit, dass er noch einmal seine Zuflucht zu ihm nehmen werde.

Kaum war er auf der Straße zehn Schritt gegangen, als er merkte, dass ihm ein Mann in einem weiten Mantel folgte. Er legte die Hand an seinen Dolch und blieb stehen. Der Mann kam schnurstracks auf ihn zu. Es war Porthos.

»Du bist es, lieber Freund!«, rief Aramis und reichte ihm die Hand.

»Wie du siehst, mein Bester«, antwortete Porthos, »jeder von uns hatte seinen Auftrag. Der meine war, dich zu beschützen, und das habe ich getan. Hast du den König gesprochen?«

»Ja, und alles geht gut. Wo sind unsere Freunde?«

»Wir wollten uns doch um elf Uhr im Gasthof treffen.«

»Dann müssen wir uns beeilen.«

Tatsächlich schlug es von der Sankt-Pauls-Kathedrale gerade halb elf. Doch da die beiden Freunde ein sehr rasches Tempo anschlugen, langten sie als Erste an.

Nach ihnen trat Athos ein. »Alles geht gut«, sagte er, ehe die beiden noch Zeit gefunden hatten, ihn zu fragen.

»Was hast du gemacht?«, erkundigte sich Aramis.

»Ich habe ein kleines Ruderschiff gemietet, schmal wie eine Piroge und leicht wie eine Schwalbe. Es erwartet uns in Greenwich vor der Isle of Dogs. Die Besatzung besteht aus dem Eigentümer und vier Mann, die sich für den Preis von fünfzig Pfund Sterling drei Nächte hintereinander zu unserer Verfügung halten werden. Sind wir mit dem König an Bord, dann nutzen wir die Ebbe aus, fahren die Themse hinunter und sind zwei Stunden später auf dem offenen Meer. Wie echte Piraten werden wir uns dann an den Küsten entlangschleichen, in den Klippen kampieren oder, wenn das Meer frei ist, nach Boulogne übersetzen. Für den Fall, dass ich getötet werde: Der Eigentümer ist Kapitän Roger, und das Schiff heißt

›Blitz‹. So werdet ihr es schon finden. Das Erkennungszeichen ist ein an allen vier Ecken geknotetes Taschentuch.«

Kaum hatte er zu Ende gesprochen, da kam d'Artagnan. »Leert eure Taschen bis zu der Summe von hundert Pfund Sterling«, sagteer, »denn was meine betrifft …« Dabei kehrte er seine völlig entblößten nach außen.

Im Nu war die Summe beisammen, d'Artagnan ging hinaus und kam einen Augenblick später zurück. »So!«, sagte er. »Das ist erledigt. Uff! Leicht war's ja nicht.«

»Hat der Henker London verlassen?«, fragte Athos.

»Ach was, das war mir nicht sicher genug. Er konnte ja zu einem Tor hinaus und durch ein anderes zurückkommen.«

»Und wo ist er nun?«

»Im Keller.«

»In welchem Keller?«

»Im Keller unseres Gasthofs! Mousqueton sitzt auf der Schwelle, und hier ist der Schlüssel.«

»Bravo!«, sagte Aramis. »Aber wie hast du den Mann bewogen zu verschwinden?«

»Wie man alles auf der Welt fertigbringt, durch Geld. Es hat mich einen Haufen gekostet, aber er war dann einverstanden.«

»Wie viel hat es dich gekostet, Freund?«, fragte Athos. »Denn du verstehst, jetzt, da wir nicht mehr bettelarme Musketiere ohne Haus und Herd sind, tragen wir natürlich alle Auslagen gemeinsam.«

»Zwölftausend Pfund hat es mich gekostet«, erwiderte d'Artagnan.

»Und wo hast du die aufgetrieben?«, fragte Athos. »Hast du denn eine solche Summe besessen?«

»Und den berühmten Diamantring der Königin!«, sagte d'Artagnan mit einem Seufzer.

»Ach, das ist wahr«, rief Aramis, »ich habe ihn an deinem Finger erkannt.«

»Dann hast du ihn von Monsieur des Essarts zurückgekauft?«, wollte Porthos wissen.

»Mein Gott, ja«, erwiderte d'Artagnan, »aber es steht wohl da oben geschrieben, dass ich ihn nicht behalten darf. Was wollt ihr? Man muss ja wohl glauben, dass Diamanten wie die Menschen ihre Zu- und Abneigungen haben, diesem bin ich anscheinend ein Gräuel.«

»Also dann wirklich zum Henker mit ihm!«, rief Athos. »Nur hat leider jeder Henker seinen Gehilfen, seinen Diener oder was weiß ich.«

»So auch dieser, aber wir haben Glück gehabt. Als ich schon dachte, ich hätte es mit noch einem zu tun, brachte man den Kerl mit zerschmettertem Oberschenkel an. In seinem Übereifer hatte er den Karren mit dem Holz für das Schafott bis unter die Fenster des Königs begleitet, und da ist ihm ein Balken aufs Bein gefallen.«

»Aha!«, sagte Aramis. »Dann hat er wohl den Schrei ausgestoßen, den ich im Zimmer des Königs hörte?«

»Wahrscheinlich«, antwortete d'Artagnan, »aber da er ein sehr frommer Mensch ist, hat er versprochen, als Ersatz für ihn beim Errichten des Schafotts vier erfahrene und tüchtige Arbeiter zu schicken, und hat auch, so verwundet, wie er war, im Haus des Henkers sofort an Meister Tom Low, einen befreundeten Zimmermann, geschrieben, er solle nach dem Whitehall gehen, sein Versprechen einzulösen. Hier ist der Brief, den ein Eilbote für zehn Pence hinbringen sollte und den er mir für einen Louis verkauft hat.«

»Und was, zum Teufel, willst du mit dem Brief anfangen?«, fragte Athos.

»Errätst du es nicht?«, fragte d'Artagnan mit blitzenden Augen zurück.

»Nein, wahrhaftig nicht.«

»Nun, mein lieber Athos, du, der du englisch sprichst wie John Bull persönlich, du bist Meister Tom Low, und wir sind deine drei Gesellen. Verstehst du jetzt?«

Athos stieß einen Schrei der Freude und Bewunderung aus, lief zu einem Schrank und holte Arbeiteranzüge hervor, in die sich die vier Freunde ohne Säumen kleideten. Dann verließen sie den Gasthof, Athos mit einer Säge, Porthos mit einem Stemmeisen, Aramis mit einer Axt und d'Artagnan mit einem Hammer und Nägeln.

Die Arbeiter

Gegen Mitternacht hörte Karl ein mächtiges Getöse unter seinem Fenster, es waren Hammerschläge und Axthiebe, das Krachen eines Stemmeisens und das Kreischen einer Säge. Da er sich völlig angekleidet aufs Bett geworfen hatte und eben erst eingeschlummert war, weckte ihn der Krach mit einem Ruck, und da der Lärm, abgesehen von den tatsächlich wahrnehmbaren Lauten, einen übersinnlichen und furchtbaren Widerhall in seiner Seele erzeugte, überfielen ihn von neuem die entsetzlichen Gedanken, die ihn schon am Abend gequält hatten. Allein in der Finsternis und Abgeschiedenheit, hatte er nicht die Kraft, diese neue Marter zu ertragen, die im Programm seiner Todesstrafe nicht enthalten war, und er schickte Parry zu dem Posten, er möge die Arbeiter bitten, weniger heftig zuzuschlagen und Erbarmen mit dem letzten Schlummer dessen zu haben, der ihr König gewesen sei. Der Posten wollte sich nicht von seinem Platz entfernen, ließ aber Parry passieren.

Nachdem Parry um das Schloss gegangen und in die Nähe des Fensters gelangt war, bemerkte er, bis zur Höhe des Balkons hinaufragend, ein gewaltiges, noch unvollendetes Gerüst, auf das jedoch schon ein Bezug von schwarzem Stoff genagelt wurde. Zwei Absätze unterteilten das etwa zwanzig Fuß hohe Gerüst. So grässlich Parry der Anblick auch war, suchte er doch unter den acht oder zehn Arbeitern, die daran bauten, nach jenen, deren Lärm den König am meisten belästigen musste, und entdeckte auf dem zweiten Absatz zwei Männer, die damit beschäftigt waren, die eiserne Balkonbrüstung abzubrechen. Der eine, ein wahrer Riese, handhabte sein Werkzeug wie einen Sturmbock aus alter Zeit. Bei jedem Stoß barst der Stein in Stücke. Der andere kniete und zog die gelockerten Steine heraus. Offenbar veranstalteten diese den Krach, über den sich der König beklagte. Parry stieg die Leiter zu ihnen hoch.

»Liebe Freunde«, sagte er, »würden Sie bitte ein wenig leiser arbeiten. Der König schläft, und er hat den Schlaf nötig.«

Der Mann mit dem Stemmeisen hielt inne und drehte sich halb um, doch da er aufrecht stand, konnte Parry sein

Gesicht, das sich in der tieferen Dunkelheit unter der Balkenlage verlor, nicht wahrnehmen. Auch der Kniende drehte sich um, und sein von der Laterne beleuchtetes Gesicht konnte Parry sehen. Der Mann blickte ihn eindringlich an und legte einen Finger über den Mund. Verblüfft wich Parry zurück.

»Schon gut, schon gut«, sagte der Arbeiter in ausgezeichnetem Englisch, »geh zurück zum König und richte ihm aus, wenn er auch in dieser Nacht schlecht schläft, in der nächsten wird er besser schlafen.«

Diese rohen Worte, die einen so fürchterlichen Sinn hatten, wenn man sie buchstäblich nahm, wurden von den Arbeitern, die daneben und auf dem tieferen Absatz am Werke waren, mit einem grässlichen Jubelgelächter begrüßt.

Parry entfernte sich; ihm war, als träume er.

Karl erwartete ihn mit Ungeduld. Als Parry eintrat, steckte der Posten neugierig seinen Kopf durch die Tür, um zu sehen, was der König mache. Der König lag, auf den Ellbogen gestützt, im Bett. Parry schloss die Tür und näherte sich mit freudestrahlendem Gesicht dem König. »Sire«, sagte er leise, »wissen Sie, wer die Arbeiter sind, die solchen Radau machen? Der Graf von La Fère und sein Gefährte.«

»Sie errichten mein Schafott?«, fragte der König verwundert.

»Ja, und hauen dabei ein Loch in die Mauer.«

»Still!«, befahl der König und blickte erschrocken um sich. »Du hast sie gesehen?«

»Ich habe mit ihnen gesprochen.«

Der König faltete die Hände und hob die Augen zum Himmel, und nach einem kurzen, inbrünstigen Gebet sprang er aus dem Bett, lief ans Fenster und schlug die Vorhänge beiseite. Auf dem Balkon standen noch die Posten, aber jenseits erstreckte sich eine dunkle Plattform, auf der sich Schatten bewegten. Karl vermochte nichts zu unterscheiden, spürte jedoch unter den Füßen die Erschütterung von den Schlägen seiner Freunde. Und jetzt antwortete sein Herz auf jeden dieser Schläge.

Parry hatte sich nicht getäuscht, er hatte Athos deutlich erkannt. Und Athos war es, der mit Porthos' Hilfe ein Loch in die Mauer schlug, in dem das Ende eines Querbalkens ruhen sollte. Das Loch sollte zu einer Art Tunnel direkt unter dem Fußboden des königlichen Gemachs führen. War man erst einmal in diesem Tunnel, der einem sehr niedrigen Zwischenstock glich, dann konnte man mit einem Stemmeisen und kräftigen Schultern, und das war Porthos' Sache, eine Platte im Parkett heben. Durch diese Öffnung sollte sich der König gleiten lassen, mit seinen Rettern einen Teil des völlig mit schwarzem Tuch verhängten Schafotts erreichen, sich dort ebenfalls als Arbeiter verkleiden, für den Anzugwar vorgesorgt, und dann unbesorgt und ohne Umstände mit den vier Freunden hinuntersteigen. Die Wachen würden die Arbeiter, die vom Gerüst kamen, ohne Argwohn passieren lassen. Und das Ruderschiff lag bereit.

Der Plan war kühn, einfach und leicht durchführbar wie alles, was ein beherzter Entschluss hervorbringt.

Deshalb zerfetzte sich Athos seine so weißen und zarten schönen Hände, die von Porthos gelockerten Steine herauszuheben. Er konnte bereits den Kopf unter den Verzierungen, die den Unterbau des Balkons schmückten, in die Mauer stecken. Noch zwei Stunden, dann würde es ihm mit dem ganzen Körper möglich sein. Vor Tagesanbruch würde das Loch fertig sein und unter den Falten eines Innenbehangs verschwinden, den d'Artagnan befestigen sollte. D'Artagnan hatte sich für einen französischen Arbeiter ausgegeben und schlug die Nägel so ordentlich ein wie der geschickteste Tapezierer. Aramis beschnitt den überhängenden Stoff, der bis auf die Erde fiel und hinter dem sich das Gerüst des Schafotts erhob.

Der Tag dämmerte über den Dächern der Häuser. Ein mächtiges Torf- und Kohlenfeuer hatte den Arbeitern geholfen, die so kalte Nacht vom 29. auf den 30. Januar zu überstehen. Alle Augenblicke unterbrachen auch noch die Hartnäckigsten ihre Tätigkeit, um sich aufzuwärmen. Nur Athos und Porthos hatte ihre Arbeit nicht im Stich gelassen. Daher war das Loch beim ersten Morgenschimmer fertig. Athos schlüpfte hinein und nahm die für den König bestimmten und in ein Stück schwarzen Stoff gewickelten Kleider mit. Porthos reichte ihm ein Stemmeisen, und d'Artagnan nagelte einen im Grunde genommen überflüssigen, aber sehr nützlichen Behang an, hinter dem das Loch und der darin Verborgene verschwanden.

Athos hatte nur noch zwei Stunden zu arbeiten, und die Verbindung mit dem König war hergestellt. Nach dem, was die vier Freunde vermuteten, hatten sie den ganzen Tag vor sich; denn da der Henker fehlte, würde man genötigt sein, den aus Bristol holen zu lassen.

D'Artagnan zog wieder seinen kastanienbraunen Anzug an, Porthos sein rotes Wams, und Aramis begab sich zu Jackson, um, wenn möglich, mit ihm zusammen in das Gemach des Königs eingelassen zu werden. Alle drei verabredeten sich für die Mittagszeit auf dem Platz vor Whitehall, um zu sehen, was dort geschähe.

Ehe Aramis das Schafott verließ, war er zu der Öffnung hinaufgeklettert, um Athos mitzuteilen, dass er versuchen wolle, Karl noch einmal zu sprechen.

»Also adieu, und sei guten Muts!«, sagte Athos. »Erzähl dem König, wie die Sache steht. Sag ihm, wenn er allein ist, möchte er auf den Parkettfußboden klopfen, damit ich meine Arbeit zuverlässiger fortsetzen kann. Es wäre gut, wenn Parry mir helfen könnte, indem er schon die Platte im Kamin – sicherlich eine Marmorplatte – löst. Du, Aramis, versuch, bei dem König zu bleiben. Sprich laut, sehr laut, um bei den Posten keinen Argwohn zu erregen.«

»Sei unbesorgt«, erwiderte Aramis. »Ich bin ganz sicher, dass der König entkommen wird.« Damit stieg er von dem Schafott und ging, ein Lied zum Lobe Cromwells pfeifend, zurück in den Gasthof, wo er seine beiden Freunde bereits vorfand. Sie saßen bei Tisch an einem tüchtigen Feuer und tranken eine Flasche Portwein zu kaltem Huhn. Während Porthos aß, wetterte er die ganze Zeit gegen die niederträchtigen Parlamentarier. D'Artagnan aß schweigend, entwarf jedoch in Gedanken die verwegensten Pläne.

Aramis erzählte ihnen, was er und Athos ausgemacht hätten, und beide fanden es gut und richtig. Dann schluckte Aramis hastig einen Bissen hinunter, trank ein Glas Wein und zog sich um.

»Ich gehe jetzt zu Seiner Gnaden dem Bischof«, erklärte er. »Übernimm du es, Porthos, die Waffen vorzubereiten, und du, d'Artagnan, bewache gut deinen Henker.«

»Keine Sorge, Grimaud hat Mousqueton abgelöst und wird ihn nicht entwischen lassen.«

»Einerlei, verstärkt die Überwachung, und bleibt nicht einen Augenblick untätig.«

»Untätig! Frag Porthos, mein Lieber, ich bin schon mehr tot als lebendig, dauernd auf den Beinen, muss aussehen wie ein Ballettänzer. Potztausend! Wie ich Frankreich im Augenblick liebe, und wie gut es ist, ein eigenes Vaterland zu haben, wenn man sich in dem der andern so übel befindet!«

Aramis umarmte ihn und Porthos und machte sich auf den Weg zu Bischof Jackson, dem er seine Bitte vortrug. Jackson willigte umso rascher ein, Aramis mitzunehmen, als er bereits Bescheid gegeben hatte, dass er einen Priester brauchen werde, falls der König, was man als gewiss annehmen könne, das Abendmahl empfangen wolle, und vor allem, wenn der König, was wahrscheinlich wäre, eine Messe zu hören wünsche.

Gekleidet wie Aramis am Abend zuvor, stieg der Bischof in seinen Wagen. Aramis folgte ihm, unkenntlicher durch seine Blässe und seine Traurigkeit als durch sein Diakonsgewand, und setzte sich neben ihn. Der Wagen hielt vor dem Portal von Whitehall, es war fast neun Uhr morgens. Nichts schien sich verändert zu haben. Wie am Abend zuvor wimmelte es in den Vorzimmern und Gängen von Wachhabenden. Zwei Posten standen vor der Tür des Königs, zwei weitere spazierten vor dem Balkon auf der Plattform des Schafotts, wo bereits der Richtblock aufgestellt war.

Der König war voller Hoffnung. Als er Aramis wiedersah, verwandelte sich diese Hoffnung in Freude. Er umarmte Jackson und drückte Aramis die Hand. Der Bischof sprach vor allen Anwesenden laut von ihrer Zusammenkunft am Vorabend. Der König antwortete ihm, dass seine Worte bei dieser Zusammenkunft gefruchtet hätten und dass er ein weiteres ähnliches Gespräch ersehne. Darauf drehte sich Jackson zu den Soldaten um und bat sie, ihn mit dem König allein zu lassen. Alle entfernten sich.

Sobald sich die Tür geschlossen hatte, sagte Aramis rasch: »Sire, Sie sind gerettet! Der Henker von London ist verschwunden, seinem Gehilfen wurde hier unter den Fenstern Eurer Majestät das Bein zerschmettert. Zweifellos ist das Verschwinden des Exekutors bereits entdeckt worden, aber es gibt nur den Henker von Bristol, und ihn holen zu lassen nimmt Zeit in Anspruch. Wir haben also eine Frist bis wenigstens morgen.«

»Aber der Graf von La Fère?«, fragte der König.

»Zwei Fuß von Ihnen entfernt, Sire. Nehmen Sie das Schüreisen und klopfen Sie dreimal, Sie werden ihn antworten hören.«

Mit bebender Hand ergriff der König das Werkzeug und klopfte dreimal in gleichmäßigen Abständen. Sogleich beantworteten behutsame dumpfe Schläge unter dem Parkett das Zeichen.

»Dann ist derjenige, der mir antwortet …?«

»Der Graf von La Fère, Sire. Er bereitet den Fluchtweg für Eure Majestät vor. Parry wird diese Marmorplatte hier entfernen, und der Gang ist offen.«

Athos setzte noch geraume Zeit seine Arbeit fort, die man unaufhaltsam näher kommen fühlte. Doch plötzlich ließ sich aus dem Vorsaal ein unerwartetes Geräusch vernehmen. Aramis ergriff das Schüreisen und gab das Zeichen, die Arbeit zu unterbrechen.

Das Geräusch näherte sich, es war der feste, gleichmäßige Tritt einer Anzahl Leute. Die vier Männer blieben reglos stehen, die Augen auf die Tür gerichtet, die sich langsam und mit einer gewissen Feierlichkeit öffnete.

Im Vorsaal hatten Posten Spalier gebildet. Ein Bevollmächtigter des Parlaments, schwarz gekleidet und von unheilverkündendem Ernst, trat ein, grüßte den König, entfaltete ein Pergament und las ihm seinen Urteilsspruch vor, wie es bei zum Tode Verurteilten, ehe sie aufs Schafott steigen, üblich ist.

»Was bedeutet das?«, fragte Aramis den Bischof.

Jackson erwiderte ihm durch ein Zeichen, dass er es ebenso wenigwisse wie er.

»Es soll also heute sein?«, fragte der König mit nur Jackson und Aramis erkennbarer Erregung.

»Waren Sie nicht schon vorher davon unterrichtet, Sire, dass es heute Morgen sein soll?«, entgegnete der Mann in Schwarz.

»Und ich soll wie ein gewöhnlicher Verbrecher von der Hand des Henkers von London sterben?«, fragte der König weiter.

»Der Henker von London ist verschwunden, Sire, aber es hat sich als Ersatz ein Mann angeboten. Die Exekution wird also nur um die Zeit hinausgezögert werden, die Sie erbitten, um Ihre weltlichen und geistigen Angelegenheiten zu ordnen.«

Ein wenig Schweiß an den Haarwurzeln war die einzige Spur von Aufregung, die Karl bei dieser Nachricht erkennen ließ. Aramis jedoch wurde leichenblass. Sein Herz setzte aus, er schloss die Augen und stützte sich mit der Hand auf einen Tisch. Als Karl diesen tiefen Schmerz gewahrte, schien er den seinen zu vergessen. Er ging zu ihm, nahm seine Hand und umarmte ihn. »Mut, Freund«, sagte er mit einem sanften und traurigen Lächeln. Dann drehte er sich zu dem Bevollmächtigten um. »Ich bin bereit, mein Herr«, sagte er. »Ich wünsche mir nur zwei Dinge, die Sie, glaube ich, nicht lange aufhalten werden. Erstens möchte ich das Abendmahl empfangen und zweitens meine Kinder umarmen und ihnen zum letzten Mal adieu sagen. Wird mir das gestattet?«

»Ja, Sire«, antwortete der Parlamentskommissär und ging hinaus.

Aramis, der wieder zu sich gekommen war, grub sich die Fingernägel ins Fleisch, und ein tiefes Stöhnen entrang sich seiner Brust. »Oh, Monseigneur«, rief er, Jacksons Hände ergreifend, »wo ist Gott? Wo ist Gott?«

»Mein Sohn«, entgegnete der Bischof fest, »Sie sehen ihn nicht, weil die irdischen Leidenschaften ihn verbergen.«

»Mein Kind«, sagte der König zu Aramis, »härme dich nicht so sehr. Du fragst, was Gott tut? Er sieht deine Ergebenheit und mein Märtyrertum, und glaub mir, das eine wie das andere wird seinen Lohn finden. Mach also die Menschen, nicht Gott für das verantwortlich, was geschieht. Es sind Menschen, die mir den Tod geben, und es sind Menschen, die dich zum Weinen bringen.«

»Ja, Sire«, erwiderte Aramis, »ja, Sie haben recht, ich muss die Menschen dafür verantwortlich machen, und ich werde es tun.«

»Setzen Sie sich, Jackson«, sagte der König und fiel auf die Knie, »denn Ihnen bleibt jetzt noch, mich anzuhören, und mir bleibt zu beichten. Gehen Sie nicht fort, Monsieur«, wandte er sich an Aramis, der eine Bewegung machte, als wolle er sich entfernen, »auch du, Parry, bleib. Ich habe nichts zu sagen, nicht einmal unterm Beichtgeheimnis, was ich nicht vor allen sagen könnte. Ich bedaure nur, dass mich nicht die ganze Welt wie ihr beide hören kann.«

Jackson setzte sich, und der König, vor ihm kniend wie der demütigste aller Gläubigen, begann seine Beichte.

Remember

Als die königliche Beichte beendet war, empfing Karl das Abendmahl, dann verlangte er seine Kinder zu sehen. Es schlug zehn Uhr, es gab also, wie der König gesagt hatte, keine große Verzögerung.

Das Volk stand schon bereit, es drängte sich in den nahe dem Schloss gelegenen Straßen, und der König hörte den entfernten Lärm.

Es kamen die Kinder des Königs. Zuerst die Prinzessin Charlotte, dann der Herzogvon Gloucester, das heißt ein kleines, schönes, blondes Mädchen mit tränenfeuchten Augen und ein Knabe von acht bis neun Jahren, dessen trockne Augen und verächtlich geschürzte Oberlippe seinen keimenden Stolz verrieten. Das Kind hatte die ganze Nacht geweint, wollte sich jedoch vor den Leuten nichts anmerken lassen.

Karl fühlte angesichts der beiden Kinder, die er seit zwei Jahren nicht gesehen hatte und erst im Augenblick des Todes wiedersah, sein Herz schmelzen. Eine Träne stieg ihm ins Auge, und er wandte sich ab, um sie zu trocknen, weil er vor ihnen, denen er ein so schweres Erbteil an Leiden und Unglück hinterließ, stark sein wollte.

Athos lauschte angestrengt und war der Verzweiflung nahe, nicht das Zeichen zu hören. Wieder und wieder begann er in seiner Ungeduld aufs Neue an dem Mauerwerk zu hacken, hielt dann jedoch aus Furcht, gehört zu werden, sofort inne. Diese grässliche Untätigkeit währte zwei Stunden. Totenstille herrschte im Gemach des Königs. Da beschloss Athos, dieser unverständlichen Geräuschlosigkeit, die nur durch den verworrenen Lärm der Menge gestört wurde, auf den Grund zu kommen. Er schlug den Behang beiseite, der den Tunneleinstieg verdeckte, und kletterte auf den ersten Absatz des Schafotts hinunter. Knapp vier Zoll über seinem Kopf befand sich die Plattform mit dem Richtblock.

Der Lärm, den er bislang nur gedämpft vernommen hatte und der nun düster und drohend zu ihm drang, ließ ihn vor Entsetzen zusammenzucken. Er ging bis zum Rand des Schafotts, schlitzte den schwarzen Stoff in Augenhöhe ein wenig auf und erblickte vor dem fürchterlichen Gerüst eine Verteidigungslinie von Reitern, dahinter eine Reihe Hellebardiere, hinter diesen Musketiere und hinter den Musketieren die vordersten Reihen des Volkshaufens, der wie ein düsterer Ozean wogte und brüllte.

Was ist bloß geschehen, fragte sich Athos bebend. Das Volk drängt, die Soldaten stehen unter Waffen, und unter den Zuschauern, deren Augen alle auf die Balkontür gerichtet sind, bemerke ich d'Artagnan. Was erwartet er? Was sieht er? Großer Gott! Sollten sie den Henker haben entwischen lassen?

Plötzlich rollte ein dumpfer, unheilverkündender Trommelwirbel über den Platz. Schwere Tritte dröhnten über seinem Kopf. Es kam ihm vor, als ziehe eine endlose Prozession über die Parkettböden des Whitehall, und kurz daraufhörte er sogar die Balken des Schafotts knacken. Er warf einen letzten Blick auf den Platz und las aus der Haltung der Zuschauer, was eine letzte, am Grunde seines Herzens schlummernde Hoffnung ihn noch zu erraten hinderte.

Der Rumor auf dem Platz hatte völlig aufgehört. Aller Augen hingen an der Balkontür des Whitehall; die offenen

Münder und der angehaltene Atem deuteten auf die Erwartungeines schrecklichen Schauspiels hin.

Die Schritte näherten sich, und unter ihrem Gewicht bogen sich die Balken, so dass sie fast den Kopf des unglücklichen Edelmanns berührten. Offenbar nahmen zwei Reihen Soldaten ihren Platz ein. Im selben Augenblick sagte eine ihm wohlbekannte edle Stimme zu seinen Häupten: »Herr Oberst, ich möchte zum Volk sprechen.«

Athos schauderte.

Karl hatte ein paar Tropfen Wein getrunken und ein Brot gebrochen und sich plötzlich, müde, auf den Tod zu warten, entschlossen, ihm entgegenzugehen. So hatte er das Zeichen zum Aufbruch gegeben.

Sogleich waren beide Flügel der Balkontür geöffnet worden, und aus dem Hintergrund des großen Gemachs hatte das Volk zuerst einen Maskierten kommen sehen, den es an dem Beil, das er in der Hand trug, als den Henker erkannt hatte. Dieser Mann war zu dem Richtblock gegangen und hatte dort sein Beil niedergelegt.

Nach diesem Mann war, zweifellos bleich, aber ruhig und festen Schritts, Karl Stuart zwischen zwei Geistlichen herausgetreten, gefolgt von einigen höheren Offizieren, die mit der Leitung der Exekution beauftragt waren, und eskortiert von zwei Reihen Hellebardieren, die sich an den beiden Seiten des Schafotts aufstellten.

Der Anblick des Maskierten hatte eine lang anhaltende Unruhe hervorgerufen. Jeden plagte die Neugier, zu erfahren, wer der unbekannte Henker sei, deshalb hatte ihn jeder mit den Augen verschlungen, aber alles, was man wahrzunehmen vermochte, war, dass er mittelgroß, in Schwarz gekleidet und anscheinend betagt war, denn unter der Maske, die sein Gesicht bedeckte, kam die Spitze eines grauen Bartes hervor.

Doch als dann die Menge den König erblickte, war sofort wieder Stille eingetreten, so dass jedermann seinen Wunsch hörte, zum Volk zu sprechen. Zweifellos wurde seine Bitte von dem, an den sie gerichtet war, durch ein Zeichen gewährt, denn mit fester, klangvoller Stimme, die Athos bis ins tiefste Herz erschütterte, begann der König zu sprechen. Er erläuterte dem Volk sein Verhalten und gab ihm Ratschläge für das Wohl Englands.

Als er seine Rede beendet hatte, herrschte eisiges Schweigen.

Athos hatte die Hand über die Stirn gelegt, und zwischen Hand und Stirn rannen ihm Schweißtropfen hinab, obwohl die Luft bitterkalt war.

Das Schweigen deutete auf die letzten Vorbereitungen hin.

Nach seiner Rede ließ der König einen Blick voller Erbarmen über die Menge gleiten, dann löste er den Orden, den er trug, den Diamantenstern, den ihm die Königin geschickt hatte, und übergab ihn dem Priester in Jacksons Begleitung. Und aus der Brust zog er ein kleines, mit Diamanten besetztes Kreuz, das ebenfalls von Madame Henriette stammte.

»Mein Herr«, sagte er zu dem Priester, »ich werde dieses Kreuz bis zum letzten Augenblick in der Hand behalten. Nehmen Sie es an sich, wenn ich tot bin.«

»Ja, Sire«, antwortete eine Stimme, die Athos als die Aramis' erkannte.

Nun nahm Karl seinen Hut ab und warf ihn neben sich, dazu warf er sein Wams, nachdem er es langsam aufgeknöpft und ausgezogen hatte. Doch da es sehr kalt war, bat er um seinen Schlafrock, und er wurde ihm gebracht.

All diese Vorkehrungen hatte er mit erschreckender Ruhe getroffen. Man hätte meinen können, der König werde in seinem Bett und nicht in seinem Grab schlafen.

Schließlich hob er mit der Hand sein Haar an. »Wird es Sie behindern, Herr?«, fragte er den Henker. »Dann könnte man es mit einer Schnur hochbinden.« Er begleitete diese Worte mit einem Blick, als wolle er die Maske des Unbekannten durchdringen. Dieser ruhige und unerschrockene Blick zwang den Mann, seinen Kopf abzuwenden. Doch nach dem tiefen Blick des Königs begegnete er dem glühenden Aramis'.

Da der König keine Antwort erhielt, wiederholte er seine Frage.

»Es wird genügen«, erwiderte der Mann mit dumpfer Stimme, »wenn Sie es überm Nacken auseinanderteilen.«

Der König teilte sein Haar mit beiden Händen und blickte auf den Richtblock. »Der Block ist sehr niedrig, gibt es keinen höheren?«

»Es ist der übliche«, entgegnete der Maskierte.

»Glauben Sie, dass Sie mir den Kopf mit einem einzigen Schlag abtrennen können?«

»Ich hoffe es«, antwortete der Exekutor mit einer so merkwürdigen Betonung, dass es alle außer dem König schauderte.

»Gut«, sagte der König und fuhr dann fort: »Ich will nicht überrumpelt werden. Ich werde niederknien, um zu beten. Wenn ich den Hals auf den Block lege, die Arme ausstrecke und sage: ›Remember!‹, dann schlag beherzt zu.«

Der Maskierte verneigte sich leicht.

»Der Augenblick, die Welt zu verlassen, ist nun gekommen«, sagte der König zu denen, die ihn umgaben. »Meine Herren, ich lasse Sie im Ungewitter zurück und gehe Ihnen voraus in die Heimat, die dergleichen nicht kennt. Leben Sie wohl.«

Er sah Aramis an und nickte ihm zu.

»Entfernen Sie sich jetzt bitte, und lassen Sie mich in aller Stille mein Gebet verrichten. Auch du«, sagte er zu dem Maskierten, »es wird nur einen Augenblick dauern, und ich weiß, dass ich dir gehöre. Aber denk daran, dass du erst auf mein Zeichen zuschlägst.«

Darauf kniete er nieder, bekreuzigte sich und näherte seinen Mund dem Boden, als wolle er das Schafott küssen. Mit einer Hand auf den Boden und mit der anderen auf den Richtblock gestützt, fragte er leise auf Französisch: »Graf von La Fère, sind Sie da, und kann ich sprechen?«

Seine Stimme drang Athos wie eine eisige Klinge ins Herz. »Ja, Majestät«, antwortete er zitternd.

»Treuer Freund, edelmütiges Herz«, sagte der König, »ich konnte nicht gerettet werden, es sollte nicht sein. Höre! Ich habe zu den Menschen gesprochen, ich habe zu Gott gesprochen, zu dir als Letztem will ich nun sprechen, sollte ich damit auch ein Sakrileg begehen. Um eine Sache aufrechtzuerhalten, die ich als heilig ansah, habe ich den Thron meiner Väter verloren und das Erbteil meiner Kinder veruntreut. Eine Million in Gold bleibt mir, ich habe sie in den Kellern des

Schlosses von Newcastle zu dem Zeitpunkt vergraben, als ich jene Stadt verließ. Du allein weißt nun von diesem Geld, mach davon Gebrauch, wenn du glaubst, es wäre zum größten Vorteil meines ältesten Sohnes an der Zeit. Und jetzt sag mir adieu, Graf von La Fère.«

»Adieu, verehrungswürdige, duldende Majestät«, stammelte Athos, starr vor Entsetzen.

Eine kurze Stille trat ein, in der sich, wie es Athos schien, der König erhob und seine Stellung wechselte. Dann ertönte eine so volle und wohlklingende Stimme, dass man sie nicht nur auf dem Schafott, sondern auf dem ganzen Platz vernahm: »Remember!«

Kaum hatte er das Wort gesprochen, als ein fürchterlicher Schlag die Plattform des Schafotts erschütterte. Staub drang aus dem schwarzen Tuch und blendete den unglücklichen Edelmann. Mit einer mechanischen Bewegung hob er den Kopf, ein warmer Tropfen fiel auf seine Stirn. Schaudernd vor Entsetzen wich Athos zurück, und im selben Augenblick verdichteten sich die Tropfen zu einem dunklen Regen, der vom Boden zurückprallte.

Athos, der selber auf die Knie gefallen war, blieb so eine Weile wie mit Wahnsinn und Ohnmacht geschlagen. Doch bald merkte er an den abflauenden verworrenen Geräuschen, dass sich die Menge entfernte, vermochte sich jedoch in seiner Bestürzung vorerst noch nicht zu rühren. Endlich stieg er hinunter, zerschnitt das schwarze Tuch, glitt zwischen zwei Pferden hindurch und mischte sich unter das Volk, dessen Kleidung er trug. Er langte als Erster in dem Gasthof an.

Der Maskierte

Obgleich es erst vier Uhr nachmittags war, hatte bereits völlige Dunkelheit eingesetzt. Dicht und eiskalt fiel der Schnee. Auch Aramis kehrte jetzt zurück. Die ersten Worte seines Freundes weckten den Grafen aus der Lethargie, in die er verfallen war. »Ich habe alles mit angehört«, sagte er, »Gott bewahre mich vor einer zweiten solchen Stunde, wie ich sie durchgemacht habe! Ist mein Haar nicht weiß geworden?«

»Dann ist dir bekannt, dass ich die ganze Zeit bei ihm war?«

»Ich habe bis zuletzt deine Stimme gehört.«

»Hier ist der Ordensstern, den er mir gegeben hat«, sagte Aramis, »und hier das Kreuz, das ich ihm aus der Hand gezogen habe. Es war sein Wunsch, dass beides der Königin zurückgebracht werde.«

»Was ist mit dem beklagenswerten Leichnam geschehen?«, fragte Athos.

»Auf Befehl Cromwells werden ihm die königlichen Ehren zuteil. Wir haben den Leichnam in einen Bleisarg gelegt, die Ärzte sind dabei, ihn einzubalsamieren, und wenn sie ihre Arbeit beendet haben, wird der König in einer erleuchteten Trauerkapelle beigesetzt.«

»Ein Hohn!«, murmelte Athos düster. »Die königlichen Ehren dem, den man ermordet hat!«

»Es beweist«, entgegnete Aramis, »dass zwar der König stirbt, aber nicht das Königtum.«

»Ach!«, sagte Athos. »Er war vielleicht der letzte ritterliche König auf der Welt.«

»Hör auf, Graf, härme dich nicht«, rief eine derbe Stimme von der Treppe, die unter Porthos' schweren Tritten dröhnte, »wir sind alle sterblich, meine armen Freunde.«

»Du kommst spät, mein lieber Porthos«, bemerkte der Graf von La Fère.

»Ja«, antwortete Porthos, »ich stieß unterwegs auf Leute, die mich aufgehalten haben. Sie tanzten, die erbärmlichen Kerle! Einem bin ich an die Gurgel gefahren, und ich glaube, ich habe ihn ein bisschen gewürgt. Gerade in dem Augenblick kam eine Patrouille. Zum Glück konnte der, an den ich mich herangemacht hatte, ein paar Minuten nicht reden. Das hab ich mir zunutze gemacht und bin in eine kleine Gasse gelaufen. Die führte mich zu einer noch kleineren, und da habe ich mich verirrt. Ich kenne London nicht, ich kann nicht Englisch, ich hab gedacht, ich würde mich nie zurechtfinden; aber da bin ich.«

»Und d'Artagnan?«, fragte Aramis. »Hast du ihn nicht gesehen, und wird ihm auch nichts zugestoßen sein?«

»Durch die Menge wurden wir getrennt«, erwiderte Porthos, »und sosehr ich mich auch bemüht habe, es war nicht möglich, wieder mit ihm zusammenzukommen.«

»Oh, ich habe ihn gesehen«, warf Athos bitter ein, »er stand in der vordersten Reihe des Volkshaufens, wunderbar platziert, um nichts zu versäumen, und da es alles in allem ein sehenswertes Schauspiel war, wird er's bis zum Schluss haben genießen wollen.«

»Oh, Graf von La Fère«, sagte eine ruhige, wenn auch durch das eilige Tempo etwas gedämpfte Stimme, »ist es denn möglich, dass du Abwesende verleumdest?«

Dieser Vorwurf traf Athos ins Herz, doch da d'Artagnan in der vordersten Reihe des stumpfsinnigen und blutdürstigen Volkes einen so tiefen Eindruck bei ihm hinterlassen hatte, begnügte er sich mit der Antwort: »Ich verleumde dich nicht, mein Freund. Man hat sich hier deinetwegen beunruhigt, und ich habe erzählt, wo du warst. Du hast König Karl nicht gekannt, für dich war er nur ein Fremder, und du warst nicht genötigt, ihn zu lieben.« Bei diesen Worten streckte er seinem Freund die Hand hin, doch d'Artagnan schien die Geste nicht zu bemerken und behielt seine Hand unter dem Mantel.

Athos ließ die seine langsam sinken.

»Uff! Bin ich müde!«, platzte d'Artagnan heraus und setzte sich.

»Trink ein Glas Portwein«, sagte Aramis, während er eine Flasche vom Tisch nahm und ein Glas füllte, »trink, dann wirst du dich schon erholen.«

»Ja, trinken wir«, fiel Athos ein, der das Missvergnügen des Gascogners spürte und mit ihm anstoßen wollte, »trinken wir und verlassen wir dieses abscheuliche Land. Die Feluke erwartet uns ja. Brechen wir heute Abend auf, hier haben wir nichts mehr zu schaffen.«

»Du hast es sehr eilig, Graf«, bemerkte d'Artagnan.

»Dieser blutgetränkte Boden brennt mir unter den Füßen.«

»Der Schnee hat bei mir nicht diese Wirkung«, entgegnete der Gascogner ruhig.

»Aber was sollen wir denn jetzt, da der König tot ist, noch machen?«, fragte Athos.

»Dann siehst du nicht, dass uns noch etwas in England zu tun bleibt, Herr Graf?«, gab d'Artagnan lässig zurück.

»Nichts, gar nichts«, erwiderte Athos, »als an Gottes Güte zu zweifeln und meine eigenen Kräfte geringzuschätzen.«

»Nun, ich, ein erbärmlicher, blutdürstiger Gaffer, der sich dreißig Schritt vor dem Schafott aufgebaut hatte, um besser sehen zu können, wie der Kopf dieses Königs fiel, den ich nicht kannte und der mir, wie es scheint, gleichgültig war, ich denke anders als der Herr Graf … ich bleibe!«

Athos wurde leichenblass.

»Ach! Du bleibst in London?«, fragte Porthos.

»Ja. Und du?«

»Gewiss!«, antwortete Porthos, etwas verlegen gegenüber Athos und Aramis. »Gewiss! Wenn du bleibst … ich reise nur mit dir ab, da ich ja mit dir hergekommen bin. Ich werde dich in diesem grässlichen Land nicht allein lassen.«

»Danke, mein trefflicher Freund. Dann habe ich dir ein kleines Unternehmen vorzuschlagen, das wir zusammen durchführen werden, wenn der Herr Graf abgereist ist. Der Gedanke ist mir gekommen, als ich mir das bewusste Schauspiel ansah.«

»Welcher Gedanke?«, fragte Porthos.

»Zu erfahren, wer der Maskierte ist, der sich so zuvorkommend erboten hatte, dem König den Kopf abzuschlagen.«

»Ein Maskierter?«, rief Athos. »Dann hast du den Henker nicht entwischen lassen?«

»Den Henker?«, wiederholte d'Artagnan. »Der ist immer noch im Keller, wo er vermutlich den Flaschen unseres Wirts tüchtig zugesprochen hat. Aber da fällt mir ein …« Er ging zur Tür und rief: »Mousqueton!«

»Monsieur?«, antwortete eine Stimme, die aus den Tiefen der Erde zu kommen schien.

»Lass deinen Gefangenen laufen, es ist alles zu Ende.«

»Aber wer ist denn der Elende, der sich an seinem König vergriffen hat?«, fragte Athos.

»Ein Amateurhenker, der übrigens das Beil geschickt handhabt, denn wie er ›es hoffte‹, brauchte er nur einen einzigen Schlag zu tun«, erwiderte Aramis.

»Hast du nicht sein Gesicht gesehen?«, wollte Athos wissen.

»Er trug eine Maske«, sagte d'Artagnan.

»Aber du, Aramis, du hast doch in seiner Nähe gestanden?«

»Ich habe nur einen grauen Bart gesehen, der unter der Maske hervorkam.«

»Es war also ein betagter Mann?«

»Oh«, entgegnete d'Artagnan, »das besagt nichts. Wenn man sich eine Maske vorbindet, kann man sich auch einen Bart umhängen.«

»Es ärgert mich, dass ich ihm nicht gefolgt bin«, sagte Porthos.

»Nun, mein lieber Porthos, da hast du haargenau den Gedanken, der mir gekommen ist.«

Athos begriff, er stand auf. »Verzeih mir, d'Artagnan«, sagte er, »ich habe an Gott gezweifelt, da konnte ich wohl auch an dir zweifeln. Verzeih mir, Freund.«

»Das werden wir gleich sehen«, erwiderte d'Artagnan mit einem halben Lächeln. »Als ich da stand und mir die Sache anschaute, nicht den König, wie der Herr Graf glaubt – denn ich weiß, wie ein Mann aussieht, der sterben wird, und obwohl ich an derlei gewöhnt sein sollte, tut es mir immer noch weh –, sondern den maskierten Henker, kam mir der Gedanke, zu erfahren, wer das ist. Da es mehr Erfolg verspricht, wenn man so etwas nicht allein unternimmt, blickte ich um mich und entdeckte rechts von mir einen mit schwarzem Taft verbundenen Kopf. Er gehörte dem unglücklichen Schotten, Parrys Bruder, an dem Groslow seine Kräfte erprobt hatte. Er machte einem andern Mann, der sich zu meiner Linken befand, Zeichen, ich drehte mich um und erkannte den ehrlichen Grimaud, der wie ich völlig davon in Anspruch genommen war, den maskierten Henker mit den Augen zu verschlingen. ›He!‹, rief ich ihm zu, und da sich der Herr Graf im Verkehr mit ihm seit langem dieser Abkürzung bedient, verstand Grimaud, dass er gemeint war, drehte sich, wie von einer Feder angetrieben, um, erkannte mich, zeigte mit dem Finger auf den Henker und fragte: ›Na?‹ Was besagen sollte: ›Haben Sie gesehn?‹ – ›Natürlich‹, antwortete ich ihm. Wir verstanden uns völlig. Ich drehte mich wieder zu unserm Schotten um, auch dessen Blicke waren sehr beredt. Kurz und gut, als alles zu Ende war, das Volk sich entfernte und der Abend hereinbrach, zog ich mich mit Grimaud und dem Schotten in einen Winkel zurück und beobachtete von dort aus den Henker, der in das Königsgemach zurückkehrte und seine Kleider wechselte. Die er angehabt hatte, waren zweifellos mit Blut besudelt. Daraufsetzte er seinen schwarzen Hut auf, hüllte sich in einen Mantel und verschwand. Mir war klar, dass er das Schloss verlassen wollte, und ich lief zum Portal. Und tatsächlich sahen wir ihn fünf Minuten später die Treppe herabkommen.

Wir folgten ihm. Alle Augenblicke drehte er sich um, deshalb mussten wir uns vor ihm verstecken oder eine gleichgültige Miene aufsetzen. Im Nu wäre ich bei ihm gewesen und hätte ihn töten können, aber ich bin kein Egoist und gönne euch, Aramis und Athos, dieses Vergnügen, um euch ein wenig zu trösten. Nach einem Fußmarsch von einer halben Stunde durch die gewundensten Straßen der Innenstadt langte er an einem kleinen, alleinstehenden Haus an, aus dem kein Geräusch, kein Lichtschimmer davon kündete, dass sich eine Menschenseele darin aufhielt.

Der Maskierte blieb vor einer niedrigen Tür stehen und zog einen Schlüssel heraus, doch ehe er ihn ins Schloss steckte, drehte er sich um, vermutlich um zu sehen, ob ihm jemand gefolgt sei. Ich hatte mich hinter einem Baum niedergekauert, Grimaud hinter einem Eckstein, der Schotte, der kein Versteck fand, warf sich platt auf den Boden.

Bestimmt glaubte sich unser Verfolgter allein, denn ich hörte den Schlüssel knirschen, die Tür ging auf, und er verschwand.«

»Der niederträchtige Kerl!«, rief Aramis. »Während ihr zurückkamt, wird er sich davongemacht haben, und wir werden ihn nicht wiederfinden.«

»Wofür hältst du mich eigentlich, Aramis? Na, weiter. Ehe er drinnen zehn Schritt gegangen sein konnte, war ich schon um das Haus herum. An die eine Tür, durch die er eingetreten war, hatte ich unsern Schotten gestellt und ihm bedeutet, wenn der Mann mit der schwarzen Maske herauskäme, solle er ihm folgen; ihm wiederum sollte Grimaud folgen und dann zurückgehen und uns erwarten. Grimaud stellte ich dann an den zweiten Ausgang und schärfte ihm dasselbe ein. Und da bin ich! Das Wild ist umstellt, wer will jetzt das Halali erleben?«

»Hm«, meinte Porthos, »sollte der Henker nicht vielleicht Monsieur Cromwell sein, der die Arbeit selbst hat erledigen wollen, um sicherzugehen, dass sie gut gemacht wird?«

»Ach was! Monsieur Cromwell ist dick und untersetzt, der da ist schlank und eher groß als klein.«

»Irgendein verurteilter Soldat, dem man zu dem Preis seine Begnadigung angeboten hat, wie man es bei dem unglücklichen Chalais versuchte«, meinte Athos.

»Nein, nein«, widersprach d'Artagnan, »er hat nicht den gemessenen Gang eines Fußsoldaten, auch nicht den breitbeinigen eines Reiters. In seiner Haltung liegt etwas Vornehmes. Wenn ich mich nicht sehr irre, haben wir's mit einem Edelmann zu tun.«

»Einem Edelmann?«, rief Athos. »Unmöglich! Das wäre eine Schande für die ganze Seigneurie.«

»Willst du immer noch abreisen, Athos?«, fragte d'Artagnan.

»Nein, ich bleibe.«

»Dann die Degen!«, sagte Aramis. »Verlieren wir keinen Augenblick.«

Rasch legten die vier Freunde wieder ihre Edelmannskleidung an, gürteten ihre Degen und ließen Mousqueton und Blaisois heraufkommen, denen sie befahlen, die Rechnung bei dem Wirt zu begleichen und alles bereitzuhalten, da sie wahrscheinlich noch in derselben Nacht London verlassen würden.

Es war noch finsterer geworden und schneite immer noch, ein riesiges Leichentuch schien über die königsmörderische Stadt gebreitet zu sein. Es war fast sieben Uhr abends, in den Straßen sah man kaum Passanten, alle unterhielten sich im Familienkreis flüsternd über die schrecklichen Ereignisse des Tages.

In ihre Mäntel gehüllt, gingen die vier Freunde über die Plätze und durch die Straßen der Innenstadt, die am Tag so überlaufen waren und an diesem Abend so verödet lagen. D'Artagnan führte und versuchte von Zeit zu Zeit die Kreuze wiederzufinden, die er mit seinem Dolch in die Mauern geritzt hatte, aber es war so dunkel, dass er die Hinweise nur mit großer Mühe erkennen konnte. Er hatte sich jedoch jeden Eckstein, jeden Brunnen, jedes Aushängeschild so gut eingeprägt, dass er nach einer halben Stunde mit seinen drei Gefährten in Sichtweite des allein stehenden Hauses gelangte.

Im ersten Augenblick glaubte d'Artagnan, Parrys Bruder sei verschwunden, aber er täuschte sich. Der an die eisige Kälte in seinen Bergen gewöhnte robuste Schotte hatte sich an einen Eckstein gesetzt und sich, unempfindlich wie ein Torso gegen die Unbilden der Jahreszeit, einschneien lassen, doch beim Nahen der vier Männer stand er auf. D'Artagnan ging auf ihn zu und gab sich zu erkennen. Dann winkte er die andern heran.

»Wie steht's?«, fragte Athos auf Englisch.

»Niemand ist herausgekommen«, antwortete Parrys Bruder.

»Gut, bleib bei ihm, Porthos, und du auch, Aramis. D'Artagnan wird mich zu Grimaud führen.«

Grimaud, nicht weniger anstellig als der Schotte, hatte sich in eine hohle Weide wie in ein Schilderhaus gezwängt.

»Ist einer herausgekommen?«, fragte d'Artagnan.

»Nein, aber es ist noch jemand drin.«

»Ein Mann oder eine Frau?«

»Ein Mann.«

»Aha!«, sagte d'Artagnan. »Es sind also zwei.«

»Ich wünschte, es wären vier«, bemerkte Athos, »dann stünde die Partie wenigstens gleich.«

»Man kann nachsehen«, meinte Grimaud und zeigte auf ein Fenster, durch dessen Läden ein paar Lichtstrahlen drangen.

»Richtig«, erwiderte d'Artagnan, »holen wir die andern.« Und sie gingen um das Haus und winkten Porthos und Aramis, die eilig angelaufen kamen. »Habt ihr was gesehen?«, fragten sie.

»Nein, aber wir werden«, antwortete d'Artagnan und zeigte auf Grimaud, der bereits fünf oder sechs Fuß hochgeklettert war, indem er sich an die Unebenheiten in der Mauer klammerte. Gewandt wie eine Katze setzte er seinen Aufstieg fort und konnte endlich einen der Haken fassen, die dazu dienten, die geöffneten Läden festzustellen. Gleichzeitig fand sein Fuß einen Vorsprung, der ihm genügend Halt zu geben schien, denn durch ein Zeichen ließ er erkennen, dass er am Ziel angelangt sei. Dann legte er sein Ohr an einen Spalt in dem Fensterladen.

»Nun?«, fragte d'Artagnan.

Grimaud zeigte ihm seine bis auf zwei Finger geschlossene Hand.

»Sprich«, befahl ihm Athos, »deine Zeichen sieht man nicht.«

Grimaud überwand sich. »Zwei«, antwortete er, »einer mir gegenüber, der andre kehrt mir den Rücken zu.«

»Und wie sieht der Mann dir gegenüber aus? Kennst du ihn?«

»Ich glaube. Er ist dick und klein.«

»Wer ist es?«, fragten die vier Freunde leise wie aus einem Munde.

»Der General Oliver Cromwell.«

Die vier sahen sich an. »Und der andre?«, fragte Athos.

»Dünn und groß.«

»Das ist der Henker«, sagten d'Artagnan und Aramis gleichzeitig.

»Ich sehe nur seinen Rücken, aber warten Sie, er bewegt sich, er dreht sich um, er hat seine Maske abgelegt, ich werde sehen … Oh!« Wie ins Herz getroffen, ließ Grimaud den Haken los und warf sich mit einem dumpfen Stöhnen zurück. Porthos fing ihn in den Armen auf.

»Hast du ihn gesehen?«, fragten die vier Freunde.

»Ja«, antwortete Grimaud, mit gesträubtem Haar und Schweiß auf der Stirn.

»Und wer ist es?«, fragte Porthos.

»Er! Er!«, stammelte Grimaud, bleich wie der Tod, während er mit zitternden Händen die Hand seines Herrn ergriff.

»Welcher er?«, fragte Athos.

»Mordaunt!«, antwortete Grimaud.

D'Artagnan, Porthos und Aramis stießen einen Freudenschrei aus. Athos wich einen Schritt zurück und fuhr sich mit der Hand über die Stirn. »Verhängnis!«, murmelte er.

Das Haus Cromwells

Es war in der Tat Mordaunt, den d'Artagnan verfolgt hatte, ohne ihn zu erkennen.

Nach dem Betreten des Hauses nahm er seine Maske und den grauen Bart ab, stieg die Treppe hinauf, öffnete eine Tür und sah sich in einem von Lampenschein erhellten, mit düstrem Tapetenstoff ausgeschlagenen Zimmer einem Mann gegenüber, der an einem Tisch saß und schrieb.

Dieser Mann war Cromwell.

Cromwell hatte in London zwei oder drei selbst seinen gewöhnlichen Freunden unbekannte Schlupfwinkel, in deren Geheimnis er nur seine engsten Vertrauten einweihte.

Als Mordaunt eintrat, hob Cromwell den Kopf. »Ah, Sie, Mordaunt! Sie kommen spät!«

»General«, erwiderte Mordaunt, »ich wollte mir die Zeremonie bis zu Ende ansehen, das hat mich aufgehalten.«

»Ich habe Sie eigentlich nicht für so neugierig gehalten.«

»Die Neugier treibt mich stets, den Sturz eines von Euer Gnaden Feinden mit anzusehen, und dieser zählte nicht zu den geringsten. Aber Sie, General, waren Sie nicht am Whitehall?«

»Nein.«

Einen Augenblick herrschte Schweigen, dann fragte Mordaunt: »Haben Sie Einzelheiten erfahren?«

»Keine. Ich bin seit Mittag hier. Ich weiß nur, dass es eine Verschwörunggab, den König zu retten.«

»Ach! Das wussten Sie?«

»Es hatte nichts auf sich. Vier als Arbeiter verkleidete Männer sollten den König herausholen und nach Greenwich bringen, wo ein Boot sie erwartete.«

»Und obwohl Sie all das wussten, sind Euer Gnaden hier, fern von der Innenstadt, geblieben, ruhig und untätig?«

»Ruhig, ja«, entgegnete Cromwell, »aber wer sagt Ihnen, untätig?«

»Aber wenn die Verschwörung geglückt wäre?«

»Ich hätte es gewünscht.«

»Ich dachte, Euer Gnaden sähen den Tod Karls I. als ein für das Wohl Englands notwendiges Unglück an.«

»Der Ansicht bin ich noch immer. Aber es war ja nichts weiter nötig, als dass er starb. Es wäre vielleicht besser gewesen, wenn es sich nicht auf einem Schafott zugetragen hätte.«

»Warum, Euer Gnaden?«

Cromwell lächelte.

»Verzeihung«, sagte Mordaunt, »aber Sie wissen, General, dass ich in der Politik ein Anfänger bin, und ich möchte mir bei jeder Gelegenheit die Lehren meines Herrn und Meisters zunutze machen.«

»Weil man gesagt hätte, dass ich ihn zwar durch das Gericht habe verurteilen, aber aus Barmherzigkeit habe entfliehen lassen.«

»Aber wenn er nun wirklich entflohen wäre?«

»Unmöglich, meine Vorkehrungen waren getroffen.«

»Und kennen Euer Gnaden die vier Männer, die es unternommen hatten, den König zu retten?«

»Es sind die vier Franzosen, deren zwei von Madame Henriette zu ihrem Gatten und zwei von Mazarin zu mir geschickt wurden.«

»Glauben Sie, dass Mazarin ihnen den Auftrag gab, das zu tun, was sie getan haben?«

»Möglich, aber er wird sie im Stich lassen.«

»Warum?«

»Weil sie gescheitert sind.«

»Euer Gnaden haben mir schon zwei von diesen Franzosen zugestanden, als sie sich nur schuldig gemacht hatten, für Karl I. zu kämpfen. Wollen mir Euer Gnaden jetzt, da sie sich der Verschwörung gegen England schuldig gemacht haben, alle vier überlassen?«

»Nehmen Sie sie«, erwiderte Cromwell.

Mordaunt verneigte sich mit einem Lächeln triumphierender Blutgier.

»Aber kehren wir bitte zu diesem unglücklichen Karl zurück«, sagte Cromwell, als er sah, dass Mordaunt sich anschickte, ihm zu danken. »Haben die Leute geschrien?«

»Sehr wenig, allenfalls: ›Es lebe Cromwell!‹«

»Wo haben Sie gestanden?«

Mordaunt blickte den General kurz an, um aus seinen Augen zu lesen, ob das nicht eine überflüssige Frage und ob ihm nicht alles bekannt sei. Doch Mordaunts scharfer Blick vermochte nicht in die dunklen Tiefen von Cromwells Blick zu dringen. »Ich stand so, dass ich alles sehen und hören konnte«, antwortete er.

Jetzt war es an Cromwell, Mordaunt zu fixieren, und an Mordaunt, undurchdringlich zu bleiben. Nachdem Cromwell ihn einige Sekunden gemustert hatte, wandte er die Augen gleichgültig ab. »Anscheinend hat sich der Behelfshenker seiner Schuldigkeit sehr gut entledigt«, bemerkte er. »Der Schlag ist, so hat man mir wenigstens berichtet, von Meisterhand geführt worden.«

Mordaunt erinnerte sich, dass Cromwell behauptet hatte, keine Einzelheiten zu wissen, und war nun überzeugt, der General habe, hinter irgendeinem Vorhang oder Rollladen verborgen, der Hinrichtungbeigewohnt. »Richtig«, sagte er mit ruhiger Stimme und unbeweglichem Gesicht, »ein einziger Schlag hat genügt.«

»Vielleicht war es ein Fachmann.«

»Glauben Sie, Euer Gnaden?«

»Warum nicht?«

»Der Mann sah nicht nach einem Henker aus.«

»Und wer anders als ein Henker hätte dieses abscheuliche Handwerk ausüben mögen?«, wandte Cromwell ein.

»Vielleicht ein persönlicher Feind König Karls, der ihm Rache geschworen hatte und diesen Schwur erfüllte, vielleicht irgendein Edelmann, der schwerwiegende Gründe hatte, den abgesetzten König zu hassen, der wusste, dass er fliehen und ihm entrinnen wollte, und der sich ihm so in den Weg stellte, maskiert und das Beil in der Hand, nicht als Stellvertreter des Henkers, sondern als Bevollmächtigter der Schicksalsfügung.«

»Das ist möglich.«

»Und wenn es so wäre, würden Euer Gnaden seine Tat verurteilen?«

»Darüber steht mir kein Urteil zu. Das ist eine Sache zwischen ihm und Gott.«

»Aber wenn dieser Edelmann Euer Gnaden bekannt wäre?«

»Ich kenne ihn nicht und will ihn nicht kennenlernen. Was geht es mich an, ob es dieser oder ein anderer war? Von dem Augenblick an, da man Karl zum Tode verurteilt hatte, war es kein Mensch, der ihm den Kopf abschlug, sondern ein Beil.«

»Doch ohne diesen Menschen wäre der König geflohen.«

Cromwell lächelte.

»Euer Gnaden haben selbst gesagt, dass man ihn fortbringen wollte.«

»Man hätte ihn nach Greenwich gebracht. Dort wäre er mit seinen vier Rettern an Bord einer Feluke gegangen. Doch auf der Feluke befanden sich vier von meinen eigenen Leuten und fünf Fässer mit Schießpulver. Auf See hätten die vier Mann die Schaluppe ins Wasser gelassen, und Sie sind bereits ein zu tüchtiger Politiker, Mordaunt, als dass ich Ihnen den Rest erklären müsste.«

»Ja, auf See hätten sie alle in die Luft gesprengt.«

»Richtig. Die Explosion hätte besorgt, was das Beil nicht hatte tun wollen. König Karl wäre ins Nichts verschwunden. Man hätte gesagt, der irdischen Gerechtigkeit entkommen, sei er von der himmlischen Rache verfolgt und ereilt worden; wir wären nur seine Richter und Gott sein Henker gewesen. Das hat mir Ihr maskierter Edelmann vereitelt, Mordaunt. Sie sehen also, dass ich recht habe, wenn ich ihn nicht kennenlernen will, denn ungeachtet seiner vortrefflichen Absichten könnte ich ihm für das, was er getan hat, keinen Dank wissen.«

»Wie immer verneige ich mich vor Ihnen, Euer Gnaden, Sie sind ein sehr großer Denker, und Ihre Idee mit den Pulverfässern ist hervorragend.«

»Sinnlos, weil sie nutzlos geworden ist. In der Politik ist nur die Idee hervorragend, die Früchte trägt. Jede Idee, die nicht zur Reife kommt, ist töricht und unfruchtbar. Sie werden sich also heute Abend nach Greenwich begeben, Mordaunt«, sagte Cromwell, während er sich erhob, »nach dem Patron der Feluke ›Blitz‹ fragen, ihm ein weißes, an den vier Zipfeln geknotetes Taschentuch als Erkennungszeichen vorweisen, den Leuten sagen, sie sollen wieder an Land gehen, und das Pulver in die Rüstkammer zurückschaffen lassen, zumindest, wenn …«

»Zumindest, wenn …?«, wiederholte Mordaunt, dessen Gesicht bei diesen Worten eine wilde Freude erhellte.

»Zumindest, wenn die Feluke nicht Ihren persönlichen Absichten dienlich sein könnte.«

»Ach!«, rief Mordaunt aus. »Als Gott Sie zu seinem Auserwählten machte, schenkte er Ihnen seinen Blick, dem nichts entgeht.«

Cromwell nahm seinen Mantel.

»Sie wollen fort?«, fragte Mordaunt.

»Ja, ich habe gestern und vorgestern hier geschlafen, und Sie wissen, dass ich nicht dreimal hintereinander in demselben Bett zu ruhen pflege.«

»Also geben mir Euer Gnaden für heute Nacht volle Freiheit?«

»Und sogar für den morgigen Tag, wenn es nötig ist. Seit gestern Abend«, fügte Cromwell lächelnd hinzu, »haben Sie genug für mich getan, und wenn Sie persönliche Angelegenheiten zu regeln haben, ist es nur recht und billig, wenn ich Ihnen Zeit dazu lasse.«

»Danke, Euer Gnaden, ich hoffe, sie wird gut angewandt werden.«

Cromwell nickte Mordaunt zu und fragte dann: »Sind Sie bewaffnet?«

»Ich habe meinen Degen.«

»Und erwartet Sie jemand an der Tür?«

»Niemand.«

»Dann sollten Sie mit mir kommen, Mordaunt.«

»Danke, Euer Gnaden, die Umwege, die Sie machen müssen, indem Sie den unterirdischen Gang benutzen, würden mich Zeit kosten, und nach dem, was Sie mir sagten, habe ich vielleicht schon zu viel verloren. Ich werde durch die andere Tür hinausgehen.«

»Dann verschwinden Sie«, sagte Cromwell und drückte auf einen verborgenen Knopf, der eine so gut in der gewirkten Tapete versteckte Tür öffnete, dass sie von dem geübtesten Auge nicht erspäht werden konnte. Hinter ihm schloss sie sich wieder. Derlei geheime Ausgänge gab es, wie uns die Geschichte meldet, in allen von Cromwell bewohnten Häusern. Diese führte zu dem erwähnten unterirdischen Gang, der im Garten eines hundert Schritt entfernten Hauses endete.

Einen Teil dieser soeben geschilderten Szene hatte Grimaud beobachtet und dabei zuerst Cromwell, dann Mordaunt erkannt. Wir haben gesehen, welche Wirkung diese Kunde auf die vier Freunde hatte. D'Artagnan war der Erste, der seine Fähigkeiten wiedererlangte. »Mordaunt, ach!«, rief er aus. »Beim Himmel! Den schickt uns Gott selbst.«

»Ja«, sagte Porthos, »wir wollen die Tür aufbrechen und über ihn herfallen.«

»Im Gegenteil«, widersprach d'Artagnan, »nichts werden wir aufbrechen; keinen Lärm, denn Lärm ruft Leute herbei, und wenn er sich dort mit seinem würdigen Herrn befindet, muss er fünfzig Schritt von hier entfernt irgendeinen Posten der Eisenseiten haben. Heda, Grimaud, komm her. Steig wieder hinauf und sag uns, ob Mordaunt noch in Gesellschaft ist, ob er sich bereit macht, auszugehen oder sich zur Ruhe zu legen. Ist er noch in Gesellschaft, dann werden wir warten, bis er allein ist; geht er aus, dann fangen wir ihn an der Tür ab, und bleibt er, dann steigen wir durchs Fenster ein.«

Grimaud kletterte schweigend wieder zu dem Fenster hinauf.

»Na, Grimaud?«, fragte d'Artagnan.

»Er ist allein.«

»Bist du sicher?«

»Ja.«

»Wir haben seinen Gefährten nicht herauskommen sehen.«

»Vielleicht ist er durch eine andere Tür raus.«

»Was macht er?«

»Er hüllt sich in seinen Mantel und zieht Handschuhe an.«

»Aha!«, murmelte d'Artagnan. Porthos legte die Hand an seinen Dolch und zogihn mechanisch aus der Scheide.

»Steck ihn wieder ein, Freund Porthos«, sagte d'Artagnan, »es handelt sich hier nicht darum, gleich zuzustoßen. Wir wollen doch hübsch der Reihe nach vorgehen, denn wir haben uns gegenseitig einige Erklärungen abzufordern, und dies hier ist ein Pendant zu der Szene in Armentières, nur wollen wir hoffen, dass der hier keine Nachkommenschaft hat und dass alles mit ihm erledigt ist, wenn wir ihn erledigen.«

»Pst!«, machte Grimaud. »Er schickt sich an zu gehen. Er löscht die Lampe. Ich sehe nichts mehr.«

»Dann komm runter!«

Grimaud sprang nach rückwärts und fiel auf die Füße. Der Schnee dämpfte das Geräusch, es war nichts zu hören.

»Sag Athos und Aramis Bescheid, dass sie sich zu beiden Seiten der Tür aufstellen, wie Porthos und ich es auch machen werden. Wenn sie ihn haben, sollen sie in die Hände klatschen, haben wir ihn, dann klatschen wir.«

Grimaud verschwand.

»Porthos, Porthos«, fuhr d'Artagnan fort, »zieh deine Schultern ein, lieber Freund, er muss herauskommen, ohne etwas zu sehen.«

»Vorausgesetzt, er kommt durch diese Tür.«

»Still!«

Porthos quetschte sich so eng an die Mauer, dass man hätte meinen können, er wolle in sie eindringen. In dem hallenden Treppenhaus war Mordaunts Schritt zu hören. Ein unbemerktes Türfensterchen wurde knirschend aufgeschoben. Mordaunt blickte hinaus und gewahrte dank den Vorsichtsmaßnahmen der beiden Freunde nichts. Dann steckte er den Schlüssel ins Schloss, die Tür ging auf, und er erschien auf der Schwelle. Im selben Augenblick sah er sich d'Artagnan gegenüber. Er wollte sie zuschlagen, aber Porthos stürzte sich auf den Knauf und öffnete sie ganz weit. Daraufklatschte er dreimal in die Hände, und Athos und Aramis kamen herbeigeeilt.

Mordaunt wurde leichenblass, stieß jedoch keinen Schrei aus und rief auch nicht um Hilfe.

D'Artagnan ging geradeswegs auf ihn zu und stieß ihn gleichsam mit der Brust nach hinten, so dass er rücklings die ganze, von Lampenschein erhellte Treppe hinaufflog; das

Licht erlaubte dem Gascogner, Mordaunts Hände nicht aus den Augen zu verlieren. Doch Mordaunt begriff, dass er sich immer noch die drei anderen Feinde vom Halse zu schaffen hatte, wenn er d'Artagnan umbrachte. Er machte daher keine Anstalten, sich zu verteidigen, und keine drohende Gebärde. An der Tür angelangt, fühlte sich Mordaunt gegen sie gedrängt und glaubte zweifellos, nun sei für ihn alles zu Ende, aber er täuschte sich. D'Artagnan streckte die Hand aus und öffnete die Tür. Sie traten in das Zimmer, in dem der junge Mann zehn Minuten zuvor mit Cromwell gesprochen hatte.

Porthos folgte ihnen. Er hakte die Lampe von der Decke und zündete sie mit Hilfe der Treppenlampe an. Dann erschienen Athos und Aramis und verschlossen hinter sich die Tür.

»Setzen Sie sich«, sagte d'Artagnan und bot dem jungen Mann einen Stuhl an. Mordaunt nahm ihn aus d'Artagnans Händen und setzte sich, bleich, aber ruhig. Drei Schritt von ihm entfernt stellte Aramis Stühle für sich, d'Artagnan und Porthos hin. Athos nahm in der äußersten Ecke Platz und schien entschlossen, ein regloser Zuschauer der Vorgänge zu bleiben.

»Monsieur Mordaunt«, begann d'Artagnan, »da der Zufall uns endlich zusammengeführt hat, nachdem wir einander so viele Tage nachgelaufen sind, wollen wir ein wenig plaudern, wenn's beliebt.«

Das Gespräch

Mordaunt war so unvermutet überfallen worden, mit einem immer noch so verworrenen Gefühl die Treppe hochgeflogen, dass er nicht klar zu denken vermochte. Wirklich vorhanden waren zunächst Aufregung, Überraschung und der unüberwindliche Schrecken, der jeden packt, den ein an Kraft überlegener Todfeind just in dem Augenblick am Arm fasst, da er diesen Feind an einem anderen Ort und mit anderen Sorgen beschäftigt vermutet. Doch als er nun saß und merkte, dass ihm eine Frist gewährt wurde, konzentrierte er seine Gedanken und besann sich auf all seine Fähigkeiten.

Das Feuer in d'Artagnans Blick schüchterte ihn nicht ein, sondern elektrisierte ihn gewissermaßen, denn dieser brennend drohende Blick, der ihn umfasste, war unverhohlen in seinem Hass und in seinem Zorn. Bereit, jede sich bietende Gelegenheit wahrzunehmen, um sich, sei es durch Kraft oder durch List, aus der Affäre zu ziehen, raffte er sich daher auf.

D'Artagnan wartete zweifellos auf eine aggressive Äußerung, um eins dieser höhnischen oder fürchterlichen Gespräche anzuknüpfen, auf die er sich so gut verstand. Aber Mordaunt sagte nichts, er schlug nur, nachdem er sich vergewissert hatte, dass sein Degen griffbereit war, gelassen die Beine übereinander und wartete ab.

Das Schweigen konnte nicht länger andauern, ohne lächerlich zu werden, das begriff d'Artagnan, und da er Mordaunt zum Sitzen aufgefordert hatte, um zu »plaudern«, fühlte er, dass es an ihm sei, das Gespräch anzufangen, und begann: »Mir scheint, Monsieur, Sie wechseln das Kostüm fast ebenso schnell, wie ich es bei den italienischen Possenspielern gesehen habe, die sich der Herr Kardinal Mazarin aus Bergamo kommen ließ und in deren Schaustellung man Sie gewiss während Ihres Aufenthalts in Frankreich geführt hat.«

Mordaunt gab keine Antwort.

»Soeben waren Sie noch als Mörder verkleidet oder vielmehr gekleidet, und jetzt …«

»Und jetzt sehe ich im Gegenteil ganz so aus, als steckte ich in der Kleidung eines Mannes, den man ermorden wird, nicht wahr?«, erwiderte Mordaunt mit seiner ruhigen Stimme.

»Oh, Monsieur«, entgegnete d'Artagnan, »wie können Sie solche Dinge sagen, wenn Sie sich in der Gesellschaft von Edelleuten befinden und einen so guten Degen an der Seite haben!«

»Es gibt keinen so guten Degen, Monsieur, der es mit vier Degen und vier Dolchen aufnehmen kann.«

»Darum dreht es sich auch gar nicht«, entgegnete d'Artagnan, »und ich komme auf meine Frage zurück. Ich hatte die Ehre, Sie zu fragen, Monsieur, warum Sie Ihr Äußeres verändert haben. Die Maske war Ihnen doch recht bequem, scheint mir, der graue Bart stand Ihnen vortrefflich, und was das Beil betrifft, mit dem Sie einen hervorragenden Schlag führten, so glaube ich, dass es Sie in diesem Augenblick auch nicht übel kleiden würde. Warum haben Sie es aus den Händen gegeben?«

»Weil ich in der Erinnerung an die Szene in Armentières glaubte, ich würde vier Beile für eins finden, da ich mich zwischen vier Henkern befinde.«

»Monsieur«, erwiderte d'Artagnan mit der größten Gelassenheit, obgleich ein leichtes Zucken seiner Brauen verriet, dass er hitzig zu werden begann, »wenn Sie auch von Grund auf schlecht und verdorben sind, so sind Sie doch außerordentlich jung, weswegen ich Ihre frivolen Reden nicht beachten will. Ja, frivol, denn was Sie eben über Armentières sagten, hat nicht die mindeste Beziehung zu der gegenwärtigen Situation. Wir konnten Ihrer Frau Mutter doch wahrhaftig keinen Degen anbieten und sie bitten, gegen uns zu fechten; aber Sie, Monsieur, sind ein junger Kavalier, der, wie wir erlebten, den Dolch und das Pistol zu handhaben weiß und der einen Degen trägt, und es gibt niemanden, der nicht das Recht hätte, die Gunst eines Zweikampfes von Ihnen zu fordern.«

»Aha!«, sagte Mordaunt. »Ein Duell wollen Sie also?« Und er stand mit funkelnden Augen auf, als sei er geneigt, die Herausforderung augenblicklich zu beantworten. Auch Porthos, wie stets zu dergleichen Abenteuern bereit, erhob sich.

»Pardon«, warf d'Artagnan mit derselben Gelassenheit ein, »nicht solche Eile, denn jedem von uns muss es erwünscht sein, dass die Dinge nach allen Regeln vor sich gehen. Setz dich also wieder, lieber Porthos, und Sie, Monsieur Mordaunt, werden die Güte haben, sich ruhig zu verhalten. Wir werden diese Angelegenheit aufs beste in Ordnung bringen, und ich werde ganz offen gegen Sie sein. Geben Sie zu, Monsieur Mordaunt, dass Sie große Lust haben, die einen oder die andern von uns zu töten?«

»Die einen und die andern«, erwiderte Mordaunt.

D'Artagnan wandte sich zu Aramis und sagte: »Es ist doch ein großes Glück – findest du nicht auch? –, dass sich Monsieur Mordaunt so gut in den Feinheiten der französischen

Sprache auskennt, zumindest wird es zwischen uns kein Missverständnis geben, und wir werden alles wunderbar ins Reine bringen.« Dann wandte er sich wieder an Mordaunt. »Lieber Monsieur Mordaunt, ich kann Ihnen nur versichern, dass diese Herren Ihre freundlichen Gefühle erwidern und entzückt sein werden, Sie ebenfalls zu töten. Und ich sage Ihnen weiter, dass dies wahrscheinlich geschehen wird, auf jeden Fall werden sie es aber als Edelmänner ohne Falsch tun, und den besten Beweis dafür haben Sie hier.« Mit diesen Worten warf d'Artagnan seinen Hut auf den Teppich, stieß seinen Stuhl an die Wand zurück, gab seinen Freunden das Zeichen, ein Gleiches zu tun, und grüßte Mordaunt mit vollendeter französischer Grazie.

»Zu Ihren Diensten, Monsieur«, fügte er hinzu, »denn wenn Sie nichts gegen die von mir begehrte Ehre einzuwenden haben, werde ich mit Verlaub den Anfang machen. Mein Degen ist freilich kürzer als der Ihre, aber was soll's schon! Ich hoffe, der Arm wird den Degen ergänzen.«

»Halt!«, rief Porthos und trat vor. »Ich fange an, und ohne viel Gerede.«

»Wenn du gestattest, Porthos«, sagte Aramis.

Athos rührte sich nicht, man hätte ihn für ein Standbild halten können, sogar den Atem schien er anzuhalten.

»Aber meine Herren«, sagte d'Artagnan, »seid unbesorgt, ihr kommt auch noch an die Reihe. Betrachtet die Augen von Monsieur und lest darin, wie überglücklich ihn der Hass macht, den wir ihm einflößen. Seht, wie gewandt er blankgezogen hat, und bewundert seine Bedachtsamkeit, mit der er um sich schaut, ob ihm auch ja nichts hinderlich im Wege stehen wird. Beweist uns nicht dies alles, dass Monsieur Mordaunt ein tüchtiger Fechter ist und dass ihr bald meine Nachfolger sein werdet, vorausgesetzt, ich lasse ihn gewähren? Bleibt daher an eurem Platz wie Athos, dessen Ruhe ich euch nicht genug empfehlen kann, und überlasst mir die Initiative, die ich ergriffen habe. Außerdem«, fuhr er fort, während er mit einer erschreckenden Bewegung den Degen zog, »habe ich ganz besonders mit Monsieur zu tun, und deshalb werde ich anfangen. Ich wünsche es, ich will es.«

Es war das erste Mal, dass d'Artagnan so mit seinen Freunden redete. Bislang hatte er sich damit begnügt, dergleichen nur zu denken.

Porthos trat zurück. Aramis schob seinen Degen unter den Arm. Athos blieb reglos in seiner dunklen Ecke sitzen, allerdings nicht ruhig, wie d'Artagnan behauptet hatte, sondern atemlos, nach Atem ringend.

»Steck deinen Degen wieder in die Scheide, Chevalier«, gebot d'Artagnan Aramis, »Monsieur könnte Absichten bei dir vermuten, die du nicht hast.« Dann zu Mordaunt: »Monsieur, ich warte auf Sie.«

»Und ich, Messieurs, wundere mich über Sie. Sie streiten sich darüber, wer zuerst gegen mich antreten soll, und ich, den die Sache, wie mir scheint, auch etwas angeht, werde überhaupt nicht gefragt. Freilich hasse ich Sie alle vier, aber in verschiedenem Maße. Ich hoffe, Sie alle vier umzubringen, aber ich habe mehr Aussicht, den Ersten als den Zweiten, den Zweiten als den Dritten, den Dritten als den Letzten zu töten. Deshalb nehme ich das Recht in Anspruch, meinen Gegner zu wählen. Wenn Sie mir dieses Recht versagen, dann töten Sie mich, ich werde mich nicht wehren.«

Die vier Freunde sahen sich an.

»Das ist recht und billig«, sagten Porthos und Aramis, die hofften, die Wahl werde auf sie fallen.

Athos und d'Artagnan sprachen kein Wort, aber ihr Schweigen bedeutete Zustimmung.

»Also!«, platzte Mordaunt in das tiefe und ernste Schweigen. »Ich wähle zu meinem ersten Gegner den unter Ihnen, der sich nicht mehr für wert hält, den Namen Graf von La Fère zu tragen, sondern sich Athos nennen lässt.«

Athos sprang wie von einer Feder emporgeschnellt auf; doch nachdem er einen Augenblick unbeweglich und stumm dagestanden hatte, erwiderte er zum großen Erstaunen seiner Freunde kopfschüttelnd: »Monsieur Mordaunt, ein Duell zwischen uns beiden ist unmöglich, erweisen Sie die mir zugedachte Ehre einem andern.« Worauf er sich wieder setzte.

»Aha!«, sagte Mordaunt. »Da haben wir schon einen, der Angst hat.«

»Potz Bomben und Granaten!«, schrie d'Artagnan und stürzte mit einem Satz auf den jungen Mann los. »Wer sagt, dass Athos Angst hat?«

»Lass ihn, d'Artagnan«, sagte Athos mit einem traurigen und verächtlichen Lächeln.

»Gut, wenn es dein unumstößlicher Entschluss ist, sprechen wir nicht mehr davon. Da Ihnen also der Graf von La Fère nicht die Ehre erweisen will, gegen Sie zu kämpfen, Monsieur, wählen Sie einen anderen unter uns.«

»Wenn es so steht, ist es mir einerlei, gegen wen ich kämpfe. Werfen Sie Ihre Namen in einen Hut, ich werde aufs Geratewohl einen ziehen.«

»Los, Aramis«, sagte d'Artagnan, »schreib unsere Namen in deiner hübschen, feinen Handschrift, in der du Marie Michon damals die Nachricht gabst, dass die Mutter von Monsieur Lord Buckingham ermorden lassen wollte.«

Mordaunt ertrug diesen neuen Angriff, ohne eine Miene zu verziehen. Er stand mit untergeschlagenen Armen und schien so ruhig zu sein, wie es einem Mann unter solchen Umständen nur möglich ist. Wenn es nicht Tapferkeit war, dann zumindest Hochmut, der ihr häufig gleichkommt.

Aramis ging zu Cromwells Schreibtisch, schrieb auf drei gleich große Papierstreifen seinen Namen und die seiner Gefährten, zeigte sie offen Mordaunt, der, ohne sie zu lesen, mit der Hand abwinkte, und warf sie zusammengerollt in einen Hut, den er dem jungen Mann hinreichte. Dieser griff in den Hut, holte ein Papier heraus und ließ es ungeöffnet mit einer geringschätzigen Bewegung auf den Tisch fallen.

Aramis entfaltete es, aber wie gelassen und kühl er auch erscheinen wollte, seine Stimme bebte vor Hass und Begierde, als er laut den Namen vorlas: »D'Artagnan!«

D'Artagnan stieß einen Freudenschrei aus. »Sind Sie bereit, Monsieur?«, fragte er.

»Ich warte auf Sie, Monsieur«, antwortete Mordaunt, wobei er den Kopf hob und d'Artagnan mit einem Blick betrachtete, dessen Ausdruck unmöglich wiederzugeben wäre. »Einen Moment noch. Geben Sie mir Ihr Wort, Messieurs, dass Sie mich nur einer nach dem andern angreifen werden.«

»Das verlangst du nur, weil es dir Vergnügen macht, uns zu beleidigen, du kleine Schlange!«, rief Porthos.

»Nein, um mein Gewissen zu beruhigen.«

Es muss etwas anderes dahinterstecken, dachte d'Artagnan und schaute ein wenig besorgt um sich.

»Unser Ehrenwort!«, sagten Aramis und Porthos.

»Dann verziehen Sie sich in eine Ecke, Messieurs, wie es der Herr Graf von La Fère getan hat, der sich zwar nicht schlagen will, aber wenigstens die Kampfregeln zu kennen scheint, und lassen Sie uns Spielraum, wir werden ihn brauchen.«

»Tretet zurück«, sagte d'Artagnan, »wir dürfen Monsieur nicht den geringsten Vorwand geben, sich schlecht zu betragen, wozu er, mit Verlaub, große Lust zu haben scheint.«

Auch diese neue Stichelei prallte an Mordaunts Kaltblütigkeit ab.

»Sind Sie nun endlich bereit, Monsieur?«, fragte d'Artagnan.

»Ja.«

Beide machten zu gleicher Zeit einen Ausfall, und dadurch wurden beider Klingen gebunden. D'Artagnan war ein zu vortrefflicher Fechter, um sich damit aufzuhalten, dass er die Absichten seines Gegners zu erfahren suchte. Er ließ eine glänzende, rasche Finte folgen, sie wurde von Mordaunt pariert.

»Aha!«, sagte er mit zufriedenem Lächeln und führte, ohne Zeit zu verlieren, da er eine Lücke zu sehen glaubte, einen blitzschnellen geraden Stoß. Mordaunt kontraparierte mit einer Quart.

»Ich fange an, zu glauben, dass wir uns gut unterhalten werden«, bemerkte d'Artagnan.

»Ja«, murmelte Aramis, »aber sei bei aller Unterhaltung vorsichtig.«

»Potz Blitz, Freund! Pass auf!«, rief Porthos.

Jetzt lächelte Mordaunt.

»Ah, Monsieur«, sagte d'Artagnan, »wie niederträchtig Sie lächeln! So zu lächeln hat Sie der Teufel gelehrt, nicht wahr?«

Mordaunts Antwort bestand nur darin, dass er d'Artagnans Degen mit einer Kraft zu binden versuchte, die der Gascogner in diesem scheinbar schwachen Körper nicht erwartet hatte, doch indem er nicht weniger geschickt parierte als soeben sein Gegner, begegnete er rechtzeitig der Klinge Mordaunts, die an der seinen entlangglitt, ohne seine Brust zu treffen. Rasch trat Mordaunt einen Schritt zurück.

»Ah, Sie weichen«, rief d'Artagnan, »Sie drehen und winden sich? Wie Sie wollen, für mich ist das sogar ein Gewinn, da sehe ich nicht mehr Ihr bösartiges Lächeln.«

Mordaunt erwiderte kein Wort, doch indem er weiter zurückwich und sich drehte, gelanges ihm auf diese Weise, mit d'Artagnan den Platz zu wechseln. Dabei lächelte er immer höhnischer.

Sein Lächeln begann den Gascogner zu beunruhigen. »Vorwärts, vorwärts, wir müssen ein Ende machen«, sagte d'Artagnan, »dieser Spitzbube hat Kniekehlen von Eisen. Los, jetzt kommen die tüchtigen Hiebe!« Und er bedrängte Mordaunt, der immer noch zurückwich, aber offenbar aus Taktik, ohne einen Fehler zu machen, den d'Artagnan ausnutzen konnte, und ohne dass sein Degen auch nur einen Augenblick die Richtung verlor. Doch da der Kampf in einem Zimmer stattfand und da es den Fechtern an Spielraum fehlte, stieß Mordaunts Fuß bald an die Wand, worauf er sich mit der linken Hand dagegen stützte.

»Jetzt werden Sie nicht mehr zurückweichen, Freundchen!«, bemerkte d'Artagnan und fuhr, zu seinen Freunden gewandt, mit gerunzelter Stirn fort: »Habt ihr jemals einen an die Wand genagelten Skorpion gesehen? Nein? Dann werdet ihr ihn sehen ...« Und in Sekundenschnelle führte er drei fürchterliche Hiebe gegen Mordaunt. Alle drei trafen, streiften ihn aber nur. D'Artagnan konnte das nicht begreifen. Die drei Freunde sahen atemlos und mit schweißnasser Stirn zu.

Schließlich trat d'Artagnan, der zu dicht an ihn herangekommen war, nun auch einen Schritt zurück, um einen vierten Hieb vorzubereiten oder vielmehr zu führen. Doch in dem Augenblick, als er nach einer geschwinden scharfen Finte wie der Blitz angriff, schien die Wand zu bersten. Mordaunt verschwand durch die klaffende Öffnung, und d'Artagnans Degen, der zwischen den Füllungen steckenblieb, zerbrach wie Glas. D'Artagnan fuhr zurück. Die Wand schloss sich.

Der Gascogner gab einen gewaltigen Fluch von sich, dem von der anderen Seite der eisernen Tür ein wildes Gelächter antwortete, ein grausiges Gelächter, das sogar dem Skeptiker Aramis einen Schauder durch die Adern jagte.

»Her zu mir!«, schrie d'Artagnan. »Schlagen wir die Tür ein.«

»Er ist der leibhaftige Teufel!«, sagte Aramis, als er herbeieilte.

»Er entwischt uns, potz Donner! Er entwischt uns!«, brüllte Porthos und stemmte seine breite Schulter gegen die Trennwand, die sich jedoch, durch eine geheime Feder zurückgehalten, nicht rührte.

»Umso besser«, murmelte Athos dumpf.

»Ich ahnte es, bei Gott! Ich ahnte es«, sagte d'Artagnan, während er sich zwecklos abmühte. »Als der elende Schurke die Runde um das Zimmer machte, ahnte ich, dass er etwas im Schilde führte, aber wer konnte das vermuten?«

»Es ist ein abscheuliches Unglück, das uns sein Freund, der Teufel, schickt!«, rief Aramis.

»Es ist ein offenkundiges Glück, das uns Gott schickt!«, widersprach Athos mit sichtlicher Freude.

»Du lässt wahrhaftig nach, Athos«, sagte d'Artagnan und wandte sich achselzuckend von der Tür ab, die sich entschieden nicht öffnen lassen wollte. »Wie kannst du zu Leuten wie uns solche Dinge sagen? Begreifst du denn nicht die Situation?«

»Was? Welche Situation?«, fragte Porthos.

»Bei diesem Spielchen ist des Todes, wer nicht tötet«, erwiderte d'Artagnan. »Lass hören, mein Lieber, verträgt es sich mit deinen versöhnlerischen Jeremiaden, dass uns Monsieur Mordaunt seiner kindlichen Liebe opfert? Wenn das deine Meinung ist, sag es offen heraus.«

»Oh, d'Artagnan, mein Freund!«

»Das nenne ich wahrhaftig fromm, die Dinge von diesem Gesichtspunkt aus zu betrachten! Der Lump wird hundert Eisenseiten auf uns hetzen, die uns in diesem Mörser Monsieur Cromwells wie Korn zermalmen werden. Vorwärts! Los! Wenn wir nur noch fünf Minuten hierbleiben, ist es um uns geschehen.«

»Ja, du hast recht, wir müssen fort«, antworteten Athos und Aramis.

»Und wohin?«, fragte Porthos.

»In den Gasthof, lieber Freund, unsere Siebensachen und unsre Pferde holen und dann, so Gott will, nach Frankreich, wo ich mich zumindest in der Architektur der Häuser auskenne. Unser Schiff erwartet uns; meiner Treu, das ist noch ein Glück.«

Damit ging er mit gutem Beispiel seinem Gebot voran, steckte seinen Degenstumpf in die Scheide, nahm seinen Hut, öffnete die Tür zur Treppe und stieg, gefolgt von seinen drei Gefährten, rasch hinunter.

Die Feluke »Blitz»

D'Artagnans Vermutung war zutreffend gewesen: Mordaunt hatte keine Zeit zu verlieren und hatte auch keine verloren. Er wusste, wie rasch von Entschluss und im Handeln seine Feinde waren, und beschloss daher, sich entsprechend zu verhalten. Diesmal hatten die Musketiere einen ihrer würdigen Gegner gefunden.

Nachdem Mordaunt sorgfältig die Tür hinter sich geschlossen hatte, schlich er in den unterirdischen Gang, wobei er seinen unnütz gewordenen Degen in die Scheide steckte, und erreichte das Nachbarhaus, wo er haltmachte, um sich nach Verletzungen abzutasten und zu verschnaufen.

»Gut«, sagte er, »nichts, fast gar nichts, ein paar Kratzer, das ist alles; zwei am Arm, einen an der Brust. Die Wunden, die ich schlage, sind besser! Man frage den Henker von Béthune, meinen Onkel Lord Winter und König Karl! Jetzt ist jede Sekunde kostbar.« Daraufmachte er sich eiligen Schritts auf den Weg zu der nächsten Kavalleriekaserne, die etwa eine Viertelmeile entfernt lag. In vier oder fünf Minuten hatte er den Weg zurückgelegt.

In der Kaserne gab er sich zu erkennen, nahm das beste Pferd aus dem Stall, sprang auf und war eine Viertelstunde später in Greenwich. »Da ist der Hafen«, murmelte er vor sich hin, »der dunkle Punkt da hinten ist die Isle of Dogs. Gut! Ich habe eine halbe Stunde Vorsprung vor ihnen … vielleicht eine Stunde. Ein Dummkopf bin ich gewesen. Durch meine unsinnige Hast hätte ich mich außer Atem bringen können. Und jetzt«, fügte er hinzu, während er sich in den Steigbügeln aufrichtete, um durch dieses ganze Takelwerk, durch all diese Masten zu schauen, »die ›Blitz‹, wo ist die ›Blitz‹?«

Kaum hatte er diese Worte mehr gedacht als vernehmlich geäußert, da erhob sich, gleichsam als Antwort auf seine Gedanken, von einer Taurolle ein Mann und kam ein paar Schritt auf Mordaunt zu. Mordaunt knüpfte in alle vier Zipfel seines Taschentuchs einen Knoten, und der Mann kam vollends heran, denn das war ja das Erkennungszeichen. Der Seemann war in einen weiten Kapuzenmantel gehüllt, der nicht nur seine Gestalt, sondern auch sein Gesicht verbarg.

»Herr«, fragte er Mordaunt, »kommen Sie vielleicht zufällig aus London, um eine Spazierfahrt auf See zu machen?«

»Ja, und direkt von der Isle of Dogs.«

»Aha. Und gewiss haben der Herr eine Vorliebe. Ein Fahrzeug würde vielleicht mehr zusagen als ein anderes? Was hätten Sie denn gern? Ein langsames, ein schnelles …?«

»Wie der Blitz«, erwiderte Mordaunt.

»Gut, dann suchen der Herr mein Schiff, ich bin der Patron.«

»Vortrefflich!«, rief Mordaunt und sprang ab. »Hören Sie, ich bin nicht der, den Sie erwarten, so wie Sie nicht der sind, den die vorzufinden hoffen. Sie haben den Platz von Kapitän Rogers eingenommen, nicht wahr? Sie sind hier auf Befehl General Cromwells, und ich komme von ihm.«

»Tatsächlich, ich erkenne Sie, Sie sind Hauptmann Mordaunt.«

Mordaunt zuckte zusammen.

»Oh, keine Bange!«, sagte der andere und streifte seine Kapuze ab, »ich bin ein Freund.«

»Hauptmann Groslow?«, rief Mordaunt verblüfft.

»Richtig. Der General hat sich daran erinnert, dass ich früher mal Marineoffizier war, und mich mit diesem Unternehmen beauftragt. Hat sich irgendetwas geändert?«

»Nein, nichts. Im Gegenteil, alles bleibt so wie vorgesehen.«

»Weil ich nämlich einen Augenblick dachte, der Tod des Königs …«

»Der Tod des Königs hat ihre Flucht nur beschleunigt. In einer Viertelstunde, vielleicht schon in zehn Minuten werden sie hier sein.«

»Was wollen Sie tun?«

»Mich mit ihnen einschiffen.«

»Ach. Zweifelt der General an meinem Eifer?«

»Nein, aber ich will meiner Rache selbst beiwohnen. Aber Sie, fürchten Sie nicht, von ihnen erkannt zu werden?«

»Keine Gefahr, in dem Kostüm mit Kapuze und in dieser finsteren Nacht. Sie haben mich nicht erkannt, da haben die viel weniger Anlass, mich zu erkennen.«

»Das ist wahr, außerdem werden sie nicht im Entferntesten an Sie denken. Es ist doch alles bereit?«

»Ja.«

»Die Ladung an Bord?«

»Ja.«

»Fünf volle Fässer?«

»Und fünfzig leere. Wir sollen in Anvers Portwein laden.«

»Wunderbar. Führen Sie mich jetzt an Bord, und nehmen Sie dann wieder Ihren Posten ein, denn sie werden bald da sein. Es ist wichtig, dass mich keiner von Ihren Leuten an Bord kommen sieht.«

»Ich habe nur einen Mann da, und dessen bin ich so sicher wie meiner selbst. Überdies kennt er Sie nicht. Er ist wie seine Gefährten bereit, unsern Befehlen zu gehorchen, weiß aber von nichts.«

»Das ist gut. Gehen wir.«

Sie stiegen zur Themse hinab. Eine kleine Barke war mit einer Kette an einem Pfahl festgemacht. Groslow zog sie zu sich heran, sprang hinter Mordaunt hinein und begann, sobald er losgemacht hatte, aus Leibeskräften zu rudern, was

Mordaunt als Beweis dafür nahm, dass er seinen Seemannsberuf noch nicht vergessen hatte.

Nach fünf Minuten hatten sie sich aus dem Schiffsdickicht befreit, das bereits zu jener Zeit die Zugänge nach London versperrte, und Mordaunt konnte als schwarzen Punkt die kleine Feluke ausmachen, die, vier, fünf Kabellängen von der Isle of Dogs vor Anker, auf und nieder tanzte. Als sie näher kamen, pfiff Groslow auf besondere Weise, und gleich darauf erschien ein Kopfüber der Schiffswand.

»Sind Sie's, Käpten?«, fragte der Mann.

»Ja, wirf die Leiter runter.« Und leicht und flink wie eine Schwalbe schoss Groslow unterm Bugspriet vorbei und legte sich Bord an Bord. »Steigen Sie hinauf«, sagte er zu Mordaunt.

Der wachhabende Matrose auf der »Blitz« schien, wie Groslow vorausgesagt hatte, nicht einmal zu bemerken, dass sein Patron in Begleitung zurückkehrte. Mordaunt und Groslow gingen zur Kapitänskajüte, einer Art Blockhütte an Deck.

»Und die Passagiere, wo haben die ihren Platz?«, fragte Mordaunt.

»Am andern Ende des Schiffes«, antwortete Groslow.

»Sie haben hier nichts zu suchen?«

»Absolut gar nichts.«

»Vorzüglich. Ich halte mich in Ihrer Kajüte versteckt. Kehren Sie nach Greenwich zurück und holen Sie die Männer. Haben Sie eine Schaluppe?«

»Wir sind darin hergekommen.«

»Sie erschien mir leicht und sehr schmal.«

»Eine richtige Piroge.«

»Machen Sie sie mit einem Hanfseil am Heck fest, legen Sie die Ruder hinein, dann kann sie im Kielwasser folgen, und man braucht nur das Tau durchzuschneiden. Sorgen Sie auch für Rum und Schiffszwieback. Wenn die See grob werden sollte, wird es Ihren Leuten nicht unlieb sein, eine Stärkung bei der Hand zu haben.«

»Es wird alles nach Wunsch geschehen. Wollen Sie die Pulverkammer besichtigen?«

»Nein, nach Ihrer Rückkehr. Ich möchte selbst die Lunte anlegen, um sicher zu sein, dass sie nicht lange schwelt. Verhüllen Sie gut Ihr Gesicht, damit man Sie nicht erkennt. Und jetzt gehen Sie, es schlägt schon zehn Uhr von Greenwich.«

Groslow stieß die Tür auf, die Mordaunt sofort von innen verschloss, und nachdem er dem wachhabenden Matrosen den Befehl erteilt hatte, allergrößte Aufmerksamkeit walten zu lassen, stieg er in die Barke und entfernte sich schnell.

Der Wind blies kalt, und die Mole lag einsam und verlassen, als Groslow Greenwich erreichte. Doch in dem Augenblick, als er landete, hörte er so etwas wie Pferdegalopp auf dem Kopfsteinpflaster der Straße. »Oho!«, dachte er. Mordaunt hatte recht, mich zur Eile zu treiben. Da sind sie wohl schon.

Es waren in der Tat unsere Freunde oder vielmehr ihre Vorhut, die aus d'Artagnan und Athos bestand. Als sie an der Stelle angelangt waren, wo sich Groslow befand, hielten sie an, als hätten sie erraten, dass sie mit diesem zu tun hätten. Athos saß ab und entfaltete in aller Ruhe ein an den vier Zipfeln geknotetes Taschentuch, das er im Wind flattern ließ, während der stets vorsichtige d'Artagnan im Sattel blieb, halb über sein Pferd gebeugt und eine Hand an den Pistolenhalftern.

Groslow ging schnurstracks auf die Edelleute zu. Er war so vollständig in seinen Kapuzenmantel gehüllt, dass man ihn unmöglich erkennen konnte. Überdies war es so stockdunkel, dass man diese Vorsichtsmaßnahme für überflüssig halten konnte.

Doch trotz der Dunkelheit entdeckte Athos' scharfer Blick, dass er nicht Rogers vor sich hatte. »Was wollen Sie?«, fragte er Groslow und trat einen Schritt zurück.

»Ich will Ihnen sagen, Mylord«, erwiderte Groslow mit irischem Akzent, »dass Sie den Patron Rogers vergeblich suchen werden.«

»Warum?«

»Weil er heute Morgen von einer Marsstenge gefallen ist und sich das Bein gebrochen hat. Aber ich bin sein Vetter. Er hat mir die ganze Geschichte erzählt und mich beauftragt, für ihn einzuspringen und die Edelleute, die mir ein an allen vier Zipfeln geknotetes Schnupftuch vorweisen – wie Sie es in der Hand halten und ich in der Tasche habe –, dorthin zu bringen, wohin sie es wünschen.« Dabei holte er das von Mordaunt geknüpfte Schnupftuch hervor.

»Ist das alles?«, fragte Athos.

»Nein, Mylord. Es wären noch fünfundsiebzig Pfund versprochen worden, wenn ich Sie wohlbehalten nach Boulogne oder einem andern Ort in Frankreich brächte, den Sie mir bezeichnen würden.«

»Was hältst du davon, d'Artagnan?«, fragte Athos auf Französisch.

»Klingt mir wahrscheinlich«, antwortete der Gascogner.

»Mir auch«, sagte Athos.

»Außerdem«, fuhr d'Artagnan fort, »wenn uns dieser Mann hintergeht, können wir ihm immer noch eine Kugel in den Kopf schießen.«

»Und wer wird uns dann nach Frankreich bringen?«

»Du, Athos, du weißt so viel, dass ich überzeugt bin, du verstehst auch, ein Schiff zu lenken.«

»Wahrhaftig, Freund«, erwiderte Athos mit einem Lächeln, »du hast beinahe den Nagel auf den Kopf getroffen: mein Vater hatte mich für den Dienst in der Marine bestimmt, und ich besitze ein paar vage Kenntnisse über die Steuermannskunst. Hol also unsere Freunde, d'Artagnan. Es ist elf Uhr, wir müssen uns beeilen.«

D'Artagnan ritt zu Aramis und Porthos, die mit dem Pistol in der Faust bei den ersten Häusern der Stadt an einem Schuppen Posten bezogen hatten und die Straße überwachten. Drei weitere Reiter lagen dort auf der Lauer und schienen ebenfalls zu warten. Es waren Mousqueton, Blaisois und Grimaud.

Der kleine Trupp gesellte sich zu Athos. Doch inzwischen war in d'Artagnan schon wieder das angeborene Misstrauen erwacht. Er fand den Kai zu verlassen, die Nacht zu finster und den Patron zu gefällig.

»Wir haben nicht die Zeit, argwöhnisch zu sein«, entgegnete Athos, »das Boot erwartet uns, steigen wir ein.«

»Außerdem«, bemerkte Aramis, »wer hindert uns, argwöhnisch zu sein und trotzdem einzusteigen? Wir werden ein wachsames Auge auf den Patron haben.«

»Und wenn er nicht aufrichtig verfährt, schlagich ihn tot. Weiter nichts.«

»Gut gesprochen, Porthos«, antwortete d'Artagnan. »Also eingestiegen. Los, Mousqueton.« Dabei hielt er seine Freunde zurück und ließ die Diener vorangehen, damit sie erst einmal die Planke ausprobierten, die vom Hafendamm zu dem Boot führte. Ohne Zwischenfall gelangten sie hinein. Ihnen folgten Athos, dann Porthos, dann Aramis und als Letzter d'Artagnan, der immer noch den Kopf schüttelte.

»Was, zum Teufel, hast du, mein Freund?«, fragte Porthos. »Auf mein Wort, du würdest Cäsar Angst machen.«

»Mich stimmt bedenklich«, erwiderte d'Artagnan, »dass ich in diesem Hafen weder einen Aufseher noch einen Posten noch einen Zollbeamten sehe.«

»Darüber beklagst du dich? Es geht doch alles wie am Schnürchen.«

»Viel zu gut, Porthos. Na, einerlei, in Gottes Namen.«

Sobald die Planke eingezogen war, setzte sich der Patron an das Steuerruder und gab einem seiner Matrosen ein Zeichen, worauf dieser mit einem Bootshaken die kleine Barke aus dem Wirrwarr von Schiffen hinauszumanövrieren begann. Der andere Matrose saß bereits mit dem Ruder in der Hand auf der Backbordseite. Als es möglich war, zu rudern, gesellte sich sein Gefährte zu ihm, und die Barke fuhr nun schneller dahin. »Endlich fahren wir ab!«, sagte Porthos.

»Und leider allein«, antwortete Athos.

»Ja, aber wir vier zusammen und ohne einen Kratzer, das ist ein Trost.«

»Wir sind noch nicht angekommen«, wandte d'Artagnan ein, »aufgepasst bei Begegnungen.«

»Du bist wie die Raben, mein Lieber«, sagte Porthos, »dauernd krächzt du von Unglück. Wer kann uns schon in dieser finstren Nacht begegnen, wo man auf keine zwanzig Schritt Entfernungetwas sehen kann?«

»Und morgen früh?«

»Morgen früh werden wir in Boulogne sein.«

»Wir sind da«, sagte der Kapitän, und tatsächlich legten sie bei der Feluke an, wo der Matrose, der die Barke erkannt hatte, sie mit der ausgeworfenen Schiffsleiter erwartete.

Athos stiegmit durchaus seemännischer Gewandtheit als Erster an Bord, Aramis mit der seit langem erworbenen Vertrautheit in der Benutzung von Strickleitern und anderen mehr oder weniger erfinderischen Mitteln, verbotene Zwischenräume zu überqueren, d'Artagnan wie ein Gemsenjäger und Porthos mit jener Kraftentfaltung, die bei ihm alles ersetzte.

Für die Diener war das Unternehmen schwieriger; nicht für Grimaud, der einer mageren Dachkatze glich und stets und überall Möglichkeiten fand, sich hinaufzuschwingen, aber für Mousqueton und Blaisois, die von den Matrosen zu Porthos' Reichweite hochgehoben werden mussten und von diesem, am Kragen gepackt, auf das Deck gestellt wurden.

Der Kapitän führte seine Passagiere zu ihrer Unterkunft, einem einzigen Raum für alle zusammen, und wollte sich unter dem Vorwand, Befehle zu erteilen, entfernen.

»Einen Augenblick«, sagte d'Artagnan, »wie viel Mann haben Sie an Bord, Patron?« Athos übersetzte seine Frage.

»Drei«, antwortete Groslow, »ohne mich, wohlverstanden.«

»Oh, drei – so langsam beruhige ich mich. Einerlei, während ihr euch einrichtet, werde ich eine Runde um das Schiff machen.«

»Und ich werde mich um das Nachtessen kümmern«, erklärte Porthos.

»Ein schönes und edelmütiges Vorhaben, Porthos, führ es aus. Leih mir bitte Grimaud, Athos, er soll mir als Übersetzer dienen.«

»Geh, Grimaud«, befahl Athos.

Eine Laterne stand an Deck, d'Artagnan hob sie mit der einen Hand hoch, nahm in die andere ein Pistol und sagte zu dem Patron: »Come.« Dies und »Goddam« war alles, was er von der englischen Sprache hatte behalten können.

Er ging voraus zu der Luke und stieg in das Zwischendeck hinab. Es war in drei Räume abgeteilt. Der erste, den d'Artagnan betrat, mochte sich von dem dritten kleinen Mast bis zum äußersten Heckende erstrecken, und seine Decke war folglich der Fußboden der Kabine, in der Athos, Porthos und Aramis ihre Vorbereitungen für die Übernachtung trafen.

Der zweite, der die Mitte einnahm, war als Aufenthalt für die Diener bestimmt, und der dritte zog sich bis zum Bug hin, lag also unter der improvisierten Kabine, in der sich Mordaunt versteckt hielt.

»Oha!«, sagte d'Artagnan, als er hinunterstieg und dabei mit ausgestrecktem Arm die Laterne vor sich hielt. »Wie viel Fässer! Man könnte meinen, es sei die Höhle von Ali Baba. Ich wünsche zu erfahren, was sich in diesen Fässern befindet«, sagte d'Artagnan zu dem Patron, während er seine Laterne auf eins davon stellte.

Der Patron machte eine Bewegung, als wolle er wieder nach oben steigen, nahm sich aber zusammen. »Portwein«, antwortete er.

»Ah, Portwein? Das beruhigt mich. Verdursten werden wir also nicht.« Dann drehte er sich zu Groslow um, der sich dicke Schweißtropfen von der Stirn wischte. »Sind sie voll?«

»Manche sind voll, manche leer«, erwiderte Groslow mit einer Stimme, die, wie sehr er sich auch zu beherrschen suchte, seine Unruhe verriet.

D'Artagnan klopfte mit dem Finger an die Fässer und hörte heraus, dass fünf voll und die andern leer waren. Daraufleuchtete er, immer noch zum großen Entsetzen des Engländers, mit der Laterne in die Zwischenräume und stellte fest, dass sich dort nichts befand. »Na schön, also weiter«, sagte er und ging auf die Tür los, die zu dem zweiten Raum führte.

Hier schickten sich Mousqueton und Blaisois gerade an, ihr Nachtmahl zu verspeisen. Und außer ihnen gab es dort offenbar nichts zu suchen oder zu holen. Man konnte beim Schein der Lampe, die die würdigen Gefährten beleuchtete, in alle Ecken und verborgenen Winkel sehen.

Deshalb ging d'Artagnan hindurch und besichtigte den dritten Raum. Es war die Kabine für die Matrosen. Drei, vier von der Decke baumelnde Hängematten, ein Tisch, der an beiden Enden von einem Tau gehalten wurde, und zwei wurmzerfressene wacklige Bänke stellten die gesamte Einrichtung dar. D'Artagnan stieg wieder an Deck.

»Und diese Kabine?«, fragte er vor der improvisierten.

»Das ist meine«, antwortete der Patron, »wollen Sie eintreten?«

»Öffnen Sie die Tür.«

Der Engländer gehorchte. D'Artagnan streckte den Arm mit der Laterne vor, steckte den Kopf durch die halb offene Tür, und als er sah, dass diese Kabine nichts weiter als ein Verschlag war, sagte er sich: Wenn es an Bord eine Armee gibt, hier ist sie bestimmt nicht versteckt. Sehen wir also, ob Porthos etwas zu essen aufgetrieben hat. Er dankte dem Patron mit einer Kopfbewegung und ging zurück in die Ehrenkabine zu seinen Freunden.

Porthos hatte anscheinend nichts gefunden, oder wenn, dann hatte die Müdigkeit seinen Hunger besiegt, denn als d'Artagnan eintrat, schlief er fest, auf seinen Mantel gebettet.

Auch Athos und Aramis begannen, von der weichen Bewegung der ersten Meereswogen gewiegt, die Augen zu schließen, öffneten sie aber wieder, als sie ihren Gefährten hörten.

»Nun?«, fragte Aramis.

»Alles in Ordnung«, antwortete d'Artagnan, »wir können unbesorgt schlafen.«

Darauf ließ Aramis den Kopf wieder zurücksinken, Athos nickte d'Artagnan liebevoll zu, und d'Artagnan selbst, der wie Porthos Schlaf noch nötiger hatte als Essen, entließ Grimaud und legte sich in seinem Mantel, mit dem blanken Degen an der Seite, so nieder, dass er mit seinem Körper den Durchgang versperrte und dass keiner in die Kabine treten konnte, ohne ihn zu stoßen.

Der Portwein

Blaisois und Mousqueton bereiteten ihr Nachtlager vor, das aus einer Diele und einem Mantelsack bestand, indes auf einem wie in der Nebenkabine aufgehängten Tisch ein Krug Bier und drei Gläser beim Schlingern des Schiffes wackelten.

»Verdammtes Geschlinger!«, sagte Blaisois. »Ich fühle, dass es mich wie auf der Hinfahrt erwischen wird.«

»Und nichts da, um die Seekrankheit zu bekämpfen«, erwiderte Mousqueton, »bloß Gerstenbrot und Hopfensaft. Puh!«

»Aber Ihre Korbflasche, Monsieur Mousqueton, haben Sie die verloren?«

»Keineswegs, aber der Bruder von Parry hat sie behalten. Diese verteufelten Schotten haben immerfort Durst. Und du, Grimaud«, fragte Mousqueton seinen Gefährten, der hereingekommen war, »hast du auch Durst?«

»Wie ein Schotte«, antwortete Grimaud kurz und bündig. Worauf er sich zu Blaisois und Mousqueton setzte, ein Notizbuch aus der Tasche zog und sich mit den Abrechnungen der kleinen Gemeinschaft befasste, deren Verwalter er war.

»O je! Mir wird übel!«, sagte Blaisois.

»Dann nehmen Sie doch ein wenig Nahrung zu sich«, riet Mousqueton in doktoralem Ton.

»Nennen Sie das Nahrung?«, fragte Blaisois, während er mit verdrossener Miene den verächtlich gekrümmten Zeigefinger nach dem Gerstenbrot und dem Krug Bier ausstreckte.

»Vergessen Sie nicht, Blaisois, dass das Brot die wahre Nahrung des Franzosen ist, noch dazu hat der Franzose es nicht immer.«

»Schon richtig, aber das Bier, ist das sein wahres Getränk?«

In dem Dilemma etwas verlegen um eine Antwort, sagte Mousqueton schließlich: »Also was das betrifft, muss ich freilich gestehen: nein. Das Bier ist ihm ebenso zuwider wie der Wein dem Engländer.«

»Aber ich habe sie trotzdem welchen trinken sehen.«

»Als Buße, und der Beweis dafür ist«, fuhr Mousqueton fort, indem er sich in die Brust warf, »dass ein englischer Prinz eines Tages gestorben ist, weil man ihn in ein Fass Malvasier gesteckt hatte. Die Geschichte habe ich von dem Herrn Abbé d'Herblay gehört.«

»So ein Schafskopf!«, bemerkte Blaisois. »Ich wünschte, ich wäre an seiner Stelle!«

»Kannst du haben«, sagte Grimaud, ohne seine Zahlenaufstellung zu unterbrechen.

»Wie? Das kann ich haben?«

»Portwein«, sagte Grimaud und zeigte in die Richtung des ersten Raumes.

»Was? In den Fässern, die ich durch die halb offene Tür gesehen habe?«

»Portwein«, wiederholte Grimaud, während er sich an eine neue arithmetische Berechnung machte.

»Ich habe gehört«, sagte Blaisois zu Mousqueton, »Portwein soll ein vorzüglicher spanischer Wein sein.«

»Vorzüglich«, bestätigte Mousqueton, wobei er sich mit der Zungenspitze die Lippen leckte. »Im Keller vom Herrn Baron de Bracieux haben wir welchen.«

»Wenn wir diese Engländer bitten würden, uns eine Flasche voll zu verkaufen?«, fragte der ehrliche Blaisois.

»Kaufen!«, schnaufte Mousqueton, von seinen alten Marodeurinstinkten mitgerissen. »Man merkt, junger Mann, dass Sie noch keine Lebenserfahrung haben. Warum kaufen, wenn man nehmen kann?«

»Nehmen? Das Gut des Nächsten begehren? Das ist doch, glaube ich, verboten.«

»Wo steht das geschrieben?«

»In den Geboten Gottes oder der Kirche, ich weiß nicht mehr, in welchen. Da heißt es: ›Du sollst nicht begehren deines Nächsten Gut noch Weib.‹«

»Sie haben noch einen kindlichen Verstand, Monsieur Blaisois«, entgegnete Mousqueton in ungemein gönnerhaftem Ton. »Wo haben Sie in der Bibel gelesen, dass die Engländer Ihre Nächsten sind?«

»Nirgends, das ist wahr, wenigstens kann ich mich nicht erinnern.«

»Wenn Sie wie Grimaud und ich zehn Jahre im Krieg gewesen wären, mein lieber Blaisois, dann würden Sie den Unterschied zwischen dem Gut des Nächsten und dem Gut des Feindes kennen. Nun, ein Engländer ist, denke ich, ein Feind, und dieser Portwein gehört den Engländern.« Damit stand Mousqueton auf, nahm den Bierkrug und leerte ihn durch die Ruderpforte bis zum letzten Tropfen, dann schritt er majestätisch zu der Tür, die in den Nebenraum führte. »Ach, verschlossen!«, rief er aus. »Diese Teufel von Engländern, wie misstrauisch sie sind!«

»Verschlossen?«, wiederholte Blaisois nicht weniger enttäuscht. »Potztausend, das ist aber schade! Dabei wird mir immer übler. Aber Sie können doch zwei oder drei Bretter aus der Zwischenwand entfernen und ein Fass anbohren.«

Mousqueton riss langsam seine runden Augen auf und starrte Blaisois an wie einer, der höchst verwundert darüber ist, in einem andern unvermutete Fähigkeiten zu entdecken. »Das ist wahr«, sagte er, »das kann man machen, aber wo nehmen wir ein Stemmeisen und einen Bohrer her?«

»Besteck«, warf Grimaud ein, immer noch in seine Rechnungen vertieft.

»Ach ja, das Besteck, daran hab ich nicht gedacht.«

Grimaud war nicht nur der Verwalter des kleinen Trupps, sondern auch sein Waffenschmied; außer einem Notizbuch führte er ein Besteck mit sich. Und da Grimaud ein höchst umsichtiger Mensch war, enthielt dieses sorgsam in seinen Mantelsack gewickelte Besteck alle vordringlich benötigten Werkzeuge, so auch einen hinreichend großen Bohrer. Mousqueton nahm ihn an sich. Und nach einem Stemmeisen brauchte er nicht weit zu suchen, der Dolch, den er im Gürtel trug, konnte es aufs beste ersetzen. Mousqueton forschte nun nach einer Stelle, wo die Bretter nicht fest aneinandergefügt waren, was ihm keine große Mühe bereitete, und machte sich sogleich ans Werk. Blaisois sah ihm dabei mit Bewunderung, in die sich Ungeduld mischte, zu und erlaubte sich von Zeit zu Zeit nicht ganz unintelligente Bemerkungen über die Art und Weise, einen Nagel zu ziehen oder einen Hebel anzusetzen.

Im Handumdrehen hatte Mousqueton drei Bretter herausgehoben. Nun war er aber das Gegenteil von dem Frosch in der Fabel, der sich für dicker hielt, als er war. Und wenn es ihm auch gelungen war, seinen Ruf als zum dritten Stand gehörig zu verringern, mit seinem Bauch war ihm das leider nicht geglückt. Er versuchte, sich durch die Öffnung zu zwängen, und stellte mit Schmerzen fest, dass er noch mindestens zwei oder drei Bretter entfernen müsste. Er stieß einen Seufzer aus und wollte sich aufs Neue an die Arbeit machen.

Doch inzwischen war Grimaud, der seine Rechnerei beendet hatte, aufgestanden und mit tiefem Interesse für das Unternehmen zu seinen beiden Gefährten getreten. So hatte er die vergeblichen Anstrengungen Mousquetons, das gelobte Land zu erreichen, beobachtet. Nach einer freundschaftlichen Gebärde zu Mousqueton, er möge ihm verzeihen, wenn er eine so glänzend begonnene Unternehmung vollende, glitt er wie eine Natter durch die klaffende Öffnung und verschwand.

Blaisois war außer sich vor Entzücken. Von allen Heldentaten, die die ungewöhnlichen Männer, denen er zu seinem Glück zugesellt war, seit ihrer Ankunft in England vollbracht hatten, erschien ihm diese unstreitig als die allerwunderbarste.

»Mantel«, befahl Grimaud aus dem Hintergrund.

»Richtig«, bemerkte Mousqueton.

»Was will er?«, fragte Blaisois.

»Wir sollen die Öffnung mit einem Mantel verhängen.«

»Warum?«

»Einfalt! Und wenn jemand reinkommt?«

»Ach, das ist wahr!«, rief Blaisois mit wachsender Bewunderung. »Aber dann wird er da drin nicht gut sehen.«

»Grimaud sieht immer gut, nachts wie am Tag. Aber still! Mir scheint, da kommt jemand.« Und er ließ einen warnenden Pfiff ertönen, worauf sich beide rasch an den Tisch setzten.

Die Tür ging auf. Zwei in Mäntel gehüllte Männer erschienen. »Oh«, sagte der eine, »um drei Viertel zwölf noch nicht zu Bett? Das ist gegen die Vorschriften. Dass in einer Viertelstunde das Licht aus ist und alle schnarchen!«

Die beiden Männer gingen zu der Tür nach dem Raum, in den Grimaud geschlüpft war, schlossen auf, traten ein und verschlossen sie hinter sich wieder.

»Ach«, sagte Blaisois zitternd, »er ist verloren.«

»Grimaud ist ein großer Schlaufuchs«, murmelte Mousqueton. Und so warteten sie, mit gespitzten Ohren und angehaltenem Atem.

Zehn Minuten verstrichen, in denen sie kein Geräusch vernahmen, das sie auf den Verdacht bringen konnte, Grimaud sei entdeckt worden. Dann öffnete sich die Tür wieder, die beiden Männer kamen heraus, verschlossen die Tür mit derselben Sorgfalt wie zuvor und entfernten sich, nachdem sie den Befehl wiederholt hatten, schlafen zu gehen und das Licht zu löschen.

»Sollen wir gehorchen?«, fragte Blaisois. »Das kommt mir alles verdächtig vor.«

»Sie haben gesagt, in einer Viertelstunde, also haben wir noch fünf Minuten Zeit«, antwortete Mousqueton.

Im selben Augenblick schlug Grimaud den Mantel beiseite, der die Öffnung verbarg, und zeigte ein leichenblasses Gesicht mit vor Entsetzen geweiteten Augen. In der Hand hielt er den vollen Bierkrug, trat damit in den Lichtschein der qualmenden Lampe und murmelte nur: »Oh!«, doch mit einem Ausdruck so tiefen Grausens, dass Mousqueton erschrocken zurückfuhr und Blaisois ohnmächtig zu werden glaubte.

Dennoch warfen beide einen Blick in den Bierkrug: er war voller Schießpulver.

Nachdem sich Grimaud überzeugt hatte, dass das Schiff nicht Wein, sondern Pulver geladen hatte, stürzte er zu der Luke und war mit einem Satz bei der Kabine, in der die vier Freunde schliefen.

Leise stieß er die Tür auf, wodurch d'Artagnan, der davor lag, sofort aufwachte.

Kaum hatte er das entstellte Gesicht Grimauds erblickt, da verstand er, dass etwas Ungewöhnliches vor sich gehen müsse, und wollte schreien, doch Grimaud legte mit einer blitzschnellen Bewegung den Finger über die Lippen und löschte mit einem Atem, den man in einem so zarten Körper nicht vermutet hätte, die drei Schritt entfernte kleine Nachtlampe aus. D'Artagnan richtete sich auf dem Ellbogen auf, Grimaud ließ sich auf ein Knie nieder und flüsterte ihm so, mit vorgestrecktem Hals und überreizten Sinnen, einen Bericht ins Ohr, der in der Tat dramatisch genug war, um auf Gebärden und Mienenspiel verzichten zu können.

Athos, Porthos und Aramis schliefen unterdessen weiter, als hätten sie seit acht Tagen nicht geschlafen.

Folgendes hatte sich zugetragen.

Kaum war Grimaud durch die Öffnung in dem ersten Raum verschwunden, da begann er zu suchen und stieß auf ein Fass. Er klopfte daran, es war leer. Auch ein zweites erwies sich als leer, doch das dritte gab einen so dumpfen Ton, dass ein Irrtum ausgeschlossen war. Grimaud erkannte, dass es voll war. Er blieb davor stehen, suchte eine passende Stelle, seinen Bohrer anzusetzen, und kam bei seiner Suche mit der Hand an einen Hahn. Gut, dachte er, das erspart mir Arbeit. Er hielt seinen Bierkrug darunter, drehte den Hahn auf und merkte, dass sich der Krug langsam füllte.

Nachdem Grimaud umsichtigerweise den Hahn zuvor geschlossen hatte, wollte er den Krug zum Munde führen, da er zu gewissenhaft war, seinen Gefährten ein Getränk zu bringen, für das er nicht einstehen konnte, doch da hörte er Mousquetons Warnsignal. Er vermutete eine nächtliche Ronde, glitt zwischen zwei Fässern hindurch und versteckte sich hinter dem einen.

Gleich darauf öffnete sich die Tür und wurde wieder verschlossen, nachdem zwei Männer, in Mäntel gehüllt, eingetreten waren. Der eine trug eine mit Glasscheiben versehene Laterne, die so hoch war, dass die Flamme nicht bis oben reichte. Überdies waren die Glasscheiben mit weißem Papier abgedeckt, das den Schein dämpfte.

Dieser Mann war Groslow.

Der andere hielt etwas Langes, Biegsames, Gedrehtes in der Hand, das wie eine weiße Schnur aussah. Sein Gesicht war von einem breitkrempigen Hut beschattet. Grimaud glaubte, dieselbe Regung wie die seine, dem Portwein einen Besuch abzustatten, habe sie hergetrieben, und kauerte sich tiefer hinter das Fass, wobei er sich im Übrigen sagte, sie könnten ihm kein großes Verbrechen ankreiden, wenn sie ihn entdeckten.

Die beiden Männer blieben vor dem Fass stehen, hinter dem sich Grimaud versteckt hatte.

»Haben Sie die Lunte?«, fragte der mit der Laterne auf Englisch.

»Hier ist sie«, antwortete der andere.

Diese Stimme ließ Grimaud schaudern und ging ihm durch Mark und Bein. Langsam richtete er sich auf, bis er über das Fass schauen konnte, und erkannte unter dem großen Hut das bleiche Gesicht Mordaunts.

»Wie viel Zeit braucht diese Lunte?«, fragte er.

»Na … so ungefähr fünf Minuten«, erwiderte der Patron. Auch diese Stimme kam Grimaud jetzt bekannt vor. Er blickte von einem zum andern und erkannte nun auch Groslow.

»Vorwärts«, befahl Mordaunt, »sagen Sie Ihren Leuten Bescheid, sie sollen sich bereithalten, aber kein Wort davon, wofür. Folgt die Schaluppe dem Schiff?«

»Wie ein Hund seinem Herrn, am Ende eines Hanfseils.«

»Wenn die Uhr auf ein Viertel nach Mitternacht zeigt, versammeln Sie Ihre Leute, und steigen Sie geräuschlos in die Schaluppe …«

»Nachdem ich die Lunte angezündet habe?«

»Das überlassen Sie mir. Ich will meiner Rache sicher sein. Sind die Ruder im Boot?«

»Alles ist vorbereitet.«

»Gut.« Damit kniete Mordaunt nieder und befestigte ein Ende der Lunte an dem Hahn, damit er das andere Ende nur noch in Brand zu stecken brauchte. Dann erhob er sich und zog seine Uhr. »Sie haben verstanden? Um ein Viertel nach Mitternacht, das heißt …« Er blickte auf die Uhr. »In zwanzig Minuten.«

Grimaud hatte alles gehört, wenn auch nicht alles verstanden, aber was er sah, ergänzte ihm, worin seine Sprachkenntnisse versagt hatten. Er hatte die beiden Todfeinde der Musketiere gesehen und erkannt.

Mordaunt entfernte sich mit dem Patron. An der Tür blieb er lauschend stehen. »Hören Sie, wie fest die schlafen?«, fragte er.

Tatsächlich hörte man durch die Decke Porthos schnarchen.

»Gott hat sie uns in die Hände gegeben«, sagte Groslow.

»Und diesmal wird der Teufel sie nicht retten«, setzte Mordaunt hinzu.

Damit gingen sie.

Grimaud wartete, bis er den Riegel im Türschloss knirschen hörte, und als er sicher war, allein zu sein, richtete er sich langsam an der Wand auf. Ah!, dachte er, während er sich mit dem Ärmel die dicken Schweißtropfen abwischte, die ihm von der Stirn perlten. Welch ein Glück, dass Mousqueton solchen Durst hatte!

Er beeilte sich, durch das Loch zu steigen, wobei er immer noch zu träumen glaubte, aber der Anblick des Pulvers in dem Bierkrug bewies ihm, dass der Traum ein tödlicher Alpdruck war.

D'Artagnan lauschte, wie man sich denken kann, all diesen Einzelheiten mit zunehmender Spannung, und ohne abzuwarten, bis Grimaud geendet hatte, stand er völlig lautlos auf, näherte seinen Mund dem Ohr Aramis', der links von ihm schlief, und legte ihm die Hand auf die Schulter, um jeder hastigen Bewegung vorzubeugen. »Chevalier«, raunte er ihm zu, »steh auf, und sei ganz leise.«

Aramis erwachte.

»Zu deiner Linken hast du Athos«, fuhr d'Artagnan fort, »sag ihm Bescheid, wie ich dir Bescheid gesagt habe.«

Athos zu wecken war nicht schwer, da sein Schlummer leicht war wie bei allen zartbesaiteten und nervösen Naturen. Schwieriger war es schon, Porthos wachzurütteln. Er wollte die Gründe für diese Unterbrechung seines Schlafs wissen, die ihm sehr missfiel, doch statt jeder Erklärung legte ihm d'Artagnan die Hand auf den Mund. Dann streckte unser Gascogner die Arme aus, umfasste die Köpfe seiner drei Freunde so, dass sie sich berührten, und sagte: »Freunde, wir müssen sofort dieses Schiff verlassen, oder wir sind des Todes. Wisst ihr, wer der Kapitän ist? Hauptmann Groslow. Und sein Leutnant, wisst ihr, wer das ist?«

»Sein Leutnant? Er hat keinen«, widersprach Athos. »Auf einer Feluke mit vier Mann Besatzung gibt es keinen Leutnant.«

»Monsieur Groslow ist aber kein gewöhnlicher Kapitän, er hat einen Leutnant, und der ist Monsieur Mordaunt.«

Diese unbesiegbaren Männer standen seit langem unter dem mysteriösen und verhängnisvollen Einfluss, den der Name Mordaunt auf sie ausübte, und sie fühlten Entsetzen, wenn sie ihn nur erwähnen hörten.

»Was tun?«, fragte Athos.

»Uns der Feluke bemächtigen«, riet Aramis.

»Und ihn umbringen«, ergänzte Porthos.

»Die Feluke ist mit Pulver geladen«, erklärte d'Artagnan. »Die Fässer, in denen ich Portwein wähnte, enthalten Schießpulver. Wenn sich Mordaunt entdeckt sieht, wird er alles in die Luft sprengen, Freunde und Feinde, und dieser Monsieur ist wahrhaftig eine zu schlechte Gesellschaft, als dass ich den Wunsch hätte, mich mit ihm zusammen zu zeigen, sei es im Himmel oder in der Hölle.«

»Dann hast du einen Plan?«, fragte Athos.

»Ja, kommt.« Damit ging er zu einem Fenster, das niedrig war wie ein Speigatt, aber genügte, einen Mann durchzulassen, und öffnete es sacht. »Da habt ihr den Weg«, sagte er.

»Teufel noch mal!«, erwiderte Aramis. »Es ist aber sehr kalt, lieber Freund.«

»Bleib hier, wenn du willst, aber ich sage dir schon vorher, dass es gleich sehr warm werden wird.«

»Aber wir können doch nicht an Land schwimmen.«

»Die Schaluppe folgt uns an einem Seil, wir schwimmen zu der Schaluppe und kappen das Seil. Das ist alles. Vorwärts, Freunde.«

»Einen Augenblick«, wandte Athos ein. »Und die Diener?«

»Wir sind hier«, antworteten Mousqueton und Blaisois, die Grimaud geholt hatte, um alle Kräfte in der Kabine zusammenzuziehen, und die unbemerkt eingetreten waren.

»Potztausend!«, rief d'Artagnan. »Mir scheint, wir haben Bedenken. Wenn wir schon welche haben, was wird dann erst mit den Dienern sein?«

»Ich habe keine«, erwiderte Grimaud.

»Monsieur«, erklärte Blaisois, »ich sage Ihnen gleich, ich kann bloß in Flüssen schwimmen.«

»Und ich überhaupt nicht«, sagte Mousqueton.

Unterdessen war d'Artagnan schon mit den Beinen durch die Öffnung gestiegen.

»Du bist also entschlossen, Freund?«, fragte Athos.

»Ja«, antwortete der Gascogner. »Vorwärts, Athos, du, ein Mann ohne Furcht und Tadel, lass deinen Geist die Materie besiegen. Du, Aramis, gibst den Dienern das Kommando.

Und du, Porthos, bringst jeden um, der sich uns in den Weg stellt.« Und nachdem er Athos die Hand gedrückt hatte, benutzte er den Augenblick, als die Feluke in ein Wellental tauchte, so dass er nur ins Wasser zu gleiten brauchte.

Athos folgte ihm, noch ehe eine neue Woge die Feluke emporgehoben hatte, und als das geschehen war, sah man, wie sich das Tau, an dem die Schaluppe festgemacht war, spannte und aus dem Wasser stieg. D'Artagnan schwamm auf das Tau zu und hielt sich mit einer Hand daran fest. Eine Sekunde später war Athos bei ihm. Dann tauchten zwei weitere Köpfe auf, die von Aramis und Grimaud.

»Blaisois macht mir allerdings Sorge«, sagte Athos. »Hast du nicht gehört, wie er erklärte, er könne nur in Flüssen schwimmen?«

»Wenn man schwimmen kann, schwimmt man überall«, erwiderte d'Artagnan, »vorwärts! In die Schaluppe!«

»Aber Porthos? Ich sehe ihn nicht.«

»Porthos wird schon kommen, da kannst du unbesorgt sein, er schwimmt wie Leviathan persönlich.«

Tatsächlich war von Porthos nichts zu sehen, denn eine so komische wie dramatische Szene spielte sich zwischen ihm und Mousqueton und Blaisois ab. Das Rauschen der See, das Pfeifen des Windes und der Anblick des tief drunten brodelnden schwarzen Wassers erfüllten die beiden Diener mit einem solchen Grausen, dass sie zurückwichen.

»Los doch! Vorwärts!«, rief Porthos. »Ins Wasser!«

»Aber ich kann doch nicht schwimmen, Monsieur«, entgegnete Mousqueton. »Lassen Sie mich hier.«

»Und mich auch, Monsieur«, bat Blaisois.

»Ich werde Ihnen in dem kleinen Boot bestimmt hinderlich sein«, erklärte Mousqueton.

»Und ich werde bestimmt ertrinken, ehe ich es erreicht habe«, behauptete Blaisois.

»Hört zu! Ich erwürge euch alle beide, wenn ihr nicht macht, dass ihr rauskommt«, sagte Porthos und packte sie an der Kehle. »Vorwärts, Blaisois!«

Ein durch Porthos' eiserne Hand ersticktes Stöhnen war Blaisois' ganze Antwort, denn der Riese hatte ihn am Hals und an den Füßen gepackt und ließ ihn mit dem Kopf voraus wie ein Brett durch die Öffnung ins Wasser gleiten.

»Und jetzt du, Mouston. Ich hoffe doch, du wirst deinen Herrn nicht im Stich lassen.«

»Ach, Monsieur«, antwortete Mousqueton mit Tränen in den Augen, »warum sind Sie bloß wieder in den Dienst getreten, wir hatten es so schön im Schloss Pierrefonds!« Und ohne einen weiteren Einwand, in Gedanken versunken und gehorsam, sei es aus echter Ergebenheit oder durch das Beispiel, das ihm mit Blaisois vor Augen geführt worden war, stürzte sich Mousqueton mit gesenktem Kopf hinaus. Auf jeden Fall eine erhabene Tat, denn er glaubte sich des Todes.

Doch Porthos war nicht der Mann, seinen treuen Gefährten im Stich zu lassen. Er folgte dem Diener so rasch, dass der Fall beider Körper nur ein und dasselbe Geräusch verursachte. Und als Mousqueton völlig blind an der Oberfläche erschien, fühlte er sich von der mächtigen Hand Porthos' getragen und konnte mit der Majestät eines Meergottes dem Tau zustreben, ohne dass er einer einzigen Bewegung bedurfte.

Im selben Moment aber sah Porthos etwas in der Reichweite seines Arms herumwirbeln. Er packte es am Schopf. Es war Blaisois, dem Athos bereits entgegengeschwommen kam.

»Zurück, Graf, zurück«, rief Porthos, »ich brauche dich nicht.«

Und tatsächlich schwang sich Porthos mit einem kraftvollen Beinschlag über die anrollende Woge hinweg und war mit drei Stößen bei seinen Gefährten.

D'Artagnan, Aramis und Grimaud halfen Mousqueton und Blaisois in das Boot, das um ein Haar kenterte, als dann Porthos hineinstieg.

»Wo ist Athos?«, fragte d'Artagnan.

»Hier!«, rief Athos, der wie ein General, der den Rückzug deckt, erst als Letzter hatte einsteigen wollen und sich am Bootsrand festhielt. »Seid ihr alle beisammen?«

»Alle«, antwortete d'Artagnan. »Hast du deinen Dolch bei dir, Athos?«

»Ja.«

»Dann schneide das Tau durch und komm.«

Athos zog einen scharfen Dolch aus dem Gürtel und kappte das Tau. Die Feluke entfernte sich, das Boot blieb an seinem Platz, nur von den Wellen bewegt.

Verhängnis

Kaum hatte d'Artagnan zu Ende gesprochen, als ein Pfeifsignal auf der Feluke ertönte, die tiefer in den Nebel und die Finsternis eindrang. Gleichzeitig tauchte an Deck eine Stocklaterne auf, vor der sich Schatten bewegten.

Plötzlich durchschnitt ein fürchterlicher Schrei, ein Schrei der Verzweiflung, die Weite, und als hätte dieser Schrei die Wolken verjagt, zerriss der Schleier, der den Mond verbarg, und sie sahen, von seinem bleichen Licht versilbert, wie sich die grauen Segel und das schwarze Tauwerk der Feluke gegen den Himmel abzeichneten. Toll vor Angst liefen Schatten über das Deck, und jammervolles Geschrei begleitete dieses unsinnige Hin und Her.

Und dann erschien im Heck Mordaunt, eine Fackel in der Hand. Er war unten gewesen und zu der Lunte geeilt. Hitzig wie ein nach Rache dürstender Mensch und ihrer sicher wie alle, die Gott mit Blindheit schlägt, hatte er sie angezündet.

Unterdessen hatte Groslow seine Matrosen im Heck versammelt.

»Holt das Tau ein«, befahl Groslow, »und zieht die Schaluppe heran.«

Einer von den Matrosen stieg über die Bordwand, ergriff das Tau und zog, es kam leicht und ohne Widerstand. »Das Tau ist gekappt!«, schrie er. »Das Boot ist fort!«

»Wie? Das Boot fort?«, rief Groslow und stürzte zur Reling. »Unmöglich!«

»Doch«, erwiderte der Matrose. »Sehen Sie selbst, nichts im Kielwasser, und hier ist das Ende des Taus.«

»Was ist los?«, schrie Mordaunt, der durch die Luke nach oben gekommen war und nun ebenfalls, die Fackel in der Hand, zum Heck eilte.

»Unsere Feinde sind uns entwischt, sie haben das Tau durchgeschnitten und sich in dem Boot davongemacht.« Mordaunt war mit einem Satz an der Kabine und brach die Tür mit einem Fußtritt auf. »Leer!«, schrie er. »Oh, diese Teufel!«

»Wir werden sie verfolgen«, sagte Groslow, »sie können noch nicht weit sein, und wir werden sie überfahren und in den Grund bohren.«

»Ja, aber das Feuer!«, entgegnete Mordaunt. »Ich habe das Feuer gelegt!«

»Himmeldonnerwetter!«, brüllte Groslow und stürzte zu der Luke. »Vielleicht ist noch Zeit.«

Mordaunt antwortete nur mit einem grausigen Lachen, und mit einem Gesicht, das mehr durch den Hass als durch den Schrecken entstellt war, suchten seine wild verstörten Augen den Himmel, um ihm eine letzte Lästerung entgegenzuschleudern, dann warf er seine Fackel ins Meer und stürzte ihr nach.

Im selben Augenblick und als Groslow eben den Fuß auf die nach unten führende Treppe setzte, öffnete sich das Schiff wie der Krater eines Vulkans. Eine Feuergarbe sprang mit einer Detonation gen Himmel wie von hundert gleichzeitig abgeschossenen Kanonen. Die von brennenden Trümmern durchfurchte Luft entzündete sich, dann schwand die furchtbare blendende Helligkeit, die Trümmer regneten herab und erloschen in der Tiefe. Es blieb nur ein Zittern in der Luft, und man hätte meinen können, es sei nichts geschehen.

Nur war die Feluke von der Oberfläche des Meeres verschwunden und Groslow mit seiner Besatzung ins Nichts gesunken.

Die vier Freunde hatten alles mit angesehen, keine Einzelheit dieses furchtbaren Dramas war ihnen entgangen. Sekundenlang von diesem blendenden Licht überflutet, das die See mehr als eine Meile weit erhellte, hätte man sie in ihrer unterschiedlichen Haltungwahrnehmen können, die jedoch bei allen das Entsetzen ausdrückte, das sie empfanden, obwohl ihre Herzen von Stein waren. Bald fiel rings um sie der Flammenregen, dann erlosch der Vulkan, und alles kehrte in die Dunkelheit zurück, das treibende Boot und die stürmische See.

Eine Weile verharrten sie in bedrücktem Schweigen. Porthos und d'Artagnan, die jeder ein Ruder ergriffen hatten, hielten sie mit verkrampften Händen in der Schwebe, den Körper weit darübergebeugt.

»Meiner Treu«, brach Aramis als Erster diese Totenstille, »ich glaube, diesmal ist alles aus.«

»Zu Hilfe, Messieurs! Zu Hilfe! Zu Hilfe!«, rief eine klägliche Stimme, deren Töne wie die eines Meergeistes ans Ohr der vier Freunde schlugen.

Alle sahen sich an. Athos erbebte. »Das ist er, es ist seine Stimme!«, sagteer.

Die andern schwiegen, denn sie hatten wie Athos die Stimme erkannt. Nur ihre geweiteten Augen wandten sich der Richtung zu, wo das Schiff verschwunden war, und strengten sich vergeblich an, das Dunkel zu durchdringen. Doch bald gewahrten sie einen Mann, der sich kraftvoll schwimmend näherte.

Athos streckte langsam den Arm nach ihm aus und zeigte ihn seinen Gefährten.

»Ja, ja«, sagte d'Artagnan, »ich sehe ihn.«

Mordaunt machte noch ein paar Stöße, dann hob er, gleichsam als Notsignal, eine Hand aus dem Wasser und rief: »Erbarmen, Messieurs! Haben Sie um Himmels willen Erbarmen! Ich fühle, dass mich meine Kräfte verlassen, ich werde ertrinken.«

Die um Hilfe flehende Stimme zitterte so sehr, dass sie im Herzen Athos' Mitleid erweckte. »Der Unglückliche!«, murmelte er.

»Großartig!«, sagte d'Artagnan. »Das fehlt gerade noch, dass du ihn bedauerst! Ich glaube wahrhaftig, er schwimmt auf uns zu. Denkt er, wir werden ihn aufnehmen? Rudern, Porthos, leg dich in die Riemen!« Und da er mit gutem Beispiel voranging, entfernten zwei Schläge das Boot um zwanzig Faden.

»Oh, Sie werden mich doch nicht im Stich lassen! Sie werden mich doch nicht umkommen lassen! So unbarmherzig können Sie nicht sein!«, schrie Mordaunt.

»Ah!«, rief Porthos Mordaunt zu. »Ich glaube, endlich haben wir dich, mein Bester, und entwischen kannst du uns nur noch durch die Pforten zur Hölle!«

»Nicht doch, Porthos!«, flüsterte der Graf von La Fère.

»Lass mich in Ruhe, Athos, mit deiner ewigen Großmut machst du dich wirklich schon lächerlich. Ich sage dir, wenn er auf zehn Fuß an das Boot herankommt, spalte ich ihm mit dem Ruder den Schädel.«

»Gnade … fliehen Sie mich nicht, Messieurs … Gnade … haben Sie Mitleid mit mir!«, rief der junge Mann, dessen keuchender Atem mitunter, wenn sein Kopf unter einer Woge verschwand, das eisige Wasser brodeln ließ.

D'Artagnan, der jede Bewegung Mordaunts mit den Augen verfolgte, hatte sein Zwiegespräch mit Aramis beendet und stand auf. »Monsieur«, sagte er zu dem Schwimmer, »entfernen Sie sich gefälligst. Ihre Reue ist zu frischen Datums, als dass wir viel Vertrauen dareinsetzen könnten. Beachten Sie, dass das Schiff, in dem Sie uns rösten wollten, ein paar Fuß unter Wasser noch schwelt und dass die Situation, in der Sie sich befinden, ein Rosenbett ist im Vergleich zu der, in die Sie uns bringen wollten und Monsieur Groslowmit seinen Leuten gebracht haben.«

»Messieurs«, erwiderte Mordaunt in einem Ton völliger Verzweiflung, »ich schwöre Ihnen, dass meine Reue aufrichtig ist. Ich bin noch so jung, Messieurs, kaum dreiundzwanzig Jahre alt! Ich ließ mich von einem ganz natürlichen Ressentiment hinreißen, Messieurs, ich wollte meine Mutter rächen, und Sie alle hätten getan, was ich getan habe.«

»Pah!«, sagte d'Artagnan, der Athos immer weicher werden sah. »Das kommt darauf an.«

Mordaunt hatte nur noch drei oder vier Stöße zu schwimmen, um das Boot zu erreichen, denn die Nähe des Todes schien ihm eine übernatürliche Kraft zu geben. Doch plötzlich schien es, als verließen ihn die Kräfte, als könne er sich nicht mehr über Wasser halten, eine Welle ging über seinen Kopf hinweg und erstickte seine Stimme.

»Es zerreißt mir das Herz!«, sagte Athos.

Mordaunt tauchte wieder auf.

»Und ich sage dir«, entgegnete d'Artagnan, »man muss ein Ende machen. Herr Mörder Ihres Onkels, Herr Henker König Karls, Herr Brandstifter, ich verlange von Ihnen, dass Sie sich auf den Grund sinken lassen. Sollten Sie dagegen auch nur um einen Faden dem Boot näher kommen, zerschmettre ich Ihnen den Schädel mit meinem Ruder.«

Wie in höchster Verzweiflung machte Mordaunt eine Armbewegung. D'Artagnan packte sein Ruder mit beiden Händen, Athos sprang auf. »D'Artagnan!«, rief er. »D'Artagnan, mein Sohn, ich bitte dich inständig! Der Unglückliche wird sterben, und es ist entsetzlich, einen Menschen sterben zu lassen und ihm nicht die Hand zu reichen, wenn weiter nichts nötig ist, um ihn zu retten. Oh, mein Herz verbietet mir, so zu handeln, ich kann ihm nicht wehren, er muss am Leben bleiben!«

»Zum Kuckuck!«, entgegnete d'Artagnan. »Warum gibst du dich nicht auf der Stelle widerstandslos diesem erbärmlichen Schurken preis! Das wäre bald getan. Ach, Graf von La Fère, du willst durch ihn sterben, na gut. Aber ich, dein Sohn, wie du mich nennst, will es nicht.«

Es war das erste Mal, dass sich d'Artagnan einer Bitte Athos' widersetzte, wenn dieser ihn mit »mein Sohn« anredete. Aramis zog kaltblütig seinen Degen, den er beim Schwimmen zwischen den Zähnen gehalten hatte. »Wenn er die Hand auf den Bordrand legt«, sagte er, »ersteche ich ihn wie einen Königsmörder, derer ja ist.«

»Wartet«, sagte Porthos, »ich …«

»Was willst du tun?«, fragte Aramis.

»Ins Wasser springen und ihn erdrosseln.«

»O Freunde!«, rief Athos mit unwiderstehlichem Gefühl aus. »Lasst uns menschlich, lasst uns christlich handeln!«

D'Artagnan stieß einen Seufzer aus, der einem Stöhnen glich, Aramis ließ seinen Degen sinken, Porthos setzte sich wieder.

»Seht«, fuhr Athos fort, »auf seinem Gesicht malt sich der Tod. Er ist mit seinen Kräften am Ende, noch eine Minute, und er sinkt in die Tiefe. Ach, gebt mir nicht Anlass zu so schrecklichen Gewissensbissen, zwingt mich nicht, selbst vor Scham zu sterben. Gewährt mir das Leben dieses Unglücklichen, meine Freunde, ich werde euch segnen, ich werde euch …«

»Ich sterbe!«, murmelte Mordaunt. »Zu Hilfe! … Zu Hilfe!«

»Nur eine Minute gewinnen«, sagte Aramis leise, nach links gebeugt, zu d'Artagnan. »Einen Ruderschlag«, flüsterte er, nach rechts gebeugt, Porthos zu.

D'Artagnan antwortete weder mit einer Gebärde noch mit einem Wort, die flehenden Bitten Athos' und das Schauspiel vor seinen Augen begannen ihm ans Herz zu greifen. Nur Porthos führte den Ruderschlag, und da ihm das Gegengewicht fehlte, drehte sich das Boot um sich selbst, und diese Bewegung brachte Athos dem Todgeweihten näher.

»Herr Graf von La Fère!«, rief Mordaunt. »An Sie wende ich mich, Sie flehe ich an, haben Sie Erbarmen mit mir! … Wo sind Sie, Herr Graf? Ich sehe nichts mehr … Ich sterbe! … Zu Hilfe! Zu Hilfe!«

»Hier bin ich, Monsieur«, erwiderte Athos, während er sich über den Bootsrand beugte und mit jenem Ausdruck von Adel und Würde, der ihm eigen war, den Arm nach Mordaunt ausstreckte. »Hier bin ich, fassen Sie meine Hand und kommen Sie in unser Boot.«

»Ich möchte lieber nicht zusehen«, bemerkte d'Artagnan, »diese Schwäche widert mich an.« Und er drehte sich zu den beiden Freunden um, die sich in das Heck der Schaluppe drängten, als fürchteten sie sich, mit dem in Berührung zu kommen, dem Athos ohne Scheu seine Hand reichte.

Mordaunt strengte seine ganze Kraft an, hob sich aus dem Wasser, ergriff Athos' Hand und umklammerte sie mit dem Ungestüm letzter Hoffnung.

»Gut!«, sagte Athos. »Legen Sie Ihre andere Hand hierher.« Und er bot ihm seine Schulter als zweiten Halt, so dass sein Kopf fast den Kopf Mordaunts berührte und die beiden Todfeinde einander umarmt hielten wie zwei Brüder.

Da krallte Mordaunt seine Finger in den Kragen Athos'. »Ah, meine Mutter!«, schrie er mit flammendem Blick und einem unbeschreiblichen Ton von Hass in der Stimme. »Ich kann dir nur ein Opfer darbringen, aber zumindest wird es das sein, das du gewählt hättest!«

Und während d'Artagnan einen Schrei ausstieß, Porthos das Ruder hob, Aramis eine Stelle für seinen Degen suchte, zog ein fürchterlicher Stoß gegen das Boot Athos ins Wasser, wo Mordaunt mit einem Triumphgebrüll den Hals seines Opfers zupresste und wie eine Schlange die Beine um die seinen wand, um seine Bewegungen zu lähmen.

Ohne zu schreien, ohne um Hilfe zu rufen, versuchte Athos, sich an der Oberfläche zu halten, aber das Gewicht Mordaunts zog ihn hinab, bald sah man nur noch sein langes Haar oben schwimmen, dann war alles verschwunden, und nur ein Brodeln aufsteigender Blasen, das dann auch schwand, bezeichnete die Stelle, wo das Meer die beiden verschlungen hatte.

Stumm vor Entsetzen, reglos, erstickt von Empörung und Grausen, verharrten die drei Freunde offnen Mundes, mit weit aufgerissenen Augen und ausgestreckten Armen, Statuen gleich, deren Herz man dennoch schlagen hörte. Porthos kam als Erster zu sich. Er raufte sich mit beiden Händen die Haare und rief mit einem Schluchzen, das bei einem solchen Mann tief erschütternd wirkte: »Athos! Athos! Edles Herz! Wehe, wehe uns, die wir dich sterben ließen!«

Im selben Augenblick begann es in dem weiten, vom Mond erhellten Kreis, kaum fünf Faden von dem Boot entfernt, abermals zu brodeln, und sie sahen etwas auftauchen, zuerst Haare, dann ein bleiches Gesicht mit offenen, aber gleichwohl toten Augen, dann einen Körper, der bis über die Brust aus dem Wasser gehoben wurde und dann, im Wellenspiel, weich zurücksank.

In der Brust des Leichnams stak ein Dolch, dessen goldener Griff funkelte.

»Mordaunt! Mordaunt! Mordaunt!«, riefen die drei Freunde. »Es ist Mordaunt!«

»Und Athos?«, fragte d'Artagnan.

Plötzlich neigte sich das Boot unter einem unvermuteten Gewicht nach links, und Grimaud brach in ein Freudengebrüll aus. Alle drehten sich um und erblickten Athos, leichenblass, mit glanzlosen Augen, der sich mit zitternder Hand am Bootsrand festhielt. Im Nu hoben ihn acht kräftige Arme empor und legten ihn in das Boot, wo sie ihn warm rieben und wieder zum Leben erweckten, so dass sich Athos unter der liebevollen Fürsorge und den Umarmungen seiner freudetrunkenen Freunde bald erholte.

»Du bist nicht verletzt?«, fragte d'Artagnan.

»Nein«, antwortete Athos. »... Und er?«

»Oh, diesmal ist er, Gott sei Dank, tot. Sieh da!« Und d'Artagnan zwang Athos, in die von ihm gewiesene Richtung zu blicken, und zeigte ihm Mordaunts auf den Wellen tanzenden Leichnam, der die vier Freunde immer noch mit einem Blick tödlichen Hasses zu verfolgen schien.

Endlich sank er in die Tiefe. Athos schaute ihm mit Augen voller Schwermut und Mitleid nach. »Ich habe einen Sohn«, sagte er, »ich wollte leben.«

Die Heimkehr

Der erste Tagesschimmer hatte das Meer aufgehellt, da bemerkten sie auf zehn Musketen-Schussweiten vor sich eine dunkle Masse, über der sich wie ein Schwalbenflügel ein langgezogenes dreieckiges Segel blähte.

»Eine Barke!«, riefen die vier Freunde wie aus einem Munde, und auch die Diener gaben auf unterschiedliche Weise ihre Freude kund.

Eine Viertelstunde später hatte sie das Beiboot des Dünkirchener Frachtenseglers, dessen Ziel Boulogne war, ins Schlepptau genommen, und bald daraufgingen sie an Bord des Segelschiffes. Grimaud bot dem Patron im Auftrag seines Herrn zwanzig Guineen für die Fahrt, und dank einem guten Wind betraten unsere Franzosen um neun Uhr morgens den Boden ihrer Heimat.

»Teufel noch mal, wie man sich auf dem stark fühlt!«, sagte Porthos, wobei er seine großen Füße in den Sand bohrte. »Soll nur einer mit mir Streit suchen oder mich schief ansehen, dann wird er schon merken, mit wem er's zu tun hat. Donner und Doria! Ich könnte einem ganzen Königreich Trotz bieten!«

»Sag das ja nicht zu laut, Porthos«, verwies ihn d'Artagnan, »denn ich habe den Eindruck, dass man uns hier scharf beobachtet.«

»Bei Gott!«, erwiderte Porthos. »Man bewundert uns.«

»Also darein setze ich meinen Ehrgeiz nicht, ich schwör's dir, Porthos«, gab d'Artagnan zurück. »Ich sehe Männer in schwarzer Amtstracht, und ich muss gestehen, dass mir in unserer Situation Männer in schwarzer Amtstracht einen Schreck einjagen.«

»Das sind die Zollbeamten, die den Warenumschlag im Hafen überwachen«, erklärte Aramis.

»Unter dem andern Kardinal, dem großen«, bemerkte Athos, »hätte man uns mehr Aufmerksamkeit geschenkt als den Waren. Aber unter diesem, Freunde, da könnt ihr unbesorgt sein, wird man den Waren mehr Aufmerksamkeit schenken als uns.«

»Darauf verlass ich mich nicht«, entgegnete d'Artagnan, »ich verdrücke mich in die Dünen.«

»Warum gehen wir nicht in die Stadt?«, fragte Porthos. »Eine gute Herberge wäre mir viel lieber als diese grässlichen Sandwüsten, die Gott nur für die Kaninchen erschaffen hat. Außerdem habe ich Hunger.«

»Mach, was du willst, Porthos«, erwiderte d'Artagnan. »Ich jedenfalls bin überzeugt, dass für Leute in unserer Lage das freie Feld sicherer ist.« Und da er nicht daran zweifelte, dass die Mehrheit sich ihm anschließen würde, lenkte er seine Schritte zu den Dünen, ohne Porthos' Antwort abzuwarten.

Alle folgten ihm und verschwanden bald hinter den Sandhügeln, ohne die öffentliche Aufmerksamkeit erregt zu haben. Als sie fast eine Viertelmeile gegangen waren, sagte Aramis: »Jetzt wollen wir miteinander reden.«

»Nein«, widersprach d'Artagnan, »weiter, weiter! Wir sind Cromwell, Mordaunt und dem Meer entkommen, drei Abgründen, die uns verschlingen wollten, dem Herrn Mazarin werden wir nicht entgehen.«

»Du hast recht, d'Artagnan«, sagte Aramis, »und mein Rat ist, dass wir uns um der größeren Sicherheit willen trennen.«

»Ja, Aramis, ja, das ist es, trennen wir uns«, entgegnete d'Artagnan.

Porthos hatte schon den Mund aufgemacht, um sich diesem Beschluss zu widersetzen, aber d'Artagnan gab ihm mit einem Händedruck zu verstehen, dass er schweigen möge.

»Warum sollen wir uns trennen?«, fragte Athos.

»Weil Porthos und ich von Herrn Mazarin zu Cromwell abgesandt wurden und weil wir, statt Cromwell zu dienen, König Karl gedient haben, was ja nicht ganz dasselbe ist. Wenn wir mit den Herren de La Fère und d'Herblay zurückkehren, ist unser Verbrechen damit erwiesen. Kehren wir allein zurück, bleibt es zweifelhaft, und mit Zweifeln kann man die Leute weit führen. Ich möchte Herrn Mazarin viel zu schaffen machen.«

»Du vergisst«, wandte Athos ein, »dass wir eure Gefangenen sind und dass wir uns keineswegs unseres gegebenen Wortes entbunden fühlen, und wenn ihr uns als Gefangene nach Paris zurückbringt ...«

»Athos«, unterbrach d'Artagnan, »es macht mich wirklich böse, wenn ein Mann von Geist wie du ständig solche Erbärmlichkeiten von sich gibt, über die Schüler der dritten Klasse erröten würden. Chevalier«, fuhr er, zu Aramis gewandt, fort, der zwar anfangs eine entgegengesetzte Ansicht geäußert hatte, sich aber beim ersten Wort seines Gefährten dessen Meinung angeschlossen zu haben schien und sich nun hochmütig auf seinen Degen stützte, »Chevalier, begreif doch, dass ich wie immer in meinem Argwohn übertreibe. Für Porthos und mich besteht im Grunde genommen keine Gefahr. Aber wenn man uns zufällig in eurem Beisein festzunehmen versuchte – also, sieben Mann nimmt man nicht so leicht gefangen wie drei. Die Degen werden aufblitzen, und die für alle üble Angelegenheit wächst dann zu einer Ungeheuerlichkeit, die uns alle vier ins Verderben stürzen wird. Außerdem, wenn zweien von uns ein Unglück widerfährt, ist es dann nicht besser, wenn die beiden andern sich in Freiheit befinden, um sie aus der Affäre zu ziehen? Und wer weiß, ob wir nicht getrennt Vergebung erlangen, ihr von der Königin, wir von Mazarin, die uns verweigert würde, träten wir zusammen auf? Also los, Athos und Aramis, geht ihr nach rechts. Du, Porthos, kommst mit mir nach links. Lass die beiden Herren nach der Normandie ziehen, wir nehmen den kürzesten Weg nach Paris.«

»Aber wenn man uns unterwegs überrumpelt, wie sollen wir einander von diesem Unglück Kenntnis geben?«, fragte Aramis.

»Nichts leichter als das«, antwortete d'Artagnan, »wir vereinbaren einen Reiseweg, von dem wir nicht abweichen. Ihr nehmt die Straße nach Saint-Valery, von dort nach Dieppe und von Dieppe schnurstracks nach Paris. Wir versuchen, über Abbeville, Amiens, Péronne, Compiègne und Selins nach Paris zu kommen, und in jedem Ausspann, in jedem Haus, wo wir haltmachen, hinterlassen wir ein Zeichen an Wänden, Mauern oder Fenstern, das die in Freiheit Befindlichen bei ihren Nachforschungen zu leiten vermag. – Und jetzt wollen wir das Geld teilen, es müssen noch ungefähr zweihundert Pistolen sein. Wie viel genau, Grimaud?«

»Genau einhundertachtzig, Monsieur.«

Das Geld wurde wie immer brüderlich geteilt, und nachdem sie einander die Hand gedrückt und sich gegenseitig ihrer ewigen Freundschaft versichert hatten, trennten sich die vier Edelleute. Mousqueton blieb bei Porthos und d'Artagnan. Grimaud und Blaisois folgten Athos und Aramis.

»Zum Teufel, d'Artagnan!«, platzte Porthos heraus, als die andern außer Sicht waren. »Das muss ich dir gleich sagen, denn etwas gegen dich könnte ich nie mit mir rumschleppen – also, in dieser Sache, da habe ich dich überhaupt nicht wiedererkannt.«

»Warum nicht?«, fragte d'Artagnan mit seinem hintergründigen Lächeln.

»Weil nämlich, wenn Athos und Aramis wirklich in Gefahr sind, wie du gesagt hast, dies wahrhaftig nicht der Augenblick ist, sie allein zu lassen. Ich muss dir gestehen, dass ich drauf und dran war, ihnen zu folgen, und trotz aller Mazarins auf Erden bin ich immer noch dafür, sie einzuholen und bei ihnen zu sein.«

»Du hättest recht, Porthos, wenn es so wäre; aber da muss ich dir eine Kleinigkeit sagen, eine ganze Kleinigkeit, die dich aber dazu bringen wird, anders darüber zu denken. Die größte Gefahr droht nicht Athos und Aramis, sondern uns; nicht um sie im Stich zu lassen, haben wir uns von ihnen getrennt, sondern um sie nicht zu gefährden.«

»Wirklich?«, fragte Porthos mit vor Staunen weit aufgerissenen Augen.

»Ja, ganz wirklich. Wenn sie gefasst werden, blüht ihnen schlicht und einfach die Bastille. Fasst man uns, dann geht's zur Place de Grève.«

»Ach«, seufzte Porthos, »von da ist es weit bis zu der Baronskrone, die du mir versprochen hast, d'Artagnan!«

»Pah! Vielleicht nicht so weit, wie du glaubst, Porthos. Du kennst doch das Sprichwort: Alle Wege führen nach Rom?«

»Aber warum befinden wir uns in größerer Gefahr als Athos und Aramis?«

»Weil sie nur nach dem von Königin Henriette erhaltenen Auftrag gehandelt haben und weil wir dem von Mazarin erhaltenen zuwidergehandelt haben; weil wir als Abgesandte zu Cromwell Anhänger König Karls geworden sind; weil wir nicht dazu beigetragen haben, dass nach dem Urteil dieser Pedanten, wie man die Herren Mazarin, Cromwell, Joyce, Pridge und so weiter nennt, sein königliches Haupt fällt, sondern es um ein Haar gerettet hätten.«

»Das ist freilich wahr«, erwiderte Porthos, »aber, lieber Freund, wie soll denn der General Cromwell bei all den wichtigen Angelegenheiten, mit denen er sich beschäftigt, die Zeit gehabt haben, daran zu denken …«

»Cromwell denkt an alles, Cromwell hat für alles Zeit, und glaub mir, lieber Freund, wir dürfen unsre nicht vertrödeln, sie ist kostbar. Wir werden erst in Sicherheit sein, wenn wir Mazarin gesprochen haben, und außerdem …«

»Teufel noch mal! Und was werden wir Mazarin sagen?«

»Das lass mich nur machen, ich habe einen Plan; wer zuletzt lacht, lacht am besten. Monsieur Cromwell ist sehr stark, Monsieur Mazarin ist sehr schlau, aber ich möchte lieber diplomatisch gegen sie vorgehen, wie gegen den verstorbenen Monsieur Mordaunt.«

»Ach ja! Wie erfreulich das ist, von dem *verstorbenen* Monsieur Mordaunt zu reden!«

»Da hast du wahrhaftig recht. Aber nun vorwärts!«

Und so machten sie sich, gefolgt von Mousqueton, der Nase nach auf den Weg zu der Straße nach Paris.

In den sechs Wochen ihrer Abwesenheit waren in Frankreich so viele kleine Dinge geschehen, dass sie zusammengenommen fast ein großes Ereignis ausmachten. Als die Pariser an jenem Morgen ohne Königin und ohne König erwachten, fühlten sie sich schmerzlich im Stich gelassen, und die so lebhaft gewünschte Abwesenheit Mazarins wog keineswegs die der erlauchten Flüchtlinge auf.

Das erste Gefühl, das Paris bewegte, als es von der Flucht nach Saint-Germain erfuhr, kam daher jenem Schrecken gleich, von dem Kinder gepackt werden, wenn sie des Nachts aufwachen und merken, dass sie allein sind. Das Parlament wurde unruhig, und man beschloss, eine Abordnung zu der Königin zu schicken und sie zu bitten, sie möge Paris nicht mehr lange ihrer königlichen Gegenwart berauben.

Doch die Königin stand noch unter dem zweifachen Eindruck des Sieges von Lens und des Stolzes auf ihre so glücklich vollbrachte Flucht. Den Abgesandten wurde nicht nur die Ehre versagt, von ihr empfangen zu werden, sondern man ließ sie überdies auf der Landstraße warten, wohin ihnen der Kanzler, Séguier, das Ultimatum des Hofes brachte, das besagte, wenn sich das Parlament nicht vor der königlichen Majestät demütige, indem es sich in allen Fragen, die zu dem entzweienden Streit geführt hätten, schuldig bekenne, dann werde Paris am folgenden Tag belagert. In Voraussicht dieser Belagerung habe der Herzog von Orléans bereits den Pont de Saint-Cloud besetzt, und der Prinz von Condé, noch im vollen Glanz seines Sieges bei Lens, halte Saint-Denis besetzt.

Zum Unglück für den Hof, dem eine gemäßigte Antwort vielleicht eine große Zahl Anhänger wiedergegeben hätte, erzielte diese eine Wirkung, die das Gegenteil der erwarteten war. Sie verletzte den Stolz des Parlaments, das sich durch die

Bürgerschaft – der die Begnadigung Broussels einen Begriff von ihrer Stärke gegeben hatte – kräftig unterstützt fühlte und das königliche Reskript mit der Deklaration beantwortete, da der Kardinal Mazarin der offenkundige Urheber all der Unruhen sei, erkläre es ihn zum Feind des Königs und des Staates und befehle ihm, sich noch am nämlichen Tag vom Hofe und binnen acht Tagen aus Frankreich zu entfernen; habe er nach Ablauf dieser Frist dem Befehl nicht Folge geleistet, so verpflichte es alle Untertanen des Königs ausdrücklich, über ihn herzufallen.

Diese entschiedene Antwort, die der Hof bei weitem nicht erwartet hatte, erklärte sowohl Paris wie Mazarin für vogelfrei. Es blieb nur noch, zu erfahren, wer siegen würde, das Parlament oder der Hof.

Der Hof traf also seine Vorbereitungen für den Angriff, Paris die seinen für die Verteidigung. Folglich waren die Bürger gerade mit der üblichen Arbeit der Bürger in Aufruhrzeiten beschäftigt, das heißt, sie spannten Ketten und rissen das Straßenpflaster auf, als sie, geführt von dem Weihbischof, den Prinzen von Conti – Bruder des Prinzen von Condé – und dessen Schwager, den Herzog von Longueville, ihnen zu Hilfe kommen sahen. Das beruhigte sie, denn nun hatten sie zwei Prinzen von Geblüt auf ihrer Seite und überdies den Vorteil, in größerer Zahl zu sein. Es war der 10. Januar, als den Parisern diese unverhoffte Unterstützung zuteil wurde.

Nach einer stürmischen Debatte wurde der Prinz von Conti zum Generalissimus der Armeen des Königs außerhalb von Paris ernannt und die Herzöge von Elbeuf und von Bouillon sowie der Marschall de la Mothe zu Generalleutnants. Der Herzog von Longueville, ohne Amt und Bestallung, begnügte sich mit der Aufgabe, seinem Schwager behilflich zu sein.

Was Monsieur de Beaufort betraf, so war er aus Vendôme eingetroffen und brachte, wie die Chronik behauptet, seine hochmütige Miene, sein schönes langes Haar und jene Beliebtheit mit, die ihm die Königswürde der Markthallen eintrug.

Die Pariser Armee war mit jener Geschwindigkeit aufgestellt worden, die von den Bürgern aufgeboten wird, wenn irgendeine Regung sie treibt, sich als Soldaten zu verkleiden. Am 19. hatte die improvisierte Armee einen Ausfall versucht, mehr um sich selbst und den anderen ihre Existenz zu beweisen als zu einem ernsthaften Unternehmen, wobei sie zu Häupten eine Fahne mit der eigentümlichen Devise »Wir suchen unsern König« wehen ließ.

Die folgenden Tage waren mit kleinen Teiloperationen ausgefüllt, bei denen nicht mehr heraussprang als die Entführung einiger Herden und der Brand einiger Häuser.

So kam der Februar heran, und am 1. dieses Monats waren unsere vier Musketiere in Boulogne gelandet und hatten ihre verschiedenen Wege nach Paris eingeschlagen.

Am Ende des vierten Reisetags gelangten Athos und Aramis in die Gegend von Nanterre, um das sie jedoch aus Vorsicht einen Umweg machten, um nicht einer Streife der Königin in die Hände zu fallen. Dergleichen Vorsichtsmaßnahmen widerstrebten Athos sehr, aber Aramis hatte ihn daraufhingewiesen, dass sie nicht das Recht hätten, unbedacht zu sein, da sie von König Karl mit einer letzten und heiligen Mission beauftragt seien, die, am Fuß des Schafotts empfangen, erst zu Füßen der Königin erfüllt sein werde. Daher fügte sich Athos.

Die Vororte fanden die beiden Reisenden scharf bewacht, Paris unter Waffen. Der Posten weigerte sich, die beiden Edelleute passieren zu lassen, und rief seinen Sergeanten, der sogleich erschien, von der ganzen Wichtigkeit erfüllt, die den Bürgern eigen ist, wenn ihnen das Glück zuteil wird, ein militärisches Amt zu bekleiden. »Woher kommen Sie?«, fragte er.

»Aus London.«

»Was wollen Sie in Paris?«

»Ihre Majestät die Königin von England aufsuchen, um eine Mission zu erfüllen.«

»Sieh einer an! Heute wollen wohl alle Leute zur Königin von England! Wir haben bereits drei Edelleute in der Wachstube, die zu Ihrer Majestät wollen und deren Pässe gerade geprüft werden. Wo sind Ihre?«

»Wir haben keine.«

»Wie? Sie haben keine?«

»Nein, wir kommen, wie wir Ihnen bereits gesagt haben, aus England und wissen überhaupt nichts vom Stand der politischen Angelegenheiten, da wir vor der Abreise des Königs Paris verlassen haben.«

»Aha!«, entgegnete der Sergeant mit schlauer Miene. »Sie sind Mazarinanhänger und wollen in die Stadt, um uns auszuspionieren!«

»Mein lieber Freund«, sagte Athos, der das Antworten bis jetzt Aramis überlassen hatte, »wenn wir Mazarinanhänger wären, dann hätten wir im Gegenteil alle nur erdenklichen Pässe. Glauben Sie mir, Sie in Ihrer Situation müssen vor allem denen misstrauen, bei denen alles völlig in Ordnung ist.«

»Kommen Sie mit ins Wachhaus und legen Sie dem Kommandeur Ihre Gründe dar.« Damit ging er ihnen voraus, und die beiden Edelleute folgten ihm.

Die Wachstube war überfüllt von Bürgern und Leuten aus dem Volk. Die einen spielten, die andern tranken, und wieder andere führten hochtrabende Reden. In einem dem Blick fast verborgenen Winkel standen die drei vorher angelangten Edelleute, deren Pässe visitiert wurden. Der Offizier, der es tat, befand sich im Nebenzimmer, da er dank der Wichtigkeit seines Ranges die Ehre eines Extraraumes genoss.

Die erste Bewegung der Neuankömmlinge und der zuvor Eingetroffenen war, einander durch die ganze Breite der Wachstube einen schnellen, forschenden Blick zuzuwerfen. Die drei in der dunklen Ecke waren sorgfältig in lange, weite Mäntel gehüllt. Als der Sergeant beim Eintreten verkündete, er bringe hier aller Wahrscheinlichkeit nach zwei Mazarinanhänger, spitzten sie die Ohren und merkten auf, und der Kleinste zog sich noch tiefer in den Schatten zurück. Und als der Sergeant hinzufügte, dass sie keine Pässe hätten, war die ganze Wachstube einhellig der Meinung, sie würden die Stadt nicht betreten.

»Doch«, meinte Athos, »wahrscheinlich werden wir hineingelangen, denn anscheinend haben wir es mit vernünftigen Leuten zu tun. Man braucht ja nur Ihrer Majestät der Königin von England unsere Namen zu melden, und wenn sie für uns bürgt, werden Sie hoffentlich nichts dagegen einzuwenden haben, dass wir in die Stadt gehen.«

Bei diesen Worten merkte der im Schatten verborgene Edelmann noch schärfer auf und machte sogar eine überraschte Bewegung, so dass ihm der Hut vom Kopf fiel, als er sich noch fester in seinen Mantel hüllte. Er bückte sich rasch und hob ihn auf.

»O mein Gott!«, sagte Aramis und stieß Athos mit dem Ellbogen an. »Hast du gesehen?«

»Was?«

»Das Gesicht des Kleinsten von den drei Edelleuten.«

»Nein.«

»Es kam mir so vor … aber das ist doch unmöglich …«

In diesem Augenblick kam der Sergeant zurück, der ins Nebenzimmer gegangen war, um die Befehle des Wachoffiziers entgegenzunehmen, gingzu den drei Edelleuten, gab ihnen ein Schriftstück und sagte: »Die Pässe sind in Ordnung, lasst diese drei Herren passieren.«

Die drei Edelleute nickten und beeilten sich, die Erlaubnis und den Wegzu benutzen, der sich auf Befehl des Sergeanten vor ihnen öffnete. Aramis folgte ihnen mit den Augen, und als der Kleinste an ihm vorbeikam, drückte er heftig Athos' Hand.

»Was hast du, mein Lieber?«, fragte Athos.

»Ich … Gewiss war es eine Vision.« Dann wandte er sich an den Sergeanten: »Sagen Sie, Monsieur, kennen Sie die drei Edelleute, die eben hinausgegangen sind?«

»Nur nach ihren Pässen. Es sind die Herren de Flamarens, de Châtillon und de Bruy, drei Edelleute der Fronde, die zum Herzog von Longueville wollen.«

»Merkwürdig«, sagte Aramis, mehr als Antwort auf seine eigenen Gedanken als auf die Rede des Sergeanten, »ich habe geglaubt, den Mazarin zu erkennen.«

Der Sergeant brach in Gelächter aus. »Der und sich zu uns wagen, um gehängt zu werden«, erwiderte er, »so dumm ist der nicht!«

»Ich kann mich getäuscht haben«, sagte Aramis, »meine Augen sind nicht so untrüglich wie die von d'Artagnan.«

»Wer spricht hier von d'Artagnan?«, fragte der Offizier, der gerade aus seinem Zimmer trat.

»Oh!«, sagte Grimaud und riss die Augen auf.

»Was ist?«, fragten Aramis und Athos gleichzeitig.

»Planchet!«, antwortete Grimaud. »Planchet mit dem Offizierskragen!«

»Die Herren de La Fère und d'Herblay zurück in Paris!«, rief der Offizier. »Oh, welche Freude für mich, Messieurs! Denn zweifellos werden Sie sich den Herren Prinzen anschließen.«

»Wie du siehst, mein lieber Planchet«, antwortete Aramis, während Athos angesichts des wichtigen Ranges, den der alte Kamerad von Mousqueton, Bazin und Grimaud in der Bürgermiliz einnahm, lächeln musste.

»Und Monsieur d'Artagnan, von dem Sie eben sprachen, Monsieur d'Herblay, darf ich fragen, ob Sie Nachricht von ihm haben?«

»Wir haben uns vor vier Tagen von ihm getrennt, mein lieber Freund, und alles ließ uns vermuten, dass er schon vor uns in Paris angekommen wäre.«

»Nein, Monsieur, ich weiß genau, dass er noch nicht zurückgekehrt ist. Vielleicht ist er in Saint-Germain geblieben.«

»Ich glaube nicht, wir haben uns bei der Chevrette verabredet.«

»Da bin ich heute selbst vorbeigegangen.«

»Und die schöne Madeleine hat keine Nachricht erhalten?«, fragte Aramis lächelnd.

»Nein, Monsieur, ich kann Ihnen nicht einmal verhehlen, dass sie sehr in Sorge zu sein schien.«

»Eigentlich ist noch keine Zeit verloren«, meinte Aramis, »und wir haben uns sehr beeilt. Erlaube daher, mein lieber Athos, dass ich Monsieur Planchet beglückwünsche, ohne mich weiter nach unserm Freund zu erkundigen.«

»Ach, Herr Chevalier!«, sagte Planchet und verbeugte sich.

»Leutnant!«, sagte Aramis.

»Ja, Leutnant mit der Zusage, Hauptmann zu werden.«

»Das ist sehr schön«, bemerkte Aramis, »und wie sind Sie zu diesen Ehren gekommen?«

»Zunächst eine Frage, wissen Sie, Messieurs, dass ich es war, der Monsieur de Rochefort gerettet hat?«

»Wahrhaftig, ja! Das hat er uns erzählt.«

»Um ein Haar wäre ich aus diesem Anlass von dem Mazarin gehängt worden, was mich natürlich noch beliebter gemacht hat.«

»Und dank dieser Beliebtheit …«

»Nein, ich verdanke meine Ehren etwas Besserem. Sie wissen wohl, Messieurs, dass ich im piemontesischen Regiment gedient habe, wo ich die Ehre hatte, Sergeant zu sein.«

»Ja.«

»Nun, eines Tages, als niemand eine Menge bewaffneter Bürger in Reih und Glied zu bringen vermochte – die einen setzten den linken, die andern den rechten Fuß vor –, da gelang es mir, sie alle mit dem gleichen Fuß losmarschieren zu lassen, und ich wurde auf der Stelle zum Leutnant gemacht … des Exerzierplatzes.«

»Das ist die Erklärung«, versetzte Aramis.

»So dass Sie eine Menge Adlige bei sich haben?«, fragte Athos.

»Gewiss. Da haben wir zuerst, wie Sie zweifellos wissen, den Prinzen von Conti, den Herzog von Longueville, den Herzog von Beaufort, dann die Herzöge von Elbeuf, von Bouillon, von Chevreuse, dann Monsieur de Brissac, den Marschall de la Mothe, Monsieur de Luynes, den Marquis von Vitry, den Prinzen von Marcillac, den Marquis von Noirmoutiers, den Grafen von Fiesque, den Marquis von Laigues, den Grafen von Montrésor, den Marquis von Sévigné und ich weiß nicht wen noch.«

»Und Monsieur Raoul de Bragelonne?«, fragte Athos bewegt. »D'Artagnan hat mir gesagt, dass er ihn vor der Abreise Ihnen, mein guter Planchet, empfohlen habe.«

»Ja, Herr Graf, als wäre er sein eigener Sohn, und ich kann sagen, dass ich ihn nicht eine einzige Sekunde aus den Augen verloren habe.«

»Dann geht es ihm gut?«, fragte Athos mit einer durch die Freude veränderten Stimme. »Es ist ihm nichts zugestoßen?«

»Nichts, Monsieur.«

»Wo wohnt er?«

»Immer noch im ›Karl dem Großen‹.«

»Und wie verbringt er seine Tage?«

»Bald bei der Königin von England, bald bei Madame de Chevreuse. Er und der Graf von Guiche sind unzertrennlich.«

»Danke, Planchet, vielen Dank!«, sagte Athos und reichte ihm die Hand.

»Oh, Herr Graf!«, rief Planchet, während er dessen Hand mit den Fingerspitzen berührte. »Und was gedenken Sie jetzt zu tun, Messieurs?«, fragte er dann.

»In die Stadt zu gehen, wenn Sie uns die Erlaubnis erteilen, mein lieber Monsieur Planchet.«

»Wie? Wenn ich Ihnen die Erlaubnis erteile? Sie machen sich über mich lustig, Herr Graf. Ich bin nichts anderes als Ihr ergebener Diener«, schloss er mit einer tiefen Verbeugung. Dann drehte er sich zu seinen Leuten um: »Lasst diese Herren passieren, sie sind Freunde von Monsieur de Beaufort.«

»Es lebe Monsieur de Beaufort!«, rief die gesamte Wache wie aus einem Munde, während Athos und Aramis der Weg freigegeben wurde. Nur der Sergeant trat zu Planchet. »Was? Ohne Pässe?«, fragte er leise.

»Ohne Pässe«, antwortete Planchet.

»Geben Sie acht, Hauptmann!«, fuhr der Sergeant fort, indem er Planchet schon vorher mit dem verheißenen Rang beehrte, »Einer von den drei Männern, die eben hinausgegangen sind, hat mir zugeflüstert, wir sollten diesen Herren misstrauen.«

»Ich kenne sie«, entgegnete Planchet majestätisch, »und ich verbürge mich für sie.« Daraufdrückte er Grimaud die Hand, der sich durch diese Auszeichnung sehr geehrt fühlte.

»Auf Wiedersehen, Hauptmann«, rief Aramis in seinem spöttischen Ton, »wenn uns etwas zustoßen sollte, werden wir Ihre Hilfe in Anspruch nehmen.«

»Monsieur, hier wie in allen Dingen bin ich Ihr Diener.«

»Der Schlingel hat Verstand, und eine Menge«, bemerkte Aramis, als er sich aufsein Pferd schwang.

»Und wie sollte er auch nicht«, erwiderte Athos, der sich ebenfalls in den Sattel setzte, »nachdem er so lange die Hüte seines Herrn gebürstet hat?«

Die Gesandten

Ohne Säumen ritten die beiden Freunde den steilen Abhang von der Vorstadt hinab, doch als sie an dessen Fuß gelangt waren, entdeckten sie mit großer Verwunderung, dass sich die Straßen von Paris in Flüsse und die Plätze in Seen verwandelt hatten. Die ungeheuren Regenmengen im Januar hatten die Seine über ihre Ufer treten lassen, und das Wasser hatte die halbe Stadt überschwemmt. Sie mussten also in einem Kahn zum Louvre fahren.

Das Vorzimmer der Königin war überfüllt, da Ihre Majestät gerade einigen Edelleuten, die ihr Nachrichten aus England brachten, Audienz gewährte.

»Wir bringen ebenfalls Nachrichten aus England«, sagte Athos zu dem Diener, der ihm diese Antwort erteilte, »und außerdem kommen wir eben von dort.«

»Wie lauten Ihre Namen, Messieurs?«, fragte der Diener.

»Graf von La Fère und Chevalier d'Herblay.«

»Ah! Das ist etwas anderes, Messieurs«, erwiderte der Diener, »Ihre Majestät würde mir wohl nicht verzeihen, wenn ich Sie auch nur einen Augenblick warten ließe. Folgen Sie mir bitte.«

Vor dem Zimmer der Königin bat er sie mit einer Handbewegung, sich noch eine Sekunde zu gedulden, dann öffnete er die Tür mit den Worten: »Eure Majestät werden mir hoffentlich vergeben, dass ich Ihren Befehlen zuwiderhandle, wenn Sie erfahren, dass ich Ihnen die Herren Graf von La Fère und Chevalier d'Herblay melde.«

Als die Königin diese beiden Namen nennen hörte, stieß sie einen Freudenschrei aus.

»Oh! Sie mögen eintreten!«, rief die junge Prinzessin und eilte auf die Tür zu. »Treten Sie ein, Messieurs, treten Sie ein«, fügte sie hinzu, nachdem sie selbst die Tür geöffnet hatte.

Athos und Aramis taten wie geheißen. Die Königin saß in einem Sessel, und vor ihr standen zwei von den drei Edelleuten, denen sie in der Wachstube begegnet waren. Es waren die Herren de Flamarens und Gaspard de Coligny, Herzog von Châtillon.

Als die beiden Freunde gemeldet wurden, traten sie einen Schritt zurück und wechselten beunruhigt ein paar leise Worte.

»Nun, Messieurs?«, rief die Königin von England Athos und Aramis zu. »Da sind Sie endlich, meine treuen Freunde, aber die Kuriere des Staates sind noch schneller gewesen als Sie. Der Hof wurde vom Stand der Dinge in London unterrichtet, als Sie zu den Toren von Paris kamen, und die Herren de Flamarens und de Châtillon bringen mir soeben im Auftrage Ihrer Majestät der Königin Anna von Österreich die jüngsten Nachrichten.«

Aramis und Athos sahen sich an; diese Ruhe, ja sogar Freude in den Augen der Königin befremdete sie aufs höchste.

»Bitte fahren Sie fort«, sagte sie zu den Herren de Flamarens und de Châtillon, »Sie sagten, Seine Majestät Karl I., mein erlauchter Gemahl, sei gegen die Stimmen der Mehrheit seiner englischen Untertanen zum Tode verurteilt worden?«

»Ja, Madame«, stammelte Châtillon.

»Und als er zum Schafott geführt wurde«, fuhr die Königin fort, »zum Schafott! O mein Gemahl! O mein König! … als er zum Schafott geführt wurde, hat ihn das empörte Volk gerettet?«

»Ja, Madame«, erwiderte Châtillon mit so leiser Stimme, dass Athos und Aramis diese Bestätigung bei aller Aufmerksamkeit kaum vernehmen konnten.

»Jetzt bleibt uns nur noch, uns Eurer Majestät ehrerbietigst zu empfehlen«, sagte Châtillon, den seine Rolle zu bedrücken schien und der unter Athos' festem, durchdringendem Blick errötete.

»Einen Augenblick noch, Messieurs.« Mit einer Handbewegung hielt die Königin sie zurück. »Hier sind die Herren de La Fère und d'Herblay, die, wie Sie vielleicht schon gehört haben, aus London kommen und Ihnen vermutlich als Augenzeugen Einzelheiten geben können, die Sie nicht wissen. Sie werden sie der Königin, meiner lieben Schwägerin, überbringen. Sprechen Sie, Messieurs, sprechen Sie, ich höre. Verbergen Sie mir nichts, beschönigen Sie nichts. Da Seine Majestät noch lebt und die königliche Ehre nicht angetastet wurde, ist mir alles andere gleichgültig.«

»Verzeihung, Madame«, erwiderte Athos, »aber ich möchte dem Bericht dieser Herren nichts hinzufügen, ehe sie nicht eingestehen, dass sie sich möglicherweise getäuscht haben.«

»Getäuscht?«, rief die Königin mit erstickter Stimme. »Getäuscht? … Was ist denn? O mein Gott!«

»Monsieur«, sagte de Flamarens zu Athos, »wenn wir uns getäuscht haben, dann ist dieser Irrtum auf die Königin zurückzuführen, und Sie werden sich wohl nicht anmaßen wollen, ihn richtigzustellen, denn das hieße, Ihre Majestät Lügen zu strafen.«

»Auf die Königin, Monsieur?«, entgegnete Athos ruhig.

»Sollte der Irrtum nicht vielmehr auf den zurückzuführen sein, der sich in Ihrer Begleitung befand und den wir in der Wachstube am Schlagbaum von Roule gesehen haben?«, fragte Aramis mit seiner beleidigenden Höflichkeit. »Denn wenn wir, der Graf von La Fère und ich, uns nicht täuschen, haben Sie Paris zu dritt betreten.«

»Aber so sprechen Sie doch, Graf!«, rief die Königin, deren Herzensangst von Sekunde zu Sekunde wuchs. »Auf Ihrer Stirn lese ich Verzweiflung, Ihr Mund zaudert, mir eine furchtbare Nachricht zu geben, Ihre Hände zittern … O mein Gott! Mein Gott! Was ist geschehen?«

»Seigneur!«, bat die junge Prinzessin, während sie neben ihrer Mutter auf die Knie sank. »Haben Sie Mitleid mit uns!«

»Monsieur«, sagte Châtillon, »wenn Sie eine Unglücksnachricht bringen, handeln Sie grausam, der Königin diese Nachricht bekannt zu geben.«

Aramis trat so dicht an Châtillon heran, dass er ihn fast berührte. »Monsieur«, sagte er zwischen den Zähnen und mit funkelnden Augen, »Sie erheben wohl keinen Anspruch darauf, zu hören, was der Graf von La Fère und ich hier zu sagen haben?«

Während dieses kurzen Wortwechsels hatte sich Athos der Königin genähert und begann mit bewegter Stimme: »Madame, die Fürsten, die ihrer Natur gemäß über anderen Menschen stehen, haben vom Himmel ein Herz empfangen, das geschaffen ist, größeres Unglück zu ertragen als gewöhnliche Herzen, denn ihr Herz hat teil an ihrer Überlegenheit.

Gegen eine große Königin wie Eure Majestät muss man daher, scheint mir, nicht so handeln wie gegen eine Frau unseres Standes. Königin, bestimmt, alle Qualen auf Erden zu erdulden, hier ist das Ergebnis der Mission, mit der Sie uns beehrten.«

Daraufkniete er vor der zu Eis erstarrten Königin nieder und zog aus der Brust die Dose mit dem diamantenen Orden, den die Königin Lord Winter vor seiner Abreise gegeben hatte, und dem diamantenbesetzten Kreuz, das Aramis dem König auf dessen Wunsch nach seiner Enthauptung aus der Hand genommen hatte. Er öffnete die Dose und reichte sie mit einem Ausdruck tiefen Schmerzes der Königin.

Die Königin streckte die Hand aus, ergriff das Kreuz und führte es an die Lippen. Dann breitete sie, ohne einen Seufzer, ohne ein Schluchzen, die Arme aus und fiel bewusstlos in die ihrer Kammerfrauen und ihrer Tochter.

Athos küsste den Rocksaum der unglücklichen Witwe und erhob sich mit einer Majestät, die auf die Anwesenden tiefen Eindruckmachte. »Ich, Graf von LaFère«, sagte er, »ein Edelmann, der niemals gelogen hat, ich schwöre vor Gott und vor dieser armen Königin, dass wir auf dem Boden Englands alles getan haben, was möglich war, um den König zu retten. Und jetzt, Chevalier«, fügte er, zu d'Herblay gewandt, hinzu, »wollen wir gehen, unsere Pflicht ist erfüllt.«

»Noch nicht«, widersprach Aramis, »wir haben diesen Herren noch ein Wort zu sagen.« Er drehte sich zu Châtillon um und fragte: »Monsieur, beliebt es Ihnen, einen Augenblick mit hinauszukommen, um dieses Wort zu hören, das ich vor der Königin nicht sagen kann?«

Châtillon verneigte sich nur zum Zeichen seines Einverständnisses, und schweigend durchquerten alle vier die Vorhalle, bis sie zu einer Terrasse gelangten. Dort blieb Aramis stehen und drehte sich zu dem Herzog von Châtillon um. »Monsieur«, begann er, »Sie haben sich soeben erlaubt, uns sehr von oben herab zu behandeln. Desgleichen schickt sich in keinem Fall, noch viel weniger für Leute, die der Königin die Botschaft eines Lügners überbringen.«

»Monsieur!«, rief Châtillon.

»Was haben Sie denn mit Monsieur de Bruy gemacht?«, fragte Aramis spöttisch. »Sollte er nicht vielleicht zufällig sein Äußeres verändern, das zu große Ähnlichkeit mit dem Monsieur Mazarins hat? Es ist bekannt, dass er im Palais-Royal eine große Anzahl Masken zum Wechseln hat, vom Harlekin bis zum Pantaleone.«

»Mir scheint, Sie wollen uns herausfordern«, bemerkte Flamarens.

»Sprechen Sie zu Ende, Monsieur«, sagte Châtillon mit einem Hochmut, der dem Aramis' in nichts nachstand.

Mit einer leichten Verneigung fuhr Aramis fort: »Messieurs, ein anderer als ich oder der Herr Graf von La Fère würde Sie festnehmen lassen, denn wir haben einige Freunde in Paris; aber wir bieten Ihnen eine Möglichkeit, unbesorgt abzureisen. Unterhalten wir uns fünf Minuten lang mit dem Degen in der Hand auf dieser einsamen Terrasse.«

»Gern«, erwiderte Châtillon.

»Einen Augenblick, Messieurs«, rief Flamarens. »Ich weiß sehr wohl, wie verführerisch der Vorschlag ist, aber zu dieser Stunde können wir ihn unmöglich annehmen.«

»Und warum nicht?«, fragte Aramis in seinem spöttischen Ton. »Ist es die Nähe Mazarins, die Sie so vorsichtig macht?«

»Sie hören, Flamarens!«, sagte Châtillon. »Die Herausforderung nicht anzunehmen wäre ein Fleck auf meinem Namen und auf meiner Ehre.«

»Ganz meine Meinung«, bemerkte Aramis.

»Trotzdem werden Sie sie nicht annehmen, und ich bin sicher, dass die Herren gleich meine Ansicht teilen werden.«

Aramis schüttelte mit kaum zu fassender Unverschämtheit den Kopf, so dass Châtillons Hand an den Degen fuhr.

»Herzog«, fuhr Flamarens fort, »Sie vergessen, dass Sie morgen ein Unternehmen von größter Wichtigkeit befehligen und dass Sie, von dem Prinzen ausersehen und von der Königin bestätigt, bis morgen Abend nicht sich selbst gehören.«

»Gut. Also dann übermorgen früh«, sagte Aramis.

»Bis übermorgen früh«, erwiderte Châtillon, »das ist eine lange Zeit, Messieurs.«

»Es liegt nicht an mir«, gab Aramis zurück, »ich verlange diese Frist nicht, abgesehen davon, dass man sich ja auch bei diesem Unternehmen treffen könnte.«

»Ja, Monsieur, Sie haben recht«, rief Châtillon, »und mit großem Vergnügen, wenn Sie sich die Mühe machen wollen, zu den Toren von Charenton zu kommen.«

»Aber, Monsieur! Um die Ehre einer Begegnung mit Ihnen zu genießen, würde ich bis ans Ende der Welt gehen. Was bedeuten mir da schon ein oder zwei Meilen!«

»Also gut. Bis morgen, Monsieur.«

»Ich verlasse mich darauf. Gehen Sie nun zu Ihrem Kardinal. Aber schwören Sie zuvor bei Ihrer Ehre, dass Sie ihm nichts von unserer Rückkehr sagen werden.«

»Bedingungen? An den Siegern ist es, welche zu stellen, und das sind Sie nicht, Messieurs.«

»Dann wollen wir auf der Stelle blankziehen. Uns ist es einerlei, wir haben ja das morgige Unternehmen nicht zu befehligen.«

Châtillon und Flamarens sahen einander an. In Aramis' Worten und Gesten lag so viel Spott, dass vor allem Châtillon nur mit großer Mühe seinen Zorn zu bezähmen vermochte. Aber ein Wort von Flamarens brachte ihn zur Besinnung. »Sei's drum«, sagte er. »Unser Gefährte, wer es auch immer ist, wird von dem Vorgefallenen nichts erfahren. Aber Sie, Monsieur, versprechen mir dafür, dass Sie sich morgen in Charenton einfinden werden?«

»Da können Sie unbesorgt sein, Messieurs«, antwortete Aramis.

Mit einem Gruß trennten sich die vier Edelleute. Châtillon und Flamarens verließen als Erste den Louvre.

»Auf wen hast du nur eine solche Wut, Aramis?«, fragte Athos.

»Ach, zum Kuckuck! Auf die, bei denen sie mich packt.«

»Was haben sie dir getan?«

»Sie haben höhnisch gegrinst, als du in unser beider Namen schworst, dass wir in England unsere Pflicht und Schuldigkeit getan haben. Entweder haben sie es geglaubt, oder sie haben es nicht geglaubt. Wenn sie es glaubten, wollten sie uns mit ihrem Hohnlächeln beleidigen; wenn sie uns nicht glaubten, ist das eine noch größere Beleidigung für uns, und wir müssen ihnen unbedingt beweisen, dass wir etwas taugen. Im Übrigen bin ich nicht ärgerlich darüber, dass sie die Sache auf morgen verschoben haben, denn ich glaube, wir haben heute Abend etwas Besseres zu tun, als den Degen zu ziehen.«

»Wieso? Was haben wir zu tun?«

»Du lieber Himmel! Natürlich den Mazarin zu ergreifen.«

Athos zog verächtlich die Mundwinkel herunter. »Solche Geschichten liegen mir nicht, das weißt du, Aramis.«

»Was hast du dagegen?«

»Sie gleichen Überfällen. Und außerdem, weißt du denn, wie wir dran sind? Ob nicht die Festnahme Mazarins eher ein Übel als etwas Gutes, eher ein Hemmnis als ein Triumph wäre?«

»Sag schon, Athos, dass du meinen Vorschlag missbilligst.«

»Durchaus nicht, ich halte ihn im Gegenteil für ehrlichen Kriegsbrauch, dennoch …«

»Dennoch, was?«

»Ich denke, du hättest diese Herren nicht schwören lassen sollen, dass sie Mazarin nichts sagen, denn dadurch hast du dich nahezu verpflichtet, nichts zu tun.«

»Ich schwöre dir, ich habe mich zu nichts verpflichtet, ich fühle mich völlig ungebunden. Komm, Athos, komm!«

»Wohin?«

»Zu Monsieur de Beaufort oder Monsieur de Bouillon, wir wollen ihnen sagen, wie's steht.«

»Ja, aber unter einer Bedingung, dass wir mit dem Weihbischof anfangen. Er ist ein Priester, er ist erfahren in Gewissensfragen, und wir werden ihm unsere vorlegen.«

»Ach, er wird alles verderben, alles an sich reißen. Statt mit ihm anzufangen, wollen wir mit ihm den Schluss machen.«

Athos lächelte. Es war zu merken, dass ihn ein Gedanke bewegte, den er nicht aussprach. »Na schön«, sagte er, »und mit wem fangen wir nun an?«

»Mit Monsieur de Bouillon, er ist der Nächste auf unserm Weg.«

Die drei Stellvertreter des Generalissimus

Wie ausgemacht, begaben sich Athos und Aramis zum Hause des Herzogs von Bouillon. Die Nacht war finster, und obgleich es auf die stillen, einsamen Stunden zuging, ertönten fortgesetzt jene tausendfachen Geräusche, die den Schlaf einer belagerten Stadt stören. Auf Schritt und Tritt stießen sie auf Barrikaden, an jeder Straßenbiegung auf gespannte Ketten, an jeder Kreuzung auf Biwaks. Patrouillen begegneten sich und tauschten die Parolen, kreuz und quer über die Plätze liefen von den Kommandierenden abgesandte Boten. Athos und Aramis waren noch keine hundert Schritt gegangen, als sie an den Barrikaden von Posten angehalten wurden, die sie nach dem Losungswort fragten, doch als sie antworteten, sie gingen zu Monsieur de Bouillon, um ihm eine wichtige Nachricht zu überbringen, begnügte man sich damit, ihnen einen Führer mitzugeben, der unter dem Vorwand, sie zu begleiten und ihnen den Weg zu erleichtern, den Auftrag hatte, sie zu überwachen. Er ging ihnen voraus und sang dabei:

> Den braven Monsieur de Bouillon
> plagt ganz erbärmlich die Gicht …

Es war eins der neusten Triolets, das aus unzähligen Strophen bestand, an denen sich jedermann beteiligt hatte.

Als sie in die Nähe des Hauses Bouillon kamen, begegneten sie einem kleinen Trupp von drei Kavalieren, die alle Parolen der Welt zu kennen schienen, denn sie ritten ohne Führer und ohne Geleit und brauchten an den Barrikaden mit denen, die sie bewachten, nur ein paar Worte zu wechseln, um mit jener achtungsvollen Ehrerbietung durchgelassen zu werden, die sie zweifellos ihrem Rang verdankten. Als Athos und Aramis diese drei Männer erblickten, hielten sie an.

»O je!«, sagte Aramis. »Siehst du die, Graf?«

»Ja.«

»Wie kommen sie dir vor?«

»Und dir, Aramis?«

»Es sind unsere Männer.«

»Du irrst dich nicht, ich habe Monsieur de Flamarens genau erkannt.«

»Und ich Monsieur de Châtillon.«

»Und der Kavalier im braunen Mantel …«

»Ist der Kardinal. Wie, zum Teufel, können sie sich in die Nähe des Hauses Bouillon wagen?«

Athos lächelte, gab jedoch keine Antwort. Fünf Minuten später klopften sie an die Tür des Herzogs, vor der, wie bei hochgestellten Persönlichkeiten üblich, eine Schildwache stand, und sogar im Hof hatten ein paar Mann Posten bezogen, den Befehlen von Prinz de Contis Stellvertreter zu gehorchen.

Wie schon das Lied sagte, hatte der Herzog von Bouillon die Gicht und lag zu Bett, doch ungeachtet dieser schweren Unpässlichkeit, die ihn seit einem Monat am Reiten hinderte, das heißt, seit Paris belagert wurde, ließ er sagen, er sei bereit, den Grafen von La Fère und den Chevalier d'Herblay zu empfangen, und sogleich wurden die beiden Freunde zu ihm geführt.

Der Kranke lag im Bett, war jedoch von so vielen militärischen Ausrüstungsgegenständen umgeben, wie man sich nur vorstellen kann. Überall an den Wänden hingen Degen, Pistolen, Kürasse und Musketen, und es war leicht zu sehen, dass Monsieur de Bouillon den Feinden des Parlaments ganz hübsch zu schaffen machen würde, hätte er nicht mehr die Gicht. Bis dahin, sagte er, sei er zu seinem großen Bedauern gezwungen, im Bett zu bleiben.

»Monseigneur«, begann Athos, »wir kommen aus England, und unsere erste Sorge in Paris war, uns nach Ihrem Befinden zu erkundigen.«

»Vielen Dank, Messieurs, vielen Dank!«, erwiderte der Herzog. »Schlecht, mein Befinden, wie Sie sehen … Verteufelte Gicht! Ach, Sie kommen aus England? Und König Karl geht es gut, wie ich soeben erfahren habe?«

»Er ist tot, Monseigneur«, entgegnete Aramis.

»Was Sie nicht sagen!«, rief der Herzog erstaunt.

»Auf einem Schafott gestorben, vom Parlament verurteilt.«

»Unmöglich!«

»Er ist in unserem Beisein hingerichtet worden.«

»Was hat mir denn da Monsieur de Flamarens erzählt? Er ist gerade hinaus.«

Athos lächelte. »Mit zwei Gefährten?«, fragte er.

»Ja, mit zwei Gefährten«, antwortete der Herzog und fügte dann etwas beunruhigt hinzu, »sollten Sie ihnen womöglich begegnet sein?«

»Aber ja, auf der Straße.«

»Verteufelte Gicht!«, rief Monsieur de Bouillon, der sich offenbar nicht wohlfühlte.

»Monseigneur«, sagte Athos, »es bedarf wahrhaftigschon Ihrer ganzen Ergebenheit für die Sache der Pariser, um, so leidend, wie Sie sind, an der Spitze der Armeen zu bleiben, und diese Ihre Standhaftigkeit erregt Monsieur d'Herblays und meine höchste Bewunderung.«

»Was soll man schon machen, Messieurs? Man muss sich für das Gemeinwesen aufopfern, und Sie, so tapfer und so ergeben, Sie, denen mein lieber Freund, der Herzog von Beaufort, seine Freiheit und vielleicht sein Leben verdankt, Sie sind ein Beispiel dafür. Daher opfere ich mich, wie Sie sehen, auf; aber ich muss gestehen, dass ich am Ende meiner Kraft bin. Das Herz ist in Ordnung, der Kopf ist in Ordnung, aber diese verteufelte Gicht bringt mich um, und ich muss gestehen, wenn der Hof meine Forderungen erfüllen würde, durchaus berechtigte Forderungen, da ich nur eine von dem früheren Kardinal selbst versprochene Entschädigung dafür verlange, dass man mich um mein Fürstentum Sedan gebracht hat, jawohl, wenn man mir Besitzungen gleichen Werts gäbe; wenn man mich für das Entbehren der Nutznießung an jenem Besitz entschädigte, und zwar von der Zeit an, da er mir genommen wurde, also seit acht Jahren; wenn man denen meines Hauses den Titel Prinz zubilligte und wenn man meinen Bruder de Turenne wieder in sein Kommando einsetzte, dann würde ich mich sofort auf meine Güter zurückziehen und es dem Hof und dem Parlament überlassen, sich zu vergleichen, so gut sie es verstehen.«

»Und Sie hätten völlig recht, Monseigneur«, sagte Athos.

»Meinen Sie, Messieurs?«

»Durchaus.«

»Nun ja, aller Wahrscheinlichkeit nach werde ich so handeln. Der Hof hat mir gerade Vorschläge gemacht, ich brauche sie nur anzunehmen. Ich habe sie bis zur Stunde zurückgewiesen, aber da nun Männer wie Sie mir sagen, ich hätte unrecht, da es mir diese verteufelte Gicht unmöglich macht, der Sache der Pariser irgendeinen Dienst zu erweisen, meiner Treu, da habe ich große Lust, Ihrem Rat zu folgen und den Vorschlag anzunehmen, den mir Monsieur de Châtillon gemacht hat.«

»Nehmen Sie an, Prinz, nehmen Sie an«, sagte Aramis.

»Wahrhaftig, ja. Ich habe mich schon selber darüber geärgert, dass ich ihn fast abgelehnt habe ... Aber morgen findet eine Beratung statt, und da werden wir sehen.«

Die beiden Freunde verneigten sich vor dem Herzog.

»Gehen Sie, Messieurs«, sagte er, »gehen Sie, Sie müssen sehr müde sein von der Reise. Der arme König Karl! Aber schließlich hat er ja selbst ein bisschen schuld an alldem, und es muss uns ein Trost sein, dass sich Frankreich in diesem Fall nichts vorzuwerfen, sondern alles getan hat, was es nur konnte, um ihn zu retten.«

»Oh, was das betrifft, das können wir bezeugen«, erwiderte Aramis. »Vor allem Monsieur de Mazarin ...«

»Ich bin sehr erleichtert, dass Sie ihm dieses Zeugnis ausstellen. Im Grunde genommen hat er sein Gutes, der Kardinal, und wenn er nicht ein Ausländer wäre ... nun ja, man wird ihm Gerechtigkeit widerfahren lassen. O weh! Die verteufelte Gicht!«

Athos und Aramis gingen, aber bis ins Vorzimmer begleitete sie das Geschrei Monsieur de Bouillons, es war offensichtlich, dass der arme Prinz Höllenqualen litt.

Auf der Straße angelangt, fragte Aramis: »Nun, wie denkst du darüber?«

»Wie das Triolet unseres Führers, mein Freund«, antwortete Athos. »›Den armen Monsieur de Bouillon plagt ganz erbärmlich die Gicht.‹«

»Siehst du, und deshalb habe ich auch kein Wort von dem gesagt, was uns zu ihm geführt hat.«

»Und das war klug von dir gehandelt, du hättest ihm wieder einen Anfall verursacht. Gehen wir nun zu Monsieur de Beaufort.« Und so machten sie sich auf den Weg zum Hause Vendôme.

Es schlug zehn Uhr, als sie ankamen. Das Haus Vendôme war nicht weniger gut bewacht und machte einen nicht weniger kriegerischen Eindruck als das von Bouillon. Es gab Schildwachen, Posten im Hof, Gewehrpyramiden und vollständig gesattelte Pferde. Zwei Reiter, die herauskamen, als Athos und Aramis hineinritten, waren gezwungen, auf ihren Pferden einen Schritt zurückzuweichen, um sie vorbeizulassen.

»Ah, Messieurs«, sagte Aramis, »das ist entschieden eine Nacht der Begegnungen. Ich muss gestehen, nachdem wir uns heute so oft getroffen haben, würden wir sehr unglücklich sein, wenn es uns nicht gelingen sollte, Ihnen morgen zu begegnen.«

»Oh, da können Sie ganz beruhigt sein«, gab Châtillon zurück, denn er war es, der mit Flamarens von dem Herzog von Beaufort kam. Damit setzten die beiden ihren Weg fort, während Athos und Aramis abstiegen.

Kaum hatten sie die Zügel ihren Dienern zugeworfen und sich ihrer Mäntel entledigt, als ein Mann auf sie zukam und, nachdem er sie einen Augenblick in dem trüben Schein einer mitten im Hof hängenden Laterne betrachtet hatte, einen Schrei der Überraschung ausstieß und ihnen um den Hals fiel.

»Graf von La Fère! Chevalier d'Herblay!«, rief der Mann. »Wie kommen Sie nach Paris?«

»Rochefort!«, riefen die beiden Freunde gleichzeitig.

»Ja. Wir sind vor vier oder fünf Tagen aus Vendôme angelangt und bereiten uns darauf vor, dem Mazarin viel zu schaffen zu machen. Ich nehme an, Sie gehören immer noch zu uns?«

»Mehr denn je. Und der Herzog?«

»Er ist fuchsteufelswild auf den Kardinal. Sie wissen, welchen Erfolg unser lieber Herzog hat. Er ist der wahre König von Paris, er kann nicht ausgehen, ohne zu riskieren, dass man ihn förmlich erdrückt.«

»Umso besser«, bemerkte Aramis, »aber sagen Sie, sind nicht eben die Herren de Flamarens und de Châtillon von hier fortgeritten?«

»Ja, sie hatten Audienz beim Herzog, zweifellos kamen sie von Mazarin; aber sie werden ihren Mann gefunden haben, dafür verbürge ich mich.«

»Bravo!«, sagte Athos. »Und könnten wir die Ehre haben, Seine Hoheit zu sprechen?«

»Na was denn! Sofort. Sie wissen, dass er für Sie immer zu sprechen ist. Folgen Sie mir, ich erhebe Anspruch auf die Ehre, Sie zu ihm zu bringen.«

Rochefort ging voraus. Alle Türen öffneten sich ihm und den beiden Freunden. Sie fanden Monsieur de Beaufort im Begriff, sich zu Tisch zu setzen. Die unzähligen Beschäftigungen am Abend hatten sein Essen bis zu dieser Minute verzögert, aber trotz dieses gewichtigen Umstandes erhob sich der Prinz von seinem Sessel, als er von Rochefort die beiden Namen hörte, und ging den Freunden rasch entgegen.

»Wahrhaftig!«, sagte er. »Seien Sie willkommen, Messieurs. Sie werden doch an meinem Souper teilnehmen, nicht wahr? Boisjoli, sag Noirmont, dass ich zwei Tischgäste habe.«

»Monseigneur«, erwiderte Athos, »machen Sie Ihrem Haushofmeister unsretwegen keine Umstände. Heute Abend wollen wir uns, mit Erlaubnis Eurer Hoheit, nur nach Ihrem Befinden erkundigen und Ihre Befehle entgegennehmen.«

»Oh, mein Befinden, Messieurs, ist, wie Sie sehen, ausgezeichnet. Eine Gesundheit, die fünf Jahren Vincennes im Verein mit Monsieur de Chavigny widerstanden hat, ist zu allem fähig. Was meine Befehle betrifft, also, ich muss gestehen, ich wäre sehr in Verlegenheit, Ihnen welche zu erteilen, da jeder die seinen gibt und ich am Ende, wenn das so weitergeht, überhaupt keine mehr erteilen werde.«

»Wirklich?«, erwiderte Athos. »Ich hatte geglaubt, gerade auf Ihre Eintracht baue das Parlament.«

»Ach ja, unsere Eintracht! Die ist schön! Mit dem Herzog von Bouillon geht es noch, der hat die Gicht und verlässt das Bett nicht, da gibt es Mittel, sich zu verständigen; aber mit

Monsieur d'Elbeuf und seinen Elefanten von Söhnen … Kennen Sie das Triolet über den Herzogvon Elbeuf, Messieurs?«

»Nein, Monseigneur.«

»Was Sie nicht sagen!« Und der Herzog begann zu singen:

Monsieur d'Elbeuf und seine Söhne
Wüten auf der Place Royale,
Sie treten auf mit groß Geprahl,
Monsieur d'Elbeuf und seine Söhne.
Doch gilt es dann ins Feld zu rücken,
Lässt ihre Kriegslust sich nicht blicken.
Monsieur d'Elbeuf und seine Söhne
Wüten auf der Place Royale.

»Aber mit dem Weihbischof steht es doch hoffentlich nicht so?«, fragte Athos.

»Aber ja! Mit dem Weihbischof ist es sogar noch schlimmer. Gott bewahre Sie vor Unruhe stiftenden Prälaten, vor allem, wenn sie einen Kürass unterm Chorrock tragen! Statt ruhig in seinem bischöflichen Palast zu bleiben und das Tedeum zu singen für die Siege, die wir nicht erringen, oder für die Siege, bei denen wir die Besiegten sind, wissen Sie, was er macht? Er stellt ein Regiment auf, dem er seinen Namen gibt, das Regiment von Korinth. Er ernennt Leutnante und Hauptleute, nicht mehr und nicht weniger als ein Marschall von Frankreich, und Obersten wie der König.«

»Ja, aber wenn es zu kämpfen gilt«, fragte Aramis, »dann bleibt er doch hoffentlich in seinem bischöflichen Palast?«

»Keineswegs, da irren Sie sich, mein lieber d'Herblay! Wenn es zu kämpfen gilt, dann kämpft er so, dass man jetzt, da ihm der Tod seines Onkels einen Sitz im Parlament verschafft hat, ständig über ihn stolpert, im Parlament, im Rat, im Gefecht. Und der Prinz von Conti ist ein Bilderbuchgeneral, und welch ein Bild! Ein buckliger Prinz! Ach, all das wird sehr schlecht gehen, Messieurs, sehr schlecht!«

»Dann sind Eure Hoheit also unzufrieden?«, fragte Athos, während er mit Aramis einen Blick wechselte.

»Unzufrieden, Graf? Sagen Sie lieber, Meine Hoheit ist wütend. Das trifft es. Hören Sie – das sage ich nur Ihnen, keinem andern –, ich bin so wütend, dass ich, gesteht die Königin ihr Unrecht gegen mich ein, ruft meine Mutter aus der Verbannung zurück und gibt mir die Anwartschaft auf die Admiralswürde meines Vaters, die mir für den Fall seines Todes versprochen worden ist, nicht weit davon entfernt wäre, Hunde abzurichten, dass sie sagen, es gibt in Frankreich noch größere Diebe als Monsieur de Mazarin.«

Jetzt wechselten Athos und Aramis nicht nur einen Blick, sondern einen Blick und ein Lächeln, und wären sie ihnen nicht begegnet, dann hätten sie erraten, dass die Herren de Châtillon und de Flamarens hier gewesen waren. Daher erwähnten sie die Anwesenheit Monsieur de Mazarins mit keinem Wort.

»Monseigneur«, sagte Athos, »damit sind wir zufriedengestellt. Wir verfolgten mit unserem Besuch bei Eurer Hoheit zu dieser Stunde keine andere Absicht, als unsere Ergebenheit zu beweisen und Ihnen zu versichern, dass wir uns als Ihre getreusten Diener zu Ihrer Verfügung halten.«

»Als meine getreusten Freunde, Messieurs! Das haben Sie bewiesen, und wenn ich mich jemals mit dem Hof aussöhne, dann werde ich Ihnen, wie ich hoffe, beweisen, dass auch ich Ihr Freund geblieben bin, ebenso wie der dieser Herren – wie, zum Teufel, heißen sie doch gleich?«

»D'Artagnan und Porthos.«

»Richtig. Also, Graf von La Fère und Chevalier d'Herblay, ganz und immer der Ihre.«

Athos und Aramis verneigten sich und gingen hinaus.

»Nun zum erzbischöflichen Palast«, sagte Aramis, und so schlugen sie den Weg zur Cité ein.

Als sie sich der Wiege von Paris näherten, fanden sie die Straßen überschwemmt und mussten ein Boot nehmen.

Es war bereits nach elf Uhr, aber man wusste, dass es für einen Besuch bei dem Weihbischof nicht auf die Stunde ankam. Seine unglaubliche Aktivität machte, wenn es nötig war, die Nacht zum Tag und den Tag zur Nacht.

Der erzbischöfliche Palast erhob sich mitten aus dem Wasser, und angesichts der unzähligen Boote, die rings um den

Palast vertäut waren, hätte man meinen können, man befinde sich in Venedig und nicht in Paris. Das ganze Erdgeschoss war überschwemmt, aber provisorische Treppen waren in die Mauern gefügt, und so hatte die Überschwemmung als einzige Veränderung bewirkt, dass man nicht durch die Türen, sondern durch die Fenster eintrat.

Auf diese Weise kamen nun auch Athos und Aramis in das Vorzimmer des Prälaten, in dem es von Dienern wimmelte, denn ein Dutzend vornehme Herren drängten sich in dem Wartesalon.

»Sieh da!«, rief Aramis. »Ich täusche mich nicht … oder doch? Nein, er ist's. Bazin, komm her, du Schlingel!«

Bazin, der gerade durch das Vorzimmer stolzierte, würdevoll in seine Kirchentracht gekleidet, drehte sich mit gerunzelter Stirn um, zu sehen, welcher Unverschämte ihn auf diese Weise anredete. Doch kaum hatte er Aramis erkannt, da wurde der Tiger zum Lämmchen, und er eilte auf die beiden Edelleute zu.

»Wie?«, sagte er. »Sie sind es, Herr Chevalier? Sie, Herr Graf? Sie kommen gerade in dem Augenblick, da wir uns sehr um Sie beunruhigt haben. O wie glücklich bin ich, Sie wiederzusehen!«

»Schon gut, schon gut, Bazin«, erwiderte Aramis, »nur keine Umstände. Wir wollen den Herrn Weihbischof sprechen, aber wir haben es eilig, deshalb muss es gleich sein.«

»Aber selbstverständlich! Sofort«, antwortete Bazin. »Vornehme Herren wie Sie lässt man nicht antichambrieren. Nur noch eine Sekunde, er hat eine geheime Unterredung mit Monsieur de Bruy.«

»De Bruy?«, riefen Athos und Aramis wie aus einem Munde.

»Ja, ich selbst habe ihn gemeldet und erinnere mich deutlich an seinen Namen. Kennen Sie ihn, Monsieur?«, fragte er Aramis.

»Ich glaube ihn zu kennen.«

»Ich könnte das nicht behaupten«, sagte Bazin, »denn er war so in seinen Mantel eingemummt, dass ich bei aller Anstrengung nicht das winzigste Stückchen von seinem Gesicht habe sehen können. Aber jetzt werde ich hineingehen und Sie melden, und diesmal wird es mir vielleicht glücken.«

»Nicht nötig«, erwiderte Aramis, »wir verzichten darauf, heute Nacht mit dem Herrn Weihbischof zu sprechen, nicht wahr, Athos?«

»Wie du willst«, entgegnete der Graf.

»Er hat mit Monsieur de Bruy über zu wichtige Angelegenheiten zu verhandeln.«

»Und soll ich ihm sagen, dass die Herren hier gewesen sind?«

»Nein, die Mühe kannst du dir sparen«, widersprach Aramis. »Komm, Athos.« Damit drängten sie sich durch die Dienerschar und verließen den erzbischöflichen Palast, gefolgt von Bazin, der ihre Wichtigkeit durch verschwenderische Verbeugungen bezeugte.

»Nun?«, fragte Athos, als sie in das Boot stiegen. »Glaubst du jetzt allmählich, dass wir all diesen Leuten mit der Festnahme Monsieur de Mazarins einen üblen Streich gespielt hätten, mein Freund?«

»Du bist die verkörperte Weisheit, Athos«, antwortete Aramis.

Was die beiden Freunde vor allem befremdet hatte, war die geringe Bedeutung, die der Hof von Frankreich den schrecklichen Ereignissen in England beimaß, die ihrer Meinung nach ganz Europa hätten beschäftigen müssen. Abgesehen von einer armen Witwe und einer königlichen Waise, die in einem Winkel des Louvre weinten, schien niemand zu wissen, dass ein König Karl I. existiert hatte und dass dieser König auf einem Schafott gestorben war.

Das Gefecht von Charenton

Am nächsten Morgen um zehn Uhr trafen sich die beiden Freunde, wie sie nachts, als sie sich trennten, verabredet hatten. Je weiter sie ritten und dabei die verschiedenen staffelförmig auf der Straße verteilten Trupps überholten, desto mehr blank geputzte, funkelnde Kürasse sahen sie verrosteten Waffen und blitzende Musketen buntscheckigen Hellebarden folgen.

»Ich glaube, hier ist das wahre Schlachtfeld«, bemerkte Aramis. »Siehst du das Kavalleriekorps mit dem Pistol in der Faust dort vor der Brücke? Achtung, da kommt Geschütz angefahren!«

»Hör mal, mein Lieber, wo hast du uns hingeführt?«, erwiderte Athos. »Mir scheint, ich sehe rings um uns Gesichter, die Offizieren der königlichen Armee gehören. Ist das nicht Monsieur de Châtillon selbst, der da mit den zwei Brigadekommandeuren auf uns zureitet?« Worauf er den Degen in die Hand nahm und Aramis die seine an das Pistolenhalfter legte, da er tatsächlich glaubte, sie hätten die Grenzen des Pariser Feldlagers überschritten.

»Guten Tag, Messieurs«, begrüßte sie der Herzogvon Châtillon, »ich sehe Ihnen an, dass Ihnen die Vorgänge völlig unverständlich sind, aber ein Wort wird Ihnen alles erklären. Wir befinden uns augenblicklich im Waffenstillstand. Es wird eine Beratung abgehalten: der Prinz, Monsieur de Retz, Monsieur de Beaufort und Monsieur de Bouillon sprechen über Politik.«

»Monsieur, erlauben Sie mir, eine Frage zu stellen«, sagte Aramis. »Wo beraten die Bevollmächtigten?«

»In Charenton, im zweiten Haus rechts, wenn man von Paris kommt.«

»Und diese Beratung war nicht vorgesehen?«

»Nein, Messieurs. Sie scheint das Ergebnis neuer Vorschläge zu sein, die Monsieur de Mazarin gestern Abend den Parisern hat unterbreiten lassen.«

»Und das Haus, in dem sich die Bevollmächtigten aufhalten, gehört wem?«, fragte Athos.

»Monsieur de Chanleu, der Ihre Truppen in Charenton befehligt. Ich sage, Ihre Truppen, da ich annehme, dass die Herren Frondeure sind.«

»Nunja … fast«, entgegnete Aramis.

»Wieso fast?«

»Sie wissen besser als sonst jemand, Monsieur, dass man zu dieser Zeit nicht ganz genau sagen kann, was man ist.«

»Wir sind für den König und die Prinzen«, erklärte Athos.

»Damit wir uns recht verstehen«, gab Châtillon zurück, »der König steht auf unserer Seite, und seine Oberbefehlshaber sind die Herren d'Orléans und de Condé.«

»Ja, aber sein Platz ist in unsern Reihen bei den Herren de Conti, de Beaufort, d'Elbeuf und de Bouillon.«

»Das mag sein«, erwiderte Châtillon, »und es ist bekannt, dass ich Monsieur de Mazarin recht wenig Sympathie entgegenbringe, selbst meine Interessen liegen in Paris, ich habe da einen großen Prozess laufen, von dem mein gesamtes Vermögen abhängt, und wie Sie mich hier sehen, komme ich soeben von meinem Anwalt, Monsieur Viole, den Sie gewiss dem Namen nach kennen. Ein ausgezeichneter Mann, wenn auch ein wenig starrköpfig, aber umsonst gehört er ja nicht dem Parlament an. Ich rechnete damit, ihn gestern Abend zu sprechen, aber unsere Begegnung hat mich gehindert, mich mit meinen Angelegenheiten zu beschäftigen. Da sie aber erledigt werden müssen, habe ich den Waffenstillstand benutzt, und so kommt es, dass ich mich mitten unter Ihnen befinde. Monsieur Viole befehligt heute fünfhundert Pistolschützen, und um ihn zu ehren, habe ich meinen Besuch bei ihm in Begleitung der beiden kleinen Kanonen gemacht, an deren Spitze Sie mich anscheinend mit so großem Erstaunen bemerkten. Ich muss gestehen, dass ich ihn zuerst gar nicht erkannte, er trug einen langen Degen unter seiner Robe und Pistole im Gürtel, was ihn so zum Fürchten aussehen lässt, dass Sie Ihr Vergnügen daran hätten, wären Sie so glücklich, ihm zu begegnen.«

»Wenn er so merkwürdig anzusehen ist, könnte man sich die Mühe machen, ihn extra deswegen aufzusuchen«, sagte Aramis.

»Sie müssten sich aber beeilen, Monsieur, denn die Beratung kann nicht mehr lange dauern.«

»Und wenn sie abgebrochen wird, ohne zu einem Resultat geführt zu haben«, fragte Athos, »dann werden Sie Charenton einzunehmen versuchen?«

»So lautet mein Befehl, ich kommandiere die Angriffstruppen, und ich werde mein Bestes tun, dass es mir gelingt.«

»Monsieur«, sagte Athos, »da Sie die Reiterei kommandieren …«

»Pardon, ich habe den Oberbefehl.«

»Umso besser! … Dann müssen Sie ja alle Ihre Offiziere kennen, ich meine, alle verdienstvollen. Haben Sie die Güte und sagen Sie mir, ob unter Ihrem Befehl der Chevalier d'Artagnan, Leutnant der Musketiere, steht!«

»Nein, Monsieur, er ist nicht bei uns. Vor mehr als sechs Wochen hat er Paris verlassen, und es heißt, er sei mit einem Auftrag nach England geschickt worden.«

»Das weiß ich, aber ich glaubte ihn zurück.«

»Nein, Monsieur, und ich wüsste auch niemanden, der ihn wiedergesehen hätte. Ich kann Ihnen in dieser Sache umso besser, Auskunft geben, da die Musketiere zu uns gehören und da Monsieur de Cambon einstweilen den Platz von Monsieur d'Artagnan einnimmt.«

»Das ist seltsam«, bemerkte Aramis.

»Es muss ihnen unterwegs unbedingt etwas zugestoßen sein.«

»Wir haben heute den achten, an diesem Abend läuft die festgesetzte Frist ab. Wenn wir heute Abend keine Nachricht erhalten, machen wir uns morgen früh auf den Weg.«

Athos nickte und wandte sich abermals an Châtillon. »Und Monsieur de Bragelonne, ein junger Mann von fünfzehn Jahren, der im Dienste des Prinzen von Condé steht«, fragte er, etwas verlegen, vor dem skeptischen Aramis auf diese Weise seine väterlichen Besorgnisse durchblicken zu lassen, »genießt er die Ehre, Ihnen bekannt zu sein, Herr Herzog?«

»Aber gewiss«, antwortete Châtillon, »er ist heute Morgen mit dem Prinzen bei uns eingetroffen. Ein reizender junger Mann! Gehört er zu Ihren Freunden, Herr Graf?«

»Ja, Monsieur«, erwiderte Athos bewegt, »so dass ich sogar den Wunsch hätte, ihn zu sehen. Ist das möglich?«

»Durchaus. Wenn Sie mich begleiten wollen, werde ich Sie zum Hauptquartier mitnehmen.«

»Holla!«, unterbrach Aramis und drehte sich um. »Mir scheint, hinter uns ist etwas im Gange.«

»Tatsächlich, eine Reiterschar kommt auf uns zu!«, bemerkte Châtillon.

»Ich erkenne den Herrn Weihbischof an seinem Fronde-Hut.«

»Und ich Monsieur de Beaufort an seinen weißen Federn.«

»Sie kommen im Galopp. Der Prinz ist bei ihnen. Ah, jetzt trennt er sich von ihnen.«

»Es wird zum Sammeln getrommelt«, rief Châtillon, »hören Sie? Wir müssen uns informieren.«

In der Tat sah man die Soldaten zu ihren Waffen laufen, die Reiter, die abgesessen waren, schwangen sich wieder in den Sattel, die Trompeten bliesen, die Trommeln dröhnten, Monsieur de Beaufort zog den Degen.

Auch der Prinz gab das Zeichen zum Sammeln, und alle Offiziere der königlichen Armee, die sich unter den Pariser Truppen befanden, eilten zu ihm.

»Messieurs«, sagte Châtillon, »der Waffenstillstand ist offensichtlich abgebrochen, es geht in den Kampf. Kehren Sie also nach Charenton zurück, in kurzem werde ich angreifen. Da ist das Signal des Prinzen für mich.« Ein Kornett hob dreimal die Standarte des Prinzen empor. »Auf Wiedersehen, Herr Chevalier!«, rief Châtillon und sprengte im Galopp davon zu seiner Eskorte.

Athos und Aramis machten ebenfalls kehrt und ritten hin, den Weihbischof und Monsieur de Beaufort zu begrüßen. Monsieur de Bouillon hatte gegen Ende der Konferenz einen so fürchterlichen Gichtanfall erlitten, dass man ihn in einer Sänfte nach Paris zurückbringen musste.

Unterdessen bildete sich zwischen Charenton und der königlichen Armee ein weiter, leerer Raum, der bereit schien, den Leichen als letzte Ruhestätte zu dienen.

»Dieser Mazarin ist wahrhaftig eine Schande für Frankreich«, sagte der Weihbischof, während er das Gehenk seines Degens festzog, den er nach der Mode der alten kriegerischen Prälaten über seinem Bischofsgewand trug. »Er ist ein Pedant, der Frankreich wie eine Meierei regieren möchte. Daher kann Frankreich kein Glück und keine Ruhe erhoffen, ehe er aus dem Lande ist.«

»Anscheinend hat man sich über die Farbe des Hutes nicht einigen können«, bemerkte Aramis leise.

Doch nun hob Monsieur de Beaufort seinen Degen. »Messieurs«, sagte er, »unsere ganze Diplomatie war umsonst. Wir wollten uns dieses jämmerlichen Kerls Mazarin entledigen, aber die Königin, die in ihn vernarrt ist, will ihn unbedingt als Minister behalten, so dass uns nur noch das Mittel bleibt, ihn gründlich zu schlagen.«

Auch der Weihbischof zog seinen Degen. »Der Feind setzt sich in Bewegung, Messieurs«, sagte er, »ich hoffe, wir werden ihm die Hälfte des Weges ersparen.« Und ohne sich darüber zu beunruhigen, ob man ihm folge oder nicht, ritt er los. Sein Regiment, das nach seinem erzbischöflichen Palast den Namen Korinth trug, stürmte ihm nach und ins Schlachtgetümmel.

Monsieur de Beaufort ließ seine Reiterei nach Étampes galoppieren, wo sie auf einen von den Parisern mit Ungeduld erwarteten Lebensmittelkonvoi stoßen sollte, dem es beizustehen galt.

Monsieur de Chanleu, der in Charenton kommandierte, hielt sich mit dem Hauptteil seiner Truppen bereit, dem Angriff zu widerstehen und sogar einen Ausfall zu versuchen, sofern der Feind zurückgeschlagen wurde.

Nach einer halben Stunde tobte das Gefecht an allen Abschnitten. Der Weihbischof, den der berühmte Mut Monsieur de Beauforts reizte, stürmte vor und vollbrachte Wunder an Tapferkeit. Seine Neigung, hieß es, gehöre dem Degen, und er sei jedes Mal glücklich, wenn er ihn aus der Scheide ziehen könne, einerlei, für wen oder wofür. Doch bei dieser Gelegenheit hatte er zwar vortrefflich seine Pflicht als Soldat erfüllt, jedoch schlecht als Oberst. Mit sieben- oder achthundert Mann war er dreitausend entgegengetreten, die ebenfalls vorstürmten und unter Trommelwirbeln die Soldaten des Weihbischofs zurückschlugen, so dass sie in völliger Unordnung die Verschanzungen erreichten. Immerhin brachte das Feuer der Artillerie de Chanleus die königliche Armee zum Stehen, und einen Moment schienen ihre Reihen zu wanken. Doch das dauerte nicht lange, hinter einer Häusergruppe und einem Wäldchen formierte sie sich neu.

Chanleu hielt den rechten Augenblick für gekommen und eilte an der Spitze zweier Regimenter vor, um die königliche Armee zu verfolgen, doch diese hatte sich inzwischen bereits wieder formiert und griff, von Monsieur de Châtillon selbst geführt, aufs Neue an. Und so ungestüm und geschickt erfolgte dieser Angriff, dass sich Chanleu mit seinen Männern nahezu umzingelt sah. Er befahl den Rückzug, der Schritt für Schritt vor sich ging. Zu allem Unglück fiel Chanleu wenig später, tödlich getroffen.

Monsieur de Châtillon sah ihn fallen und verkündete mit lauter Stimme seinen Tod, der den Mut der königlichen Armee verdoppelte und die beiden Regimenter, mit denen Chanleu seinen Ausfall gemacht hatte, völlig entmutigte. Folglich dachte jeder an seine Rettung und sann nur noch darauf, die Verschanzungen zu erreichen, an deren Fuß der Weihbischof sein zusammengehauenes Regiment wieder zu sammeln versuchte.

Plötzlich stellte sich den Siegern, die mit den Flüchtlingen in den Verschanzungen durcheinandergerieten, eine Reiterschwadron entgegen, an ihrer Spitze Athos und Aramis. Aramis hatte Degen und Pistol in der Hand, Athos' Degen befand sich in der Scheide, das Pistol im Halfter. Er war ruhig und gelassen wie bei einer Parade, nur seine schönen Augen wurden traurig, als er so viele Männer, die einerseits von dem königlichen Starrsinn und andrerseits von dem Groll der Prinzen geopfert wurden, einander umbringen sah. Aramis dagegen hieb und schoss drauflos und geriet nach und nach wie gewöhnlich in einen wahren Rauschzustand.

Auf der anderen Seite, in der königlichen Armee, griffen in der ersten Reihe zwei Kavaliere an, der eine in einem vergoldeten Kürass, der andere in einem schlichten Büffelkoller, aus dem die Ärmel eines blauen Samtwamses hervortraten. Der Kavalier in dem vergoldeten Kürass ritt auf Aramis zu und versetzte ihm einen Degenstoß, den Aramis jedoch mit seiner gewohnten Geschicklichkeit parierte.

»Aha! Sie sind es, Monsieur de Châtillon!«, rief der Chevalier. »Seien Sie willkommen, ich habe Sie schon erwartet.«

»Ich hoffe, ich habe Sie nicht allzu lange warten lassen, Monsieur«, erwiderte der Herzog, »hier bin ich jedenfalls.«

»Monsieur de Châtillon«, sagte Aramis und zog aus dem Halfter ein zweites Pistol, das er für diese Gelegenheit zurückbehalten hatte, »ich glaube, wenn Ihr Pistol abgefeuert ist, sind Sie ein toter Mann.«

»Gott sei Dank ist es geladen«, entgegnete Châtillon, hob das Pistol gegen Aramis, zielte und schoss. Doch im selben Augenblick, als Aramis sah, wie der Herzog den Finger an den Abzug legte, beugte er den Kopf, und die Kugel flog, ohne ihn zu berühren, über ihn hinweg.

»Sie haben mich verfehlt«, rief Aramis, »ich aber werde Sie nicht verfehlen, das schwöre ich bei Gott.«

»Wenn ich Ihnen dazu Zeit lasse«, rief der Herzog zurück, gab seinem Pferd die Sporen und stürmte mit erhobenem Degen auf ihn los.

Aramis erwartete ihn mit jenem furchtbaren Lächeln, das er in solchen Situationen zu zeigen pflegte, während Athos, der Monsieur de Châtillon mit der Geschwindigkeit eines Blitzes auf Aramis losstürzen sah, schon den Mund öffnete, um zu schreien: »Schieß doch! Aber so schieß doch!«, als der Schuss losging. Monsieur de Châtillon breitete die Arme aus und warf sich zurück auf die Kruppe seines Pferdes. Die Kugel hatte ihn durch den bogenförmigen Ausschnitt seines Kürasses in die Brust getroffen.

»Es tut mir schon leid, Monsieur, dass ich mein Wort so gut gehalten habe«, sagte Aramis. »Kann ich etwas für Sie tun?«

Châtillon bewegte die Hand, und Aramis wollte absteigen, als er plötzlich einen heftigen Stoß in die Seite erhielt: es war ein Degenstoß, den sein Kürass jedoch abhielt. Er drehte sich rasch um, ergriff den neuen Gegner am Handgelenk, und gleichzeitig erscholl aus seinem und Athos' Mund der Schrei: »Raoul!«

Der junge Mann erkannte sowohl das Gesicht des Chevaliers d'Herblay wie die Stimme seines Vaters und ließ seinen Degen fallen. Mehrere Reiter der Pariser Armee kamen eilends auf Raoul zu, doch Aramis deckte ihn mit seinem Degen. »Mein Gefangener!«, rief er dabei. »Also weg da!«

Unterdessen hatte Athos das Pferd seines Sohnes am Zügel gepackt und zog es aus dem Schlachtgewühl. Zur gleichen Zeit tauchte mittendrin der Prinz von Condé auf, an seinen blitzenden Adleraugen und seinen Hieben zu erkennen. Bei seinem Anblick stürzte sich das Regiment des Erzbischofs von Korinth, das der Weihbischof trotz all seiner Bemühungen nicht wieder in Reih und Glied zu bringen vermocht hatte, unter die Pariser Truppen, warf alles über den Haufen, flüchtete nach Charenton hinein und durchquerte die Stadt ohne Aufenthalt. Der Weihbischof, der von ihm mitgerissen wurde, kam dicht an Athos, Aramis und Raoul vorbei, die ihren Weg im Galopp fortsetzten.

Der junge Mann war überglücklich, dass er seinen Vater wiedergefunden hatte. Sie galoppierten Seite an Seite, die Linke Raouls lag in der Rechten Athos'. Als sie sich weit vom Schlachtfeld entfernt hatten, fragte Athos den jungen Mann: »Was hattest du denn bei dem Gefecht so weit vorn zu suchen, mein Freund? Da du für den Kampf nicht besser gerüstet warst, konnte das wohl schwerlich dein Platz sein.«

»Daher sollte ich heute auch nicht kämpfen, Monsieur. Ich hatte einen Auftrag für den Kardinal erhalten und war unterwegs nach Rueil, als ich Monsieur de Châtillon angreifen sah und von dem Verlangen gepackt wurde, an seiner Seite mit anzugreifen. Und da sagte er mir, dass mich zwei Kavaliere von der Pariser Armee suchten, und nannte mir den Namen Graf von La Fère.«

»Wie? Du wusstest, dass wir da waren, und hast deinen Freund, den Chevalier, umbringen wollen?«

»Ich habe den Herrn Chevalier unter seiner Rüstung nicht erkannt«, entgegnete Raoul errötend, »aber ich hätte ihn an seiner Gewandtheit und Kaltblütigkeit erkennen müssen.«

»Vielen Dank für das Kompliment, mein junger Freund«, sagte Aramis, »man merkt, dass Sie Unterricht in der Höflichkeit erhalten haben. Aber Sie sagten, Sie wollen nach Rueil?«

»Ja.«

»Zum Kardinal?«

»Gewiss. Ich habe von dem Prinzen eine Depesche an Seine Eminenz zu bestellen.«

»Die muss überbracht werden«, bemerkte Athos.

»Einen Moment, keine falsche Großmut, Graf. Zum Teufel! Diese Depesche enthält vielleicht unser Schicksal und, was noch wichtiger ist, das Schicksal unserer Freunde.«

»Aber Raoul darf seine Pflicht nicht versäumen«, widersprach Athos.

»Zunächst, Graf, ist Raoul ein Gefangener, das vergisst du. Was wir hier machen, ist ehrlicher Kriegsbrauch. Außerdem dürfen Besiegte nicht heikel sein in der Wahl ihrer Mittel. Geben Sie mir die Depesche, Raoul.«

Raoul zögerte und sah Athos an, als wolle er ihm von den Augen ablesen, wie er sich verhalten solle.

»Gib die Depesche heraus, Raoul«, sagte Athos, »du bist der Gefangene des Chevaliers d'Herblay.«

Raoul fügte sich widerstrebend, und Aramis, der weniger gewissenhaft war als der Graf von La Fère, nahm die Depesche hastig an sich, las sie durch und reichte sie Athos. »Lies, du Gläubiger, und sieh selbst, ob dieser Brief nicht etwas enthält, was die Vorsehung für wichtig hielt, uns erfahren zu lassen.«

Athos nahm den Brief stirnrunzelnd entgegen, aber der Gedanke, dass es sich in dem Brief nur um d'Artagnan handeln könne, trug dazu bei, seinen Widerwillen gegen die Lektüre zu überwinden. Folgendes stand in dem Brief:

»Monseigneur, ich werde Eurer Eminenz heute Abend die von Ihnen erbetenen zehn Mann als Verstärkung der Truppe von Monsieur de Comminges schicken. Es sind gute Soldaten, geeignet, die beiden furchtbaren Gegner festzuhalten, deren Geschicklichkeit und Entschlossenheit Eure Eminenz fürchten.«

»O weh!«, sagte Athos.

»Was meinst du«, fragte Aramis, »wer mögen wohl die beiden Gegner sein, für deren Bewachung außer de Comminges' Truppe noch zehn gute Soldaten gebraucht werden? Gleichen sie nicht wie ein Ei dem andern d'Artagnan und Porthos?«

»Wir werden den ganzen Tag Paris durchstöbern«, sagte Athos, »und wenn wir heute Abend keine Nachricht haben, machen wir uns auf den Weg in die Picardie, und dank d'Artagnans Einfällen werden wir gewiss irgendwelche Zeichen finden, die all unsere Zweifel beheben.«

»Gut, durchstöbern wir also Paris, und erkundigen wir uns vor allem bei Planchet, ob er von seinem früheren Herrn etwas gehört hat.«

»Der arme Planchet! Du sprichst so leichthin von ihm, Aramis, dabei ist er zweifellos niedergemetzelt worden. Bestimmt haben all diese kriegerischen Bürger die Stadt verlassen, und man wird ein Blutbad unter ihnen angerichtet haben.«

Da dies immerhin wahrscheinlich war, betraten die beiden Freunde mit einem Gefühl der Besorgnis die Stadt und wandten sich zur Place Royale, wo sie Nachrichten über die armen Bürger zu erhalten hofften. Doch wie groß war ihr Erstaunen, als sie sie dort trinken und schwatzen sahen, sie und ihren Hauptmann, immer noch auf der Place Royale gelagert und heiß von ihren Familien beweint, die den Kanonendonner von Charenton hörten und sie im Feuer glaubten.

Athos und Aramis erkundigten sich bei Planchet, aber er hatte über d'Artagnan nichts erfahren. Sie wollten ihn mitnehmen, er erklärte jedoch, dass er seinen Posten nicht ohne höheren Befehl verlassen könne.

Erst um fünf Uhr kehrten die braven Bürger nach Hause zurück und sagten, sie kämen aus der Schlacht, dabei hatten sie die ganze Zeit das Bronzepferd Ludwigs XIII. nicht aus den Augen verloren.

»Potz Bomben und Granaten!«, sagte Planchet, als er seinen Laden in der Rue des Lombards betrat. »Wir sind gänzlich aufs Haupt geschlagen worden. Darüber werde ich mich nie trösten.«

Die Suche

Athos und Aramis, die sich in Paris in völliger Sicherheit befunden hatten, verhehlten sich nicht, dass sie sich in die größte Gefahr begaben, sobald sie die Tore von Paris hinter sich ließen, aber man weiß, was solche Männer von Gefahren hielten. Außerdem war es in Paris selbst nicht ruhig, es begann an Lebensmitteln zu fehlen, und wenn einer von den Generälen des Prinzen von Conti es nötig hatte, seinen Einfluss zurückzugewinnen, gab es einen kleinen Aufstand, den er beruhigte und der ihm für kurze Zeit die Überlegenheit über die anderen Generäle verschaffte.

Bei einem dieser Aufstände hatte Monsieur de Beaufort das Haus und die Bibliothek Monsieur Mazarins plündern lassen, um, wie er sagte, das arme Volk ein wenig zu beschäftigen. Während dieses Staatsstreichs, der am Abend jenes Tages stattfand, als die Pariser bei Charenton geschlagen wurden, kehrten Athos und Aramis Paris den Rücken und ließen die Stadt im Elend, fast in Hungersnot, von Furcht erregt und von den Parteien zerrissen, zurück. Als Pariser und Frondeure erwarteten sie dasselbe Elend, dieselben Ängste, dieselben Intrigen im feindlichen Lager zu finden. Daher waren sie aufs höchste überrascht, als sie nach Saint-Denis kamen und erfuhren, dass man in Saint-Germain lachte, sang und ein fröhliches Leben führte.

Die beiden Edelleute machten Umwege, einmal, um nicht in die Hände der in der Île-de-France zerstreuten Mazarinanhänger zu fallen, und zum andern, um den Frondeuren zu entgehen, die die Normandie besetzt hielten. Nachdem sie diesen beiden Gefahren entronnen waren, nahmen sie die Straße von Boulogne nach Abbeville und folgten ihr Schritt für Schritt und Spur für Spur.

Doch geraume Zeit fanden sie, obwohl sie sich bei mehreren Gastwirten erkundigt hatten, keinen Hinweis, der ihre Besorgnisse zu zerstreuen oder ihre Nachforschungen zu lenken vermochte, bis Athos mit seinen zarten Fingern auf dem Tisch eines Ausspannes in Montreuil eine Unebenheit fühlte. Er schlug das Tischtuch hoch und las die mit einer Messerklinge tief in das Holz geschnitzten Buchstaben: »Port … – d'Art … – 2. Februar.«

»Vortrefflich«, sagte Athos, während er Aramis die Inschrift zeigte, »wir wollten hier übernachten, aber das ist nicht nötig. Reiten wir weiter.«

Und so ritten sie weiter nach Abbeville, wo die große Anzahl von Gasthöfen sie nicht nur verblüffte, sondern nach ruhiger Überlegung auch bewog, hier nicht nach Spuren zu suchen, die d'Artagnan und Porthos aus demselben Grund wohl auch kaum hinterlassen hatten. Deshalb setzten sie ihren Weg fort, aber nichts zeigte sich. Es war eine der mühseligsten und vor allem langweiligsten Aufgaben, die sie da übernommen hatten, und ohne den dreifachen Antrieb der Ehre, der Freundschaft und der tief in ihrem Herzen verwurzelten Dankbarkeit hätten sie schon hundertmal darauf verzichtet, den Sand zu durchwühlen, Vorübergehende zu befragen und dabei ihre Gesichter zu belauern.

Auf diese Weise gelangten sie nach Péronne. Athos war der Verzweiflung nahe. Er machte sich zum Vorwurf, dass sie sich in dieser Unklarheit befanden. Gewiss hatten sie schlecht gesucht, gewiss hatten sie ihre Fragen nicht mit der nötigen Beharrlichkeit gestellt, bei ihren Nachforschungen nicht den nötigen Scharfsinn walten lassen. Sie waren schon drauf und dran, umzukehren und noch mal von vorn anzufangen, als Athos beim Durchqueren des Vororts, der zu den Toren der Stadt führte, an einer weißen Mauer eine schwarze Zeichnung erblickte, die, mit der Unbefangenheit erster Versuche eines Kindes hingeworfen, zwei Reiter in rasendem Galopp zeigte, deren einer einen Zettel in der Hand hielt, auf dem in Spanisch die Worte standen: »Wir werden verfolgt.«

»Oh«, sagte Athos, »das ist klar wie der Tag. Obwohl sie verfolgt wurden, hat sich d'Artagnan hier ein paar Minuten aufgehalten, was überdies beweist, dass man ihnen nicht sehr dicht auf den Fersen war. Vielleicht ist es ihnen gelungen, zu entkommen.«

Aramis schüttelte den Kopf. »Wären sie entkommen, dann hätten wir sie wiedergesehen oder zumindest etwas von ihnen gehört.«

Unmöglich, die Besorgnis und Ungeduld der beiden Edelleute zu schildern. Die Besorgnis entsprang dem liebevollen und freundschaftlichen Herzen Athos', die Ungeduld dem lebhaften und so leicht entflammenden Geist Aramis'. Deshalb ritten sie drei, vier Stunden lang in demselben rasenden Galopp weiter wie die beiden Kavaliere an der Mauer. Plötzlich sahen sie in einer engen Schlucht zwischen zwei Böschungen die Straße zur Hälfte durch einen gewaltigen Stein versperrt. Sein ursprünglicher Platz zeichnete sich noch an der einen Böschung ab, und die Vertiefung, die er dort hinterlassen hatte, bewies, dass er nicht von selbst hinabgerollt war, und sein Gewicht deutete daraufhin, dass die Arme eines Riesen nötig gewesen waren, ihn zu bewegen.

Aramis hielt an. »Oha!«, sagte er, während er den Stein betrachtete. »Das ist das Werk von Ajax dem Großen oder von Porthos. Wir wollen absteigen, Graf, und diesen Felsbrocken untersuchen.«

Sie prüften den Stein von allen dem Licht ausgesetzten Seiten, aber nichts Ungewöhnliches war zu entdecken. Da riefen sie Blaisois und Grimaud, und zu viert gelang es ihnen, den Stein umzudrehen. Auf der nun frei gelegten Seite stand geschrieben: »Acht leichte Reiter verfolgen uns. Wenn wir bis Compiègne kommen, steigen wir im ›Bekränzten Pfauhahn‹ ab, der Wirt ist ein Freund von uns.«

»Da haben wir etwas Zuverlässiges«, sagte Athos, »und ob so oder so, auf jeden Fall werden wir erfahren, woran wir uns zu halten haben. Also auf zum ›Bekränzten Pfauhahn‹!«

»Ja, aber wenn wir dorthin gelangen wollen«, wandte Aramis ein, »müssen wir unsern Pferden eine Rast gönnen, sie sind fast gelähmt.«

Das war richtig bemerkt, und deshalb machten sie am ersten Wirtshaus halt, wo sie den Pferden ein doppeltes Maß weingetränkten Hafers zu fressen gaben und sie drei Stunden ruhen ließen. Dann setzten sie ihren Weg fort. Die Männer selbst waren wie zerschlagen vor Müdigkeit, aber die Hoffnung hielt sie aufrecht.

Sechs Stunden später ritten sie in Compiègne ein und erkundigten sich nach dem »Bekränzten Pfauhahn«. Man zeigte ihnen ein Wirtshausschild, auf dem der Gott Pan mit einem Kranz auf dem Kopf dargestellt war. Sie stiegen ab, ohne sich sonderlich um das anmaßende Aushängeschild zu kümmern, das Aramis zu anderer Zeit heftig kritisiert hätte. Sie fanden dort einen biederen Wirt, kahlköpfig und dickbäuchig wie ein chinesischer Ölgötze, den sie fragten, ob er nicht vor mehr oder weniger langer Zeit zwei von leichten Reitern verfolgte Edelleute beherbergt habe. Ohne zu antworten, holte der Wirt aus einem Kasten die Hälfte einer Rapierklinge. »Kennen Sie das da?«, fragte er.

Athos brauchte nur einen Blick darauf zu werfen. »Das ist von d'Artagnans Degen«, erwiderte er.

»Des großen oder des kleineren Mannes?«, fragte der Wirt.

»Des kleineren«, antwortete Athos.

»Ich sehe, dass Sie Freunde der Herren sind.«

»Ja. Was ist mit ihnen geschehen?«

»Sie kamen mit lahmen Pferden auf meinen Hof geritten, und ehe sie Zeit hatten, das Tor wieder zu schließen, waren auch schon acht leichte Reiter drin, von denen sie verfolgt wurden.«

»Acht?«, wiederholte Aramis. »Es erstaunt mich sehr, dass d'Artagnan und Porthos, zwei so tapfre Kerle, sich von acht Mann haben festnehmen lassen.«

»Gewiss, Monsieur, und die acht Mann wären auch nicht zum Ziel gelangt, hätten sie nicht aus der Stadt Zuwachs von zwanzig Soldaten des Königlich-Italienischen Regiments erhalten, das in der Stadt in Garnison liegt, so dass Ihre beiden Freunde buchstäblich durch die Anzahl überwältigt wurden.«

»Weiß man, warum sie festgenommen wurden?«, fragte Athos.

»Nein, Monsieur, man hat sie sofort abgeführt, und sie hatten keine Zeit, mir etwas zu sagen, nur habe ich, als sie fort waren und ich half, zwei Tote und fünf oder sechs Verwundete aufzuheben, dieses Stück Degen auf dem Schlachtfeld gefunden.«

»Und ihnen ist nichts passiert?«, fragte Aramis.

»Nein, Monsieur, ich glaube nicht.«

»Das ist immerhin ein Trost.«

»Und wissen Sie, wohin man sie geführt hat?«, fragte Athos.

»In Richtung Louvres.«

»Wir werden Blaisois und Grimaud hierlassen«, sagte Athos, »sie sollen morgen mit den Pferden nach Paris zurückkehren, die uns heute unterwegs im Stich lassen würden, und wir nehmen die Extrapost.«

Aramis war einverstanden, und in aller Eile aßen die beiden Freunde noch etwas, ehe sie nach Louvres fuhren. Dort gab es nur einen einzigen Gasthof, in dem ein Getränk ausgeschenkt wurde, das sich seinen Ruhm bis in die heutige Zeit bewahrt hat. Sie traten ein und verlangten am Schanktisch, wie es d'Artagnan und Porthos getan haben mussten, zwei Gläser von diesem Getränk. Der Schanktisch, an dem gewöhnlich getrunken wurde, war mit einer Zinnplatte bedeckt, daraufwar mit einer dicken Nadel gekritzelt: »Rueil, D.«.

»Sie sind in Rueil!«, sagte Aramis, dem als Erstem die Inschrift aufgefallen war.

»Also auf nach Rueil!«, erwiderte Athos.

»Das heißt, dass wir uns dem Wolf in den Rachen werfen«, bemerkte Aramis.

»Wäre ich Jonas' Freund gewesen, wie ich d'Artagnans bin«, entgegnete Athos, »dann wäre ich ihm in den Bauch des Walfischs gefolgt, und du würdest es auch tun, Aramis.«

»Du machst mich entschieden besser, als ich bin, mein lieber Graf. Wäre ich allein, dann weiß ich nicht, ob ich so ohne große Vorsichtsmaßnahmen nach Rueil ginge, aber wo du hingehst, da gehe auch ich hin.«

Sie beschafften sich Pferde und ritten nach Rueil. Athos hatte, ohne es zu ahnen, Aramis den besten Rat gegeben, dem sie folgen konnten. Soeben waren in Rueil die Abgeordneten des Parlaments zu jenen berühmten Besprechungen eingetroffen, die drei Wochen dauern und zu dem lahmen Frieden führen sollten, dessen Folge war, dass der Prinz verhaftet wurde. Rueil war überfüllt, von den Parisern – Advokaten, Gerichtspräsidenten, Ratgebern, kurzum, Juristen aller Art – und von Seiten des Hofes mit Edelleuten, Offizieren und Garden. Es war also leicht, in diesem ganzen Wirrwarr so unbekannt zu bleiben, wie man wünschte. Außerdem hatten die Konferenzen einen Waffenstillstand herbeigeführt, und es wäre einem Angriff auf das Menschenrecht gleichgekommen, hätte man in diesem Augenblick zwei Edelleute verhaftet, mochten sie auch Frondeure ersten Ranges sein.

Die beiden Freunde bildeten sich ein, alle Welt müsse der Gedanke beschäftigen, der sie quälte. Sie mischten sich unter Gruppen, in dem Glauben, etwas von d'Artagnan und Porthos zu hören, aber jeder hatte nur Vertragsartikel und Abänderungsvorschläge im Sinn. Athos war dafür, schnurstracks zu dem Minister zu gehen. »Ich kenne keinen besseren Weg, als offen und ohne Falsch zu handeln«, erklärte er. »Aber ich habe überlegt – ich werde nicht zu Mazarin, sondern zu der Königin gehen und ihr sagen: ›Madame, geben Sie uns Ihre zwei getreuen Diener, unsere beiden Freunde, zurück.‹«

Aramis schüttelte den Kopf. »Das wäre der letzte Schritt, den du noch in Freiheit tun würdest, Athos, glaub mir, und unternimm ihn nur im äußersten Notfall, dafür wird immer noch Zeit sein. Inzwischen wollen wir unsere Nachforschungen fortsetzen.«

Das taten sie, und sie zogen so viele Erkundigungen ein, brachten unter tausend Vorwänden – die einen immer noch erfinderischer als die andern – so viele Leute zum Reden, dass sie am Ende einen leichten Reiter ausfindig machten, der ihnen gestand, er habe zu der Eskorte gehört, die d'Artagnan und Porthos von Compiègne nach Rueil gebracht habe. Wonach Athos auf seine Idee zurückkam, mit der Königin zu sprechen.

»Um die Königin zu sprechen, muss man zuerst mit dem Kardinal sprechen«, entgegnete ihm Aramis, »und sobald wir mit dem Kardinal gesprochen haben, werden wir mit unsern Freunden vereint sein, aber auf andere Weise, als wir es möchten. Und auf solche Art mit ihnen vereint zu werden behagt mir wenig, muss ich gestehen. Lass uns in Freiheit handeln, damit wir gut und rasch handeln können.«

»Ich werde zur Königin gehen«, sagte Athos.

»Na schön, mein Freund, wenn du entschlossen bist, diese Torheit zu begehen, dann sag's mir bitte einen Tag vorher.«

»Warum?«

»Weil ich dann die Gelegenheit benutzen möchte, einen Besuch in Paris zu machen.«

»Wem?«

»Zum Kuckuck! Was weiß ich? Vielleicht Madame de Longueville. Sie ist dort allmächtig und wird mir helfen. Nur lass mir durch jemand Bescheid sagen, wenn man dich verhaftet hat, dann werde ich nach besten Kräften andere Maßregeln ergreifen.«

»Warum lässt du es nicht darauf ankommen, mit mir zusammen verhaftet zu werden, Aramis? Ich glaube, wenn wir alle vier in der Haft vereint sind, haben wir nichts mehr zu befürchten. Nach vierundzwanzig Stunden sind wir draußen.«

»Mein Lieber, seit ich Châtillon, den Angebeteten aller Damen von Saint-Germain, umgebracht habe, ist zu viel Aufsehen um meine Person, als dass ich das Gefängnis nicht doppelt so sehr fürchten müsste. Die Königin wäre imstande, in diesem Fall den Ratschlägen Mazarins zu folgen, und Mazarin würde ihr den Rat geben, mich aburteilen zu lassen.«

»Dann werde ich mich aufopfern, lieber Freund, und Anna von Österreich um Audienz bitten. Wo werden wir uns wiederfinden?«

»Unterm Galgen des Kardinals.«

Damit trennten sich die beiden Freunde, Aramis, um nach Paris zurückzukehren, Athos, um sich durch vorbereitende Schritte einen Weg zur Königin zu bahnen.

Die Dankbarkeit Annas von Österreich

Athos begegnete viel weniger Schwierigkeiten, als er erwartet hatte, zu Anna von Österreich vorzudringen; im Gegenteil, schon beim ersten Schritt ebnete sich alles, und die gewünschte Audienz wurde ihm für den nächsten Morgen nach dem Lever gewährt, dem beizuwohnen er dank seiner Herkunft das Recht hatte.

Eine Unzahl Menschen drängten sich in den Gemächern von Saint-Germain, nie hatte Anna von Österreich im Louvre oder im Palais-Royal mehr Höflinge um sich gesehen, nur hatte sich diese Menge verändert, sie gehörte dem zweitrangigen Adel an, während die vornehmsten Adelsherren Frankreichs bei Monsieur de Conti, Monsieur de Beaufort und dem Weihbischof waren.

Im Übrigen herrschte an diesem Hof Heiterkeit und Frohsinn. Der besondere Charakter dieses Krieges brachte es mit sich, dass mehr Couplets verfasst als Kanonenschüsse abgefeuert wurden. Der Hof machte Spottlieder auf die Pariser, die wiederum Spottlieder auf den Hof machten, und die Verwundungen, wenn auch nicht tödlich, waren dennoch nicht weniger schmerzhaft, da sie mit der Waffe der Lächerlichkeit ausgeteilt wurden.

Doch inmitten dieser allgemeinen Heiterkeit und scheinbaren Oberflächlichkeit beschäftigte aller Denken im Grunde eine Hauptsorge: Würde Mazarin Minister und Günstling bleiben, oder würde er, wie eine Wolke von Süden gekommen, von dem Wind davongetragen werden, der ihn mitgebracht hatte? Dies hofften, dies wünschten alle, und dem Minister entging es nicht, dass alle Huldigungen, alle Speichelleckerei seiner Umgebungnur den Hass bemäntelten, der, unter Furcht und Eigennutz mangelhaft verhohlen, am Grunde schwelte. Er fühlte sich unbehaglich, da er nicht wusste, worauf er sich verlassen, auf wen er sich stützen konnte. Wieder nahm er seine Zuflucht zur Königin, seiner einzigen Stütze, doch mehrmals schien ihm, als wanke diese Stütze unter seiner Hand.

Zur festgesetzten Stunde der Audienz wurde dem Grafen von La Fère gemeldet, dass er nach wie vor empfangen werde, nur müsse er noch ein Weilchen warten, da die Königin mit dem Minister Rat zu halten habe. Das entsprach der Wahrheit. Paris hatte soeben eine neue Deputation geschickt, die versuchen sollte, den Dingen endlich irgendeine Wendung zu geben, und die Königin beriet mit Mazarin, welchen Empfang man diesen Abgesandten bereiten sollte. Die Staatsoberhäupter waren in großer Sorge. Athos hätte daher keinen schlechteren Zeitpunkt wählen können, von seinen Freunden zu sprechen, armseligen Stäubchen, die in dem entfesselten Wirbel untergingen. Doch Athos war ein unbeugsamer Mensch, der um einen gefassten Entschluss nicht feilschte, wenn ihm dieser Entschluss von seinem Gewissen eingegeben war und von seiner Pflicht vorgeschrieben wurde. Er bestand deshalb darauf, vorgelassen zu werden.

Als die Beratung zu Ende war, ließ ihn die Königin in ihr Arbeitszimmer rufen. Athos wurde hineingeführt und nannte seinen Namen. Es war ein Name, der Ihrer Majestät nur allzu oft zu Ohren gedrungen war und nur allzu oft in ihrem Herzen gebebt hatte, als dass er Anna von Österreich nicht bekannt gewesen wäre, dennoch blieb sie gleichgültig und begnügte sich damit, den Edelmann mit jener Unverblümtheit zu betrachten, die nur Königinnen, sei es wegen ihrer Schönheit oder ihres Geblüts, gestattet ist.

»Sie machen sich also erbötig, uns einen Dienst zu erweisen, Graf?«, fragte Anna von Österreich nach kurzem Schweigen.

»Ja, Madame, noch einen Dienst«, antwortete Athos, befremdet darüber, dass die Königin ihn nicht zu erkennen schien. Athos besaß ein edles Herz und war daher ein miserabler Höfling.

Anna runzelte die Stirn. Mazarin, der an einem Tisch saß und wie ein einfacher Staatssekretär in Papieren blätterte und las, hob den Kopf.

»Sprechen Sie«, sagte die Königin.

»Madame«, begann Athos, »zwei Freunde von uns, zwei der unerschrockensten Diener Eurer Majestät, Monsieur d'Artagnan und Monsieur du Vallon, wurden von dem Herrn Kardinal nach England geschickt und sind seit dem Augenblick, da sie den Fuß auf den Boden Frankreichs setzten, plötzlich verschwunden, und man weiß nicht, was aus ihnen geworden ist.«

»Und?«, fragte die Königin.

»Ich wende mich an die Gunst Eurer Majestät«, fuhr Athos fort, »um zu erfahren, was aus den beiden Edelleuten geworden ist, und behalte mir vor, mich, wenn es nötig sein sollte, an Ihre Gerechtigkeit zu wenden.«

»Monsieur«, erwiderte Anna von Österreich mit jenem Hochmut, der bestimmten Leuten gegenüber zur Unverschämtheit wird, »deswegen also belästigen Sie uns, während uns so große Sorgen bewegen? Eine Polizeiangelegenheit! Sie wissen doch, Monsieur, oder sollten es zumindest wissen, dass wir keine Polizei mehr haben, seit wir nicht mehr in Paris sind.«

»Ich glaube«, entgegnete Athos mit einer Verneigung frostiger Ehrerbietung, »Eure Majestät brauchten sich nicht bei der Polizei zu erkundigen, um zu erfahren, was aus den Herren d'Artagnan und du Vallon geworden ist, und wenn Sie die Güte hätten, den Herrn Kardinal über die beiden Edelleute zu befragen, dann könnte Ihnen der Herr Kardinal antworten, ohne etwas anderes zu Rate zu ziehen als sein eigenes Gedächtnis.«

»Gott verzeih mir!«, rief Anna von Österreich mit dieser verächtlichen Mundbewegung, die ihr eigen war. »Dann fragen Sie ihn doch selbst.«

»Ja, Madame, und ich habe wohl auch das Recht dazu, denn es handelt sich um Monsieur d'Artagnan, verstehen Sie, Madame, um Monsieur d'Artagnan«, entgegnete er so eindringlich, dass die Königin unter dem Druck der Erinnerungen die Stirn senkte.

Mazarin begriff, dass es Zeit war, Anna von Österreich zu Hilfe zu kommen. »Herr Graf«, sagte er, »ich will Sie gern über eine Sache ins Bild setzen, die Ihrer Majestät unbekannt ist, nämlich was aus den beiden Edelleuten geworden ist. Sie waren ungehorsam und befinden sich im Arrest.«

»Dann bitte ich Eure Majestät inständig«, sagte Athos, so unzugänglich wie zuvor und ohne Mazarin zu antworten, »dass Sie diesen Arrest zugunsten der Herren d'Artagnan und du Vallon aufheben.«

»Was Sie von mir erbitten, ist eine Sache der Disziplin und geht mich nichts an, Monsieur«, entgegnete die Königin.

»Monsieur d'Artagnan hat es daran nie fehlen lassen, wenn er im Dienst Eurer Majestät handelte«, versetzte Athos mit einer würdevollen Verneigung, worauf er zur Tür ging.

Doch Mazarin hielt ihn zurück. »Sie kommen auch aus England, Monsieur?«, fragte er, wobei er der Königin ein Zeichen gab. Sie erbleichte sichtlich und rüstete sich, einen strengen Befehl zu erteilen.

»Und ich habe die letzten Augenblicke König Karls I. miterlebt«, erwiderte Athos. »Es war das zweite Mal, dass Monsieur d'Artagnan nach England reiste. Das erste Mal ging es um die Ehre einer großen Königin, das zweite Mal um das Leben eines großen Königs.«

»Monsieur«, sagte Anna von Österreich zu Mazarin in einem Ton, dem sie trotz ihrer gewohnten Verstellung nicht den wahren Ausdruck hatte nehmen können, »sehen Sie zu, ob man für diese Edelleute etwas tun kann.«

»Ich werde alles tun, was Eurer Majestät beliebt«, antwortete Mazarin.

»Tun Sie, worum der Graf von La Fère bittet. So heißen Sie doch, nicht wahr, Monsieur?«

»Ich habe noch einen anderen Namen, Madame, ich nenne mich Athos.«

»Madame«, sagte Mazarin mit einem Lächeln, das verriet, wie leicht er begriff, »Sie können beruhigt sein, Ihre Wünsche werden erfüllt.«

»Sie haben gehört, Monsieur?«, bemerkte die Königin.

»Ja, Madame, und ich habe nichts weniger als Gerechtigkeit von Eurer Majestät erwartet. Ich werde also meine Freunde wiedersehen, nicht wahr, Madame! So habe ich doch Eure Majestät zu verstehen?«

»Sie werden sie wiedersehen, Monsieur. Übrigens, Sie gehören zur Fronde, nicht wahr?«

»Madame, ich diene dem König.«

»Ja, auf Ihre Weise.«

»Meine Weise ist die aller wahren Edelleute, und deren kenne ich wenige«, erwiderte Athos stolz.

»Gehen Sie also, Monsieur«, sagte die Königin, indem sie Athos mit einer Handbewegung verabschiedete, »Sie haben erlangt, was Sie zu erlangen wünschten, und wir wissen alles, was wir zu wissen wünschten.«

Als sich die Tür hinter Athos geschlossen hatte, wandte sie sich zu Mazarin. »Kardinal«, befahl sie, »lassen Sie diesen unverschämten Menschen festnehmen, ehe er das Schloss verlässt.«

»Ich habe schon daran gedacht«, antwortete Mazarin, »und bin glücklich, dass mir Eure Majestät einen Befehl erteilen, um den ich Sie dringend ersuchen wollte. Diese Draufgänger, die in unsere Zeit die Traditionen des früheren Regimes mitbringen, sind sehr störend, und da bereits zwei gefangen sitzen, werden wir den dritten dazusperren.«

Athos hatte sich von der Königin nicht völlig übertölpeln lassen. In ihrem Ton hatte etwas Befremdliches gelegen: während sie versprach, schien sie gleichzeitig zu drohen. Doch er war nicht der Mann, auf einen bloßen Verdacht hin das Weite zu suchen, noch dazu, da man ihm deutlich gesagt hatte, er werde seine Freunde wiedersehen. Er wartete daher in einem Nebenzimmer darauf, dass man ihn zu d'Artagnan und Porthos bringe und zu diesem Zweck abholen käme.

Während dieser Muße war er an das Fenster getreten und blickte unwillkürlich in den Hof hinab. Er sah die Deputation der Pariser eintreten, die gekommen war, um eine Einigung über den endgültigen Ort der Verhandlungen zu erzielen und der Königin ihre Aufwartung zu machen. Die Abordnung bestand aus Parlamentsräten, Gerichtspräsidenten und Advokaten, unter die sich ein paar Soldaten verirrt hatten. Eine glänzende Eskorte erwartete sie vor den Gittertoren.

Athos blickte aufmerksamer hin, da er in dieser Menge jemanden zu erkennen geglaubt hatte, als er eine leichte Berührung an seiner Schulter spürte. Er drehte sich um. »Ah! Monsieur de Comminges!«, sagte er.

»Ja, Herr Graf, und mit einer Mission beauftragt, für die ich Sie jedwede Entschuldigung von mir entgegenzunehmen bitte.«

»Mit welcher, Monsieur?«

»Haben Sie die Güte, mir Ihren Degen zu übergeben, Graf.«

Athos lächelte und öffnete das Fenster. »Aramis!«, rief er.

Ein Edelmann drehte sich um, es war der, den Athos zu erkennen gemeint hatte. Aramis grüßte freundschaftlich zu dem Grafen empor.

»Aramis, ich werde festgenommen.«

»Schon gut«, antwortete Aramis kaltblütig.

»Monsieur«, sagte Athos, wieder zu Comminges gewandt, und übergab ihm höflich seinen Degen, »hier ist mein Degen. Haben Sie die Freundlichkeit und bewahren Sie ihn sorgfältig auf, damit Sie ihn mir zurückgeben können, wenn ich das Gefängnis verlasse. Ich hänge an ihm, König Franz I. hat ihn meinem Großvater geschenkt. Zu seiner Zeit wurden die Edelleute bewaffnet, nicht entwaffnet. Wohin werden Sie mich jetzt führen?«

»In … zuerst in mein Zimmer«, antwortete Comminges. »Die Königin wird den Ort Ihres späteren Domizils bestimmen.«

Ohne ein weiteres Wort folgte Athos Comminges.

Das Königtum Monsieur de Mazarins

Die Verhaftung hatte keinen Lärm verursacht, kein ärgerliches Aufsehen erregt und war sogar nahezu unbekannt geblieben. Sie hatte daher in keiner Weise den Gang der Ereignisse gehemmt, und die von der Stadt Paris entsandte Deputation wurde feierlich davon unterrichtet, dass sie vor der Königin erscheinen dürfe.

Die Königin empfing sie stumm und hochmütig wie immer. Sie hörte sich die Vorstellungen und Bitten der Abgesandten an, doch als sie ihre Reden beendet hatten, hätte keiner sagen können, ob sie verstanden worden waren, so gleichgültig war das Gesicht Annas von Österreich geblieben.

Mazarin dagegen, der dieser Audienz beiwohnte, verstand ausgezeichnet, was die Abgesandten verlangten, es war schlicht und einfach und unmissverständlich ausgedrückt seine Verabschiedung.

Nach Schluss der Reden blieb die Königin stumm.

»Messieurs«, sagte Mazarin, »ich werde mich Ihnen anschließen und die Königin bitten, sie möge diesen Übelständen ein Ende machen. Ich habe alles getan, was ich konnte, um sie zu mildern, und dennoch besteht, wie Sie sagen, die öffentliche Meinung, ich, ein armer Fremdling, dem es nicht geglückt ist, den Franzosen zu gefallen, sei deren Urheber. Ach! Man hat mich nicht verstanden, und der Grund dafür war, dass ich auf den großartigsten Mann folgte, der das Zepter der Könige Frankreichs wie eh und je gestützt hat. Die Erinnerungen an Monsieur de Richelieu vernichten mich. Ich würde, wäre ich ehrgeizig, vergeblich gegen diese Erinnerungen kämpfen. Aber ich bin es nicht und will dafür meinen Beweis geben. Ich erkläre mich für besiegt. Ich werde tun, was das Volk verlangt. Wenn die Pariser irgendwo unrecht haben – und wer ist ohne Fehl, Messieurs? –, dann ist Paris genug gestraft. Genug Blut ist geflossen, genug Elend drückt eine ihres Königs und der Gerechtigkeit beraubte Stadt zu Boden. Es ist nicht an mir, einem einfachen Privatmann, mir so viel Wichtigkeit anzumaßen, dass ich eine Königin mit ihrem Königreich entzweie. Da Sie fordern, dass ich zurücktrete, nun, so werde ich zurücktreten.

»Herr Kanzler«, sagte die Königin zu Séguier, unserm alten Bekannten, »wir werden die Verhandlungen eröffnen, sie sollen in Rueil stattfinden. Der Herr Kardinal hat Dinge gesagt, die mich sehr bewegt haben. Deshalb widerspreche ich Ihnen nicht länger. Was das Bleiben oder Abreisen betrifft, so hege ich zu große Dankbarkeit für den Herrn Kardinal, um ihm nicht in jeder Hinsicht seine Handlungsfreiheit zu lassen. Der Herr Kardinal wird tun, was erwünscht.«

Eine flüchtige Blässe überzog das intelligente Gesicht des Ersten Ministers.

»Aber«, fügte die Königin hinzu, »bis zur Entscheidung Monsieur de Mazarins soll bitte nur von dem König die Rede sein.«

Die Abgesandten verneigten sich und gingen.

»Wie?«, rief die Königin, als der Letzte das Zimmer verlassen hatte. »Sie wollen diesen Rechtsverdrehern und Advokaten weichen?«

»Für das Glück Eurer Majestät gibt es kein Opfer, das ich nicht auf mich zu nehmen bereit wäre, Madame«, erwiderte Mazarin, während er die Königin mit seinem durchdringenden Blick ansah.

Anna senkte den Kopf und verfiel wie so oft ins Träumen. »Es ist also unumgänglich«, murmelte sie, »dass wir dem Sturm nachgeben, den Frieden erkaufen und geduldig und fromm bessere Zeiten abwarten?«

Mazarin lächelte bitter zu ihren Worten, die ihm sagten, dass sie den Vorschlag des Ministers ernst genommen hatte. Da Anna immer noch den Kopf gesenkt hielt, entging ihr dieses Lächeln, doch als sie auf ihre Frage keine Antwort erhielt, hob sie die Augen.

»Nun? Sie sagen nichts, Kardinal, was denken Sie?«

»Ich denke daran, Madame, dass dieser unverschämte Edelmann, der von Comminges, wie wir befahlen, festgenommen wurde, auf Lord Buckingham anspielte, dessen Ermordung Sie zuließen, auf Madame de Chevreuse, deren Verbannung Sie zuließen, und auf Monsieur de Beaufort, der auf Ihr Geheiß eingekerkert wurde. Doch wenn er auf mich anspielte, dann weiß er nicht, was ich für Sie bedeute. Was man mir da anträgt, ist wahrhaftig beinahe eine Abdankung, und eine Abdankung verdient, dass man darüber nachdenkt.«

»Eine Abdankung?«, wiederholte Anna von Österreich. »Ich glaube, Monsieur, nur Könige haben abgedankt.«

»Je nun«, erwiderte Mazarin, »bin ich nicht beinahe König und sogar König von Frankreich? Ich versichere Ihnen, Madame, mein über das Fußende eines königlichen Betts geworfenes Ministergewand gleicht des Nachts sehr einem Königsmantel.«

Das war eine der Demütigungen, die Mazarin sie sehr häufig erdulden ließ und unter denen sie immer wieder den Kopf beugte. Nur Elisabeth und Katharina II. blieben für ihre Liebhaber Geliebte und Königin. Anna von Österreich nahm daher gleichsam mit Schrecken den drohenden Gesichtsausdruck des Kardinals wahr, dem es in solchen Augenblicken nicht an einer gewissen Größe mangelte.

»Monsieur«, erwiderte sie, »habe ich diesen Leuten nicht gesagt, und haben Sie nicht gehört, dass ich ihnen sagte, Sie würden tun, was Ihnen beliebt?«

»Ich glaube, in diesem Fall beliebt es mir, zu bleiben. Das ist nicht nur in meinem Interesse, sondern auch zu Ihrem Heil, wie ich zu behaupten wage.«

»Also bleiben Sie, Monsieur, ich wünsche nichts anderes; aber dann lassen Sie mich nicht beleidigen.«

»Sie sprechen von den Forderungen der Aufrührer und dem Ton, in dem sie diese vortragen? Geduld! Sie haben einen Boden gewählt, auf dem ich ein fähigerer General bin als sie: Verhandlungen. Wir brauchen nur Zeit zu gewinnen, um sie zu schlagen. Sie hungern bereits, das wird in acht Tagen noch schlimmer sein.«

»Mein Gott, ja, Monsieur, ich weiß, dass wir am Ende siegen werden. Aber es handelt sich nicht um sie allein, die für mich verletzendsten Beleidigungen werden mir nicht von ihnen zugefügt.«

»Ah, jetzt verstehe ich Sie. Sie sprechen von Erinnerungen, die durch diese drei oder vier Edelleute ständig heraufbeschworen werden. Aber wir halten sie ja gefangen, und sie haben sich hinreichend schuldig gemacht, sie so lange in Gefangenschaft zu halten, wie es uns passt. Nur ein einziger befindet sich noch außerhalb unserer Macht und bietet uns Trotz. Aber zum Teufel! Es wird uns schon gelingen, ihn mit seinen Gefährten zu vereinen. Mir scheint, wir haben Schwierigeres als das vollbracht. Ich habe die beiden Unlenksamsten aus Vorsicht zunächst in Rueil einsperren lassen, das heißt bei mir, das heißt unter meinen Augen, in meiner Reichweite. Heute wird der dritte dazukommen.«

»Solange sie Gefangene sind, ist es gut«, entgegnete Anna von Österreich, »aber eines Tages werden sie herauskommen.«

»Ja, wenn Eure Majestät sie in Freiheit setzen.«

»Ach«, fuhr die Königin als Antwort auf ihre eigenen Gedanken fort, »da vermisst man Paris!«

»Warum?«

»Wegen der Bastille, Monsieur, die so stark und so verschwiegen ist.«

»Madame, mit den Verhandlungen haben wir den Frieden, mit dem Frieden haben wir Paris, mit Paris haben wir die Bastille! Dort werden unsere vier Eisenfresser verfaulen.« Anna von Österreich runzelte leicht die Stirn, während ihr Mazarin zum Abschied die Hand küsste und nach dieser halb untertänigen, halb galanten Geste das Zimmer verließ. Anna folgte ihm mit den Augen, und langsam verzogen sich ihre Lippen zu einem verächtlichen Lächeln.

»Ich habe die Liebe eines Kardinals, der niemals sagte: ›Ich werde tun‹, sondern: ›Ich habe getan‹, mit Füßen getreten«, murmelte sie. »Der kannte Verstecke, die sicherer waren als Rueil, noch düsterer und stummer als die Bastille. Ach, die Welt entartet!«

Die Verliese des Monsieur de Mazarin

Nachdem Mazarin Anna von Österreich verlassen hatte, begab er sich in starker Begleitung, wie immer in diesen Zeiten der Wirrnisse, zu seinem Wohnsitz in Rueil – mitunter reiste er sogar verkleidet. Im Hof des alten Schlosses Saint-Germain stieg er in seine Kutsche, der Athos, von Comminges scharf bewacht, zu Pferd und ohne Degen wortlos folgte.

In Rueil fuhr Mazarin an der Freitreppe des Schlosses vor, das sein Vorgänger, Kardinal de Richelieu, für sich hatte einrichten lassen. Als er ausstieg, trat Comminges zu ihm. »Monseigneur«, fragte er, »wo belieben Eure Eminenz Monsieur de La Fère unterbringen zu lassen?«

»Im Flügel der Orangerie, gegenüber dem Flügel, in dem sich die Wachmannschaft befindet. Ich wünsche, dass man dem Herrn Grafen de La Fère Ehre erweist, mag er auch ein Gefangener Ihrer Majestät der Königin sein.«

»Monseigneur«, wagte Comminges zu äußern, »er bittet um die Gunst, zu Monsieur d'Artagnan geführt zu werden, der, wie Eure Eminenz befohlen haben, in den Jagdflügel gegenüber der Orangerie gebracht wurde.«

Mazarin überlegte einen Augenblick. »Diese Herren, Comminges«, sagte er dann mit seinem hintergründigen Lächeln, »sind nicht Gefangene von mir, sondern meine Gäste, so wertvolle Gäste, dass ich die Fenster habe vergittern und an den Türen der von ihnen bewohnten Gemächer habe Riegel anbringen lassen, so sehr fürchte ich, sie könnten es überdrüssig werden, mir Gesellschaft zu leisten. Doch wie sehr sie auch auf den ersten Blick als Gefangene erscheinen mögen, ich schätze sie ungemein, und der Beweis dafür ist, dass ich Monsieur de La Fère einen Besuch machen möchte, um unter vier Augen mit ihm zu sprechen. Damit wir dabei nicht gestört werden, führen Sie ihn also, wie ich schon sagte, in den Orangerieflügel. Sie wissen, das ist mein üblicher Spaziergang, und bei dieser Gelegenheit werde ich bei ihm eintreten und mit ihm plaudern. Ich hege, wenn er auch behauptet, mein Feind zu sein, Sympathie für ihn, und vielleicht lässt sich etwas tun, wenn er vernünftig ist.«

Comminges verneigte sich und kehrte zu Athos zurück, der, äußerlich ruhig, aber ehrlich besorgt, das Ergebnis des Gesprächs erwartete. »Nun?«, fragte er den Hauptmann der Garde.

»Monsieur«, antwortete Comminges, »es ist anscheinend unmöglich.«

»Da kein Hindernis vorhanden ist, zu erfahren, dass Monsieur d'Artagnan hier ist, gibt es vermutlich auch kein größeres, dass er von meinem Hiersein erfährt?«

Comminges zuckte die Achseln und führte ihn in das für ihn bestimmte Zimmer, durch dessen sorgfältig vergittertes Fenster Athos Mauern und Dächer erblickte.

»Was ist das für ein Gebäude?«, fragte er.

»Die Hinterfront des Jagdflügels, in dem Ihre Freunde gefangen gehalten werden«, antwortete Comminges. »Leider sind die Fenster, die nach dieser Seite lagen, zur Zeit des früheren Kardinals zugemauert worden, denn die Gebäude haben mehr als einmal als Gefängnis gedient, und wenn Monsieur de Mazarin Sie hier einsperrt, gibt er ihnen nur ihre frühere Bestimmung zurück. Wären die Fenster nicht zugemauert, dann hätten Sie den Trost, sich mit Ihren Freunden durch Zeichen zu unterhalten.«

Doch verlassen wir jetzt die Orangerie und begeben wir uns zu dem Jagdflügel. Im Hintergrund des Hofes, wo ein von ionischen Säulen gebildeter Portikus den Blick auf die Zwinger der Jagdhunde freigab, erhob sich ein längliches Bauwerk, das sich wie ein Arm nach jenem anderen Arm, der Orangerie, auszustrecken schien, so dass beide um den großen Schlosshof einen Halbkreis beschrieben.

Im Erdgeschoss dieses sogenannten Jagdflügels waren Porthos und d'Artagnan eingesperrt und teilten die langen Stunden einer Gefangenschaft, die diesen beiden Charakteren so widerwärtig war. D'Artagnan wanderte starren Blicks wie ein Tiger auf und ab, wobei er mitunter an den Gitterstäben eines großen Fensters, das zum Wirtschaftshof führte, ein dumpfes Brüllen ausstieß. Porthos verdaute ein ausgezeichnetes Mittagessen, dessen Reste man soeben abserviert hatte. Der eine schien der Vernunft beraubt – und dachte nach; der andere schien tief nachzudenken – und schlief. Nur war sein Schlummer ein Alptraum, was sein zusammenhangloses, häufig unterbrochenes Schnarchen verriet.

So verging der Tag, und er neigte sich, als Comminges hinter einem Sergeanten und zwei Mann eintrat, die in einem länglichen Korb voller großer und kleiner Schüsseln das Abendessen brachten.

»Schon wieder Hammel!«, knurrte Porthos.

»Mein lieber Monsieur de Comminges«, fiel d'Artagnan ein, »lassen Sie sich sagen, dass mein Freund, Monsieur du Vallon, entschlossen ist, sich zum Äußersten hinreißen zu lassen, wenn Monsieur de Mazarin hartnäckig darauf besteht, ihn mit dieser Sorte Fleisch zu ernähren.«

»Ich erkläre sogar«, ergänzte Porthos, »dass ich nichts anderes essen werde, wenn man das nicht wegschafft.«

»Entfernen Sie das Hammelfleisch«, befahl Comminges, »ich möchte, dass Monsieur du Vallon angenehm zu Abend speist, umso mehr, als ich ihm eine Nachricht zu vermelden habe, die ihm ganz gewiss nicht den Appetit rauben wird, im Gegenteil.«

»Sollte Monsieur de Mazarin gestorben sein?«, fragte Porthos.

»Nein, leider muss ich Ihnen sogar sagen, dass es ihm vortrefflich geht.«

»Schade«, bemerkte Porthos.

»Und was ist das für eine Nachricht?«, fragte d'Artagnan.

»Würde es Sie freuen, zu erfahren, dass sich der Herr Graf von La Fère wohl befindet?«

»Und ob ich mich darüber freuen würde!«, rief d'Artagnan. »Ich wäre darüber mehr als froh, ich wäre glücklich darüber.«

»Nun, er selbst hat mich beauftragt, Sie herzlich zu grüßen und Ihnen zu sagen, dass er gesund ist.«

»Dann haben Sie ihn also gesehen und gesprochen?«

»Gewiss.«

»Wo? – ohne unbescheiden zu sein …«

»Hier ganz in der Nähe«, antwortete Comminges lächelnd.

Er schleicht um das Schloss herum, dachte d'Artagnan und fragte dann: »Sie sind ihm auf der Jagd begegnet? Vielleicht im Park?«

»Nein, näher, viel näher. Da, hinter dieser Wand«, erwiderte Comminges, wobei er an die betreffende Wand klopfte.

»Hinter dieser Wand? Dann wohnt also Monsieur de La Fère im Schloss?«

»Ja.«

»Aus welchem Grunde?«

»Aus demselben wie Sie.«

»Athos ist Gefangener? Athos ist verhaftet worden?«

»Gestern, in Saint-Germain, als er aus den Gemächern der Königin kam.«

»Und wie trägt er es?«, fragte Porthos.

»Sehr gut«, antwortete Comminges. »Zuerst schien er recht verzweifelt zu sein, doch als er erfuhr, dass ihm der Herr Kardinal schon heute Abend einen Besuch machen will …«

»Ach … der Herr Kardinal will den Grafen von La Fère besuchen?«

»Ja, er ließ es ihm ausrichten, und als der Herr Graf von La Fère diese Nachricht erhielt, beauftragte er mich, Ihnen zu sagen, er werde diese Gunst, die ihm der Kardinal erweise, benutzen, um Ihre Sache und die seine zu verteidigen.«

»Der Graf hat den Herrn Kardinal um diesen Besuch gebeten?«, fragte d'Artagnan.

»Aber nein«, entgegnete Comminges, »der Herr Kardinal pflegt jeden Abend in der Orangerie umherzuspazieren, wo er sich anscheinend die Staatsgeschäfte durch den Kopf gehen lässt, und will heute bei dieser Gelegenheit – so drückte er sich aus – Monsieur de La Fère in seinem Zimmer aufsuchen und sich unter vier Augen mit ihm unterhalten.«

»Natürlich lässt er sich begleiten?«, fragte d'Artagnan.

»Ja, von zwei Soldaten.«

»Und vor zwei Fremden will er eine vertrauliche Unterredung führen?«

»Die Soldaten sind Schweizer aus kleinen Kantonen, die nur deutsch sprechen. Außerdem werden sie aller Wahrscheinlichkeit nach vor der Tür warten.«

D'Artagnan presste sich die Fingernägel in die Handballen, damit sein Gesicht nichts ausdrücke, als er ihm auszudrücken erlaubte.

Comminges verabschiedete sich. »Adieu, Messieurs. Schlafen Sie gut!«

»Wir werden's versuchen.«

In bescheidener Haltung und ergebenen Gesichts folgte ihm d'Artagnan mit den Augen, als er hinausging. Doch kaum hatte sich die Tür hinter dem Hauptmann der Garde geschlossen, da stürzte er zu Porthos und umarmte ihn mit einer Freude, über die kein Irrtum möglich war.

»O je, was hast du?«, fragte Porthos. »Bist du verrückt geworden, mein armer Freund?«

»Was ich habe? Wir sind gerettet!«

»Das sehe ich aber auch nicht im mindesten«, widersprach Porthos, »ich sehe im Gegenteil, dass wir alle, mit Ausnahme von Aramis, gefangen sitzen und dass unsere Aussichten, zu entwischen, geringer geworden sind, seit noch einer in die Mausefalle von Monsieur de Mazarin geraten ist.«

»Für zwei reichte diese Mausefalle aus, mein lieber Freund Porthos, für drei wird sie zu schwach.«

»Ich verstehe kein Wort«, erklärte Porthos.

»Macht nichts. Wie spät war es ungefähr, als wir gestern Abend die beiden Schweizer Posten auf und ab gehen sahen?«

»Ich glaube, eine Stunde nach Einbruch der Dunkelheit.«

»Dein Arm ist immer noch ziemlich stark, nicht wahr, Porthos?«

Porthos knöpfte seine Manschetten auf, streifte die Ärmel hoch und betrachtete mit Wohlgefallen seine kräftigen Arme, die so dick wie die Schenkel eines gewöhnlichen Mannes waren. »Aber ja«, antwortete er, »ziemlich stark.«

»So dass du ohne große Umstände die Feuerzange zu einem Reifen biegen und aus dieser Schaufel einen Korkenzieher machenkönntest?«

»Natürlich.«

»Lass mich mal sehen«, sagte d'Artagnan.

Der Riese nahm die beiden bezeichneten Gegenstände und brachte mit größter Geschicklichkeit und ohne sichtliche Anstrengung nacheinander die zwei von seinem Freund gewünschten Verwandlungen zustande. »Da!«, sagte er.

»Herrlich!«, rief d'Artagnan. »Du bist wirklich begabt, Porthos.«

»Ich habe von einem gewissen Milo von Kroton gehört, der ganz erstaunliche Sachen machte, zum Beispiel schnürte er einen Strick fest um seine Stirn und sprengte ihn dann; mit einem Fausthieb tötete er einen Ochsen und trug ihn auf den Schultern heim; ein Pferd hielt er bei den Hinterbeinen an – und so weiter. Ich habe mir in Pierrefonds all seine Heldentaten erzählen lassen und ihm alles nachgemacht, bloß das mit dem Strick um den Kopf, ihn durch Aufblähen der Schläfen zu zerreißen, ist mir nicht gelungen.«

»Bei dir liegt die Stärke eben nicht im Kopf, Porthos«, bemerkte d'Artagnan.

»Nein, sie liegt in meinen Armen und in meinen Schultern«, antwortete Porthos naiv.

»Schön, mein Freund, komm jetzt ans Fenster und bediene dich deiner Stärke, indem du einen Gitterstab herausbrichst. Warte, ich lösche die Lampe aus.«

Porthos tat wie geheißen, packte mit beiden Händen einen Stab, zog und krümmte ihn wie einen Bogen, so dass beide Enden aus ihren Löchern im Stein sprangen, wo sie der Zement seit dreißig Jahren festgehalten hatte.

»Vortrefflich, mein Freund«, sagte d'Artagnan, »das hätte der Kardinal nie im Leben fertiggebracht, obwohl er ein so genialer Kopf ist.«

»Soll ich noch andere herausbrechen?«, fragte Porthos.

»Nein, der wird uns genügen. Jetzt kann ein ausgewachsener Mann sich durchzwängen.«

»Ich möchte bloß wissen …«

»Gleich wirst du im Bilde sein, mein lieber Freund. Die Tür der Wachstube geht auf, wie du siehst.«

Tatsächlich kamen zwei Soldaten auf das Fenster zu, die Hände reibend, denn es war ja Februar und kalt. Plötzlich öffnete sich abermals die Tür, und einer von den Soldaten wurde gerufen. Er verließ seinen Kameraden und kehrte in die Wachstube zurück.

»Du hast etwas vor«, sagte Porthos. »Geht das immer noch?«

»Besser denn je«, erwiderte d'Artagnan. »Aber jetzt hör zu. Ich werde den Soldaten herrufen und mich mit ihm unterhalten, wie ich es gestern mit einem seiner Kameraden gemacht habe. Wenn er auf die Bank vorm Fenster steigt, verziehe ich mich auf die linke Seite, so dass du ihn rechts von dir hast, und im selben Augenblick streckst du deinen fürchterlichen Arm aus und packst ihn am Hals. Dann hebst du ihn hoch und ziehst ihn ins Zimmer, wobei du darauf achten musst, dass du ihn so fest im Griff hast, dass er nicht schreien kann.«

»Ja, aber wenn ich ihn erwürge?«

»In dem Fall wäre es nur ein Schweizer weniger, aber ich hoffe, du wirst ihn nicht erwürgen. Dann legst du ihn ganz sacht hier auf den Boden, und wir knebeln ihn und binden ihn irgendwo an. Damit hätten wir zunächst eine Uniform und einen Degen.«

»Wunderbar!«, sagte Porthos und starrte d'Artagnan mit allertiefster Bewunderung an.

»Also, wenn ich huste, dann streck den Arm aus, dann ist es so weit.«

Darauf nahmen die beiden Freunde ihre Plätze ein. Porthos stand so, dass ihn der Fensterwinkel völlig verbarg.

»Guten Abend, Kamerad«, sagte d'Artagnan mit seiner liebenswürdigsten Stimme und im bescheidensten Ton.

»Guten Abend, Monsieur«, antwortete der Soldat.

»Es ist wohl nicht zu warm zum Spazierengehen?«

»Brrr!«, machte der Soldat.

»Ich glaube, ein Glas Wein wäre Ihnen nicht unlieb?«

»Es wäre sehr willkommen.«

»Ich habe hier eine Flasche, und sie gehört Ihnen, wenn Sie sie auf mein Wohl leeren wollen.«

»Oh, das will ich gern«, erwiderte der Soldat und trat näher.

»Dann holen Sie sich die Flasche, mein Freund«, sagte der Gascogner.

»Herzlich gern. Ich glaube, da steht eine Bank.«

»Meine Güte! Ja. Man könnte meinen, sie wäre extra dafür hingestellt worden. Steigen Sie hinauf … Ja, gut, so ist's recht, mein Freund.« Und d'Artagnan hustete.

Im selben Augenblick schoss Porthos' Arm hinab, seine stählerne Hand griff blitzschnell zu, schloss sich wie eine Zange um den Hals des Soldaten, hob ihn, jeden Ton erstickend, hoch, zog ihn, auf die Gefahr hin, ihm dabei das Fell abzuziehen, durch die Öffnung und legte ihn auf den Boden, wo ihn d'Artagnan, nachdem er ihm gerade noch Zeit zum Luftschnappen gelassen hatte, mit seiner Schärpe knebelte. Sobald er ihn geknebelt hatte, entkleidete er ihn mit der Geschwindigkeit und dem Geschick eines Mannes, der sein Handwerk auf dem Schlachtfeld gelernt hat. Dann legten unsere Freunde den Gefesselten und Geknebelten in den Kamin, in dem sie schon vorher das Feuer gelöscht hatten.

»Das ist nur ein Degen und eine Uniform«, bemerkte Porthos.

»Die nehme ich«, erwiderte d'Artagnan. »Wenn du auch einen Degen und eine Uniform haben willst, müssen wir das Ganze noch mal machen. Aufgepasst! Ich sehe gerade den andern Soldaten aus der Wachstube treten, und er kommt in diese Richtung.«

»Ich glaube, es wäre unklug, dasselbe Manöver zu wiederholen«, wandte Porthos ein. »Zweimal, heißt es, glückt dieselbe Sache nicht. Wenn ich ihn verfehlte, wäre alles verloren. Ich werde hinaussteigen, ihn unvermutet packen und ihn dir gleich geknebelt überreichen.«

So geschah es. Der Riese versteckte sich, packte den Soldaten, als er an ihm vorbeiging, am Hals, knebelte ihn, schob ihn wie eine Mumie durch die Öffnung im Fenstergitter und kletterte hinter ihm wieder hinein.

Der zweite Gefangene wurde wie der erste entkleidet und zu diesem in den Kamin gelegt. Eine Zeitlang war nichts zu hören als das leichte Rascheln von Stoff. Porthos und d'Artagnan zogen sich in aller Eile um.

»So«, sagte d'Artagnan, als sie fertig waren, »und jetzt hinaus auf den Hof. Wir nehmen den Platz dieser beiden Kerle ein.« Damit ließ er sich mühelos durch die Fensteröffnung zu Boden gleiten. Porthos folgte ihm auf demselben Weg, wenn auch nicht ganz so mühelos und geschwind.

Kaum standen sie auf dem Hof, als eine Tür geöffnet wurde und die Stimme des Kammerdieners rief: »Die Diensthabenden!«

Gleichzeitig ging auch die Tür der Wachstube auf, und es rief von dort jemand: »La Bruyère und du Bartois, los!«

»Anscheinend heiße ich La Bruyère«, sagte d'Artagnan.

»Und ich du Bartois«, sagte Porthos.

Die beiden aus dem Stegreif geschaffenen Soldaten marschierten ernst hinter dem Kammerdiener her, der ihnen die Tür zur Vorhalle öffnete und dann eine zweite zu einem Wartezimmer, wo er auf zwei Schemel zeigte und sagte: »Die Instruktion ist sehr einfach, lassen Sie hier nur eine Person eintreten, eine einzige, nicht mehr, verstanden? Und dieser Person gehorchen Sie in allem. Über Ihre Rückkehr ist kein Irrtum möglich, Sie warten, bis ich Sie ablöse.«

D'Artagnan war dem Kammerdiener, keinem andern als Bernouin, der ihn in sechs oder acht Monaten wohl ein dutzendmal zu dem Kardinal geführt hatte, sehr gut bekannt. Deshalb begnügte er sich damit, ein »Ja« zu brummen, das so wenig wie möglich gascognisch und so echt wie möglich deutsch klang.

Bernouin entfernte sich und verschloss die Tür.

»Oho!«, bemerkte Porthos, als er den Schlüssel im Schloss knirschen hörte. »Anscheinend ist es hier Mode, die Leute einzusperren. Ich möchte fast meinen, wir haben bloß das Gefängnis gewechselt – statt dort gefangen, sind wir es jetzt in der Orangerie. Ich weiß nicht, ob wir dadurch etwas gewonnen haben.«

»Zweifle nicht an der Vorsehung, mein Freund Porthos«, flüsterte d'Artagnan, »Lass mich überlegen und nachdenken. – Still! Da ist der Angekündigte.«

Sie vernahmen aus der Vorhalle das Geräusch eines leichten Schritts. Die Tür kreischte in den Angeln, und ein Mann erschien, als Kavalier gekleidet, in einen braunen Mantel gehüllt, einen mächtigen Filzhut über die Augen gezogen und eine Laterne in der Hand.

Porthos drückte sich an die Wand, konnte sich aber nicht so unsichtbar machen, dass der Mann ihn nicht bemerkte. Er reichte ihm seine Laterne und sagte: »Zünden Sie die Deckenlampe an.« Dann wandte er sich an d'Artagnan. »Die Instruktion ist Ihnen bekannt?«, fragte er.

»Ja«, antwortete der Gascogner, entschlossen, sich auf diese Probe der deutschen Sprache zu beschränken.

»Tedesco«, murmelte der Kavalier, »va bene.« Damit ging er zu der Tür gegenüber jener, durch die er eingetreten war, öffnete sie und schloss sie hinter sich.

»Und was machen wir jetzt?«, fragte Porthos.

»Gebrauch von deiner Schulter, Freund Porthos, wenn diese Tür abgeschlossen ist. Jedes zu seiner Zeit, und alles kommt gelegen, wenn man abzuwarten versteht. Aber zuerst wollen wir die erste Tür ordentlich verbarrikadieren, dann können wir dem Kavalier folgen.«

Sogleich machten sich die beiden Freunde ans Werk und versperrten die Tür mit allen Möbelstücken, die vorhanden waren, eine Sperre, die umso wirksamer war, als die Tür nach innen aufging.

»Jetzt sind wir sicher, nicht von hinten überfallen zu werden«,

sagte d'Artagnan. »Und nun vorwärts!«

Doch vergeblich versuchte er die andere Tür zu öffnen, sie war abgeschlossen. »Damit ist dein Schultertrick an der Reihe«, sagte er. »Drück zu, Freund Porthos, aber sachte, ohne Geräusch. Schlag nichts ein, sondern bring nur die Türflügel auseinander.«

Porthos stemmte seine starke Schulter gegen eine Füllung, so dass sie sich bog, daraufführte d'Artagnan seine Degenspitze in das Schloss zwischen Riegel und Zuhaltungsbügel. Der keilförmige Riegel gab nach, die Tür sprang auf.

»Lass dir sagen, Freund Porthos, Frauen und Türen gewinnt man durch Zartheit.«

»Und Tatsache ist, dass du ein großer Moralist bist.«

Sie traten ein. Hinter einer Glaswand erblickten sie im Schein der Laterne des Kardinals, die auf dem Boden stand, die langen Reihen der Orangen- und Granatapfelbäume des Schlosses Rueil, die eine breite Mittelallee und zwei schmalere Seitenalleen bildeten.

»Kein Kardinal«, bemerkte d'Artagnan, »nur seine Laterne. Wo, zum Teufel, steckt er?«

Doch als er die eine Seitenallee durchforschte, nachdem er Porthos bedeutet hatte, in der anderen zu suchen, entdeckte er plötzlich zu seiner Linken einen von seinem Platz entfernten Kübel und dort, wo er gestanden hatte, ein gähnendes Loch. Zehn Männer hätten Mühe gehabt, diesen Kübel zu bewegen, aber durch irgendeinen Mechanismus hatte er sich samt der Steinplatte, die ihn trug, gedreht. Und in dem Loch gewahrte d'Artagnan die Stufen einer Wendeltreppe.

Er winkte Porthos heran und zeigte ihm das Loch und die Treppe. Beide sahen sich verblüfft an.

»Wenn wir nur Gold wollten«, flüsterte d'Artagnan, »hätten wir unser Glück gefunden und wären für immer reich. Denn am Fuß dieser Treppe befindet sich aller Wahrscheinlichkeit nach die sagenhafte Schatzkammer des Kardinals, von der so viel geredet wird, und wir brauchten nur hinunterzusteigen, eine Truhe zu öffnen, den Kardinal doppelt und dreifach darin einzuschließen, so viel Gold mitzunehmen, wie wir schleppen könnten, den Kübel mit dem Orangenbaum an seinen Platz zu stellen, und kein Mensch auf der Welt, nicht einmal der Kardinal, würde uns fragen, woher unser Reichtum kommt. Wie wäre das, Porthos?«

»Ein hübscher Streich für Bauernlümmel, aber zweier Edelleute unwürdig, denke ich.«

»Ganz meine Ansicht – wir wollen ja auch etwas anderes.« Er beugte den Kopf hinab, um zu lauschen, und da schlug ein metallischer Ton an sein Ohr, als werde ein Beutel mit Gold bewegt. Er fuhr zurück. Gleich darauf wurde eine Tür geschlossen, und auf der Treppe tauchte ein noch schwacher Lichtschein auf.

Seine Laterne hatte Mazarin in der Orangerie gelassen, um allen weiszumachen, dass er dort lustwandle. Er brauchte sie auch nicht, da er für seinen mysteriösen Geldschrank über eine Wachskerze verfügte. Als deren Licht den Fuß der Treppe erhellte, versteckten sich d'Artagnan und Porthos jeder in einer Seitenallee hinter einem Kübel und warteten ab.

Drei Schritt von d'Artagnan entfernt drückte Mazarin auf eine in der Mauer verborgene Feder; die Steinplatte drehte sich, und der Orangenbaum kehrte wie von selbst an seinen Platz zurück. Darauf löschte der Kardinal seine Kerze, steckte sie in die Tasche, nahm seine Laterne und murmelte vor sich hin: »Und jetzt zu Monsieur de La Fère.«

Gut, dachte d'Artagnan, da haben wir denselben Weg. Gehen wir zusammen hin.

Und so setzten sich alle drei in Bewegung, Monsieur de Mazarin durch die Mittelallee, Porthos und d'Artagnan durch die parallellaufenden Seitenalleen, wobei die beiden Freunde sorgfältig die langen Lichtstrahlen mieden, die bei jedem Schritt durch das Laternengehäuse des Kardinals drangen.

Ohne bemerkt zu haben, dass man ihm folgte, denn der weiche Sand dämpfte das Geräusch der Schritte, gelangte der Kardinal zu einer zweiten Glastür, wandte sich nach links und trat in einen Gang, auf den Porthos und d'Artagnan noch nicht aufmerksam geworden waren, und blieb plötzlich nachdenklich stehen. »Ah, diavolo!«, sagteer. »Ich vergaß, was mir Comminges geraten hat. Ich muss die Soldaten holen und sie an diese Tür stellen, um mich nicht auf Gnade und Ungnade diesem Teufelskerl zu ergeben.« Und mit einer ungeduldigen Bewegung drehte er sich um und wollte zurückgehen.

»Machen Sie sich nicht die Mühe, Monseigneur«, sagte d'Artagnan, einen Fuß vorgestellt, den Filzhut in der Hand und mit liebenswürdigem Gesicht, »wir sind Eurer Eminenz Schritt für Schritt gefolgt, und hier sind wir.«

Mazarin blickte mit verstörten Augen von einem zum andern, erkannte beide und ließ mit einem Stöhnen des Entsetzens die Laterne fallen.

D'Artagnan hob sie auf, zum Glück war sie nicht erloschen. »Welche Unvorsichtigkeit, Monseigneur!«, sagte er. »Es ist nicht ratsam, hier ohne Licht zu gehen. Eure Eminenz könnten sich an einem Kübel stoßen oder in ein Loch fallen.«

»Monsieur d'Artagnan!«, murmelte Mazarin, der sich von seinem Staunen nicht erholen konnte.

»Ja, Monseigneur, ich bin's, und ich habe die Ehre, Ihnen Monsieur du Vallon zu präsentieren, meinen vortrefflichen Freund, für den Eure Eminenz sich einst so lebhaft interessierten.« Dabei lenkte er den Schein der Laterne auf das fröhliche Gesicht von Porthos, der zu verstehen begann und ganz stolz darauf war.

»Sie wollen zu Monsieur de La Fère«, fuhr d'Artagnan fort. »Tun Sie sich unsretwegen keinen Zwang an, Monseigneur. Haben Sie die Güte, uns den Weg zu weisen, wir werden Ihnen folgen.«

Langsam kam Mazarin wieder zu sich. »Sind Sie schon lange in der Orangerie, Messieurs?«, fragte er mit bebender Stimme im Gedanken an den Besuch, den er seiner Schatzkammer abgestattet hatte.

Porthos öffnete den Mund, um zu antworten, aber d'Artagnan gab ihm ein Zeichen, und allmählich schloss sich der stumm gebliebene Mund wieder.

»Wir sind eben erst gekommen, Monseigneur«, erwiderte d'Artagnan.

Mazarin atmete auf. Er hatte keine Angst mehr um seinen Schatz, er hatte nur noch Angst um sich selbst. So etwas wie ein Lächeln flog über seine Lippen. »Nun ja«, sagte er, »Sie haben mich in einer Falle gefangen, und ich erkläre mich für besiegt. Sie wollen mich um Ihre Freiheit bitten, nicht wahr? Ich gewähre sie Ihnen.«

»Oh, Monseigneur«, erwiderte d'Artagnan, »Sie sind sehr gütig, aber unsere Freiheit haben wir, und wir möchten Sie lieber um etwas anderes bitten.«

»Sie haben Ihre Freiheit?«, fragte Mazarin ganz erschrocken.

»Aber gewiss doch, und im Gegensatz zu Ihnen, Monseigneur, da Sie die Ihre verloren haben, und jetzt, Monseigneur – was soll man schon machen, das ist nun mal das Gesetz des Krieges –, handelt es sich darum, sie zurückzukaufen.«

Mazarin fühlte sich bis ins tiefste Herz erschauern. Vergeblich richtete er seinen durchdringenden Blick auf das spöttische Gesicht d'Artagnans und das gleichgültige Porthos', beide lagen im Schatten, und nicht einmal die Sibylle von Cumae hätte etwas daraus zu lesen vermocht.

»Meine Freiheit zurückkaufen?«, wiederholte Mazarin.

»Ja, Monseigneur.«

»Und wie viel wird mich das kosten, Monsieur d'Artagnan?«

»Wahrhaftig, Monseigneur, das weiß ich noch nicht. Wenn Eure Eminenz gestatten, werden wir den Grafen von La Fère fragen. Geruhen Eure Eminenz daher, die Tür zu öffnen, die zu ihm führt. In zehn Minuten wird die Sache geregelt sein.«

Mazarin zitterte, und d'Artagnan gab Porthos zu verstehen, er möge noch schärfer aufpassen, worauf er sich wieder an Mazarin wandte: »Wenn's beliebt, Monseigneur, wollen wir jetzt hineingehen.«

Der Kardinal ließ den Riegel einer Doppeltür zurückschnappen, vor der, wie Comminges ihm geraten hatte, bereits Athos stand, seinen erlauchten Besucher zu empfangen. Als er Mazarin erblickte, verneigte er sich. »Eure Eminenz hätten darauf verzichten können, sich begleiten zu lassen, die Ehre, die mir zuteil wird, ist zu groß, als dass ich sie vergäße.«

»Daher, mein lieber Graf«, entgegnete d'Artagnan, »wollte Seine Eminenz uns auch absolut nicht mitnehmen, du Vallon und ich haben aber darauf bestanden – vielleicht auf eine etwas ungebührliche Art –, da wir so großes Verlangen hatten, dich zu sehen.«

Diese Stimme mit ihrem spöttischen Tonfall und das so bekannte Mienenspiel, das sie begleitete, ließen Athos vor Überraschung einen Satz machen. »D'Artagnan! Porthos!«, rief er. »Was bedeutet das alles?«

»Das bedeutet«, erwiderte Mazarin, während er zu lächeln versuchte und sich dabei auf die Lippen biss, »dass die Rollen vertauscht sind. Diese Herren sind nicht mehr meine Gefangenen, sondern ich bin ihr Gefangener, so dass ich hier gezwungenermaßen unter ihrer Botmäßigkeit stehe, statt ihnen zu gebieten. Aber ich sage Ihnen gleich, Messieurs, sofern Sie mich nicht erwürgen, wird Ihr Sieg von kurzer Dauer sein, dann bin ich an der Reihe und …«

»Aber, Monseigneur«, entgegnete d'Artagnan, »drohen Sie nicht, damit geben Sie ein schlechtes Beispiel. Wir sind so sanft und so liebenswürdig zu Eurer Eminenz! Lassen wir diese ganze schlechte Laune, den ganzen Groll beiseite und plaudern wir freundlich miteinander.«

»Ich wünsche mir nichts Besseres, Messieurs«, gab Mazarin zurück, »aber ich möchte nicht, wenn wir über mein Lösegeld sprechen, dass Sie Ihre Lage für besser halten, als sie ist. Zwar haben Sie mich in einer Falle gefangen, aber sich selbst mit dazu. Wie wollen Sie hier hinausgelangen? Sehen Sie die Gitter, sehen Sie die Türen und Tore, sehen oder vielmehr ahnen Sie die Posten, die hinter diesen Gittern, Türen und Toren wachen, die Soldaten, von denen es in den Höfen wimmelt, und schließen wir einen Vergleich. Ich werde Ihnen beweisen, dass ich aufrichtig bin.«

Na schön, dachte d'Artagnan, halten wir uns tapfer, er will uns einen Streich spielen.

»Ich habe Ihnen Ihre Freiheit angeboten«, fuhr der Minister fort, »ich biete sie Ihnen noch an. Wollen Sie sie haben? Vor Ablaufeiner Stunde werden Sie entdeckt, festgenommen, gezwungen sein, mich zu töten, was ein fürchterliches Verbrechen und ehrenhafter Edelleute, wie Sie es sind, ganz und gar unwürdig wäre.«

Er hat recht, dachte Athos. Und wie jeder Vernunftsschluss, der ihm durch die Seele fuhr, in der nur edle Gedanken wohnten, spiegelte sich auch dieser in seinen Augen.

»Daher«, entgegnete d'Artagnan, um die Hoffnung zurückzunehmen, die Athos' schweigende Zustimmung Mazarin gegeben hatte, »werden wir uns nur im äußersten Notfall zu dieser Gewalttat hinreißen lassen.«

»Wenn Sie dagegen Ihre Freiheit annehmen«, fuhr Mazarin fort, »und mich dafür gehen lassen …«

»Wie?«, unterbrach d'Artagnan. »Wir sollen unsere Freiheit annehmen, die Sie uns – Sie haben es selbst gesagt – fünf Minuten danach wieder nehmen können? Und«, fügte d'Artagnan hinzu, »wie ich Sie kenne, Monseigneur, werden Sie sie uns nehmen.«

»Nein, mein Kardinalsehrenwort … Glauben Sie mir nicht?«

»Monseigneur, Kardinälen, die keine Priester sind, glaube ich nicht. Ich habe von einem Mazarin gehört, der sich kein großes Gewissen aus seinen Eiden machte, und ich fürchte, das ist ein Vorfahr von Eurer Eminenz gewesen.«

»Monsieur d'Artagnan«, erwiderte Mazarin, »Sie besitzen viel Geist, und es tut mir wirklich leid, dass ich mich mit Ihnen entzweit habe.«

»Dann wollen wir uns wieder vertragen, Monseigneur, ich wünsche mir nichts Besseres.«

»Nun, wenn ich Sie auf eine offensichtliche, spürbare Art in Sicherheit brächte …?«

»Setzen Sie uns Ihren Plan auseinander, Monseigneur, dann werden wir sehen.«

»Bedenken Sie, dass Sie eingesperrt, gefangen sind.«

»Sie wissen wohl, Monseigneur, dass uns immer noch ein letztes Mittel bleibt.«

»Welches?«

»Gemeinsam zu sterben.«

Mazarin schauderte es. »Hören Sie«, sagte er, »am Ende des Korridors befindet sich eine Tür, zu der ich den Schlüssel habe. Diese Tür führt in den Park. Machen Sie sich mit diesem Schlüssel auf den Weg. Sie sind flink, kräftig und bewaffnet. Nach hundert Schritt werden Sie, wenn Sie sich nach links wenden, an die Parkmauer kommen. Sie steigen hinüber und sind mit drei Sätzen auf der Landstraße und frei. Ich kenne Sie jetzt zur Genüge, um zu wissen, dass es kein Hindernis für Ihre Flucht sein wird, wenn man Sie angreift.«

»Potz Donner, Monseigneur!«, versetzte d'Artagnan. »Das ist ein Wort! Das lass ich mir gefallen! Wo ist dieser Schlüssel, den Sie uns liebenswürdigerweise überlassen wollen?«

»Hier ist er.«

»Ach, Monseigneur, haben Sie doch die Güte, uns selbst zu dieser Tür zu bringen.«

»Sehr gern, wenn das nötig ist, um Sie zu beruhigen«, erwiderte der Minister, der nicht gehofft hatte, so leichten Kaufs davonzukommen, und ging strahlend voraus zu der Tür und schloss sie auf. Sie führte tatsächlich in den Park, die drei Flüchtlinge wurden dessen im Nachtwind gewahr, der sich in dem Korridor fing und ihnen den Schnee ins Gesicht wirbelte.

»Teufel, Teufel! Eine scheußliche Nacht, Monseigneur«, bemerkte d'Artagnan. »Wir kennen uns in den Örtlichkeiten nicht aus und werden nie den richtigen Weg finden. Da Eure Eminenz schon so viel getan haben und bis hierher gegangen sind, noch ein paar Schritte, Monseigneur … führen Sie uns zu der Mauer.«

»Meinetwegen«, antwortete der Kardinal und marschierte raschen Schritts auf dem kürzesten Weg der Mauer zu, die sie im Handumdrehen erreicht hatten.

»Sind Sie nun zufrieden, Messieurs?«, fragte Mazarin.

»Noch einen Augenblick, Monseigneur«, erwiderte d'Artagnan und sagte zu Athos: »Steig hinauf und beeil dich.«

Mit Hilfe Porthos', der ihn wie eine Feder emporhob, kam Athos auf die Mauer.

»Und nun spring, Athos.«

Athos sprang und verschwand auf der anderen Seite.

»Gelandet?«

»Ja.«

»Nichts passiert?«

»Völlig heil und gesund.«

»Porthos«, befahl d'Artagnan, »gib acht auf den Herrn Kardinal, während ich hinaufklettere. Nein, ich brauche dich nicht, ich komme allein hoch. Pass mir nur auf den Herrn Kardinal auf.«

Dennoch musste ihm Porthos mit seinem Rücken Hilfestellung geben, wobei er Mazarin nicht aus den Augen ließ, und im Nu saß d'Artagnan rittlings auf der Mauer. »Und jetzt reich mir den Herrn Kardinal, Porthos«, sagte er, »und wenn er zu schreien versucht, erwürg ihn!«

Mazarin wollte schreien, aber Porthos umschlang ihn mit beiden Händen und hob ihn zu d'Artagnan hoch, der ihn am Kragen packte und neben sich setzte, worauf er in drohendem Ton befahl: »Monseigneur, springen Sie auf der Stelle hinunter zu Monsieur de La Fère, oder ich bringe Sie um, Ehrenwort!«

»Monsieur, Monsieur«, rief Mazarin, »Sie halten Ihr Versprechen nicht.«

»Ich? Wo habe ich Ihnen etwas versprochen, Monseigneur?«

Mazarin stöhnte. »Sie sind durch mich in Freiheit, Monsieur«, sagte er, »und Ihre Freiheit war mein Lösegeld.«

»Einverstanden, aber das Lösegeld für diesen ungeheuren in der Orangerie vergrabenen Schatz, zu dem man hinabsteigt, indem man auf eine in der Mauer verborgene Feder drückt, worauf sich ein Kübel dreht und eine Treppe freilegt – müssen wir nicht auch darüber ein wenig reden, Monseigneur?«

»Jesus Christus!«, rief Mazarin mit fast erstickter Stimme und faltete die Hände. »O mein Gott! Ich bin verloren.«

Doch ohne Rücksicht auf seine Klagen fasste ihn d'Artagnan unter die Arme und ließ ihn sacht in die Hände Athos' gleiten, der kaltblütig an der Mauer stehengeblieben war. Dann drehte sich d'Artagnan wieder zu Porthos um. »Gib mir die Hand, ich halte mich fest.«

Mit einer Kraftanstrengung, unter der die Mauer erbebte, langte auch Porthos oben an. »Ich habe das alles nicht ganz verstanden«, bemerkte er, »aber jetzt verstehe ich. Es ist sehr lustig.«

»Findest du?«, fragte d'Artagnan. »Umso besser! Aber damit es bis zu Ende lustig bleibt, wollen wir keine Zeit verlieren.« Damit sprang er hinab, und Porthos folgte ihm.

»Nehmt den Herrn Kardinal in eure Mitte, Freunde«, sagte d'Artagnan, »ich werde das Terrain sondieren.« Und er zog seinen Degen und gingvoraus längs der Mauer, die zur Landstraße führen sollte.

Nach einer Weile stieß er plötzlich an etwas Weiches, das sich bewegte. »Sieh da! Ein Pferd«, rief er, »Freunde, ich habe ein Pferd gefunden.«

Aber kaum hatte er ausgesprochen, da fühlte er den Lauf eines Pistols auf seiner Brust und vernahm die in ernstem Ton gesprochenen Worte: »Keine Bewegung!«

»Grimaud!«, rief er. »Grimaud! Was machst du hier? Schickt dich der Himmel?«

»Nein, Monsieur«, antwortete der ehrliche Diener, »Monsieur Aramis hat mir befohlen, die Pferde zu bewachen.«

»Aramis ist demnach hier?«

»Ja, Monsieur, seit gestern.«

»Und was macht ihr?«

»Wir liegen auf der Lauer.«

»Dann seid ihr zahlreich?«

»Sechzig Mann.«

In der ganzen Schar gab es nur einen, der sehr schlechter Laune war: Monsieur de Mazarin.

Man beginnt zu glauben, dass Porthos endlich Baron und d'Artagnan Hauptmann wird

Zehn Minuten später war Aramis bei seinen Freunden, und nach einer jubelnden Begrüßung wurde Porthos auf getragen, Seine Eminenz scharf zu bewachen, während Aramis, d'Artagnan und Athos eine Beratung abhielten.

»Noch fünf Minuten und dann vorwärts!«, sagte d'Artagnan schließlich.

»Und wohin?«, fragte Porthos.

»Zu dir, lieber Freund, nach Pierrefonds. Dein schönes Schloss ist es wert, Seiner Eminenz die hochherrschaftliche Gastfreundschaft zu bieten. Und außerdem ist es vortrefflich gelegen, weder zu nah noch zu weit von Paris, von dort können wir leicht Verbindungen mit der Stadt aufnehmen. Kommen Sie, Monseigneur, Sie werden dort wie ein Fürst leben, der Sie ja sind.«

»Ein abgesetzter Fürst«, bemerkte Mazarin kläglich.

Sie brachen auf und hatten, als der Morgen dämmerte, ein Dutzend Meilen in einem Zuge hinter sich gebracht, und nach einem kurzen Aufenthalt, um die Pferde zu wechseln, langten sie gegen Mittag in Pierrefonds an.

»Wir vier müssen uns in der Bewachung Monseigneurs ablösen«, sagte d'Artagnan zu seinen Freunden, »jeder hält drei Stunden Wache. Im Übrigen wird Athos das Schloss in Augenschein nehmen, damit man es für den Fall einer Belagerung uneinnehmbar machen kann; Porthos wird die Versorgung mit Proviant beaufsichtigen und Aramis das Eintreffen der Besatzung.«

Mazarin wurde im schönsten Gemach des Schlosses untergebracht. »Ich sehe ein«, sagte er, »dass ich wohl kapitulieren muss, dann werden die Bedingungen vielleicht besser sein.«

»Ach, Monseigneur«, erwiderte d'Artagnan, »was die Bedingungen betrifft, so werden Sie staunen, wie vernünftig wir sind.«

»Lassen Sie hören, wie lauten Ihre Bedingungen?«

»Ruhen Sie sich erst einmal aus, Monseigneur, wir werden inzwischen darüber nachdenken.«

»Ich brauche keine Ruhe, Messieurs, was ich brauche, ist die Kenntnis, ob ich mich in den Händen von Freunden oder Feinden befinde.«

»Von Freunden, Monseigneur, von Freunden!«

»Nun, dann sagen Sie mir sofort, was Sie wollen, damit ich sehe, ob ein Vergleich zwischen uns möglich ist. Sprechen Sie, Graf von La Fère.«

»Monseigneur«, antwortete Athos, »für mich begehre ich nichts, und ich hätte zu viel für Frankreich zu begehren. Daher enthalte ich mich der Stimme und gebe das Wort an den Chevalier d'Herblay weiter.«

»Sprechen Sie also, Chevalier d'Herblay. Was wünschen Sie? Keine Umschweife, keine Doppeldeutigkeiten. Drücken Sie sich klar, kurz und präzise aus.«

»Ich werde mit offenen Karten spielen, Monseigneur«, erwiderte Aramis. »In meiner Tasche befindet sich das Programm der Bedingungen, das Ihnen vorgestern in Saint-Germain von der Pariser Deputation überbracht wurde, zu der ich gehörte. Respektieren Sie zunächst die alten Rechte.

Die Forderungen, die das Programm nach sich zieht, werden bewilligt werden.«

»Darüber waren wir uns fast einig«, sagte Mazarin, »reden wir von den persönlichen Bedingungen.«

»Sie glauben demnach, dass es solche gibt?«, fragte Aramis lächelnd.

»Ich glaube, dass Sie nicht alle von der gleichen Uneigennützigkeit beseelt sind wie der Graf von La Fère«, entgegnete Mazarin mit einer leichten Verneigung gegen Athos.

»Sie haben recht, Monseigneur«, gab Aramis zurück, »und ich bin glücklich darüber, dass Sie dem Grafen endlich Gerechtigkeit widerfahren lassen. Monsieur de La Fère ist ein bedeutender Charakter, der über gewöhnliche Wünsche und menschliche Leidenschaften erhaben ist, er besitzt eine klassisch schöne, stolze Seele. Der Graf ist ein ganz eigenartiger Mensch. Ich dagegen, Monseigneur, habe Wünsche. Ich wünsche, dass man Madame de Longueville die Normandie gibt sowie fünfhunderttausend Livres und dass man ihr völlige Absolution erteilt. Ich wünsche, dass Seine Majestät der König geruhen möge, bei dem Sohn, mit dem sie niederkommen wird, Pate zu stehen, überdies, dass Sie, Monseigneur, nachdem Sie der Taufe beigewohnt haben, unserm Heiligen Vater dem Papst die Huldigungen von Madame de Longueville darbringen.«

»Das heißt, Sie wollen, dass ich mein Ministeramt niederlege, dass ich Frankreich verlasse, dass ich in die Verbannung gehe?«

»Ich will, dass Monseigneur bei der ersten Vakanz Papst werden, und behalte mir vor, Sie dann um vollständigen Ablass für mich und meine Freunde zu bitten.«

Mazarin schnitt eine unbeschreibliche Grimasse. »Und Sie, Monsieur?«, fragte er d'Artagnan.

»Ich, Monseigneur«, antwortete der Gascogner, »stimme in allen Punkten mit dem Chevalier d'Herblay überein, mit Ausnahme des letzten, in dem ich völlig anderer Meinung bin. Ich wünsche bei weitem nicht, dass Monseigneur Frankreich verlassen, sondern im Gegenteil, dass Sie in Paris bleiben; ich wünsche bei weitem nicht, dass Sie Papst werden, sondern dass Sie Erster Minister bleiben, denn Monseigneur sind ein großer Politiker. Ich werde sogar versuchen, soweit es von mir abhängt, dass Sie bei der gesamten Fronde das Wort führen, aber unter der Bedingung, dass Sie sich ein wenig der getreuen Diener des Königs erinnern und die erste Musketierkompanie einem geben, den ich bezeichnen werde. Und du, du Vallon?«

»Ja, jetzt ist die Reihe an Ihnen, Monsieur, sprechen Sie.«

»Ich hätte gern«, erwiderte Porthos, »wenn der Herr Kardinal, um mein Haus, das ihm Obdach bot, zu ehren und zum Gedenken an dieses Abenteuer, so gütig wäre, mein Besitztum zur Baronie zu erheben und mir zu versprechen, dass bei der ersten Verleihung, die Seine Majestät vornehmen wird, einer von meinen Freunden den Heiligen-Geist-Orden erhält.«

»Sie wissen, Monsieur, dass für diesen Orden der Adelsnachweis erbracht werden muss.«

»Den wird mein Freund erbringen. Und wenn es unbedingt notwendig sein sollte, werden Monseigneur ihm außerdem sagen, wie man diese Formalität vermeidet.«

Mazarin biss sich auf die Lippen, der Hieb saß. Ziemlich frostig fuhr er fort: »Mir scheint, all das verträgt sich sehr schlecht miteinander, Messieurs, denn wenn ich die einen zufriedenstelle, zieht das unweigerlich nach sich, dass die anderen unzufrieden sein werden. Bleibe ich in Paris, kann ich nicht nach Rom gehen; werde ich Papst, kann ich nicht Minister bleiben, und bin ich nicht Minister, kann ich weder Monsieur d'Artagnan zum Hauptmann noch Monsieur du Vallon zum Baron machen.«

»Das ist wahr«, sagte Aramis. »Und da ich in der Minderheit bin, ziehe ich deshalb meinen Antrag bezüglich der Reise nach Rom und der Demission Monseigneurs zurück.«

»Ich bleibe also Minister?«

»Sie werden Minister bleiben, das ist abgemacht, Monseigneur«, erwiderte d'Artagnan, »Frankreich braucht Sie.«

»Ja, ich verzichte auf meine Forderungen«, sagte Aramis, »Seine Eminenz wird Erster Minister und sogar Günstling Ihrer Majestät bleiben, wenn er mir und meinen Freunden gewährt, was wir für Frankreich und für uns verlangen.«

»Beschäftigen Sie sich mit sich selbst, Messieurs, und überlassen Sie es Frankreich, sich, soweit es ihm möglich ist, mit mir zu verständigen.«

»Nein, keineswegs!«, entgegnete Aramis. »Die Frondeure brauchen einen Vertrag, und Eure Eminenz werden die Gefälligkeit besitzen, ihn in unserer Gegenwart abzufassen und zu unterzeichnen, und sich überdies in demselben Vertrag verpflichten, von der Königin dessen Ratifikation zu erlangen.«

»Ich kann nur für mich einstehen«, versetzte Mazarin, »nicht für die Königin. Und wenn Ihre Majestät sich weigert?«

»Oh«, sagte d'Artagnan, »Monseigneur wissen doch genau, dass Ihre Majestät Ihnen nichts verweigern kann.«

»Hier, Monseigneur, ist der von der Deputation der Frondeure vorgeschlagene Vertrag«, sagte Aramis, »belieben Eure Eminenz, ihn zu lesen und zu prüfen.«

»Ich kenne ihn.«

»Dann unterzeichnen Sie ihn.«

»Aber wenn ich ihn unterzeichne und die Königin lehnt es ab, ihn zu ratifizieren?«

»Ich übernehme es, Ihre Majestät aufzusuchen und ihre Unterschrift zu erlangen«, erklärte d'Artagnan.

»Nehmen Sie sich in Acht, dass Sie in Saint-Germain nicht so empfangen werden, wie Sie mit Recht erwarten können.«

»Ach was, ich werde schon dafür sorgen, dass ich willkommen bin; ich weiß ein Mittel.«

»Welches?«

»Ich werde Ihrer Majestät den Brief überbringen, in dem Monseigneur ihr die völlige Zerrüttung der Finanzen mitteilen.«

»Und dann?«, fragte Mazarin erbleichend.

»Und dann, wenn ich Ihre Majestät in höchster Verlegenheit sehe, werde ich sie nach Rueil in die Orangerie führen und ihr eine gewisse Feder zeigen, die einen Kübel in Bewegung setzt.«

»Genug, Monsieur, genug!«, murmelte der Kardinal. »Wo ist der Vertrag?«

»Hier, unterschreiben Sie«, antwortete Aramis und reichte ihm die Feder.

Mazarin stand auf und ging eine Weile hin und her, eher nachdenklich als niedergeschlagen. Plötzlich blieb er stehen. »Und welche Garantie geben Sie mir, Messieurs, wenn ich unterschrieben habe?«

»Mein Ehrenwort, Monsieur«, erwiderte Athos.

Mazarin zuckte zusammen, drehte sich zu dem Grafen von La Fère um, prüfte einen Augenblick sein edles und aufrichtiges Gesicht und nahm die Feder mit den Worten: »Das genügt mir, Herr Graf.« Dann unterzeichnete er.

»Und jetzt, Monsieur d'Artagnan«, fügte er hinzu, »machen Sie sich bereit, nach Saint-Germain zu reiten und der Königin einen Brief von mir zu überbringen.«

Es ist für Könige mitunter schwieriger, in die Hauptstadt ihres Königreiches zurückzukehren, als diese zu verlassen

Als unser Abgesandter in den Hof des alten Schlosses ritt, erblickte er als Ersten Meister Bernouin, der an der Schwelle stand und auf Nachrichten von seinem verschwundenen Herrn wartete. Als er d'Artagnan gewahrte, rieb er sich die Augen und glaubte sich zu täuschen. Aber d'Artagnan nickte ihm freundschaftlich zu, stieg ab, warf einem vorübergehenden Diener den Zügel seines Pferdes zu und trat mit einem Lächeln auf den Lippen zu dem Kammerdiener.

»Monsieur d'Artagnan!«, rief Bernouin wie einer, der einen schrecklichen Traum hat und im Schlaf redet. »Monsieur d'Artagnan!«

»In eigener Person, Monsieur Bernouin.«

»Und was wollen Sie hier?«

»Nachrichten von Monsieur de Mazarin bringen, und sogar die allerneusten.«

»Was ist aus ihm geworden?«

»Es geht ihm so gut wie Ihnen und mir.«

»Es ist ihm nichts Unangenehmes zugestoßen?«

»Absolut nichts.«

Ob d'Artagnan nun im Ernst sprach oder im Scherz, da er unter den gegenwärtigen Umständen offenbar der einzige Mensch war, der Anna von Österreich von ihrer Besorgnis befreien konnte, machte Bernouin keine Schwierigkeiten, d'Artagnan zu melden, und wie er vorausgesehen hatte, befahl ihm die Königin, ihn auf der Stelle zu ihr zu führen.

D'Artagnan näherte sich seiner Herrscherin mit allen Zeichen tiefster Ehrerbietung. Drei Schritte vor ihr ließ er sich auf ein Knie nieder und überreichte ihr den Brief. Er war nichts weiter als ein Empfehlungs- und Beglaubigungsschreiben. Die Königin las, erkannte eindeutig die Handschrift des Kardinals, wenngleich sie ein wenig zittrig war, und da ihr der Brief keine Auskunft darüber gab, was vorgefallen war, bat sie um eine ausführliche Schilderung. Und d'Artagnan erzählte ihr alles mit dem unbefangenen und arglosen Ausdruck, den er seinem Gesicht unter gewissen Umständen so vortrefflich zu geben verstand.

Als er geendet hatte, fragte die Königin: »Wo ist der Vertrag?«

»Hier, Madame.«

Anna von Österreich warf einen Blick darauf und erklärte: »Ich werde den Vertrag morgen unterzeichnen.«

»Ich glaube, eins kann ich Eurer Majestät mit Bestimmtheit sagen«, entgegnete d'Artagnan. »Wenn Eure Majestät Ihre Zustimmung nicht heute mit Ihrer Unterschrift bestätigen, werden Sie später keine Zeit mehr dafür haben. Ich bitte Sie daher inständig, unter dieses, wie Sie sehen, von der Hand Monsieur de Mazarins abgefasste Programm zu schreiben: ›Ich willige ein, den von den Parisern vorgeschlagenen Vertrag zu ratifizieren.«

Anna war überrumpelt worden, sie konnte nicht mehr zurück, sie unterzeichnete. Doch kaum hatte sie es getan, als wie ein Unwetter ihr Stolz zum Ausbruch kam, und sie begann zu weinen.

D'Artagnan erbebte, als er diese Tränen sah. Schon damals weinten die Königinnen wie gewöhnliche Frauen. Er schüttelte den Kopf. Die königlichen Tränen schienen ihm das Herz zu versengen. »Madame«, sagteer, »ich habe nur noch den einen Wunsch, dass Sie als Erstes von mir mein Leben verlangen.« Und in einer Haltung, wie sie nur ihm eigen war, erhob er sich und ging hinaus.

Ich habe diese Männer nicht zu schätzen gewusst, dachte Anna von Österreich, als sie ihm nachsah, und jetzt ist es zu spät für mich, sie zu verwenden, in einem Jahr ist der König großjährig!

Fünfzehn Stunden später führten Porthos und d'Artagnan den Kardinal zu der Königin zurück; der eine empfing sein Patent als Hauptmann der Musketiere, der andere seine Urkunde, die ihn zum Baron erhob.

»Sind Sie nun zufrieden?«, fragte Anna von Österreich.

D'Artagnan verneigte sich. Porthos drehte seine Urkunde um und um und blickte Mazarin an.

»Was gibt es noch?«, fragte der Minister.

»Monseigneur, es war von einem Versprechen die Rede, bei der ersten Ernennung Ritter des Heiligen-Geist-Ordens zu werden.«

»Aber Sie wissen doch, Herr Baron, dass man nicht Ritter des Heiligen-Geist-Ordens werden kann, ohne seinen Adelsnachweis erbracht zu haben«, erwiderte Mazarin.

»Oh, Monseigneur, ich habe ja nicht für mich darum gebeten«, sagte Porthos.

»Für wen dann?«

»Für meinen Freund, den Herrn Grafen von La Fère.«

»Oh, das ist etwas anderes«, erwiderte die Königin, »er hat seinen Adel nachgewiesen.«

»Er wird ihn also erhalten?«

»Er hat ihn gleichsam schon.«

Am selben Tag wurde der Vertrag von Paris unterzeichnet, und überall wurde bekannt gegeben, der Kardinal habe sich drei Tage lang eingeschlossen, um ihn mit aller Sorgfalt auszuarbeiten.

Der Gewinn dieses Vertrages für die Einzelnen war folgender:

Monsieur de Conti erhielt Damoilliers, und da er sich als General bewiesen hatte, erlaubte man ihm, Soldat zu bleiben, statt Kardinal zu werden. Überdies ließ man eine Andeutung über eine Eheschließung mit einer Nichte Mazarins fallen, die von dem Prinzen günstig aufgenommen wurde, da ihm wenig daran gelegen war, mit wem man ihn verheiraten würde, wenn man ihn überhaupt verheiratete.

Der Herzog von Beaufort hielt seinen Einzug am Hofe mit jeder Genugtuung für die ihm zugefügten Beleidigungen und mit allen Ehren, die er nach seinem Rang mit Recht zu beanspruchen hatte. Es wurde ihm vollständige Begnadigung derer zugebilligt, die ihm zur Flucht verholfen hatten, ferner die Anwartschaft auf die Admiralswürde seines Vaters, des Herzogs von Vendôme, und eine Entschädigung für seine Häuser und Schlösser, die der oberste Gerichtshof der Bretagne hatte zerstören lassen.

Der Herzog von Bouillon erhielt Besitzungen von gleichem Wert wie sein Fürstentum Sedan, eine Entschädigung für den achtjährigen Verlust der Nutznießung dieses Fürstentums und die Bewilligung, dass er und die Angehörigen seines Hauses den Titel Prinz führen durften.

Dem Herzog von Longueville wurde das Gouvernement Pont-de-l'Arche zugesprochen sowie für seine Gemahlin fünfhunderttausend Livres und die Ehre, ihren Sohn von dem jungen König und der jungen Henriette von England über das Taufbecken gehalten zu sehen. Aramis bedang sich aus, dass Bazin bei dieser Feierlichkeit ministriere und dass Planchet das Zuckerwerk liefere.

Dem Herzog von Elbeuf wurden gewisse Summen gezahlt, die man seiner Gemahlin schuldete, außerdem erhielt er hunderttausend Livres für seinen ältesten und je fünfundzwanzigtausend Livres für seine drei weiteren Söhne.

Nur der Weihbischof ging leer aus. Man versprach ihm zwar, mit dem Papst über seinen Hut zu verhandeln, aber er wusste, was er von solchen Versprechungen der Königin und Mazarins zu halten hatte. Ganz im Gegensatz zu Monsieur de Conti war er, da er nicht Kardinal werden konnte, gezwungen, Soldat zu bleiben. Als sich daher ganz Paris über die für den übernächsten Tag festgesetzte Rückkehr des Königs freute, war nur Gondi inmitten der allgemeinen Fröhlichkeit so schlechter Laune, dass er auf der Stelle zwei Männer holen ließ, die er zu rufen pflegte, wenn er sich in solcher Gemütsverfassung befand.

Diese beiden Männer waren der Graf von Rochefort und der Bettler von Saint-Eustache. Sie kamen mit der gewohnten Pünktlichkeit, und mit ihnen verbrachte der Weihbischof einen Teil der Nacht.

Athos und Aramis waren, nachdem sie sich von d'Artagnan und Porthos in Saint-Denis getrennt hatten und während diese den Kardinal nach Saint-Germain brachten, nach Paris zurückgekehrt.

Und nun war es so weit. Schon bei Tagesanbruch traf der Hof alle Vorbereitungen für die Rückkehr nach Paris.

Am Abend zuvor hatte die Königin d'Artagnan kommen lassen. »Monsieur«, sagte sie, »man behauptet, Paris sei nicht ruhig. Ich ängstige mich um den König, halten Sie sich daher an dem rechten Kutschenschlag.«

»Eure Majestät mögen unbesorgt sein«, antwortete d'Artagnan, »ich hafte für den König.«

Als er von der Königin kam, teilte ihm Bernouin mit, dass ihn der Kardinal in einer wichtigen Angelegenheit erwarte, und er begab sich sogleich zu ihm.

»Monsieur«, sagte Mazarin, »man spricht von einem Aufstand in Paris. Ich werde zur Linken des Königs sitzen, und da in erster Linie ich bedroht sein werde, halten Sie sich am linken Kutschenschlag.«

»Eure Eminenz können sich beruhigen«, erwiderte d'Artagnan, »es wird Ihnen kein Haar auf dem Kopf gekrümmt werden.«

Zum Teufel!, sagte er sich im Vorzimmer. Wie soll ich mich da rauswinden? Ich kann nicht gleichzeitig am linken und am rechten Kutschenschlag sein. Ach was! Ich werde den König bewachen und Porthos den Kardinal.

Mit dieser Vereinbarung waren alle einverstanden, was ja ziemlich selten ist. Die Königin setzte ihr Vertrauen in d'Artagnans Mut, den sie kannte, und der Kardinal das seine in Porthos' Stärke, die er erlebt hatte.

Der Geleitzug brach in zuvor bestimmter Ordnung nach Paris auf. Voran Guitaut und Comminges an der Spitze der

Garde, dann kam die königliche Kutsche mit d'Artagnan an dem einen und Porthos am anderen Schlag. Es folgten die Musketiere, seit fünfundzwanzig Jahren Freunde d'Artagnans, deren Leutnant er seit zwanzig Jahren und deren Hauptmann er seit dem Tag zuvor war.

Als sie zu der Schranke kamen, wurde der Wagen mit ungeheurem Jubelgeschrei begrüßt. »Es lebe der König! Es lebe die Königin!« Einige Stimmen riefen auch »Es lebe Mazarin!«, fanden jedoch kein Echo.

Der Zug bewegte sich weiter zur Notre-Dame, wo ein Dankgottesdienst stattfinden sollte. Alle Bewohner von Paris waren auf der Straße. Über den ganzen Weg hatte man Schweizer verteilt, doch da der Weg lang war, hatte man sie nur einzeln, in sechs bis acht Schritt Entfernung voneinander, aufstellen können. Diese Schutzwehr war demnach völlig ungenügend, und von Zeit zu Zeit wurde der Damm von einer Menschenflut durchbrochen, und es bedurfte aller nur erdenklichen Mühe, ihn wieder zu schließen. Bei jedem übrigens völlig gutartigen Durchbruch, da er dem Wunsch der Pariser entsprang, ihren König und ihre Königin wiederzusehen, deren sie so lange beraubt gewesen waren, blickte Anna von Österreich besorgt zu d'Artagnan hin, der sie mit einem Lächeln beruhigte.

Mazarin, der tausend Louis für Hochrufe auf sich selbst vergeudet hatte und nicht viel von den für zwanzig Pistolen gehörten hielt, blickte ebenso beunruhigt auf Porthos, doch der riesige Leibgardist erwiderte seine Blicke, indem er mit einer so schönen Bassstimme versicherte: »Monseigneur können unbesorgt sein«, dass sich Mazarin tatsächlich mehr und mehr beruhigte.

Vor dem Palais-Royal fanden sie eine noch größere Menschenmenge, sie war aus allen angrenzenden Straßen zusammengeströmt, wälzte sich gleich einem mächtigen, tosenden Fluss dem Wagen entgegen und ergoss sich in die Rue Saint-Honoré.

»Es leben Ihre Majestäten!«, erscholl es ringsum. Mazarin beugte sich zum Kutschenschlag. Zwei oder drei Rufe »Es lebe der Kardinal!«, begrüßten sein Erscheinen, wurden jedoch fast gleichzeitig von Pfiffen und Hohngelächter erstickt. Mazarin erbleichte und warf sich schleunigst zurück.

»Gesindel!«, knurrte Porthos.

D'Artagnan sagte nichts, zwirbelte jedoch seinen Schnurrbart auf eine Weise, die verriet, dass seine gascognische gute Laune einer zornigen Wallung zu weichen begann.

Anna von Österreich neigte sich zum Ohr des jungen Königs und flüsterte ihm zu: »Mach eine freundliche Geste, mein Sohn, und richte ein paar Worte an Monsieur d'Artagnan.«

Der junge König beugte sich aus dem Kutschenschlag. »Ich habe Ihnen noch nicht guten Tag gewünscht, Monsieur d'Artagnan«, sagte er, »aber ich habe Sie deutlich wiedererkannt. Sie standen in jener Nacht, als die Pariser mich schlafen sehen wollten, hinter den Vorhängen meines Betts.«

»Und wenn der König erlaubt«, erwiderte d'Artagnan, »werde ich jedes Mal bei ihm sein, wenn eine Gefahr droht.«

Obgleich die Menge durchaus den Anschein der Achtung und sogar der Liebe für den König und die Regentin wahrte, machte sich eine stürmische Erregung bemerkbar. Dumpfes Getöse ließ sich vernehmen wie von Wogen, die den aufziehenden Sturm ankündigen oder den Aufruhr, wenn es in einer Menschenmenge laut wird.

D'Artagnan drehte sich zu seinen Musketieren um und wies sie mit einem kaum wahrnehmbaren, aber für diese tapfere Elite durchaus verständlichen Blinzeln auf die Volksmenge hin. Ihre Reihen verdichteten sich, und ein leichter Schauer lief durch die Männer.

Am Tor des Sergents wurde man zum Halten gezwungen.

»Vorwärts!«, rief d'Artagnan aus vollem Halse.

Doch als hätte die Menge nur auf diese Äußerung gewartet, um sich zu entladen, kamen alle Gefühle der Feindschaft, die sie hegte, auf einmal zum Ausbruch. »Nieder mit Mazarin! An den Galgen mit dem Kardinal!«, erscholl es von allen Seiten. Gleichzeitigergossen sich durch die Rue de Grenelle-Saint-Honoré und die Rue du Coq zwei Menschenströme, sprengten das schwache Spalier der Schweizer Garde und brandeten bis an die Beine von d'Artagnans und Porthos' Pferden.

Dieser neue Durchbruch war gefährlicher als die vorangegangenen, denn er wurde von Bewaffneten erzwungen, die sogar besser bewaffnet waren, als Leute aus dem Volk in solchen Fällen zu sein pflegen. Man sah, dass diese Bewegung nicht auf einen Zufall zurückzuführen war, durch den sich eine Anzahl Unzufriedener an derselben Stelle zusammengefunden hatte, sondern von einem feindseligen Geist, der einen Angriff organisiert hatte, wohlberechnet war.

Beide Ströme wurden von einem Oberhaupt angeführt. Der eine schien nicht einmal dem Volk, sondern der ansehnlichen Bettlerinnung anzugehören; der andere war ungeachtet dessen, dass er sich den Anschein gab, als gehöre er zum Volk, leicht als Edelmann zu erkennen. Beide handelten offenbar vom selben Impuls getrieben.

Es erfolgte ein heftiger Zusammenstoß, der bis in die königliche Kutsche zu spüren war, dann stieg mit ungeheurem Getöse ein tausendfaches Geschrei auf, das von ein paar Schüssen durchschnitten wurde.

»Zu mir, Musketiere!«, rief d'Artagnan.

Die Eskorte teilte sich, eine Reihe eilte zur Rechten, die andere zur Linken der Kutsche, d'Artagnan und Porthos zu unterstützen. Und dann kam es zu einem Handgemenge, das umso schrecklicher war, als es kein Ziel hatte, und umso verhängnisvoller, da man nicht wusste, warum und für wen gekämpft wurde.

Wie bei allen Volksunruhen war der Anprall der Menge gewaltig. Die weniger zahlreichen und ungenügend geordneten Musketiere konnten in diesem riesigen Menschenhaufen ihre Pferde nicht bewegen und sahen sich im Nachteil.

D'Artagnan hatte die Schirmleder der Kutsche herablassen wollen, aber der junge König hatte die Hand ausgestreckt und gesagt: »Nein, Monsieur d'Artagnan, ich will sehen.«

Daraufwandte sich d'Artagnan mit jener rasenden Wut um, die ihn so furchtbar machte, und sprengte auf den einen Anführer der Aufständischen los, der, ein Pistol in der einen Hand, einen langen Degen in der anderen, versuchte, sich einen Weg zum Kutschenschlag zu bahnen, und sich gegen zwei Musketiere zur Wehr setzen musste.

»Platz da, zum Henker!«, schrie d'Artagnan. »Platz da!«

Als er diese Stimme vernahm, hob der Mann mit dem Pistol und dem langen Degen den Kopf, aber es war bereits zu spät, d'Artagnan hatte zugestoßen, und das Rapier hatte dem Mann die Brust durchbohrt.

»Alle Wetter!«, rief d'Artagnan, dem es nicht mehr gelungen war, den Stoß zurückzuhalten. »Was, zum Teufel, wollten Sie hier, Graf?«

»Mein Geschick erfüllen«, antwortete Rochefort und sank auf ein Knie. »Von drei Hieben Ihres Degens habe ich mich erholt, nach diesem vierten werde ich nicht mehr aufstehen.«

»Graf«, sagte d'Artagnan bewegt, »ich habe zugestoßen, ohne zu wissen, dass Sie es waren. Es würde mir leid tun, wenn Sie mit Gefühlen des Hasses gegen mich sterben sollten.«

Rochefort streckte d'Artagnan die Hand hin, die dieser nahm. Der Graf wollte sprechen, aber ein Blutsturz erstickte seine Worte, er bäumte sich mit einer letzten krampfhaften Bewegung und verschied.

»Zurück, ihr Lumpenpack!«, schrie d'Artagnan. »Euer Anführer ist tot, und ihr habt hier nichts mehr zu suchen.«

Und als wäre der Graf von Rochefort die Seele des Angriffs gewesen, der gegen diese Seite der Karosse des Königs geführt wurde, ergriff die Menge, die ihm gefolgt war und ihm gehorcht hatte, tatsächlich die Flucht, als sie ihn fallen sah.

D'Artagnan kehrte zurück, um Porthos zu helfen, falls er dessen bedurfte, aber Porthos hatte seine Arbeit so gewissenhaft getan wie d'Artagnan. Dennoch machte er ein sehr trübsinniges Gesicht.

»Was, zum Teufel, ist mit dir los, Porthos? Welch ein Gesicht für einen Sieger?«

»Du siehst selber ganz erschüttert aus«, entgegnete Porthos. »Das hat seinen Grund, zum Kuckuck! Ich habe einen alten Freund getötet.«

»Was du nicht sagst! Wen?«

»Den armen Grafen von Rochefort …«

»Da geht es dir so wie mir. Ich habe einen Mann umgebracht, dessen Gesicht mir nicht unbekannt war. Leider habe ich ihn auf den Kopf geschlagen, und im Nu war sein Gesicht blutüberströmt.«

»Und er hat nichts gesagt, als er fiel?«

»Doch … ›Uff!‹«

»Ich verstehe«, erwiderte d'Artagnan, der sich das Lachen nicht verkneifen konnte, »wenn er sonst nichts gesagt hat, war das natürlich keine große Aufklärung für dich.«

Ohne weiteren Zwischenfall gelangte der Geleitzug zur Notre-Dame, unter deren Portal die gesamte Geistlichkeit, mit dem Weihbischof an der Spitze, den König, die Königin und den Minister erwartete, zu deren glücklicher Rückkehr der Dankgottesdienst stattfinden sollte.

Als sich der Gottesdienst seinem Ende näherte, stürmte mit verstörter Miene ein Gassenjunge in die Sakristei, kleidete sich geschwind als Ministrant an, teilte dank seiner achtbaren Tracht die Menge, die die Kirche füllte, und näherte sich Bazin, der in seinem blauen Gewand und mit seinem silberverzierten Stab gewichtig gegenüber dem Schweizer am Eingang zum Chor stand. Bazin spürte, dass ihn jemand am Ärmel zupfte. Er schlug die fromm gen Himmel erhobenen Augen zu Boden und erblickte Friquet.

»Was gibt es, du Schlingel, dass du mich in der Ausübung meines Amtes zu stören wagst?«, fragte er.

»Monsieur Bazin«, antwortete Friquet, »der Monsieur Maillard, Sie wissen, der Weihwasserspender von Saint-Eustache, der hat bei dem Tumult einen Degenhieb auf den Kopf bekommen, der gewaltige Riese da in dem prächtigen Anzug hat ihm den versetzt.«

»So? Dann muss es ihm sehr schlecht gehen.«

»So schlecht, dass er stirbt, und ehe er stirbt, möchte er dem Herrn Weihbischof beichten, der die Macht haben soll, die großen Sünden zu vergeben.«

»Und er bildet sich ein, der Herr Weihbischof wird sich seinetwegen stören lassen?«

»Ja, denn der Herr Weihbischof hat es ihm anscheinend versprochen.«

»Dann werde ich ihn davon unterrichten«, erwiderte Bazin, worauf er sich ehrerbietig und langsamen Schritts dem

Prälaten näherte und ihm ein paar Worte ins Ohr flüsterte, auf die der Weihbischof mit einer Gebärde des Einverständnisses antwortete. Und in der Tat machte er sich, wie versprochen und ohne seine Priesterkleidung abzulegen, nach Beendigung des Gottesdienstes sogleich auf den Weg zu dem wohlbekannten alten Turm.

Er langte noch rechtzeitig an. Das Befinden des Verwundeten verschlechterte sich zwar von Sekunde zu Sekunde, aber er war noch nicht tot.

Unterdessen hatte sich der Zug mit der Karosse des Königs zum Palais-Royal begeben.

»Dieser Monsieur d'Artagnan ist ein sehr tapferer Mann, Mutter«, sagte der junge König.

»Ja, mein Sohn, er hat deinem Vater große Dienste erwiesen. Behandle ihn daher mit Rücksicht auf künftige Zeiten.«

»Herr Hauptmann«, sagte der junge König, als er aus dem Wagen stieg, zu d'Artagnan, »die Königin hat mich beauftragt, Sie heute zum Diner einzuladen, Sie und Ihren Freund, den Baron du Vallon.«

Das war eine große Ehre für d'Artagnan und Porthos, über die Porthos völlig außer sich geriet. Dennoch machte der ehrenwerte Baron während der ganzen Mahlzeit einen zerstreuten Eindruck.

»Was hast du nur?«, fragte ihn d'Artagnan, als sie die Treppe des Palais-Royal hinabstiegen. »Die ganze Zeit beim Diner hast du ein so sorgenvolles Gesicht gemacht.«

»Ich habe versucht, mich zu erinnern, wo ich diesem Bettler begegnet bin, den ich gewiss umgebracht habe«, antwortete Porthos.

Schluss

Zu Hause fanden die beiden Freunde einen Brief von Athos vor, in dem er sie für den nächsten Morgen in den »Karl den Großen« bat, und so begaben sie sich tags darauf um die bezeichnete Stunde zu Athos. Der Graf und Aramis empfingen sie in Reisekleidung.

»Sieh da! Also reisen wir alle ab?«, fragte Porthos. »Auch ich habe heute früh meine Vorbereitungen getroffen.«

»Mein Gott, ja!«, erwiderte Aramis. »Da es keine Fronde mehr gibt, ist in Paris nichts mehr zu tun. Madame de Longueville hat mich eingeladen, ein paar Tage in der Normandie zu verbringen, und mich beauftragt, während der Taufe ihres Sohnes ihre Räumlichkeiten in Rouen empfangsbereit machen zu lassen. Ich werde das erledigen und, wenn es nichts Neues gibt, zurückkehren und mich in meinem Kloster in Noisy-le-Sec vergraben.«

»Und ich kehre nach Bragelonne zurück«, sagte Athos. »Du weißt, mein lieber d'Artagnan, dass ich nur noch ein guter, braver Landjunker bin. Raoul, der arme Junge, besitzt kein anderes Vermögen als das meine, und ich muss es hüten, da ich gewissermaßen nur ein Strohmann bin.«

»Und was machst du mit Raoul?«

»Den überlasse ich dir, mein Freund. In Flandern wird es Krieg geben, du wirst ihn mitnehmen. Ich fürchte, der Aufenthalt in Blois ist gefährlich für seinen jungen Kopf. Nimm ihn mit und lehre ihn, so tapfer und treu zu werden wie du.«

Die vier Freunde umarmten sich mit Tränen in den Augen. Dann trennten sie sich, ohne zu wissen, ob sie sich jemals wiedersehen würden. D'Artagnan kehrte mit Porthos, der immer noch zerstreut war und herauszufinden suchte, wen er getötet hatte, in die Rue Tiquetonne zurück, wo sie vor dem Gasthof der Chevrette die Equipagen des Barons bereit und Mousqueton im Sattel fanden.

»Hör mal, d'Artagnan«, sagte Porthos, »gib den Dienst auf und komm mit nach Pierrefonds, Bracieux oder Vallon. Lass uns zusammen alt werden und dabei von unseren Gefährten sprechen.«

»Keineswegs!«, erwiderte d'Artagnan. »Wo denkst du hin? Man wird den Feldzug eröffnen, und ich will dabei sein. Ich hoffe sehr, etwas dabei zu gewinnen.«

»Und was hoffst du zu werden?«

»Natürlich Marschall von Frankreich!«

»Ach!«, sagte Porthos und blickte erstaunt auf d'Artagnan, an dessen gascognische Aufschneidereien er sich nie hatte völlig gewöhnen können. »Dann leb wohl, mein Lieber«, fuhr er fort. »Du weißt, dass du in meiner Baronie stets willkommen bist, wenn du den Wunsch hast, mich zu besuchen.«

»Ja, wenn ich aus dem Feld zurück bin, werde ich kommen.«

»Die Equipagen des Herrn Barons warten«, bemerkte Mousqueton.

Und so schieden die beiden Freunde mit einem festen Händedruck. D'Artagnan blieb an der Tür stehen und schaute Porthos schwermütigen Blicks nach. Doch nach zwanzig Schritt hielt Porthos an, schlug sich an die Stirn und kam zurück. »Jetzt ist es mir eingefallen«, sagte er.

»Was?«, fragte d'Artagnan.

»Wer dieser Bettler war, den ich umgebracht habe.«

»Ach, wirklich? Und wer war's?«

»Dieser Lump Bonacieux.« Und glücklich darüber, dass er die Sorge los war, eilte Porthos Mousqueton nach und verschwand mit ihm gleich darauf um die Straßenecke. D'Artagnan blieb noch eine Weile reglos und nachdenklich stehen, dann drehte er sich um und erblickte die schöne Madeleine, die, beunruhigt über d'Artagnans neue Würden, auf der Schwelle stand.

»Madeleine«, sagte der Gascogner, »gib mir die Zimmerflucht im ersten Stock. Als Hauptmann der Musketiere bin ich verpflichtet, standesgemäß aufzutreten. Aber reserviere mir das Zimmer im fünften, man weiß nicht, was kommen kann.«